中国科学院科学出版基金资助出版

普通高等学校地理信息科学教学丛书

空间数据采集与管理

盛业华　张　卡　杨　林　等　编著

科　学　出　版　社
北　京

内 容 简 介

本书围绕空间数据来源、采集手段、处理方法、质量控制、数据集成、数据组织与管理、数据服务与应用这一主线，在回顾空间数据采集与管理相关知识的基础上，将地理空间数据来源分为实测数据源和派生数据源，构建了空间数据采集与管理技术体系。较为系统、全面地阐述了从空天遥感到地面实测、从对陆地探测到对水下探测、从实地调查到既有数据再利用及新型传感器网络等多种空间数据获取手段以及由此采集包括水下地形在内的基础地理数据、自然和社会经济等专题数据、三维场景模型数据的一般原理、数据处理方法和过程。阐述了在典型空间数据库支持下，进行多源空间数据的组织、管理和更新以及数据安全服务的基本原理和方法。还以全国地理国情监测、水利普查和第二次土地调查为例，简要介绍了其空间数据采集与管理的基本方式。

本书可作为高等院校地理信息科学专业本科生、研究生的教材，也可供高等院校、科研院所从事测绘、地理、规划等相关领域科研工作者参考。

图书在版编目（CIP）数据

空间数据采集与管理/盛业华等编著. —北京：科学出版社，2018.5（2024.7重印）

（普通高等学校地理信息科学教学丛书）

ISBN 978-7-03-055361-4

Ⅰ. ①空… Ⅱ. ①盛… Ⅲ. ①空间信息系统-数据采集-高等学校-教材 ②空间信息系统-数据管理系统-高等学校-教材 Ⅳ. ①P208

中国版本图书馆 CIP 数据核字（2022）第 214704 号

责任编辑：杨　红　程雷星/责任校对：何艳萍

责任印制：赵　博/封面设计：陈　敬

科学出版社 出版

北京东黄城根北街 16 号

邮政编码：100717

http://www.sciencep.com

保定市中画美凯印刷有限公司印刷

科学出版社发行　各地新华书店经销

*

2018 年 5 月第　一　版　开本：787×1092　1/16

2025 年12月第七次印刷　印张：21　1/2

字数：550 000

定价：69.00 元

（如有印装质量问题，我社负责调换）

“普通高等学校地理信息科学教学丛书”
编委会名单

丛 书 序

古往今来，人类所有活动几乎都与地理位置息息相关。随着科学技术的快速发展与普及，地理信息科学与技术以及在此基础上发展起来的“数字地球”“智慧城市”等，在人们的生产和生活中发挥着越来越重要的作用。

近年来，我国地理信息科学高等教育蓬勃发展，为我国地理信息产业的发展提供了重要的理论、技术和人才保证。目前，我国已有近 200 所高校开设地理信息科学专业，专业人才培养模式也开始从“重理论、轻实践”向“理论与实践并重”转变。然而，现有的地理信息科学专业教材建设，一方面滞后于专业人才培养的实际需求；另一方面，也跟不上地理信息技术飞速发展的步伐。同时，新技术带来的教学方式和学生学习方式的变化，也要求现有教材体系及配套资源做出适应性或引领性变革。在此背景下，科学出版社与中国地理信息产业协会教育与科普工作委员会共同组织策划了“普通高等学校地理信息科学教学丛书”。该丛书从学科建设出发，邀请海内外地理信息科学领域著名学者组成编委会，并由编委会推荐知名专家或从事一线教学的教授担任各分册主编。在编撰中注重教材的科学性、系统性、新颖性与可读性的有机结合，强调对学生基本理论、基本技能与创新能力的培养。丛书还同步启动配套的数字化教学与学习资源建设，希望借助新技术手段为地理信息科学专业师生提供方便快捷的教学与实习途径。相信该丛书的出版，会大大提升该专业领域本科教材质量，优化辅助教学资源，对提高理论与实践并重的专业人才培养质量起到积极的引领作用。

我相信，在丛书编委会及全体编撰人员的共同努力下，“普通高等学校地理信息科学教学丛书”一定会促进我国新一代地理信息科学创新人才的培养，从而为我国地理信息科学及相关专业的发展做出重要的贡献。

中国科学院院士
中国工程院院士 李德仁

丛书前言

地理信息，在经济全球化和信息技术快速发展的 21 世纪，已然在人类经济发展与社会生活中扮演重要角色。自 1992 年 Michael F. Goodchild 提出地理信息科学应当是一门独立的学科以来，在学界的共同努力下，已经在空间数据采集与处理、地学数据挖掘与知识发现、空间分析与可信性评价、地学建模与地理过程模拟、协同 GIS 与可视化、地理信息服务、数字地球与智慧城市、虚拟地理环境、GIS 普及及高等教育等诸多研究方面取得了重要进展。与此同时，由于地理信息科学的概念以及研究背景、目标的复杂性，目前关于地理信息科学的核心理论框架体系，仍然存在不同的理解，需要广大学者深入探索与凝练。

在 2012 年教育部颁布的《普通高等学校本科专业目录（2012 年）》中，地理科学类专业中的“地理信息系统”更名为“地理信息科学”，标志着地理信息的高等教育进入一个崭新的发展阶段。随着我国各项事业及各相关部门信息化进程的加快，地理信息相关专业人才具有广泛的社会需求。地理信息科学专业人才应当具备坚实的地理学、测绘科学及现代信息技术基础知识、具有处理与分析地理信息的能力，能从事地理信息科学问题的研究与开发，能胜任包括城市规划、资源管理、环境监测与保护、灾害防治等领域的地理信息资源开发、利用与管理工作。地理信息科学专业人才的培养，对于全面提升我国地理信息产业与地理信息科学发展水平具有极其重要的作用。

中国地理信息产业协会教育与科普工作委员会，多年来通过多种途径，积极推进我国地理信息高等教育水平提高，所组织的全国高校 GIS 教育研讨会、全国高校 GIS 青年教师教学技能培训与大赛、全国大学生 GIS 技能大赛、全国 GIS 博士生论坛等活动，都已经成为国内有影响的品牌活动。高校专业教材是本科教学的重要资料，近十年来，我国已出版多套有关地理信息系统的系列教材，在专业教学中发挥了十分重要的作用，其中，有科学出版社出版的“高等学校地理信息系统教学丛书”，在我国 GIS 教育界产生了重要影响。在此基础上，科学出版社、中国地理信息产业协会教育与科普工作委员会联合组织编撰的“普通高等学校地理信息科学教学丛书”，拟面对学科发展的新形势，系统梳理、总结与提炼以往的研究成果，编写出集科学性、时代性、实用性为一体的系列教材。

为保证本丛书顺利完成，在工作委员会及科学出版社的协调下，首先成立了由地理信息科学高等教育领域的知名学者组成的丛书编写委员会。其中，由我国该领域院士及知名学者任顾问，对丛书进行方向性指导，各教材主要编写人员既有我国地理信息科学领域的知名专家，又有新涌现的优秀青年学者，他们对地理信息科学的教育教学有很强的责任心，对地理信息学科的发展与创新开展了广泛而深入的研究；他们在学术研究和教学工作中亦能紧密联系、广泛开展学术与教学的交流合作。

本丛书将集成当前国内外地理信息科学研究领域的主要理论与方法，以及编著者自身多年的研究成果，对今后相关研究工作有十分重要的参考价值。我们希望本丛书不仅适合于地理信息科学专业的在校学生使用，而且也可作为相关专业高校教师和研究人员工作和学习的参考书。本丛书的出版发行，盼能推动我国地理信息科学的科学研究与拓展应用，促进中国地理信息产业的发展。

国家级教学名师

中国地理信息产业协会教育与科普工作委员会主任

汤国安

2014年8月4日

前　　言

空间数据也被称作地理空间数据或地理数据，是表示地理空间事物或现象的位置、形态、大小、数量、质量、分布和联系等多方面特征信息的数据，是地理信息系统（GIS）的“血液”，也是 GIS 操作的对象。对于任何一类 GIS 应用而言，其首要的工作是根据 GIS 的实际应用需求，获取各式各样的空间数据，建立空间数据库，维护和管理空间数据，在此基础上进行地理空间分析、决策和表达。随着现代空间信息技术的快速发展，从太空到地面、从陆地到海洋、从自然到人文、从实地调查勘测到既有数据再利用，新型传感器和数据获取手段层出不穷，使得空间数据的种类和来源也越来越多，各类数据的获取、处理及组织管理的方法迥异。

对于一名经常与空间数据打交道的地理信息科学专业的学生来说，系统地理解和掌握当代空间数据获取的技术途径及对不同类型空间数据的组织和管理方法无疑是十分必要的，但以前相关专业并未开设相应课程。相比而言，测绘工程专业学生在空间数据尤其是基础地理数据获取方面能获得较为系统的学习和实践，但在专题地理数据获取方面仍有所欠缺。基于此，在教育部 2012 年将地理信息系统本科专业更名为地理信息科学专业后，教育部高等学校地理科学类专业教学指导委员会将包括空间数据采集与管理在内的 14 门课程纳入该专业的必修课程，并委托中国地理信息产业协会教育与科普工作委员会组织国内相关专家着手进行这些课程教材的编写工作，由科学出版社负责这些教材的编撰协调和出版。感谢中国地理信息产业协会教育与科普工作委员会和科学出版社的信任，确定由笔者负责这部教材的具体编写工作。虽然笔者承担了本校地图学与地理信息系统专业研究生课程“空间数据采集与处理”的教学工作，但对此工作也倍感压力。原因有两点，一方面当今空间数据来源众多，数据处理的理论和方法差异极大，很难在一本教材中面面俱到且讲深讲透；另一方面国内外缺乏类似的教材可供参考，天津师范大学崔铁军教授等出版的《地理空间数据获取与处理》教材在此方面做了有益的尝试，但该教材更多关注的是基础地理数据的获取与处理，并未涉及专题地理数据采集处理及多源数据的组织与管理等内容。自 2014 年 11 月接受本教材编撰任务后，笔者苦苦思索，根据空间数据的来源、类型等将数据获取方法进行分类，设计了本书的基本内容框架和提纲，对此，西南交通大学朱庆教授、中南大学刘兴权教授、南京师范大学汤国安教授等专家给予了高度的评价并给出了极有价值的建议，使笔者得到极大的鼓励和帮助，也增加了笔者顺利完成任务的信心。

在确定本书框架结构时，考虑空间数据采集与管理是围绕空间数据来源、采集手段、处理方法、质量控制、数据集成、数据组织与数据库管理展开的，由此确定了本书的主线为空间数据采集与处理、数据集成、数据组织和数据管理。其中，空间数据采集与处理根据空间数据获取途径的不同，将空间数据分为实测数据和派生数据；再根据数据的用途将实测数据分为基础地理数据、专题地理数据和三维场景数据。对于不同类型的空间数据可采用一种或多种技术手段进行数据的获取，对这些技术手段本身的原理和方法进行了较全面但概要性的阐述，试图达到扩大学生知识面的目的。最终将本书分为 9 章，第 1 章阐述空间数据采集与管理相关的基础知识并给出空间数据采集与管理技术体系；第 2 章讨论包括水下地形在内的基础地理数据（DEM、DOM 和 DLG）采集与更新的多种技术手段及其处理方法；第 3 章阐述包括自然和社会经济在内的专题地理数据的多技术获取与处理方法；第 4 章阐述三维场景尤其是城市三维场景数据获取、处理与三维建模方法；第 5 章阐述从既有地图、影像、统计数据及文档报告中获取空间数据的方法；第 6 章阐述如何进行空间数据的质量控制及数据的集成与融合；第 7 章阐述不同类型空间数据的组织方法；第 8 章讨论如何利用空间数据库系统有效地管理不同类型的空间数据；第 9 章以全国地理国情普查、水利普查和第二次土地调查为案例，阐述其空间数据采集与管理的基本方式。

本书是多位编著者合作的结晶。张卡副教授承担了第 4 章全部内容和 2.3 节的编写；杨林副教授承担了 2.1、2.2、2.4、3.1 和 3.2 节的编写；戴晓爱副教授承担了第 7 章（除 7.5 节外）和第 8 章（除 8.5 节外）初稿的编写；张雪英教授承担了 5.4 节的撰写；李安波副教授承担了 8.5 节的编写；吴明光副教授承担了 7.5 节的编写；本书其他部分由盛业华教授编写。全书最后由盛业华教授统稿和定稿。

在本书的编写过程中，得到了博士研究生吕海洋、黄毅、张思阳、唐铭，硕士研究生郭宁宁、黄宝群、王梦艺、蔡香玉、王志国、张彭涛、曹雨薇等的帮助，他们协助完成了许多插图的绘制及初稿的校对工作，在此，对他们的工作表示衷心的感谢。另外，在本书的编写过程中，ESRI 中国（北京）有限公司和北京超图软件股份有限公司给予了大力支持，并提供了许多有价值的文档资料，在此对他们的帮助表示衷心的感谢。除参考文献中列出的部分外，还利用百度搜索，引用了部分网络发布的成果和图片，在此对这些被引用资料的原作者们表示诚挚的感谢。

实在惭愧，自 2015 年 2 月落实本教材撰写提纲后，受其他科研和教学工作的影响，本书的编写工作断断续续，交稿时间也一再延迟。但回顾本教材的编写过程，实际上也是作者学习、归纳、吸收、消化多类空间数据获取技术及其数据处理方法的过程，通过收集、阅读和参考大量的相关文献，使作者受益良多。然而，受知识水平的限制，再加上空间数据采集与管理技术的不断发展，本书难免存在不足之处，欢迎相关专家及各位读者对此进行批评指正。

编著者

2017 年 10 月 27 日

目　　录

第 1 章　空间数据采集的基础知识

空间数据是空间分析、模拟和决策的基础，是地理信息系统(geographic information system，GIS)的基础和“血液”。事实上，GIS 就是围绕着空间数据的采集、加工、存储、分析、可视化表达和传输展开的。本章在对空间数据的概念、空间表达的坐标系统和数据模型等进行回顾的基础上，阐述空间数据基础设施及空间对地观测技术等与空间数据密切相关的技术和方法，并给出空间数据采集与管理的技术体系。

1.1　空间数据及其类型

1.1.1　空间数据的概念

空间数据也称地理空间数据，是对地理事物和现象(也称作地理要素)的语义、空间位置、几何形态、演化过程、相互关系和属性等多方面特征感知结果所进行的抽象描述和表达，在 GIS 中，尤指对这些特征的数字化表达形式。一般来说，资源、环境、经济和社会等众多领域带有相对或绝对地理空间坐标的数据都是空间数据。

从对地理事物和地理现象表达的完备性来看，需要对地理要素从语义(该要素是什么的定义或解释，包括类别、命名等)、空间位置(某种空间基准下的一维、二维或三维坐标)、几何形态(形状、大小等)、演化过程(不同时刻的状态与过程)、相互关系(要素间空间关系、时间关系、相互作用与制约关系等)及属性(物理、化学、生物、人文、社会和经济等方面的属性)特征等方面进行全方位的、定性或定量的描述和表达。

从当今 GIS 的角度来看，为了能在空间数据库中有效组织和存储空间数据，对地理要素多方面的特征进行取舍和简化，通常仅描述和表达地理要素的空间特征(地理要素的位置、形状和大小等几何特征，以及与其他要素间的空间关系)、时间特征(对要素在特定时间或时间段内观测或采集)和属性特征(包括语义在内的要素质量特征与数量特征)。

1.1.2　空间数据的特征

由于地理要素空间分布的广度和复杂性，以及观测尺度的多样性，空间数据呈现多方面的特征。

1. 空间特征

对每个地理要素进行空间位置描述和表达是空间数据区别于其他类型数据的最主要特征。地理要素的空间位置可以利用某种空间基准下的坐标来表示，由此隐含了地理要素的空间分布特征。在不同的空间数据库中，地理要素的空间坐标都直接存储，形状和大小特征可以利用坐标计算得到。但空间关系则较为复杂，有些空间数据库除存储地理要素的空间坐标外，还存储部分空间关系，如相邻、包含、连通等关系，而大部分空间关系则利用空间坐标运算获得，如方位关系、距离关系、穿过关系等；有些空间数据库仅存储地理要素的空间坐标，所有空间关系都需要利用空间坐标进行运算。

2. 属性特征

属性特征也称作非空间特征或专题特征，是与地理要素相联系的、表征地理要素本身性质的质量和数量特征，如要素的类型、语义、定义、量值等。属性又可分为定性和定量两类，前者包括名称、类别、等级等；后者包括可测量的数量特征，如道路的宽度、车道数等。许多 GIS 中也将地理要素的时间特征作为属性数据进行记录和存储。

3. 多尺度与多态性特征

观测距离和尺度的不同，导致对相同地理要素的描述和表达的空间数据呈现多尺度和多态性特征。空间数据的多尺度特征表现为不同尺度上同一地理要素在几何形态、定位精度等方面存在差异。例如，一幢居民楼在大比例尺地图上具有阳台等几何细节，而在较小比例尺地图上，则表示为一个矩形。多态性特征则表现为不同尺度上同一地理要素的表达方式存在差异。例如，从太空上观察地球上的某一河流，可能仅为一个线对象，而接近观察时却是一个面状区域。

4. 多维性特征

由于多种地理对象或现象相互联系和相互作用，在同一空间位置上往往存在多种现象，表现为在某一个坐标位置上可以有多个专题和属性数据。例如，在某地点上，可观测高程、土地利用类型、土壤厚度、大气污染浓度等数据。

5. 非结构化特征

在关系型数据库中，每一个数据记录都要满足结构化的要求，即记录是定长的，数据项不能再分，也不允许嵌套记录。而地理要素的复杂性，导致对其表达的空间数据不能满足这种定长要求。例如，道路要素，一条道路若是笔直的，仅需两对坐标就可表达，若该道路是弯曲的，则可能需要数百乃至更多的坐标对才能表达。另外，一个地理要素可能包含一个或多个其他要素。例如，某一林地地块中又包含两个水塘、一块菜地，若采用多边形表示地块，则林地多边形记录中就需要嵌套水塘和菜地多边形记录，所以也不能满足关系型数据库关于记录的非嵌套要求。

1.1.3 空间数据的分类

地球表面上的各种地理事物和现象错综复杂，对其描述和表达的空间数据也多种多样。从不同的视角对其分类可得到不同的分类结果。

1. 按采用的数据模型和数据结构分类

从对地理要素描述的概念数据模型的角度来看，空间数据可分为空间对象数据和空间场数据。空间对象数据是对地球表面呈离散分布、具有明确几何边界的地理要素(也称地理或空间实体)的表达形式。在此，将地理要素抽象为点、线、面和体对象。空间场数据是对一定范围内连续变化的地理现象如地形起伏、气温、人口密度等的一种表达形式。

依据对地理要素表达所用的空间数据结构，可将空间数据分为矢量空间数据和栅格空间数据。矢量空间数据能对点、线、面和体地理要素位置和几何特征进行精确的描述和表达，并关联其属性特征，甚至表达部分空间关系。栅格空间数据以规则的栅格阵列表示地理现象，阵列中的每个栅格单元的值表示地理现象的属性特征，地理现象的空间位置蕴含在每个栅格单元的行、列号中。

2. 按地理要素的空间分布分类

按照地理要素在地理空间中的分布，可将空间数据分为二维空间数据、三维空间数据、时空数据。

二维空间数据是将地理要素某一时刻的状态投影到平面(或球面)，再描述和表达其平面二维坐标、几何、属性、空间关系等特征。三维空间数据则是依据地理要素某一时刻在地球表层三维空间中分布的状态，对其进行数据表达，其最重要的特征是所描述和表达的空间位置具有三维空间坐标。时空数据则同时考虑地理要素随时间变化而变化的特征，又可细分为二维空间与一维时间数据、三维空间与一维时间数据。

3. 按数据的用途分类

根据空间数据的用途，可将其分为基础地理数据和专题地理数据。

基础地理数据是描述地表形态及其附属的自然与人文要素特征的数据总称，指通用性强、共享需求大，作为统一的空间定位框架和空间分析基础的地理数据，具有基础性、权威性、普适性和使用频率高的特点。基础地理数据所表达的地理要素包括作为空间定位基础的地理坐标系格网与测量控制点，自然地理中的地貌、水系、植被与土质，以及人文地理中的居民地及设施、交通、管线、境界与政区、地名等。其具体内容也与所采用的比例尺有关，随着比例尺的增大，基础地理数据的详细程度和位置精度越来越高。

专题地理数据是指在基础地理数据所确定的空间框架的基础上，针对不同领域或行业应用需求，对专业领域涉及的自然或社会经济要素(如林地类型、作物分布、土地利用、城市规划、地质构造、人口分布、气候、水文、房地产、地籍、环境污染源等)的空间分布及其演化过程进行表达的数据，它具有专业性、统计性等特点。实际上，凡是与空间坐标相联系的各类自然、人类社会与经济数据都是专题地理数据。专题地理数据既是来源最丰富也是应用最广泛的数据资源，能够广泛服务于国民经济建设、社会管理、科学研究、国防建设等领域及社会大众。

4. 按数据的来源分类

空间数据来源丰富，既可以直接观测获得(直接数据)，也可以通过对已有其他形式的数据进行加工处理或转换获得(间接数据)；既可以是数字化的数据，也可以是非数字化的数据。将各种来源数据按数字化与非数字化、直接和间接进行分类，如表 1.1 所示。

GIS 空间数据采集的根本任务就是将这些非数字化的直接和间接数据转化为数字化表达形式，并将各种来源数据进一步加工成空间数据库能够组织和存储的空间数据。

表 1.1　按数据来源的空间数据分类

空间数据类型	直接数据	间接数据
数字化数据	全站仪测量、GNSS 观测 数字航空和航天遥感影像 地球物理、地球化学探测	数字化文档 其他 GIS 系统的空间数据 专题数据库 CAD 设计图
非数字化数据	社会经济现场调查记录、笔记 航空像片 模拟法测图	地形图与专题地图 统计图与统计报表 图书、文档、报告

5. 按空间数据的存储与组织形式分类

在空间数据库中，为了对不同表达形式的空间数据进行有效组织、存储和管理，将空间数据分为数字线划数据(digital line graphic，DLG)、影像数据、数字高程模型(digital elevation model，DEM)数据、专题属性数据、栅格数据、多媒体数据及三维模型数据几种类型。

数字线划数据是将地理要素直接抽象为点、线、面对象，利用坐标来描述其位置和形状。这种数据实际上是一种矢量数据，特别适合于采用制图符号将各要素符号化输出为精美的地图。大多数事务型 GIS 系统都是以数字线划数据为核心的。

影像数据包括卫星遥感影像和航空影像，既可以分波段存储，也可存储经彩色合成的真彩色或假彩色影像。在空间数据库中一般存储经辐射校正和几何纠正，具有空间定位信息(地理编码)的数字正射影像(digital orthophoto map，DOM)。数字正射影像是基础地理数据的一种重要类型。

数字高程模型数据是用来表达地形高度差异的数据，也是基础地理数据的一种重要类型。由于 DEM 数据的采集、数据模型、处理和分析方法都比较特殊，既可以采用矢量方式表达(如等高线、不规则三角网等)，也可采用栅格形式表达。DEM 数据可利用立体成像的航空、航天遥感影像经数字摄影测量方法直接获得，也可采用地面和机载光探测与测量(light detection and ranging，LiDAR)技术、机载或星载干涉雷达测量(interferometric synthetic aperture radar，InSAR)技术、实地测量或等高线地图扫描数字化等方法，经数据处理后得到。

专题属性数据是用于描述和表达地理事物和现象不同领域数量和质量特征的数据。它本身不具有空间定位特征，可独立存储于数据库系统，通过数据关联技术，可将属性数据与数字线划数据联系起来，构成对地理要素特征的完备描述。属性又可分为命名属性、顺序属性、间隔属性、比率属性和周期属性。

栅格数据是通过将地理空间分割成称作栅格单元的规则网格，在各个栅格单元上记录相应的属性值来表示地理现象的一种数据形式，特别适合于组织空间场数据。由于栅格数据在空间划分上类似于影像，对于数值型属性可采用与影像数据相同的方式组织数据；若属性值是命名、顺序、间隔、比率或周期型的，则需按属性类型分层组织。

对地理环境的现状与变化以图片、动态视频、声音等多媒体数据进行记录，并同时记录获取这些数据的空间位置，或与 DLG 数据中的地理对象进行关联，就形成了多媒体空间数据。多媒体数据有利于直观、形象、动态地再现地理要素，增强数据用户的空间认知。

三维模型数据是对呈三维分布的地理对象如建筑物、管线等按其三维形态进行三维几何建模(通常采用线框或多边形网格)与纹理映射得到的与现实对象外观相似的模型。根据几何细节表达的详细程度，三维模型往往具有多个细节层次(levels of detail，LOD)模型表达。LOD 层次越高，模型越能逼真地再现所表达的地理对象。

1.2 地理空间参照与坐标系统

具有空间位置是空间数据最基本的特征。为了度量在不规则地球表面上分布的某一地理要素的空间位置，必须确定地理空间参考框架与坐标系统。

1.2.1　地球形状与地球椭球

地球表面是包括海洋底部、陆地上崇山峻岭在内的凹凸不平且极不规则的自然表面(图 1.1)，难以采用一个简洁的数学模型来表达。由于约占地球表面 71%的区域被海水所覆盖，假设当海水处于完全静止的平衡状态时，从海平面延伸到大陆内部，并与地球重力场方向处处正交，形成一个连续和封闭的曲面，就形成了大地水准面。因地球表面起伏不平和地球内部质量分布不匀，所以大地水准面是一个略有起伏的不规则曲面，该面包围的形体称作大地体。大地体在形态上非常接近于一个椭圆绕地球自转轴旋转而成的椭球体，而后者的表面是一个可以采用简单数学模型(椭球方程)来表达的曲面，因此，地理学、测绘学等领域总是采用旋转椭球(或地球椭球)来对地球体进行简化和近似的表达，这一简化过程是地球自然表面 → 大地水准面 → 地球椭球面(图 1.2)。

图 1.1　地球表面形态

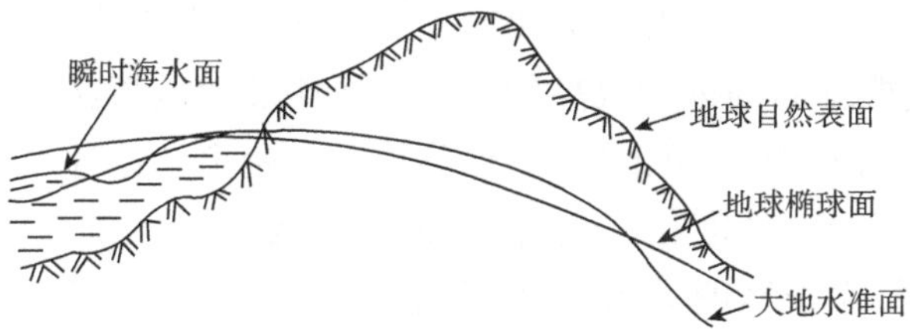

图 1.2　地球表面的多级近似

地球椭球的大小通常用两个参数表示，即长半径 a 和短半径 b，或者长半轴 a 和扁率 α。由于观测区域、观测手段、推求年代等的不同，对地球体近似的地球椭球也有多种，如美国的海福特(Hayford)椭球、WGS84 椭球、英国的克拉克椭球、白塞尔椭球和苏联的克拉索夫斯基(Krasovsky)椭球，国际大地测量学与地球物理学联合会(International Union of Geodesy and Geophysics，IUGG)推荐的 GRS75、GRS80 等椭球(表 1.2)。

每个国家或地区在选用相应的地球椭球后，其形状、大小一定，经过定位和定向后的地球椭球称为参考椭球。参考椭球的椭球面与该区域局部大地水准面最为吻合，成为大地基准面。需要说明的是，椭球中心与地球的质心、椭球的旋转轴与地球的自转轴可能重合也可能不重合，取决于椭球的定位和定向方式。

表 1.2　典型地球椭球及其几何参数

椭球名称	创立年份	应用情况	长半径 a/m	短半径 b/m	扁率 α
海福特(Hayford)椭球	1910	中国 1952 年以前采用	6378388	6356912	1：297
克拉索夫斯基(Krasovsky)椭球	1940	中国 1954 北京坐标系采用	6378245	6356863	1：298.3
GRS75 椭球(国际椭球)	1975	中国 1980 西安坐标系采用	6378140	6356755	1：298.257
GRS80 椭球(国际椭球)	1979	WGS84 世界大地坐标系、中国 CGCS2000 坐标系采用	6378137	6356752	1：298.257

1.2.2 球面空间坐标系统

1. 地理坐标系

一旦确定了参考椭球，就可在其上建立地理坐标系，并度量球面上任一点的空间位置。地理坐标系是以包含椭球旋转轴(与地球自转轴有少许偏差)称作子午面的平面与椭球面的交线——子午线或经线，以及垂直于椭球旋转轴的平面与椭球面的交线——纬线所构成的球面分划来确定的。设球面上任一点 P(图 1.3)，过该点的椭球面法线与最大纬线——赤道所在平面(赤道面)之间的夹角称作纬度，记为 B，其值的范围为南纬 90°到北纬 90°；以通过英国格林尼治天文台的子午线为起始子午线或首子午线，过 P 点的子午面与首子午面之间按向东或向西量取的夹角为经度，记为 L，其值的范围为西经 180°到东经 180°。在地理坐标系下，任一点的空间位置可用经度和纬度来表示，如图 1.3 中 P 点的地理坐标为东经 60°、北纬 55°，国际上通常表示为 60°E 55°N。

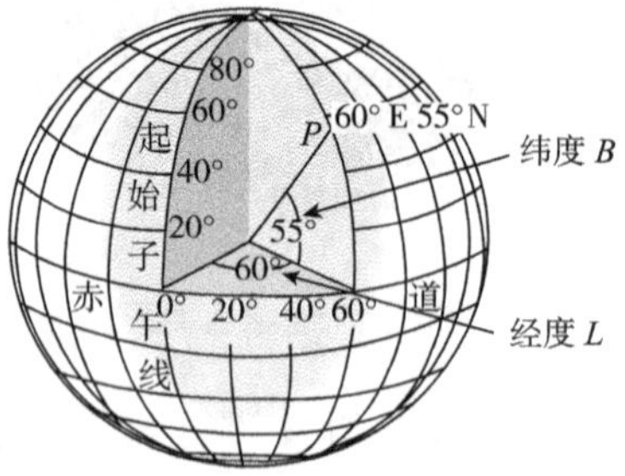

图 1.3 地理坐标系的度量

若需要表示该点离椭球面的远近或高低，还需要增加大地高这一参数，即沿过该点法线方向向外(记为正值)或向内(记为负值)量取点到球面的距离。这种以参考椭球面为基准面建立的，地面点的位置用经度、纬度和大地高表示的坐标系称作大地坐标系，其坐标记为 $P(B, L, H)$。显然，大地坐标系与地理坐标系的差别在于是否表示大地高。

由于所采用的参考椭球大小、定位和定向参数不同，在不同大地基准下对相同地面点所表示的地理坐标或大地坐标值也不相等，这应引起特别关注。当然，依据不同参考椭球所建立的地理坐标系或大地坐标系下点的经、纬度坐标可以采用莫洛坚斯基(Molodensky)法或简化莫洛坚斯基法进行换算。

2. 空间直角坐标系

对球面上点位的度量还可按欧几里得几何理论，建立三维空间直角坐标系(图 1.4)。坐标系的原点设在参考椭球的中心，Z 轴指向某一协议地极，X 轴指向起始子午面且与 Z 轴垂直，Y 轴同时与 Z 轴和 X 轴垂直，构成右手三维直角坐标系。在该坐标系下，任一点 P 的位置采用 X、Y 和 Z 三维坐标表示，记为 $P(X, Y, Z)$。显然，该点的空间直角坐标 $P(X, Y, Z)$ 与其大地坐标 $P(B, L, H)$ 间可建立变换方程进行坐标转换。

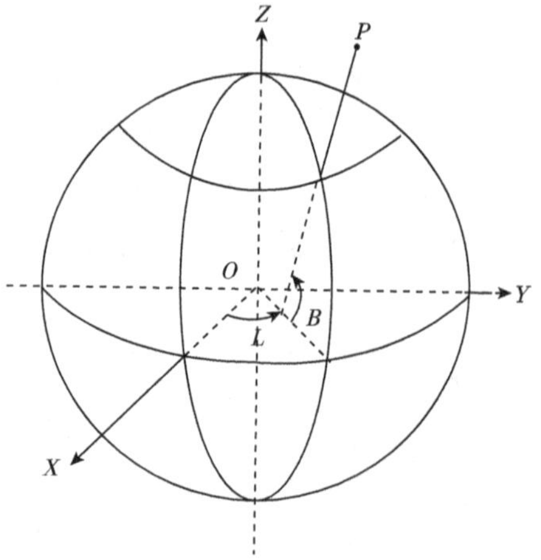

图 1.4 空间直角坐标系

空间直角坐标系可以是参心坐标系。例如我国的 1980 西安坐标系，采用 GRS75 国际椭球参数，大地定位原点设在我国中部陕西省泾阳县永乐镇。坐标系原点设在椭球中心，与地球质心并不重合；Z 轴指向 1968.0 地极原点(JYD)方向；大地起始子午面平行于格林尼治天文台子午面，X 轴在大地起始子午面内与 Z 轴垂直指向经度 0°方向；Y 轴与 Z 轴和 X 轴垂直构成右手直角坐标系。

空间直角坐标系也可以是地心坐标系，如 WGS84 空间直角坐标系是一种为全球范围空间定位目的服务的坐标系。采用 GRS80 国际椭球参数，椭球中心与地球质心严格重合。坐标原点设在地球的质心；Z 轴指向国际时间局(Bureau International de I′ Heure，BIH，1984.0)定义的协议地球极(conventional terrestrial pole，CTP)方向，即由 IAU(International Astronomical Union)和 IUGG 共同推荐的国际协议原点 CIO(conventional international origin)；X 轴指向 BIH 定义的 0°子午面与 CTP 赤道的交点；Y 轴与 Z 轴和 X 轴垂直构成右手直角坐标系。

不同的空间直角坐标系采用的椭球参数、坐标原点、轴向等都存在差异，相同地面点在不同空间直角坐标系下的坐标值也存在较大的较差，且位于地球表面不同位置的坐标较差既非常数也不是简单的线性函数关系。因此，需要采用七参数法进行相互转换。

1.2.3　投影坐标系

虽然地理/大地坐标系和空间直角坐标系可精确地确定空间点位，但是，这些坐标系确定的点位坐标难以满足点间距离、线的方向及面积的计算等需求。例如，从北京到巴黎的距离，若在地理坐标系下计算，涉及复杂的球面弧线长度运算，在空间直角坐标系下直接按欧几里得距离公式计算，得到的是穿越地球内部的距离，并无实际意义。因此，一种有效的方案是将地球椭球面平面化，在平面上进行几何量算和空间分析更为便捷。然而，椭球面本身并非可展曲面，只能采用地图投影的方法，将其投影到某种可展面上。

1. 地图投影

地图投影是指建立地球椭球面上点位与投影平面上点位间一一映射的函数关系。通常采用如下函数表示：

$$\begin{cases} x = f_1(B, L) \\ y = f_2(B, L) \end{cases} \tag{1.1}$$

从椭球面到平面的投影总会产生某种变形，每种地图投影都保留某些空间性质，而牺牲另一些性质。根据投影保留的性质，可将地图投影分为等角投影、等面积投影、等距投影和等方位投影几种类型，也可按承载投影结果的可展面类型分为圆锥投影、圆柱投影和方位投影。还可按照可展面与地球椭球体的切割关系和投影的方位对投影类型进一步细分为相切和相割投影，正轴、横轴和斜轴投影(图 1.5)。

无论采用何种投影面和投影方式，地图投影需要两个必要条件：①任何一种投影都必须基于某种地球椭球体；②将球面坐标转换为平面坐标的过程——投影算法。

2. 投影坐标系

投影坐标系是基于某种地图投影建立的平面坐标系。在此，以我国应用最普遍的高斯–克吕格投影(Gauss-Kruger projection，简称高斯投影)坐标系为例进行讨论。我国规定 1∶50 万和更大比例尺地形图统一采用高斯投影。

高斯投影是横轴切圆柱等角投影，其原理是：假设用一空心圆柱横套在地球椭球体上，使圆柱轴通过地心，圆柱面与椭圆体表面某一经线相切；然后用解析法使地球椭球体面上经纬网保持角度相等的关系，并投影到椭圆柱面上；最后将椭圆柱面切开展成平面，就得到投影后的图形(图 1.6)。

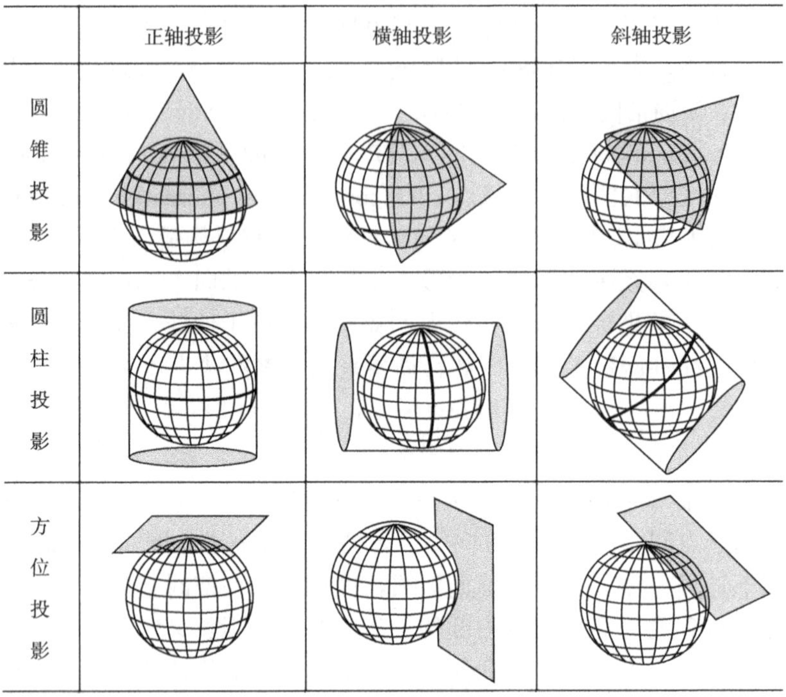

图 1.5　不同投影面及其与椭球旋转轴间的方位关系

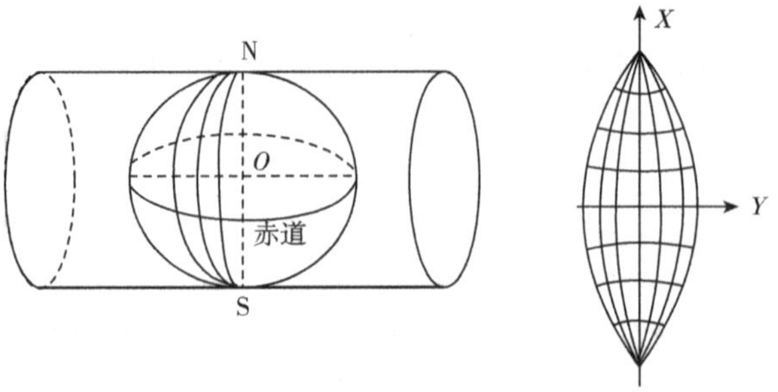

图 1.6　高斯-克吕格投影示意图

高斯投影的中央经线为与赤道互为垂直的直线，其他经线均为凹向并对称于中央经线的曲线，其他纬线均是以赤道为对称轴的向两极弯曲的曲线，各经线和纬线呈直角相交。高斯投影的角度保持不变。对于长度的变性特征是：中央经线没有长度变形，其他经线长度均增大，且距中央经线越远增大越多；同一经线上，长度变形随纬度的降低而增大，在赤道处达到最大；同一纬线上，长度变形随与中央经线的经差增加而增大。面积的变形也是距中央经线越远变形越大。因此，为了限制投影后长度和面积的变形，采用分带投影的方法，即将投影的经度范围加以限制，使其投影变形不超过一定的限度。通常采用经差 6°(最大长度变形不超过 1.4‰)或 3°进行分带(最大长度变形不超过 0.3‰)。我国 1∶2.5 万～1∶50 万比例尺地形图均采用经差 6°分带，1∶1 万乃至更大比例尺地形图采用经差 3°分带。我国的经度范围西起 73°东至 135°，共有 11 个 6°带。

6°带自起始子午线(0°子午线)起，自西向东每隔经差 6°划分为一个投影带，全球共分为 60 带，并按自然数依次编号，带号为 1～60(图 1.7)。3°带则是从东经 1° 30′的经线开始，每隔 3°划分为一带，全球共分为 120 个投影带，带号同样依次编号，带号为 1～120。6°带和 3°

带中央子午线的经度可按下式计算：

$$\begin{cases} L_0^6 = 6n - 3 \\ L_0^3 = 3k \end{cases} \tag{1.2}$$

式中，n 和 k 分别为 6° 带和 3° 带的带号。

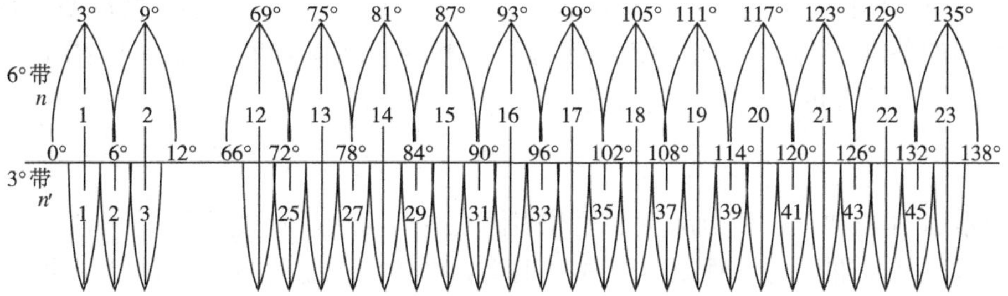

图 1.7　高斯-克吕格投影的分带

在分带投影的基础上，以中央子午线为 X 轴(向北为正)，赤道为 Y 轴(向东为正)，两轴的交点为坐标原点，由此确定了高斯投影平面直角坐标系。为了避免中央经线西侧 Y 坐标出现负值，将各带的 X 轴人为地向西平移 500km(图 1.8)，即需要将各点的 Y 坐标值都加上 500km。为了区别不同带号中的坐标，在 Y 坐标前还应冠以带号，这样的坐标称为通用坐标。例如，点 P 在带号为 20 的高斯投影带中的实际坐标为(3124528.257，178123.265)(单位 m)，其通用坐标表示为(3124528.257，20678123.265)。需要注意的是，高斯投影平面坐标系与几何中笛卡儿坐标系在 X、Y 轴方向上是不同的，其目的是便于从北方向(平行于中央子午线)顺时针度量两点间连线的方位角。

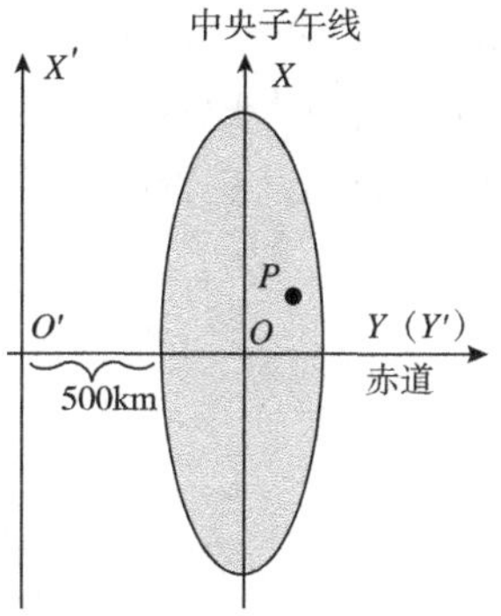

图 1.8　高斯投影平面坐标的表示

除高斯投影平面坐标系外，较为常用的还有 UTM 投影(universal transverse mercator projection，通用横轴墨卡托投影)平面坐标系。许多国家对发布的遥感影像采用该投影平面坐标系进行坐标编码。UTM 投影实质上是横轴割圆柱等角投影，与高斯投影在投影面、分带等方面非常相似，其区别在于：①投影圆柱与地球椭球在北纬 84°和南纬 84°处相割；②6°分带是从西经 180°开始自西向东依次划分并顺序编号；③中央子午线的投影长度比为 0.9996，在 6°带内最大长度变形不超过 0.4‰。正是由于高斯投影平面坐标系与 UTM 投影坐标系高度相似，采用相同参考椭球情况下，同一球面点在两种投影坐标系下的坐标也非常接近(同一投影带内纵坐标的最大差值约为 44mm，横坐标的最大差值约为 2mm)，在一般 GIS 应用中可以忽略这种差异，直接将两种平面坐标等同；但对于地籍信息系统等对空间位置精度要求很高的应用，则必须清楚这种坐标差异，并采用恰当的投影模型。

1.2.4　高程基准和高程系统

1. 高程基准

高程是表示地球上一点至参考基准面的距离，它和水平量值(包括地理坐标和投影平面坐标)一起，统一表达点在三维空间的位置。高程基准是指包括高程起算基准面和相对于这个基准面的水准原点(基点)的高程。

GNSS 定位系统所测定的高程是以椭球面为基准面，沿过点的法线方向测定点至椭球面的距离来表示点的高程，实际上获取的是大地高，记为 h。

在测绘领域，一般采用大地水准面作为基准面，量取地面点到大地水准面的沿重力线方向的距离，该距离称作绝对高程或海拔高程，记作 H。大地水准面与参考椭球面间并不吻合，加上观测方向的差异，导致对某地面点的大地高 h 和绝对高程 H 间存在差异(图 1.9)，称作高程异常(记作 N)，两者可采用下式进行转换：

$$h = H + N \tag{1.3}$$

这种高程异常 N 并非常数，而是随点在地球表面上的位置变化而变化的。

地面点到大地水准面的铅垂距离也称为正高。由于地球重力场是不均匀变化的，重力线就会产生一些偏移，使得正高难以精确测定。我国规定采用似大地水准面作为高程的基准面，观测点的正常高 H_g(图 1.10)。似大地水准面是指地面点沿正常重力线量取正常高所得端点构成的封闭曲面。似大地水准面严格地说不是水准面，但接近于水准面，只是用于计算的辅助面。它与大地水准面不完全吻合，差值为正常高与正高之差，在平原地区，这种差值一般小于 1dm；在青藏高原上相差最大，可达 3m；在海洋面上，似大地水准面与大地水准面重合。

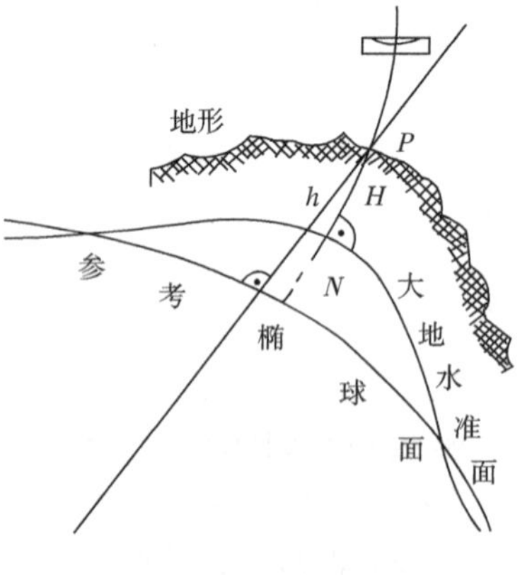

图 1.9 大地高与海拔高

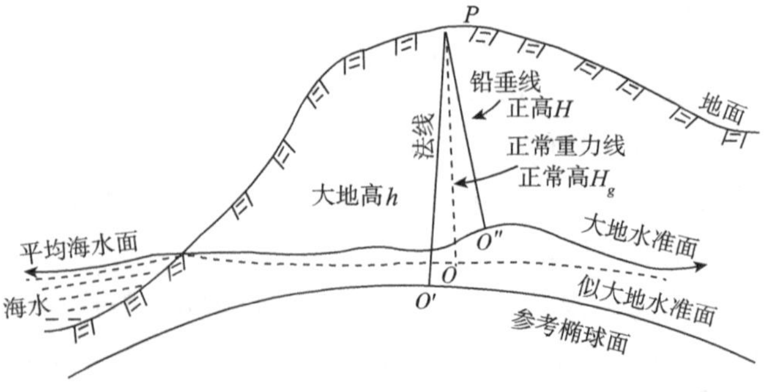

图 1.10 大地高、正高和正常高

地面点的正常高与大地高间的差异，也称为高程异常，记作 ζ。显然，ζ 也是随点在地球表面上位置不同而改变的，可通过似大地水准面精化(按一定分辨率求取正常高与大地高间的差异)求取不同位置的高程异常。这样就可实现 GNSS 测定的大地高 h 和水准测量测定的正常高 H_g(在不至于混淆的情况下，表示为 H)间的相互换算。

2. 高程系统

高程系统是指相对于不同性质的基准面(如大地水准面、似大地水准面、椭球面等)所定义的高程体系。我国常用的高程系包括 1956 黄海高程系和 1985 国家高程系。

(1) 1956 黄海高程系。以青岛验潮站 1950～1956 年的潮位观测资料推算出的黄海平均海平面作为中国的高程基准面，即零高程面。国家水准原点设在青岛观象山，用精密水准测量方法测得其高程为 72.289m，并以此点高程为起算数据，对分布于全国范围的高等级水准点进行水准观测和高程控制网平差计算，作为全国各地高程的起算数据。

(2) 1985 国家高程系。也称 1985 国家高程基准，以青岛验潮站 1952～1979 年的潮汐观测资料为计算依据，重新计算黄海平均海平面，建立了 1985 国家高程基准面，采用精密水准测量方法重新测定国家水准原点与该基准的高差，得到其高程为 72.260m。这就意味着同一地面点在 1985 国家高程系中的高程比 1956 黄海高程系的高程低 0.029m，在两个高程系中可进行高程的简便换算。1985 年国家高程系已于 1987 年 5 月启用，同时废止了 1956 黄海高程系。

我国历史上还形成了多个局部高程系统，如上海吴淞高程系、大连高程系、大沽高程系、广州高程系、坎门高程系、珠江高程系等，有的至今还在沿用。这些高程系下的高程可通过对局部地区高程差常数的改正换算到 1985 国家高程基准。尤其是在进行多源、多期空间数据的集成和分析应用时，务必仔细和认真核实并进行高程换算。

值得一提的是，当对水下地形进行测量时，采用深度基准面作为海图所载水深的起算面。为了消除不同区域海水面受潮汐水位影响的差异，通常取在当地多年平均海面下深度为 L 的位置为深度基准面，我国自 1956 年以后采用理论深度基准面（理论最低潮面），这是一个比黄海高程基准面略低的基准面。

对地球表面任意一点的三维空间坐标的表达综合采用了两种分离的空间基准，即点的平面位置是以参考椭球面为基准来表达的（包括对椭球的各种投影），而点的高程是以似大地水准面为基准来表达的，这样就形成了表达点位的三元组（X，Y，H）。

1.2.5　线性参照系统

除了采用地理坐标或投影平面坐标表示地理要素的空间位置外，一些涉及线状分布要素如铁路、公路、河道、管道等管理的行业或部门，在其专门的 GIS 中，还经常采用一维的线性参照（linear reference）系统来表示沿这些线状要素分布的对象或发生的事件，如高速公路管理部门利用线性参照定义桥梁、道路标识、路面破损、交通拥堵等路况信息，并报告事故发生的位置，如“沪宁高速往南京方向 232km+200m 处发生了一起三车相撞交通事故”。

线性参照系统利用网络中从指定参照点沿着指定路径的距离来描述，其实质是以已知的线性对象为依据，将其他“事件”或“热点”以一维的量测值（如距离）将其定位到该线性对象上（图 1.11）。与直接对事件发生的位置进行二维坐标描述相比，线性参照是一种相对的定位方式（图 1.12）。

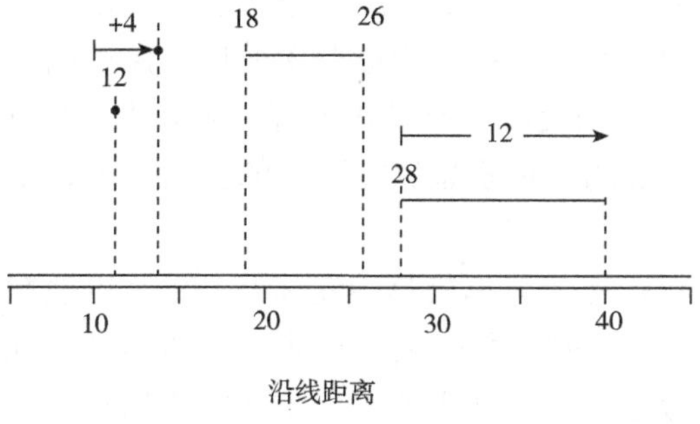

图 1.11　线性参照

(a) 采用x，y坐标定位　　(b) 线性参照相对定位

图 1.12　点的绝对和相对定位

线性参照不仅可以对点进行相对定位，也可以对线进行相对定位，如对道路要素的多种属性变化特征进行分段描述(图 1.13)，这样可使数据更为简洁。

线性参照系统以一维量测值表示点或线段的相对位置，其前提是必须预先存储其所参照的线性要素或网络的空间坐标与拓扑关系。依据线状要素的坐标序列，采用坐标插值方法可以方便地将线性参照的相对位置转换为二维平面坐标。

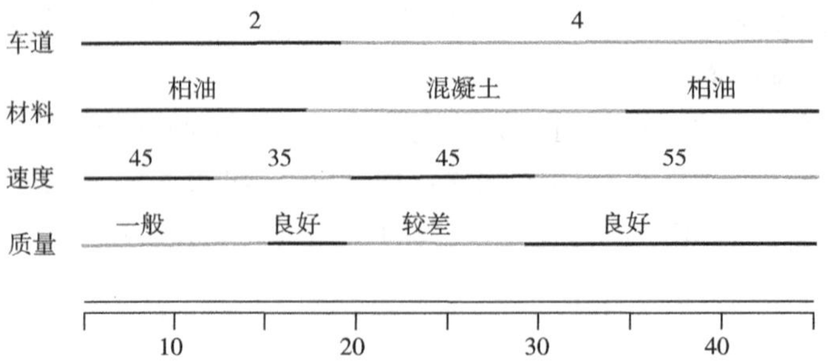

图 1.13　基于线性参照的多属性分段表达

1.3　空间数据的基本模型

1.3.1　空间数据模型

空间数据模型是关于现实世界中地理事物或现象及其相互联系的形式化抽象和数学描述。其目的是揭示地理对象或现象的本质特征，并对其进行抽象化表达，使之转化为计算机能识别、处理和存储的数据。为了简单、明晰地描述 GIS 地理对象的抽象表达过程，可将其归纳为三个抽象层次，如图 1.14 所示。

概念模型是地理空间中地理事物与现象的抽象概念集，是地理数据的语义解释，从计算机系统的角度来看，它是抽象的最高层。构造概念模型应该遵循的基本原则是：语义表达能力强；作为用户与 GIS 软件之间交流的形式化语言，应易于用户理解(如 ER 模型)；独立于具体计算机实现；尽量与系统的逻辑模型保持同一的表达形式，不需要任何转换，或者容易向逻辑数据模型转换。

逻辑数据模型是 GIS 描述概念数据模型中实体及其关系的逻辑组织方式，是系统抽象的中间层。它是用户通过 GIS(计算机系统)看到的现实世界地理空间。逻辑数据模型的建立既要考虑用户易理解，又要考虑易于物理实现，易于转换成物理数据模型。通常所称的空间数据模型其实是空间数据的逻辑模型。

物理数据模型是概念数据模型在计算机内部具体的存储形式和操作机制，即在物理磁盘上如何存放和存取，是系统抽象的最底层。从计算机的角度看，物理数据模型给出了数据在空间数据库中组织与存取的具体实现。

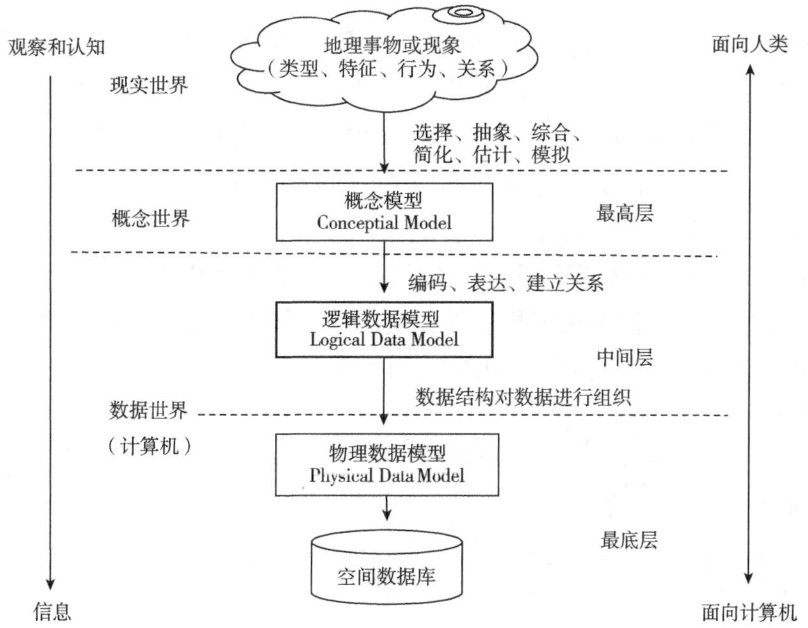

图 1.14 地理事物或现象的数据抽象

在逻辑数据模型和物理数据模型间，空间数据结构用于对逻辑数据模型描述的数据进行合理的组织和编排，是逻辑数据模型映射为物理数据模型的桥梁。同一空间数据模型可以采用多种空间数据结构予以实现。

至今，人们提出了许多空间数据模型，但从某种程度上，这些空间数据模型都是建立在地理表达的两类概念模型——离散对象/连续场模型之上的。离散对象是将世界表达为空间上具有明确边界的一系列对象，可以是零维(点)、一维(线)、二维(面)和三维的(体及其表面)，如建筑物、道路等；连续场是将真实世界抽象描述为有限变量，每个变量定义在任何可能的位置上，场空间可以是二维的也可是三维的，场在空间每个点上仅有数值变量的为标量(scalar)场，既有数值又有方向变量的则为矢量(vector)场，如大气污染物在空间的扩散。

在逻辑数据模型层次，针对对象模型和场模型两类概念模型，一般采用矢量数据模型、栅格数据模型、镶嵌数据模型等来进行空间实体及其关系的逻辑表达。空间数据逻辑模型与概念模型不是一一对应的。例如，采用对象模型建模的地理要素可采用不具有拓扑关系的Spaghetti 模型表示，也可采用具有拓扑关系的 Coverage 模型表示；而场模型，可采用栅格数据模型、矢量数据模型或镶嵌数据模型予以表示。

地理事物或现象本质上是时空四维的，为了对地理要素时间和空间特征进行表达，人们发展了许多逻辑数据模型，如矢量-栅格一体化数据模型、时空数据模型、面向对象的时空数据模型等。本节根据空间数据采集技术一般只能获取地理要素的瞬态特征，忽略其随时间变化的特征，仅讨论表达其瞬态的二维和三维空间数据模型。

1.3.2 矢量数据模型

1. 简单要素模型

矢量数据模型起源于“Spaghetti”模型，这是一种产生于计算机地图制图的数据模型，适合于用对象模型抽象的地理要素，如图 1.15 所示。在矢量数据模型中，点要素用一对空间坐标表示，二维空间中对应为(x, y)；线要素由一系列有序坐标对组成，二维空间中表示为(x_1, y_1)，(x_2, y_2)，…，(x_n, y_n)；面要素由其边界多边形表示，表示为首尾相连的坐标串，二维空间中对应为(x_1, y_1)，(x_2, y_2)，…，(x_n, y_n)，(x_1, y_1)。每一个实体都给定一个唯一标识符(identifier)来标识该实体。矢量数据模型能够精确地表达点、线及面要素的位置，并且能方便地进行比例尺变换、投影变换。但其缺点是对共享边界的面边界重复表示，也难以刻画复杂的网络关系。ESRI 公司的 Shapefile 文件就是采用这类简单要素模型来表达地理对象。

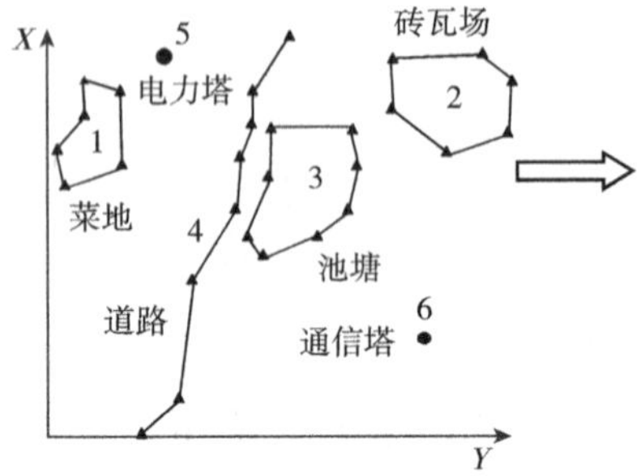

要素几何类型	要素ID	类别	坐标
点	5	电力塔	x_1, y_1
点	6	通信塔	x_1, y_1
线	4	道路	$x_1, y_1; x_2, y_2; \cdots; x_n, y_n$
多边形	1	菜地	$x_1, y_1; x_2, y_2; \cdots; x_n, y_n; x_1, y_1$
多边形	2	砖瓦场	$x_1, y_1; x_2, y_2; \cdots; x_n, y_n; x_1, y_1$
多边形	3	池塘	$x_1, y_1; x_2, y_2; \cdots; x_n, y_n; x_1, y_1$

图 1.15 地理对象的简单要素数据模型

2. 拓扑数据模型

在矢量数据模型中，可以明确地描述图形要素间邻接、连通、关联、组成和包含等拓扑关系，构成拓扑数据模型，也称为地理-关系数据模型。在具有拓扑关系的矢量数据模型中，多边形边界被分割成一系列的弧段和结点，弧段和结点的坐标可按简单要素模型表达。结点、弧段和多边形之间的拓扑关系在拓扑关系表中描述(图 1.16)，多边形具有唯一的 ID，可与多边形属性表关联。与 Spaghetti 模型相比，相邻多边形间的公共边界仅需表达一次，减少了描述的数据量，且避免了双重边界不能精确重合的问题。

这种按结点、弧段和多边形关联拓扑关系的表达也适用于网络对象，此时仅需描述结点与弧段间的拓扑关系。ESRI 的 Coverage 文件就是采用这类拓扑数据模型来表达呈线状和面状分布的地理对象。

1.3.3 栅格数据模型

栅格数据模型采用规则的栅格单元或单元格(cell，通常为正方形)来表示现实世界中的对象或现象，尤其适合于用场模型抽象的地理现象。在栅格数据模型中，地理空间被划分成相互邻接、规则排列的单元格，一个单元格对应于一定的地理空间范围(范围的大小称作栅格数据的分辨率)。栅格数据可以用数字矩阵来表示，地理空间坐标隐含在矩阵的行列号上。

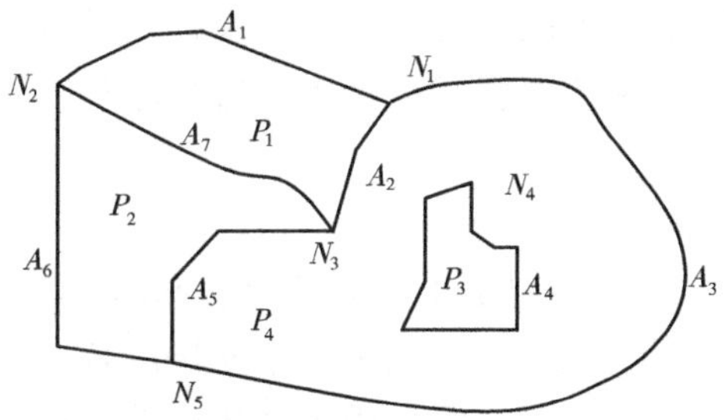

结点与弧段的拓扑关系

结点	弧段
N_1	A_1，A_2，A_3
N_2	A_1，A_6，A_7
N_3	A_2，A_5，A_7
N_4	A_4
N_5	A_3，A_5，A_6

弧段与结点的拓扑关系

弧段	始结点	终结点
A_1	N_2	N_1
A_2	N_1	N_3
A_3	N_1	N_5
A_4	N_4	N_4
A_5	N_3	N_5
A_6	N_5	N_2
A_7	N_3	N_2

弧段与面域的拓扑关系

弧段	左邻面	右邻面
A_1	P_0	P_1
A_2	P_1	P_4
A_3	P_4	P_0
A_4	P_3	P_4
A_5	P_2	P_4
A_6	P_0	P_2
A_7	P_2	P_1

面域与弧段的拓扑关系

面域	弧段
P_1	A_1，A_2，A_7
P_2	A_5，A_6，A_7
P_3	A_4
P_4	A_2，A_3，A_5，$-A_4$

图 1.16　地理对象的拓扑数据模型

在栅格数据模型中，点要素占满一个单元格，线要素由一串彼此相连通的单元格构成，面要素则由一系列相邻、铺满内部的单元格构成。单元格的大小是一致的，如图 1.17 所示。每个单元格对应于一个表示该要素属性的值，该值可以使用分类编码(如土地利用分类)、整

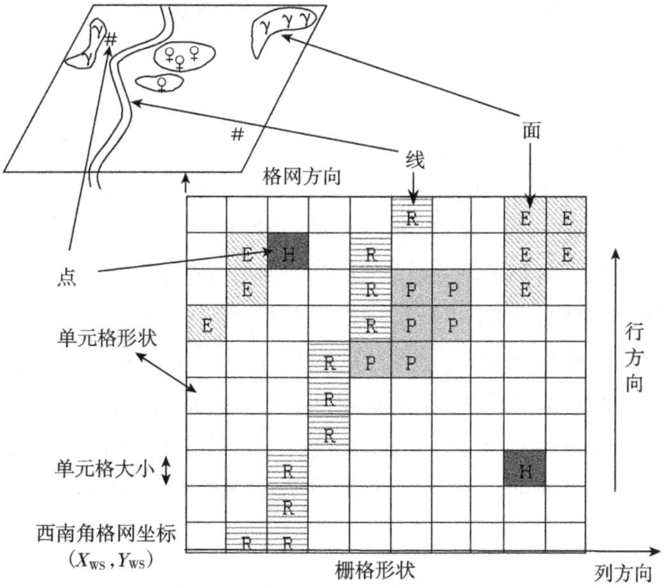

图 1.17　地理要素的栅格数据模型

数或浮点数（如地形高度）。若需要描述同一单元格上的不同地理现象的属性，则既可按不同的属性将数据分层，每层描述一种属性，也可利用属性数据表对每个单元格存储对应于不同地理现象的多个属性。

一个完整的栅格数据模型通常包括以下几个方面。

（1）单元格形状。单元格通常为矩形或正方形。特殊情况下也可以按经纬网划分单元格。

（2）单元格大小。也就是单元格的尺寸，对应的地面范围即分辨率。单元格的合理尺寸应能有效地逼近空间对象的分布特征，以保证空间数据的精度。但是用栅格来逼近地理要素，不论采用多细小的栅格，与原要素比都会有误差。通常以保证最小图斑不丢失为原则来确定合理的单元格尺寸。设研究区域某要素的最小图斑面积为 S，单元格的边长为 L，用如下公式计算：

$$L = \frac{1}{2}\sqrt{S} \tag{1.4}$$

就可以保证面积最小的面要素也能够得到表达。

（3）栅格系统的原点。栅格系统的起始坐标一般应与国家基本比例尺地形图公里网的交点相一致，或者和已有的其他栅格数据相一致。使用公里网的纵横坐标轴作为栅格系统的坐标轴。这样在使用栅格数据时，就容易和矢量数据或已有的栅格数据相配准。

（4）单元格的取值。单元格取值是唯一的，但受到单元格大小的限制，单元格中可能会出现多个要素，那么在决定单元格取值时应尽量保持其真实性，可采用中心点法、面积占优法、重要性法或百分比法来确定该单元的属性取值。

多光谱和高光谱航空与航天遥感影像实际上也是采用栅格数据模型来表示地表各类要素。此时各单元格也称作像元（pixel），像元的大小取决于传感器自身的地物分辨能力，如瞬时视场角（instantaneous field of view，IFOV），像元的值是对像元对应的地面单元地物电磁波辐射能量的量化结果，一般取值为 $0\sim2^n$ 的整数。

栅格数据模型的一个优点是不同类型的地理要素层可以进行叠加运算，不需要经过复杂的几何计算。但对于一些变换，如比例尺变换、投影变换等则操作不太方便。

1.3.4 镶嵌数据模型

镶嵌（tessellation）数据模型采用相互毗邻互不重叠的规则或不规则小面块集合来对地理空间进行逼近，适合于用场模型抽象的地理现象。通过描述小面块的几何形态、相邻关系及面块内属性特征的变化来建立地理要素的逻辑数据模型。根据面块的形状，镶嵌数据模型可分为规则镶嵌数据模型和不规则镶嵌数据模型。其中，规则镶嵌的面块单元可以是矩形、正三角形、正六边形等，但从计算机易于实现的角度来看，一般采用矩形（包括正方形）单元，此时的镶嵌数据模型就是栅格数据模型。在此仅讨论不规则镶嵌数据模型。

最典型的不规则镶嵌数据模型有不规则三角网（triangular irregular network，TIN）和Voronoi 多边形（也称作 Thiessen 多边形或 Dirichelt 格网）模型。当用有限离散的观测样点来表示某地理现象的空间分布规律时，适合于采用不规则镶嵌数据模型。

1. TIN 数据模型

TIN 采用不规则的三角网形成对地理空间的完整覆盖。在 TIN 数据模型中，采样观测点（简称样点）的位置控制三角形的顶点，这些三角形尽可能地接近等边。TIN 能较好地表达地理现象的空间变化，如地形表面就可用三角网拟合，此时三角形被看做空间的三角面片。三角网的优点是，三角形大小随样点密度的变化而变化，所有样点都成为三角形的顶点，当样点密集时生成的三角形小，而样点较稀时则三角形较大。TIN 在表示不连续地理现象时也具有优势，如用 TIN 表示地形的变化，将悬崖、断层、海岸线、山谷山脊线等作为约束条件，可构造约束 TIN。

在依据所有样点所构建的 TIN 模型中，有一种满足最大空圆准则的三角网，即任一三角形的外接圆内不包含其他样点，将这种 TIN 称作 Delaunay 三角网(DTIN)。当样点数量及位置确定后，DTIN 是唯一的(图 1.18)。

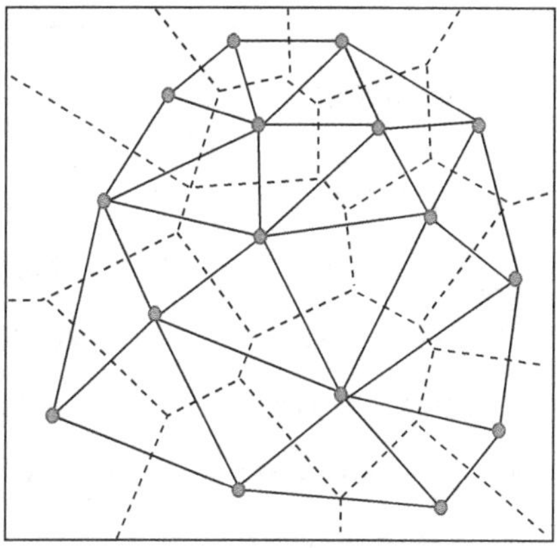

图 1.18　TIN 和 Voronoi 多边形数据模型
图中虚线为 Voronoi 多边形的边界，实线为 TIN 边，小圆点代表采样观测点

对于 DTIN，描述和表达各三角形的顶点坐标(x, y)和属性、顶点与三角形的关联关系、相邻三角形的邻接关系，就可得到 TIN 的逻辑数据模型，显然这是一种特殊的矢量拓扑数据模型。

2. Voronoi 多边形数据模型

Voronoi 多边形是由一组由连接两相邻样点线段的垂直平分线作为边界线的多边形，每个多边形内包含且仅包含一个样点，多边形内的任意位置总是离该多边形内样点的距离比离相邻多边形内样点的距离短(图 1.18)。在样点数量和位置确定的条件下，Voronoi 多边形也具有唯一性，且与 DTIN 有对偶关系。因此，可以先对离散样点集合构建 DTIN，在此基础上再进行 Voronoi 多边形的构造。在 Voronoi 多边形数据模型中，以 Voronoi 多边形内的样点属性作为整个多边形区域的属性。描述和表达 Voronoi 多边形的顶点位置、Voronoi 多边形各边与顶点的连接关系、多边形间的邻接关系，以及 Voronoi 多边形包含的样点就可得到 Voronoi 多边形的逻辑数据模型。

1.3.5　三维空间数据模型

二维空间数据模型通过将地理要素投影到椭球面或某一投影面，在二维空间表达要素的几何、空间关系和属性特征，其实是按照二维地图方式描述地理要素。这类数据模型能够满足大多数 GIS 分析应用，也是被各 GIS 软件平台所广泛采用的数据模型。然而，现实世界本身是三维的，许多地理要素如地形、建筑物、矿床、大气污染分布等是在三维空间分布的，刻画和表达它们在三维空间分布的特征，就需要采用三维空间数据模型对其进行表达。

在三维空间数据模型中，地理要素用水平的(x, y)和垂直的 z 坐标对其位置进行描述，并允许在同一平面坐标上沿高度变化方向存在多个不同 z 值。虽然从二维空间数据模型到三维空间数据模型，仅增加了一维，但数据模型的复杂度却大幅度增加。因此，人们从不同的视角提出了众多三维空间数据模型。这些数据模型可根据对三维空间对象外表和内部特征的表达，分为三维表面数据模型、三维体元镶嵌模型和综合前两者的混合数据模型(表 1.3)。

表 1.3 三维空间数据模型分类

表面数据模型	体元镶嵌数据模型		混合数据模型
	规则体元	非规则体元	
不规则三角网(TIN)	结构实体几何(CSG)	四面体(TEN)	TIN 与 CSG 混合
格网(Grid)	体素(Voxel)	金字塔(Pyramid)	TIN 与 Octree 混合
边界表示(B-Rep)	八叉树(Octree)	三棱柱(TP)	线框与 Block 混合
线框(Wire Frame)	针体(Needle)	地质细胞(Geocellular)	Octree-TEN 混合
相连切片(Linked Slices)	规则块体(Regular Block)	非规则块体	断面 - 三角网混合
断面(Section)		实体(Solid)	
多层 DEMs		3D Voronoi 图	
		广义三棱柱(GTP)	

三维表面数据模型重在表达地理要素或对象外部轮廓(如使用线框或 B-Rep 模型)或细节(如使用 TIN 或 Grid 格网模型)的几何特征，如对一栋建筑物的外部几何特征进行表达(图 1.19)，往往与 CAD(computer aided design)造型有关，对采用表面数据模型表达的对象进行纹理映射，可得到具有真实感的地理对象三维重建效果。

三维体元镶嵌数据模型则重在表达地理要素或对象内部属性不均匀变化的特征，如含水云团内部含水密度、建筑物内不同位置的空气质量、地层含水量等。采用与二维空间镶嵌数据模型类似的策略，对三维空间采用相互毗邻且互不重叠的规则(如立方体体素)或不规则小体块(如不规则四面体)进行剖分(图 1.20)，描述和表达三维对象与体块、体块与体块间的关系、体块的几何特征及其属性，由此得到体元镶嵌数据模型。

图 1.19 线框模型表达的建筑物

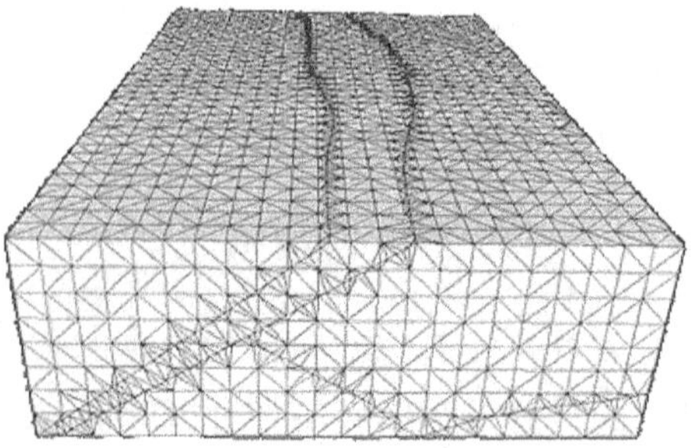

图 1.20 四面体体元表达的三维地层对象

1.4 空间数据基础设施

1.4.1 空间数据基础设施的概念

1. 空间数据基础设施的含义

1994 年，美国时任总统克林顿签署了 12906 号行政令，提出建立美国的“国家空间数据基础设施”(national spatial data infrastructure，NSDI)，并把 NSDI 的建立作为其政府的首要政策。该行政令提出了空间数据基础设施(spatial data infrastructure，SDI)建设的具体任务和时间计划，包括建立国家地理空间数据交换网站(national geospatial data clearing house)，建立国家数字地理空间数据框架(national digital geospatial data framework)等。之后全球多个国家，如英国、德国、澳大利亚和中国等，以及区域组织纷纷组织实施国家和区域层级的 SDI。

空间数据基础设施是指用于采集、处理、加工地理空间数据(或称地理信息)，并进行管理、维护、分发服务和组织协调的基础设施体系。其实质是一种基于计算机网络、分布式数据库和统一标准的获取、量测、处理、管理、维护、表达、分发和利用地理空间数据的技术、政策、标准和人力资源等的集合体。SDI 的目标是减少不同机构间地理空间数据采集与处理的重复劳动，降低成本，提高数据质量，方便公众对数据的使用，从而提高现有数据的使用效率和共享程度。

SDI 在规模上具有不同的层次，大至全球 SDI，小到一个城市部门或企业的 SDI，这与地理空间数据的特征有关，从不同的观测尺度对地理事物和现象的表达确定了地理空间数据的不同粒度；不同的应用领域需要丰富多样的地理专题数据类型。综合这两方面，可确定 SDI 的层次(图 1.21)。

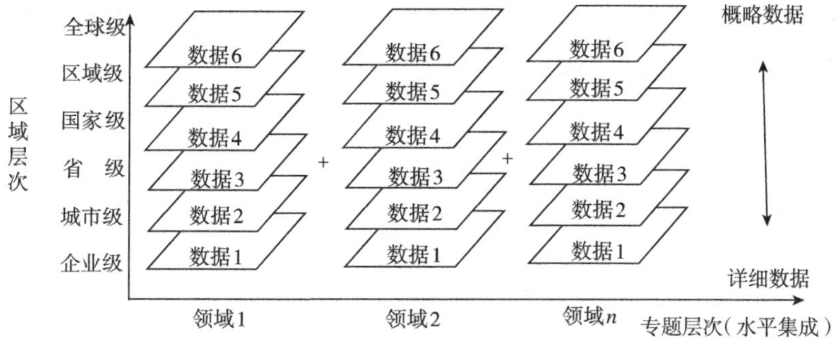

图 1.21　SDI 的层次

在垂直方向，地理空间数据可以按照不同的表达范围分为企业级、城市级、省级乃至全球级，对应于具有不同细节层次的地理数据，类似于传统地图的不同比例尺对地理空间的表达。在水平方向，各种地理空间数据分布于不同的学科和专业领域，各部门可拥有分布式空间数据库和 GIS 应用系统。

2. SDI 的构成

根据美国联邦地理数据委员会(The Federal Geographic Data Committee，FGDC)的定义，SDI 的核心要素包括标准体系、地理空间数据框架、元数据、地理空间数据交换网络和合作伙伴，如图 1.22 所示。

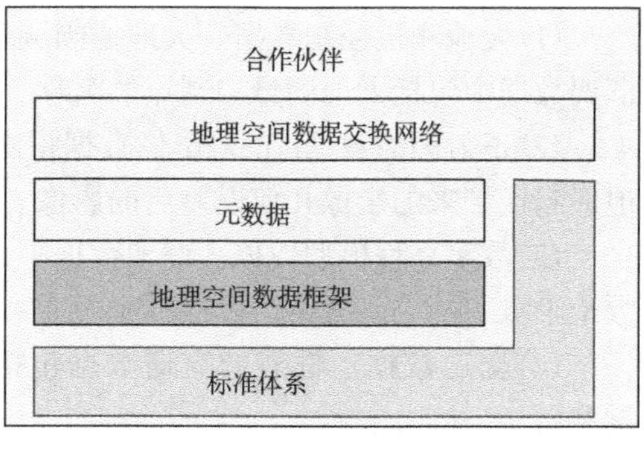

图 1.22　SDI 的核心要素

(1) 标准体系。用于保证数据的一致性，由此推动机构间的数据共享。SDI 的标准包括数据内容标准(通用的数据分类和采集生产规范)和数据管理标准(空间数据交换与传输)。

(2) 地理空间数据框架，是按照统一技术规范加工的通用数据集。它是某区域范围内可能获取的最权威的数据，作为一个“框架”来支持各类信息与地理对象的链接。

(3)元数据。对某机构内部地理空间数据源的描述。元数据的建设包括元数据标准、元数据采集工具和必要的培训。

(4)地理空间数据交换网络。空间数据交换网络是通过 Internet 连接地理空间数据提供者和使用者的网络，空间数据提供者建立交换网络节点，节点服务器存储有关数据集的元数据。使用者利用 Web 浏览器，通过对元数据的查询搜索所需要的空间数据，并进一步获得该数据的服务。

(5)合作伙伴。SDI 的建设需要众多合作伙伴的共同努力与参与。如 FGDC 指导委员会成员包括农业部、商业部、国防部、能源部、环境保护局、交通部、国会图书馆、国家航空和宇航局、建筑和城市开发部、健康与卫生服务部、内政部、联邦经济事务管理局等几乎所有政府机构。既涉及政策法律，也关系到经费、产权等。

3. 地理空间数据框架

在 SDI 的五类核心要素中，地理空间数据框架是最重要的部分。地理空间数据框架包括空间数据及空间数据处理和服务功能(即提供对空间数据的共享、集成和互操作的接口)。而地理空间数据又包括各部门都需要的基础框架数据和部门专用的专题数据(图1.23)。FGDC 通过问卷调查，确定了大部分部门最常用的基础框架数据。

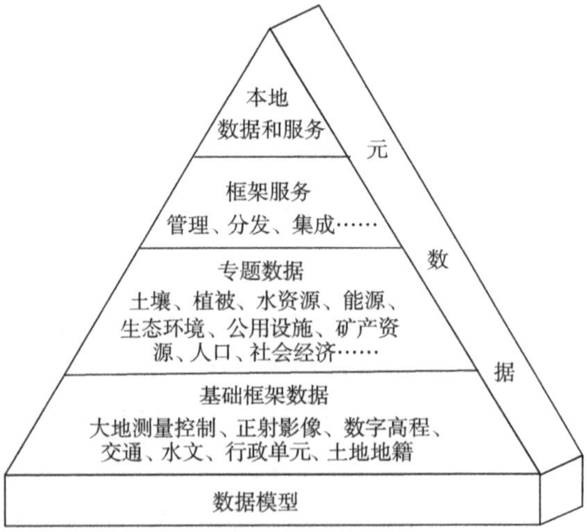

图 1.23 FGDC 空间数据框架结构

(1)大地测量控制数据。大地控制测量控制点是获得其他地理要素精确空间位置的基础，框架数据中包括大地测量控制点的名称、标识码、经纬度和高程。

(2)正射影像数据。正射影像数据是由航空摄影和航天遥感影像经消除传感器自身姿态和地形起伏带来的影像几何误差后的影像。框架数据中，正射影像的分辨率从米级到数十米级。

(3)数字高程模型数据。框架数据中，包括陆地 DEM 数据和水深数据，分辨率从米级到数十米级。

(4)交通数据。框架的交通数据包括各级公路、铁路、水运中心线、机场、港口、桥梁和隧道。

(5)水文数据。包括河流、湖泊和海岸线等数据。

(6)行政单元数据。包括国家、州、县、城镇和乡村的行政边界和代码。

(7)土地地籍数据。包括土地利用、地权与税收管理数据。

空间数据框架除了基础框架数据外，还允许各领域和专业部门以基础框架数据为基础，增加专题应用数据，这些数据可以融合和集成，为各级组织和部门的应用和决策提供支持，包括自然资源数据(土壤、植被、水资源、矿产资源等)、能源数据、生态环境数据、公用设施数据、人口数据和社会经济数据等。这些数据分散存储在空间数据资源网络的节点上。专题数据还包括同一专题不同时期的历史数据。为了实现数据的共享和服务，所有基础数据和专题数据都需要建立元数据。

1.4.2　中国空间数据基础设施的建设

我国自20世纪90年代起，逐步实施中国SDI的建设。为了加强国家空间数据框架生产和基础地理信息系统建设，国家测绘局在1995年年底组建了国家基础地理信息中心，专门从事国家基础地理信息系统的设计、建设、维护、管理和服务等工作，作为国家基础地理信息系统网络体系的主节点和总窗口。与此同时，在各省(自治区、直辖市)建立了基础地理数据数字化生产基地和基础地理信息中心，从而在全国形成了一批从事NSDI空间框架数据获取、加工、维护更新和分发服务的骨干单位。

已建成国家基础地理信息数据传输网络，由国家基础地理信息中心局域网(主节点，北京)、国家级基础地理信息数据生产基地局域网(陕西、黑龙江、四川共3个)和省级基础地理信息数据生产基地局域网，通过国家高速公用数据通信网相互连接构成。各局域网根据所在地的地理位置、通信条件选择接入当地国家公用数据通信网的通信链路，与有关部委及专业信息系统相连，并且连接国际互联网，形成跨地域的国家基础地理信息传输广域网。

在国家基础地理信息数据库建设方面，我国分别于1994年、1998年和2006年建成了全国1∶100万、1∶25万和1∶5万包括地形数据库、数字高程模型库、地名数据库在内的基础地理信息数据库。2011年对1∶5万基础地理信息数据库进行了更新，数据采用了先进的CGCS2000国家大地坐标系，覆盖我国全部陆地国土，实现了从核心地形要素向全要素数据的跨越。该基础地理信息数据集包括全国1∶5万比例尺地形要素数据、优于2.5m分辨率的数字正射影像数据、25m格网的数字高程模型数据和1∶5万比例尺地形图制图数据。2015年国家测绘地理信息局又发布了最新更新的1∶5万、1∶100万基础地理信息数据，以及1∶25万公众版电子地图数据，数据具有9大类地理要素、34个数据层、1.8亿个要素对象，涵盖交通、居民地、水系、境界、地貌、植被等细节数据。国家测绘地理信息局准备利用技术的进步，实现全国1∶5万基础地理信息数据库的年度快速更新。

除在国家层面进行1∶5万比例尺基础地理数据的维护和服务外，各省自2003年开始纷纷进行1∶1万甚至1∶5000比例尺基础地理数据库的建设，截至2015年，全国有近25个省(自治区、直辖市)完成了1∶1万地形图的测绘和DLG数据库的建设，部分省份还实现了2～3年一次的全面更新；大部分省份完成了中高分辨率(0.5～5m)正射影像的覆盖，发达省份还完成了高分辨率(0.2～1m)影像的更新。国家测绘地理信息局在2012年制订了计划，对各省(自治区、直辖市)1∶1万基础地理数据库进行全面整合。

许多城市如深圳、武汉、广州等也纷纷进行了SDI的建设，取得了丰硕的成果。综合国家、省和城市层级的SDI建设，可形成由概略到精细的基础地理数据服务体系(图1.24)，共同构成我国 SDI 的地理空间基础框架。

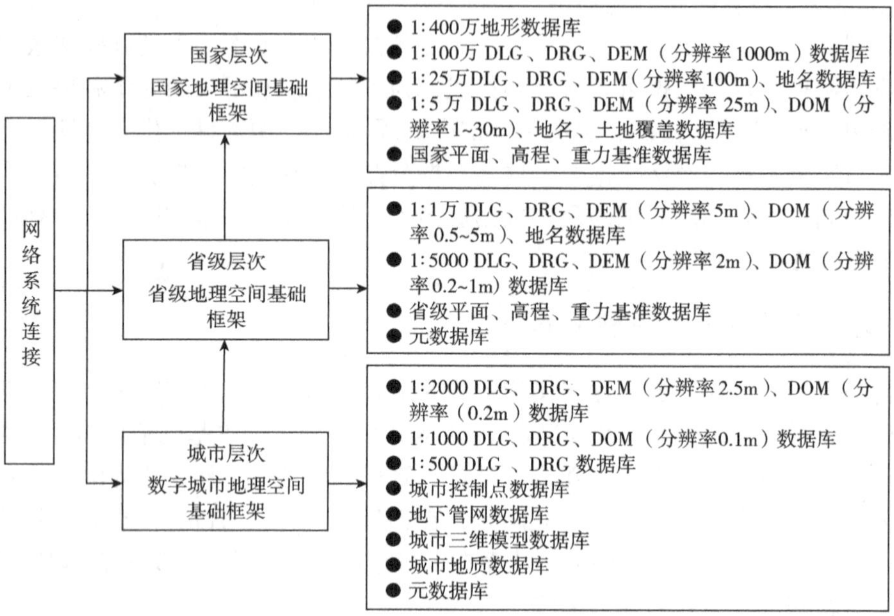

图 1.24 我国多层级地理空间基础框架的构成

由国家基础地理信息中心管理、天地图有限公司运营的国家地理信息公共服务平台“天地图”是我国 SDI 建设成果的综合应用平台。天地图运行于互联网、移动通信网等公共网络，以门户网站和服务接口两种形式向公众、企业、专业部门、政府部门提供 24 小时不间断“一站式”地理信息服务。天地图基于面向服务的架构(service oriented architecture, SOA)，由分布在全国各地的主节点、省级节点和市级节点组成。主节点、省级节点和市级节点分别依托国家、省(自治区、直辖市)、市(县)地理信息服务机构和数据资源进行建设和持续运行，节点间通过服务聚合的方式构成动态稳定的“天地图”整体，实现互联互通与协同服务。

天地图通过对各省、重点城市地理空间基础框架数据进行再加工，集成了海量基础地理信息资源，总数据量超过 30TB。主要包括：全球范围的 1 : 100 万矢量地形数据和 250m 分辨率卫星遥感影像，全国范围的 1 : 25 万公众版地图数据、导航电子地图数据、15m 分辨率卫星遥感影像、2.5m 分辨率卫星遥感影像，全国 319 个地级以上城市和 10 个县级市建成区的 0.6m 分辨率遥感影像，还有部分城市的三维街景数据。

1.4.3 空间数据基础设施与数字地球

数字地球是美国前副总统戈尔于 1998 年 1 月在加利福尼亚科学中心开幕典礼上发表的题为“数字地球——新世纪人类星球之认识”演说时，提出的一个概念，他认为数字地球是“一种可以嵌入海量地理数据的、多分辨率的和三维的地球表示”。数字地球可以理解为对真实地球及其相关现象统一的数字化重现和认识，其核心思想是用数字化的手段来处理整个地球的自然和社会活动诸方面的问题，最大限度地利用资源，并使普通百姓能够通过一定方式方便地获得他们所想了解的有关地球的信息。其特点是嵌入海量地理数据，实现多分辨率、三维对地球的描述，即“虚拟地球”。

数字地球实质上是以计算机技术、多媒体技术和大规模存储技术为基础，以宽带网络为纽带，运用海量地球信息对地球进行多分辨率、多尺度、多时空和多种类的三维描述，面向公众的开放系统。从系统的结构来看，主要有 3 大部分：数据系统、软硬件系统和应用模型（图 1.25)。

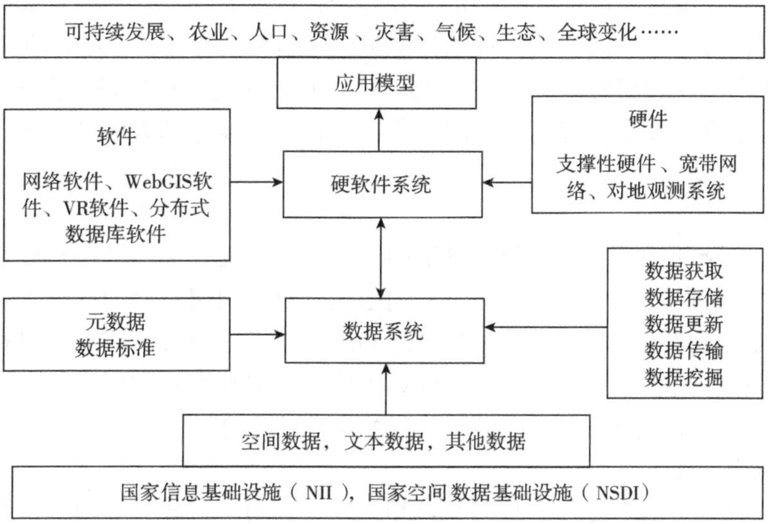

图 1.25　数字地球的主要组成

数字地球的构建需要多学科的支撑，特别是信息科学技术。主要包括：信息高速公路和计算机宽带高速网、高分辨率卫星影像、空间信息技术与空间数据基础设施、大容量数据存储及元数据、科学计算及可视化和虚拟现实技术。

1) 信息高速公路和计算机宽带高速网

一个数字地球所需要的数据已不能通过单一的数据库来存储，而需要成千上万的不同组织来维护。这就意味着参与数字地球的服务器需要由高速网络来连接。当今远程通信已经使用 10G/s 的网络，每秒 TB 级的因特网正在研究中，迅速发展的量子通信技术为发展高速和安全的无线网络提供了新的途径，浮点运算速度将达到 1.5×10^{17} 次/s 的超级计算机正在研发中(目前我国自主研发的“天河二号”是世界运算最快的计算机，浮点运算速度 2016 年年初已达 5.0×10^{16} 次/s)。这些都为构建国家信息基础设施(national information infrastructure，NII) 或信息高速公路创造了有利条件。

2) 高分辨率卫星影像

当今，卫星遥感影像的空间分辨率、光谱分辨率都有了显著的提升，随着遥感卫星星座(将单星工作的卫星按一定分布的轨道布设所形成的多星同时工作的卫星群)的应用，卫星遥感影像的时间分辨率也大幅提高。当今，空间分辨率为 0.3～1m 商用卫星遥感影像已覆盖全球大部分陆地；光谱分辨率 5～6nm 的高光谱影像提高了自动区分和识别目标性质及组成成分的能力。高分辨率卫星遥感图像能以优于 1m 的空间分辨率，每隔 3～5 天为人类提供反映地表动态变化的翔实数据。

3) 空间信息技术与空间数据基础设施

为了满足数字地球的要求，将 DLG、DOM、DEM 和地名数据库一体化管理的空间数据库系统及能够互操作的网络 GIS 是必不可少的。数字地球概念本身是在信息高速公路和国家空间数据基础设施(NSDI) 的基础上提出的，数字地球的建设必然是以 NSDI 和国家信息高速公路为依托的。NSDI 提供统一的空间载体和定位框架，使用户能够按照地理坐标检索和展示资源环境、社会经济等信息，分析其空间分布特征、运行状态、变化态势等。因此，要发展数字地球及其应用，就必须先建设 NSDI。

4) 大容量数据存储及元数据

数字地球至少需要存储 10^{15} 字节的 DLG、DOM、DEM 和地名数据，加上快速更新的动态空间数据，使得需要存储的空间数据量十分庞大，这就要求必须采用海量数据分布式存储技术。当今发展的数据云存储和服务技术为海量空间数据的存储提供了有利条件。另外，为了在海量数据中迅速找到需要的数据，元数据(metadata)库的建设也是非常必要的，它是关于数据的数据，通过它可以了解有关数据的名称、位置、属性等基本信息，从而大大提高用户寻找所需数据的效率。

5) 科学计算

地球是一个复杂的巨系统，地球上发生的许多事件，其变化和过程十分复杂而呈非线性特征，时间和空间的跨度变化大小不等，差别很大，只有利用高速计算机，才有能力来模拟一些不能观测到的现象。利用数据挖掘(data mining)技术，能够更好地认识和分析所观测到的海量数据，从中找出规律和知识。科学计算可使人们突破实验和理论科学的限制，建模和模拟可以使人们更加深入地探索所搜集到的有关这颗星球的数据。

6) 可视化和虚拟现实技术

可视化是实现数字地球与人交互的窗口和工具。利用二维和三维乃至动态电子地图可以直观地观察和理解数字地球中各类数据所表达的事物和现象的空间分布、相互关系及演化过程。虚拟现实技术为数字地球的表达提供了一种新的途径，为人类观察地球景观、了解地理对象提供了身临其境的感觉。利用虚拟现实技术，不仅可以对地球的现状进行三维的、身临其境的体验，还可在数字地球中创造虚拟的对象，进行情景模拟。

数字地球的构建也有不同层次。例如，以一个国家、区域或城市为对象，建设数字国家、数字省区、数字流域、数字城市，如“数字中国”“数字江苏”“数字长江”“数字南京”等，也可以看做是数字地球的实例或应用。

近年来，随着传感网络技术和云计算技术的兴起，又掀起了“智慧地球”“智慧国家”“智慧省区”“智慧城市”等建设热潮。其实质是将传感器网络、云计算技术和数字地球等技术有机地融合，以一种更智慧的方式来改变政府、企业和人们交互的方式，以便提高交互的准确性、效率、灵活性和响应速度。显然，空间数据基础设施仍是其中的重要组成部分。

1.5 空间对地观测技术

1.5.1 地球观测系统

地球观测系统(earth observation system，EOS)是由美国国家航空航天局(National Aeronautics and Space Administration，NASA)于 20 世纪 80 年代构思，并于 90 年代初成形的大型地球观测系统计划。其目的是利用一系列协同工作的极轨卫星，进行长期的地球表层系统及其相互作用的观测，观测的要素包括气候(辐射、云、水蒸气、降水)、海洋、温室气体、陆表水文和生态过程、冰川和冰盖、臭氧和平流层化学作用、自然和人为的气溶胶等(图 1.26)。由于该计划也是全球变化研究计划(global change research program，GCRP)的主要组成部分，是全球变化研究获取观测信息的主要手段，关系人类生存环境和可持续发展，得到除美国外，欧盟、日本、加拿大及多个国际组织的大力支持，它们纷纷加入 EOS

计划，并成立了国际卫星对地观测委员会(Committee on Earth Observation Satellites，CEOS)，这是对地观测领域权威的非政府组织，旨在协调民用星载对地观测任务，联合世界上负责对地观测卫星管理和计划的空间机构、政府间组织，以及国际科技组织，建立一个全球性的、综合协调的对地观测系统，整合地球观测技术与科技信息，共同提高对地观测的能力和效率，以共同解决关于地球的重大问题，并为全球的可持续发展服务。我国于2004年加入了 CEOS 组织，成为该组织的正式成员，并正致力于建设独立的、能提供共享服务的地球观测系统。

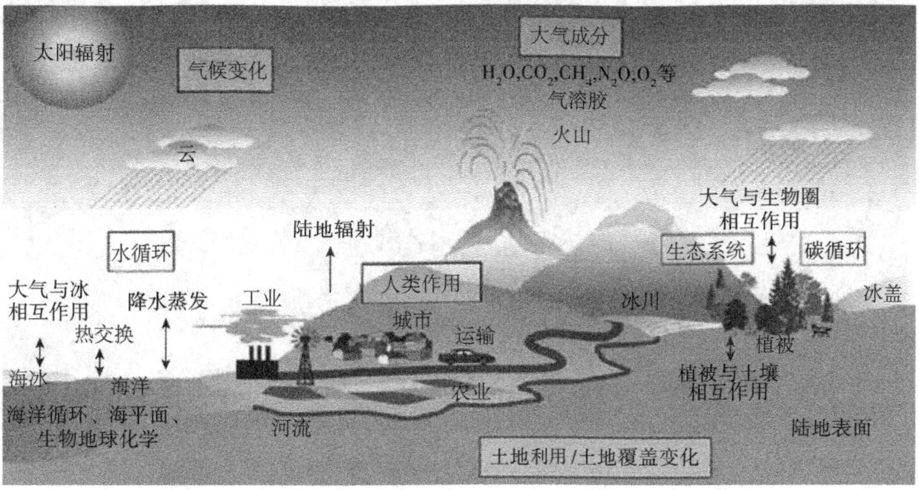

图1.26　EOS计划观测的地球系统要素及其相互作用

EOS 计划的目标也是地球系统科学的研究目标，即科学地认识全球尺度范围内整个地球系统及其组成要素，以及它们之间的相互作用与作用机理，进而预测未来 10～100 年地球系统的变化及其对人类的影响。地球系统科学涉及描述全球尺度内物理、生物、化学等众多变量的状态和演化参数，为了获得这些定量参数，至少需要进行 15 年的系统性和连续性观测。为了实现这一目标，EOS 计划主要由 3 个部分组成。

1)EOS 科学研究计划

EOS 科学指导委员会对 EOS 计划的科学及政策优先内容进行了定义：

(1)水和能量循环：云的形成、消散及其辐射特性，它影响着大气对温室气体的响应、大尺度的水文和湿度过程，包括降水和蒸发。

(2)大气和海洋之间的能量、水及化学成分的交换，以及海洋上层与深层之间的交换(包括海冰及底部水的形成)。

(3)对流层和平流层低层化学作用：与水文圈和生态系统相关联，温室气体在大气中的转换及引起气候变化的相互作用。

(4)陆地表面和生态过程：留在陆地表面和汇入海洋的径流的估计，温室气体的源和汇，陆地表面和大气之间水汽和能量的交换，陆地覆盖的变化。

(5)海冰和极冰层：海平面预测和全球水平衡。

(6)平流层中、上部化学：化学反应，太阳-大气关系，重要辐射气体的源和汇。

(7)固态地球、火山及其在气候变化中的作用。

2)EOS 观测平台

除地基观测平台主要承担数据校验任务外，EOS 的主要观测平台就是各种对地观测卫星，包括气象卫星、海洋卫星和陆地资源卫星3大系列(图1.27)。

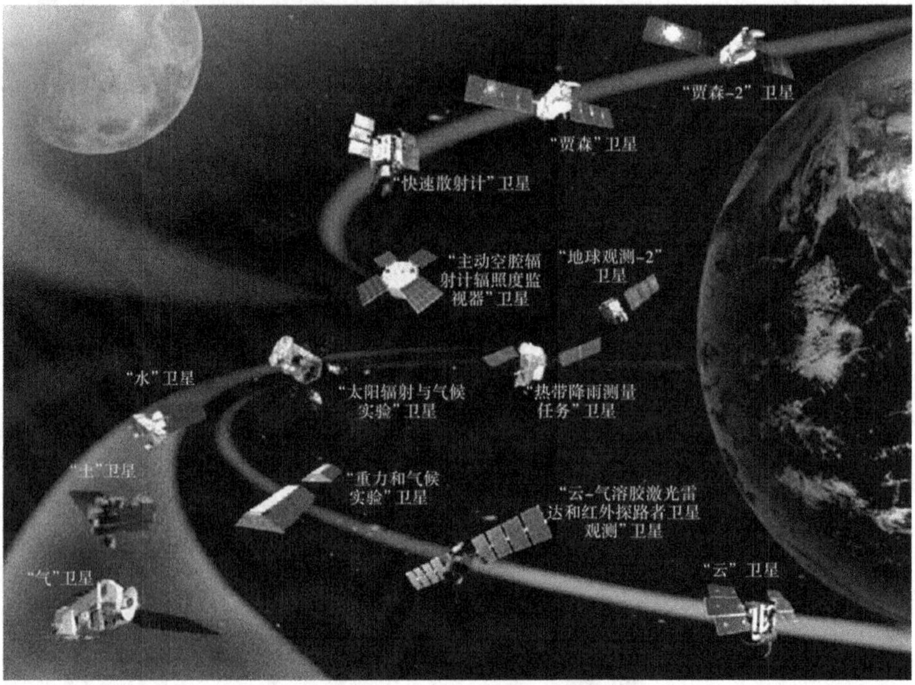

图1.27 EOS计划的卫星系列

(1)气象卫星。这类卫星加载专门的传感器来获取地球大气要素及其参数。目前在轨运行的极轨气象卫星有美国NOAA、俄罗斯流星(METEOR)、中国FY-1号系列(FY-1A~FY-1D)、中国FY-3号系列(FY-3A、FY-3B)等；在轨运行的地球静止轨道气象卫星有美国GOES、欧洲气象卫星组织METEOSAT、日本GMS、中国FY-2、印度INSAT和俄罗斯GOMS卫星等。此外，还有专门为了测量热带地区降水的美国热带降雨测量卫星(TRMM)，图1.28示意了当前运行的气象卫星情况。

(2)海洋卫星。这类卫星安装探测海洋特征及其参数的传感器进行海洋水色与海洋动力特征探测，前者为海洋水色卫星，后者为海洋动力卫星。海洋水色卫星上的传感器一般使用可见光和近红外波段，通过测量海面的离水辐射，探测海水中的叶绿素、黄色物质(可溶性有机物)和悬浮泥沙的含量，如美国的SeaStar、印度的IRS-P4、韩国的KOMPSAT、中国的HY-1系列(HY-1A和HY-1B)等。海洋动力卫星一般安装主动式微波传感器，通过测量海面对雷达的后向散射回波及海洋自身的微波辐射，探测海浪、海流、海洋高度、海面风场等海洋动力要素。这类卫星有美国的SEASAT，欧盟的ERS-1、ERS-2和ENVISAT-1，美国与法国合作的TOPEX/Poseidon和JASON-1卫星等。

(3)陆地资源卫星。这类卫星主要用于陆地资源和环境探测，是目前发射最多的卫星。迄今为止，美国、俄罗斯、法国、加拿大、中国、日本、欧盟、印度等10多个国家和地区发射了近30个系列，60多个型号的陆地卫星。从卫星所搭载传感器的综合探测能力来看，可将其分为陆地卫星、高空间分辨率卫星、高光谱卫星和合成孔径雷达卫星。①陆地卫星：美国Landsat系列、法国SPOT系列、印度IRS系列、日本JERS、俄罗斯Resurs-O系列，以及中国CBERS系列和HJ-1系列都属于这类卫星。②高空间分辨率卫星：指空间分辨率优于10m

的卫星，目前商用卫星空间分辨率甚至可达 0.4m。美国的 IKONOS、QuickBird、OrbView 系列、GeoEye，中国的 GF-1、GF-2、吉林 1 号等属于这类卫星，但此类卫星幅宽甚窄，限制了它们在全球变化研究中的应用。③高光谱卫星：此类卫星配置高分辨率成像光谱仪，波段数为 36～256 个，光谱分辨率优于 10nm，如美国 EOS 系列采用中分辨率成像仪(moderate resolution imaging spectroradiometer，MODIS)，光谱分辨率为 5～10nm。④合成孔径雷达卫星：此类卫星配置合成孔径雷达对地面成像，如加拿大 RadarSAT 系列、欧盟 ENVISAT、意大利 COSMOS、中国 HJ-1C、GF-3 等。

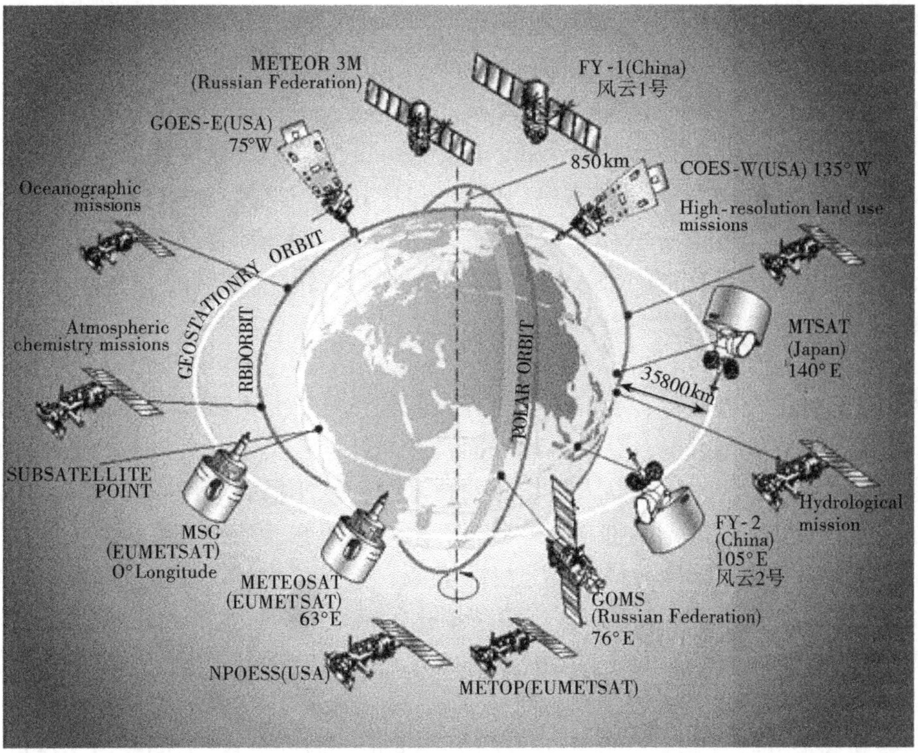

图 1.28　当前在轨运行的全球气象卫星

虽然气象、海洋和陆地卫星在设计上具有探测目标的倾向性，但并不意味着它们只能进行特定目标的探测，如也可以使用 NOAA 卫星数据分析陆地生态和环境要素的空间分布及其变化。特别需要说明的是，美国 NASA EOS 计划运行的 Terra(或 EOS-AM)卫星配置了 ASTER、MODIS、CERES 等 5 种传感器，Aqua(或 EOS-PM)卫星装载了 MODIS、CERES 等 6 种传感器，可获得大气、地表、海面等多种影像或参数信息，是进行全球尺度地球系统科学研究的重要数据源。

3)EOS 数据和信息系统(EOSDIS)

建立 EOS 数据和信息系统 EOSDIS 的目的是促进各参与 EOS 计划的研究机构对 EOS 各类数据的充分利用，为不同用户提供高可信度的观测资料。系统具有与卫星轨道上的平均数据传输速率相适应的观测能力。在数据处理方面，要求系统能在 48 小时内完成一级、96 小时内完成二级和三级产品的生产。在历时 15 年的 EOS 运行期间，EOSDIS 具有数据回溯、算法更新、产品分发和存档功能，具有先进的网络设施、友好的用户界面及有效的对观测平台的指控能力。

1.5.2 空间对地观测

空间对地观测技术是对地球观测系统的增强或提升，是指以地球为研究对象，利用航天航空飞行器和地面各类平台所运载的包括可见光、红外、高光谱和微波等各类传感器，获取地球表面与人类生存相关的地球环境及人类活动本身信息的活动。其中，以航天航空技术为基础的对地观测活动如下。

1) 卫星导航定位

利用在设定的精确轨道上运行的一定数量(2 颗以上)的卫星，持续不断地向地面发送特定的无线电信号，使在空中、海面和陆地上的每个接收机能同时收到来自若干颗卫星的信号，从而解算出在全球统一时空基准中的三维大地坐标，并获得准确授时。

目前，已经或正在部署的全球导航卫星系统(global navigation satellite system，GNSS)有四个，即美国的全球定位系统(global positioning system，GPS)、俄罗斯的全球导航卫星系统(GLONASS)、欧盟的伽利略系统(GALILEO)和中国的北斗导航系统(Beidou navigation satellite system，BDS)。还有一些仅允许作为区域系统或广域增强系统加入的其他系统，如日本的 QZSS(准天顶卫星系统)及 MSAS(多功能卫星增强系统)、印度的 IRNSS(印度无线电导航卫星系统)与 GAGAN(静地增强导航)等。

2) 航天航空遥感

遥感指的是利用人造卫星、宇宙飞船、有人驾驶飞机、无人驾驶飞机、飞艇等航天航空飞行器，携载各类成像传感器，获取地球表面自然与社会各类景观所辐射的电磁波信号，经图像处理，从而提取几何、物理与人文信息的技术。根据所携载的传感器及其获取的影像信号类型的不同，可分为可见光遥感、红外遥感、多光谱遥感、高光谱遥感、微波(雷达)遥感等；还可根据成像的几何特性分成双视(立体)成像、单视(非立体)成像、框幅式成像、扫描式成像、激光扫描成像等。通常采用分辨率来描述遥感系统的技术能力，即空间分辨率(影像上每个像元所对应的地面单元尺寸，如中国 GF-2 全色波段空间分辨率为 1m)、光谱分辨率(影像每个波段的光谱带宽度，如 EO-1 卫星搭载的 Hyperion 传感器，光谱响应范围为 400～2500nm，共划分了 242 个波段，每个波段约为 10nm)、时间分辨率(同一传感器重复覆盖同一地点先后两景影像的时间间隔，如 Landsat8 卫星时间分辨率为 14 天)及辐射分辨率(传感器能分辨的目标反射或辐射的电磁辐射强度的最小变化量，一般以量化级表示，量化级越大，辐射分辨率越高，如 Landsat8 卫星陆地成像仪 OLI 各波段的量化级为 12bit)。

3) 航天航空地球物理探测

利用航天航空飞行器平台所携载的重力仪、磁力仪等专门仪器探测地球重力场、磁场及其异常变化等物理量的技术称为航天航空物探。

4) 对地观测数据的加工处理与服务

把各种对地观测数据集成在一起，连同来自其他领域的各种经空间化处理的经济社会数据，统一建成数据库，并开发各类软件，对数据进行深加工和分析处理，制作适应社会需求的各类信息产品，以及为社会提供广泛服务，使对地观测所获取的数据进一步增值。这与相继出现的空间数据基础设施、数字地球、空间地理信息网络、基于位置的服务、智慧地球等一系列概念在本质上具有高度的相似性和关联性。

近年来，空间对地观测技术正朝着空天地一体化对地观测网络方向发展。由美国、中国和欧盟等 50 多个国家和地区发起，于 2005 年建立了地球观测组织(Group on Earth Observations,

GEO)，这是政府间多边科技合作机制，旨在建立一个分布式的、一体化全球对地观测的、多系统集成的全球综合地球观测系统(global earth observation system of systems，GEOSS)，以便更好地认识地球系统，为包括天气、气候、海洋、大气、水、陆地、地球动力学、自然资源、生态系统，以及自然和人类活动引起的灾害等社会领域服务，为决策者提供从初始观测数据到专门应用产品的信息服务。

GEOSS 可看作是多个地球观测系统的集成应用与服务的综合系统，由现有的和未来的若干个地球观测组织自愿共同组成，覆盖了从初始观测资料采集到信息产品加工的全过程。参加 GEOSS 的地球观测系统有气象卫星、陆地卫星、海洋卫星；对地观测卫星，如重力卫星、测高卫星等。通过 GEOSS，加入其中的观测系统作为一个整体来分享系统内的观测数据和信息加工产品，并通过支持共同标准和适应用户需求，来保证所共享的观测数据和信息加工产品的可获得性和可理解性。

GEOSS 的工作范围如图 1.29 所示，包括了地球系统模式、地球观测系统、决策支持、政策决策和预报分析等几个部分。

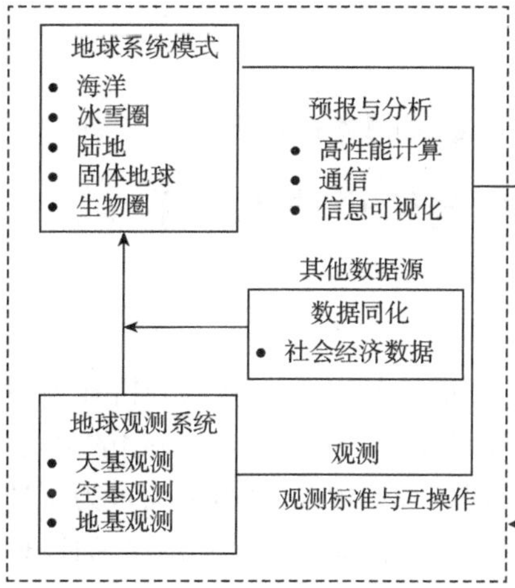

图 1.29　GEOSS 的工作范围

GEOSS 在总体上有以下几个功能单元：①强调确定的、用户的共性需求；②获取观测数据；③将原始数据经校正、拟合、插值、规格化等处理后形成实用的产品；④交换、分发和存储共享数据和元数据产品；⑤对照那些有确定的需求和预期的效益，监测系统的绩效。显然，GEOSS 的运行离不开全球空间数据基础设施(GSDI)的支撑。

我国将在 2020 年前发射 100 多颗不同观测内容的卫星，组成空间对地观测卫星网络，服务于国土资源、测绘、水利、森林、农业和城市建设等社会发展的各个领域。它们不仅将形成中国自己的空间对地观测网，还将和其他国家的对地观测平台一起，组成全球对地观测系统。

值得一提的是，当今最新的对地观测技术是地球观测卫星星座及其组网技术，它由多个分布在不同轨道高度和同步方式的气象、海洋和陆地资源遥感卫星，以及重力、磁力和测高卫星等组成卫星星座，各卫星之间通过无线网络实现互联互通并协同工作。不仅卫星和卫星之间、传感器和传感器之间彼此相互连接，形成整体的星座体系，同时还与地面，包括用户在内利用 Web 技术进行连接，形成空天地传感器一体化网络(Sensor Web)(图 1.30)，可实现数据的在轨处理(校正、特征提取)、事件驱动(主动发现地面洪水、林火、地质灾害等，并自动聚焦、放大和报警)等自动化功能。

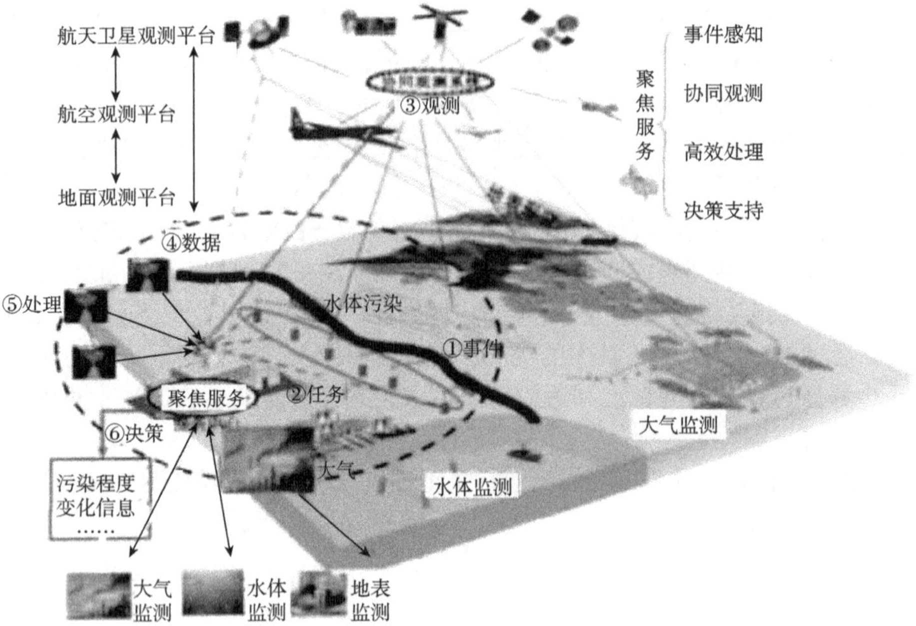

图 1.30　空天一体化对地观测网络系统结构

1.6　空间数据采集与管理技术体系

1.6.1　空间数据采集与管理的基本过程

整个地理信息系统都是围绕着空间数据的采集、处理、存储、分析和表示而展开的，因此空间数据来源、采集手段、处理方法和数据质量都直接影响 GIS 应用的潜力、成本和效率。在 GIS 中，空间数据库是其核心组成部分及实现各种 GIS 应用的基础。为了建立满足应用需求的空间数据库，就必须利用综合性技术手段获取不同来源、不同类型的地理空间数据，再对其进行加工处理、质量控制与数据集成，从而完成空间数据库的建设，并在空间数据库和 GIS 数据管理功能的支持下实现空间数据的更新和管理(图 1.31)。

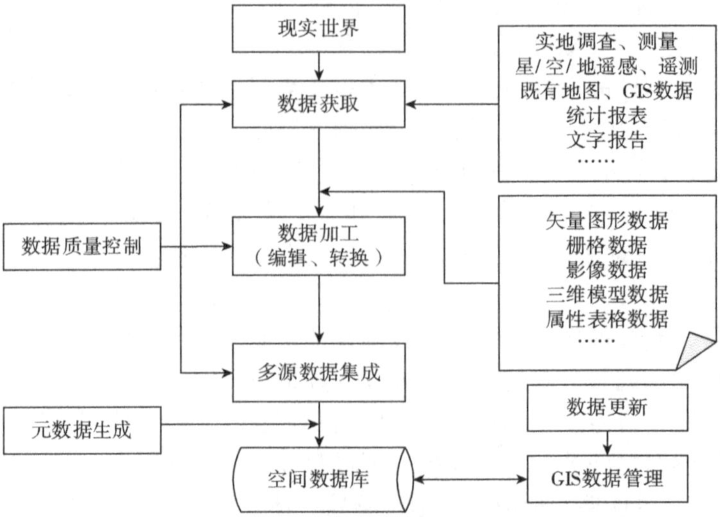

图 1.31　地理空间数据采集与管理的过程

1）空间数据获取

由于空间数据是对客观世界中自然、人文和社会经济要素和现象的表达，涉及的数据类型众多，数据获取手段和方法也异常丰富，既有传统的实地调查和测量、地图数字化和其他GIS数据的转换等方法，也有利用星基、空基或地面遥感、遥测手段进行空间信息提取的方法，还能采用传感器网络实时获取地理现象的动态变化信息，甚至还可利用图书或网络上丰富的超文本资料进行空间数据的抽取，从而获得满足应用要求的矢量图形、影像、三维模型、栅格、要素属性等数据。

2）空间数据加工处理

通过各种手段获取的原始空间数据，难以使用空间数据库对其进行直接组织和存储，必须对这些数据进行进一步的加工、编辑和处理，使它们符合空间数据库对各类空间数据管理的要求。对空间数据加工处理的方法包括投影和坐标变换、要素分层、图形和属性的编辑、数据拼接、拓扑关系构建、数据压缩、影像几何纠正、栅格和影像数据重采样、数据格式转换、数据质量评价等。

3）空间数据质量控制

空间数据的质量在很大程度上影响和制约着GIS的可用性。空间数据的质量主要包括数据完整性、逻辑一致性、位置精度、属性精度、时间精度，以及一些关于数据说明的详细程度。空间数据的质量控制实际上是对数据生产的各环节进行自动或人工的数据检测（如要素关系约束）、检查（如遗漏）、更正和核查，以保证空间数据的可用性。空间数据源选取、采集方法、加工处理及数据集成的各个环节，都需要进行数据质量的检验、评价和控制。

4）多源空间数据集成

空间数据库建设，涉及多源、异构的空间数据，这些数据在来源、类型、比例尺、格式、质量等方面存在着很大的差异，导致即使是同一地理要素在表达上也可能存在明显差别。为了能在空间数据库中有效地组织和管理并进行数据的共享服务，需要对这些数据进行整合与集成处理，即在一致的拓扑空间框架下，将同一区域的不同来源和类型的空间数据组织到一起并使不同数据间相互兼容。数据集成的方法包括投影和坐标系统的一致化、数据格式的统一化、多源多尺度数据一体化组织等。

5）空间数据元数据

空间数据元数据是用于描述空间数据的内容、质量、表示方法、空间参考和管理方式等特征的数据，它独立于空间数据本身，但可与空间数据一起在空间数据库中进行组织和存储。其内容包括：①对数据集的描述，对数据集中各数据项、数据来源、数据所有者及数据生产历史等的说明；②对数据质量的描述，如数据精度、逻辑一致性、数据完整性、分辨率、元数据的比例尺等；③对数据处理信息的说明，如量纲的转换等；④对数据转换方法的描述；⑤对数据库的更新、集成等的说明。空间数据元数据的作用是：帮助数据生产单位有效地管理和维护空间数据，建立数据文档，并确保即使时间较长或管理人员调离，也不会失去对数据状况的了解；提供有关数据生产单位的数据存储、数据分类、内容、质量、数据交换网络及数据分发等方面的信息，便于用户查询检索地理空间数据；帮助用户了解数据的内容和质量，以便就数据是否能满足要求做出正确判断。

6）空间数据组织与管理

在统一的时空框架下，依据地理要素或地理现象的类型、尺度等将空间数据分类、分层与无缝地表达，并在各层要素间建立必要的拓扑或关系约束，构成空间数据集，采用支持SQL

查询的、经扩展的关系型数据库(如 Oracle)或非结构化的 NoSQL 数据库或者 GML 文档进行空间数据的组织与存储。空间数据管理则是在空间索引的支持下，对空间数据进行更新、访问、提取等操作。

1.6.2　空间数据采集与管理的技术框架

综合考察空间数据的类型、当今空间数据的获取手段及空间数据的组织与管理方法，设计了空间数据采集与管理的技术框架，如图 1.32 所示。

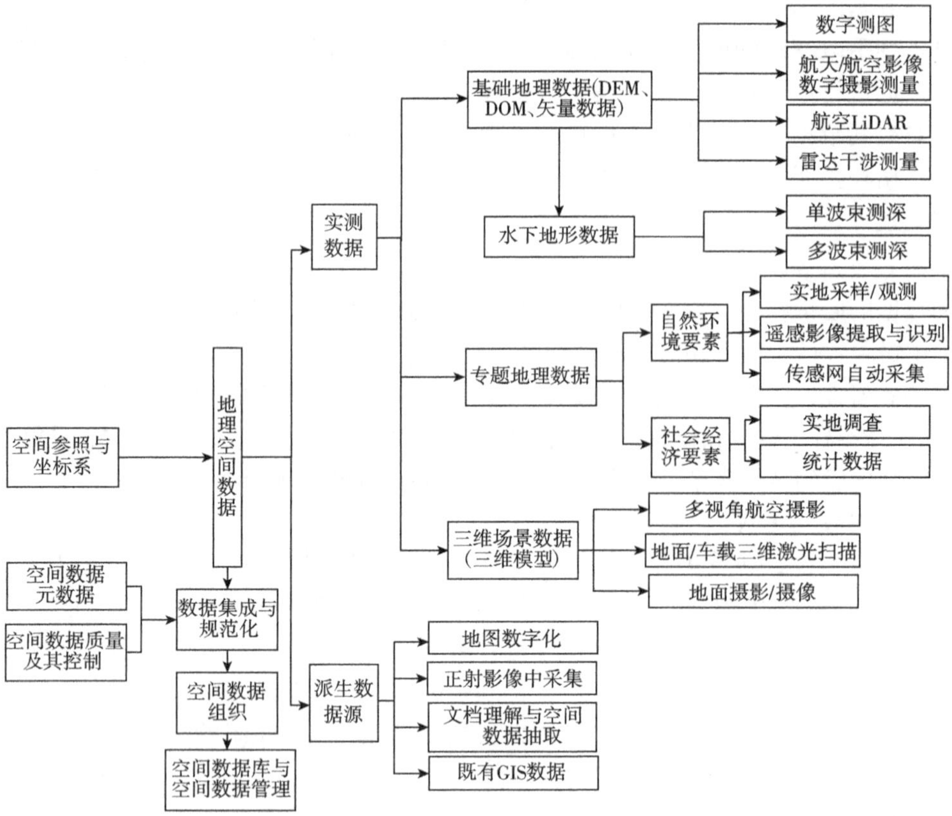

图 1.32　空间数据采集管理技术体系

根据地理空间数据获取途径的不同，将空间数据分为实测数据(利用多技术手段直接获取，也称第一手数据)和派生数据(从其他数据源间接获取，也称二手数据)。再根据数据的用途将实测数据分为基础地理数据(将水下地形数据也视作基础地理数据)、专题地理数据(包括自然环境要素和社会经济要素)和三维地理场景数据。对不同类型的空间数据可采用一种或多种技术手段进行数据的采集或生产。不同的技术手段具有自身的原理、方法和适用条件，这也是本书重点论述的内容之一。本书的第 2～5 章阐述了各类空间数据获取与处理技术。

在获取了各类地理空间数据之后，需要按照上述空间数据采集与管理的基本过程进行数据集成与规范化处理，在空间数据库中进行空间数据的组织、存储和管理，为各类 GIS 应用提供空间数据服务，这也是本书第二个重点论述的内容。本书第 6～8 章阐述了空间数据的集成、数据组织与管理技术。

为了增强对空间数据采集与管理的认识和理解，本书第 9 章给出了若干空间数据采集与管理的实例。

思 考 题

1. 简述空间数据的概念及其特征。
2. 简述高斯投影的特点。
3. 简述什么是大地高、正高和正常高，并绘图表示三者之间的关系。
4. 请列举两个及以上世界各国曾经及正在使用的空间直角坐标系、投影坐标系和高程系统。
5. 什么是数字地球，构建数字地球的关键技术有哪些？
6. 简述空间数据模型与空间数据结构的区别与联系。
7. 三维空间数据模型有哪些具体分类？
8. 对比矢量数据模型和栅格数据模型的优缺点。
9. 地球观测系统计划包括哪些部分？各自的作用是什么？
10. 简述空间数据采集与管理的基本过程。

第 2 章　基础地理数据的采集与更新

基础地理数据是描述地表形态及其所附属的自然及人文特征和属性的总称。作为其他数据信息的载体和空间框架，基础地理数据的通用性强、共享需求大，与各行各业、种类多样的专题地理数据相结合时，其在空间分析、决策和规划等方面发挥着重要的作用，因此，基础地理数据也是国家空间数据基础设施的重要组成部分。对基础地理数据获取、加工处理、更新与管理的能力反映了国家和地方信息化的水平。

2.1　基础地理数据及其获取方式

2.1.1　基础地理数据

1. 基础地理数据概念

基础地理数据是作为统一的空间定位框架和空间分析基础的数据，该数据反映和描述了地球表面测量控制点、水系、居民地及设施、交通、管线、境界与政区、地貌、植被与土质、地籍和地名等有关自然和社会要素的位置、形态和属性等信息［《基础地理信息标准数据基本规定》(GB 21139—2007)］。获取基础地理数据的途径很多，大致可以分为两类：一类是通过实地测绘、调查访谈等获得原始的第一手资料，这是最重要最客观的地理数据来源；另一类是借助空间信息技术，快速获取地理空间的卫星影像和航空影像，并适时适地识别、转换、存储、传输显示并应用这些信息。

2. 基础地理数据的类型

基础地理数据可依据不同的应用需求和目的进行分类：①根据所采用的数据模型和数据结构，可将其分为矢量数据和栅格数据。②根据数据的载体及表现形式，可将其分为电子数据和非电子数据。③根据数据的内容，可将其分为称作“4D”产品的数字线划图(DLG)、数字高程模型(DEM)、数字正射影像(DOM)、数字栅格地图(digital raster graphic，DRG)，以及大地测量数据和地名数据(图 2.1)。④根据数据的空间尺度及其分级，可将其分为国家、省和市(县)三级，其中，国家级包括 1∶100 万、1∶25 万和 1∶5 万，省级包括 1∶1 万和 1∶5000，市(县)级包括 1∶2000、1∶1000 和 1∶500；各级在横向上保证相邻地域之间的衔接，纵向上建立多尺度数据垂直逻辑关联。⑤根据数据采集、加工、处理所采用的技术手段，可将其分为全数字外业采集(简称“全数采”)数据、航测数据、卫星影像数据、GNSS 数据等。⑥根据数据采集的时间，即按时态分为历史数据和现势数据。⑦根据要素发布或数据共享时的内容，可将其分为全要素数据和多要素数据，或者分为全要素、核心要素和公开版数据(集)。

其中，不同比例尺或不同空间分辨率的 DLG、DOM、DEM 和 DRG 数据是最重要的基础地理数据(图 2.2)。相应的，采集、加工和生产“4D”产品的技术也称为“4D”技术。为了促进基础地理数据的共享和服务，基础地理数据一般也伴随着相应的元数据。

现代“4D”产品生产技术具有生产成本低、效率高、大部分生产流程自动化、产品灵活多样、应用面宽广等特点。通过“4D”技术容易实现多重信息的高精度配准，可以准确地显示出相同空间基准的影像、栅格图形和矢量图形信息，便于高效率地比较和综合利用多重信息；可通过不同时相影像对比，快速、自动地发现地面景观变化。例如，可以通过新获取影像制作的 DOM 与旧的 DLG 对比，更新 DLG。随着遥感技术的发展，尤其是高空间分辨率卫星遥感影像进入实用化阶段，遥感与基础地理信息系统的结合已是必然的趋势，构建基础地理数据库和基础地理信息系统对基础地理数据进行管理、维护和服务是从国家到地方各级测绘地理信息管理部门的重要职能之一。

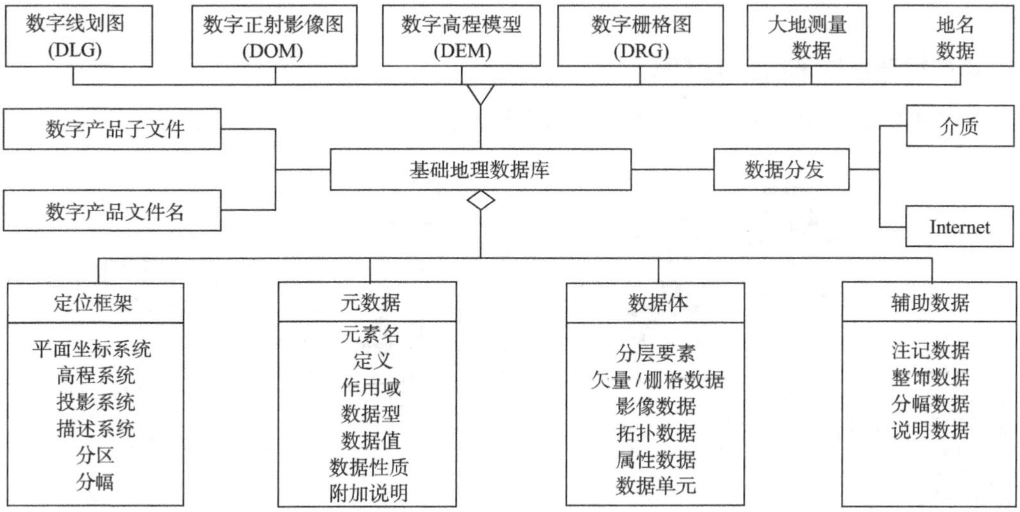

图 2.1　基础地理数据

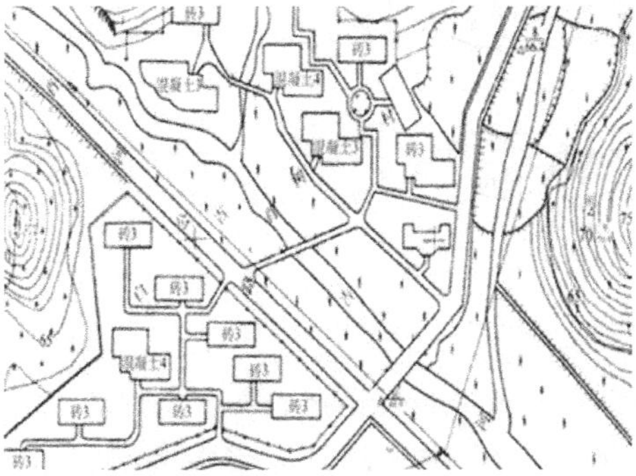

(a) DLG

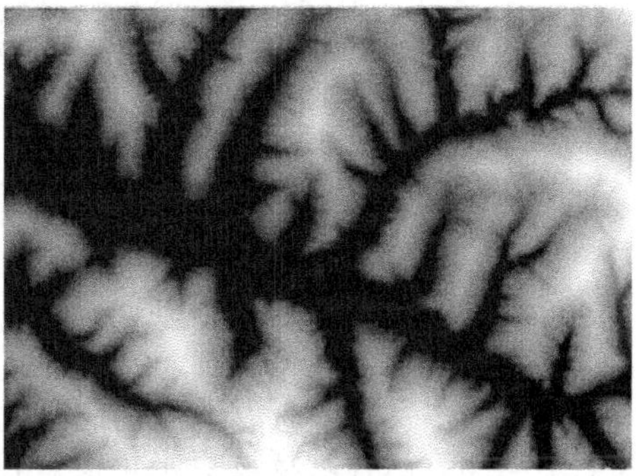

(b) DEM

(c) DOM

(d) DRG

图 2.2　“4D”基础地理数据

2.1.2 基础地理数据获取方式

面向基础地理信息系统的构建，为行业专门信息系统提供空间基础和载体，现势性和高精度是基础地理数据的基本要求。因此，基础地理数据采集有着自身的特点和技术要求。基础地理数据获取的主要手段有全野外数据采集、航空/航天摄影测量、地形图原图数字化、数字编图等。

1. 基础地理数据采集技术体系

基础地理数据采集与加工技术体系如图 2.3 所示。

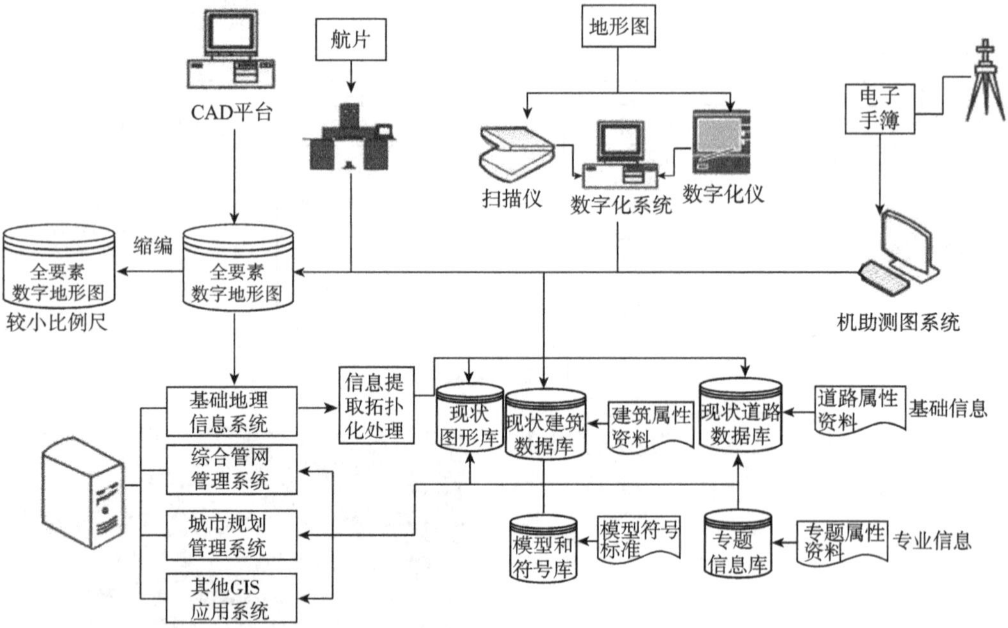

图 2.3　数据采集技术体系

(1) 全野外数据采集，利用全站仪、GNSS RTK (real time kinematic，实时动态 GNSS) 等设备按数字测图方法在现场逐点采集要素特征点的 X、Y、Z 坐标，经室内编辑成图，特点是成图精度高、质量好，但成本高。适用于面积较小区域的大比例尺数据采集。其中，RTK 技术能够快速地获取地面点的三维信息，受环境影响较小、机动灵活、实时快速，可以进行直接或辅助地面数据的采集。

(2) 航空/航天摄影测量，利用全数字摄影测量系统 (digital photogrammetric system，DPS) 对立体成像的航空摄影或卫星遥感影像进行数字摄影测量处理，从而采集基础地理数据。航空/航天摄影测量具有速度快、成本低、可生成多种数字产品 (4D 产品) 的特点，是比例尺 1∶500～1∶5 万、大面积区域基础地理数据采集和更新的主要手段。随着实时摄影测量技术的完善和低空摄影技术的普及，摄影测量技术已成为基础地理数据获取的主要手段。

(3) 地形图原图数字化，包括数字化板跟踪和扫描矢量化，这是一类从经加工派生数据源获取基础地理数据的方式。其中，又以扫描矢量化方式应用更为普遍。这种方式利用高分辨率扫描仪将纸质地形图扫描为图像，再在矢量化软件支持下，在屏幕上交互地或半自动化地对图面要素进行矢量化和编辑处理。这种方式适合于拥有现势性较好地形图时 DLG 数据的获取及 DEM 的构建，也适用于历史存档地形图、影像的数字化，以建立历史基础地理数据库。然而，原图扫描数字化工作量大、数据质量要求高，因此，提高数字化工作效率和控制数据质量是扫描数字化技术和工艺流程设计的基本原则。

(4) 数字编图是利用制图综合技术，对已获取的较大比例尺基础地理数据进行缩编处理，获得较小比例尺基础地理数据，如国家基础地理数据库中 1∶100 万和 1∶25 万 DLG 数据就是通过对 1∶5 万 DLG 数据进行联动逐级缩编得到的。

2. "4D"产品数据的获取

在实际基础地理数据获取时，针对国家、省、市(县)三级不同比例尺或分辨率 DLG、DEM 和 DOM 数据，可采取多种技术手段进行直接或间接数据采集，其中比例尺大于 1∶5 万的，一般利用多种现代测绘技术直接获取，而比例尺小于 1∶5 万的，则通过数字编图技术间接获取。但对于各种比例尺的 DRG 数据，都是在对相应比例尺 DLG 数据进行符号化制图表达后，再进行栅格化处理得到的栅格数据格式的派生产品。

1) DLG 数据的获取

对于 DLG 数据，需要遵照《基础地理信息要素分类与代码》（GB/T 13923—2006），按照不同类型的地理要素进行分层、分类的数据采集。在直接获取手段中，主要采用全野外数据采集、航空/航天摄影测量或地图扫描矢量化方法。

2) DEM 数据的获取

DEM 生产的主要方法有 5 种。

(1) 全野外数据采集。利用全站仪、GNSS RTK 等设备，遵循测量规范，实地测量地形特征点、特征线及密集高程点，在地形制图或分析软件支持下，构建约束不规则三角网(TIN)，再按相应比例尺 DEM 的格网分辨率，采用空间插值方法将其内插为一定分辨率的规则格网 DEM。

(2) 地形图扫描数字化。利用扫描仪，将全要素地形图进行扫描数字化，在扫描数字化软件的支持下，在屏幕上半自动或交互跟踪采集等高线、离散高程点及特征线，按与全野外数据采集建立 DEM 的相同方式构建 DEM。

(3) 航空/航天摄影测量。在数字摄影测量系统（DPS）支持下，对经过空中三角测量处理的立体航空摄影或卫星影像，在区域立体影像模型上人工采集地形特征点、特征线，再构建不规则三角网并内插生成 DEM；或对立体影像进行自动密集匹配，获得 DSM (digital surface model)，再进行编辑，内插生成 DEM。

(4) 机载 LiDAR 扫描。利用机载 LiDAR (light detection and ranging) 技术，获取地表特征密集的点云数据，通过对点云的去噪、滤波、分类等处理，提取出密集的地形特征点，再依此构建不规则三角网并内插生成区域的 DEM。

(5) 合成孔径雷达干涉测量。合成孔径雷达干涉测量 (synthetic aperture radar interferometry，InSAR) 利用机载或星载合成孔径雷达 (SAR) 以主动方式在不同位置获取的同一地区带有相位信息的两幅 SAR 影像(复数影像)，经影像配准、干涉图生成、相位解缠、相位转高程和地理编码等若干环节的处理，得到区域的 DEM。

3) DOM 数据的获取

以航空摄影或航天遥感影像为数据源，对影像进行辐射改正、消除几何畸变的微分纠正、镶嵌和匀色处理，按地形图标准分幅进行裁剪，再加上必要的地图符号、注记、坐标格网及图廓整饰，得到同时具有地形图几何精度和影像特征的数字正射影像图。大面积区域 DOM

生产，目前主要有下列两种方法。

(1)全数字摄影测量方法。在DPS的支持下，对区域数字航空/航天立体影像对进行内定向、相对定向、绝对定向后，匹配生成DEM，再按反解法对各像元进行数字微分纠正，将单幅正射影像进行拼接和镶嵌，最后按图廓线裁切得到标准分幅的数字正射影像图(DOM)。

(2)单影像数字微分纠正。如果一个区域内已有DEM数据及影像控制成果，就可以直接使用该成果数据制作DOM，在DPS的支持下，根据控制点坐标进行数字影像的定向处理，再调用已有DEM数据，在将影像与DEM配准的基础上，对影像进行数字微分纠正，其余后续过程与上述方法相同。

4)DRG数据的获取

数字栅格地图(DRG)本身是一类派生的基础地理数据，在GIS应用中，作为背景参照图像与其他空间信息相互参考与分析。DRG在内容、几何精度和外观视觉特性上与相同比例尺的地形图保持一致，但它是按一定分辨率(如250 DPI)栅格化的结果，可以采用数字图像格式，如JEPG、TIFF等进行表达和存储。DRG数据获取的途径有两种：

(1)地图扫描数字化。采用具有较高光学分辨率(如大于 400 DPI)的地图扫描仪对现有纸质、胶片等地形图进行扫描，经图形定向、几何校正、色彩校正、图幅处理及数据压缩处理后，形成分幅的DRG数据。

(2)DLG数据符号化与栅格化。依据相同比例尺的全要素DLG数据，遵照相应比例尺的地形图制图规范，对各要素进行符号化处理，在进行必要的编辑、注记、增加坐标格网及图廓整饰后，得到符号化的地形图，再对此图按不小于250 DPI的栅格分辨率直接进行矢量到栅格的转换，得到DRG数据。

3. 地名与地址数据的获取

地名地址是对地名、地址信息的结构化描述与标识。其以坐标点位的方式描述某一特定空间位置上自然或人文地理实体的专有名称和属性，是专业或社会经济信息与地理空间信息通过地理编码或地址匹配进行挂接的媒介与桥梁［《地理信息公共服务平台地理实体与地名地址数据规范》(CH/Z 9010—2011)］。地名地址数据不仅是重要的基础地理数据类型，也是公共地理框架数据的重要组成部分。其中，地名是根据国家有关法规经标准化处理，并由有关政府机构按法定的程序和权限批准予以公布使用的某一特定空间位置上自然(如水系、山峰、海岛等)或人文地理实体(如行政区域、交通、水利设施、企事业单位等)的名称；地址是具有地名的某一特定空间位置上自然或人文地理实体位置的规范化和结构化文字描述。

地名地址信息以地理位置标识点来表达，可以利用该标识点实现相应地理实体的空间定位。与某一地理实体相关的自然与社会经济信息(如法人机构、兴趣点、户籍等)可以通过地理编码或地址匹配关联到这一位置标识点上。因为地名地址是对相应点状、线状和面状地理实体的描述，所以，地名地址地理位置标识点应按一定的规则设置。

(1)对于面状实体，其地理位置标识点位于：行政区划的政治、经济、文化中心所在地的点位，行政区划内标志性建设物的点位或面状区域(如湖泊)重心点的点位。

(2)对于线状实体，其地理位置标识点位于：线状实体(如城市道路)中心点的点位、线状实体中心线(如铁路)系列点的点位或线状地物(如河流、山脉等)的标志点。

(3)对于点状实体，其地理位置标识点位于：门(楼)址标牌位置的点位、标志物中心点的点位、兴趣点门面中心点或特征点的点位、自然地物(山峰)中心点或标志点。

地名地址数据包含标准地址名称、地址代码、地址经度和纬度几个强制性信息，以及地址采集时间、地址命名时间、地址停止使用时间、地理实体名称、地理实体标识码、地址分类代码等非强制性信息。

在进行地名地址数据采集时，采取实地调查方式，以现势性高、较大比例尺的地形图为调查底图，沿道路、街道逐个调查地理实体的名称、测定标识点坐标并填写相应的外业调查表，在内业进行数据的输入与编辑；或者使用具有较高定位精度的便携式设备(如 PDA、GIS 采集器等)预先加载数字地形图，开发地名地址采集软件，按地名地址数据规范的要求进行现场实地数据采集与编辑。

除建立基础地理信息数据库需要采集地名地址信息外，一些地理信息公共服务平台和网络导航地图服务企业还采集大量的包括餐饮、购物、住宿、出行、文体娱乐、各类服务等相关的“兴趣点”(point of interest，POI)，一个 POI 可以是一栋房子、一个商铺、一个邮筒、一个公交站等。对于 POI，至少需要在实地采集其名称、经度和纬度信息。

2.2　地面数字测图与基础地理数据获取

全野外数字测图技术利用全站仪、GNSS 等设备和数字测图软件系统构成地面数字测图系统，实地进行基础地理数据的采集和处理，特别适合于小范围(如面积小于 10km^2)城镇地区、大比例尺(1∶500～1∶2000)DLG 数据及高分辨率(分辨率优于 5m)DEM 数据的获取。

2.2.1　全野外数字测图作业模式

1. 数字测图的仪器设备

全野外数字测图一般采用两类数据采集方案，分别使用不同的仪器设备，但在数据编辑、处理与制图的软件系统上不存在根本差别。一种方案是使用全站仪与电子手簿(图 2.4)或电子平板(便携式计算机)再加上测图软件系统进行数据采集与处理；另一种方案是使用具有实时差分功能的 GNSS 接收机充当移动站，加上电子手簿(图 2.5)，在 GNSS 基站或连续运行卫星定位服务综合系统(continuous operational reference system，CORS)的支持下，以实时动态差分(real time kinematic，RTK)方式或者虚拟参考站(virtual reference stations，VRS)方式采集数据。

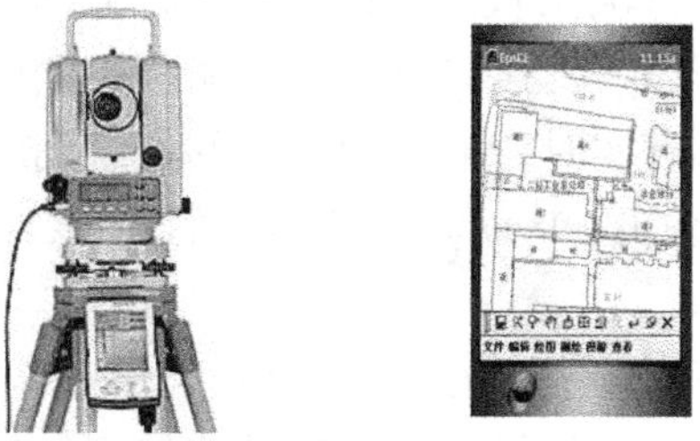

(a) 全站仪　　(b) 电子手簿

图 2.4　全站仪与电子手簿

(a) GNSS 基站　　(b) GNSS 移动站

图 2.5　GNSS RTK 系统

2. 数字测图的作业模式

当采用全站仪或 GNSS 设备进行全野外数字测图时，一般采用两种作业模式。

1) 数字测记模式

数字测记模式使用全站仪或 GNSS RTK 在实地测定或计算地形、地物特征点(也称碎部点)的三维坐标，用仪器内存储器或联机通信(使用数据线的有线通信或蓝牙无线通信)的电子手簿记录碎部点定位信息，用草图或简码记录其他绘图信息，在室内将测量数据传输到计算机，在数字测图软件的支持下，进行人机交互编辑与处理，得到 DLG、DEM 及全要素地形图。根据实地采集数据所使用设备的不同，又可进一步分为全站仪数据测记模式和 GNSS RTK 数字测记模式。

在全站仪数字测记模式中，全站仪架设在已知坐标的地面控制点上(测站)，观测立在碎部点上的反射棱镜(镜站)，得到碎部点的坐标，经测点编码及给出测点连接顺序后记录到测站端的电子手簿上。这就要求测站与镜站之间必须保持通视，当测站与镜站之间距离较远时，测站方难以辨析所测地物的属性及当前测点与其他测点间的连接关系，需要使用对讲机保持测站与镜站之间的联系，以保证测点编码的正确性；或者持镜者需要手工绘制测量草图或记录测点顺序、点号及其连接关系，供室内编辑成图使用。

GNSS RTK 数字测记模式中，在已知坐标的地面控制点上架设基站，移动站(即“1+1”模式)在距离基站 15km 范围内，实地测定地形地物特征点三维坐标并在移动端电子手簿上输入测点编码及测点连接顺序。因为基站和移动站间存在实时通信数据链，所以能进行实时动态差分处理，获得具有厘米级精度的碎部点坐标。GNSS RTK 数字测记模式的另一种途径是利用覆盖测图区域的 CORS 网络，带有实时通信卡且经 CORS 服务授权的 GNSS 移动站，实时接收由 CORS 控制中心发来的测点附近若干固定参考站的观测数据，或 CORS 控制中心接收从移动站发来的概略坐标，CORS 控制中心自动选择最佳的固定参考站观测数据，在整体地改正 GNSS 的轨道误差、电离层和对流层，以及大气折射所带来的误差后，将经改正的高精度差分信号实时发送给移动站，供移动站进行实时动态差分位置解算。该模式的点位测定精度也能达到厘米级，其电子手簿工作方式与“1+1”模式相同。

与全站仪测记模式相比，GNSS RTK 测记模式观测范围大，不需要测站(固定站)和碎部点(移动站)间的通视，甚至仅需 1 人就可完成实地数据采集，其数据采集效率比全站仪更高。但是对城镇区域，建筑物可能会造成 GNSS 信号失锁或产生多路径效应，导致无法定位或严重降低定位精度，此时需要采用全站仪测记模式或电子平板测绘模式。

2) 电子平板测绘模式

电子平板测绘模式实际上是使用“全站仪+便携机+测图软件”在实地进行数据采集与编辑、制图的作业方式。在该模式中，使用便携机(笔记本电脑或 PDA)的屏幕模拟测图平板，利用数字测图软件，在野外直接将全站仪测定的碎部点实时传输给便携机并展绘到屏幕上，依据测点的连接关系，进行地形、地物要素的矢量化编辑，从而实现测与绘的同步，达到“所测即所得”的目的。

电子平板测绘模式在具体技术实现途径上有两种策略，即测站电子平板和镜站遥控平板。测站电子平板策略将加载了数字测图软件的便携机通过数据线或蓝牙直接连接到全站仪上，在测站端实时展点，绘图员通过观察周围地形、地物及镜站的位置，判断镜站要素的属性及测点间的连接关系，利用测图软件对所测区域的地形、地物要素进行实时编辑。电子平板可以及时发现并纠正测量错误，所得矢量图形的几何精度高，但测站电子平板易受视野与距离的限制，有时不易判别要素的属性及特征点间的关系，难以保证要素图形的完整性。而镜站遥控电子平板作为一种将现代数字通信技术与电子平板相结合的数字测图技术，可以克服上述缺陷。手持便携机的绘图员在镜站一侧，根据现场的地形、地物要素，指挥立镜员在要素特征点上立镜，并发出遥控指令驱动全站仪观测（自动跟踪或人工照准），观测结果利用无线通信技术实时传输给便携机上运行的测图系统，在屏幕上自动展点。镜站遥控平板策略能做到“走到、看到和绘到”，不会产生遗漏要素及其特征点的现象，有利于保证要素的完整性。镜站遥控平板技术还可进一步发展成为单人测图系统，测图员身背便携机并持镜和立镜，遥控测站上带有自动跟踪功能的全站仪（无人值守）自动地瞄准反射棱镜，并将测站上测得的点位坐标利用无线通信技术发送给便携机上的测图系统，从而由绘图员单人完成地形、地物要素的采集与编辑。

除全站仪外，利用 GNSS RTK 或 CORS 系统，也可将 GNSS RTK 与电子平板相结合，实现 GNSS 电子平板测绘模式，进行地形、地物要素的内外业一体化数据采集与制图。

2.2.2　数字测图数据采集方法

无论采取哪种数字测图作业模式，都需要使用全站仪或 GNSS RTK 在实地测量地形、地物要素的特征点（碎部点）或特征线，并记录所测要素的类别属性，这是进行数字地形图制图和建立基础地理数据库的基础。

1. 数据编码

全站仪和 GNSS RTK 仅能测定地形、地物要素离散特征点的三维坐标，并不能形成完整的要素，还必须按照要素的实际情况将这些离散特征点连接起来，并赋予相应的类别属性。在数据采集时，为了提高作业效率，通常设计由一定规则构成的符号串，即数据编码来表示要素的类别属性和特征点的连接关系。数据编码包括地形地物要素编码（或要素特征码、属性码等）和特征点连接关系码。

1）*全要素编码方案*

全要素编码遵照《1∶500、1∶1000、1∶2000 地形图图式》（GB/T 7929—1995）对地形地物的分类，对每个碎部点都进行详细的编码说明。全要素编码通常是由若干个十进制数组成的，其中每一位数字都按层次区分，并具有特定的含义（图 2.6）。

图 2.6　全要素编码方案

首先参考地形图图式对地形地物要素进行分类，以 1 位码表示，如“1”代表测量控制点、“2”代表居民地、“3”代表独立地物、“4”代表道路、“5”代表管线和垣栅、“6”代表水系、“7”代表境界、“8”代表地貌、“9”代表植被；然后在每一类中进行次级分类，以 2 位码表示，如居民地又分为：“01”代表一般房屋、“02”代表简单房屋、“03”代表特种房屋等。除类别码外，还要加上类序号（测区内同类地物的序号），以 3 位码表示；特征点序号（同一地物中特征点连接序号），以 2 位码表示，如代码 20101503 表示当前测点为居民地、一般房屋、第15栋、第3号测点。

全要素编码的优点是各测点的编码具有唯一性，便于计算机自动识别与处理。但在实际外业数据采集中，编码输入记忆困难、输入不便。目前大多数数字测图系统都采用图标菜单方式，测图时，仅需要在屏幕上选择相应的图标，就可给所测要素赋予要素编码。

2) 块结构编码方案

块结构编码将整个编码分成几大部分，如分为点号、地形编码、连接点和连接线型4部分，分别输入。地形编码是参考地形图图式的分类，用3位十进制数字将地形要素分类编码，如"100"代表测量控制点类、"104"代表导线点、"200"代表居民地类中的坚固房屋、"210"代表建筑中的房屋；点号表示测量的先后顺序，用4位数字表示；连接点记录与碎部点相连接的点号，也为4位数字；连接线型是记录碎部点与连接点之间的线型(直线、曲线、圆弧及独立点)，用1位数字表示。块结构编码与全要素编码的优缺点类似。

3) 简单编码方案

因为全要素编码和块结构编码在记忆与输入时都较为困难，所以大多数数字测图系统都采用各自设计的简单编码(简称"简码")方案。

例如，在南方CASS数字测图系统的简码作业方案中，外业进行数据采集时只输入简单的提示性操作简码，经内业识别自动转换为程序内部码。该简码可分为类别码、关系码和独立符号码3种，每种由1～3位字符组成。其优点是形式简单、规律性强、无需特别记忆，同时采集测点的地物要素和拓扑关系码，能够适应多人立镜、交叉观测不同地物等复杂观测情况。缺点是需要绘制现场草图。

2. 数据采集过程

数字测图既可采用传统的先控制测量后碎部测图、从整体到局部的作业方法，也可采用图根控制测量与碎部测量同步进行的"一步测量法"。但对于较大面积区域的大比例尺基础地理数据采集，仍遵循从整体到局部、分级布设、逐级加密的测量原则，从图根控制到碎部测图。与普通平板测图不同的是，数字测图不需要将测区分成若干个图幅，按图幅逐一进行数据采集，而是以道路、河流、山脊等为界线，按自然地块分片进行数据采集。

1) 图根控制测量

图根控制测量包括平面控制测量和高程控制测量。其测量需要遵循国家标准《1∶500、1∶1000、1∶2000外业数字测图技术规程》(GB/T 14912—2005)。因为主要采用全站仪光电测距，测站点到地物、地形点的距离即使在1km以内也能保证测量精度，所以对图根点的密度不作严格要求，视测区的地形情况而定，一般以在500m以内能测到碎部点为原则。通视条件好的地方，图根点可稀疏些；地物密集、通视困难的地方，图根点可密些。等级控制点尽量选在制高点。

图根控制测量主要使用导线测量方法。各图根点的观测结果：方向值、竖直角、距离、仪器高、目标高、点号等自动或手工输入电子手簿或计算机，计算出图根控制点的平面坐标与高程。对于图根控制点，可采用"辐射法"和"一步测量法"施测。

辐射法是在某一通视良好的等级控制点上安置全站仪，用极坐标测量方法，按全圆方向观测方式一次测定周围若干个能通视的图根点坐标。这种方法无须平差计算，直接测出坐标。为了保证图根点精度，一般要进行两次观测。

一步测量法是将图根导线测量与碎部测量同时作业，即在一个测站上，先进行导线点观测，然后直接进行碎部点观测，不需要单独进行图根控制测量，这样可以减少全站仪设站次数，大幅提高外业工作效率。一步测量法适合于小面积或局部区域的数字测图。

2）碎部测图

碎部测图是在图根控制点上架设全站仪或 GNSS 基站，采用一定的测量方法，在地形、地物要素特征点上立镜或摆放 GNSS RTK 移动站，进行特征点坐标数据的采集。在具体测图过程中，可采用测记模式或电子平板测绘模式，在电子手簿上输入测点编码，并逐点采集。对于全站仪，根据地形地物特征点不同的实际情况，可分别采用多种测量方法：①极坐标法，对于测站上能直接观测的特征点，根据所测距离和方向，直接解算其三维坐标；②支导线法，对于测站上不能直接观测的隐蔽特征点，从图根控制点引测支导线，直到能从支导线点上直接观测这些隐蔽特征点；③角度交会法，对于那些在测站上能直接观察，但难以到达立镜，无法测定距离的特征点，可从两个测站上分别观测到该点的水平角和垂直角，采用前方交会公式计算该点坐标，再反算水平距离，由此计算该点的高程；④计算法，对于一些形状规则的要素如建筑物，不需要观测全部特征点，仅利用图形的垂直、平行等特性，在实际测定其他特征点坐标的基础上，按几何条件计算出某点的坐标。全站仪本身的微处理器或者电子手簿一般都具有多种计算功能，可实现对一些隐蔽、遮挡或难以到达的特征点坐标的解算。

2.2.3　数字测图软件系统

无论是采用测记模式还是电子平板测图模式进行地形地物特征点数据采集，都需要在内业借助于专业的数字测图软件系统，对所测得的数据进行处理、编辑和加工，生产符合《基础地理信息标准数据基本规定》(GB 21139—2007)的 DLG 和 DEM 数据，以及符合地形图图示(GB/T 7929—1995)的全要素地形图。当前，国内成熟的数字测图软件主要有清华山维公司开发的测霸 EPSW、武汉瑞得测绘自动化公司开发的 RDMS、广州南方测绘仪器公司的 CASS 与 SCS 系列等。各软件虽然在数据编码、实现方式上各有特点，但都能按地形图图示要求生产 1 : 500～1 : 2000 比例尺地形图。

在此，仅以应用较为广泛的 CASS 软件(9.0 版)为例，讨论数字测图的内业数据处理与地形图制图。

1. CASS 测图软件概况

CASS 地形测图软件是一款运行于 Windows 32 位或 64 位操作系统、在 AutoCAD 平台基础上开发(需要 AutoCAD 2002 以上环境的支持)的数字化测绘数据采集与制图系统，充分利用了 AutoCAD 丰富的数据编辑、制图功能。该软件不仅支持测记模式，也支持电子平板测图模式，且全面面向基础地理数据库建设，使用骨架线实时编辑及编码转换技术，打破了数字化成图与 GIS 数据获取之间的障碍。CASS 测图软件具有完备的数据采集、数据处理、地形图符号生成、图形编辑、地形图输出等功能。系统的主界面采用与 AutoCAD 软件一致的风格(图 2.7)。

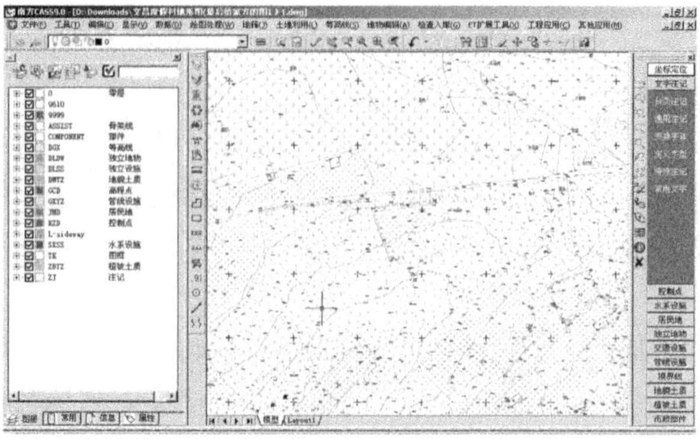

图 2.7 CASS9.0 用户界面

2. CASS 地形图编制过程

在利用 CASS 系统进行大比例尺地形图测绘时，可根据实际数据采集情况，采用 5 种成图方法：简编码自动成图法、引导文件自动成图法、测点点号定位成图法、屏幕坐标定位成图法和电子平板测图法。在上述方法中，除电子平板测图法外，其余均为测记式成图方法，即把野外采集的数据存放在电子手簿或全站仪的内存中，同时绘制草图，回到室内后再把数据传到计算机内，利用草图进行各种地物的绘制编辑工作，最后形成地形图。引导文件自动成图法、测点点号定位成图法和屏幕坐标定位成图法适用于无码作业。

当按某种成图方法完成外业数据采集后，利用 CASS 进行地形图绘制的基本过程如图 2.8 所示。将全站仪或电子手簿中存储的数据利用软件所支持的不同全站仪、电子手簿数据通信方式，在进行相应通信参数配置后，传输给计算机和 CASS 软件。在 CASS 软件环境下，根据实际采用的测图模式，分别进行逐类要素（利用 AutoCAD 的“层”进行数据组织）的自动或交互处理，并依据要素类型选取相应图示符号进行要素的制图符号化。其中，为了表示地形，则以所测高程点和地形特征线构建不规则三角网（TIN）并进行必要的编辑，然后在 TIN 上按相应比例尺及地形条件的等高距进行等高线的自动追踪和交互编辑与修饰，得到含高程注记的等高线，与其他已符号化的地形、地物要素共同构成全要素地形图，在进一步地形图编辑和图廓整饰的基础上，在绘图机上或以其他文件格式进行输出，如图 2.9 所示。

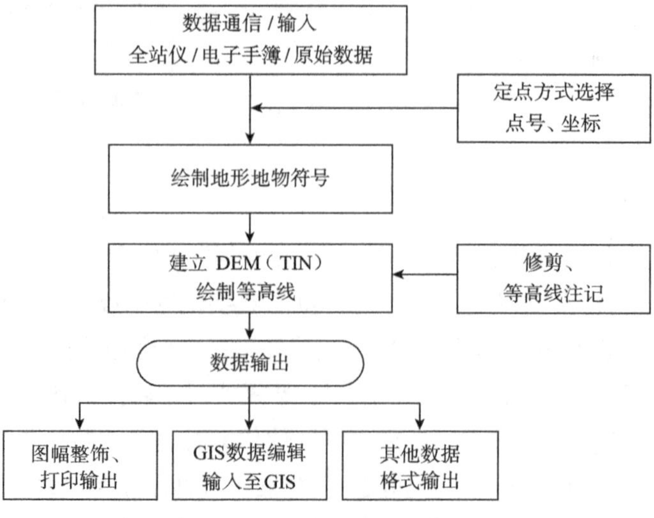

图 2.8 利用 CASS 进行地形图绘制的基本过程

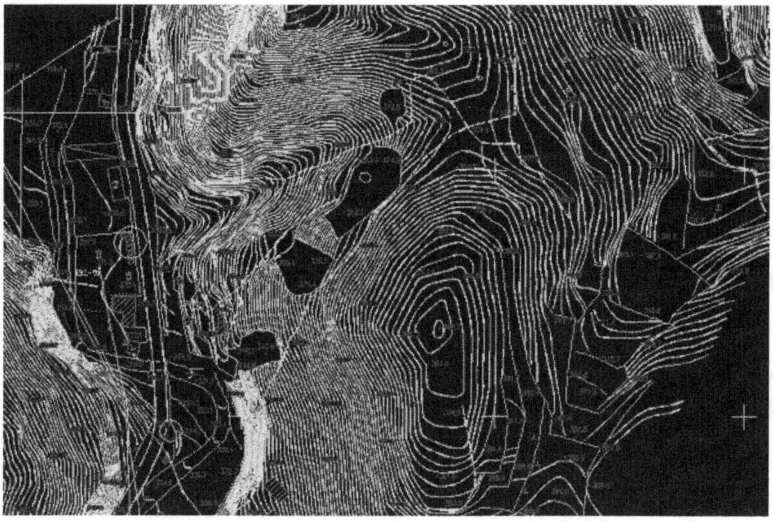

图 2.9　输出的大比例尺地形图(局部)

3. 基于 CASS 测图数据的 GIS 数据获取

CASS 依据地形图图示规范要求制作的大比例尺地形图是符号化后的图形，并非符合空间数据库要求的 GIS 数据，还需要对地形图作进一步加工和处理，才能得到 DLG 和 DEM 数据。

CASS 按地形图图式，把所有地形要素分为 10 个图层，又将每个图层的实体划分为点、线、面、注记四类。图层的划分由工程定义文件确定，各图形实体可有较为完备的属性定义，包括要素代码、图层及自定义属性项。因此，为了获得 GIS 系统能接受的 DLG 数据，首先需要进行实体属性结构设置与逐一输入与编辑；然后进行编码正确性、属性完整性、图层正确性、线状实体符号线型、线实体是否有自相交、面状实体是否封闭、复合线是否存在重复点、是否有重复实体、等高线是否有高程值及高程值是否存在逻辑错误等自动检查，对存在错误的点、线和面实体进行批量处理或逐一交互编辑，使数据符合 GIS 要求后，输出为 ArcGIS 的 Shapefile 数据格式或《地理空间数据交换格式》(GB/T 17798—2007)的 VCT 矢量数据格式。对于 DEM 数据，则直接根据 CASS 软件构建的 TIN 模型，按一定的空间分辨率(如 1m)，采用线性空间插值方法，内插生成规则格网 DEM 数据。

2.3　数字摄影测量与基础地理数据采集

基于航空和航天遥感影像的数字摄影测量技术具有数据采集速度快、应用成本低、劳动强度小、作业效率高、可生产多种数字地理信息产品(DLG、DOM 和 DEM)的特点，已成为大面积基础地理数据采集与更新的主要手段。

2.3.1　数字摄影测量概述

数字摄影测量是基于摄影测量的基本原理，应用计算机技术，从各类摄影或遥感影像(包括硬拷贝胶片与数字影像或扫描后的数字化影像)中提取所摄对象用数字方式表达的几何与物理信息的技术方法。

数字摄影测量的内业数据处理所使用的设备不再是传统的模拟或解析测图仪，而是非常轻便的数字摄影测量系统(digital photography system，DPS)，即基于数字影像或数字化影像完成摄影测量作业的所有软、硬件组成的计算机系统。目前，国内外已有数十种实用化的商用数字摄影测量系统，如我国自主研发的 VirtuoZo、JX4、DPGrid、GeowayDPS、PixelGrid、MapMatrix 等，德国的 Inpho、法国的 Pixel Factory(像素工厂)、美国的 ImageStation SSK 等。各种数字摄影测量系统的测量原理与操作流程大同小异，但都包含如下主要功能：影像数字化；影像处理；单像量测，特征提取与定位；多像量测，影像匹配；摄影测量解算，如空中三角测量；数字表面内插，如 DEM 建立；等值线自动绘制；机助量测与解译；交互编辑等。数字摄影测量系统可生产如下主要产品：空中三角测量加密成果；数字表面模型，如数字高程模型 DEM；数字线划图 DLG；数字正射影像图 DOM；景观图；透视图；立体模型；各种工程设计所需的三维信息；各种信息系统、数据库所需的空间信息。

近年来，数字摄影测量无论在数据获取硬件装置、数据处理软件平台还是在信息应用方面，其理论和实践都发生了巨大的变化，其内涵已远远超过了传统摄影测量的范围，已成为摄影测量与信息科学的交叉学科，呈现出如下的发展趋势。

(1) 新型传感器不断涌现。目前，新型数字航摄像机如雨后春笋般不断涌现，如美国 Intergraph 公司的 DMC 数码航摄仪、Microsoft 公司的 UCD/UCX/UCXp 系列数码航摄仪、瑞士 Leica 公司的 ADS40/80 数码航摄仪、我国自主研制的 SWDC 数码航摄仪等。大面阵数码航摄仪的幅面已超过 2 亿像素，在 1000m 的相对航高下最高空间分辨率可达 5cm，可用于 1∶500 等大比例尺的地形图测绘。

(2) 摄影测量数据处理的分布式、并行化。高时相、高分辨率、高重叠度的数码成像方式为摄影测量带来大量原始数据的同时，也给数据处理带来新的挑战。目前，利用刀片式计算机集群和高性能图形处理器 GPU 实现摄影测量的分布式并行处理，能较为高效地完成从海量影像数据到各种比例尺的 DLG、DEM、DOM 等基础地理信息产品的生产任务。

(3) 数字摄影测量的基础理论进一步丰富。摄影测量理论与计算机视觉理论逐步融合，灭点理论、广义点摄影测量、多基线摄影测量等方法得到了广泛的研究，进一步丰富了数字摄影测量的理论方法与实践应用。

(4) 航天摄影测量成为航空摄影测量的重要补充。随着美国 QuickBird、WorldView、GeoEye，我国高分系列卫星等高分辨率遥感卫星的成功发射，民用高分辨率卫星发展迅猛，其空间分辨率已达到亚米级，新一代 GeoEye-2 卫星的空间分辨率将达到 0.25m。基于高分辨率卫星影像的航天摄影测量有能力实现 1∶5000 乃至更大比例尺基础地理数据的采集与更新。

2.3.2 航空航天摄影测量的基本原理

摄影测量的基本任务是从影像中提取出所摄对象的几何信息。因此，首先应建立影像中的像点与其对应地面点之间的数学关系，这种数学关系也称为传感器的几何成像模型。对于具有单个投影中心、满足中心投影关系的航空摄影测量与近景摄影测量，传感器的几何成像模型采用共线条件方程。而对于具有多个投影中心的卫星线阵 CCD 推扫式影像，则可采用有理函数模型来表达像点和对应地物点空间坐标之间的数学关系。

1. 航空摄影测量的共线条件方程

图 2.10 表示了航空摄影影像中像点与对应地面点间的几何关系。

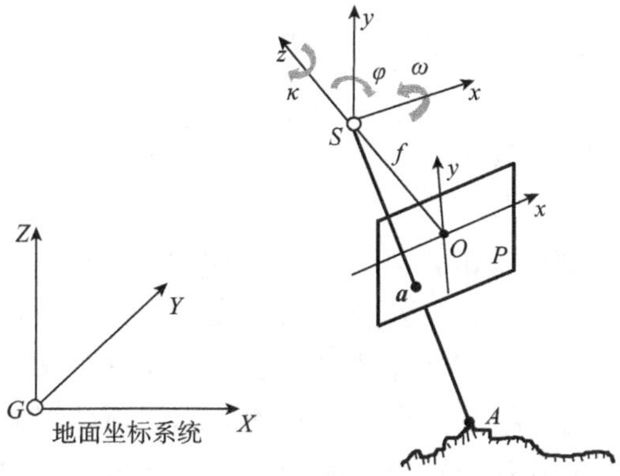

图 2.10　中心投影的共线条件示意图

图 2.10 中，P 为影像平面，影像的摄影机主距为 f(f 是影像的三个内方位元素之一)，A 为地面上的一个地物点，$G\text{-}XYZ$ 为给定的一个右手地面直角坐标系，地物点 A 和摄影中心 S 在该地面坐标系中的坐标分别为(X_A，Y_A，Z_A)、(X_S，Y_S，Z_S)，X_S、Y_S、Z_S也称为影像的三个外方位线元素；A 在影像上的构像点为 a，像点 a 在像平面坐标系 $O\text{-}xy$ 中的坐标为(x，y)，像点 a 在像空间坐标系 $S\text{-}xyz$ 中的坐标为(x，y，$-f$)，则地物点 A、像点 a、摄影中心 S 位于同一条投影光线上，描述此三点之间定量关系的共线条件方程如下：

$$\begin{cases} x=-f\dfrac{a_1(X_A-X_S)+b_1(Y_A-Y_S)+c_1(Z_A-Z_S)}{a_3(X_A-X_S)+b_3(Y_A-Y_S)+c_3(Z_A-Z_S)} \\ y=-f\dfrac{a_2(X_A-X_S)+b_2(Y_A-Y_S)+c_2(Z_A-Z_S)}{a_3(X_A-X_S)+b_3(Y_A-Y_S)+c_3(Z_A-Z_S)} \end{cases} \tag{2.1}$$

式中，a_i、b_i、c_i(i=1，2，3)为像片三个外方位角元素 φ(航向倾角)、ω(旁向倾角)、κ(像片旋角)构成的旋转矩阵 $\boldsymbol{R}=\begin{pmatrix} a_1 & a_2 & a_3 \\ b_1 & b_2 & b_3 \\ c_1 & c_2 & c_3 \end{pmatrix}$中的 9 个方向余弦，计算公式为

$$\begin{cases} a_1=\cos\varphi\cos\kappa-\sin\varphi\sin\omega\sin\kappa \\ a_2=-\cos\varphi\sin\kappa-\sin\varphi\sin\omega\cos\kappa \\ a_3=-\sin\varphi\cos\omega \\ b_1=\cos\omega\sin\kappa \\ b_2=\cos\omega\cos\kappa \\ b_3=-\sin\omega \\ c_1=\sin\varphi\cos\kappa+\cos\varphi\sin\omega\sin\kappa \\ c_2=-\sin\varphi\sin\kappa+\cos\varphi\sin\omega\cos\kappa \\ c_3=\cos\varphi\cos\omega \end{cases} \tag{2.2}$$

当影像内外方位元素已知时，给定地面上任一地物点(X_A，Y_A，Z_A)，经式(2.1)计算就可得到影像上一个对应的像点坐标(x，y)，该方程刻画了摄影过程(由地物点经摄影中心到像点的过程)的成像几何关系。而式(2.1)的逆变换式，则刻画了由像点经摄影中心到相应地物点的反投影过程，可表示为式(2.3)的形式：

$$\begin{cases} X_A - X_S = (Z_A - Z_S)\dfrac{a_1x + a_2y - a_3f}{c_1x + c_2y - c_3f} \\ Y_A - Y_S = (Z_A - Z_S)\dfrac{b_1x + b_2y - b_3f}{c_1x + c_2y - c_3f} \end{cases} \tag{2.3}$$

由式(2.3)可以看出，即使影像的内外方位元素和像点坐标(x，y)均已知，也无法计算出地物点的三维空间坐标(X_A，Y_A，Z_A)。因为一幅影像上的一个像点只能组成两个方程，但未知坐标个数是 3 个，由两个方程求解 3 个未知数，是无法得到唯一解的。因此，按照上述关系式，要唯一地确定地物点的三维空间坐标，必须从不同摄站对同一物体摄影，获得具有一定重叠度的影像对，按照构像方程分别对各幅影像的同名像点列出条件方程组，通过解方程组计算同名点对应地物点的三维空间坐标，这就是立体摄影测量的基本原理。

如图 2.11 所示，假设在空中 S_1 和 S_2 两个摄站对同一地面进行摄影，获得一个立体像对 P_1 和 P_2，影像 P_1 和 P_2 的外方位元素分别为(X_{S1}，Y_{S1}，Z_{S1}，φ_1、ω_1、κ_1)、(X_{S2}，Y_{S2}，Z_{S2}，φ_2、ω_2、κ_2)，两个摄站之间的摄影基线 B 在 X、Y、Z 三个坐标方向上的基线分量分别为 $B_X=X_{S2}-X_{S1}$，$B_Y=Y_{S2}-Y_{S1}$，$B_Z=Z_{S2}-Z_{S1}$。任一地物点 G 在该像对的左影像 P_1 上的构像点为 g_1，其像平面坐标为(x_1，y_1)，在右影像 P_2 上的构像点为 g_2 ，其像平面坐标为(x_2，y_2)，则利用立体摄影测量的双像前方交会法，可计算地物点 G 的空间三维坐标(X_G，Y_G，Z_G)：

$$\begin{cases} X_G = X_{S1} + N_1U_1 = X_{S2} + N_2U_2 \\ Y_G = Y_{S1} + N_1V_1 = Y_{S2} + N_2V_2 \\ Z_G = Z_{S1} + N_1W_1 = Z_{S2} + N_2W_2 \end{cases} \tag{2.4}$$

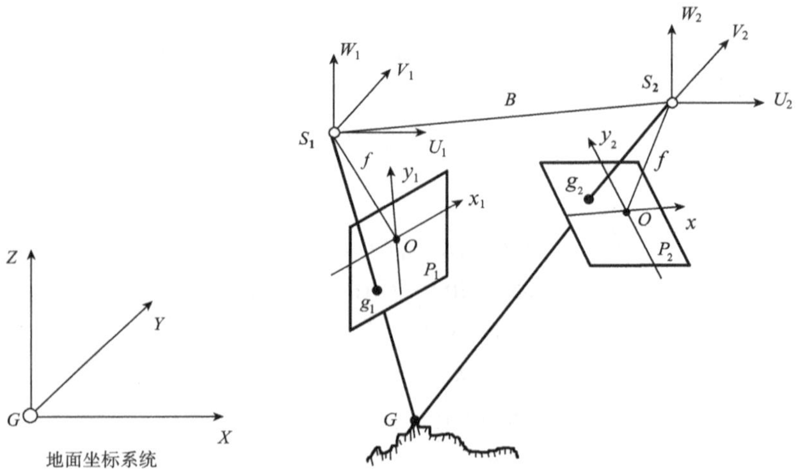

图 2.11 立体摄影测量双像前方交会的示意图

其中，$\begin{bmatrix} U_1 \\ V_1 \\ W_1 \end{bmatrix} = \boldsymbol{R}_1 \begin{bmatrix} x_1 \\ y_1 \\ -f \end{bmatrix}$，$\begin{bmatrix} U_2 \\ V_2 \\ W_2 \end{bmatrix} = \boldsymbol{R}_2 \begin{bmatrix} x_2 \\ y_2 \\ -f \end{bmatrix}$，$\begin{cases} N_1 = \dfrac{B_XW_2 - B_ZU_2}{U_1W_2 - U_2W_1} \\ N_2 = \dfrac{B_XW_1 - B_ZU_1}{U_1W_2 - U_2W_1} \end{cases}$

式中，$\boldsymbol{R}_1$、$\boldsymbol{R}_2$ 分别为左、右影像外方位角元素构成的旋转矩阵。如果影像数量较少，可以在每个立体像对上布设 3 个或以上数量的地面控制点，使用单像空间后方交会的方法解算每幅影像的外方位元素。对于大范围测区的多幅影像，则需要使用解析空中三角测量方法(也称为解析空三加密)来计算影像的外方位元素并加密像控点。

2. 航天摄影测量的有理函数模型

以线阵 CCD 传感器推扫式成像的航天遥感影像，在每个扫描行方向为严格中心投影，而在卫星飞行方向上为近似平行投影，整幅影像为多中心投影。其严密成像模型与传感器紧密相关，不同类型的影像传感器需要不同的成像模型，这给使用带来诸多不便。另外，严密成像模型的建立需要知道传感器的物理特性、影像成像机理，以及精确的轨道和成像参数。而一些商业遥感卫星的传感器信息出于技术保密，并不对用户公开，使得用户无法建立其严密成像模型。因此，与传感器类型无关、形式简单的有理函数模型(rational function model，RFM)成为各种航天传感器的通用成像模型。

RFM 模型采用有理函数建立地面点三维坐标(X_n，Y_n，H_n)与影像坐标(r_n，c_n)之间的数学关系为

$$\begin{cases} r_n = \dfrac{p_1(X_n, Y_n, H_n)}{p_2(X_n, Y_n, H_n)} \\ c_n = \dfrac{p_3(X_n, Y_n, H_n)}{p_4(X_n, Y_n, H_n)} \end{cases} \tag{2.5}$$

其中，(r_n，c_n)和(X_n，Y_n，H_n)分别为像点(r，c)和地面点(X，Y，H)经平移和缩放后的标准化坐标，取值范围为(-1，1)，其变换关系式为

$$\begin{cases} X_n = \dfrac{X - X_0}{X_s} \\ Y_n = \dfrac{Y - Y_0}{Y_s} \\ H_n = \dfrac{H - H_0}{H_s} \end{cases} \tag{2.6}$$

$$\begin{cases} r_n = \dfrac{r - r_0}{r_s} \\ c_n = \dfrac{c - c_0}{c_s} \end{cases} \tag{2.7}$$

以上两式中，X_0、Y_0、H_0、r_0、c_0 分别为平移参数；X_s、Y_s、H_s、r_s、c_s 分别为比例参数。

在式(2.5)中，分子和分母上的 p_i(i=1，2，3，4)均按高次多项式定义，分子和分母稍有不同，在此仅给出 p_1 和 p_2 的 3 次多项式形式(p_3 和 p_4 分别与 p_1 和 p_2 形式相同，仅需将其系数项换为 c_k 和 d_k，k=0，1，2，…，19)：

$$\begin{aligned} p_1 = {} & a_0 + a_1 H + a_2 Y + a_3 X + a_4 HY + a_5 HX + a_6 YX \\ & + a_7 H^2 + a_8 Y^2 + a_9 X^2 + a_{10} HYX + a_{11} H^2 Y + a_{12} H^2 X \\ & + a_{13} Y^2 H + a_{14} Y^2 X + a_{15} HX^2 + a_{16} YX^2 + a_{17} H^3 + a_{18} Y^3 + a_{19} X^3 \end{aligned} \tag{2.8}$$

$$p_2 = 1 + a_1 H + a_2 Y + a_3 X + a_4 HY + a_5 HX + a_6 YX \\ + a_7 H^2 + a_8 Y^2 + a_9 X^2 + a_{10} HYX + a_{11} H^2 Y + a_{12} H^2 X \\ + a_{13} Y^2 H + a_{14} Y^2 X + a_{15} HX^2 + a_{16} YX^2 + a_{17} H^3 + a_{18} Y^3 + a_{19} X^3 \tag{2.9}$$

多项式系数称为有理函数的系数(rational polynomial coefficients，RPC)，这也是将 RFM 模型称作 RPC 模型的原因。对于不同传感器的高分辨率卫星遥感影像，其 RPC 参数随影像数据一起可由数据服务商提供。在 RFM 模型中，光学系统产生的几何误差由有理多项式中的一次项表示；地球曲率、大气折射和镜头畸变等产生的几何误差采用有理多项式的二次项表示；而一些未知的具有高阶分量的几何误差如传感器震动等，使用有理多项式中的三次项来表示。

由于 RFM 模型为非线性模型，利用 RFM 模型求解对应地物点的大地坐标的正变换过程则较为复杂。需要对式(2.5)进行关于物方坐标(X，Y，Z)的泰勒级数展开线性化，以得到关于像方坐标的误差方程，从而利用最小二乘原理的平差计算迭代求解物方坐标，其基本计算流程如图 2.12 所示。

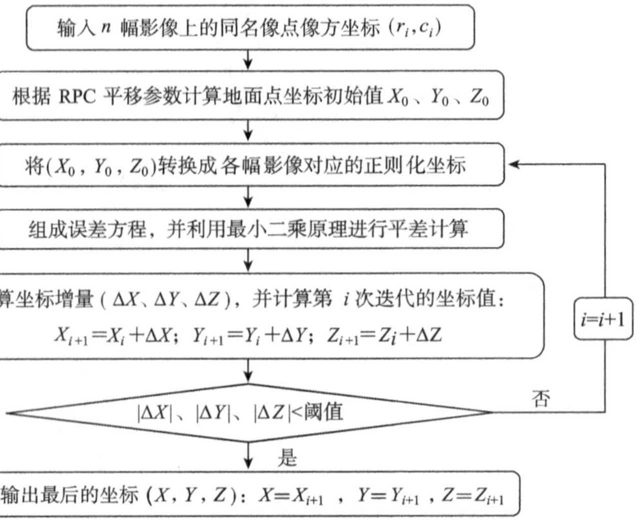

图 2.12 基于 RFM 模型的物方坐标解算流程

2.3.3 基于数字摄影测量的基础地理数据采集

基于数字摄影测量技术，可以同时获取 DLG、DOM 和 DEM 等数据，数据采集精度完全能满足大比例尺(1∶500～1∶1 万)成图的平面精度要求。基于数字摄影测量系统生产基础地理数据的一般工作流程如图 2.13 所示。

(1)数据准备。收集和整理整个测区各条航线的原始航空摄影数字影像、相机参数文件、控制点文件等资料。

(2)创建立体模型。每条航线上的相邻两幅影像构成一个立体模型，后续的数据采集工作基于立体模型开展。如果对整个测区的所有影像进行了空中三角测量处理，则会自动建立整个测区的所有立体模型，并解算各个模型的内外方位元素(包括内定向参数、相对定向参数、绝对定向参数)；如果是对单个立体模型逐个进行定向处理，则需要完成自动内定向、自动相对定向和半自动绝对定向等处理过程，以解算此模型的内外方位元素。

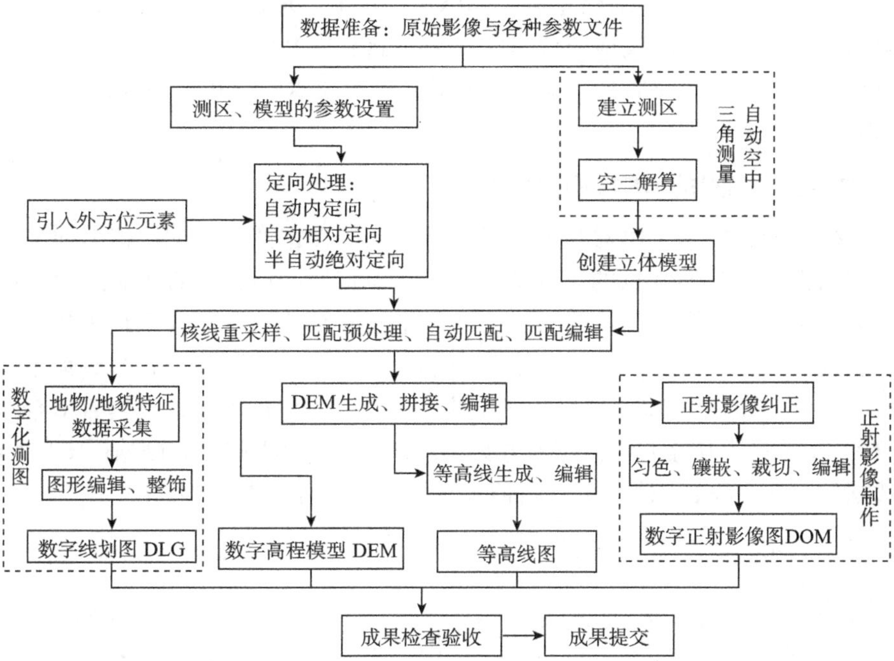

图 2.13　数字摄影测量系统的数据处理流程图

(3) 核线影像生成。在解算出相对定向参数或绝对定向参数后，可对立体模型中的原始影像进行核线排列，即对原始影像根据核线条件进行重采样，消除立体像对在 Y 方向上的上下视差，形成核线影像对(进行绝对定向以后，可生成水平核线影像；若仅作相对定向，只能生成非水平核线影像)，为影像密集匹配做准备。由于核线影像消除了上下视差，影像匹配只需沿核线方向进行一维搜索，即可大大提高影像匹配的效率和可靠性。

(4) 影像匹配。在左、右影像上自动、高效地搜索同名像点，并利用影像成像几何模型，依据匹配出的同名点像方坐标计算出匹配点的物方三维坐标。由于实际作业过程中所使用的影像源千差万别，成像区域的地形也多种多样，全自动影像匹配在遇到影像中的低反差区、纹理缺乏区、地形遮蔽区等复杂情况下，往往难以获得可靠的匹配结果，此时，需要对自动匹配结果进行人工编辑。另外，当影像上有大片林地、建筑物覆盖时，匹配的同名点会落在树林和房屋等建筑物的顶端，此时需要人机交互地将它们改正到地面上。

(5) DEM、DOM 和等高线的生成。影像匹配结束后，利用移动曲面拟合等空间插值方法自动生成所需分辨率的 DEM；在 DEM 数据的支持下，对原始影像进行数字微分纠正以自动生成所需的 DOM；基于 DEM 数据，还可以自动生成所需的数字等高线图。在各单模型的 DEM、DOM、等高线图生成后，可通过人工选择拼接线或自动地将测区内各单模型的 DEM、DOM、等高线图拼接起来，以生成大面积的基础地理数据。对 DOM 数据还可以进行自动匀光、匀色等处理，以使拼接后的大范围影像图的色调适中、反差均匀。

(6) 数字影像测图。在立体模型或正射影像上可进行地物矢量数据的采集和编辑，生成数字测图文件，符号化后输出矢量地形图 DLG。连接 AutoCAD 或 Microstation，利用其强大的编辑功能，能使矢量窗口和影像窗口的数据进行实时数据交互以实现数据采集与编辑一体化的数字测图。其中，线条的粗细、采用的字体及注记的尺寸等均应符合国家标准地形图图式的规定。另外，还应对采集的 DLG 进行内外图廓线、公里格网线、经纬度、结合图表、图幅名称、图号、图廓注记、比例尺和各种文字说明等图廓整饰工作。

(7)成果检查验收与提交。对所采集的 DLG、DEM、DOM 数据进行精度、逻辑一致性、完整性等方面的质量检查，质量检查合格的成果才能汇总上交。

利用航空摄影或卫星遥感影像，采用数字摄影测量技术，可完成 DEM、DOM 和 DLG 基础地理数据的采集及制图。

1. 基于数字摄影测量的 DEM 数据获取

利用数字摄影测量技术，可对立体像对进行自动的稠密像点匹配，依据同名像点的像方坐标计算出同名像点对应地物点的三维空间坐标，再将这些地物点修正到地面，按照一定的分辨率内插为以规则格网模型表示的 DEM。也可通过立体模型人机交互地采集特征点(山顶、鞍点、地形散点等)、线(如山脊线、山谷线、地形变换线、坎线等)，构建约束不规则三角网(TIN)，进而得到以 TIN 模型表示的 DEM 数据。因此，可根据测区地形是否适合于自动影像匹配，将 DEM 数据的获取分为两种技术方案：基于影像自动匹配的规则格网 DEM 构建方案、基于特征数据的 TIN DEM 构建方案，两种方案的技术流程如图 2.14 所示。

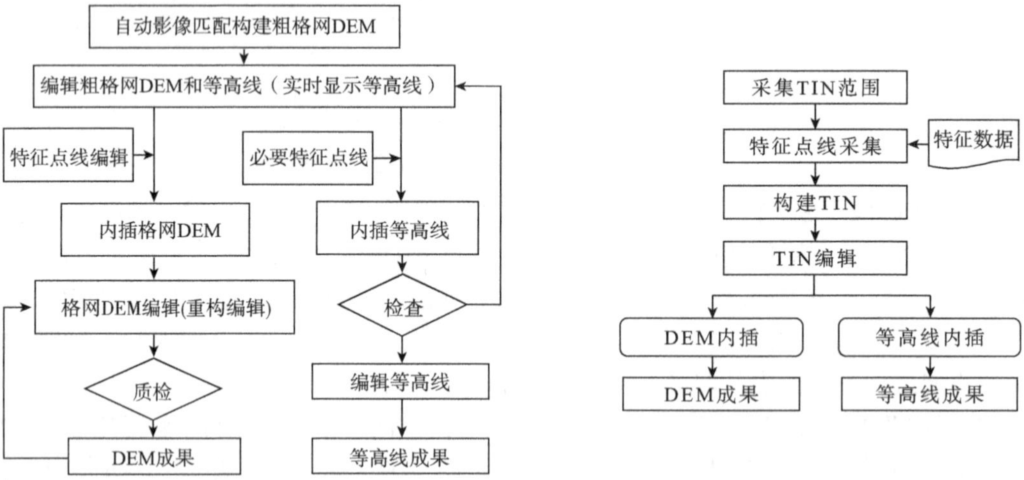

(a) 基于影像自动匹配的规则格网 DEM 构建　　(b) 基于特征数据的 TIN DEM 构建

图 2.14　基于数字摄影测量的 DEM 数据获取流程

1) 基于影像自动匹配的 DEM 生产方案的主要过程

(1)对立体像对进行相对定向与绝对定向处理，再进行影像自动匹配，生成粗格网 DEM。

(2)对粗格网 DEM 的格网点进行人机交互编辑，使其高程为正确的地面高程。在以下几种情况下，一般需要对自动匹配结果进行交互编辑：①影像中大片纹理不清晰的区域或没有明显特征的区域，如湖泊、沙漠和雪山等区域可能会出现大片匹配不准确的点；②影像遮挡和阴影等，使得匹配点不在正确的位置上；③城市中的人工建筑物、山区中的树林区域，它们的匹配点不是地面上的点，而是地物表面上的点；④大面积平地、沟渠和比较破碎的地貌等区域的匹配点，可靠性较差。

(3)利用编辑后的粗格网点数据，内插生成规定分辨率的规则格网 DEM 数据；在规则格网 DEM 的基础上，进行等高线的自动跟踪，对自动生成的等高线进行必要的人机交互编辑，以生成最终的等高线成果。

2) 基于特征数据的 TIN DEM 生产方案的基本过程

(1) 确定 TIN 的最大外接范围，采集特征点、线等特征数据(或导入在 DLG 数据采集中获得的地形特征点、线数据)。

(2) 利用特征点、线数据构建约束 TIN，并对 TIN 格网的特征点、线数据进行人机交互编辑。

(3) 利用所构建的 TIN DEM，直接进行等高线跟踪，并按规定分辨率内插生成规则格网 DEM。

对平均比例尺约为 1 : 1.2 万的航空摄影影像，利用数字摄影测量系统进行空间分辨率为 10m 的规则格网 DEM 及等高距为 5m 的等高线图生成，实例如图 2.15 所示。

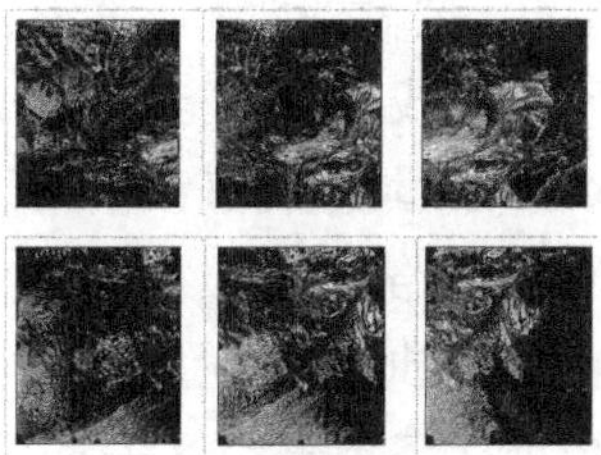

(a) 原始航摄影像

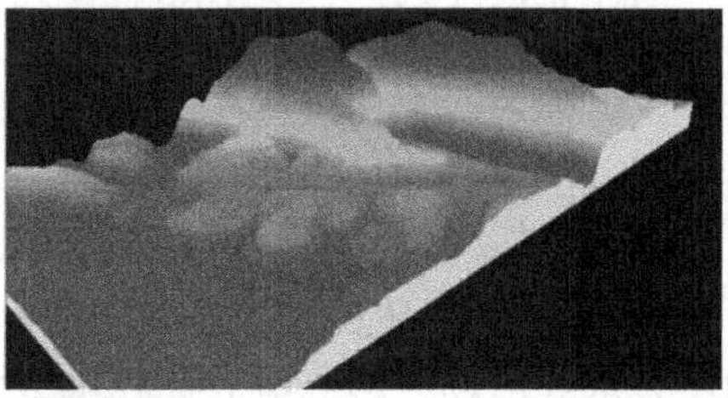

(b) 自动匹配生成的 DEM

(c) 等高线与 DOM 的叠置

图 2.15　基于航摄影像的 DEM 和地形等高线获取

2. 基于数字摄影测量的 DOM 数据获取

要使原始航摄和卫星影像具有与地图相同的几何特性，需要对其进行包括成像姿态、地形起伏等多种因素造成的像点位移进行改正，经改正、消除各种变形后得到 DOM。在数字摄影测量中，为了消除各种因素带来的像点位移，采用数字微分纠正方法，在 DEM 数据的支持下，对原始影像进行纠正，一般包括正射纠正、匀光匀色、镶嵌成图这几个环节。

(1) 在已知影像内外方位元素与 DEM 数据的前提下，利用反解法数字微分纠正技术，自动完成影像的正射纠正。对于自动纠正的正射影像，还需要利用人机交互编辑的方式对影像中的变形、重影等情况进行编辑处理。

(2) 对各单立体模型对应的正射影像进行匀光匀色处理，以使各小区域的正射影像具有统一的色调、均匀的颜色。

(3) 对单模型对应的正射影像，进行影像拼接、镶嵌、图廓裁切、图幅整饰等编辑工作，生成整个测区对应的大范围数字正射影像图。

3. 基于数字摄影测量的 DLG 数据获取

在利用数字摄影测量系统进行 DLG 数据获取时，采用人机交互方式，对点、线、面地理要素进行采集，在采集过程中，应遵循一些基本要求。

(1) 数据采集以影像为准，由内业作业人员根据影像上的信息，在室内利用数字摄影测量系统在立体观测模式下判绘出相应的地形和地物要素，并进行分类采集，要素及其编码按国家标准地形图图式的规定执行。尽可能按影像及调绘(如果有)成果认真仔细判读地物、地貌，不要漏测，不要用错符号。对几何地物测绘，如圆、半圆、弧线等要用相应几何图形采集。外业利用内业采集的地形、地物要素(可以叠加至正射影像图上)到实地对室内判绘有误、判绘过程中有疑问的及无法判绘的要素进行补调，然后进行数据合成。

(2)要素采集尽量遵循一定的顺序，可按照先采骨架要素(道路、水系、居民地)后采其他要素，最后进行等高线采集的顺序，这样有利于图库一体化和数据质量控制。

(3)测图时测标中心必须切准地物的外轮廓和定位点，要做到地物不变形、不移位、不遗漏。在采集到影像边缘时应该注意不要超控，自由图边测至图廓线外，不能少测；图幅间必须以数字方式接边，保证要素的几何图形和属性的一致性；按像对或区域进行连续采集，最后按图幅裁切。

(4)测图时要保证线状地物要素的连续性(如道路、铁路、河流、沟渠、境界等)。

(5)采集中对于依比例尺表示的地物，测标应立体切准地物的轮廓线；半依比例尺和不依比例尺表示的地物，测标应立体切准其定位点或定位线，各要素空间关系正确。

(6)保证有向点和有向线的采集顺序和方向正确。有向点采集时，第一个点是要素的定位点，第二个点标志要素的方向。线状要素上点的密度以几何形状不失真为原则，采集点的密度应随着曲率的增大而增加。相接的结点应该采用捕捉(snap)功能，不要出现悬挂点。

(7)对阴影、树等遮盖或影像模糊不清无法判读的地物，要按规定作出标记(无法判读需要外业补测的范围线)，供外业实地调绘或补测，所作的标记应单独设图层。

2.4 机载 LiDAR 数据获取与 DEM 构建

LiDAR 也称为激光雷达，是一种主动式遥感系统。按照载体的不同，LiDAR 可分为地面 LiDAR、机载 LiDAR 和星载 LiDAR。其中，机载 LiDAR 也称作 ALS(airborne laser scanner)，以飞机为平台，集成了 GNSS、惯性导航(inertial navigation system，INS)、激光探测与测距等先进技术，能够以高分辨率快速获取地面目标的三维坐标，非常适合于高精度 DEM 的生产及三维场景模型的构建。

2.4.1 机载 LiDAR 对地观测原理

1. 机载 LiDAR 系统的构成

典型的机载 LiDAR 系统及其原理如图 2.16 和图 2.17 所示。这是一个多设备集成的综合性系统，其主要组成部分包括：①用于测定激光雷达信号发射参考点空间位置的动态差分 GNSS 接收机；②用于测定扫描装置主光轴姿态参数的姿态测量装置(INS)；③用于测定激光雷达信号发射参考点到地面脚点(footprint)距离的激光测距系统；④用于控制扫描主光轴偏转扫描的光学机械扫描装置；⑤用于记录地面实况的 CCD 相机；⑥用于控制各设备协调同步工作及记录数据的系统控制中心。将机载 LiDAR 系统安装在固定翼飞机、直升机或无人机上，在系统控制中心的控制下，沿飞行航线对两侧地表进行扫描，获得密集脚点的三维坐标及其反射强度数据。

图2.16 机载LiDAR系统

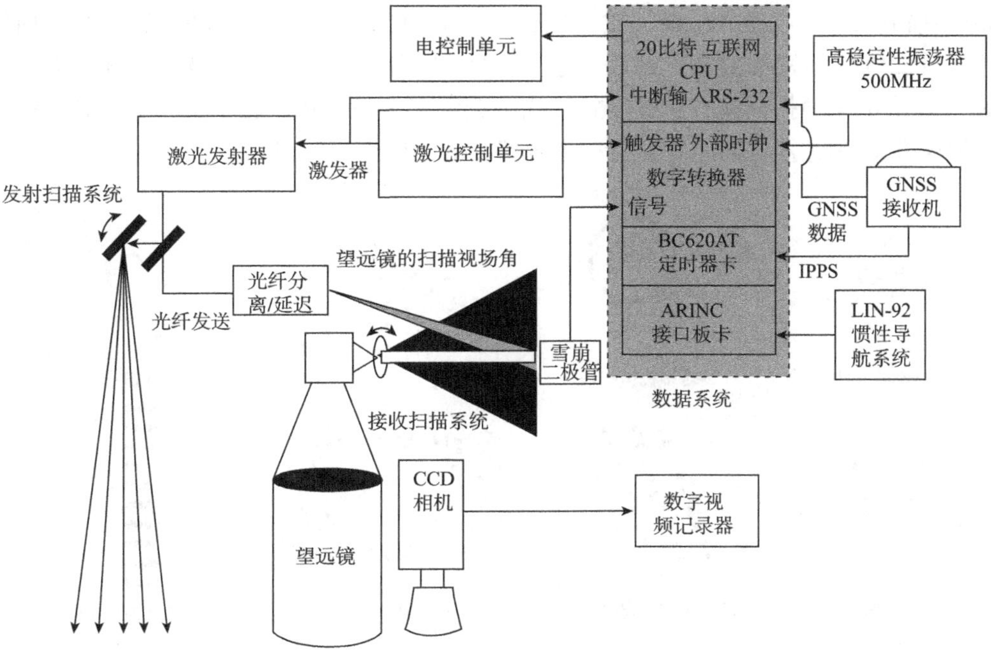

图 2.17　一种机载 LiDAR 系统原理图

2. 机载 LiDAR 系统的性能参数

当前，机载 LiDAR 系统主要有 Trimble 公司的 Harrier 系列、Leica 公司的 ALS 系列、Optech 公司的 ALTM 系列、Riegl 公司的 LMS-Q 系列、TopoSys 公司的 Falcon Ⅱ、四维远见公司为首研制的国产 SW-LiDAR 等数十种类型。各系统在设计思想、激光脉冲特性和用途上均有所差别，一般从激光波长、脉冲重复频率、激光发射功率、激光束发散角、扫描角与扫描频率、扫描方式、脉冲回波记录模式等几个方面评价 LiDAR 系统的性能。

(1) 激光波长。机载 LiDAR 采用的激光波长一般位于近中红外波段，常用的有 1064nm、1550nm 等，测深 LiDAR 系统还采用透水性较好的蓝绿激光波段，如 532nm。

(2) 脉冲重复频率。指单位时间内所发射的激光脉冲数量，或激光脉冲序列中两相邻脉冲间的时间间隔，以 kHz 表示。在一定高度和扫描角的情况下，脉冲重复频率越高，所获得的地面激光脚点的密度越高。

(3) 激光发射功率。指一个脉冲重复周期内单位时间输出的能量，激光脉冲的平均功率为 Pav=E(能量)/T(脉冲重复周期)，反映了激光脉冲的能量，以 sμJ(秒微焦耳) 表示。在扫描角一定的情况下，功率越高，激光可测距离越远。

(4) 激光束发散角。因为激光器制造及光的衍射作用，激光束也存在发散现象，造成激光束照射在地面上形成光斑，所以激光束发散角反映了激光脉冲发散的程度，一般以 mrad(毫弧度) 表示，如 0.25mrad，相当于多光谱扫描仪的瞬时视场角 (instantaneous field of view, IFOV)。在激光束发散角一定的情况下，飞行高度越大，所形成的地面光斑越大，测距精度越低。

(5) 扫描角与扫描频率。扫描角是指 LiDAR 激光发射器能偏转的最大角度范围，在航高一定的条件下，扫描角越大，则一条航线覆盖的地面宽度越大。扫描频率则是指 LiDAR 激光发射器偏转摆动的频率，确定了垂直于航线的扫描线的密度，但与扫描线上激光脚点的密度 (取决于脉冲频率、扫描角和航高) 无关。

(6)扫描方式。一束激光脉冲一次只能获得一个脚点的回波信号，为了获取覆盖航线下方条带状区域二维空间密集的脚点测距信息，LiDAR 需采用一定的扫描方式进行工作。机载 LiDAR 一般采用 4 种扫描模式：摆动式扫描、旋转多棱镜扫描、巴尔莫扫描或光纤扫描。采取不同扫描方式在航空扫描时，获得的地面脚点格局如图 2.18 所示。

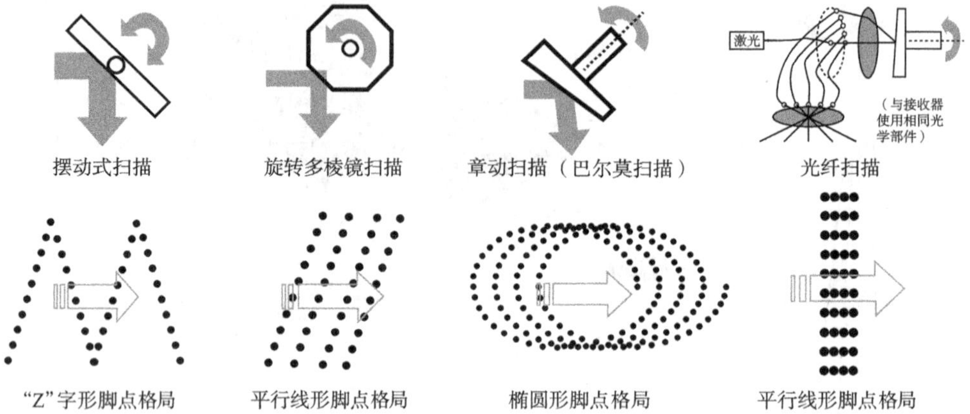

图 2.18 不同扫描方式及其激光脚点的布局形式

(7)脉冲回波记录模式。对脉冲模式而言，有两种记录方式：其一，记录回波中一个或多个离散信号，如穿透植被冠层所形成的首、末次或多次回波信号；其二，记录反射信号的整个波形(full waveform)，通过对回波信号的密集时间采样(如 1nm)、波形重建予以实现，有利于通过对波形的分析，更加详细地描述对象的细节变化。记录多次回波或全波形对于识别、分离植被有重要价值。

3. 机载 LiDAR 对地定位原理

从机载 LiDAR 激光器发射出的脉冲激光从空中投射到地面目标，如树木、道路、建筑物等表面，引起散射，其中一部分光波反射返回，被 LiDAR 的信号接收器所接收，接收器记录脉冲发射与接收的时间差，即可计算出扫描仪激光发射器到地面目标的距离 ρ。机载 LiDAR 对地定位原理见图 2.19。设一激光束从激光发射器到地面目标的距离为 ρ、方向为 (φ,ω,κ)（由 INS 精确测定），采用 D-GNSS(差分 GNSS)系统精确测定光束起点(即激光器发射中心)在三维地面坐标系统中的坐标(X_s，Y_s，Z_s)，则该激光束脚点的坐标(X，Y，Z)可根据距离和方位按极坐标公式唯一确定。在实际计算激光脚点三维坐标时，还必须考虑一些系统安置偏差参数，如激光器光学中心相对于 D-GNSS 天线相位中心的坐标偏移(反映为 3 个坐标平移量)、激光扫描仪机架的安装姿态与 INS 姿态间的偏差(反映为 3 个旋转角)及 INS 姿态与载体坐标系之间的不平行等，这些参数通过一定的检校方法可以精确测定，并对 LiDAR 脚点的三维坐标进行系统改正：

$$\begin{pmatrix} X \\ Y \\ Z \end{pmatrix} = \boldsymbol{R}_W \boldsymbol{R}_G \boldsymbol{R}_N \left[\boldsymbol{R}_M \boldsymbol{R}_L \begin{pmatrix} 0 \\ 0 \\ -\rho \end{pmatrix} + \begin{pmatrix} \Delta X_I^L \\ \Delta Y_I^L \\ \Delta Z_I^L \end{pmatrix} - \begin{pmatrix} \Delta X_I^G \\ \Delta Y_I^G \\ \Delta Z_I^G \end{pmatrix} \right] + \begin{pmatrix} X^G \\ Y^G \\ Z^G \end{pmatrix} \tag{2.10}$$

式中，$(X,Y,Z)^{\mathrm{T}}$ 和 $\left(X^G,Y^G,Z^G\right)^{\mathrm{T}}$ 分别为激光脚点和 D-GNSS 天线相位中心在地面坐标系中的坐标；$\left(\Delta X_I^L,\Delta Y_I^L,\Delta Z_I^L\right)^{\mathrm{T}}$ 和 $\left(\Delta X_I^G,\Delta Y_I^G,\Delta Z_I^G\right)^{\mathrm{T}}$ 分别为 D-GNSS 天线相位中心和激光器发射中心与 INS 参考中心的坐标偏移量；$(0,0,-\rho)^{\mathrm{T}}$ 为激光脚点在瞬时激光束坐标系中的坐标；$\boldsymbol{R}_W$ 和 $\boldsymbol{R}_G$ 分别为垂线偏差（当地参考椭球法线与大地水准面垂线分向偏差）和当地垂直参考坐标系到 WGS84 坐标系差异所产生的旋转矩阵；$\boldsymbol{R}_N$、$\boldsymbol{R}_L$ 分别为 INS 实测或内插的姿态角及与扫描角有关的旋转矩阵；$\boldsymbol{R}_M$ 为激光扫描仪与 INS 坐标系间安置不平行所产生的误差角的旋转矩阵。

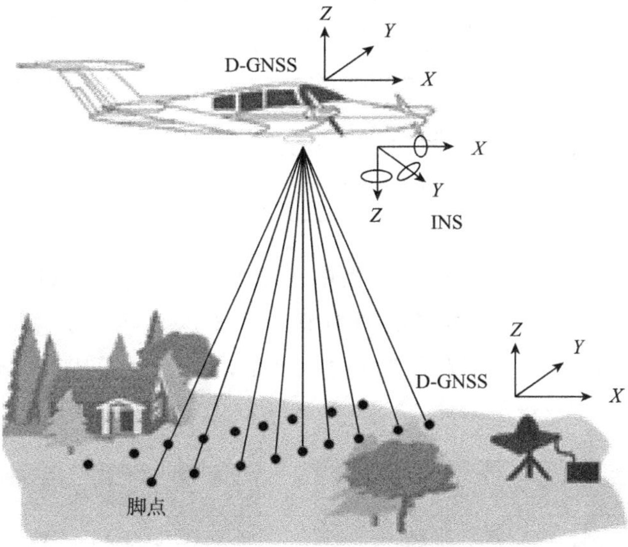

图 2.19　机载 LiDAR 对地定位原理

4. 机载 LiDAR 数据获取的特点

虽然机载 LiDAR 技术发展的历史较短，但其以激光脉冲为测量媒介快速获取地表目标高精度三维坐标及其反射强度的能力，受到人们的广泛关注。作为一种新型的遥感技术，机载 LiDAR 技术在获取数据时既与航空摄影测量存在相似之处，又有其自身独特之处，两类技术对比如表 2.1 所示。

表 2.1　机载 LiDAR 与航空摄影测量的对比

对比项目	机载 LiDAR	航空摄影测量
工作方式	主动方式扫描，不受太阳高度角影响，抗干扰能力强	被动式成像，受太阳高度角影响较大，易产生阴影
定位原理	极坐标几何定位	透视几何，共线方程定位
采样密度	扫描视场内密集点采样	覆盖视场角范围的面采样
获取坐标方式	直接获取地面点三维坐标	利用立体影像匹配、交会计算方式间接获取地面点三维坐标

续表

对比项目	机载 LiDAR	航空摄影测量
可供选择的传感器类型	可供选择的传感器类型较少	可利用的传感器类型众多，如框幅式摄影、线阵 CCD 扫描、面阵 CCD 扫描
受天气影响程度	可以全天候工作	受天气影响程度高
自动化程度	易于实现数据的自动化处理	数据处理自动化难度大，需要人工干预
覆盖范围	飞行覆盖带宽较窄，易产生数据漏洞	覆盖范围大，不易产生漏洞
原始数据类型	密集的激光脚点(称作点云)	影像
反射信号记录能力	到目标的距离与反射强度；可记录穿透植被冠层所形成的多次反射信号	地面目标的反射光谱，可记录多光谱反射信号
点位精度	垂直位置(高程)精度高于平面位置精度	垂直位置(高程)精度低于平面位置精度
技术成熟度	不断完善的新技术	理论、技术方法及相应数据处理的硬件和软件已成熟

对比航空摄影 CCD 影像和含反射强度的 LiDAR 点云(point cloud)数据(图 2.20)，可发现影像含有光谱信息、可分辨更多地物细节，但像元没有坐标信息；而机载 LiDAR 点云对目标细节表达较弱，其强度仅反映反射激光的能力，经编码后，仅有灰度，但每一点都有精确的三维坐标。

(a) 机载CCD光学影像

(b) 机载LiDAR点云

图 2.20 机载 CCD 影像与 LiDAR 点云的对比

2.4.2 机载 LiDAR 数据获取与处理

1. 数据获取与处理流程

机载 LiDAR 数据采集与处理的工作流程可分为飞行准备、数据采集、数据处理及数据产品制作几个阶段(图 2.21)。在机载 LiDAR 飞行作业前，要先进行区域资料收集与踏勘、飞行方案设计、LiDAR 系统参数的检校、空域申请等预备性工作；其次按飞行计划实施 LiDAR 扫描及 CCD 成像(可选项)；然后对所获得的原始数据进行预处理，获得地面目标的三维点云数据；最后对点云数据作进一步滤波、分类与插值处理，获得 DEM 等基础地理数据产品。

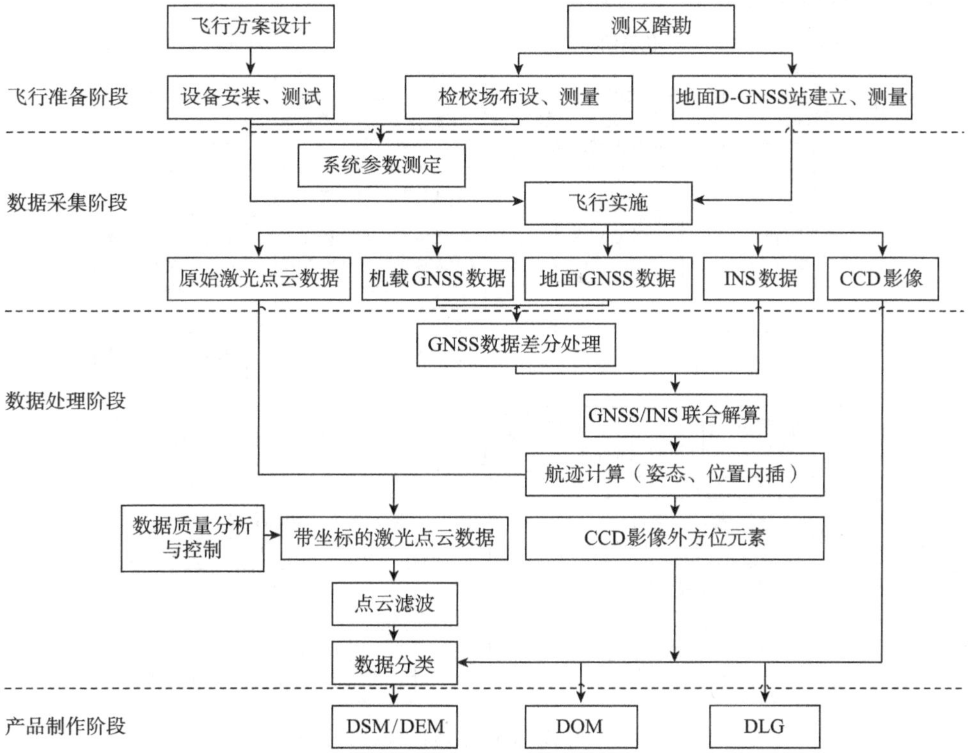

图 2.21　机载 LiDAR 数据采集与处理工作流程

2. 机载 LiDAR 数据的预处理

在完成飞行和扫描任务后，系统所记录的原始数据有两组：由机载 GNSS/INS 设备测定的飞机位置和姿态(POS)数据，以及激光束瞬时视场(IFOV)对应脚点的距离和反射强度测量值。若位置的测定精度优于 1dm，姿态测定精度优于 0.02°，则可计算激光脚点在地面坐标系中较为精确的三维坐标。

机载 LiDAR 原始观测数据的预处理较为复杂，包括动态 GNSS 数据后处理、INS 和 GNSS 组合姿态解算、不同类型传感器采样频率不一致时的时间同步处理、激光脚点在地面坐标系统(如 WGS84 坐标系)中三维坐标的计算等(图 2.22)。激光脚点在 WGS84 坐标系的坐标需要依赖 3 组数据计算［见式(2.10)］：系统检校与安置参数、不同扫描角激光束的激光测距值及系统姿态测量数据。为了提高姿态测量数据的精度，在飞机的不同部位上往往安装多台(如 4 台)GNSS 接收机，以其观测位置解算平台的瞬时姿态，与 INS 观测的瞬时姿态进行联合处理，修正由陀螺漂移产生的 INS 姿态测量误差。另外，由于 GNSS 与 INS 的采样频率及激光器发射激光脉冲的频率都不相同，为了获得每一激光脉冲瞬时位置和姿态，并由此计算激光脚点的三维坐标，需要对各设备的原始观测数据进行时间同步处理，其方法是以频率最高的激光脉冲频率为基准，对 GNSS 观测位置和 INS 姿态角进行时间内插处理。

预处理一般采用与机载 LiDAR 数据采集系统相配套的专用软件系统进行。经预处理后，得到以 LAS 格式、文本格式或其他文件格式表达的航线点云数据。其中，LAS 是美国摄影测量与遥感协会(American Society for Photogrammetry and Remote Sensing，ASPRS)LiDAR 专业委员会所制定的 LiDAR 数据二进制文件标准交换格式(当前为 3.0 版本)，已成为事实上的 LiDAR 数据国际通用行业标准,被各 LiDAR 设备及软件发展商所采纳和支持,如 ArcGIS 10.x 的 3D Analyst 模块就支持 LAS 格式 LiDAR 数据的输入、分析与显示。

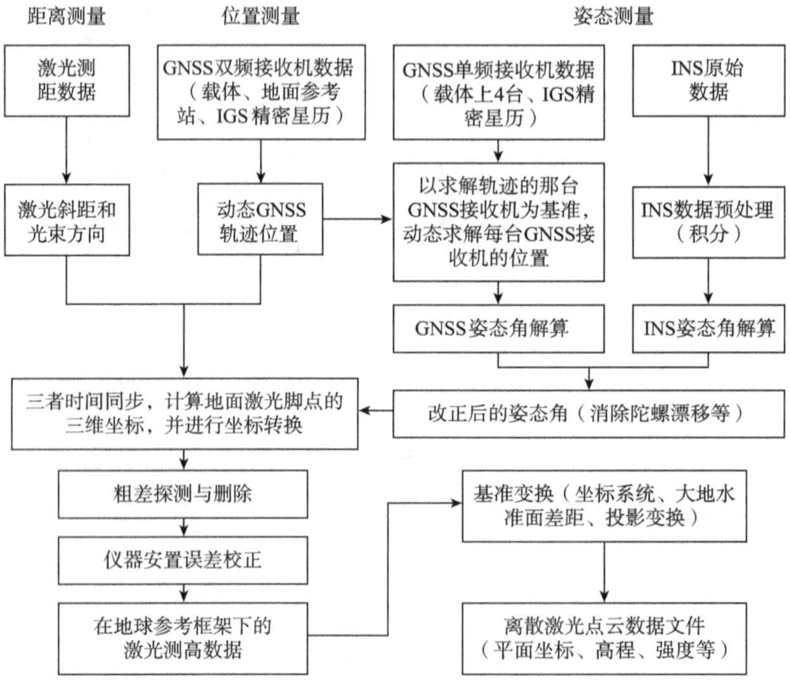

图 2.22 机载 LiDAR 数据预处理过程

2.4.3 基于机载 LiDAR 的 DEM 构建

经预处理得到的机载 LiDAR 点云数据，是按航线记录的航带点云数据，不能完整覆盖飞行区域；而且由于系统接收信号时存在的不确定性，点云中含有噪声或异常数据。另外，地面上存在的建筑物、树木、车辆、行人等，使得所获得的激光脚点并非都是地面点。因此，为了依据机载 LiDAR 数据构建区域 DEM，需要对经坐标编码的点云数据进行去噪、航线拼接、滤波、分割或分类，获得纯净的地面点云数据，并以此建立区域 DEM。

1) 多航线点云拼接

同传统的航空摄影一样，在 LiDAR 数据采集作业时，由于航高和扫描视场角的限制，要获得覆盖某一区域完整的 LiDAR 点云数据，必须沿多条航线飞行，获得多个沿航线的带状点云。为了避免产生扫描漏洞，带状点云间还必须保持一定的旁向重叠度(如 10%～20%)。但各种误差的存在和影响，使得相邻扫描带在重叠区内的点云数据存在系统误差和随机误差，导致相同位置的地面脚点在高度上的不一致(称作高程相对漂移)，必须对此加以改正，并将各航线扫描点云拼接在一起，形成对区域的完整点云覆盖。

在此环节，可选择位于中间航线的点云数据为基础航带，在基础航带上选择一定数量、分布均匀的连接点，按其平面坐标将这些连接点投影到相邻航带上，然后在邻接航带上按照投影连接点平面坐标进行高程内插，比较具有相同平面坐标的点在相邻航带上的高程差，并由此建立二次曲面拟合模型，对相邻航带全部点云的高程进行改正，再将相邻航带的离散点云写入相同文件，以此完成相邻两航带点云数据的拼接。再以此经拼接的点云为基础，对其他航带数据按以上方式逐航线拼接，从而实现全区域航带点云数据的拼接(图 2.23)。当然这种航线拼接方法具有误差传递和积累效应，随着航带数量的增加，位于区域边缘处的航带，其点云拼接误差较大。对于大范围区域众多航线的 LiDAR 数据的拼接，可在地面实测一些控制点，建立各航线点云整体拼接数学模型，按区域整体平差方法进行点云拼接的平差处理，获得各航线点云高程的改正参数，完成区域各航带点云数据的整体拼接。

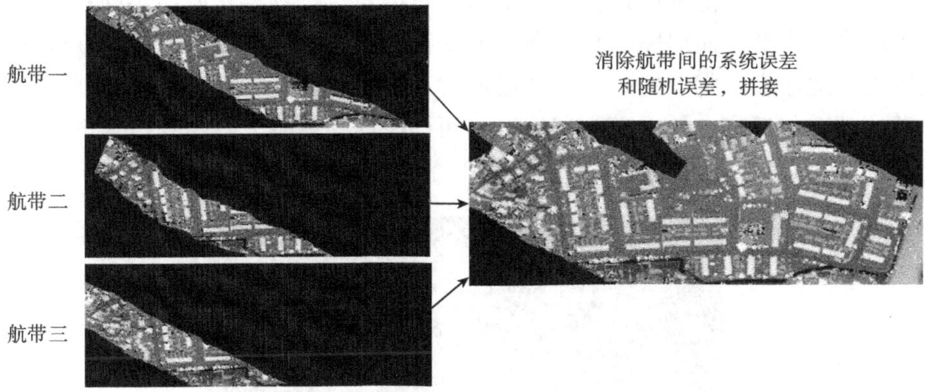

图 2.23　多航线 LiDAR 点云数据的拼接

2) 点云数据的噪声和异常值剔除

由于水体对激光的吸收、镜面反射及其他原因，有些地面点无明显的回波信号，以至于得不到测距值。此外，电路、飞鸟、局部地形等原因，也会使数据中产生异常距离值，称为局外点(测距值远大于飞行高度的点或测距值特别小的点)。在数据处理时，必须进行预处理将这些局外点剔除。例如，在飞行高度为 1000m 时，那些测距大于 1100m 和小于 200m 的点都可以剔除。更为合理的方法是采用单一阈值法或活动阈值法在一定的窗口范围内依据点云高度的突变进行异常点探测，从点云中消除异常点。

3) 点云数据的滤波与分类

利用机载 LiDAR 数据构建 DEM，首先需要从区域点云数据集中，区分出地面点和非地面点。借用数字信号处理中的概念，将地面点集合看作信号，其他的非地面点看作噪声，把从 LiDAR 点云数据中去除非地面点数据、得到地面点数据的过程称为数据滤波。机载 LiDAR 数据还可以用来进行不同类型地物提取和建筑物的三维建模，此时需要从原始 LiDAR 点云数据中区分出激光脚点落在不同类型地物(如建筑物、道路、植被、水体等)上的点云子集，这就是点云分类(或分割)。在点云数据处理中，滤波和分类是两个相互穿插、相辅相成的概念，两者往往同时进行。所以，在点云数据处理中，通常将两个概念组合。点云数据的滤波和分类是从激光扫描点云数据中分离出地形表面激光脚点子集及区分不同地物激光脚点子集的过程，这是 LiDAR 数据处理的关键技术。

点云数据滤波和分类主要取决于所采用的扫描技术、区域地形条件、地物复杂程度和激光脚点的密度。地形平坦、地物覆盖稀疏，对滤波算法的性能要求不高，也不要求脚点的密度较高。但如果区域地形复杂、地物覆盖密集，则要求滤波算法能根据具体的地形、地物条件自适应地调整，而且要求脚点应有足够的空间分布密度。然而，由于机载 LiDAR 在数据采集时的盲目性，不能保证激光脚点恰好落在地形、地物特征点上，这就给点云数据滤波和分类带来较大困难，地形复杂区域更是如此。地形的陡然起伏形成的表面不连续与有地物(如建筑物)引起的表面不连续难以区分。因此，必须设计有效的滤波和分类算法，使其能对点云数据进行智能化的处理，有效地区分出地形及不同类型地物的脚点。对点云滤波和分类算法的要求是：①进行滤波时，尽可能地保留重要的落在地形特征部位上(如山脊、山谷、沟坎等)的脚点；②分类时，尽量减少“拒真纳伪”两种分类错误，提高分类精度。

点云数据滤波一般基于对邻近激光脚点间高程突变(局部不连续)的探测，认为这种突变一般不是由地形陡然起伏所造成的，而更可能是地物如房屋所引起的。即使高程突变是由地形引起的，但就一定区域范围而言，其突变的形态也与建筑物存在明显不同：陡坎只会引起一个方向上的高程突变，而房屋引起的高程突变在四周都会存在阶跃边界。在同一区域一定大小的范围内，地形表面脚点的高程与邻近地物(房屋、树木、电杆、架空电线等)脚点的高程变化显著，两个邻近脚点的平面距离越近、两点高程相差越大，高程较大的脚点是地形点的可能性越小(图 2.24)。

图 2.24 某区域机载 LiDAR 点云数据

因此，判断某个脚点是否落在地形表面上，应考虑该点到参考地形表面点的水平距离及其高程变化。在实现方法上，可将点云所在区域按平面范围进行规则格网化(分辨率与激光脚点密度相当)，并将点云投影到格网中，内插格网的高度，在栅格或图像(按高度转化为距离图像)条件下，进行点云滤波处理。相应的滤波算法有：数学形态学滤波法、移动窗口滤波法、迭代线性最小二乘内插法、基于坡度变化的滤波算法、移动曲面拟合滤波法等。图 2.25 显示了某区域机载 LiDAR 点云数据及其滤波结果的对比。图(a)原始点云数据中含有大量树木、道路、房屋等脚点，经滤波处理后的图(b)中消除了这些地物，得到的都是地面点，能很好地反映地形特征，为区域 DEM 构建打下了良好基础。

(a) 滤波前的机载LiDAR点云

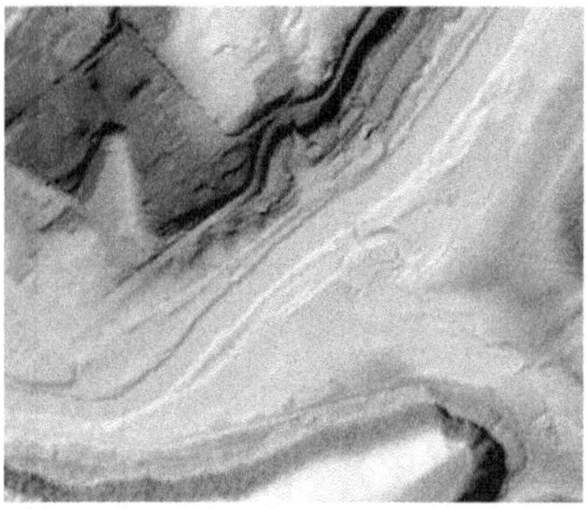

(b) 滤波后的机载LiDAR点云

图 2.25 机载 LiDAR 点云数据滤波前后之对比

经滤波处理的点云数据仅分离出地面脚点和地物脚点。在一些深层次应用场合，如建筑物三维建模、树木测量、道路提取等应用中，还需进一步区分出不同的地物类型。此时不仅可以利用已转化为栅格的距离图像，也可结合脚点的反射强度信息，在将其也栅格化为强度图像后，按数字图像分类方法，对 LiDAR 距离图像和强度图像进行地物类型分类或分割(图 2.26)。

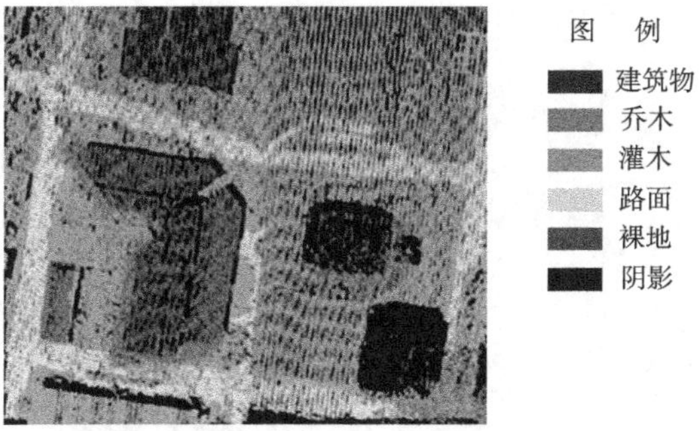

图 2.26　机载 LiDAR 点云分类

4) DEM 重建

重建区域 DEM 是机载 LiDAR 技术的主要应用目的之一。经过点云滤波处理之后，去除了地物激光脚点，剩下的就是地面脚点子集。将该激光脚点子集投影到二维平面，形成了图 2.27 所示的不规则分布的离散点系列。图中没有激光脚点的空洞区域是滤除落在地物上的脚点后形成的。由于这些空洞处相对平坦，所以在利用滤波后点云数据建立 DEM 时，可采取两种策略：①不考虑空洞的影响，直接利用地面离散点构建不规则三角网(TIN)，再进行三角网的线性内插，得到栅格 DEM；②采用局部二次曲面拟合方法，利用周围脚点的高程，在空洞区域按脚点的平均密度内插出“虚拟脚点”(即空洞填补)，再利用反距离加权(inverse distance weighted，IDW)插值、Kriging 插值等方法，按一定的分辨率内插生成栅格 DEM。

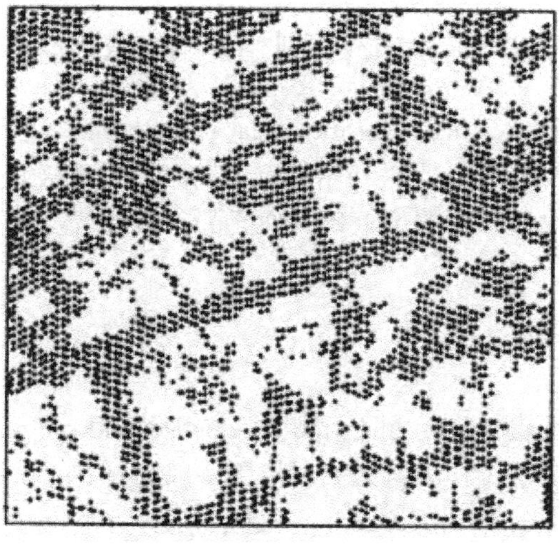

图 2.27　地形表面激光脚点

由机载 LiDAR 激光扫描数据构建的 DEM，其空间分辨率可按要求设置，高程精度(高程精度为分米级)比航空摄影测量生产的 DEM 精度高(高程精度为米级)。图2.28给出了美国国家航空航天局(NASA)利用新一代对地观测卫星 Terra 数据制作的 ASTER GDEM(advanced space-borne thermal emission and reflection radiometer global digital elevation model)全球 DEM(空间分辨率30m、高程中误差7m)与由机载 LiDAR 数据生成的 DEM 两者的对比。从图2.28可见，对相同地区地形进行表达，LiDAR DEM 能更为有效地表达地形的细节变化特征。

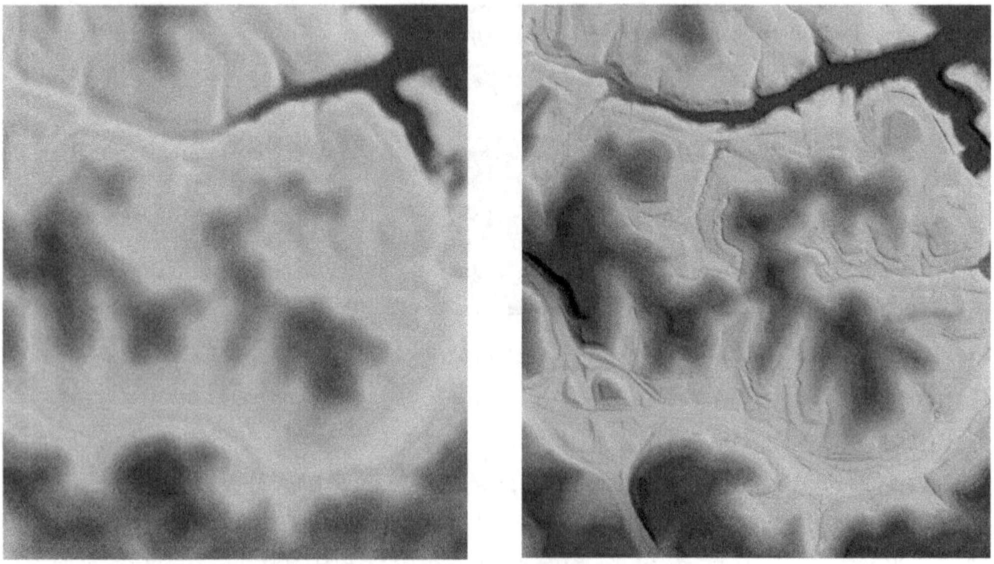

(a) ASTER GDEM(分辨率 30m)　　(b) LiDAR DEM(分辨率 5m)

图 2.28 ASTER GDEM 与机载 LiDAR 数据生产的 DEM 对比

在用机载 LiDAR 激光扫描数据获得区域 DEM 后，可利用此 DEM 数据对激光扫描飞行时同步拍摄的 CCD 影像，在精确配准的前提下，进行单影像数字微分纠正，获得区域数字正射影像(DOM)，并以此为基础，进行 DLG 数据的交互式采集。

2.5 雷达干涉测量与 DEM 构建

合成孔径雷达干涉测量(synthetic aperture radar interferometry，InSAR)技术将合成雷达成像技术与干涉测量技术进行有机结合，利用传感器高度、雷达波长、波束视向及天线基距之间的几何关系，可以精确地计算出图像上每一像元的三维位置及其变化信息。

2.5.1 雷达成像技术

1. 真实孔径雷达成像

雷达(radar)本意为无线电探测与测距(radio detection and ranging)，是一种工作在微波波段的主动式传感器，成像雷达工作的电磁波段范围一般为 0.1～100cm。一个雷达系统主要包括如下功能：天线发射微波信号到探测目标、天线接收从目标后向散射的能量、接收机和检测器观测返回的强度(检测)和延时(测距)。根据使用的天线，雷达分为真实孔径雷达(real aperture radar，RAR)和合成孔径雷达(synthetic aperture radar，SAR)，前者天线长度是实际长度，后者则是利用雷达与目标的相对运动把尺寸较小的真实天线孔径用数据处理的方法合成为较大的等效天线孔径。图 2.29 给出了侧视真实孔径雷达成像的简要几何关系。

在平台的运动过程中，RAR 天线向垂直于平台飞行方向的侧方(与铅垂线呈一定夹角，称作视角)发射时间上很短的微波波束脉冲，照射到地表的一个波束覆盖区，经反射后部分回波能量被雷达天线所接收，并按回波能量的相对强度对该覆盖区窄带成像。在波束覆盖区内，离天线较远处的回波需要花更多的时间才能到达天线，这些不同时间接收的回波构成雷达图像的距离向。当平台移动到下一位置时，再次发射雷达波束，进行下一个覆盖区的窄带成像，这些窄带序列被依次记录，构成图像的方位向，如此就形成了一个地面成像带的二维雷达图像。

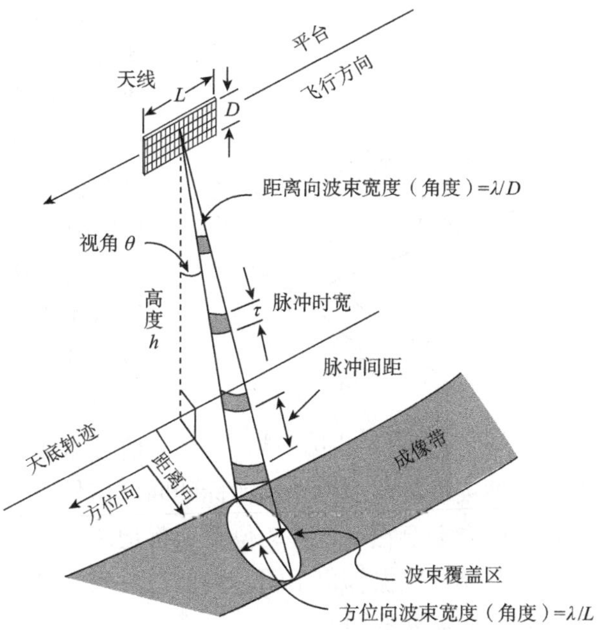

图 2.29　真实孔径雷达的简化几何关系图

在距离向(垂直于飞行方向)和方位向(平行于飞行方向)，雷达图像的分辨率是不同的。由于 RAR 天线长度就是实际的长度，为了提高方位向的分辨率，要求发射的波束沿方位向很窄，波束宽度与雷达波长成正比、与天线长度成反比。距离向的波束很宽，不过由于雷达的时间测距工作方式，距离向的分辨率取决于脉冲时宽 τ。距离向和方位向分辨率为

斜距分辨率：
$$\Delta R_{\mathrm{r}}=\frac{c\tau}{2} \tag{2.11}$$

地距分辨率：
$$\Delta R_{\mathrm{g}}=\frac{\Delta R_{\mathrm{r}}}{\cos\theta}=\frac{c\tau}{2\cos\theta} \tag{2.12}$$

方位向分辨率：
$$\Delta R_{\mathrm{s}}=\frac{\lambda}{L}R \tag{2.13}$$

以上各式中，c 为光速；τ 为雷达波束的脉冲持续时间(脉冲时宽)；λ 为雷达信号波长；θ 为雷达相对于垂线的指向(俯)角，等于雷达入射角(波束与地面目标法线的夹角)；L 为天线孔径；R 为雷达天线至地面目标的斜距。

从以上几式可见，若雷达发射的波束脉冲时宽 τ 越小，则距离向分辨率越高；若 τ 过小，则导致发射功率降低，减小雷达接收信号的信噪比。这可通过采用大功率的宽脉冲进行线性调配调制后发射，对接收的信号再利用脉冲压缩技术来解决，以此来获得具有窄脉冲的大功率输出。雷达发射的电磁波长 λ 一般是固定的，雷达天线至地面目标的斜距 R 对某一平台而言，也是确定的，因此为了得到较高的方位向分辨率，必须增大天线孔径 L，对于 500km 的卫星轨道而言，要求达到 25m 的方位向分辨率，假设采用 λ 为 25cm 的微波波束，则其孔径即天线长度需要达到 5000m，显然是不可能的，这就需要采用合成孔径雷达技术来实现提高方位分辨率的目的。

2. 合成孔径雷达成像

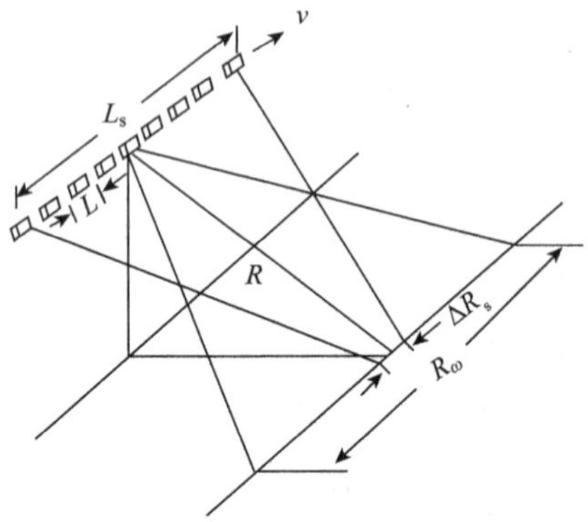

图 2.30 SAR 的工作原理

合成孔径雷达(SAR)利用一个小天线沿着平台运动轨迹等速移动并发射微波脉冲波束，把在不同位置上接收的来自相同地物的回波信号进行多普勒频移分析和处理，从而获得较高的方位向分辨率。天线的线性移动可将小孔径的天线虚拟成一个大孔径的天线，达到提高方位向分辨率的目的(图 2.30)。

天线移动过程中，在每个位置上发射一个波束，并接收相应发射位置的回波信号，记录该回波的振幅和相位信息。当天线向前移动一段距离 L_s 后，所记录的信号序列与长度为 L_s 的天线阵列(真实孔径)诸单元所接收的信号非常相似。所不同的是，真实孔径天线一次性接收并记录波束投射范围内全部目标的回波信号，而合成孔径天线对同一目标的信号是在不同时刻得到的，需要在每个移动位置上都记录一个回波信号，每个信号由于目标到飞行器的距离不同，其相位和振幅也不同。然而这种变化是有规律的，可采用特殊的信号处理方法加以处理，得到所需要的图像。

天线发射波束的方位向波束宽度(角度)为 λ/L，其对应的地面宽度 $R_\omega=\lambda R/L$。对某一地面点而言，天线向前移动 R_ω 距离，该点仍应在波束投射范围内，因此 $L_s=R_\omega$。此时等效的波束覆盖的地面宽度是 $2R_\omega$，即 $2L_s$。等效方位向波束宽度为

$$\beta_s = \frac{\lambda}{2R_\omega} = \frac{\lambda}{2L_s} = \frac{L}{2R} \tag{2.14}$$

SAR 的方位向分辨率为

$$\Delta R_s = \beta_s R = \frac{L}{2} \tag{2.15}$$

由此可见，合成孔径雷达的方位分辨率只与雷达的孔径有关，理论上可在方位向上分辨出 $L/2$ 的目标。但是，这并不意味着减小天线孔径 L 就可提高方位向分辨率，因为孔径减小，则天线发射信号的功率降低且接收信号的信噪比也下降。

作为一种主动式微波传感器，SAR 具有不受光照和气候条件等限制，能进行全天时、全天候成像的优点，特别适合于多云多雨区、植被覆盖区等获取地面目标信息。然而，由于 SAR 采用侧视成像方式，其获取的图像属于斜距投影，几何变形大，还存在由地形起伏造成的阴影、透视收缩、顶底倒置等现象，造成 SAR 图像的几何失真。另外，SAR 在成像时，利用多个小天线信号进行合成时，由于不同位置接收到的来自同一地物的回波信号存在相干性，SAR 图像存在严重的斑点噪声，这是 SAR 图像的固有特征(图 2.31)。这些因素综合起来，导致对 SAR 图像的处理与目标信息识别或提取比其他光学遥感图像更为复杂。

当前，包括中国在内的多个国家发展了机载和星载 SAR 成像系统，为资源和环境的监测提供了丰富的数据资源，也为高精度 DEM 的生成创造了条件。典型的星载 SAR 数据如表 2.2 所示。

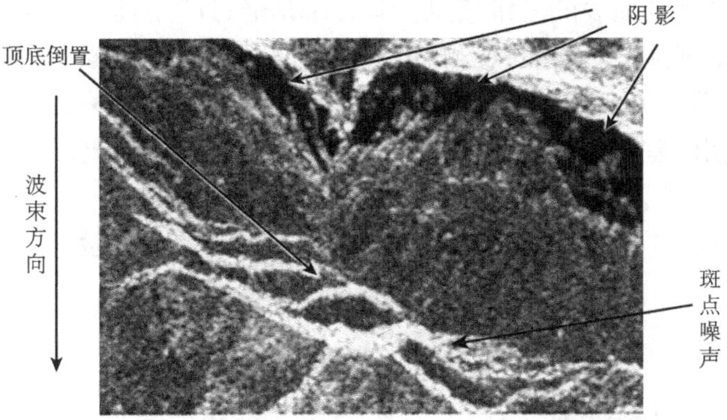

图 2.31 SAR 图像的几何变形与斑点噪声

表 2.2 几种典型的星载 SAR 数据源及其可获得情况

数据源	重复周期/天	覆盖范围	分辨率/m	工作状态	数据可获得情况
欧盟 ERS-1/ERS-2(1992.01～2011.07.05)	35	100km×100km	25	2011 年退役	遥感卫星地面站接收，有存档数据
欧盟 Envisat/ASAR(2002.05.01～2012.05.09)	35	100km×100km	25	2012 年 6 月后失去联系	遥感卫星地面站接收，有存档数据
日本 JERS-1 (1992.02.11～1998.10.11)	44	75km×75km	18	1998 年 10 月失效	遥感卫星地面站接收，有存档数据
日本 ALOS/PALSAR (2006.01.24～2011.05.12)	46	40~250km	7～100	2011 年 5 月失效	国内不接收，需订购
加拿大 Radarsat-1 (1995 年至今)	24	50km×50km～500km×500km	10～100	在运行	遥感卫星地面站接收，存档数据少，需订购
加拿大 Radarsat-2 (2007.12.12 至今)	24	20km×20km～500km×500km	3～100	在运行	遥感卫星地面站接收，存档数据少，需订购
德国 TerraSAR-X (2007.07.01 至今)	11	10km×10km～100km×100km	1～18	在运行	国内不接收，需订购
意大利 COSMO-Sky Med-1～4(2007.07 至今)	16	10km×10km～200km×200km	1～100	共 4 颗，均在运行	国内不接收，需订购
中国高分三号(GF-3) (2017.01 至今)	未公开	10km×10km～650km×650km	1～500	—	—

2.5.2 雷达干涉测量原理

1. 雷达干涉相位的构成

与其他光学遥感影像不同的是，SAR 影像的每一像元记录的信息既有地面分辨单元的后向散射强度(振幅)A，又有与雷达天线到地面分辨单元距离相关的相位信息 ϕ。每一像元的强度和相位可用复数 $Ae^{j\phi}$ 表示，所以原始 SAR 影像是单视复数(single-look complex，SLC)影像。在一般应用中，忽略像元的相位信息，仅针对像元的强度信息进行处理，图 2.31 显示的就是 SAR 的强度信息。但是对于雷达干涉测量(InSAR)来说，则是充分利用雷达回波信号中所具有的相位信息来得到地表的三维信息。其方法是通过两副具有一定距离的天线同时观测(单轨道双天线模式)或两次平行的观测(单天线重复轨道模式)获得对同一区域重复观测的SLC影像对(也称干涉对)；由于两副天线和观测目标之间的几何关系，同一目标对应的两个回波信号间产生了相位差，再结合观测平台的轨道参数和雷达参数，可以获得高精度和高分辨率的DEM信息。

设 C_1、C_2 分别代表同一地面分辨单元在两景SAR影像上的复数值，则有

$$\begin{cases} C_1 = A_1 \mathrm{e}^{j\phi_1} \\ C_2 = A_2 \mathrm{e}^{j\phi_2} \end{cases} \tag{2.16}$$

式中，A_1、A_2 为 C_1、C_2 的强度值；ϕ_1、ϕ_2 为 C_1、C_2 的相位值。以第一幅影像为主图像、第二幅为辅图像，通过主辅图像的复共轭相乘，可得复干涉图(interferogram)：

$$I = C_1 \cdot C_2^* = A_1 A_2 \mathrm{e}^{j(\phi_1 - \phi_2)} \tag{2.17}$$

其中，C_2^* 为 C_2 的共轭复数。分辨单元的干涉相位记为 φ，则

$$\varphi = \arctan\left(\frac{\mathrm{Im}(I)}{\mathrm{Re}(I)}\right) = \phi_1 - \phi_2 \qquad \varphi \in [-\pi, \pi) \tag{2.18}$$

式中，Im(I)为取 I 的虚部；Re(I)为取 I 的实部。SAR影像的相位观测值 ϕ_i (i=1，2)受雷达波传播的距离和地面分辨单元的散射特性两个因素的影响，即

$$\phi_i = \frac{2\pi}{\lambda} \times 2R_i + \zeta_i \tag{2.19}$$

式中，λ、R_i、ζ_i 分别为雷达波波长、雷达波的单程传播距离、分辨单元散射特性相关的相位延迟。φ 应是真实干涉相位，而式(2.18)所求的仅是 φ 的主值(缠绕相位)，存在整周模糊问题，必须对得到的缠绕相位进行相位解缠才能获得真实相位。

假设SAR两次成像时地面分辨单元的散射性质不发生改变，即 $\zeta_1 = \zeta_2$，由式(2.19)得干涉相位 φ 值为

$$\varphi = \frac{4\pi}{\lambda}(R_1 - R_2) = \frac{4\pi}{\lambda}\Delta R \tag{2.20}$$

式中，ΔR 为由多种因素导致的雷达波单程传播距离之差，主要包括参考椭球导致的距离差、地形起伏导致的距离差、地表形变导致的距离差、大气效应影响的距离差及各种噪声引起的距离差，5种距离差分别引起的干涉相位为平地相位 φ_{flat}、地形相位 φ_{topo}、形变相位 φ_{defo}、大气相位 φ_{atm}、噪声相位 φ_{noi}，因此干涉相位 φ 实际上是这几部分相位之和：

$$\varphi = \varphi_{\mathrm{flat}} + \varphi_{\mathrm{topo}} + \varphi_{\mathrm{defo}} + \varphi_{\mathrm{atm}} + \varphi_{\mathrm{noi}} \tag{2.21}$$

若能从上式中有效地分离出地形相位 φ_{topo}，就可结合SAR成像时的几何关系，提取地形起伏信息。

2. 地形起伏高度的反演

图2.32为重复轨道SAR干涉对的几何关系示意图。图中，S_1 和 S_2 分别表示主辅图像SAR天线位置；B 为基线距，即 S_1 到 S_2 的距离；H 为主图像SAR天线的高度；θ 为主图像视角，

即 S_1P 与竖直方向的夹角，也是雷达的入射角；α 为基线 B 与水平方向的夹角；P 点为地面上的点，其高程为 h，该点在参考平面上的等斜距点为 P_0；$B_\parallel$ 为基线 B 在 S_1P 上的投影，$B_\perp$ 为与 $B_\parallel$ 垂直的分量；θ_0 为 S_1P_0 与过 S_1 垂线方向的夹角；$B_\parallel^0$ 为 B 在 S_1P_0 上的投影；$B_\perp^0$ 为 B 在垂直于 $B_\parallel^0$ 方向上的投影。

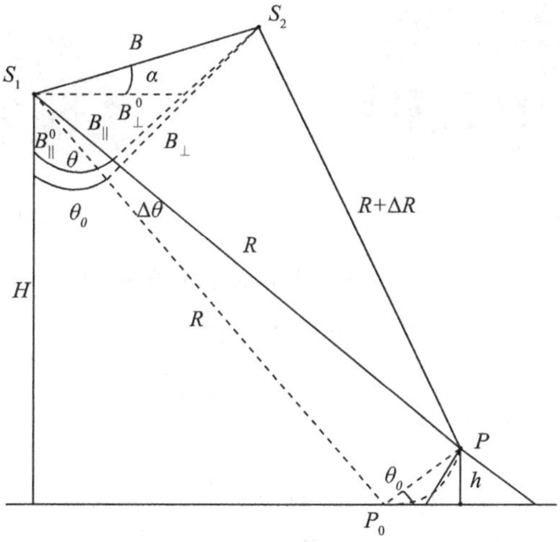

图 2.32　InSAR 几何原理图

在图 2.32 中，对于△ S_1PS_2，根据余弦定理可知：

$$(R+\triangle R)^2=R^2+B^2-2RB\cos(\frac{\pi}{2}-\theta+\alpha) \tag{2.22}$$

有

$$\Delta R=-B\sin(\theta-\alpha)+\frac{B^2}{2R}-\frac{\Delta R^2}{2R} \tag{2.23}$$

考虑 $\Delta R \ll R$，$B \ll R$，所以式(2.23)可以进一步表示为

$$\Delta R=-B\sin(\theta-\alpha)=-B_\parallel \tag{2.24}$$

将式(2.24)代入式(2.20)，则干涉相位 φ 可表示为

$$\varphi=\frac{4\pi}{\lambda}\Delta R=-\frac{4\pi}{\lambda}B_\parallel \tag{2.25}$$

同理，可得平地相位 φ_{flat}：

$$\varphi_{\text{flat}}=-\frac{4\pi}{\lambda}B\sin(\theta_0-\alpha)=-\frac{4\pi}{\lambda}B_\parallel^0 \tag{2.26}$$

假设 SAR 两次成像期间未发生地面形变，且忽略大气和系统噪声的影响(即将 φ_{defo}、φ_{atm} 和 φ_{noi} 都视为 0)，则干涉相位仅由平地相位和地形相位构成(图 2.33)。从干涉相位中排除平地相位 φ_{flat}，综合式(2.21)、式(2.25)和式(2.26)，可得到地形相位 φ_{topo} 为

$$\varphi_{\text{topo}}=\varphi-\varphi_{\text{flat}}=-\frac{4\pi}{\lambda}(B_\parallel-B_\parallel^0)=-\frac{4\pi}{\lambda}\left[B\sin(\theta-\alpha)-B\sin(\theta_0-\alpha)\right] \tag{2.27}$$

考虑由地形起伏所引起的视角变化 $\Delta\theta=\theta-\theta_0$ 非常小，所以式(2.27)可近似地表示为

$$\varphi_{\text{topo}} = -\frac{4\pi}{\lambda} B\cos(\theta_0 - \alpha)\Delta\theta = -\frac{4\pi}{\lambda} B_{\perp}^{0}\Delta\theta \tag{2.28}$$

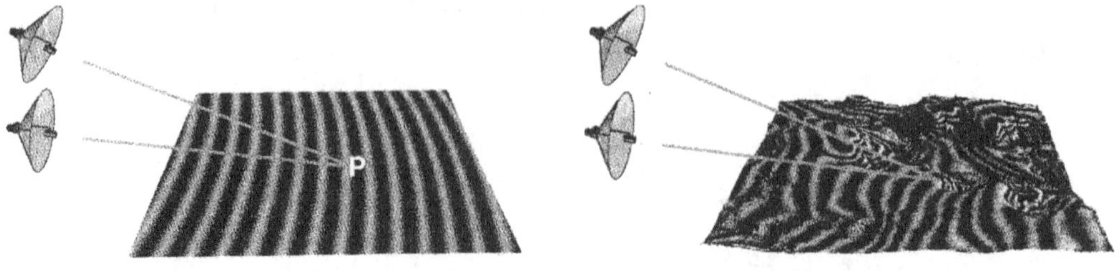

(a) 平坦地面干涉图　　(b) 起伏地面干涉图

图 2.33　平地和起伏地面干涉图对比

由于 $\Delta\theta$ 值很小，地面点 P 的高程 h 可以表示成

$$h = R\Delta\theta\sin\theta_0 = -\frac{\lambda}{4\pi} \times \frac{R\sin\theta_0}{B_{\perp}^{0}} \varphi_{\text{topo}} \tag{2.29}$$

式(2.29)就是利用 InSAR 进行地形起伏高度反演的理论模型。

对式(2.29)等式两侧同时求导，可得高程相对地形相位变化的敏感度：

$$\mathrm{d}h = -\frac{\lambda}{4\pi} \times \frac{R\sin\theta_0}{B_{\perp}^{0}} \mathrm{d}\varphi_{\text{topo}} \tag{2.30}$$

上式中，当 $\mathrm{d}\varphi_{\text{topo}} = 2\pi$ 时，可得

$$\mathrm{d}h_{2\pi} = \left|\frac{\lambda R\sin\theta_0}{2B_{\perp}^{0}}\right| \tag{2.31}$$

式中，$\mathrm{d}h_{2\pi}$ 表示 InSAR 反演地形高度的高程模糊度。高程模糊度越小，反演地形高度的精度越高。从式(2.31)中可看出，高程模糊度与干涉对的垂直基线距 $B_{\perp}^{0}$ 成反比，$B_{\perp}^{0}$ 过小会造成干涉相位对高程变化不敏感；$B_{\perp}^{0}$ 越大，高程模糊度越小，但实际上 $B_{\perp}^{0}$ 过大则会带来空间失相干现象，存在着极限基线距的限制。

2.5.3　基于 InSAR 技术的 DEM 构建

1. InSAR 方法生成 DEM 的步骤

虽然利用 InSAR 进行地形信息反演的理论模型较为简单，但是在实际的数据处理中却涉及复杂的算法，需要经过一系列的数据处理过程(图 2.34)才能获得区域的 DEM。主要步骤及其内容如下。

(1) SAR 单视复数影像的选取与基线估计。进行 InSAR 处理的 SAR SLC 图像对(若是原始数据则需进行聚焦处理，获得保留了相位信息的单视复数图像)应当满足一定的时间基线距(时间间隔)和空间基线距要求。时间基线距越大，相干性越差或失相干越严重；空间基线距越大，高程模糊度越小，但也会导致失相干。根据 SAR 数据中记录的轨道参数，可对时间基线距和空间基线距进行估计，并根据经验给出合理的阈值，以确定是否可以继续进行干涉处理。

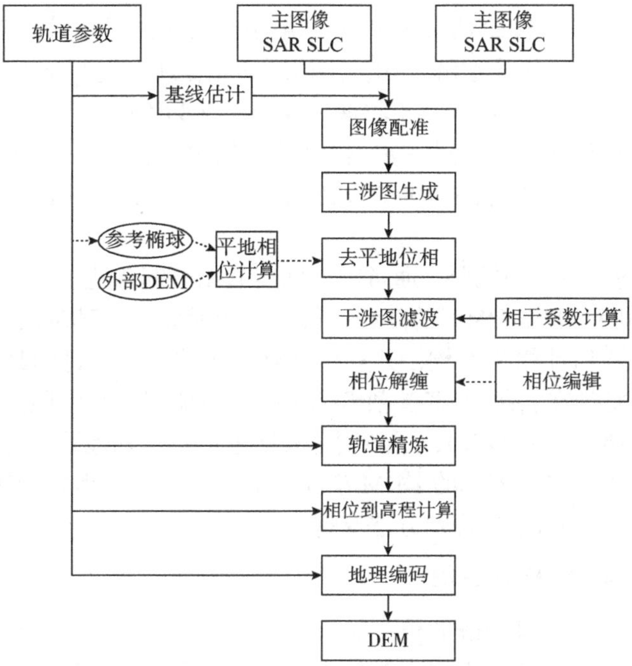

图 2.34　由 InSAR 生成 DEM 的数据处理流程（虚线是可选项或任选项）

(2) 干涉对图像配准。图像配准使主、辅图像中相同地物的像元在空间上严格对齐，这是 InSAR 的关键步骤。若参与干涉处理的一对图像在对应的点上存在位置偏移，会导致很大的干涉相位误差，因此要求两幅图像的配准精度应达到 1/10～1/8 个像元（子像元级）。一般利用图像的轨道参数进行粗略配准，在此基础上，采用窗口搜索法，在主图像上确定匹配窗口，在辅图像上进行不同位置的搜索，通过计算互相关系数进行像元级的配准；对主、辅图像进行过采样，再次进行匹配窗口搜索，以最大相干系数为标准，进行子像素级配准。

(3) 干涉图生成。对精确配准后的主、辅单视复数图像(干涉对)进行复共轭相乘，得到干涉图，并分离其实部和虚部，按式（2.18）求取干涉相位。

(4) 去除平地相位。因为所得到的干涉相位中同时包含平地相位和地形相位(图 2.33)，所以只有消除了平地相位，才能得到反映地形起伏的相位。平地相位去除的程度直接影响后续相位解缠的复杂度及最终获得的 DEM 的精度。可以利用轨道和参考椭球参数进行平地相位计算，也可以利用该区域已有的较粗分辨率的 DEM 进行平地相位模拟，并从干涉相位中消除。

(5) 干涉图滤波。去除了平地相位后，干涉图中仍会存在噪声，造成相位数据的不连续或不一致，给后续的相位解缠处理带来很大的困难。因此，需要尽量消除噪声、提高信噪比，减少残余相位出现的频度，提高相位解缠的效率和精度。滤波是在复数域进行，一般以相干系数为相位质量的指标自适应地确定滤波窗口，采用局部坡度自适应滤波、中值平滑自适应滤波等方法对干涉图进行滤波。

(6) 相位解缠。由式(2.18)可见，从干涉图中得到的相位差仅是其主值，真实的相位差应是在该值上加或减去 2π 的整数倍，这一过程即为相位解缠(phase unwrapping)，这是 InSAR 处理的重要环节之一，直接关系到生成 DEM 的质量。在理想的情况下，通过提取相位的偏导数，进行简单的积分运算就可以计算出真实的相位差，但地形起伏引起的雷达阴影、顶底倒置、地形起伏较大时的密集干涉条纹及各种残留噪声，都会给相位解缠过程带来困难。目前已有数十种相位解缠算法，可将其分为两大类，即路径跟踪法和最小范数法。其中，枝切法、区域增长法、加权多级网格法、LP 最小范数法和最小费用流法等是较为常用的相位解缠算法。必要时，还要对干涉图中可能导致解缠相位不连续的相位跳变进行交互编辑。

(7) 轨道精炼与重去平。该步骤对于将解缠相位转换为 DEM 至关重要，目的是修正不精确的轨道参数并计算相位偏移量，进一步消除平地相位的残差。一般采用高次多项式拟合的方法进行处理，需要地面控制点(GCP)或 DEM 的支持，GCP 点应位于相干性高的区域，且在整个图像中较为均匀地分布。

(8) 相位转化为高程与地理编码。通常将此两步骤结合起来进行。在得到解缠相位后，理论上，按式(2.29)即可计算出各像元的高程，但对各像元而言，其基线 B、视角 θ 是不同的，因此需要采用迭代算法估计相关参数，并重新计算像元的高程，直到其收敛为止。另外，此时各像元及其高程还是处在斜距/零多普勒坐标系中，与地理空间参照系间并未建立关联。为了得到在地理空间参照系下的 DEM，还必须对数据进行斜距到地距，再到地理空间参照系的转换(即地理编码)及按规定分辨率的 DEM 空间插值。地理编码需要利用主、辅 SAR 图像的轨道参数和成像参数，在距离/多普勒方法支持下进行。

2. InSAR 方法构建 DEM 的实例

2000 年 2 月 22 日，美国“奋进号”航天飞机携带 C 波段(波长 5.6cm)和 X 波段(波长 3cm)双天线合成孔径雷达，在高度为 233km 的太空完成了为期 11 天的 SRTM(shuttle radar topography mission)数据采集任务，共采集了覆盖 60°N～56°S、约占全球 80%陆地的 SAR 影像。经过为期 2 年的 InSAR 处理，获得了覆盖以上区域，平面精度为 ± 20m、高程精度为 ± 16m，空间分辨率分别为 1 弧秒(约为 30m)和 3 弧秒(约为 90m)的两种全球 DEM 产品，前者称作 STRM1，后者称作 SRTM3。2003 年开始，STRM3 产品(图 2.35)公开对全球发布。

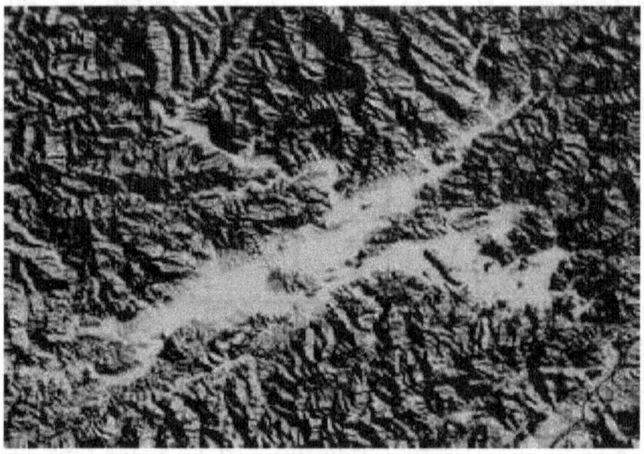

图 2.35 美国“奋进号”航天飞机 SRTM3 DEM 产品

为了清晰地阐述 InSAR 生产 DEM 的方法，在此以意大利 COSMO-SKYMED 传感器两期降轨(分别成像于 2009 年 9 月 7 日和 9 月 8 日)SAR 数据组成干涉对，利用 InSAR 方法按以上步骤进行 DEM 的构建。该数据覆盖的是西藏自治区边坝县的局部区域，雷达视角为 43.95°，距离向分辨率为 1.67m，方位向分辨率为 2.04m。对原始 SAR 数据进行聚焦、多视和滤波等预处理后，得到距离向和方位向分辨率一致的两期单视复数 SAR 影像(图 2.36)，再对这两期 SAR SLC 影像进行基线估算和精确(亚像元级)配准。

对干涉对进行干涉图生成，其结果如图 2.37 所示。可见图中的干涉条纹清晰，反映了相位差的变化。引入美国 ASTER GDEM 数据(分辨率约为 30m)，对干涉图进行平地相位消除，得到地形起伏的相位(图 2.38)。

振幅信息

相位信息

(a) 2009 年 9 月 7 日 SAR 影像

振幅信息

相位信息

(b) 2009 年 9 月 8 日 SAR 影像

图 2.36　西藏自治区边坝县两期 COSMO-SKYMED SAR 影像

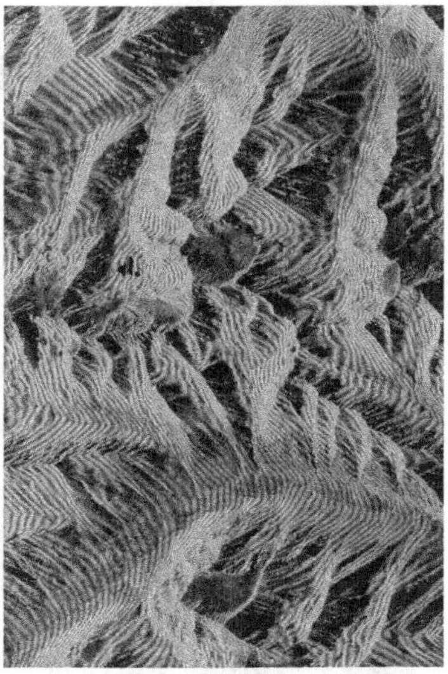

图 2.37　生成的干涉图

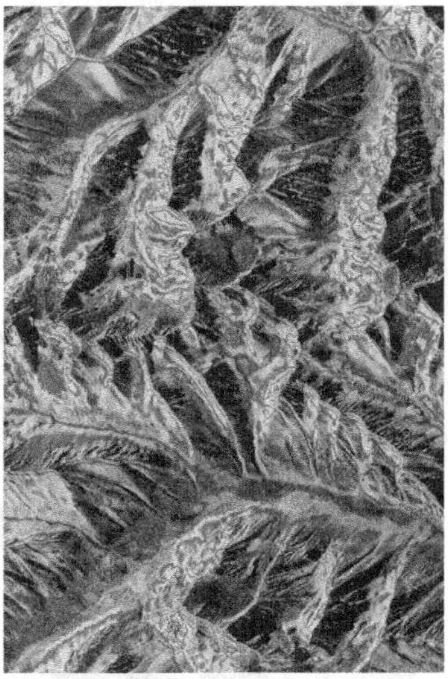

图 2.38　去除平地相位的干涉图

再对去除平地效应后的干涉图进行自适应滤波处理，得到滤波后的干涉图(图 2.39)和相干系数图(图 2.40)。对比图 2.38 和图 2.39 可见，地形相位的条纹更为清晰，一些零散的噪声也被有效消除。在相干系数(取值 0～1.0)图上，高亮的是相干系数值大的区域，暗黑的是相干性差的区域，往往对应于雷达阴影区。

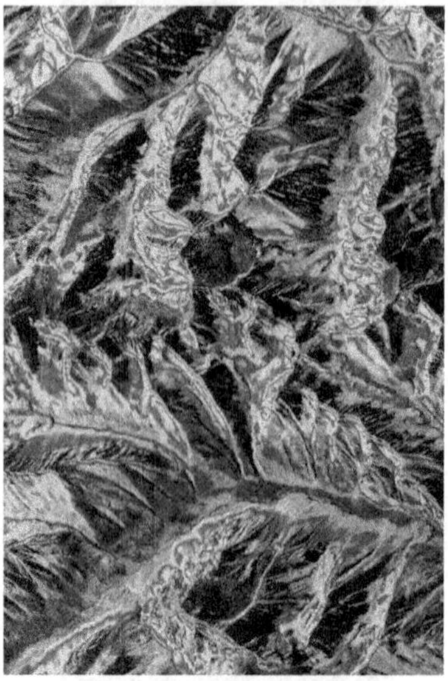

图 2.39 滤波后的干涉图

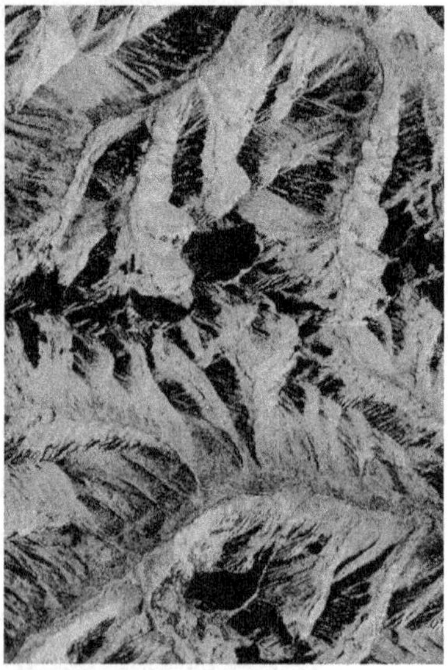

图 2.40 相干系数图

对滤波后的干涉图按最小费用流法进行相位解缠，得到真实的地形干涉相位(图 2.41)。从图(2.41)可看出，地形干涉相位能清晰地反映地形起伏变化情况，但解缠相位图中，相干性较差的区域，相位解缠质量较差，呈现噪声。在干涉图中条纹清晰且相干系数图中相干性高的区域交互选取均匀分布的地面控制点，在粗分辨率 DEM 的支持下，进行轨道参数的精炼和重新去除平地相位，得到如图 2.42 所示的重去平干涉图。在该图上，相位变化的细节更加明晰，噪声也得到较大幅度的抑制。

图 2.41 解缠后的真实相位

图 2.42 轨道精炼与重去平结果

经过将相位转换为高程及以参考 DEM 的地理空间坐标系（WGS84 椭球，大地高）为空间参照系的地理编码，内插得到该区域空间分辨率为 5m 的 DEM，如图 2.43 所示。

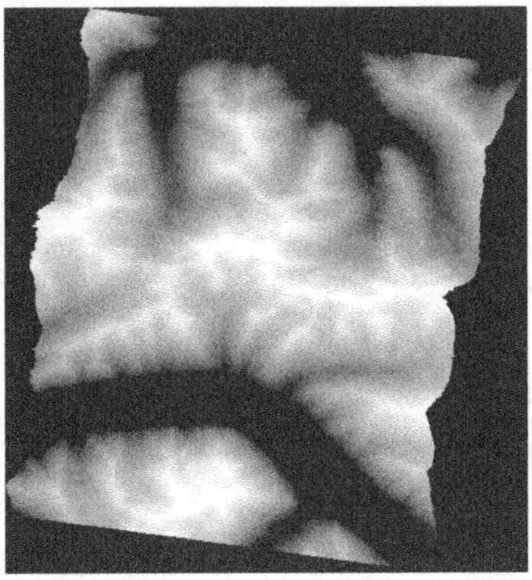

图 2.43　由 COSMO-SKYMED 数据经 InSAR 处理生产的 DEM

除利用 SAR 数据进行 InSAR 处理获得区域 DEM 外，还可利用 3 期以上多次重复观测的 SAR 数据，进行差分雷达干涉测量（differential InSAR，DInSAR），实现地表微小形变（理论上可达微波波长的一半）的检测。此方面的技术可参考相关书籍和文献。

2.6　水深测量与水下地形数据采集

以 DLG、DOM 和 DEM 为代表的基础地理数据在对海洋、湖泊和河流等水体进行表达时，仅将其作为一类对象，描述其边界特征，对水面以下的地表形态并未表达。但是，我国国土还应包含 300 万 km^2 的领海，陆地上的水域面积也达 27 万 km^2，从水体利用、通航、水资源保护等角度来看，水下地形数据也应是十分重要的基础地理数据。

水下地形是指水体底部的起伏形态和水下地物的分布。水下地形数据的采集依赖于水深测量，即测定水面至水底点深度和点的平面位置。水深测量有测深铅锤法（点测量）、单频单波束测深法（点测量）、双频单波束测深法（点测量）、多波束测深法（面测量）、激光雷达测深（面测量）等多种技术方法。其中，20 世纪 70 年代后发展起来的多波束测深系统，能一次给出与船舶载体航线相垂直的断面上水体底部数十乃至上百个测深点的水深值，实现了水深从“点—线”测量到“线—面”测量的跨越，是水下地形数据快速采集的有效手段。

2.6.1　多波束测深系统与水深测量

1. 多波束测深系统的组成

多波束测深是以船舶或拖曳体为载体，使用声呐向水体发射多波束声波并探测回声信号，从而实现水深探测的技术。多波束测深系统是一种多传感器的复杂组合系统，是现代信号处理技术、高性能计算机技术、高分辨显示技术、高精度导航定位技术、数字化传感器技术及其他相关高新技术等多种技术的高度集成。

典型的多波束系统一般包括 3 个子系统（图 2.44）。

（1）多波束声学子系统。包括多波束发射接收换能器阵列（声呐探头）；多波束信号控制处理单元，其作用是发送控制指令给各探头，并从探头接收回声信号，以控制数据的采集。

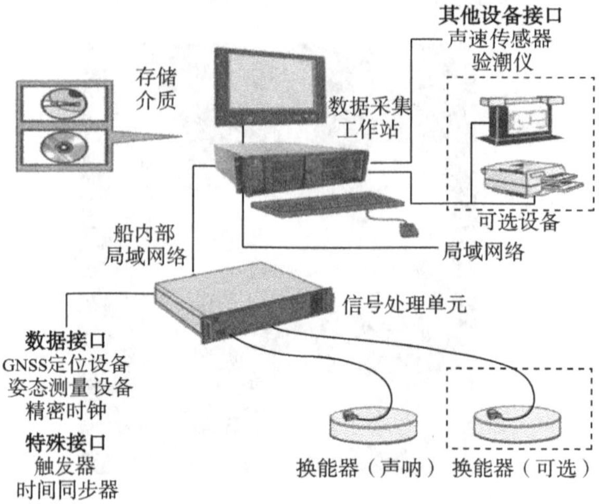

图 2.44 多波束测深系统的组成

(2)辅助设备子系统。包括提供大地坐标的差分 GNSS 系统；用以测量船体横摇、纵摇、艏向、升沉等姿态数据的姿态测量设备，如电罗经、陀螺仪等；用以提供所测海区潮位数据的验潮仪；用以提供所测水域声速剖面信息的声速剖面仪等。

(3)数据处理、存储与显示子系统。包括主控计算机及可选的外部设备。计算机配备专门的软件(如 Hypack)，控制数据的存储、输入和输出，对各设备观测的数据进行实时监视和记录。

2. 多波束测深系统的工作原理

多波束测深是一种基于海底声波散射原理的主动式声呐条带测深技术。多波束测深系统能有效地探测水下地形，得到高精度的三维水下地形数据。其工作原理如图 2.45 所示。

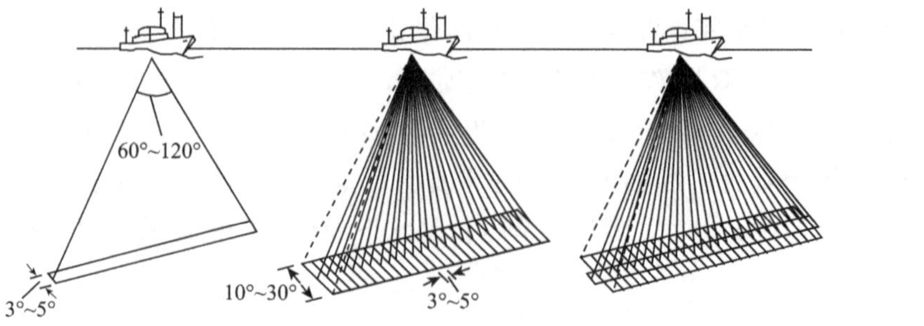

(a) 发射照射区　(b) 接收覆盖区　(c) 多波束照射到的(a)和(b)的组合区

图 2.45 波束形成示意图

多波束测深系统的换能器，包括发射声波信号的发射器和接收海底反射回声信号的水听器两部分。将多波束测深系统安装在船底或拖体上，发射器发出一个超宽扇形波束，其面垂直于航迹，扇区张角一般为 60°～120°，航迹方向的张角为 3°～5°［图 2.45(a)］。水听器接收水底回波信号，经延时和相加，形成几十个相邻的波束，其中航迹方向的波束张角一般为 10°～30°，垂直于航迹的张角为 3°～5°［图 2.45(b)］。组合发射和接收波束可得到几十个乃至上百个窄的测深波束［图 2.45(c)］，其中单个发射波束与接收波束的交叉区称作脚印(footprint)。

一个发射和接收循环通常称作一个声脉冲，一个声脉冲获得的所有脚印的覆盖范围为一个测幅。根据水听器接收到的声波信号与发射器发射信号的时间差或相位差，可以分别测量出每个波束对应脚点的水深值。将若干个声脉冲信号组合起来就可得到一条以测量船航迹为中心线的带状区域的测深数据。多波束测深系统中，水深和位置按图 2.46 计算。

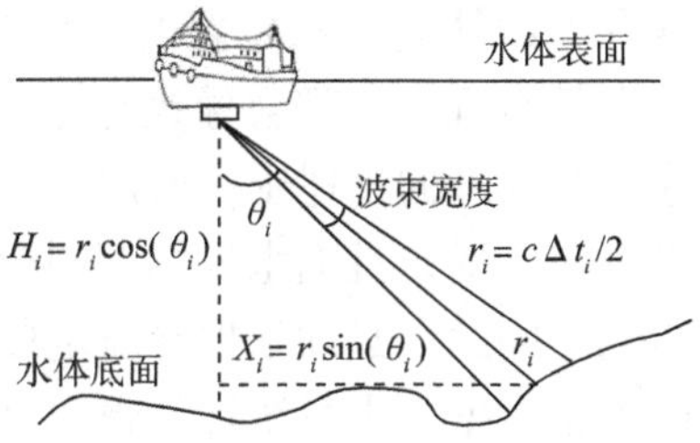

图 2.46 水深和位置计算示意图

波束 i 对应脚点的斜距，按下式计算：

$$r_i = c\Delta t_i/2 \tag{2.32}$$

式中，c 为声速；t_i 为波束 i 发射与接收时间差。波束脚点的水深 H_i 通过下式计算：

$$H_i = r_i\cos(\theta_i) \tag{2.33}$$

波束脚点相对于天底点的位置则按下式计算：

$$X_i = r_i\sin(\theta_i) \tag{2.34}$$

以上两式中，θ_i 为波束入射角。

为了计算波束脚点的平面坐标，假定条带扫描方向与航向垂直(图 2.47)。

设船的航向角为 φ，并定义 X_i 在航向方向的左边时符号为负(-)，在航行方向的右边时符号为正(+)，则脚点 P 的坐标为

$$\begin{cases} x = X_i\cos\varphi + x_0 = r_i\sin\theta_i\cos\varphi + x_0 \\ y = X_i\sin\varphi + y_0 = r_i\sin\theta_i\sin\varphi + y_0 \end{cases} \tag{2.35}$$

其中，$O(x_0, y_0)$ 为母船位置的坐标，可以通过装在船上的差分 GNSS 系统获得；航向角 φ 则利用电罗经测取。

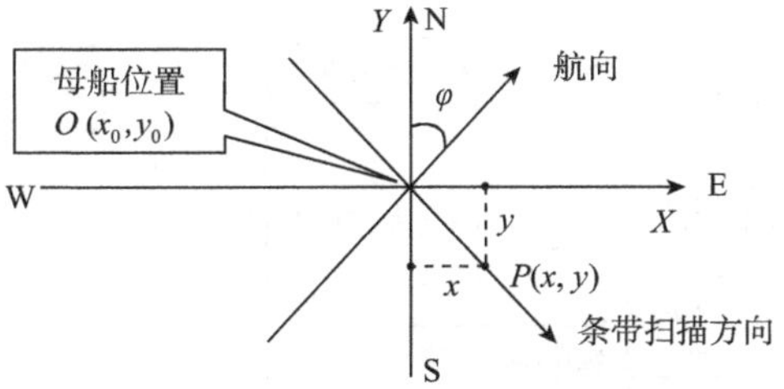

图 2.47 波束脚点的空间位置关系图

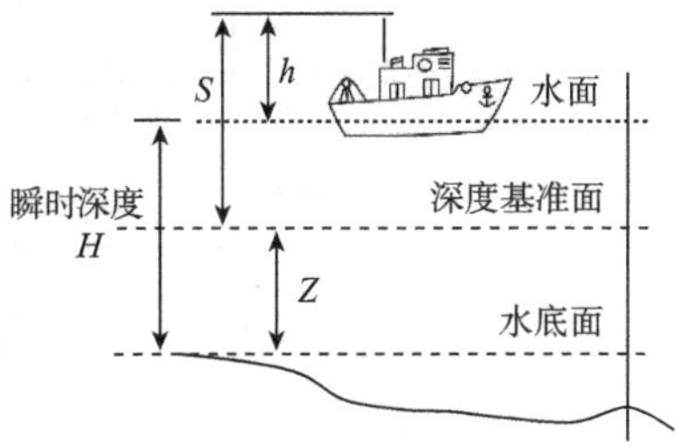

图 2.48 GNSS 联测水深换算

测点的深度 Z 以深度基准面为基准(图 2.48)，根据 GNSS 天线离水面高度 h、GNSS 天线实测高度 S(换算到深度基准面)和多波束测深系统测定的瞬时水深 H(观测深度+吃水深度)，按下式进行换算：

$$Z = H - (S - h) \tag{2.36}$$

2.6.2 多波束测深数据的处理

多波束测深是以船体或拖曳体为平台对水下地形进行观测的，然而风、波浪、航速等因素导致载体姿态和位置的不均匀动态变化，而且仪器噪声和检测方法，或者多波束系统参数设置的合理性，都会导致测深数据中存在较多的异常数据或不合理的水深。况且在上节对多波束测深原理的论述中，假定声波在水体中沿直线匀速传播，然而事实上，声波在水体介质中是沿曲线传播，且随水深的不同声速是变化的，以上这些因素都会对真实的水下地形产生很大的影响。因此，必须依据导航定位参量、船体姿态参量、声速参量等辅助数据对原始多波束测深的条带数据，进行统计编辑、修正去噪等处理，剔除假信息，保留真实信息，最后得到在地理框架下表达的波束脚印准确的平面位置和水深值，这是多波束测深数据处理的核心任务。

1. 多波束测深数据处理的过程

为了确定波束的空间关系和波束脚印的空间位置，首先需要定义多波束船体参考坐标系VFS(vessel frame system)，并根据船体坐标系与地理坐标系或地方坐标系LLS(local location system)之间的关系，将波束脚印的船体坐标转化到地理坐标系和深度基准面下的平面坐标和水深，该过程也称作波束脚印的归位。在进行归位之前，需要根据原始多波束测深、GNSS定位、姿态测量、声速观测、水位观测等数据，通过船体的姿态改正、声速改正、潮位改正、吃水改正等处理获得水底点的真实三维坐标(图 2.49)。在此基础上，进行条带数据的拼接，得到实测区域水底点的三维坐标，通过空间插值构建水底DEM并绘制水深图。

多波束数据处理的关键环节在于：①分析计算船体姿态变化对定位中心与换能器基阵中心的影响，并估计偏移值，获得基阵中心的精确地理坐标。②分析船姿变化对波束入射角度的影响，估计波束的实际入射角度。③利用声线跟踪算法，进行声线弯曲改正，计算波束脚印在船体坐标系下的水平位移和水深偏移。④空间位置归位改正，从而得到波束脚印的地理坐标。

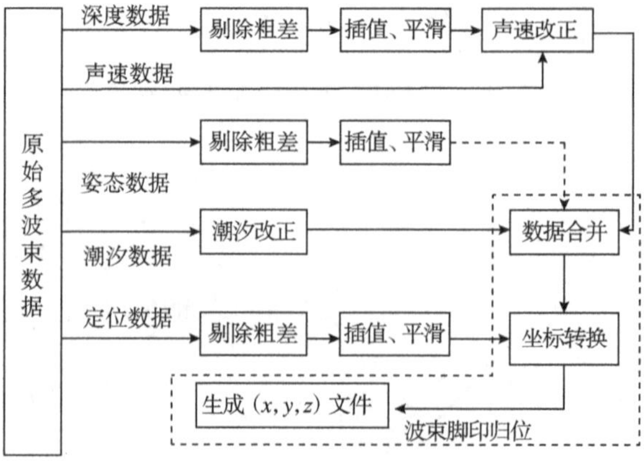

图 2.49 多波束测深数据处理过程

2. 姿态改正

当船体的姿态如横摇或纵摇达到一定的程度时，换能器的动吃水对深度、基阵中心、波束到达角等均有着直接影响，因此，必须加以改正。

1)姿态变化对定位中心与基阵中心的偏移值改正

船体姿态变化对定位中心与基阵中心的偏移值有影响。计算过程中，必须对该偏移值进行补偿改正。假设在船体坐标系 VFS 中，(Δx_0、Δy_0、Δz_0)为船体处于水平状态时 GNSS 定位中心与基阵中心之间存在的偏移值。当船体姿态变化时，地方坐标系 LLS 中定位中心与基阵中心之间存在的偏移值(Δx_T、Δy_T、Δz_T)可由下式计算：

$$\begin{cases}\Delta x_T = \Delta x_0 \cos\varphi\cos\gamma + \Delta y_0(\sin\varphi\cos\rho + \cos\varphi\sin\gamma\sin\rho) \\ \qquad + \Delta z_0(-\sin\varphi\sin\rho + \cos\varphi\sin\gamma\cos\rho) \\ \Delta y_T = -\Delta x_0 \sin\varphi\cos\gamma + \Delta y_0(\cos\varphi\cos\rho - \sin\varphi\sin\gamma\sin\rho) \\ \qquad + \Delta z_0(-\cos\varphi\sin\rho - \sin\varphi\sin\gamma\cos\rho) \\ \Delta z_T = -\Delta x_0 \sin\gamma + \Delta y_0 \cos\gamma\sin\rho + \Delta z_0 \cos\gamma\cos\rho\end{cases} \tag{2.37}$$

式中，γ 为测量船横摇角；ρ 为纵摇角；φ 为航向角。

设在地方坐标系中，X_0、Y_0 为 GNSS 定位中心的平面坐标，则换能器基阵中心的平面坐标为

$$\begin{cases}X_1 = X_0 + \Delta x_T \\ Y_1 = Y_0 + \Delta y_T\end{cases} \tag{2.38}$$

2) 姿态变化对基阵发射波束角度的偏移值改正

基阵发射波束角度在深度计算中起着很重要的作用。船体的姿态变化会对波束的入射角度产生影响。波束入射角度的变化主要是横摇 γ 和纵摇 ρ 造成的。设测量船处于水平状态时，在船体坐标系下，波束入射角度是 θ_0，假设在这个波束传播路径上的一个点相对于基阵的偏移值是(0，$\tan\theta_0$，-1)，可以得到改正后的波束入射角度为

$$\theta = \arccos(-\sin\gamma\sin\theta_0 - \cos\gamma\cos\rho\cos\theta_0) \tag{2.39}$$

3. 声线跟踪

水体尤其是海水中的声速随温度、盐度和深度而不同，而这些参数又随不同时间和地点而变化，导致水体中的声速结构十分复杂。声波在水体中传播声线是弯曲的，其弯曲的程度与声速分布有关。如果采用近似的恒定声速，即将声线看成是一条直线，必然使测深结果产生很大偏差。根据声速在水体中传播时的声线变化特征，即波束入射角、往返程时间和声速剖面进行精确跟踪，可获得波束脚印的实际位置。为此，将计算波束脚点在船体坐标系下的平面位置和水深称作声线跟踪。

通过声线跟踪得到波束脚点在船体坐标系下坐标的计算过程称为声线弯曲改正。在声线弯曲改正中，声速剖面起着十分重要的作用，为了计算方便，对声速剖面作如下假设。

(1) 声速剖面是精确的，无代表性误差。声速剖面反映的是测量海域海水中声速的传播特性。因而在每次测量前后需对声速剖面进行测定，遇到水域变化复杂的情况，需要加密声速剖面采样站和减小站内声速断面采样的层间隔，全面、真实地反映测区内海水中的声速变化特性。

(2) 声速在波束传播的垂面内发生变化，不存在侧向变化。对于不满足该要求的水团，需要加密声速剖面采样站和减小采样层的深度间隔。

(3) 声速在水体中的传播特性遵循 Snell 法则。沿铅锤方向将水体划分为 N 个分层，假定在每个分层内声速为常数或常梯度，其方向在各层也发生改变，则声线传播轨迹是一条折线，如图 2.50 所示。

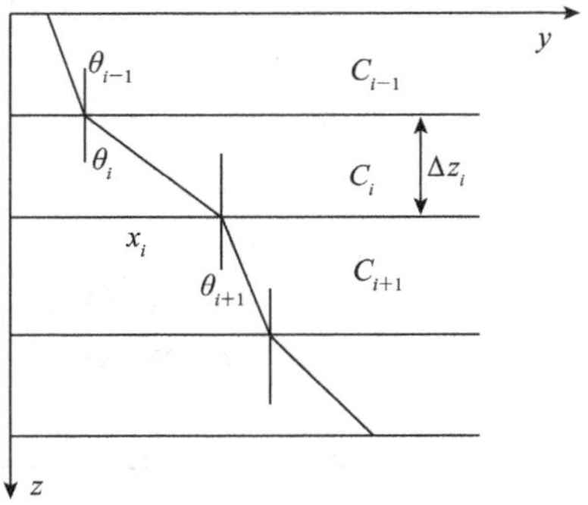

图 2.50　声速垂直剖面示意

根据 Snell 法则，有

$$\frac{\sin\theta_0}{C_0}=\frac{\sin\theta_1}{C_1}=\cdots=\frac{\sin\theta_n}{C_n}=p \tag{2.40}$$

式中，C_i和θ_i分别为层 i 内声速和入射角。

假设发射的波束需经历 N 个水层，每层的声速传播时间和水平位移可以根据三角形的特性计算得到。设各层的厚度为 Δz_i，根据 Snell 定律计算出波束在该层的入射角度 θ_i，由于波束在该层中的传播轨迹是一条直线，根据三角形的特性，则波束在第 i 层的声线传播距离 r_i、水平位移 y_i 和传播时间 t_i 分别为

$$\begin{cases} r_i=\dfrac{\Delta z_i}{\cos\theta_i} \\ y_i=\Delta z_i\tan\theta_i \\ t_i=\dfrac{\Delta z_i}{C_i\cos\theta_i} \end{cases} \tag{2.41}$$

波束脚印船体坐标的计算涉及垂直参考面下的波束到达角、传播时间和声速剖面三个参量。设多波束换能器在船体坐标系下的坐标为$(x_0，y_0，z_0)$，采用常声速（零梯度）层追加方法，计算波束脚印在船体坐标系下的坐标$(x，y，z)$：

$$\begin{cases} z=z_0+\sum\limits_{i=1}^{N}C_i\cos\theta_i\Delta t_i \\ y=y_0+\sum\limits_{i=1}^{N}C_i\sin\theta_i\Delta t_i \\ x=0 \end{cases} \tag{2.42}$$

式中，θ_i为波束在层 i 表层处的入射角；C_i和Δt_i为波束在层 i 内的声速和传播时间。各层的声速等参数使用声速剖面仪测定。

4. 波束脚印的空间归位

设船体坐标系 VFS 的原点位于换能器中心，x 轴指向船首（航向），z 轴垂直向下，y 轴指向侧向，与 x、z 轴构成右手正交坐标系（图 2.51）。当地坐标系 LLS 原点为换能器中心，x 轴指向地北子午线，y 与 x 垂直并指向东，z 与 x、y 轴构成右手正交坐标系。

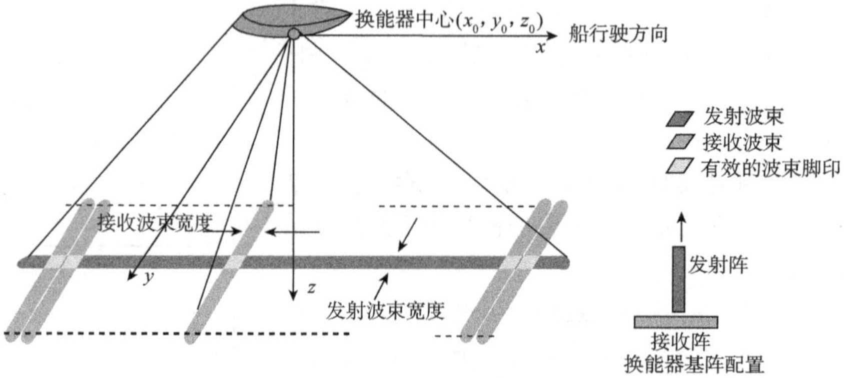

图 2.51　多波束测深系统船体坐标系

1) 深度方向上的归位计算

深度方向上的归位是指波束脚点高程的计算。根据船体坐标系原点与某一已知高程基准面之间的关系，将船体坐标系下的水深转化为高程。

船体吃水对多波束在垂直方向的测深结果影响较大。吃水是换能器基阵中心低于平均水平面的深度 D_s，它是实时变化的。基阵中心和姿态传感器中心的坐标偏移值受船体姿态的影响。设 $(\Delta x', \Delta y', \Delta z')$ 是船体坐标系中基阵中心和姿态传感器之间的坐标偏移量，当船体姿态发生变化时，产生的附加升沉值是船体水平状态时的基阵中心深度值与船体运动时基阵中心深度值的差值，则附加升沉值为

$$H_i = \Delta x' \sin\gamma - \Delta y' \cos\gamma \sin\rho + \Delta z'(1 - \cos\gamma\cos\rho) \tag{2.43}$$

式中，γ 为测量船横摇角；ρ 为纵摇角。

升沉 H_m 是换能器基阵中心的实时吃水值，它由船体的运动所产生，可利用姿态传感器确定。因此，基阵中心的升沉值为

$$H_0 = H_m + H_i \tag{2.44}$$

测点实际深度(若定义地理坐标系中 Z 轴向上为正)的计算公式为

$$Z = -H - D_s + H_0 \tag{2.45}$$

式中，H_0 为声基阵中心的升沉；D_s 为吃水；H 为声线跟踪得到的深度，即声线传播经过水层高度的总和。

若潮位 h_{tide} 是根据某一深度基准面或者高程基准面确定的，则波束脚点的高程为

$$H_g = h_{tide} - (H + D_s + H_m + H_i) \tag{2.46}$$

当测区处于验潮站的有效作用距离范围内时，潮位 h_{tide} 的变化可以通过潮位观测获得，否则需要通过潮位模型或其他方法获得。由于潮位是相对某一深度或高程基准面确定的，因而经过潮汐改正后，即实现了相对水深向绝对高程的转换。

2) 水平位置的归位计算

水平位置的归位是指波束脚点地理坐标的计算。根据航向、船位和姿态参数计算船体坐标系和地理空间坐标系之间的转换关系，并将船体坐标系下的波束脚点坐标转化为地理空间坐标。

如图 2.52 所示，假设船体坐标系下，波束脚印的水平位移是 y。换能器基阵中心与波束脚印之间的偏移主要受艏向值和纵摇值的影响，那么在地方坐标系下，波束脚印相对于基阵的偏移量为

$$\begin{cases} \Delta x_L = y\cos\varphi + |z|\tan\theta\sin\varphi \\ \Delta y_L = -y\sin\varphi + |z|\tan\theta\cos\varphi \end{cases} \tag{2.47}$$

式中，θ 为波束入射角度；φ 为艏向角度；z 为实测深度。

设在地方坐标系中，$(X_0、Y_0)$ 为定位中心的平面位置。根据式(2.37)计算得到在地方坐标系中定位中心与基阵中心之间存在的偏移值(Δx_T、Δy_T、Δz_T)，那么，波束脚印在地方坐标系中的平面位置可由下式计算：

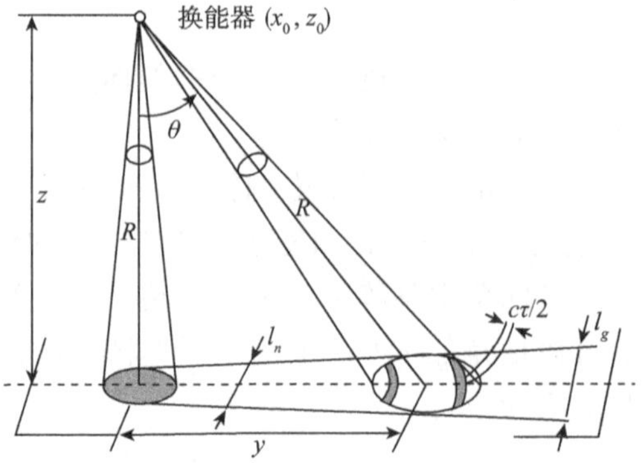

图 2.52　单个波束信号的接收

z：深度；R：距离；θ：波束入射角；c：声速；τ：脉冲长度；l_n：中心波束脚印长度；l_g：边缘波束脚印长度

$$\begin{cases} X = X_0 + \Delta x_T + \Delta x_L \\ Y = Y_0 + \Delta y_T + \Delta y_L \end{cases} \tag{2.48}$$

经上述处理后，即可计算出波束脚印的平面位置和深度值，完成波束脚印空间坐标的归位计算，得到地方坐标系下的按航线呈带状分布的离散波束脚点三维坐标。

5. 水下地形 DEM 生成

为了形成对一个水域的完整覆盖，类似于利用数字摄影测量方法进行陆地 DEM 生成，需要根据上述沿航线呈带状分布的离散点水下地形数据，对各航带观测数据进行拼接与融合，得到探测水域完整的水下地形离散三维点集，再利用该三维点集，按某种分辨率的空间格网，采用空间插值方法构建水下 DEM，如图 2.53 所示。

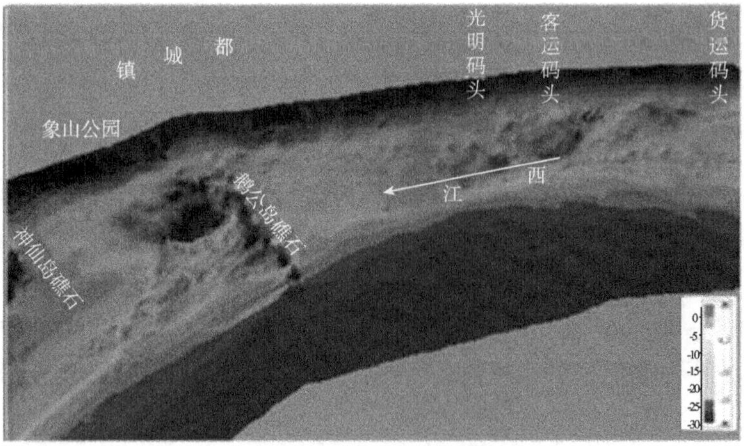

图 2.53　基于多波束测量的西江郁南都城大坝水下地形 DEM

2.7　基础地理数据的更新

基础地理数据的现势性是衡量其使用价值的重要标志之一，也是其生命力所在。随着 GIS 技术应用的推广与深入，用户对基础地理数据的现势性和准确性也提出了更高的要求。只有始终保持数据的现势性，才能有效地构筑地理空间数据基础设施并提供准确和可靠的数据服务。

2.7.1　基础地理数据更新策略

基础地理数据在类型上包括 DLG、DOM、DEM 和地名数据，尺度上包括从全国的 1∶100 万到市县的 1∶1000 甚至 1∶500 数据，这给基础地理数据的更新带来一系列问题。因此，基础地理数据的更新是一项持续的、长期的和艰巨的工作，也是一个复杂的系统工程，既有组织与管理问题，也涉及技术问题。

在进行数据更新前，需要明确和掌握的主要情况包括：①现有基础地理数据库中数据的种类、模型、格式、结构等；②现有数据现势情况及更新需求；③现势信息来源与现势数据情况（种类、周期、格式）等；④用于更新的设备、软件、与相关部门的配合与协调情况等；⑤国内外相关技术、方法与组织实施策略。

在数据更新中，需要考虑的技术问题主要包括：①确定变化要素的方法；②变化要素数据采集的方法；③变化数据与原数据集成与融合的方法；④历史数据组织管理方法；⑤更新工作量与成本估算；⑥现势数据的提供方法；⑦现势数据服务的政策与价格；⑧更新工程的组织实施策略。

基础地理数据更新主要涉及确定更新策略、变化信息获取、变化数据采集、现势数据生产、现势数据提供 5 个步骤(图 2.54)。

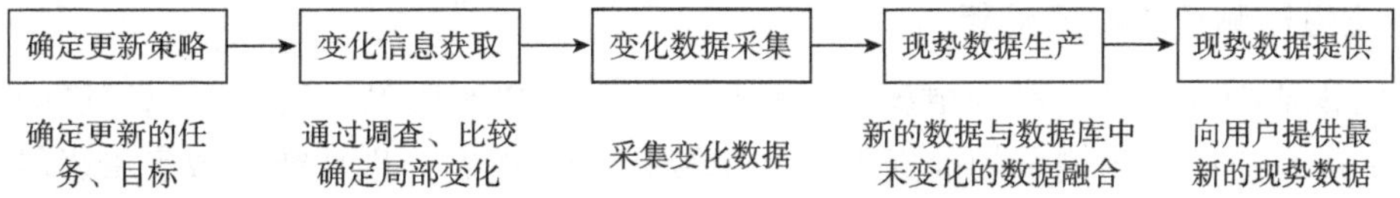

图 2.54　数据更新主要步骤

根据基础地理数据的类型及要素变化的频度，基础地理数据的更新一般采用以下几种策略。

(1) 实时动态更新。该策略适合于 DLG、地名数据的更新，对其中变化速度快且重要性高的要素如道路、建筑物、行政界线、地名等进行实时或及时的更新和替换。在城市基础地理信息数据库中，竣工测量是数据更新的一种重要和有效的手段，尤其对于地下隐蔽工程，竣工测量能够采集到准确的数据。对于 DEM 数据，也可根据地形特征线的变化，实时增加这些特征约束，重新构建地形表面模型并内插 DEM。

(2) 定期全面更新。该策略适合于各类基础地理数据，包括 DLG、DOM、DEM 和地名数据的更新。更新的周期可为 5 年、2 年甚至 1 年，如全国 1∶5 万比例尺的 DLG 数据每 5 年更新一次、省级 DLG 数据每 2 年更新一次等。

(3) 重点区域随需更新。此策略也适合于各类基础地理数据的更新。对开发区、大型工程区、城市建成区等重点和热点地区根据实际需要进行不定期的数据全面更新。

(4) 多比例尺基础地理数据的级联更新。该策略适合于不同比例尺 DLG 数据的同步更新。地理要素本身具有唯一性，但在不同比例尺基础地理数据库中分别表达(也称多重表达)，不仅需要按不同比例尺分别更新，增加了更新的工作量，也会造成相同要素在几何、定位、属性等方面表达的不一致。因此，需要在不同比例尺上对相同要素进行级联式的协同更新，即在对大比例尺 DLG 数据更新的基础上，按照要素自动综合的方法派生出较小比例尺的要素，并对该比例尺的 DLG 数据进行更新。但从目前制图综合发展的现状来看，还无法实现制图综合的自动化，更现实的方法是采用半自动化的制图综合及人机交互的方式联动更新较小比例尺的基础地理空间数据。

在对不同类型基础地理数据进行更新时，在时间上并非完全同步。例如，卫星和航空遥感影像数据获取的难度相对较小，所以 DOM 全面更新的周期可能比 DLG 更短。

2.7.2 基础地理数据更新采集技术

定期全面更新和重点区域随需更新，都需要对特定区域各类基础地理数据进行全部采集，前几节所述的数据采集技术和方法也完全适用。但是，对于 DLG 数据中某些地理要素的动态更新，关键在于发现其变化，需要采用一些特殊的手段和方法进行数据采集。

1. 实地测量数据更新

城市基础地理要素的实时更新，可采用人工巡视或利用网格化城市管理系统发现地理要素的增减变化，数据采集人员携带具有 GNSS 差分定位功能、且能存储或在线下载区域大比例尺既有 DLG 数据的 GIS 数据采集器，现场测量并编辑新增要素或删除灭失要素；也可使用全站仪测量方法测定发生变化的地理要素，将数据利用蓝牙或红外传输装置实时传输到随身携带且预先存储了既有 DLG 数据的笔记本式电脑或 PAD(personal digital assistant)设备中，进行新增或灭失地理要素的编辑。无论采用哪种方式进行数据采集，都需要对这些新增或删除要素进行标记，完成实地数据采集后，再将经编辑处理的 DLG 数据进行质量控制后传输并更新 DLG 数据库。

2. 航空摄影测量法数据更新

较大面积范围内地理要素的更新，可利用数字航空摄影影像或当前迅速发展的无人机摄影影像，在进行空中三角测量的前提下，利用带有 GIS 数据处理功能的数字摄影测量系统，在建立的视觉立体模型中，加载既有 DLG 数据并叠加在立体模型中，对照既有 DLG 数据进行新增要素和灭失要素的目视判别，在线采集和编辑地理要素(图 2.55)。

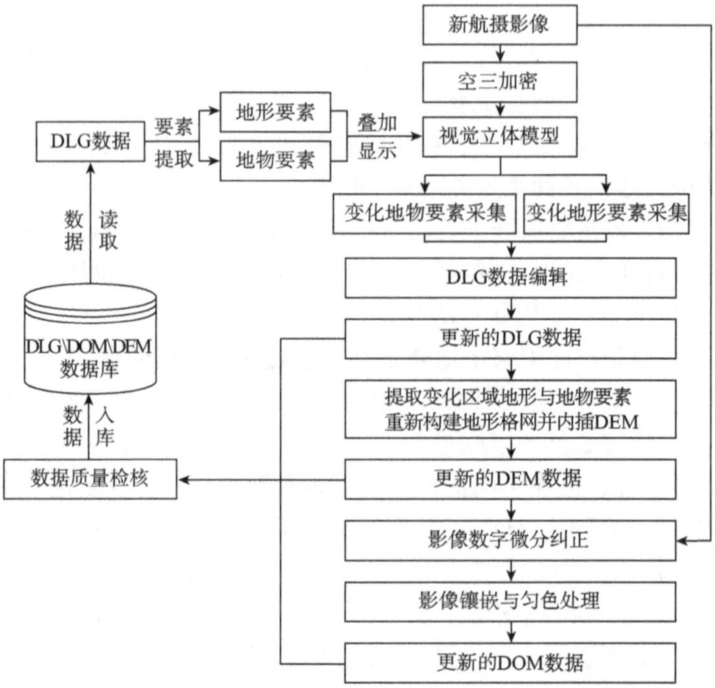

图 2.55 航空摄影测量法基础地理数据更新的过程

基于摄影测量的基础地理数据更新方法不仅可以更新 DLG 中的地理要素，也能对 DOM 和 DEM 数据进行更新。因为地形的变化主要是道路、建筑物、工程建设等人为开发及地壳运动等引起的，所以应从既有 DLG 数据库中导入等高线和高程点数据并加载到立体模型上，根据立体模型中测标的切准情况，修测和编辑变化的区域，与更新过的 DLG 中的道路、建筑物、水系等要素一起进行地形表面的约束建模，重新内插生成 DEM 数据，实现 DEM 数据的更新。对 DOM 数据的更新则是对具有现势性的影像进行数字微分纠正、镶嵌、匀色等处理后获得新的 DOM 替换既有 DOM 数据。

这类数据更新采集方法适合于大比例尺如 1∶500、1∶1000、1∶10000 等基础地理数据的更新，更新的数据能达到与既有各类基础地理数据相同的精度。

3. 基于卫星遥感影像的数据更新

遥感影像具有现势性强的特点，是满足基础地理数据动态更新的理想数据源。进入 21 世纪，卫星遥感影像种类增多，影像分辨率大为提高，分辨率 1m 乃至更高的卫星影像已普及。因此，应用卫星遥感影像更新基础地理数据具有广阔的发展空间。

可用于基础地理数据更新的国际卫星光学遥感影像主要有：Landsat ETM+ 影像（空间分辨率达 15m）、SPOT HRG 影像（空间分辨率达 2.5m）、IKONOS 影像（空间分辨率为 1m）、QuickBird 影像（空间分辨率为 0.6～0.7m）、WorldView 影像（空间分辨率为 0.5m）、GeoEye 影像（空间分辨率为 0.4m）；我国 ZY-3（资源三号）立体测绘卫星影像空间分辨率达到 2.1m、高分辨率卫星系列也达到了米级空间分辨率（GF-1 为 2m，GF-2 为 1m，GF-4 为 50m）。这些数据为 1∶1000～1∶5 万基础地理数据的快速更新创造了有利条件。

以卫星遥感影像为基础进行基础地理数据的更新过程如图 2.56 所示。需要选择现势性强、空间分辨率与待更新基础地理数据比例尺相匹配的卫星遥感影像，以 DLG 数据中未发生变化的特征点作为控制点对影像进行几何纠正，得到正射影像，以此作为数据更新的底图。当将 DLG 数据叠加显示到底图上时，对比 DLG 数据和影像，就可识别发生变化的区域和相应的地理要素，利用数据采编软件进行变化要素的交互式采集与编辑，实现 DLG 数据中地理要素的更新，同时实现对 DOM 数据的更新。

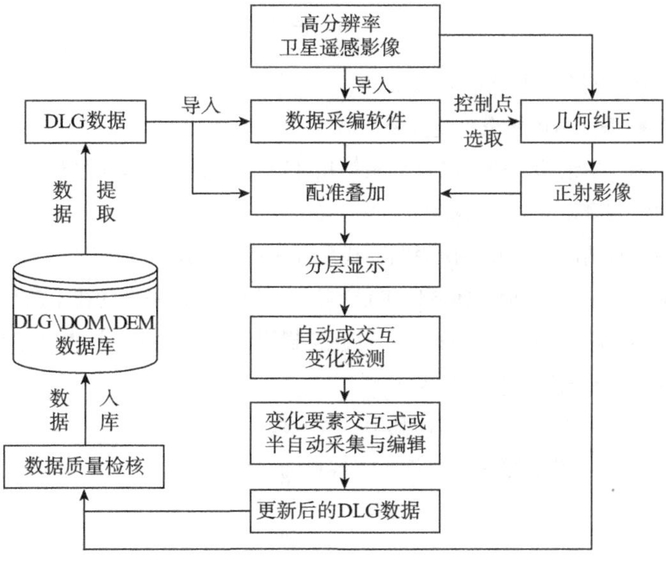

图 2.56　基于卫星遥感影像的基础地理数据更新过程

4. 基于竣工测量的城市基础地理数据更新

近年来，随着我国城市规划法规的不断健全和完善，竣工验收测量得到了普遍实施，现在所有的工程项目都必须进行竣工验收测量，因此竣工测量成果(竣工图)就比较完整地反映了包括地下管线在内的地理要素的变化，而且竣工图中新增地物，在数学精度、地理要素表达方面均能满足城市基础地理数据更新的要求，特别适合于对城市基础地理数据库中 DLG 数据的更新。

但是，因为竣工测量的目的和执行的标准与作为城市基础地理数据主要数据源的大比例尺地形图测量存在差异，两者在采集的要素内容、要素编码、测量的范围等方面存在着差别，而且竣工图都是以 DWG(AutoCAD 图形格式)格式表示的图形和注记数据，与符合 GIS 数据模型的城市 DLG 数据也有不同。所以，利用竣工测量成果进行城市 DLG 数据的更新，其重点在于图形要素分离及其编码转换、DWG 数据转换为 GIS 数据、竣工测量区域内各更新要素与既有 DLG 数据的融合等环节(图 2.57)。

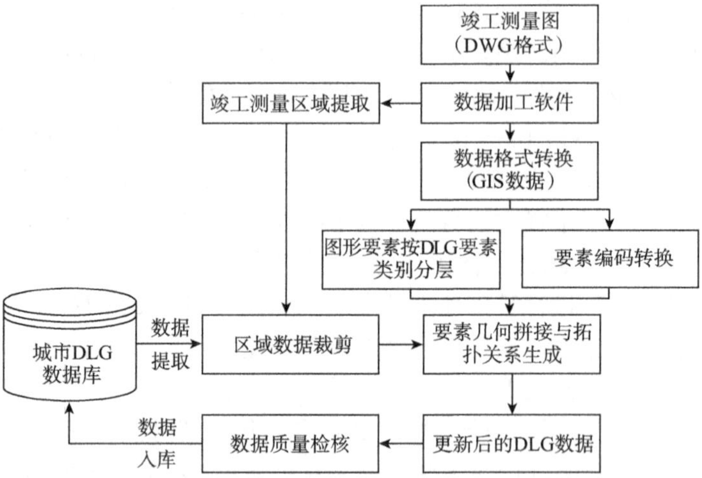

图 2.57　利用竣工图进行城市大比例尺 DLG 数据更新的过程

思 考 题

1. 基础地理数据的基本概念及其获取方式？
2. 简述“4D”产品数据的中英文全称及其获取方式？
3. 试比较全要素编码、块结构编码、简单编码等几种数字测图数据编码方案的优缺点。
4. 什么是碎部测图？其测量方法有哪些？
5. 试阐述共线条件方程的原理，并举例说明共线条件方程的应用。
6. 阐述基于数字摄影测量的 DEM、DOM、DLG 等基础地理数据采集的技术流程。
7. 简述机载 LiDAR 对地定位的原理与特点。与航空摄影测量相比其有何优缺点？
8. 什么是合成孔径雷达？简述其成像特点。
9. 水深测量的技术方法有哪些？详细阐述其中一种原理。
10. 基础地理数据的更新策略有哪些？详细阐述各自的适用范围。

第 3 章　专题地理数据的获取与处理

专题地理数据所包含的内容众多、来源多样、覆盖领域广，是 GIS 进行空间分析、模拟和决策的基础。专题地理数据获取及其数据库建设也是各类专题或专业 GIS 建设中人力、时间和经费投入最多的部分。本章并不针对特定应用领域或行业，而是面向各类专题地理数据的共性，阐述专题地理数据的获取与处理方法和技术。

3.1　专题地理数据及其获取方式

3.1.1　专题地理数据及其表示

1. 专题地理数据

专题地理数据是相对于基础地理数据而言的，它是面向特定应用领域或服务对象，对可见和不可见的、探测和推断的、与自然环境和人类社会经济活动相关的各种事物、现象和事件，在数量、质量、空间分布、联系和规律等方面进行数字、文字、图像和图形等数字化表达的总称。专题地理数据所覆盖的学科、专业领域广泛，而且具有结构层次性，是各类专题数据库和综合数据库的建立，GIS 的多因子综合分析、模拟和决策的基础。

依据专题所表达的内容，专题地理数据可分为 4 大类：表示自然现象的自然地理数据、表示社会经济现象的社会经济数据、反映人类生存环境状况的环境与灾害数据、其他专题数据。

1) 自然地理数据

自然地理数据是对地球表层各种自然现象和自然地理要素的表征，主要有：①反映气象、气候要素在空间、时间上变化的气象与气候数据，如太阳辐射、气团、气旋、风、云、日照、降水、气温、气压、湿度、蒸发量、热量平衡、气候带、气候区划等数据；②表达地球表层的岩石分布、地层年代、地质构造和岩浆活动等的地质数据，如普通地质、地层、地质构造、岩相、第四纪古地理、火山与地震活动、水文地质、工程地质、地球化学、矿产分布等数据；③表示地形起伏和地貌特征的地势与地貌数据，如地形、水深、地貌类型等数据；④表达海洋和陆地水文现象的水文数据，如洋流、潮汐、波浪、泥沙、水温、盐度、水系、径流、水力资源、水文区划等数据。此外，诸如反映土壤、植被、土地覆盖、地球物理、生态等方面的数据也是自然地理数据。

2) 社会经济数据

社会经济数据涉及面十分广泛，与人类生产、生活等社会经济活动密切相关。主要有：①反映人口分布、数量、组成及其动态变化的人口数据，如人口分布、人口组成、人口密度、人口出生与死亡、人口自然增长率等数据；②反映国民经济各部门、各行业的分布、发展、结构及其发展水平的经济类数据，这是与人类可持续发展密切相关且最为广泛的专题地理数据，如劳动力、水、矿产、土地、气候等资源类型数量、质量、分布及其综合评价的数据；③反映产业结构、国民生产水平、经济发展、收入与消费、税收、保险等方面内容的经济数据，涉及国民经济的各个行业，如工业、农业、商业、交通运输业、邮电通信业、财政与税收等；④反映教育、科学技术、医疗和卫生、体育、文化娱乐、广播电视、新闻出版、旅游、宗教等行业的社会事业类数据；⑤反映社会管理的数据，涉及各级政府及城市管理、公、检、法等部门，行政区划数据也可纳入此类；⑥反映满足人类生活需求的各类基础设施数据，如建筑物、道路交通、各类管线、游乐设施等数据；⑦反映人类社会发展的历史过程、历史事件的历史地理数据，如国家疆域、地方区划的变迁、民族及家族的迁徙、遗存考古等数据；⑧反映城市功能、沿革、现状和发展目标的城市数据，如城市规划、地籍与不动产等方面的数据。

3) 环境与灾害数据

人类对满足自身生存环境的保护及社会可持续发展的需求，对环境和灾害进行监测、评价和预测所产生的数据。主要有：①反映环境背景条件的数据，这部分数据往往是从自然地理数据和社会经济数据中，抽取部分数据构成环境本底条件；②反映大气、水体和固体废弃物污染的污染源分布、污染水平等的环境污染现状数据；③对环境质量和环境影响进行评价的数据，如对大气、地表和地下水、土壤、噪声和光污染、电磁辐射等监测与质量评价数据，对区域开发活动带来的环境影响所进行的评价，以及环境容量、环境区划与规划数据；④反映区域性各类自然灾害的分布、成因、危害程度、防治措施等方面的自然灾害数据，自然灾害包括地震、洪水、台风、冰雹、滑坡、泥石流、风沙、森林火灾、病虫害等。

4) 其他专题数据

不属于上述类型的专题地理数据都归入此类，如国防、军事部署与战争类数据，各种工程规划和设计数据，对各种突发事件实地调查时的笔录、拍摄的影像和视频、录制的音频等。

2. 专题地理数据的表达

不论哪种类型的专题地理数据，都包含三个方面的基本特征，即空间分布特征、时间变化特征及数量和质量特征。对于不同类型的地理实体、地理对象、地理现象、地理事件或地理过程(统称为地理要素)，需要采用不同的测度方式和测度标准进行描述和衡量，这就产生了不同类型的专题地理数据。从 GIS 的角度来看，一般将不同类型的专题地理事物表示在不同的图层上，每一图层仅表示一类专题要素(图 3.1)，并从地理事物的形态与空间位置、属性及时态三个方面进行描述，但专题地理要素的时态变化特征往往会造成其空间位置、属性的变化或者两个方面都发生变化，给 GIS 数据表达带来困难，所以在 GIS 中，一般仅表达地理事物在某一瞬时的形态、位置和属性，而将时态作为数据标签或时间属性进行表达。

图 3.1 专题地理要素的分层表达

专题地理要素的属性非常丰富也十分复杂，可根据对地理要素描述的精确程度分为定性数据和定量数据。定性数据只描述地理要素的固有特征或相对等级、次序，蕴涵着对地理要素的多层次分类系统。定量数据包括两种：完全定量化数据和分级数据。完全定量化数据可完整地定量化地描述地理要素，它不但有计量单位，而且有起始点，可描述地理要素的绝对量；分级数据不仅可以描述要素的等级和次序，而且可以定量描述要素间差异的大小，但分级数据描述的是要素的相对关系，而不是绝对关系。

从使用的空间数据模型来看，为了便于分析和制图，对不同类型、不同来源的专题地理数据都采用两种空间数据模型中的一种进行表达(图 3.2)：栅格数据模型和矢量数据模型。前者重在刻画专题地理要素(如气温、降水、地形等)在地理空间的连续分布；后者重在表达专题地理要素或事件(如地籍、道路、给排水管线、交通事故、地表水系等)在地理空间的非连续分布，又按地理要素几何形态的不同分别表达为点、线或面要素。当然，也有许多专题地理现象或要素，如土地覆盖、生态功能区划等，既可采用栅格数据模型，也可采用矢量数据模型进行表达，且两者之间可根据需要进行相互转换。

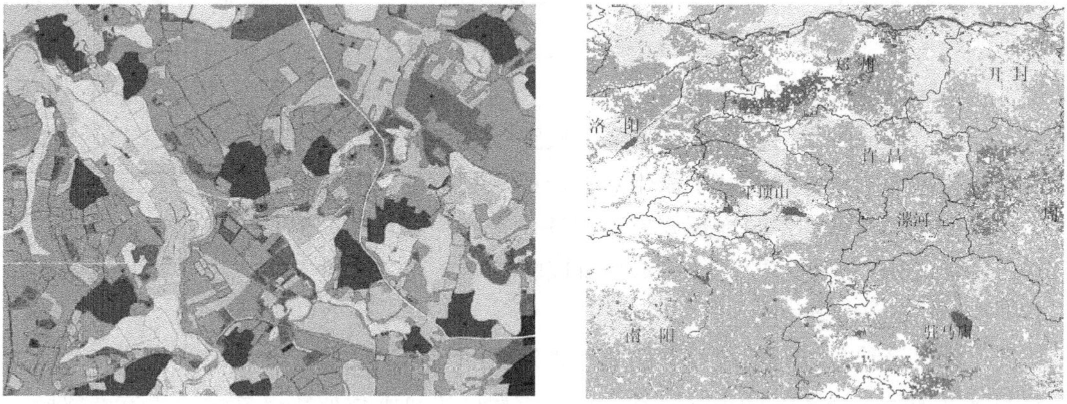

(a) 土地利用矢量数据　　(b) 土壤墒情监测栅格数据

图 3.2　矢量和栅格专题地理数据

3.1.2　专题地理数据的获取

构建专题 GIS 以满足不同行业和领域的分析和决策需求，首先必须获取足够丰富、数据质量可靠的基础地理数据和专题地理数据，这也是专题 GIS 建设中工作量最大、成本最高的环节。就不同类型的专题地理数据而言，其数据获取的基本途径主要有以下几种：实地调查和测量、遥感影像识别与提取、专题地图数字化、社会经济统计数据获取及从文档和媒介中提取。

1) 实地调查与测量

对于自然地理、社会经济及环境与灾害类专题地理数据，通过在实地进行调查、访谈，可获得原始的第一手资料，这也是最重要、最客观的专题地理数据来源。其中对于连续分布的专题地理现象，如土壤水含量、大气污染等，可现场采样，采用测量手段或利用集成了 GNSS 的 GIS 采集器测定采样点坐标，室内化验获得采样点处专题地理现象的属性值，再进行空间插值处理，获得该地理现象的空间分布状态。对于离散分布的专题地理现象，也可利用 GIS 数据采集器现场采集点、线和面专题地理要素的坐标和属性数据。这种专题地理数据获取方式的优点是数据质量可靠，适合于大多数专题地理数据类型的数据获取，缺点是在大范围区域进行数据采集的成本高，数据采集、处理周期长，且对样本的数量和代表性有很高要求。

2) 遥感影像识别与提取

利用现代航空和卫星遥感技术，可快速地获取研究区域的卫星影像和航空影像，通过遥感影像处理，对影像进行自动识别和要素提取、遥感反演或目视解译，是专题地理数据如土地覆盖、土壤湿度、洪水灾害等获取的重要途径。这种数据获取方式的优点是对大范围区域能准实时地获得自然地理、环境和灾害类专题地理要素的空间分布及其属性特征，但因为遥感影像仅能记录地球表面地物或地理现象的有限光谱信息，所以对地球表层以下专题要素(如地下水)无能为力，对于许多在遥感影像上不能直接反映的专题地理要素，虽然可以通过遥感反演技术进行估计，但其数据的质量和可靠性相对较低。

需要说明的是，经正射纠正处理的航空和卫星遥感影像，可作为专题地理要素实地调查的背景，通过现场调绘和标注，获得需要的专题地理数据。这种数据获取方式在基础地理国情调查中得到了广泛应用。

3)专题地图数字化

各类既有专题地图本身是在拥有大量调查数据的基础上，专业人员利用所掌握的领域专门知识，精心编绘得到的模拟地理信息产品，如区域综合地质图、生态功能区划图、历史地图等。对这些专题地图采用扫描数字化或手扶跟踪数字化方式，将其转换为 GIS 能接收的专题地理数据，这是一种重要的基于派生数据源的专题地理数据获取方式，尤其适合于现势性要求不高或变化周期长的专题地理要素数据获取。其优点是能获得含有专业知识的数据，扫描数字化技术成熟；缺点是专题地图本身难以收集。

4)社会经济统计数据获取

从国家到各级地方政府的统计部门每年都定期和不定期收集、发布国家和地方社会、经济调查与统计报告，出版统计年鉴；各行业管理部门也对本行业年度社会经济发展数据进行汇总、统计，不定期地编绘专题地图。收集这些综合信息、地图、图表、统计年鉴等，对其进行数字化表达，得到按行政区域统计的社会经济统计数据。一方面可将其与预先数字化的统计行政区域进行属性与图形的匹配与关联，得到各级行政区域社会经济专题地理数据；另一方面，可对这些统计数据，在多种因素的约束下进行社会经济数据的空间化处理，即按一定分辨率的空间格网予以分配，得到单项或多项社会经济专题要素的空间分布特征。这是社会经济专题地理数据获取的最主要途径。

5)从文档和媒介中提取

图书、杂志和其他印刷物及 Web 网络中的超文本、博客等媒介蕴含了丰富的专题地理数据，尤其是对地理事件的报道。通过对印刷文档的扫描和文字识别，将印刷品数字化为数字文本，与各种 Web 空间的文本一起，采用文本自动识别、标注、提取、匹配等技术，从中可获得历史事件和正发生事件的时间、地点、规模等信息。这是一种专题地理数据获取的辅助手段，其优点是可利用当今 Web 空间信息传播快的特点，快速捕获即时地理事件；缺点是，网络空间信息的可信度较低、数据自动提取的难度大，所获得的地点信息往往是模糊的地名，导致地名匹配困难，难以获得准确的位置坐标。

除以上数据获取途径外，新技术的不断涌现和发展，使得人们利用这些新技术获取专题地理数据成为可能。传感器网络和物联网技术的运用，可实时地获取许多自然地理、人类社会、环境和灾害等方面的专题地理数据；志愿者地理信息(VGI)的兴起使得每个拥有智能手机的人都可成为专题地理要素数据的自发采集者和贡献者；利用云平台地理大数据挖掘技术，可从呈爆炸式增长的多种新型数据，如互联网数据、手机信令数据、传感器数据、社会调查数据中挖掘出满足特定需要的专题地理数据。

3.2 GIS 数据采集器及其数据获取

3.2.1 GIS 数据采集器

GIS 数据采集器实际上是集成了 GNSS 和 GIS 的手持移动 GIS 数据采集与编辑设备(图 3.3)。

通过搜索导航与定位卫星信号，对所在位置进行定位，采集地理事物或地理现象的系列点坐标，并进行属性信息的采集和编辑，达到 GIS 数据获取的目的。目前主流 GIS 数据采集器，外形都采用人体工程学的一体化集成设计，利用高精度 GNSS 技术、高端的系统设置、成熟的参考站监控中心，提供全面的软件和硬件应用解决方案，以优越的性能满足不同类型 GIS 用户的需求。由于所采用的 GNSS 定位模式及接收导航卫星信号的不同，GIS 数据采集器一般有低精度和高精度之分，精度从米级到亚米级，再到采用 GNSS RTK 技术的厘米级。

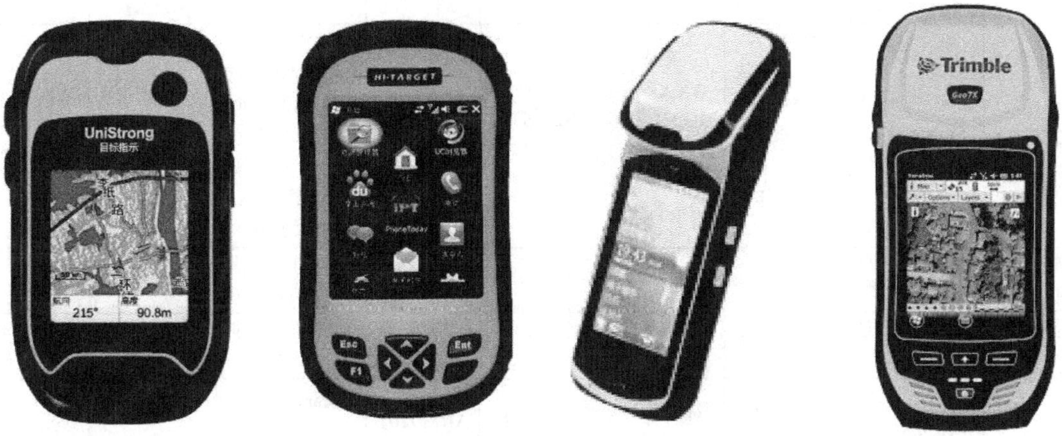

合众思壮集思宝 G138BD　　中海达 Qmini M3　　南方测绘极智 X6　　Trimble Geo7

图 3.3　部分 GIS 数据采集器

当今新一代的 GIS 数据采集器发展迅速，已成为各大测绘地理信息技术企业竞相研发的设备。各种品牌、各类型号的 GIS 数据采集器不仅能支持多星定位(美国 GPS、俄罗斯 GLONASS 和中国 BDS)，还提供全面的 GIS 数据采集应用软件，而且可以兼容目前各种主流 GIS 软件平台进行二次开发，实现数据的无缝对接。一些设备商还针对特定的行业如警务、城市管理等应用生产专用型的 GIS 数据采集器。不同厂商、不同型号的 GIS 数据采集器的性能有较大差异，表 3.1 对比了部分型号 GIS 数据采集器的性能和特点。

表 3.1　部分型号 GIS 数据采集器性能与特点对比

型号	MobileMapper CX	GEO XH	GRS-1	LT400	Q6	S760	赛图 7	集思宝 MG758
生产商	Ashtech 公司	Trimble 公司	拓普康公司	华测公司	中海达公司	南方测绘公司	达赛公司	合众思壮公司
操作系统	Windows CE.Net5.0	Windows Mobile 6.0	Windows Mobile 6.1	Windows Mobile 6.1	Windows CE/Mobile 5.0	Windows Mobile6.5	Windows Mobile6.0	Windows Mobile6.5
内置摄像头	无	无	200 万	300 万	300 万	310 万，带 LED 补光	300 万	300 万
内置 GPRS 模块	无	无	有	有	有(3G)	内置(2.75G)	有(2.5G/3.5G)	有
内置电子罗盘	无	无	有，精度±4°	无	无	无	无	有

续表

型号	MobileMapper CX	GEO XH	GRS-1	LT400	Q6	S760	赛图 7	集思宝 MG758
接收信号通道	14 个并行通道，L1 C/A 码和载波	26 通道(12 个 L1 编码和载波、12 个 L2 载波、2 个 SBAS)	72 个通用通道，GPS+GLONASS L1/L2	12 通道 L1+载波相位接收机	专业的 GNSS 接收机(支持 GPS+GLONASS)	30 通道，包括 14 通道 GPS L1、14 通道 GPS L2、2 通道 SBAS	20 通道(L1 载波)	50 通道，L1 C/A 码
技术整合	集成 SBAS、CORS 差分模式	整合的 SBAS，支持 RTCM 2.x、RTCM 3.0、CMR 和 CMR+实时改正	支持 WAAS/EGNOS，支持 RTCM 实时改正，支持 RTK	集成 SBAS，CORS 实时改正	集成的 SBAS 技术，支持 RTCM 实时改正	支持 SBAS(MSAS\WAAS\EGNOS)，完全兼容 CORS 及区域参考站 VRS\NRS	支持 SBAS、单基站差分及网络参考站差分	支持 SBAS 差分
数据更新率	1Hz	1Hz	可升级至 100Hz	1Hz	1Hz	1Hz(可扩展至 0Hz)	1Hz	1Hz
操作方式	触摸屏+按键操作	触摸屏+按键操作	触摸屏式操作	触摸屏+按键操作	触摸屏+按键操作	触摸屏+按键操作	触摸屏+按键操作	触摸屏+按键操作
处理器	ARM920T 处理器 400MHz	Marvell PXA-270 XScale 处理器 520 MHz	处理器：XScale PXA320 806 MHz	Marvell PXA310 处理器 806MHz	ARM920T 高速处理器 533MHz	Marvell(原 Intel) PXA-310 XScale CPU 624MHz	400/533 MHz	UniStrong MG7 Pro 600MHz
内存	128MB	128MB	256MB	128MB	128MB	256MB	128MB	128MB
闪存	128MB	1GB	1G	256MB	512MB	1GB	128MB	256MB
存储	128M(最高支持 4GB 的 SD 卡)	1GB(支持 SD 卡扩充)	支持 SD 卡扩充	256MB(支持 SD 卡无限扩展)	512MB(支持 SD 卡扩充)	SD 记忆卡扩展槽	Mini SD 卡插槽，最高可支持 16G	Mini SD 卡插槽，最高可支持 8G
显示屏	3.5 寸，320×240 26 万色彩屏	3.5 寸，480×640 像素 TFT 室外真彩色显示，带背景光	3.7 寸液晶屏幕	3.7 英寸 640×480 高分辨率专业级户外彩色触摸屏	3.5 英寸 TFT 彩色触摸显示屏	640×480 分辨率，3.7 英寸彩色液晶屏，触摸式键盘输入	3.5 寸 QVGA 真彩色触摸屏，240×320 分辨率，阳光下可视	3.5 寸 QVGA TFT 彩色触摸显示屏，262144 色显示，240×320 BlanView 技术，显著提升阳光下显示效果
数据通信方式	USB，内置蓝牙，串口，OBEX，FTP，拨号网络	USB1.1，蓝牙，串口	蓝牙、USB、串口	蓝牙、串口、GPRS	外接 USB 口及 RS-232 串行口	完整的 RS232、标准 USB、802.11b/g 无线 LAN(选配)、标准蓝牙	USB、蓝牙、串口	USB、蓝牙

续表

型号	MobileMapper CX	GEO XH	GRS-1	LT400	Q6	S760	赛图 7	集思宝 MG758
定位模式与定位精度	差分定位，30cm；实时定位（RMS），亚米级；SBAS 后处理定位（RMS），＜30cm	实时定位，<30 cm；代码修正（SBAS1 或外部修正源），亚米级；后处理定位，<30cm；代码后处理，亚米级	DGPS 定位，<1m；PP DGPS 定位，<30cm；GPS-RTK，水平<5cm+1ppm（1ppm 表示 10^{-6}）、高程<8cm+1ppm	单点定位，2.5m；SBAS，1m 实时差分，0.5m；差分后处理，0.3m；静态定位，水平±(5mm+1ppm·D)、高程±(10mm+1ppm·D)	单点定位，2.5m；SBAS 差分，1m；参考站差分，内置天线 50cm，外接天线 20cm；差分后处理，30cm；静态测量，5mm+1ppm	≤20cm，手持定位，平面 2cm+1ppm，高程 10cm+1ppm；实时动态，需外接天线	实时差分，VRS/CORS 优于 80cm，DGPS 优于 1m；后处理，优于 40cm；静态定位，平面 0.005m+1ppm、高程 0.01m+2ppm	实时定位，＜2.5m；SBAS，＜2.0 m
数据输出格式	通过内业处理软件可以导出 SHP、MIF、DXF、CSV 格式，与 GIS 系统对接	支持 AutoCAD DXF 格式、MapInfo MIF、Micro-Station 格式数据	基于 ArcPad 上的 TopPad 软件，无内业处理软件	通过内业处理软件可以导出 SHP、MIF、DXF、CSV 格式，与 GIS 系统对接	支持 ArcGIS、MapInfo，以及 AutoCAD 等数据的导入导出	自主开发的行业软件，可进行数据格式的转换	可导出 SHP、MIF 等常用数据格式	可导出 SHP、MIF 等常用数据格式
采集软件	Mobile Mapper Field 专业数据采集软件	TerraSync 软件	TopPad	LandTour 专业数据采集软件	HI-Q 采集软件	国土巡查、电力巡检、数字城管等行业软件	GISMAPPING	采用第三方软件，如超图的 FieldMapper、ESRI 的 ArcPad 等
定位模式	单点定位、实时差分、后处理差分、静态测量、RTK 控制手簿	单点定位、实时差分、后处理差分	单点定位、实时差分和后处理差分、静态测量、RTK 操作	单点定位、实时差分和后处理差分、静态测量、RTK 设备控制手簿	单点定位、实时差分和后处理差分、静态测量、RTK 设备控制手簿	单点定位、实时差分和后处理差分、静态测量、实时动态	单点定位、实时差分和后处理差分	单点定位、实时 SBAS 差分
与辅助仪器联合使用	能连接激光测距仪进行偏移测量及其他设备	连接激光测距仪进行偏移测量	连接激光测距仪进行偏移测量	不能	可连接激光测距仪、管线探测仪	不能	不能	不能
GIS 数据采集特点	可以采集点、线、面、格网，自动成图	可以采集点、线、面	可以采集点、线、面	可以采集点、线、面	可以采集点、线、面	GPS 采集和手绘采集两种方式	可以采集点、线、面	可以采集点、线、面

续表

型号	MobileMapper CX	GEO XH	GRS-1	LT400	Q6	S760	赛图 7	集思宝 MG758
后处理软件	Mobile Mapper Office 专业数据处理软件	Pathfinder Office 专业版	TOPCON Tool GIS 后处理软件	LandTour Office 软件	HI-QTool 后处理软件	无	Mobile Mapper Office 专业数据处理软件	GIS Office
主要优点	轻巧、便携，外业操作比较方便，数据质量较好	整机性能稳定，品牌较好，双频手持机，在环境较差时搜星稳定，精度较高，客户的认可度较高	硬件指标较高，手持双频，在同类产品中具有一定优势，品牌效应较好	搜星较快、稳定，差分数据收敛时间较短，抗干扰能力强，处理器较大，数据处理速度较快	可接收 GLONASS 卫星信号，在环境恶劣的情况下，搜星较好	可以选配语音通话功能及多媒体短信，可以接入自建的 CORS 系统（SDAS），摄像头具有 LED 背光功能	专业的 GIS 数据采集器，功能强大的软件支持，可满足行业客户的需求	可进行语音通话，实时地和外界进行联系，具有 A-GPS 功能，在环境恶劣的情况下，可通过移动基站进行定位

3.2.2 GIS 数据采集器工作原理

GIS 数据采集器最显著的特点是具有 GNSS 测定点位坐标及 GIS 数据采集与编辑功能，由此可在地理事物、地理现象和事件现场调查中，实地采集和编辑包括其位置和属性数据在内的空间数据，以便实时或事后与 GIS 软件平台进行数据通信，传输给 GIS 平台进行处理和分析。性能较高的 GIS 数据采集器还可预先存储调查区域的地图和正射影像，在数据采集中作为背景显示；配备摄像机或照相机的 GIS 采集器还可记录地理事件的现场环境并关联到相应的空间位置。GIS 数据采集器最重要的性能是空间定位的精度，而定位精度与设备支持的导航卫星类型(即 GPS、GLONASS、BDS 和 Galileo)、信号通道数量及 GNSS 定位方式直接相关，其中又以 GNSS 定位方式对定位精度的影响最大，所以在此简要介绍主流 GIS 数据采集器支持的主要 GNSS 定位方式及其定位精度。

1. 单点定位

GNSS 单点定位就是采用一台 GNSS 接收机接收来自至少 4 颗导航卫星的信号(包括测距码、卫星星历等)，采用测码伪距交会方法，确定接收机所在位置地理空间坐标的定位方式，这是一种绝对定位方式。它所确定的是接收机天线在 WGS84 世界大地坐标系统中的绝对位置，所以单点定位的结果也属于该坐标系统。单点定位的优点是只需一台接收机即可独立地完成实时定位，数据处理也较为简单，一般的 GNSS 信号处理芯片就能完成。但单点定位的缺点也很明显，其定位结果受卫星轨道误差、时钟同步误差及信号传播过程中大气延迟等因素的影响，定位误差一般在 5～10m。当今 GIS 数据采集器一般都集成了包括 GPS、GLONASS 和 BDS 信号接收和处理芯片，一般情况下，能够接收和处理多达 20 颗不同类型导航卫星的信号，定位精度得到较大改善，单点定位误差一般小于 2m，可满足一些对空间定位精度要求不高的应用，如宏观资源、环境调查等实际需要。

2. 精密单点定位

精密单点定位(precise point positioning，PPP)是利用全球若干已知坐标的地面跟踪站

GNSS 观测数据计算出精密卫星轨道和卫星钟差，对单台 GNSS 接收机所采集的相位和伪距观测值进行定位解算。利用这种预报的 GNSS 卫星的精密星历或事后的精密星历作为已知坐标起算数据，同时利用某种方式得到的精密卫星钟差来替代用户 GNSS 定位观测值方程中的卫星钟差参数，用户采用单台 GNSS 双频双码接收机在数千万平方千米乃至全球范围内观测，进行实时动态定位时定位精度可达到 2～4dm 级；进行较快速的静态定位时可达到 2～4cm 级的定位精度。

精密单点定位中，影响其定位结果的主要误差包括：与卫星有关的误差（卫星钟差、卫星轨道误差、相对论效应等）；与接收机和测站有关的误差（接收机钟差、接收机天线相位误差、地球潮汐、地球自转等）；与信号传播有关的误差（对流层延迟误差、电离层延迟误差和多路径效应等）。因为精密单点定位没有使用双差分观测值，所以很多误差未能得到消除或削弱，因此必须组成各项误差估计方程来消除粗差。解决此类问题的方案有两种：①对于可以精确模型化的误差，采用模型改正；②对于不可以精确模型化的误差，加入参数估计或者使用组合观测值。例如，采用双频观测值组合，以消除电离层延迟；采用不同类型观测值的组合，不但可以消除电离层延迟，也可消除卫星钟差、接收机钟差；采用不同类型的单频观测值之间的线性组合，可消除伪距测量的噪声，其前提是观测时间应足够长，这样才能保证定位精度。

3. SBAS 实时定位

星基增强系统（Satellite-Based Augmentation System，SBAS），是通过地球静止轨道（GEO）卫星搭载卫星导航增强信号转发器，向用户播发星历误差、卫星钟差、电离层延迟等多种修正信息，实现对卫星导航系统定位精度的改进。目前，全球已经建立起了多个 SBAS，如覆盖美洲大陆的美国 WAAS（Wide Area Augmentation System）、俄罗斯的 SDCM（System for Differential Corrections and Monitoring）、覆盖欧洲大陆的欧洲 EGNOS（European Geostationary Navigation Overlay Service）、覆盖亚洲大陆的日本 MSAS（Multi-functional Satellite Augmentation System）和印度的 GAGAN（GPS Aided Geo Augmented Navigation）等。这些 SBAS 具有完全兼容的互操作性。

各种 SBAS 的工作原理基本相同，都有 4 个组成部分（图 3.4）：地面参考基站、主控站、上传站（或注入站）和地球同步卫星等。

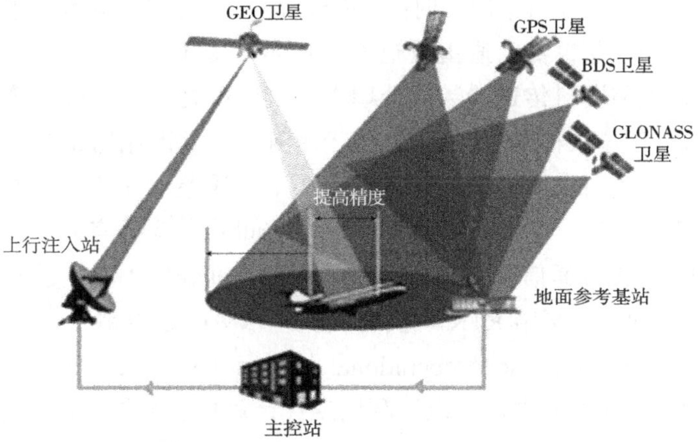

图 3.4　SBAS 系统构成

(1)基站接收 GNSS 信号。SBAS 由区域内大量分布极广、位置已知的 GNSS 地面参考基站对导航卫星进行监测，获得含有各类误差的原始定位数据(伪距、卫星播发的相位等)。

(2)基站向主控站传输含误差的 GNSS 观测数据。地面参考基站收集的 GNSS 原始数据，通过地面的通信网络传输到 SBAS 主控站，主控站对原始数据进行计算和处理，生成导航定位增强信息。这些信息包含了各卫星的各种定位修正信息。

(3)增强信息上传至地球同步通信卫星。主控站生成的导航定位增强信息先传输到上传站，再由上传站调制成导航数据，上传到地球同步通信卫星。

(4)增强信息的传播和应用。地球同步通信卫星(GEO)以 GNSS 信号频率向地面广播带有增强信息的导航数据，地面用户 GNSS 接收机除接收 GNSS 卫星信号外，还接收来自 GEO 卫星广播的包括 GNSS 卫星星历误差改正、卫星钟差改正和电离层改正信息等增强信号，从而实现对 GNSS 误差定位数据的补偿，达到提高定位精度的目的，其平面定位精度优于 1m，若进行 SBAS 后差分处理，则平面定位精度可提高到 30cm。

4. CORS RTK 实时动态定位

GNSS 实时动态差分法(real-time kinematic，RTK)是一种基于载波相位观测值的实时动态相对定位技术。采用两台 GNSS 接收机，一台安置在已知坐标的地面点上充当基准站，另一台充当流动站，基准站通过数据电台将其观测值和测站坐标信息一起传送给流动站，流动站不仅接收来自基准站的数据，还要接收与基准站相同的 GNSS 卫星信号，并进行实时差分处理，得到精度为厘米级的定位结果。然而，这种 RTK 技术的基础是流动站与基准站之间的观测误差十分相似，但随着流动站与基准站之间的距离增加，误差相似程度越来越低，且电台通信距离加大也会带来干扰因素，所以常规 GNSS RTK 技术的作用距离一般不超过 15km。

为了拓展 RTK 技术的应用，网络 RTK 技术应运而生。网络 RTK 也称基准站 RTK，是在常规 RTK 和差分 GNSS 基础上发展起来的一种新技术。通常在一个区域内建立多个(一般为三个或三个以上)坐标已知的 GNSS 基准站，对该区域构成网状覆盖，并以这些基准站中的一个或多个为基准计算和发布 GNSS 改正信息，从而对该地区内的移动 GNSS 用户进行实时差分处理和定位改正。这种定位方式就称为网络 RTK 或多基准站 RTK。

网络 RTK 由基准站网、数据处理中心和数据通信线路组成(图 3.5)。基准站上一般配备多星、双频、全波长 GNSS 接收机，这些接收机最好能同时提供精确的双频伪距观测值。基准站坐标应精确已知，其坐标可采用长时间 GNSS 静态相对定位等方法来测定。基准站还配备数据通信设备、自动气象仪器、避雷设施等。基准站按规定的采样率进行连续观测，并通过数据通信链实时将观测资料传送给数据处理中心。数据处理中心根据流动站送来的近似坐标(可采用伪距法单点定位求得)判断出该站位于由哪三个基准站所组成的三角形内，然后根据这三个基准站的观测资料求出流动站处所受到的系统误差，并播发给流动站来进行差分计算，以获得精确的定位结果。基准站与数据处理中心间的数据通信可采用数字数据网(digital data network，DDN)或无线通信网络进行，流动站和数据处理中心间的双向数据通信则可利用 3G 或 4G 移动通信网络。网络 RTK 可实时提供厘米级的定位精度。

连续运行参考站系统(continuous operational reference system，CORS)是由一个或若干个固定的、连续运行的 GNSS 基准站，以及利用现代计算机、数据通信和互联网(LAN/WAN)技术构成的卫星定位服务网络系统，实时地向不同类型、不同需求、不同层次的用户自动地提供经过检验的不同类型的 GNSS 观测值(载波相位、伪距)、各种误差改正数、状态信息，以及其他有关 GNSS 服务项目。利用 CORS，GNSS 流动站可实施网络 RTK，实时动态且精确地测定所处位置的三维坐标，其定位精度同样可达到厘米级。

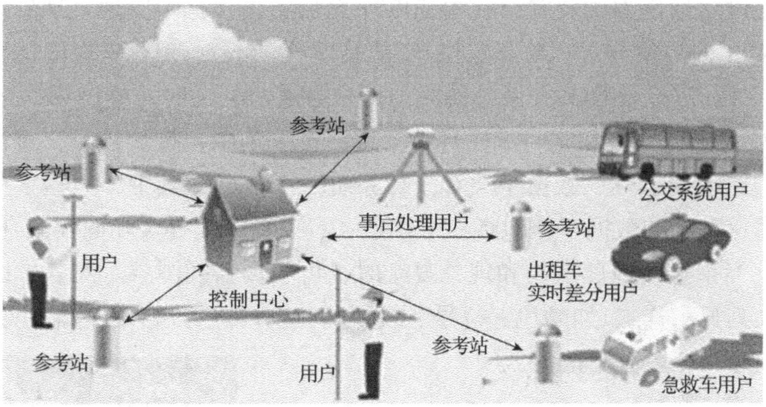

图 3.5　网络 RTK 示意图

5. 后处理差分定位

对于一些实时性要求不高但定位精度要求较高的应用，可采用后处理差分(或称事后差分)定位方案。后处理差分一般运用载波相位差分原理，在两台 GNSS 接收机数据间进行，以便消除卫星轨道误差、时钟误差、大气影响、多路径效应及其他误差，提高定位精度。此时要求 GIS 数据采集器内置的 GNSS 信号接收芯片除利用测距码直接进行单点定位外，还能记录导航卫星的载波相位信号，在采集任务完成后，将移动端的 GNSS 接收数据与已知坐标的基准站(如长期运行的 CORS 基站)上的观测数据一起，提交给 GNSS 后处理差分软件进行处理和解算，获得移动端对应时刻数据采集位置的精确坐标。由于存在相位整周模糊度的问题，后处理差分的定位精度不如静态差分和实时动态差分的定位精度高，但其平面定位误差一般不超过 0.4m，能够满足大多数专题地理数据采集的需要。

3.2.3　基于 GIS 数据采集器的专题地理数据获取

以合众思壮公司生产的集思宝 UG905 专业版 GIS 数据采集器为例，阐述实地进行专题地理数据采集的方法。集思宝 UG905 是一款以 PDA 为平台(图 3.6)，运行于 Android5.1 环境，配置了陀螺仪、光线传感器、加速度仪、数码摄像机、音频输入与输出等传感器和多媒体部件，集成了能接收 GPS、GLONASS 和 BDS 信号，采用单点定位、SBAS 定位和 CORS RTK 定位方式，配置了 GeoMapper 移动端软件的新一代 GIS 数据采集器，可加载电子地图和正射影像，具有数据的浏览、导入、导出、编辑、坐标转换等功能，定位准、速度快，在遮挡环境下也能获得良好的定位结果。该 GIS 采集器支持中国移动、中国电信、中国联通的 2/3/4G 网络通信，以便实时进行 CORS 差分定位及向后端平台传输采集的专题 GIS 数据和现场拍摄的照片或视频数据。

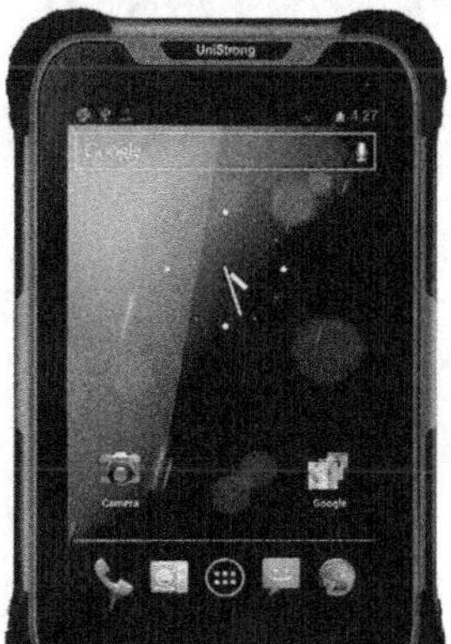

图 3.6　UG905 数据采集器外观

集思宝 UG905 配置的 GeoMapper 移动端 GIS 软件支持点、线和面三类专题地理要素的坐标采集、编辑和数据管理(图 3.7)，支持 WGS84、西安 80、北京 54 和 CGCS2000 坐标系统与其投影坐标，以及不同坐标系统之间的转换。

在设置无线网络通信方式及登录后端 GIS 平台后，再根据不同地理现象采集精度的实际需要，设定 GNSS 的定位方式：单点定位(定位精度 2～5m)、SBAS 定位(定位精度 1～3m)或 CORS RTK 定位(应是某 CORS 系统的注册用户且通信畅通时才能使用，定位精度 0.5m)，即可进行实地 GIS 数据采集和实时编辑环节。在数据采集中，按“项目”进行数据组织和管理。一个项目包括项目名称、数据字典和坐标系统三个部分，其中，数据字典功能用于配置项目的图层信息，默认的数据字典包括三个图层：点要素、线要素和面要素(图 3.8)，适合简单的数据采集；当采集的地理事物和现象复杂时，可增加新的图层。对各个图层可定义要素的属性项，定义其显示样式(如颜色、符号、线型和充填样式等)，设置其可见性和可编辑性。

图 3.7　GeoMapper 数据采集软件界面

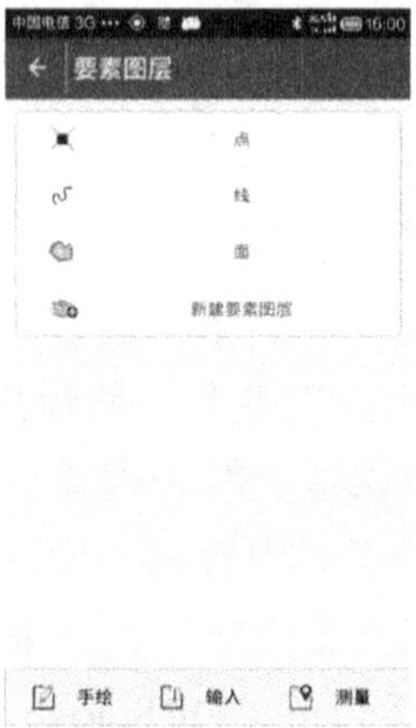

图 3.8　要素图层设置

根据专题地理要素的类型，分别在所定义的图层上进行专题地理数据坐标与属性信息的采集。

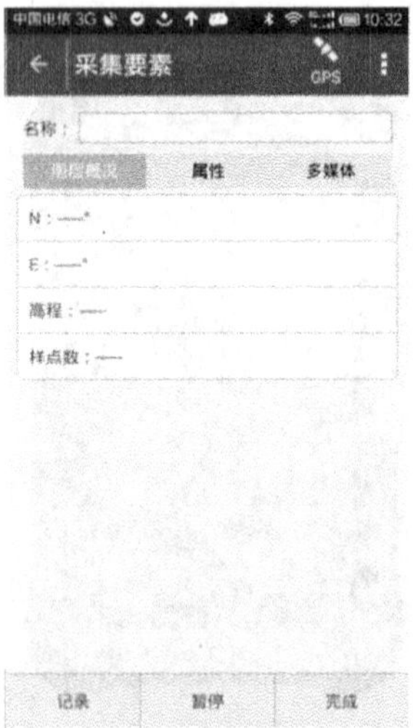

图 3.9　点要素采集界面

(1) 点要素采集。在图层界面上选择相应点图层，并执行测量命令，进入点要素采集界面(图 3.9)。在进行相应名称及其他属性输入后，在待采集要素上定位并记录其坐标，必要时，可使用多媒体功能拍摄照片、摄像或录音。

(2) 线要素采集。在图层界面上选择相应线图层，并执行测量命令，进入线要素采集界面(图 3.8)。对于形状复杂的线状目标，为了调节所记录特征点的数量，需设置特征点采样模式(图 3.10)：①时间间隔连续采集(根据设定的时间间隔记录特征点位置)；②距离间隔连续采集(根据设定的距离间隔记录特征点位置)；③拐点采集(根据实际需要，人工控制在拐点处采集)。在进行相应名称及其他属性输入后，沿线状目标移动采集器，记录线状目标的坐标序列，并可在地图界面上查看采集结果(图 3.11)。

(3) 面要素采集。在图层界面上选择相应面图层，并执行测量命令，进入面要素采集界面。由于面状目标实际上采集其边界，所以采用与线目标相同的采样模式和采集方式进行数据采集。

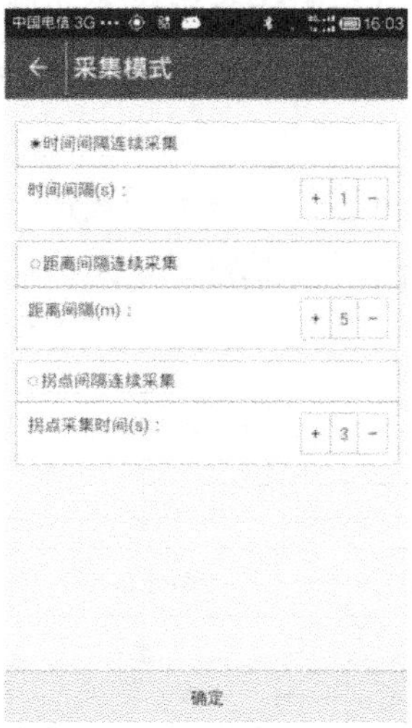

图 3.10　线要素采样模式

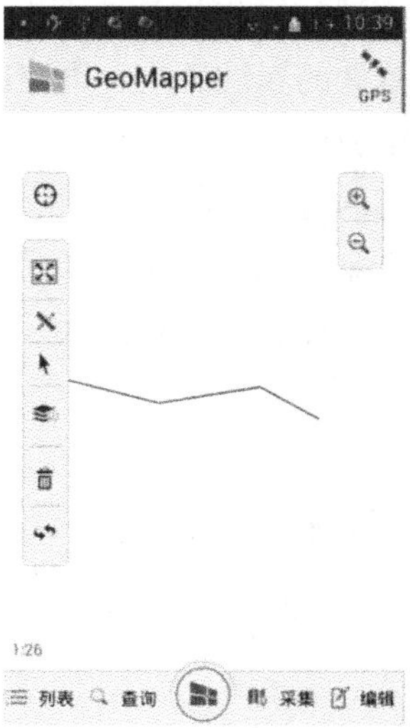

图 3.11　线要素采集界面

当 GIS 数据采集器预先存储了调查区域正射影像时，进行实地调绘，则不必测定目标的坐标，而是将正射影像作为背景，直接在其上设置点、线、面图层，采用手绘模式，进行点、线和面要素的坐标采集和属性输入。

GeoMapper 移动端 GIS 软件具有较全的 GIS 数据编辑功能，可在实地进行移动要素、编辑节点、面分割、面合并、面裁切、线分割、点构线和点构面等编辑处理，还可进行要素查询、距离量算、面积量算、导航、坐标转换等应用。在完成数据采集和编辑任务后，数据可转换为 ESRI 的 Shapefile、MapInfo 的 MIF 或 AutoDesk 的 DXF 数据格式，便于被主流 GIS 平台和空间数据库所接受。

GIS 采集器轻便易携带、操作简单，要素采集精度较高，是专题地理要素现场采样、调查和记录的有力工具，在城市设备设施管理、警务、道路设备设施管理、电力输配电设施管理、国土监察执法、林业调查、水利设施管理、地质勘探、资源调查、环境监测等众多领域发挥着越来越重要的作用。

3.3　地理环境数据的空间采样与插值

3.3.1　空间场估计与重建

很多地理现象如气温、降雨、地形起伏、土壤有机质和生物多样性等，在一定地理空间范围内往往呈现连续分布与变化的特征。在 GIS 中，对这些连续分布和变化的地理现象一般采用场模型来描述，因此将它们称作空间场(spatial field)，可用地理空间位置上的某种函数表示。虽然不少地理现象在地理空间上的分布本质是三维的，如大气污染，但为了更有效地进行空间分析和表达，通常将这些地理现象投影到椭球面或投影面，在二维球面或平面上进行地理现象空间分布特征的表示：$z = f(x, y)$。栅格数据模型是表达空间场最普遍的数据模型。

由于观测成本、观测不可重复等原因，通常只能在地理空间的特定位置上观测和获取数量有限的、具有代表性的地理现象样本数据，即空间采样(spatial sampling)，以此来获得对地理现象相对精确的描述。根据地理学第一定律(Toble's law)“所有的事物都是相关的，距离近的事物比距离远的事物相关性更大”的思想，就可以利用这些采样点的属性特征估计采样点之间任意位置处的属性变化，即空间插值(spatial interpolation)，重建出地理现象空间分布与变化的空间场$f(x, y)$。

空间场重建的过程如图3.12所示。空间场重建的可靠性与样本的数量、分布及其位置和属性的测定精度密切相关，也受所采用的空间插值方法严重影响。因此，空间采样和空间插值是实现空间场重建的两个重要环节。

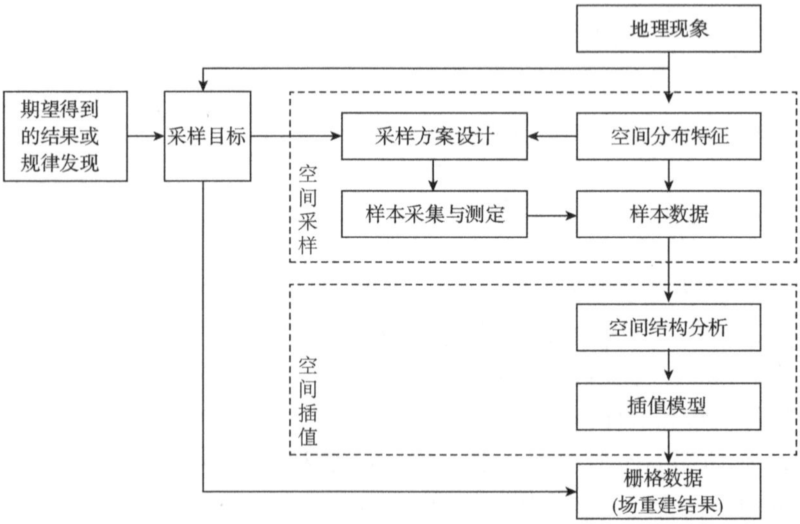

图3.12　地理现象空间场重建的基本过程

3.3.2　空间采样

空间采样是对连续分布的地理现象进行具有典型性和代表性的样本单元(或采样点)选取、观测或实验分析的过程，其目的是通过对采样点的分析实现地理现象在整个空间上分布特征的估计。需要测定每一样本单元的空间坐标和属性值，前者可利用GNSS系统、全站仪测量或地图坐标量测获取；而属性则采用专门的仪器实地测定(如降水量)或将采集的样品带回进行实验分析测定(如土壤的有机氮含量)。由图3.12可见，针对不同类型的地理现象，设计科学合理的采样方案对于减少采样成本、提高空间场重建的可靠性至关重要。

1. 采样方案设计

在制定采样方案中，必须明确：①对什么空间范围的地理现象进行空间场的定量表达，即确定目标总体；②测定什么，即确定地理现象的何种属性变量或指标；③如何测定这些属性变量或指标，即响应设计；④何时及以何种频度来测定这些属性变量或指标，即时态设计；⑤在何处测定这些属性变量或指标，即定位测量设计。

假如忽略地理现象的时间变化特性，可不考虑其中的第④项。从空间统计学的角度来看，主要是确定目标总体及其表达。目标总体就是指在一定区域范围内连续分布的地理现象，是可无限分割的。因此，对目标总体根据先验知识，采用一定的格网划分方案(图3.13)进行空间离散，得到样本空间。在此空间中，目标总体的数量就是该区域经离散的格网单元个数。样本点选择的测量设计包括样本点的数量和样本点空间位置的确定。

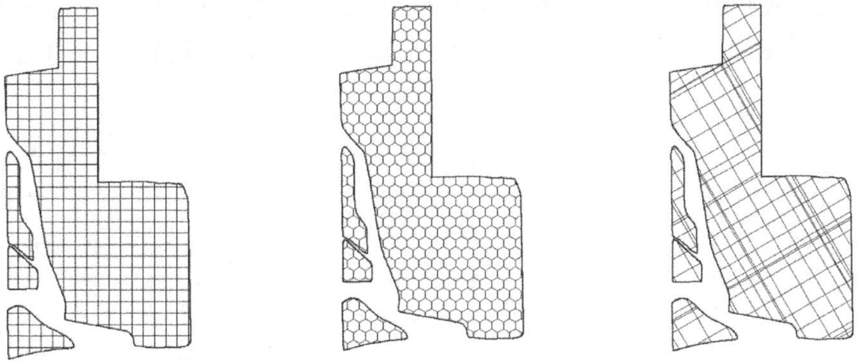

(a) 正方形格网　　(b) 六边形格网　　(c) 随机矩形格网

图 3.13　采样格网划分方案

2. 样本点数量的确定

样本点数量的确定既要考虑采样观测的成本(样本点数量越少，成本越低)，又要考虑对空间场重建可靠性的影响(样本点数量越多，空间场重建的精度和可靠性越高)，这要在两者间取得平衡。样本点数量确定的最简单方法是按目标总体的数量设置一定的比例，如 0.5%、1%、5%、10%等，但这存在很大的盲目性。较为可靠的方法是按照统计估计模型计算：

$$n=\frac{1}{V}\left(\sigma^{2}-R\right) \tag{3.1}$$

式中，n 为样本点数量；V 为用户期望的本次采样估计方差；σ 为总体方差(先验知识)；R 反映了不同地理现象之间的相关性，若不考虑，此项可忽略。

在土壤、生态等领域，经常采用下式计算样本点的数量：

$$n=\left(\frac{t_{\alpha}\mathrm{CV}}{D}\right)^{2} \tag{3.2}$$

式中，t_α 为 t 检验时显著性水平 α 对应的 t 表值；D 为置信水平($D=1-\alpha$)；CV 为与某地理现象密切相关的其他现象(如气温与地形高度)在该区域的空间变异系数。

3. 样本点的布样

布样是确定样本点在空间域中如何分布，或从目标总体中采用什么样的方式将样本从总体中选出。所采用的布样策略有以下几种类型(图 3.14)。

(1)简单随机采样。在研究区域内按计算的样本点数简单随机地布设采样点[图 3.14(a)]。这种布样方式的优点是简单易行，缺点是采样点可能出现空间聚集的情况，导致对总体估计的偏离。

(2)系统采样。在研究区内根据计算的样本点数按规则的采样间隔均匀地布设采样点(采样间隔为 N/n，其中，n 为采样点数；N 为目标总体离散格网数)[图 3.14(b)]，优点是避免了采样点在空间的聚集，缺点是对于呈现周期性变化且变化步长与采样间隔相近的地理现象不能较好地反映其属性变化特征。为了克服这一缺点，对系统采样方式进行改进，有局部随机分布的系统采样，即按系统采样布设样点后，在点位周围对每点增加一个随机的位移量[图 3.14(c)]；调整采样间隔的系统采样，即采样格网间隔不再是等间距的，而是稀疏不等[图

3.14(d)]；渐进式系统采样，先按粗格网采样，然后在变化较大的地区进行细格网(如密度增加一倍)采样［图 3.14(e)］，要求采样和分析同时进行，数据分析支配采样过程。

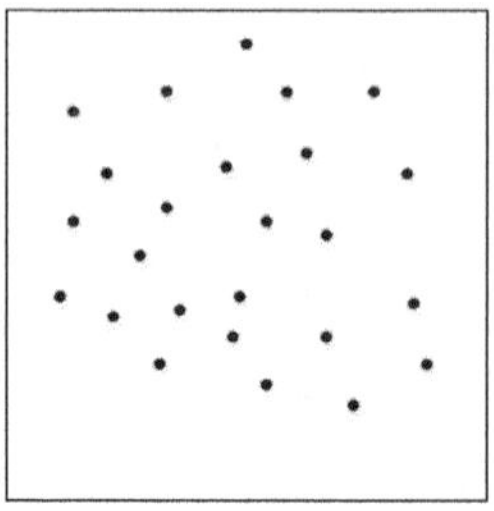

(a) 简单随机采样

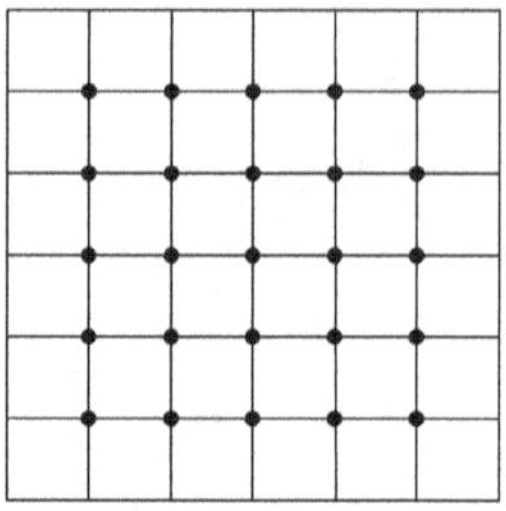

(b) 系统采样

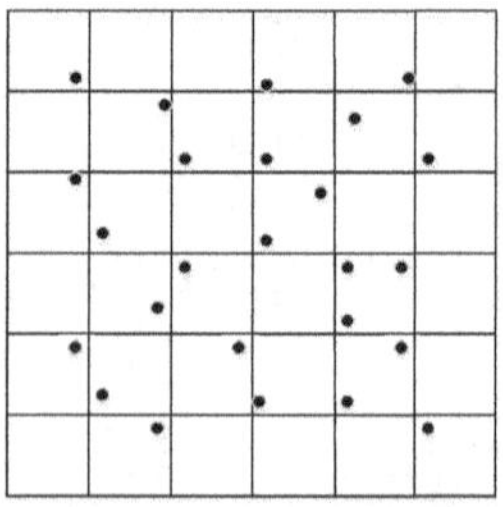

(c) 局部随机分布的系统采样

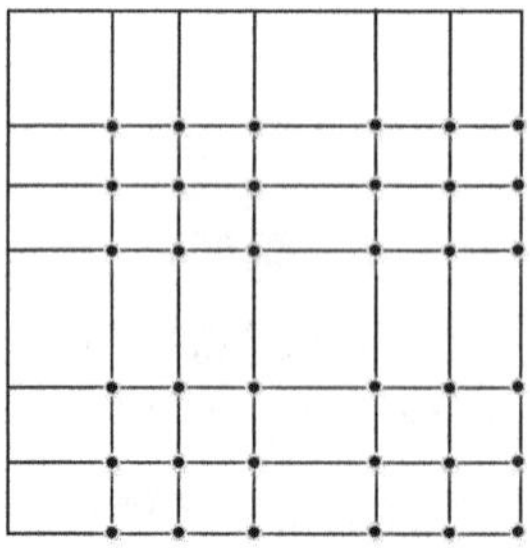

(d) 调整采样间隔的系统采样

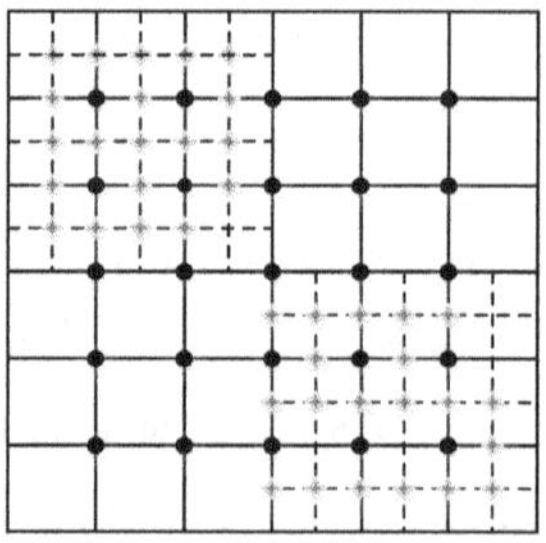

(e) 渐进式系统采样（实线是首次采样格网，虚线是加密采样格网）

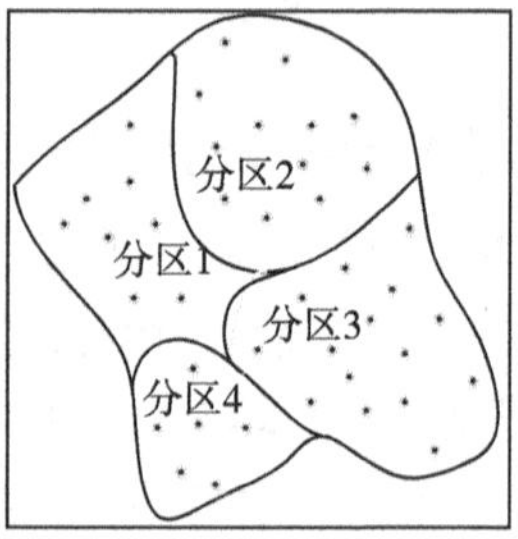

(f) 分层随机采样

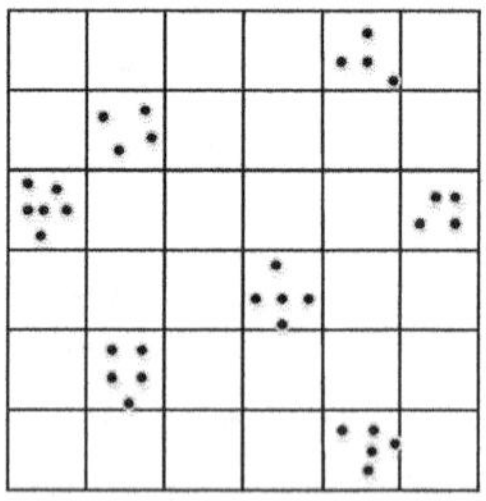

(g) 空间聚集采样

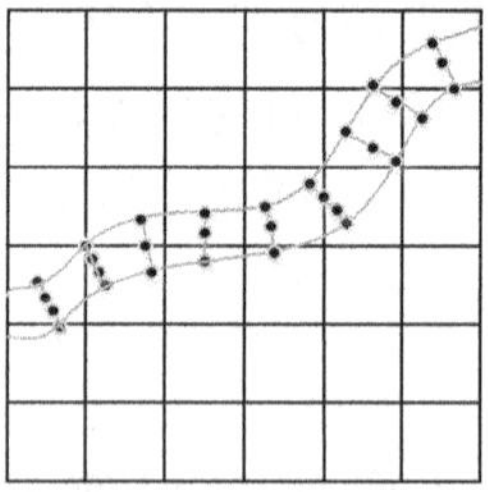

(h) 断面采样

图 3.14 典型的空间采样布样方式

(3)分层随机采样。地理现象在空间的分布往往受其他地理要素的制约，存在异质性，例如，土壤有机质受母质、土地利用方式等的影响，呈现梯度、斑块等效应。应当对研究区进行多因子分区或空间聚类，将其划分为若干子区，在每个子区对采样点数按面积比例进行分配，或重新计算子区的采样点数，在子区内进行随机采样［图 3.14(f)］，这是一种针对自然地理现象最常用的采样方式。

(4)聚集采样。由于某些自然和人为的限制，难以在研究区内均匀布设采样点，可采用图 3.14(g)所示的集中布点方案，只要这些采样块表现了地理现象的微观变化，就可推断整体变化情况，适合于研究人口分布等人文现象的空间分布特征。

(5)断面采样。对于一些空间结构已知的地理现象，如河床地形、地层等，可沿垂直于其延展方向的断面上布设采样点［图 3.14(h)］。

除了以上针对在二维空间呈连续分布的地理现象外，还有一些沿网络要素分布的地理现象，如河流的污染、道路的交通流量等，对这些现象的采样既可以在网络上随机采样，也可以沿网络每间隔一定距离进行系统采样。

为了对一些呈点状分布的个体现象(如鸟巢、树木等)进行空间分布密度的分析和制图，在空间采样时，通常采用“样方”而不是样点进行采样观测。样方是具有一定面积且有规则形状(一般为正方形、正六边形和圆形)的地面单元，通过对落入样方内的个体进行统计，由此获得采样数据。在研究区中，可将样方随机地或按一定的格网间距系统地布设。样方的大小、方向和内部变异都对后续分析有重要影响。

3.3.3　空间插值

1. 空间插值方法

空间插值就是利用采样观测数据，通过建立一个连续的或分段连续的表面函数模型 $z = f(x, y)$，并由此来计算地理空间任意位置上地理现象属性的特征，重建整个空间场的空间分析方法。空间插值可用于：①将采样数据转换到研究区的完全覆盖(格网化)；②将某一种分辨率数据转换为另一种分辨率的数据(重采样)；③将连续表面的一种表现形式转换为另一种表现形式，如从不规则三角网(TIN)转换为规则格网，或从等值线转换为格网。空间插值方法有很多，可根据对数据的基本假设和采用的数学模型将它们分为几何空间插值、空间统计插值和复合空间插值三大类(图 3.15)；根据是否采用全部采样点建立全局插值函数，将空间插值方法分为全局空间插值和局部空间插值；根据插值模型是否通过采样点，将空间插值方法分为确定性插值和非确定性插值。不论哪种空间插值方法，都可采用空间插值的通用模型表达：

$$z_j = \sum_{i=1}^{n} \lambda_i z_i \tag{3.3}$$

式中，z_j 为对 j 位置估计的属性值；z_i 为采样点 (x_i, y_i) 处的属性观测值；λ_i 为 i 采样点权重的估计值，不同的空间插值方法所确定的各采样点权重 λ_i 存在很大差异。

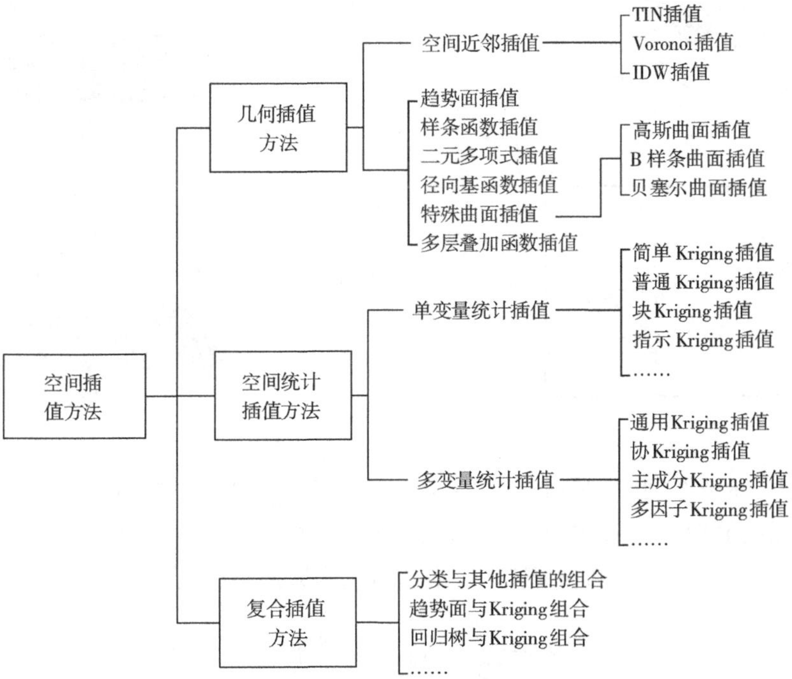

图 3.15　空间插值方法分类

不同空间插值方法在性能上存在较大的差异，其影响因素包括采样密度、样点空间分布、样本的集聚、地理现象的类型、数据的空间变异、格网大小或分辨率等。因此，需要根据具体的应用目的选择一个适合于数据空间分布特点的内插方法，这是空间插值的关键。

在地理信息系统原理和空间分析方面的书籍中，对常用空间插值方法如反距离加权(IDW)插值、Kriging 插值、样条函数插值等有较多的阐述，此处不再赘述，仅介绍较少涉及但很实用的径向基函数(radial basis function，RBF)空间插值方法。

2. RBF 空间插值

径向基函数插值是 20 世纪 70 年代初提出并逐步发展起来的空间插值方法。其基本思想是在多维空间 R^n 中，具有分布在不同位置且有已知观测值的 m 个点(称作节点)，在每个节点上构建只与径向距离有关的基函数(函数域为整个空间)，只要各节点上的基函数满足线性无关，则对所有节点上的基函数进行加权线性组合就可得到相应的组合函数(即插值函数)，该组合函数可准确地逼近该多维空间任意实函数，并由此对该高维空间域内任意位置上的空间变量进行插值计算(图 3.16)。数学上已严格证明了 RBF 插值模型的存在性、唯一性、收敛性及高维空间任意复杂函数的逼近能力，而且 RBF 具有场和位势能等物理学意义。RBF 插值不需要对输入数据做任何假设，直接利用观测数据本身构建 RBF 插值模型，估计任意位置的函数值，且是统计学意义上的最小方差无偏估计。

从几何的视角来看，RBF 插值如同将一个软膜片拉紧覆盖并通过各个已知样点上，同时使表面的总曲率最小。与同样属于精确插值的 IDW 插值拟合的表面相比，RBF 插值表面更为光滑，且不会产生“牛眼”效应(图 3.17)。

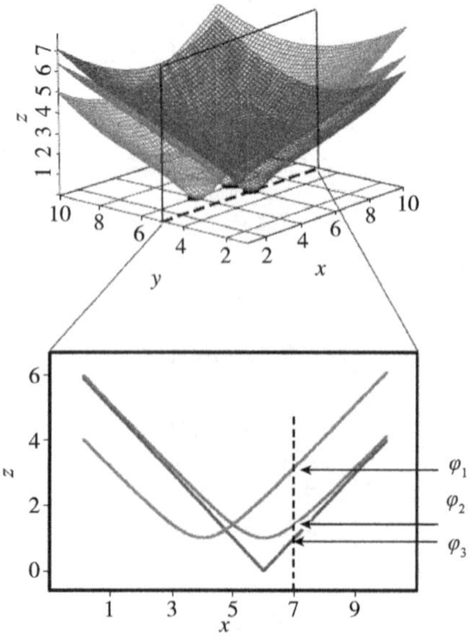

图 3.16　RBF 空间插值原理

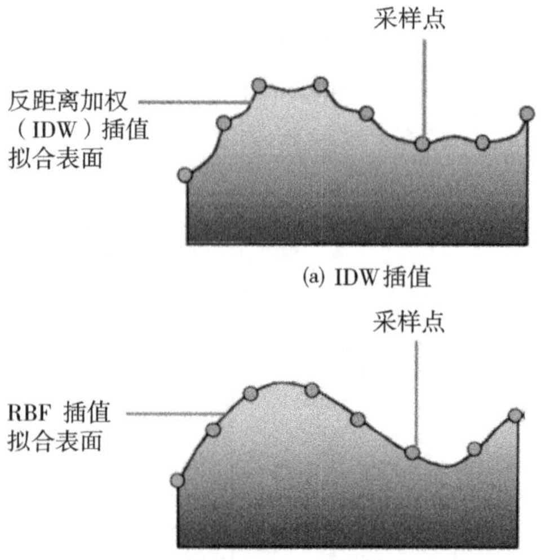

图 3.17　IDW 插值与 RBF 插值的对比

RBF 空间插值的数学模型较为简单。设二维空间中分布着 m 个已知采样点，使用向量 $\boldsymbol{U}_i$ 表示其空间位置，且具有函数值 $z(\boldsymbol{U}_i)$，则径向基函数插值模型为

$$z(\boldsymbol{U}) = \sum_{j=1}^{m} c_j \boldsymbol{\varphi}\left(\left\|\boldsymbol{U} - \boldsymbol{U}_j\right\|_2\right) \tag{3.4}$$

式中，$\boldsymbol{U}$、$\boldsymbol{U}_j$ 分别为任意空间点、第 j 个采样点的位置向量；$\boldsymbol{\varphi}\left(\left\|\boldsymbol{U}-\boldsymbol{U}_j\right\|_2\right)$ 为径向基函数；$\left\|\boldsymbol{U}-\boldsymbol{U}_j\right\|_2$ 为任意点到第 j 个采样点的二阶范式(欧氏距离)；c_j 为线性组合系数，其值由插值条件方程确定：

$$\sum_{j=1}^{m}\boldsymbol{c}_j\boldsymbol{\varphi}\left(\left\|\boldsymbol{U}_i-\boldsymbol{U}_j\right\|_2\right)=z(\boldsymbol{U}_i)(i,\ j=1,2,\ \cdots,\ m,\ 且i\neq j) \tag{3.5}$$

将 m 个采样点代入插值条件方程，得到线性方程组：

$$\boldsymbol{A}_{U,\varphi}\boldsymbol{c}=\boldsymbol{z} \tag{3.6}$$

其中，$\boldsymbol{A}_{U,\varphi}$ 为根据 $\boldsymbol{\varphi}\left(\left\|\boldsymbol{U}_i-\boldsymbol{U}_j\right\|_2\right)$ 计算得到的 $m\times m$ 插值矩阵；$\boldsymbol{c}$ 为权值向量；$\boldsymbol{z}$ 为观测值向量。依据式(3.6)，求出系数向量 $\boldsymbol{c}$：

$$\boldsymbol{c}=\boldsymbol{A}_{U,\varphi}^{-1}\boldsymbol{z} \tag{3.7}$$

则可按式(3.4)对任意点 $\boldsymbol{U}$ 进行空间插值。

常用的 RBF 基函数如表 3.2 所示。

表 3.2　几种常用的 RBF 基函数

基函数	表达式
多重曲面(multiquadric)函数	$\varphi(r)=\sqrt{\alpha^2+r^2}$
反多重曲面(inverse multiquadric)函数	$\varphi(r)=\dfrac{1}{\sqrt{\alpha^2+r^2}}$
高斯(Gaussians)函数	$\varphi(r)=\mathrm{e}^{-\alpha r^2}$
薄板样条(thin plate spline)函数	$\varphi(r)=\alpha^2r^2\ln(\alpha r)$

注：各表达式中，α 为形态参数，控制基函数的平滑程度；r 为任意点与已知点之间的径向距离(2–范数)。

RBF 插值可分为全局 RBF 插值和局部 RBF 插值。全局 RBF 插值使用定义于整个空间域的基函数(支撑半径为 0～∞)，使用全部采样点构建全局 RBF 插值函数并对任意点进行属性插值。全局 RBF 插值结果精度高且是无偏的，但对数据中的突变会产生平滑的插值结果，而且当空间域内采样数量 m 很大时(如 m>1000)，在求解各采样点权值向量时，会面临插值矩阵 $\boldsymbol{A}_{U,\varphi}$ 呈现病态而不可解算及庞大的 m 阶满插值矩阵求逆运算困难两方面的问题。

局部 RBF 插值有两种情况：一种是紧支撑 RBF(compact support RBF, CSRBF)插值方法，利用一组按照给定阶光滑且正定的紧支撑径向基函数(实际上是一种截尾函数，基函数的理论支撑半径定义为 1，支撑半径外的函数值为 0)，在对采样数据进行插值时，需要对基函数的实际支撑半径按比例进行拉伸，使基函数只对整个空间域中局部范围内的数据发挥作用，从而使插值矩阵变为稀疏、带状分布，能大大减少计算量，但插值的质量受拉伸比参数的影响，拉伸比参数的合理确定仍是一个悬而未决的问题。另一种局部 RBF 插值仍然采用定义于整个空间的基函数，但根据待插点位置，类似于 IDW 插值法，只利用在待插点邻近范围(称为作用范围)内的部分采样点数据，构建局部 RBF 插值函数，计算待插点属性，虽然这种方法减小了插值过程的计算量，但破坏了插值场的整体连续性，同时合理的作用范围也不易确定。不论哪种局部 RBF 插值方法，都是以牺牲插值精度为代价的。

3.4　基于遥感影像的地理环境要素获取

当前遥感尤其是卫星遥感呈现出“三全”(全天候、全天时、全球观测)、“三高”(高空间分辨率、高光谱分辨率、高时间分辨率)和“三多”(多平台、多传感器、多角度)的发展趋势。遥感观测具有快速、覆盖范围广、周期性等特点，已经成为地理环境数据获取的重要手段。

3.4.1　遥感与地理环境要素的获取

1. 地理环境及其要素

地理环境是指一定社会所处的地理位置及与此相联系的各种自然条件的总和，包括气候、土地、河流、湖泊、山脉、矿藏及动植物资源等，是人类社会物质生活的重要条件。地理环境是能量的交错带，位于地球表层，即岩石圈、水圈、土壤圈、大气圈和生物圈相互作用的交错带上，其厚度为10～30km。自然环境是由岩石、地貌、土壤、水、气候、生物等自然要素构成的自然综合体。

自然环境又可分为天然环境和人为环境：①天然环境(原生自然环境)指只受到人类间接或轻微影响，原有自然面貌未发生明显变化的地方，如极地、高山、大荒漠、大沼泽、热带雨林、某些自然保护区及人类活动较少的海域等；②人为环境(次生自然环境)指人类直接影响和长期作用而使自然面貌发生重大变化的地方，如农业、工矿、城镇等利用地。放牧的草场和采育的林地，虽然它们仍能保留草原和森林的外貌，但其原有的条件和状态已发生了较大的变化，也属于人为环境。

除了自然环境外，人类生存的地理环境还包括经济环境和社会文化环境。

(1)经济环境是在自然环境的基础上由人类社会形成的一种地理环境，主要指自然条件和自然资源经人类开发利用后形成的地域生产综合体的经济结构，包括工业、农业、交通和城乡居民点等各种生产力实体的地域配置条件和结构状态。

(2)社会文化环境包括人口、社会、国家、民族、语言、文化和民俗等方面的地域分布特征和组织结构关系，而且涉及社会各种人群对周围事物的心理感应和相应的社会行为。社会文化环境是人类社会本身所形成的一种地理环境。

自然环境、经济环境和社会文化环境在地域上和结构上往往互相重叠、互相联系，从而构成统一的综合地理环境。

综合地理环境的组成要素包括自然地理要素，如地质、地貌、气候、水文、土壤、植被、生态、土地利用/土地覆盖等，以及人文地理要素，如人文、人口、民族、聚落、政治、社团、经济、交通、军事、社会行为等。显然，这些要素都是在地理空间分布的，一般将其视作专题地理信息。

2. 从遥感影像中获取地理环境要素的基本方法

当今，各种卫星遥感传感器周期性地覆盖地球表面，提供了由粗到精多种空间分辨率和光谱分辨率的影像，这些影像实际上是地理环境的综合反映和真实快照。利用这些遥感影像，通过特定的遥感影像处理过程，可以有效地识别和表达这些地理环境要素特别是自然地理要素的数量、质量及其空间分布。利用遥感影像进行地理环境要素信息获取的基本方法主要有目视解译、影像分类、面向对象的要素自动提取、多源信息复合分析及地表参数定量反演等。

(1)影像目视解译。这是一种利用解译人员对影像的理解进行地理环境要素提取的方式。将经正射纠正的数字遥感影像在计算机屏幕上显示，依据事先建立的遥感影像直接和间接解译标志，利用交互编辑工具，在屏幕上交互地进行地理环境要素的点、线和面信息提取和图形与属性的编辑。这种方式的优点是简单易行，特别适合于高空间分辨率遥感影像及多种类型地理环境要素信息的提取；缺点是信息提取的可靠性高度依赖于解译人员的知识和经验，且劳动强度高、效率低下。

(2)影像自动分类。计算机利用多波段遥感影像中各像元的光谱信息，采用监督分类或非监督分类方法，确定每一像元的地理环境要素类别归属，再将其图斑化，得到地理环境要素的数量、质量和空间分布。在实际应用中，一般采用监督分类技术，事先建立地理环境要素的分类系统，并在多光谱遥感影像上交互地确定各类别的训练区，对训练区各像元的光谱数据进行统计分析，然后选择某一类分类器进行全部像元的分类。这类方法的优点是人工干预少，对于一些明显的要素如水体、植被覆盖区能达到较高的识别精度；缺点是遥感影像，尤其是中低空间分辨率影像存在“同谱异质”“同质异谱”和混合像元现象，导致分类复杂且错误率高，而且分类中仅利用像元自身的光谱信息，并未利用像元的空间结构特征。

(3)面向对象的要素提取。这是一种充分利用遥感影像中蕴含光谱、几何和结构等多特征信息的地理环境要素自动化识别方法。这类方法将影像中地理环境要素视作“地理对象”，通过提取地理对象的多种特征，建立对象与对象及对象与影像之间的逻辑关系，并从局部和全局两个层面对影像上的地理对象进行识别和提取。面向对象的遥感影像要素自动提取方法依据的是地理对象的语义及地理对象的相互关系而不是单个像元，更符合人们对影像的理解。这类方法在利用高空间分辨率遥感影像进行地理环境要素提取时，易受光照、地物相互遮挡等因素的影响而使要素提取的精度降低，况且本身仍处于发展阶段。

(4)多源信息复合分析。由于地理环境要素自身的复杂性及单一遥感影像数据在空间和光谱分辨率上的局限性，采用单一信息源的多光谱数据进行要素识别时，对于某些地理环境要素(如气候、土壤等)不能直接给出其光谱信息的表达，更不能在成因上加以区分，使得提取的质量受到很大影响。多源信息复合分析法则将来自不同传感器的遥感数据甚至其他非遥感地学数据(如 DEM、土地利用调查数据等)，按严格的地理坐标配准，并将它们叠置在一起，共同参与要素的分类。这种方式改变了单一多光谱遥感影像数据的信息结构，丰富了影像的信息量，可提高地理环境要素识别与提取的科学性和精度。但多源信息的融合及数据间的相关性对要素识别的影响仍是值得探讨的问题。

(5)地表参数遥感定量反演。当利用多光谱或高光谱遥感影像进行一些在影像上不能直接表征的地理环境要素如土壤含水量、大气污染浓度、生物量、地表蒸发散等地表参数信息的提取时，往往通过建立地表参数与影像多波段数据间的定量关系模型，实现这些地表参数的遥感反演，而遥感反演通常是建立在遥感理论模型和应用分析模型之上的，对于不同的地表参数有不同的反演模型。随着遥感数据应用的深化，迫切需要越来越多的地表参数反演遥感模型。

3. 地理环境要素遥感专题制图

利用遥感影像进行地理环境要素识别后，一般需要对此制作专题地图，以便可视化地表达地理环境要素在地理空间上分布的数量和质量特征，同时便于成为地理空间数据库的重要组成部分。

遥感专题地图的编制过程是综合运用遥感、制图和地学知识及分析能力的综合体现。在GIS环境下进行遥感专题制图的一般过程如图3.18所示。

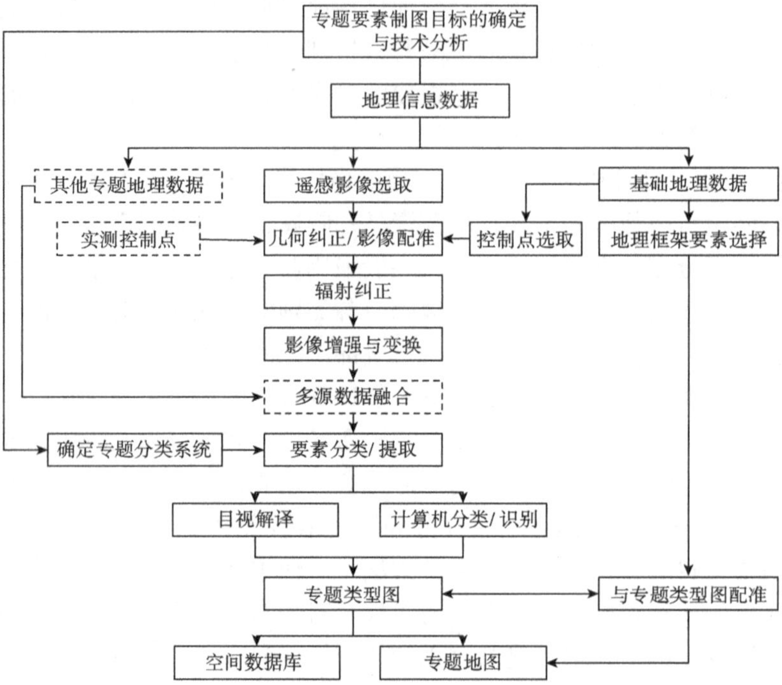

图3.18 遥感专题制图的一般过程

图中虚线部分是可选项

遥感专题制图包括以下几个重要环节。

(1)对任务进行分析和定义。明确对何种地理环境要素进行遥感信息提取，需要得到何种结果(分类系统)及其精度要求，分析其技术的可行性；采用何种空间、光谱分辨率与成像时间的遥感影像，并分析不同类别要素在影像上可能的直接或间接特征；以何种比例尺的基础地理数据及选取哪些要素作为专题图的地理空间框架；是否需要其他专题要素的支持等。实际上该环节是遥感专题分析和制图的设计环节。

(2)遥感影像的预处理。这是地理环境要素提取与制图表达的关键步骤之一。其内容包括多波段影像数据的波段选取与组合、几何纠正、辐射校正、影像增强、影像变换、多源影像的几何配准与融合、遥感影像与非遥感影像数据的配准等。

(3)要素的分类、识别与提取。这也是地理环境要素提取与制图表达的关键步骤之一。根据要素提取的难度可采用交互式目视解译或计算机自动识别与提取方法。若是后者，则处理的内容包括影像特征提取与表达、遥感反演模型建立、影像分割与对象描述、分类器构建与影像分类等。

(4)专题图的编制与整饰。将提取的专题地理要素进行可视化表达，并增加地图要素，包括图名、地理框架要素(如道路、行政区边界、主要地名等)的叠置、空间定位格网、比例尺、图例、注记等的配置。若所提取的专题要素作为GIS数据进行空间数据库管理，则不必进行专题图的整饰，以便于与其他地理要素一起进行空间分析和决策。

图3.19给出了依据Landsat ETM+多光谱影像数据进行的延安市区域植被覆盖度遥感制图。

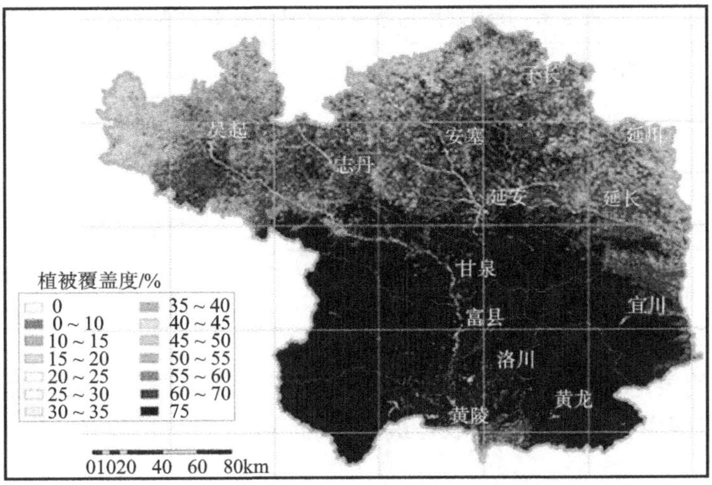

图 3.19　延安市 2012 年植被覆盖度遥感制图

3.4.2　遥感影像专题要素提取

遥感影像专题要素提取虽然也采用影像分类方法，但与遥感影像分类需要确定全部像元类别归属不同的是，遥感影像专题要素提取是从遥感影像中搜索和寻找(特征分类)特定的专题目标(如水体、道路、绿地等)并将其提取出来进行结构化表达的处理过程(图 3.20 给出了从卫星遥感影像中提取河流要素的结果)。随着遥感影像分析技术的进步和应用的深入，遥感专题信息提取的方法也在不断改进，经历了目视解译、自动分类、面向对象的信息提取等多个阶段。

图 3.20　遥感影像中河流要素的提取

1. 专题要素提取的基本过程

遥感影像信息提取是遥感成像过程的逆过程，是从遥感对地面实况瞬态影像中提取有关信息、反演地面目标原型的过程，需要根据专题要素的要求，运用物理模型、解译标志和实践知识与经验，从大数据量、不完全、带噪声、模糊的遥感影像数据中，定性和定量地提取出专题要素的物理量、时空分布、功能结构等信息。影像专题信息提取建立在研究地面目标的性质、光谱特征和影像特征三者之间的关系基础之上，并依据影像“色”(包括色调、颜色、阴影、反差等)和“形”(包括形状、大小、空间分布、纹理等)两方面的特征来识别并提取要素。

遥感影像专题要素提取的基本过程一般包括以下几个主要步骤。

(1)影像预处理，其内容包括影像辐射校正、几何/正射纠正、噪声消除、影像增强、多源影像融合等。

(2)特征信息的提取与描述，包括提取影像的“色”和“形”特征、结构特征、上下文关系等，并对这些特征进行定量描述。

(3)特征向要素(或类别)的映射，依据所提取的影像特征，采用光谱分类、专家知识决策、面向对象分类等分类方法(表 3.3)，实现特征向要素的转换。

表 3.3 几种常用的遥感影像特征提取方法对比

分类方法	依据特征	影像的最小单元	适用数据源	缺陷
基于光谱的分类	地面目标的光谱特征	影像的单个像元	中低空间分辨率的多光谱和高光谱影像	完全未利用丰富的地面目标的“形”特征
基于专家知识的决策树分类	地面目标的光谱特征、空间关系	影像的单个像元	集成或融合的多源数据	知识获取困难且复杂
面向对象的分类	地面目标的光谱、几何和空间结构特征	经多尺度影像分割得到的“影像对象”	中高分辨率多光谱和全色影像	过程较为复杂，处理速度较慢

(4) 专题要素的表达，对得到的专题要素进行标识、栅格或矢量数据的表示等。

在以上几个步骤中，特征信息提取是最重要的环节，特征的准确性与完备性决定了信息提取任务的成败。

2. 面向对象的专题要素提取

利用高空间分辨率遥感影像进行专题要素提取时，面临着光谱信息较为有限、运用多光谱分类方法逐像元分类难以进行要素完整识别和提取的问题。但高空间分辨率遥感影像空间信息丰富，地面目标的细节尺寸、形状及相邻目标间的关系都非常清晰，采用面向对象的遥感影像专题要素提取是解决上述问题的有效途径。这类方法不仅利用地面目标的光谱信息，更重要的是利用其几何信息和空间结构信息，在分类和识别中，不再使用单个像元，而是一个个不规则的区域或图像块——“影像对象”。

面向对象的遥感影像信息提取首先通过对影像的分割得到不同尺度的同质对象，再根据遥感影像分类或专题要素提取的具体要求，检测和提取要素的光谱、几何、纹理等特征及特征的组合，以达到对遥感图像要素识别的目的。经分割的影像对象内部属性相对一致或均质程度较高，使得影像的信噪比得到显著改善，减弱了同类目标的光谱变化，增大了不同目标的差异，增加了类别的可分性。同时，该方法能够提供矢量成果信息，分类得到的地理要素可用于更新地理空间数据库，提高了遥感与 GIS 集成的能力。面向对象的高分辨率遥感影像专题要素提取过程可用图 3.21 表示。

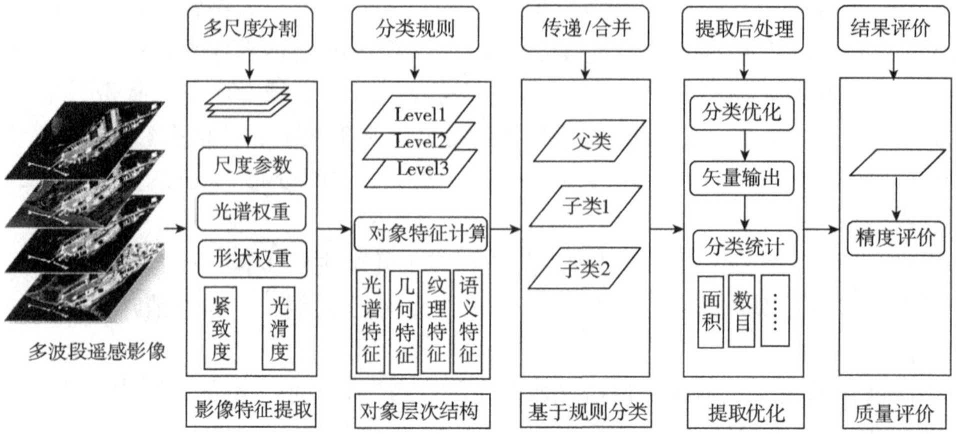

图 3.21 面向对象的遥感影像信息提取过程

德国 Definiens Imaging 公司开发的影像分析软件 eCognition 是当前应用较广的高分辨率遥感影像信息提取工具，最早实现了面向对象的影像分类和信息提取，它采用决策专家系统支持的模糊分类算法，克服了单纯基于光谱信息进行影像分类的局限性，大幅度地提高了高空间分辨率数据的自动识别精度。eCognition 影像分析软件有两个最为重要的独立模块：对象生成与信息提取，影像分割与对象分类。

(1) 影像分割。这是面向对象影像分析技术的首要环节。影像分割是将影像划分为若干互不交叠的非空子区域，每个子区域内部是连通的，同一区域内部具有相同或相似的特征(包括光谱、纹理、几何形状等)，任何两个相邻区域的特征差异较大。除传统的直方图阈值法、特征空间聚类、区域生长法、边缘检测法等影像分割方法外，还可以采用简单的棋盘分割、四叉树分割和复杂的多尺度分割方法。其中，多尺度影像分割既可采用自下而上的合并法，即采用异质性(光谱、紧致度和光滑度形状参数及区域异质性)最小的区域合并算法，像元的合并开始于影像中任意一个像元，先将单个像元合并为较小的影像对象，再将较小的影像对象合并成较大的影像对象，从而产生不同层级的影像对象；也可采用自上而下的分割法，即先对整个影像进行异质性分析，若异质性大于预先规定的阈值，则按设置的分割参数对其逐层分割为不同层级的对象多边形，完成多尺度对象的构建。

(2) 对象分类。对象分类依据分割得到的影像对象的特征(包括光谱、形状、纹理和空间关系特征等)，通过建立不同层级对象的分类规则(按面向对象原理，具有抽象性、封装性和继承性)，采用模糊分类法，判别对象应归属于哪一类地面目标的隶属度。模糊分类法首先根据对象的特征赋予其归于某类的隶属度(0～1 的数值，值越大，表示归属该类的可能性越高)，然后进行模糊规则推理，将各类特征隶属度组成隶属度元组，最后进行反模糊化的过程，即根据对象的隶属度元组将其归于某类目标地物。

图 3.22 给出了对 QuickBird 全色和多光谱波段融合影像按面向对象的信息提取方法对水体的提取结果，从图中可见，河流和池塘都能得到较完整的提取，且表达为面状要素。

(a) QuickBird 融合影像　(b) 影像多尺度分割结果　(c) 水体提取结果

图 3.22　面向对象的遥感影像信息提取

3.4.3　地表参数遥感反演

1. 地表参数遥感反演和定量遥感

卫星遥感的优势在于能以不同的时空尺度不断地提供大面积地面要素的专题特征信息，相对于以稀疏离散点为基础的实地观测而言是一重大突破。然而，从卫星遥感数据中提取那些对地理研究十分重要的信息，如地表温度与湿度、地表反照率与净辐射、植被叶面积指数、土壤水分与有机质含量等众多水、土、气、生方面的地表参数的数量、质量和空间分布则是一项非常困难的工作。近年来，定量遥感技术得到快速发展，通过定量地分析遥感信息机理，建立地表参数的反演模型，为这些地表参数的提取和计算提供了可能途径。

地表参数遥感反演是利用遥感数据的光谱、空间、时间、角度和极化等特性，通过建立反演模型获取地表参数的过程和方法。其基础是建立遥感数据与地表参数间的定量关系模型。所使用的反演模型大体上可分为统计模型(或经验模型)、物理模型和半经验模型。其中，统计模型最为简单，只需分析地表参数与遥感数据间的相关关系，建立回归方程即可，其优点是需要的变量较少，建模容易，但其精度较低、缺乏普适性，且不能解释因果关系。物理模型依据地表参数对遥感成像过程的作用机理，建立两者定量关系的严密数学表达式，具有明确的物理意义，如描述植被二向反射的辐射传输模型、几何光学模型，描述作物生长过程的动力学模型等，此类模型的优点是能很好地解释模型的因果关系，可移植性强，但其输入的外部参数多、模型复杂、实用性较差，且对非主要因素有过多的假定或忽略。半经验模型则综合了统计模型和物理模型的优点，模型所用的参数往往是经验参数，但模型本身具有物理意义。

定量遥感指通过建立前向模型和反演模型从对地观测电磁波信号中定量提取地表参数的技术和方法。前向建模的目的在于预测在一定的环境和传感器条件下会得到什么样的遥感数据，反演模型的目的是从遥感数据中得到地表要素的各类参数。目前，定量遥感面临的主要问题是尺度问题和“病态反演”问题。遥感尺度问题是指遥感数据的空间尺度对信息提取精度的影响，可行的解决方案是实行尺度转换(从高分辨率转换为低分辨率或反之)，目前实现尺度转换的方法有线性分解、小波分解、机器学习等方法。定量遥感在本质上是病态反演，这是因为地表本身的多变性及遥感成像过程的复杂性(如涉及辐射源、大气、地物光谱效应、探测器响应等)，每个环节都涉及众多的参数，而多光谱遥感数据仅提供像元的若干光谱信号值，使得遥感反演中信息量不足，以少量观测数据估计复杂地表系统的当前状态存在着极大的不确定性。解决病态反演的关键在于引入新的知识，增加反演所需要的信息量，以保证反演结果的稳定性和可靠性。

2. 地表参数遥感反演的技术流程

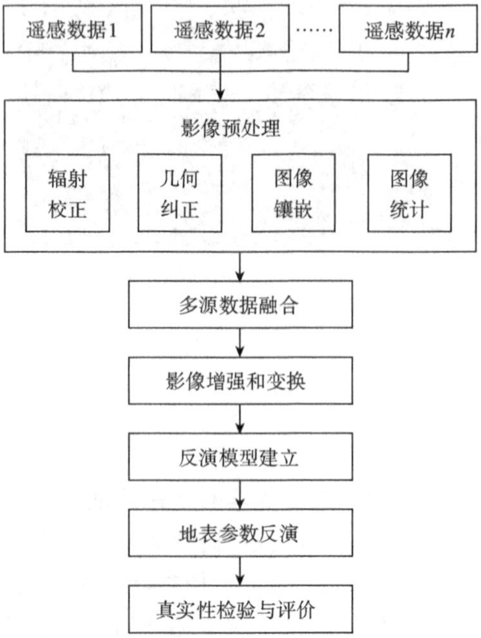

图 3.23　地表参数遥感反演技术流程

目前，地表参数的遥感反演有基于单一遥感数据源的参数反演和多源遥感数据协同反演。由于遥感数据类型及所需要反演的地表参数的不同，采用的反演模型、方法和流程也不相同，需要根据实际情况建立恰当的反演模型和相应的技术流程。但不论何种遥感数据源或者何种地表参数的反演，都需要从遥感数据中提取出所需要的信息，因此可以给出地表参数遥感反演的一般技术流程(图 3.23)。

(1)影像预处理包含影像辐射校正、几何纠正、图像镶嵌与图像统计等。其目的是消除遥感系统产生的辐射误差和几何畸变，使地表参数的反演更为可靠，同时形成对研究区域的完整覆盖。

(2)图像增强和变换的目的是突出相关专题信息，地表参数信息的提取，可利用经配准的多源影像进行融合处理，实现空间分辨率的增强和光谱的增强。

(3)反演模型建立过程则是建立或选择合适的

反演模型，其依据是遥感数据的特征和要反演的地表参数，这是地表参数反演整个流程的关键部分，直接影响地表参数反演的质量。

(4) 地表参数反演，即根据建立的反演模型及经融合的影像数据实施地表参数的反演和计算。

(5) 真实性检验和评价是对所反演的地表参数进行真实性检验与评价的过程和方法的组合。真实性检验包括对从校正后的数字影像中提取地表参数整个反演过程的说明，以及对数据产品(提取的地表参数)存在的不确定性进行说明。真实性检验方法有直接相关观测法、相互比较法等。质量评价是评估并证实遥感数据产品的质量是否达到预期的性能要求。目前，地面验证是常用的评价手段。

3. 地表参数遥感反演实例

以区域叶面积指数(leaf area index，LAI)的遥感反演为例，阐述地表参数遥感反演的应用。叶面积指数是指单位土地面积上植物叶片总面积占土地面积的倍数，即叶面积指数=叶片总面积/土地面积。叶面积指数是重要的植被结构参数，影响生态系统的物质和能量循环，是作物生长、陆面过程、水文和生态等模型的输入参数或状态变量。

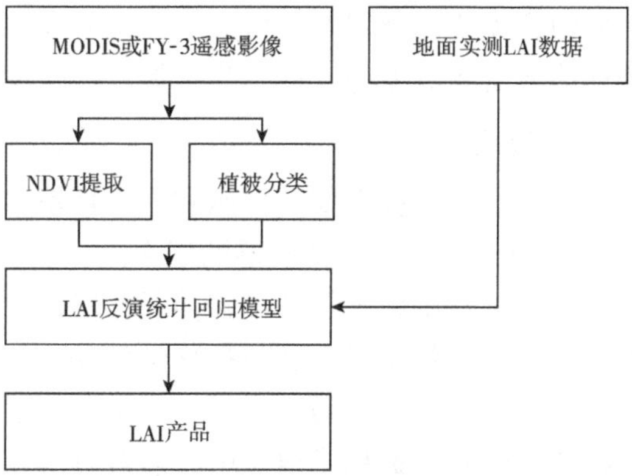

图 3.24　LAI 遥感反演过程

所使用遥感数据为 2009 年 7 月的 MODIS 或风云三号中分辨率成像光谱仪数据，按图 3.24 所示的流程对青海省 LAI 进行遥感反演。根据遥感影像对不同植被类型分类后，分别建立 LAI 实地观测数据与提取的归一化植被指数(normalized difference vegetation index，NDVI)线性或指数回归模型，作为 LAI 的反演模型，再根据遥感影像数据反演 LAI，得到 1km 格网分辨率的 LAI 分布产品(图 3.25)。该反演产品使用地面实测数据验证，其精度达到 85%以上。

图 3.25　青海省 2009 年 7 月 LAI 遥感反演结果

3.5 传感器网络与地理环境数据的采集

随着 Internet、数字传感器和无线通信技术的快速发展和普及，将分布在地球表面不同位置的不同类型传感器所监测、感应和收集的周围环境数据实时地传输到数据中心，以便对地理环境进行动态分析，这就是近年来发展的传感器网络技术。有线或无线传感器网络可进行自然、人文环境众多因子的定位和属性信息的动态采集，正成为专题地理信息的重要数据来源。

3.5.1 无线传感器网络

无线传感网络是由部署在监测区域内的大量功耗低、体积小、价格便宜、具有通信和计算能力的无线传感器节点构成的自组织网络，通过实时协同感知并采集网络覆盖范围内的各种环境或监测对象的信息，并对其进行处理传送给需要这些信息的用户。

1. 传感器

传感器是一种重要的自然和人文环境数据获取手段。我国国家标准《传感器通用术语》(GB/T7665—2005)对传感器的定义是：能感受被测量并按一定的规律转换成可用信号的器件或装置，通常由敏感元件和转换元件组成。被感知并测量的不仅包括力、光、热、电、磁、声、湿、温等物理量，还包括化学量和生物量等。从传感器感知触发的原理角度可将传感器分为热敏、光敏、气敏、力敏、磁敏、湿敏、声敏、色敏、味敏、放射线敏等多种类型。国家标准《传感器通用术语》中，对各种类型的传感器给出了定义，对物理量、化学量和生物量传感器进行了详细分类和术语描述，并给出了传感器自身的性能特性参数的定义。不同类型传感器的使用大大延伸了人类五官对客观世界的感知能力。

2. 传感器节点

现代的传感器特别是无线传感器节点，除传感部件外，还集成了微处理器和无线通信芯片等，可以对感知的数据进行实时分析处理和网络传输。一个典型的无线传感器节点组成结构如图 3.26 所示，主要由传感模块、处理模块、通信模块和电源模块 4 个部分组成。

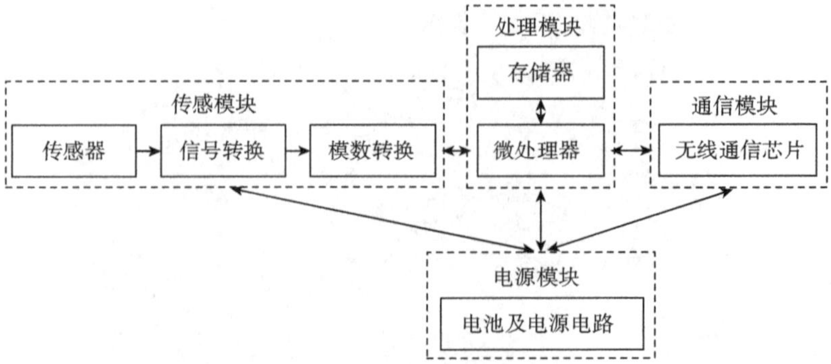

图 3.26 无线传感器节点的组成结构

(1) 传感模块，一般包括传感器、信号转换和模数转换部件。负责对监测区域内被测量数据的采集和数据转换，不同的被测量类型、环境状况和用户需求决定了实际使用的传感器类型。

(2) 处理模块，主要是微处理器和存储器。负责控制整个传感器节点的操作，存储和处理本节点监测的数据及其他传感器节点发送过来的数据。处理模块还具有能量管理、移动控制和应用优化等功能。

(3)通信模块，主要指通信芯片。采集的数据和控制信息经处理模块输出后，通过无线电通信模块和网络，与其他传感器节点和控制中心通信与数据传输。

(4)电源模块，为其他模块提供运行所需的能量，根据不同应用环境和用户需求，可以采用不同的供电方案，最常用的电源部件是微型电池。

每个传感器节点除了进行本地信息收集和数据处理外，还要对其他节点转发来的数据进行存储、管理和融合，并与其他节点协作完成特定任务。一般来说，传感器节点采用小容量电池供电，其数据处理、存储和通信能力相对较弱。

3. 传感器网络

无线传感器是由分布在监测区域中的多个无线传感器节点形成的多跳自组织网络，其结构通常包括普通传感器节点、汇聚节点和管理节点(图 3.27)。大量的普通节点随机地部署在监测区域内部或附近，通过自组织方式构成网络。节点监测的数据沿着节点逐跳地进行传输，其传输过程可能经过多个节点的处理，经过多跳后到达汇聚节点，然后通过无线局域网、卫星等无线通信网络到达管理节点。用户可以通过管理节点对无线传感器网络进行配置和管理，发布监测任务给汇聚节点和普通节点。

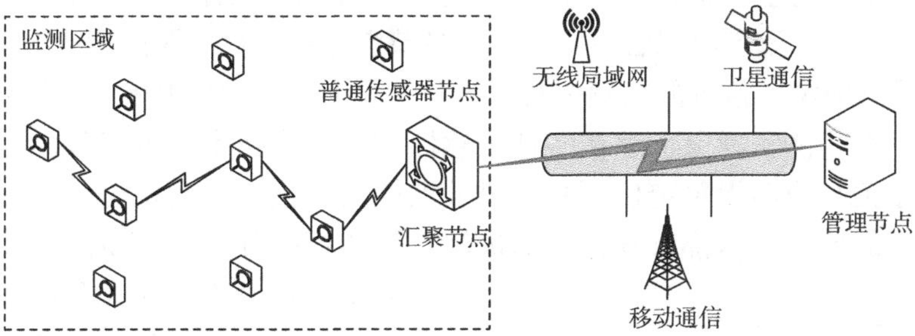

图 3.27　无线传感器网络结构

无线传感器网络协议栈除了与商业型互联网采用的 TCP/IP 五层协议栈类似，具有物理层、链路层、传输层、网络层和应用层之外，还包括能量管理、移动管理和任务管理三层管理平台(图 3.28)。

(1)物理层，提供简单但稳健的信号调制和无线射频收发技术，无线传感器网络主要采用红外、蓝牙和 Zigbes 等技术的无线通信信道。

(2)链路层，又称介质访问控制层，控制和协调传感器节点实验物理层的信道。例如，无线传感器网络场采用 802.15.4 协议，使用载波多路侦听多路访问(CSMA/CA)方式，与无线局域网(WiFi)的 802.11 协议采用的方式相同。

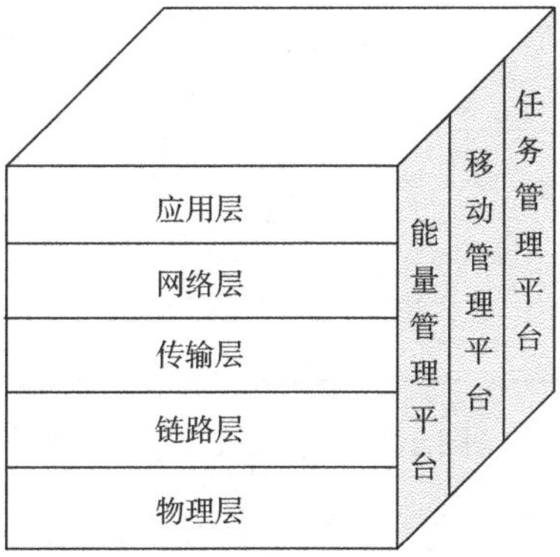

图 3.28　无线传感网络协议栈

(3)传输层，负责数据流的传输控制，需要提供不同类型的阐述服务，如 TCP/IP 协议和 UDP 协议等。

(4)网络层，负责路由生成和路由选择，即发现新节点和路径，决定一个节点是否属于某一个子网络。通常大多数普通节点需要通过中间节点，以多跳路由的方式将数据传送至汇聚节点。

(5)应用层，包括一系列基于不同传输协议和检测任务的应用。

(6)能量管理平台，管理各节点如何使用能量，需要在各层协议都考虑能耗。

(7)移动管理平台，管理各节点的移动，节点的移动会导致网络路由的改变，这也是无线传感器网络动态变化的主要原因之一，这种移动有时是因为客观环境变化，有时则是用户需求变化所要求的。

(8)任务管理平台，根据监测任务，平衡和调度各节点的工作状态，实现传感器网络的优化。

3.5.2 传感器节点的空间定位

无线传感器网络用于地理现象的监测，除监测和采集节点处地理现象的属性特征外，还需要获得各节点的地理空间位置信息，才能构成完整的空间数据。利用 GNSS 单点或差分定位模式实地测定各传感器节点的空间坐标是最常见的方式，但是，当传感器节点布设在室内、地下、水下或高大建筑物密集的街区时，GNSS 卫星信号严重衰减甚至根本接收不到，导致无法进行定位或定位精度极低；况且传感器节点数量庞大并是自组织分布的，对每个节点配置 GNSS 接收器或测定其位置是不现实的，这就需要利用传感器网络自身的射频信号进行空间定位。

传感器节点定位的基本思想是利用少量位置已知的节点(称作锚节点或参考节点，装有 GNSS 定位芯片或人工测定其位置)，对全网络各节点进行定位，即传感器网络中的某些节点(如汇聚节点)可以确定其自身的精确位置，然后以此为基准，利用相应定位算法，完成对其他节点的定位。在具体实现上，存在多种传感器节点定位技术，可将其分为集中式与分布式定位、距离相关与距离无关定位、基于锚节点的与非锚节点的定位、绝对与相对定位等类型，不同类型的定位技术都有其自身的优缺点和适用条件。其中距离无关定位技术不需要复杂的硬件，仅需利用邻近节点的信息就可提供足够精度的节点位置估计，是较为有效的传感器网络节点定位技术。

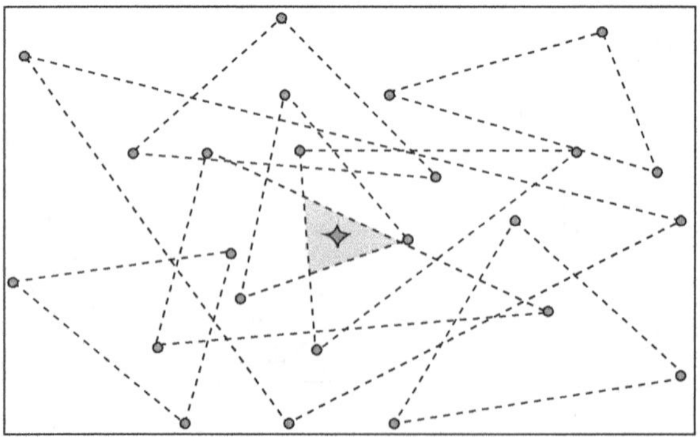

图 3.29 基于区域的传感器网络节点定位方法

在此介绍一种典型的距离无关定位方法——基于区域的定位估算方法。其基本原理是：对于一个异构的传感器网络，其中一小部分(其比例取决于网络和节点密度)传感器节点是锚节点，这些锚节点配置了大功率发射器且其位置通过 GNSS 或其他方式测定；根据各节点对锚节点发射信号的响应，将监测区域划分为一系列三角形区(图 3.29)，通过判别节点是否在这些三角形区域内逐步缩小节点的可能区域，再综合锚节点的位置信息，逐步缩小节点所在的可能区域的直径，从而达到精确估计节点位置的目的。该方法的过程如下。

(1)未知节点周期性地向邻近节点发送定位请求信号，并侦听锚节点的信号。假设未知节点接收到的锚节点数量为 n，各锚节点的坐标为 $S_i(x_i, y_i)$ $(i=1, 2, 3, \cdots, n)$。

(2)将未知节点一次通信接收的锚节点信号强度值(RSSI)由大到小排序，得到 R_1、R_2、R_3、…、R_n。判断，若 $n\leqslant3$，则执行步骤(3)；否则转至步骤(4)。

(3)计算每个锚节点对未知节点坐标的影响因子 Q_i：

$$Q_i = \frac{R_i}{\sum_{i=1}^{n} R_i} \tag{3.8}$$

并由此估计未知节点的坐标：

$$\begin{cases} X = \sum_{i=1}^{n} Q_i x_i \\ Y = \sum_{i=1}^{n} Q_i y_i \end{cases} \tag{3.9}$$

(4) 未知节点的坐标按近似三角形内点测试法进行计算：①设 Neib_i(i=1，2，3，…，K) 是某一未知节点 W 的 K 个邻近节点。从 n 个锚节点中任意抽取 3 个组成一个三角形，虚拟移动节点 W 至 Neib_i(K 个邻近节点中的任意一个)，按三角形内点测试法判别节点 W 是否落入这个三角形内部；②重复以上步骤，穷尽所有的 n 个锚节点组合 C_n^3；③对所有可能包含未知节点 W 的三角形进行几何相交计算，得到相交区域，再求取该相交区域的质心即可得到节点 W 的估计坐标。

(5) 循环执行步骤 (2)～(4)，将未知节点 W 的坐标估计值发送到上位机 (指人可以直接发出操控指令的计算机，一般是可编程逻辑控制器或单片机)，上位机服务进程接收数据后，存入数据库，供传感器网络监控程序调用。

这种传感器定位方式适合于人类无法到达的恶劣环境条件下，采用飞机在监测区域进行大规模随机布设传感器时对传感器进行空间定位。

3.5.3　传感器网络在地理环境数据采集上的应用

有线或无线传感器网络可实现数据的采集、处理和传输三大功能。众多类型的传感器可探测包括地震、电磁、湿度、温度、噪声、光强度、生物量、压力、水流、土壤成分等地理环境现象及移动物体的大小、速度和方向等特征，是地理环境数据获取的有效手段。

我国的一些专业监测部门，如水文、气象、环境、海洋、地震、林业等，都建立了为数众多的自动监测或观测站，形成了多种专业数据自动获取的传感器网络。在此，以自动气象观测网络为例，介绍传感器网络在地理环境数据获取方面的应用。

自动气象观测网络可根据覆盖区域的大小分为国家级、省级、市县级乃至特定区域 (如机场) 等级别，不同级别都有按一定间距布设、数量从数十到数万个自动气象观测站 (图 3.30)，构成区域气象数据自动采集和传输的网络。自动气象站一般配置了多种类型的传感器，可观测风向、风速、气温、相对湿度、气压、降水量、蒸发量等参数，有的自动气象站还配置特殊的传感器，可观测能见度、地表温度、浅层地温、总辐射、地面反射辐射、净辐射、土壤热通量、冻土深度、冰雪厚度、地下水位等参数。

图 3.30　自动气象观测站

自动气象站一般具有以下特点：①高稳定性，在各种恶劣环境下都能正常工作；②全自动、无人值守；③低功耗，供电方式灵活，往往配备小型风力发电设备和太阳能电池进行设备供电；④传感器采用积木式结构，根据需要，可增加其他传感器以便采集更多气象乃至生态、环境数据；⑤通信方式多样，可以采用有线网络、无线网络(如 GPRS、CDMA 等)甚至卫星通信方式将采集的数据传输到数据中心。

典型的自动气象观测网络结构如图 3.31 所示。各观测站实时或按一定时间间隔自动观测、处理、记录观测的气象参数并通过通信模块将数据传输到数据中心，数据中心对来自各观测站的数据进行加工、处理、存储及分发服务。

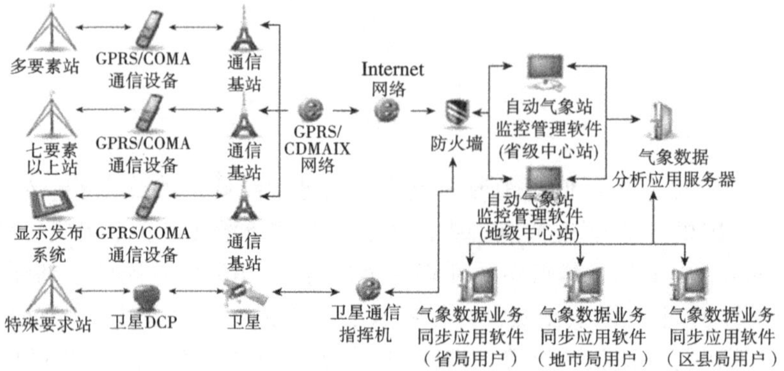

图 3.31　自动气象观测网络结构图

3.6　社会经济数据的调查与地理编码

3.6.1　社会经济调查

1. 社会经济调查的概念

社会经济调查是针对人们从事社会活动和经济活动时产生和需要的信息进行系统搜集的活动和过程。它是政府、企业、非营利组织、个人获得社会经济信息的主要方式。在内容上包含社会调查和经济调查两个方面。社会调查包括人口构成、宗教信仰、民生与民意、文化、法律、教育、犯罪等广泛内容；经济调查包括生产、分配、投资、消费、市场、产品销售价格等方面的内容。在现代社会中，因为社会和经济要素往往相互影响并交织在一起，所以需要开展社会和经济的系统调查。

社会经济调查是一个直接接触和了解社会经济现象，收集事实、数据和资料的过程，也是一个感性认知的过程，一般具有以下特征：①在一定的空间范围内开展，如全国、省、地市、县、乡镇甚至一个街区；②以实际应用为目的，旨在解决普遍或特定的社会和经济问题；③收集人们生产、生活活动的各种事实、数据和资料，如在大型商场选址应用中，调查区域人群的消费偏好；④采取实地勘察和调查的方法，如交通流量现场观测、居住环境的问卷调查等；⑤一般是概括性的。

社会经济调查在现代社会经济活动中发挥着越来越重要的作用。它可将对社会经济现象的概念描述转化为科学的计算和测度，并定性或定量地描述和表达社会经济现象及其变化特征。

2. 社会经济调查的一般过程

一项完整的社会经济调查过程一般包括四个相互联系的阶段，即准备阶段、调查阶段、分析阶段和总结与应用阶段。准备阶段的内容包括确定调查的主题、设计调查方案等；调查阶段采用具体的调查手段收集相关数据或资料；分析阶段通过对资料的整理和分析，定性或定量地表达社会经济的基本特征；总结与应用阶段包括撰写调查报告、总结与评价调查成果及为决策服务等。

3. 社会经济调查的方式

社会经济调查是一个复杂的过程，调查方式也是多种多样的。从调查涉及的对象来看，主要有普查、典型调查、重点调查、个案调查和抽样调查等，除普查外，其他调查方式都存在如何确定调查对象的问题。

(1) 普查。普查是专门组织的一次性全面调查，其目的是获得设定的特定时间节点上社会经济现象的总量，如全国人口普查、房屋普查、土地普查、物资库存普查、工业设备普查、市政公用设施普查、地理国情普查等。普查一般在全国范围内进行，适用于一些最基本的社会经济现象的调查。其优点是获得的资料较为准确可靠、标准化程度高；缺点是工作量大、周期长，需要动用大量的人力和物力，调查组织难度大，而且对广泛的社会经济现象适用性低，因此，在一般的社会经济调查中很少采用。

(2) 典型调查。典型调查是从调查总体中选择若干个具有代表性的对象进行全面深入的调查，其目的是通过对典型对象的调查来描述和表达同类对象的共性。例如，分析企业的经济效益，可以在同行业中选取若干典型单位，调查其影响经济效益的各环节并进行归纳总结。这种方式一般用于定性调查。

(3) 重点调查。重点调查是从调查总体中选择少数重点对象进行调查，进而了解总体的基本情况。例如，需要了解全国钢铁生产的情况，选择其中几个重点单位如鞍钢、宝钢、首钢等进行调查。这种方式一般只限于了解少数的指标，使用范围较窄。

(4) 个案调查。这是一种为研究某一专门问题而对特定的个别现象所进行的调查，其调查对象也是特定的。这种调查得到的结论不能由个体推论总体或由个体反映总体的状况。

(5) 抽样调查。抽样调查是一种非全面调查方式，根据统计学理论，从调查对象总体中抽取一部分对象作为样本进行调查，并根据样本调查结果来推断总体特征，它是社会经济调查中应用最广泛的调查方式。根据抽取样本时是否遵从随机原则，抽样方法可分为随机抽样和非随机抽样。在社会经济调查中主要采用随机抽样方式，具体的组织形式有简单随机抽样、类型抽样、机械抽样、整群抽样等。①简单随机抽样，也称单纯随机抽样。直接从总体对象中随机抽取样本，每个对象都有相等的抽取机会，在具体实现上，又有直接抽取、抽签和随机数码表法等。这是大多数社会经济调查中采用的方式。②类型抽样，也称分类抽样。先对总体各对象按一定标志加以分类或分层，再从各类中随机抽取样本，在各类中抽取的样本数可以是等比例的也可是不等比例的。这种抽样方式抽样误差小，应用也较为普遍。③机械抽样，也称等距抽样或系统抽样。先将总体对象按某一标志排队，然后按固定顺序和相等间隔抽取样本对象。这种方式也是较为常用的抽样方式。④整群抽样，也称聚类抽样。先将总体对象按某些标准划分为若干子群，再以群为单位从中抽取若干群作为样本，这种方式节省人力和物力，但样本代表性差，估计误差大。

4. 社会经济调查的手段

抽样调查对象确定后，可采取不同的调查手段取得所需要的调查数据或资料。常用的手段主要有访问调查、问卷调查、电话调查、观察调查、互联网调查等。

(1) 访问调查。调查人员直接向被调查对象口头提问，并当场记录答案。这种调查可以搜集第一手数据，且数据较为客观可靠，是社会经济调查中较为常用的手段。根据不同的调查对象，访问调查可以采取入户调查、组织座谈会及当事人或知情者个别采访等形式开展工作。

(2)问卷调查。调查者根据对社会经济现象的理解，事先设计出由一系列变量、指标组成的问题、备选答案及说明组成的问卷，请求被调查对象进行答卷。问卷可当面派送、邮寄投递或 Email 发送。这是一种标准化的调查手段，特别适合于计算机处理，是社会调查机构运用最多的调查手段，如进行市场、出行偏好等的调查，但问卷回收比例较低。

(3)电话调查。调查人员利用语音通信工具，同被调查者进行语音交流，从而获取信息和采集数据。这是一种调查人员与被调查者“背靠背”的调查，具有时效性高、费用低的特点，也是社会调查机构运用较多的调查手段。

(4)观察调查。通过调查者或使用专门的设备观察选定的社会经济现象或活动，并记录其状态、过程或结果，取得第一手数据。这种调查手段特别适合于社会行为的调查，如观察城市路口的车流量、进出商场的人数及其性别比例等。重要的是可以使用照相机、摄像机等设备实地记录发生的社会现象。

(5)互联网调查。利用互联网的即时通信功能如 QQ、微信、Facebook 等进行问卷调查，或对网页、微博、微信、网上论坛等网络社交媒体进行主题信息爬取或数据挖掘，提取人们对社会经济现象的态度和评价信息。这是最有发展前景的社会经济调查手段。

3.6.2 社会经济调查数据与分析

利用不同调查手段得到的社会经济抽样调查资料通常是零散、无序的，需要对其进行整理、加工，使其成为规范的、条理化的、适合于运用计算机对其分析和解释的数据，在此基础上对数据进行统计分析，以便有效地认识社会经济现象、揭示社会经济现象的运行规律。

1. 调查资料的整理

调查资料的整理实际上是对收集到的原始调查资料进行审核、分类、规范化处理和汇总的过程。

(1)调查资料的审核。从资料的完整性(如调查问卷是否回收齐全或达到一定的回收率、各项指标是否回答齐全等)、准确性(判断各项调查指标是否符合客观实际、是否包含错误等)和及时性(如检查资料与事实发生的时间间隔的长短、所填指标发生的时间与调查要求的时间是否一致等)几个方面对原始调查资料进行审核，对不符合要求的资料进行标记以便进行特殊处理或干脆舍弃。

(2)资料的分类。将调查样本资料按调查的内容、对象等将其分门别类。在设立类别时，要求类别数量有限(所有样本资料都能归属到相应类别)、类别间互斥且独立(每份调查资料只能归于一个类别且不影响其他资料的分类)。分类的原则是使每一类别中的样本尽可能同质，而类与类之间的差异较大。

(3)资料的规范化处理。利用数据库技术对调查样本资料进行管理，将每个样本资料作为数据库的一个记录，将调查的各项指标作为字段，并根据定性和定量的指标定义字段所使用的数据类型。

(4)资料的汇总。对经审核和分类的调查资料按数据库结构的定义，将样本调查资料进行标准化编码(如将调查表中记录的被调查人性别“男士”、“男性”或“男”都统一编码为“1”，“女士”、“女性”或“女”都统一编码为“2”)，并逐一作为记录输入数据库中，形成完整的调查数据库。

2. 社会经济数据的测度

社会经济调查中，总是采用一定的测度(measure)来定性或定量地表示各项指标的调查结果，得到社会经济调查数据，并以此进行各类分析或统计。

测度是指按照某种法则给物体或事件分派一定的数字或符号。任何一种测度都由三个基本要素构成：测度的客体、数字或符号、分派数字或符号的法则。在社会经济调查中，测度的客体是各种社会经济指标，通过测度来刻画各种调查指标或利用测量尺度来衡量该社会经济现象，从而将社会经济现象的某一状态依据一定的法则转化为某种数字或符号。社会经济现象都具有直接的或潜在的可测性，但不同社会经济现象及其指标可被测度的难易和精确程度存在着很大差别，一般采用定类、定序、定距和定比 4 类测度中的一种来衡量社会经济现象的各项指标。

(1) 定类测度，也称类别测度或命名测度。用于测度社会经济现象及其指标变量间的类别，如将人口分为男、女两类；将企业按经济类型分为国有企业、集体所有制企业、私营企业、联营企业、股份制企业、外资企业等。可以采用字符、数字、甚至颜色来表示定类测度，但数字(如性别中以“1”表示男性、“2”表示女性)并不意味着可以进行数学运算。

(2) 定序测度，也称顺序测度或等级测度。用于测度社会经济现象某项指标在等级或顺序上的差别，如将产品分为一等品、二等品、三等品和次品几个等级；将人口受教育水平分为小学、初中、高中、大学、研究生及以上几个层次等。也可以采用字符、数字来表示定序测度，定序测度可以运用“大小”“小于”进行比较，但即使是数字也不能进行数学运算。

(3) 定距测度，也称间距测度。用于测度可以量化的社会经济指标，且量化值之间的差异具有明确的物理意义(量纲)。例如，使用人民币测度人均收入或消费水平、使用人数测度人口数量等。一般采用数字(包括整数和浮点数)来表示定距测度，可以进行数学运算。

(4) 定比测度，也称比率测度。用于测度可以求取比值并能按比值进行分析的社会经济指标，要求比值具有实际意义(但比值没有量纲)。定比测度必须具有一个固定的、可比的基准，如个人月收入 6000 元是人均月收入 2500 元的 2.4 倍。

3. 社会经济数据的分析

在对社会经济调查资料进行规范化整理和数据库建立之后，就可依据样本(数据库中的记录)的社会经济指标(字段)进行各种分析，包括聚类、排序、数学运算、单变量统计(如总量、均值、标准差、变异系数、众数与中位数、偏度与峰度、统计推断等)及多变量统计分析(如相关分析、回归分析、主成分分析、因子分析等)等。

由于对不同的社会经济指标采用的测度不同，所能使用的分析方法也不同。表 3.4 给出了不同测度情况下能够使用的数据分析方法，其中，“√”表示可以使用，“×”表示不可使用。

表 3.4　不同测度情况下社会经济指标的可分析性

测度类型 / 分析方法	定类测度	定序测度	定距测度	定比测度
聚类分析	√	√	√	√
排序分析	×	√	√	√
数学运算	×	×	√	√
单变量统计	×	×	√	√
多变量统计	×	×	√	√

在社会经济调查数据分析中，统计分析软件包 SPSS（Statistics Package for Social Sciences）和 SAS（Statistics Analysis System）是两款常用的统计分析软件，具有丰富的单变量统计和复杂的多变量统计分析与可视化表达功能。

3.6.3 社会经济调查数据的地理编码

社会经济调查数据本身是非空间数据，但这些数据却是地理学研究社会经济结构及其演化过程的重要数据源。将这些数据定位到地理空间，以便进行社会经济现象的地理空间分布及其变化的空间表达，是 GIS 的一项基本任务。

进行社会经济调查时，除搜集社会经济指标资料外，还同时搜集被调查对象个人或企事业单位名称和地址信息，即使未记录地址，也能通过公安部门建立和维护的户籍数据库、中国人民银行建立和维护的机构信用代码数据库(覆盖各级机关、事业单位、企业、社会团体及其他组织等各类机构)等，采用数据库关联技术得到被调查对象的详细地址信息。再利用国家基础地理数据库或公安数据库中的地名地址数据库，采用地理编码技术，就能确定这些被调查对象在地理空间的位置，将社会经济调查数据转化为空间数据，为进一步进行社会经济现象的空间分布、空间结构，以及与其他地理要素的综合集成分析奠定基础。

1. 地名与地址

地名是人们对地理空间某一特定位置上点状、线状和面状自然或人文对象赋予的专有名称。地名是一种社会文化现象，作为表征地点的文化符号，积淀了丰富的历史文化内涵，如南京市栖霞山、夫子庙等，其中蕴涵了一定的地理位置信息，采用地名可实现在地图上的概略定位。

地址是由一连串表示不同地名意义的字符或序号按照一定的组合、优先规则排列形成的结构化描述，如某单位所在的江苏省南京市栖霞区文苑路 1 号行远楼。一个有效的地址应当是独一无二的，能够唯一地确定地址所标识的地理对象空间位置。

2. 地名地址数据库

地名地址数据库是国家地理信息公共服务平台公共地理框架的重要组成部分，也是基础地理信息数据库建设的重要内容。国家测绘地理信息局 2012 年颁布实施的行业标准《地理信息公共服务平台地理实体与地名地址数据规范》(CH/Z 9010—2011)对地名地址数据的内容及其结构化描述与标识给出了详细规定，为地名地址信息的标准化打下了基础。

地名地址数据库建设的基础是地名地址数据的标准化。地名地址数据包含标准地址、地址代码、地址位置、地址时态等信息，还包括与其相关的地理实体的标准名称、地理实体标识码等信息。

(1)标准地址采用分段组合的方式描述，由行政区域、基本区域限定物、局部点位置三大类要素构成：

<标准地址>::=<行政区域名称>[基本区域限定物名称][局部点位置描述]

其中，

<行政区域名称>::=<洲级><国家级><省级>[地区级]<县级>[乡级][行政村级]

<基本区域限定物名称>::=<街>|<巷>|<居民小区>|<自然村>

<局部点位置描述>::=<门(楼)址>|<标志物名>|<兴趣点名>

以上各符号“::=”表示被定义为、“< >”内为必选项、“[ ]”内为可选项、“|”表示在其两侧任选一项。

(2) 地址代码按图 3.32 的编码规则对标准地址进行编码。

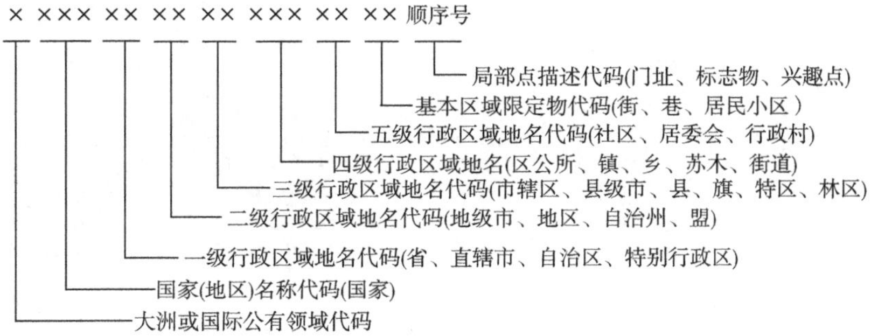

图 3.32　地址代码的编码规则

(3) 地名地址的位置以标识点的经纬度坐标来表示。根据地名地址所标识的点、线、面地理对象的不同，标识点分别为：点状对象就取其自身；线状对象取其中心点或系列点；面状对象若是行政区域，则取其行政中心所在地的点位或区域内标志性建筑物的点位，否则选取面状对象的几何重心为标识点。

(4) 地址时态信息以地址采集时间、地址命名时间、地址停止使用时间描述。

(5) 与某一地址名称相关的地理实体的名称，以标准地名表示，即根据国家有关法规经标准化处理，并由有关政府机构按法定的程序和权限批准予以公布使用的某一特定空间位置上自然或人文地理实体的名称。

(6) 地理实体标识码，取基础地理数据库或共享地理空间框架数据库中与某一地址名称相关的地理实体的唯一性标识码，此项是可选项。

3. 地理编码

地理编码 (geocoding) 是将文字性描述的地名地址与其空间的地理位置坐标建立起对应关系的过程。其实质是任意输入一个地名地址，运用地址匹配技术将其与地名地址数据库中存储的地名地址进行匹配，由此得到该地名地址标识点的坐标，从而实现任意地址信息的空间定位，这也是地理编码常被称作地址匹配的重要原因。采用地理编码技术，可将社会经济调查数据的每一被调查对象通过地址匹配指定一个地理坐标，从而准确地落到地理空间特定位置上 (图 3.33)。

地理编码中最重要的环节是地址匹配。从概念上来看，地址匹配采用字符串比较方法对任意输入的任一地名地址与地名地址数据库中的所有地名地址记录进行全文比较，或通过建立索引减少比较次数，得到所需要的地名地址坐标数据。然而，地名地址数据库中存储的地名地址是经标准化的，而社会经济调查数据中被调查者的地址并不符合标准化要求，使得地名地址匹配结果不可靠或得不到匹配结果。因此，在地址匹配中，一般采取地址字符串切分 (或分词) 的多层次匹配、模糊匹配等策略提高地址匹配的效率和可靠性。研究者们还在发展更具有智能性和容错性的地址匹配算法。

(a) 地名地址数据　　　　(b) 空间定位

图 3.33　地名地址的地理编码

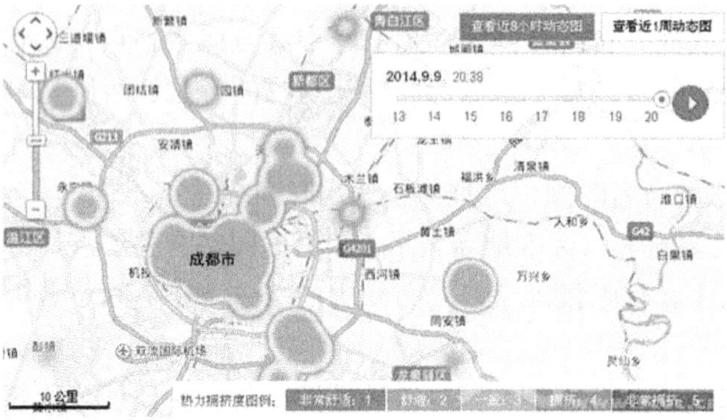

图 3.34　成都区域特定时刻车流量拥挤热力图

地理编码技术为许多以前不能从地理空间观察和理解的社会经济现象提供了新的视角——地图可视化表达。例如，连锁型商业企业利用保留的各个顾客或客户的地址信息及商品购买偏好或习惯等收集到的所有其他信息，通过地理编码创建客户分布及商品偏好地图，为企业制定商品营销和服务策略提供重要的决策支持。

百度地图、Google 地图等众多互联网地图产品都提供了地理编码 API，用户利用互联网搜索工具，搜集自己感兴趣的社会经济现象，通过调用地理编码 API，即可制作出专题地图。例如，百度推出的景区热力图在线生成工具，利用网络大数据，对特定区域、特定时间人流量或人气热度进行地理空间可视化表达(图 3.34)。

3.7　众源地理数据获取

3.7.1　众源地理数据及其特点

1. 众源地理数据

近年来，随着计算机网络技术、卫星定位技术和移动终端技术的迅速发展，在互联网 Web2.0 大环境的驱动下，传统的 GIS 技术及其应用发生了根本性的变化，地理信息服务模式从单向的 Web 应用(允许大量的用户访问少量 Web 站点提供的地理信息)逐渐向交互式的双向协作(用户可以同时是地理信息的使用者和提供者)转变。这种转变消除了地理信息数据提供者和使用者之间的隔阂，数据的提供者不再局限于政府机构、专业公司等相关领域的人员，任何一个普通用户都可以参与、协作完成地理信息数据的维护和更新，从而实现大量地理信息数据不断地被创建并可相互交叉引用，极大地缩短了地理信息获取和传播的时间，在此背景下，产生了众源地理数据(crowd sourcing geographic data，CSGD)、自发地理信息或志愿者地理信息(volunteered geographic information，VGI)、众源地理空间信息(crowd sourcing geospatial data)及协作式空间信息(collaborative spatial data)等这些内涵相近的新概念。

众源地理数据或自发地理信息是指用户通过在线协作的方式，利用智能手机、iPad、手持 GNSS 等设备或开放获取的高分辨率遥感影像，以及个人空间认知的地理知识为参考，创建、编辑、管理、维护的开放式地理数据。众源地理数据的基本特征是数据的创建、维护与应用都是由公众自发完成的，大众用户不仅是地理数据的使用者，也是义务的信息提供者。由于大众关注点的广泛性和热点吸引性，这种地理数据获取方式特别适合于导航数据更新(图 3.35)、应急制图、地图更新、环境保护、犯罪分析、疾病传播等专题地理信息的获取。众源地理数据涵盖了空间和属性两种类型的数据，同时也涉及一些公共免费的地理数据。代表性的众源地理数据有 GPS 路线数据(如 OpenStreetMap，简称 OSM)、用户协作标注编辑的地图数据(如 Wikimapia)、各类社交网站数据(如微信、腾讯 QQ、Facebook 等)、街旁用户签到的兴趣点数据等。

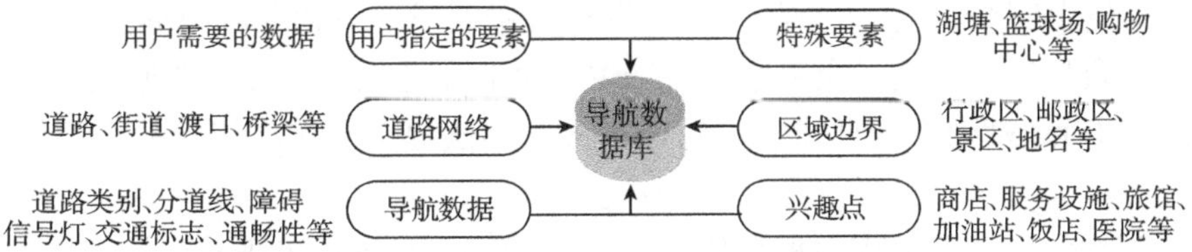

图 3.35　服务于导航数据库建设的众源地理数据

2. 众源地理数据的特点

与专业人员采集的地理数据相比(图 3.36)，众源地理数据具有以下特点。

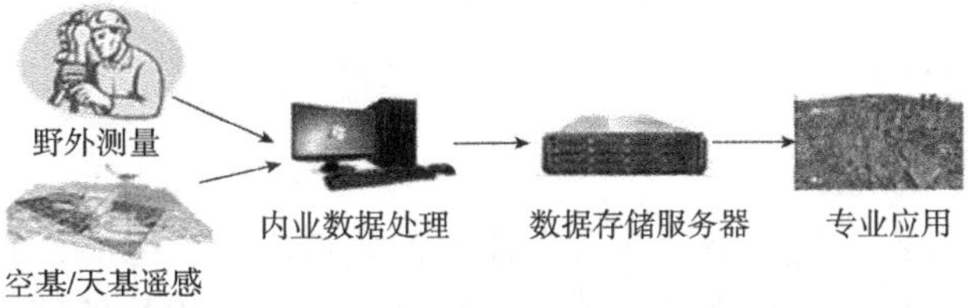

(a) 专业地理数据采集与应用模式

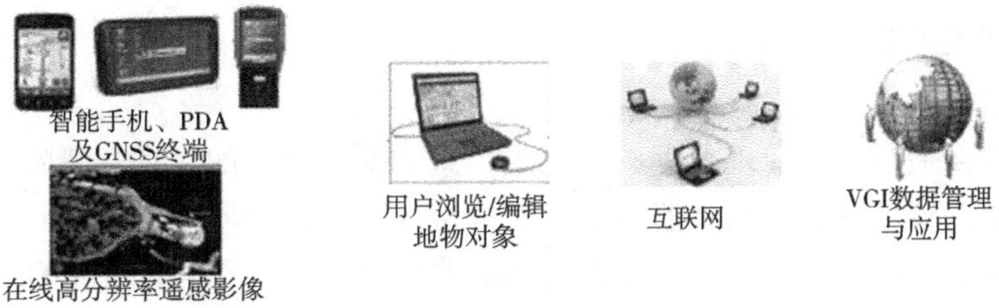

(b) 众源地理数据采集与应用模式

图 3.36　专业化地理数据与众源地理数据获取对比

(1)现势性高。众源地理数据具有明显的实时更新特点，现势性高。例如，堵在路上的行车者往往会将道路拥堵信息在第一时间将照片、地点等信息发布到微信、微博、QQ、Twitter、Wikilloc 等网站。

(2)传播速度快。众源地理数据大多来自于互联网，借助社交网站和当地新闻等传媒系统的传播能力，进行快速传播和扩散。例如，美国加利福尼亚州 2009 年 5 月的 Jesusita 火灾期间，通过建立地图式火灾监视网站，迅速整合、发布了来自各种 VGI 和当地官方的实时火灾信息。

(3) 信息内容丰富。众源地理数据与人类活动及社会发展紧密相关，具有丰富的社会化属性、语义信息和时序信息。其参与创建者的广泛性又使得众源地理数据能从更多视角、更多方面对地理要素进行描述。

(4) 数据成本低。众源地理数据大多来自用户自发或无意采集的地理数据，其采集和处理的成本很低，极大地降低了地理信息获取和使用的成本，能更有效地促进地理信息技术的推广应用。

(5) 数据量庞大。互联网用户群的迅速发展带来了众源地理数据的激增。无论是像 OSM 这样的共享网站，还是具体的众源地理数据使用者，均需面对海量众源地理数据的高效存储及网络共享中的快速传输等问题。

(6) 数据质量差异大。众源地理数据主要由普通大众提供，其提供过程非常自由，参与人群非常广泛，所采用的数据采集设备精度不一，创建编辑过程中所用比例尺、采样精度不一，使得众源地理数据质量存在较大差异，甚至混杂着错误或恶意扭曲的成分。

(7) 数据冗余且完整性差。众源地理数据主要由非专业人员创建，数据完整性差，难以满足一些专业应用对地理数据的要求，同时经过多人多次提交或多次编辑的众源地理数据存在着大量冗余。

(8) 覆盖不均匀。众源地理数据虽然来源广泛，但是区域覆盖极其不均匀，如 OSM 数据在英国伦敦的数据覆盖率明显高于中国江苏的覆盖率。

(9) 缺少统一规范。众源地理数据来源广泛，数据格式各异，不同数据的内容不同，数据组织和存储方式也千差万别。

(10) 隐私与安全难以控制。自由创建和分享的众源地理数据有时会对他人及一些组织的隐私和安全问题产生影响。

3.7.2 众源地理数据的处理

虽然众源地理数据内容丰富，但存在着上述数据质量问题，因此，必须经过数据清理、有效性检查、数据消冗、隐私与秘密数据处理、质量控制等流程的处理，才能将其转换为有效、合法的地理数据。

1. 数据清理与有效性检查

1) 数据清理

数据清理主要是对众源地理数据中的无效信息和恶意内容的发现与清除。第一，通过对众源地理信息贡献者进行实名制注册登记，对上传的信息进行实名制追踪与管理，使每个参与者对其生产的信息负责。第二，根据关键词对非空间信息进行自动化鉴别，排查非法信息和广告等。例如，利用最小编辑距离方法，对众源地理信息中的文本内容与非法信息关键词进行模式匹配，计算其文本相似性，对其进行识别。第三，建立众源地理信息社区审核机制，将参与者的贡献与水平进行分级，对提供高质量信息的贡献者进行等级提升，并赋予其信息审核与编辑的权限，降低无效信息贡献者的信用等级，降低其提供的信息的权重。第四，对非法操作，如恶意删除与数据污染，通过用户行为模式初步判定和人工审核处理，限制其对平台现有信息编辑的权限。

2) 数据有效性检查

数据有效性包括空间信息与非空间信息的有效性及其拓扑和语义约束条件的有效性。对于众源地理数据中的空间数据，可通过几何形状约束条件对其进行自动纠正。例如，对于线状道路轨迹数据，可通过轨迹数据中包含的方向、位置、采样间隔等信息，计算出轨迹数据中地理对象的平均移动速度，对由轨迹噪声导致的平均移动速度或移动方向发生突变的轨迹采样点进行删除。此外，也可根据轨迹采样噪声的概率分布情况，利用滤波算法(如 Kalman 滤波)，对轨迹数据进行噪声滤除，以提高轨迹数据的几何质量，如图 3.37 所示。

对由顶点位置错乱导致建筑物几何面积出现负值的地理信息进行删除，通过建筑物轮廓直角标准化处理对建筑物的几何轮廓进行自动纠正，如图 3.38 所示。

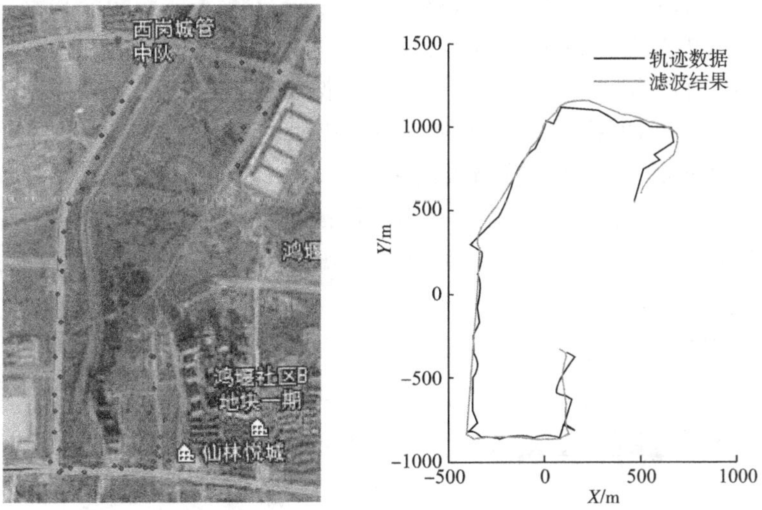

(a) 原始轨迹数据　　(b) 轨迹噪声滤除

图 3.37　轨迹数据噪声滤除

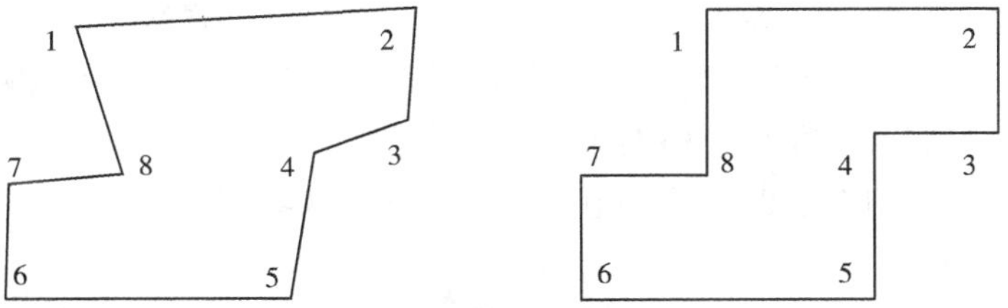

图 3.38　多边形直角纠正

2. 数据消冗

同一地理对象往往被不同的贡献者重复采集导致数据冗余，是众源地理数据中普遍存在的问题。对于非空间数据的冗余，可通过文本匹配的方法自动查找相似的空间描述及其属性信息，再根据其语义所关联地理对象的空间位置信息，判别其是否属于对同一地理对象的描述；然后，选取其中一种使用频率最高、描述方式最规范的文本作为该地理对象所对应的语义信息。地理对象空间数据的消冗则相对复杂，需要根据对象的点、线、面几何特征分别进行处理。

1) 点状地理对象

众源地理信息中的点状地理对象，如公众感兴趣点(points of interest，POI)、景区入口等信息，其空间位置信息往往具有较强的时效性，而由于信息贡献者手持设备精度的差异和数据采集位置的差异，往往不能准确描述地理对象的实际位置，但随着同名地理对象采样点数的增加，其位置信息的可信度越来越高，并且采样点数量越多的区域往往对应其实际位置。因此，可采用空间聚类的方法提取采样点的聚类中心，并将其作为所对应地理对象的唯一位置描述。

2) 线状地理对象

道路是众源地理数据中最常见的地理要素。因此，以道路 GNSS 轨迹数据为例，讨论线状地理对象的数据消冗过程。受众源地理信息贡献者的 GNSS 设备和测绘专业知识背景的影响，贡献者采集的道路轨迹数据往往具有高度冗余并伴随着较大的误差，但其中的确包含着重要的道路空间形态信息。根据道路 GNSS 轨迹数据的处理方式，可将道路网络的提取分为基于 GNSS 轨迹数据几何形态的方法和基于 GNSS 采样点密度的方法两类。

(1) 基于 GNSS 轨迹数据几何形态的方法。根据轨迹数据的几何形态特征，将其作为道路弧段逐条插入现有道路网络中，计算轨迹与已提取的道路网络的匹配情况，将重叠的部分进行数据合并，非重叠的部分直接插入道路网络，最终构建得到整个道路网络，如图 3.39 所示。在处理过程中，轨迹与现有道路网络的匹配情况可通过线要素几何相似性度量(如 Fréchet 距离、Hausdorff 距离等)得到，而轨迹重叠部分可通过对轨迹点位置取加权平均的方法进行处理。

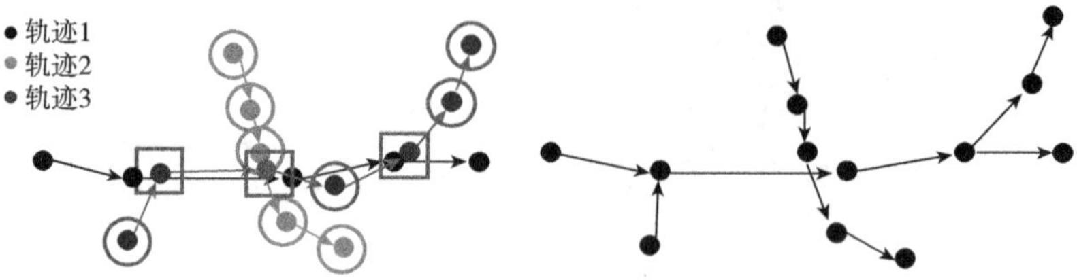

(a) 轨迹数据　　(b) 轨迹合并

图 3.39　基于 GNSS 轨迹几何形态的道路网络提取方法

(2) 基于 GNSS 采样点密度的方法。对研究区域进行规则格网划分，将 GNSS 沿道路的测点作为道路的采样数据，计算每个格网中采样点密度，生成栅格密度图像，然后利用密度图像中密度峰值脊线提取的方法得到整个道路网络，如图 3.40 所示。

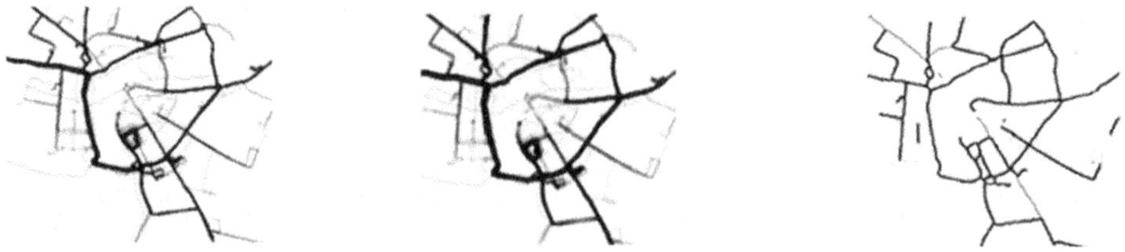

(a) 轨迹数据　　(b) 采样密度　　(c) 路网提取

图 3.40　基于 GNSS 采样密度的道路网络提取方法

或者利用轨迹采样点密度聚类的方法，每间隔一定的距离求解一个聚类中心，然后将邻近的聚类中心进行有序连接，最终得到道路网络。

3) 面状地理对象

面状地理对象的数据消冗较为复杂，如湖泊，其几何边界可能会随季节的变化而发生周期性变化，该类数据的消冗需考虑时间因素，对同一对象每年不同时间的数据进行分别处理。另一类常见的面状地理对象，如建筑物，其几何边界往往较为规则，形状变化较为缓慢，因此，可先通过对象匹配得到同名面要素，利用增量式数据对建筑物进行细节增加和丰富，同时对数据进行合并处理。但由于不同的众源地理信息贡献者的专业测绘背景的差异，同一地理对象的数据采集结果往往存在一些差异(图 3.41)，可将其几何特征映射到高维空间并进行聚簇处理，利用其在特征空间的邻近性发现重复的同名地理要素，或者对其进行一定的人工判别。

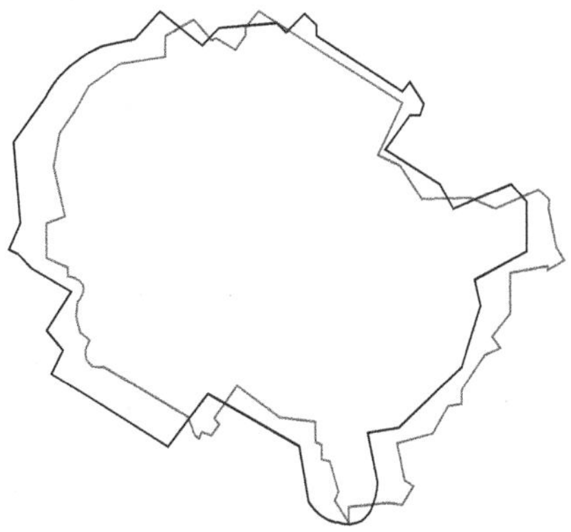

图 3.41　面要素轮廓的多种形态表达

3. 隐私与秘密数据处理

隐私与秘密数据的处理是众源地理数据处理的重要环节。涉及公众个人隐私的数据，如房产信息、个人身份证信息等，不具备共享性和传播性，该类型的数据判别一般较为困难，需要适当的人工参与。由于地理信息具有基础性、战略性、流通性、共享性和公益性等特征，为保障公共安全和国家利益，众源地理数据中的涉密地理数据必须严格保密，不能够随意传播或者公开，需要对该类数据进行严格管理。对于具有一定敏感性但由于公共服务需要公开的数据，可利用数据几何脱密方法进行处理：首先，建立脱密控制点集合并生成脱密控制参数；然后，通过坐标变化模型对地理数据添加一定的坐标扰动，降低敏感地理对象的几何精度，同时保证地理数据的整体可用性。

4. 质量控制

众源地理数据的质量直接影响其数据的可用性，因此，需对数据处理结果进行质量控制，对数据处理结果的完整性和有效性进行整体评估。数据质量一般包括几何精度、属性精度、数据覆盖完整性、逻辑一致性、语义一致性、时空精度等方面，其中，属性精度和几何精度、数据覆盖完整性可通过与高精度地理数据进行对比，根据一定的规则对众源地理数据的质量进行评估，而逻辑一致性、语义一致性、时空精度等需要根据语义规则约束进行判别。例如，对志愿者采集的道路数据进行几何质量的评价，首先，选取具有较高精度的道路网络数据作为参考，利用路网匹配算法，将志愿者采集的道路网络数据与之匹配；然后，利用线要素几何相似性度量对 VGI 道路数据中的每条道路弧段与参考道路网络中对应的道路弧段进行几何相似性比较；最后，根据质量评价指标对几何相似性计算结果进行分类，将不同几何质量的道路弧段进行区分。图 3.42 给出了该方法的实例，加粗线要素为某地区 VGI 道路网络，灰色线要素为具有较高几何精度的参考道路网络，根据提取的道路网络弧段与对应参考路网弧段的几何相似性进行分级显示。

总之，在地理大数据时代，通过对海量的、丰富的、廉价的众源地理数据进行自动或半自动的处理，可获得高时效性、高质量的地理数据，为地理数据库尤其是专题地理数据库的更新与维护提供新的数据源，让公众能够广泛参与到地理数据的生产与维护过程中来，进一步推动地理信息服务的大众化发展。

图 3.42 道路网络的几何质量评价

思考题

1. 空间场重建的两个重要环节是什么？简述其概念。
2. 简述空间采样的基本过程。
3. 试比较分析全局 RBF 插值和局部 RBF 插值的优缺点。
4. 简述从遥感影像中获取地理环境要素的基本方法。
5. 面向对象的遥感影像专题要素提取有哪些优点？
6. 无线传感器网络协议栈由哪几部分组成？
7. 阐述基于区域的定位估算方法的基本原理。
8. 什么是社会经济调查？它的调查方式有哪些？
9. 众源地理数据有什么特点？
10. 针对众源地理数据存在的质量问题，应当如何处理才能将其转换为有效、合法的地理数据？

第 4 章　地理场景三维数据的采集与建模

随着“数字城市”和“智慧城市”的建设，对城市场景从室外到室内，从地上到地下的真三维建模和表达正成为地理信息行业成长和发展的重要驱动力。对地理场景和地理对象进行快速、高效和自动化地三维模型构建的需求，给数据采集手段和建模方法带来了严峻的挑战，需要为此发展多种技术集成的获取和处理方法。本章重点对当前已投入实际应用的相关技术的基本原理及其数据处理方法展开讨论。

4.1　地理场景的三维空间表达

现实地理世界具有复杂、三维立体、时空动态等特征，对地理场景的三维数字化表达与建模不仅是虚拟地理环境(virtual geographical environment，VGE)系统的基础，也是 3DGIS、地球空间信息三维可视化的基本要求。地理场景三维空间表达主要处理以三维坐标(X, Y, Z)表示的空间对象的位置、格局与形态结构及其关联的各种属性(如名称、色彩、所有权等)，旨在强调地理场景中室外与室内、地上与地下三维空间实体的集成表示(图 4.1)，既有自然的地形地貌和地表的各种人工建筑物，还有地下的地质结构、工程设施，突出整个三维地理场景空间一体化的高精度建模和准确度量分析。

(a) 户外三维场景模型

(b) 地上、地下一体化三维模型

(c) 建筑物外观三维模型

(d) 建筑物室内三维模型

图 4.1　地理场景的三维模型

4.1.1　地理场景中的空间实体

地理空间中存在着各种事物或现象，它们可能是物质的，也可能是非物质的，如山脉、水系、道路网络、土地类型、城市分布、资源分布、环境变迁等。这些事物或现象即地理空间实体，其典型特征是与一定的地理空间位置有关，都有一定的几何形态、分布状况及彼此之间的相互关系。地理空间实体除了空间位置特征外，另外三个基本特征是属性特征、时间特征和空间关系。可将空间位置和空间关系特征统称为空间特征，用以表示地理实体的空间位置、形态和相互关系。属性特征表示地理实体的名称、分类、数量等；属性特征的数目依据实体的不同而多少不等，但一般可大致归结为语义和量度特征两类。时间特征指实体的空间特征或属性特征随时间变化而变化的特征。

实体的空间特征可以从以下三个方面来考察：空间维数、空间特征类型、实体之间的空间关系和组合。实体的空间特征可以有四种不同类型的表示，即点、线、面和体，它们的整数维数分别为零维、一维、二维和三维，它们在三维空间中的描述如图 4.2 所示。地理空间实体在许多情况下是由点、线、面和体中的两种或两种以上的实体构成的混合体。为了较完整地描述地理空间实体，一般需要同时有空间特征数据和属性数据。

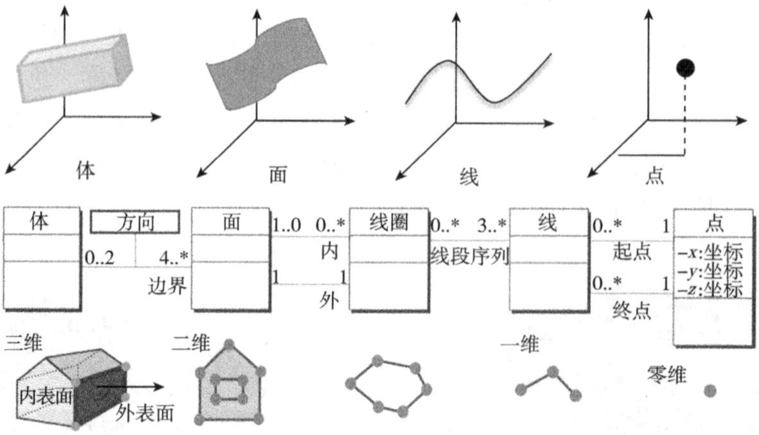

图 4.2 三维空间内的几何实体

(1)点，是对点状的地形、地物要素的几何描述，具有唯一确定的三维地理坐标。有时对点实体的描述可能还需要一个方向，如独立地物、道路交叉点、测量控制点等。

(2)线，是对线状空间实体的部分或全部进行的几何描述，它由两个或两个以上的一系列按顺序相连接的点组成。其形式有曲线和折线两种。折线点可以附有高程，线也可以有方向，如道路、管线、河流(包含河流的流水方向)等。

(3)面，是由一条线或一系列线界定的几何表示，是对面状空间实体的几何描述。面可能是简单的，也可能是复杂的，可以是由外轮廓线和内轮廓线组成的，也可以由两个或两个以上的面相邻或叠加而成，如水面、地质层面、中间有岛的湖泊等。

(4)体，是对空间三维实体或多面体的几何表示。其形状有简单的、复杂的和带空洞的实体，如建筑物、矿体、巷道、水体等。实体是对地质、采矿、海洋、建筑、土木、气象等应用领域十分重要的三维对象几何表示方式。

4.1.2 地理场景的三维表达方式

地理场景的三维表达是地理场景的三维可视化、地理现象模拟等应用的基础，目前，地理场景表达的主要方式有几何模型、图像模型、体元模型和点云模型(图 4.3)。

(a) 几何模型（DEM+DOM+建筑物）

(b) 360° 全景图像模型

(c) 体元模型

(d) 点云模型

图 4.3　地理场景的三维表达方式

1. 基于几何模型的地理场景表达

这是当前使用最多的地理场景表达方式。首先，构建场景的数字地面模型(DEM)，获取建模区域的正射影像(DOM)，将 DOM 作为纹理映射到 DEM 上，得到地形模型。然后，对场景中实体对象如房屋、设施等，利用地形图上底座按高度拉伸、立体影像量测、CAD 建模、LiDAR 激光扫描点云分割与重建等方法构建粗略或精细的几何模型(CSG 模型、棱柱模型或多面体模型)，同时利用航空或地面数字影像获取对象表面的纹理图像并进行纹理映射，得到三维实体模型。最后，将这些实体模型按空间位置和方向放置在地形场景上构成完整的地理场景。虚拟地球系统如 Google 公司的 Google Earth 就是采用这类模型来表达地理场景。针对城市场景的三维几何模型，开放地理空间信息联盟(Open Geospatial Consortium，OGC)在 CityGML2.0 规范中，定义了 5 个级别的细节层次模型 LOD0～LOD4，分别表示具有不同细节和精细程度的城市场景(表 4.1)。

表 4.1　CityGML 定义的 LOD 层次

LOD 层次	示例	说明
LOD0	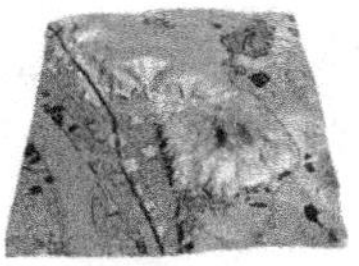	最粗略的场景三维模型。将高分辨率卫星影像或航空摄影影像(DOM)作为纹理贴在 2.5 维的 DEM 上，并将 DLG 叠加在模型的表面。在 LOD0 中，建筑物以其底部或顶部的二维多边形轮廓表示
LOD1		在 LOD1 中，建筑物表示为包含多个棱柱的“块模型”，即按建筑物底部形态拉伸到其相应的高度，构成不同高度的多棱柱。建筑物表达为平顶结构，不表达复杂的屋顶形态
LOD2		在 LOD2 中，建筑物有差异化的顶部和立面结构及形态特征，建筑物模型在视觉上与真实建筑物有着较高的相似性

续表

LOD 层次	示例	说明
LOD3		在 LOD3 中，建筑物模型具有更多的立面和屋顶结构细节，门、窗、阳台及重要装饰等部件都能得到精确的表达
LOD4		在 LOD4 中，除在 LOD3 中表示的建筑物外立面和顶部形态之外，还对室内部件和要素，如建筑物内部的门、走廊、楼梯、室内家具与设施等进行了精细表达

注：LOD1～LOD4 的各级 LOD 模型，都可将高分辨率的影像作为纹理映射到模型表面，以此获得逼真再现的三维场景模型。

基于几何模型的地理场景表达具有为用户提供多维、多视角、全方位可视化和交互能力，可以进行地物目标浏览、测量和一般几何分析，但该类表达方法存在场景建模工作量大、处理算法复杂、成本高、周期长等问题，而且不能采用单一数据模型对地理场景进行记录和存储。

2. 基于图像的地理场景表达

利用不同视角拍摄的二维图像或视频，直接使用图像渲染(image based rendering，IBR)技术将一系列输入图像合成并生成新视点下的透视图像；或依据计算机视觉原理，根据输入图像匹配得到深度图像，将深度图像与原始影像融合，采用三维图像卷绕(3D image warping)得到任一视点下场景像片级真实感可视化效果；或制作区域无缝正射立体影像，进行立体观测得到场景的人造立体视觉模型；或通过捕捉整个场景的图像信息，进行图像拼接形成全景影像，在显示时进行球面或柱面投影，得到一个模拟的真实感三维场景或 360°全景图像。基于图像的场景表达不需要创建对象的几何和纹理模型，直接由影像数据本身构造地理场景的三维虚拟可视化环境，易于实现、效率高、漫游速度快。但是，所构造的三维场景仅能获得视觉效果，且不能以任意视角观察场景；也不能明确记录三维场景数据，无法满足地理分析的需要。

3. 基于体元的地理场景表达

将地理场景看作是由一系列相互邻接、密实的均匀和规则体栅格(体元，voxel)的镶嵌体，体元充满整个地理空间。体元表达方式可以近似地描述地理场景对象的表面几何特征，还可以表示场景对象的颜色、透明度、法向量、纹理等视觉特性，以及对象内部的密度、状态等物理属性。通过对体元的空与非空标记，可以有效地表达非连续表面，如单株树、建筑物的悬突或复杂的凹凸形态。基于体元的地理场景表达可明确和显式地记录场景，有利于构建基于数理模型的动态过程并进行地理分析和计算，也能采用抗混叠、半影、模糊反射等技术得到具有照片级真实感的场景可视化效果。不足之处在于对大规模地理场景而言数据量巨大，最大的困难是体元模型的生成：对场景构建表面几何模型后，通过体素化处理(voxelization)才能获得场景的体元化表达。但是，这种体元表达方式数据量庞大，只能用于单个对象或小场景的表达，无法适用于大范围地理场景的表达。

4. 基于点云的地理场景表达

对场景中对象的表面获得一系列不规则的三维采样点，每一个采样点描述其位置、颜色等特性。机载和地面三维激光扫描、摄影测量中立体影像匹配等所获得的就是密集三维采样点(称为点云)。以点为基元,采用(x, y, z, R, G, B)的集合可直接描述和表达三维场景。对于复杂地理场景的可视化，基于点的渲染(point-based rendering)避免了大量三角网在生成三维渲染图像时仅投影至不到一个像素的复杂遮挡计算问题。基于点云的场景表达的显著优点是数据结构简单，可依据视点实时构建场景的 LOD 模型，并直接进行点的渲染得到场景三维可视化结果。但点云采用非结构化方式表达地理场景，在进行场景可视化和交互尤其在放大时易产生空洞，难以辨识对象，且易产生深度感的歪曲。另外，这种表达方式不能支持漫水计算、阳光遮挡、通视性等三维空间分析。

4.1.3　地理场景的三维几何建模方法

以具有不同 LOD 的几何模型表示地理场景及其对象，是当今“数字城市”等建设中三维模型表达的主要方式。因此，快速、准确地获取构建三维模型的空间数据(包括平面位置、高程或高度数据)和真实的纹理数据(包括地物顶部和侧面纹理)，并根据这些数据完成地理场景的三维建模，已成为当今地理空间信息技术发展最为活跃的领域之一。依据数据源的不同，以及数据获取的分辨率、精度、时间和成本的差异，当前，地理场景的三维建模主要有以下四类方法。

1. 基于 GIS 数据的场景三维建模

利用 GIS 空间数据库存储的矢量地理要素、数字高程模型(DEM)和正射影像(DOM)直接生成三维场景，其基本技术流程和三维建模效果如图 4.4 所示。最直接的场景建模方式是将正射影像与 DEM 配准后作为纹理映射到 DEM 表示的地形表面；或直接按建筑物的底部轮廓及其高度属性生成建筑物高度图，以高度图为依据对正射影像进行扭曲处理，得到起伏纹理再映射至高度图上，得到三维城市场景。对于地理场景中的建筑物，可以利用矢量地理要素中建筑物的底部轮廓及高度属性，通过高度拉伸得到符合 CityGML 标准的 LOD1 建筑物多棱柱骨架模型；或者根据航摄影像和地面拍摄的建筑物影像分层构建单体建筑物的几何与纹理库，利用小区详细规划图，结合这些模型、模板库，生成小区建筑物场景。基于 GIS 数据建立场景的方法具有成本低、自动化程度高的特点，可满足许多三维空间分析与模拟，如通视性分析、污染物扩散模拟等的需求，但此类方法得到的三维场景模型的真实感较差，无法支持任意视角的真实感体验。

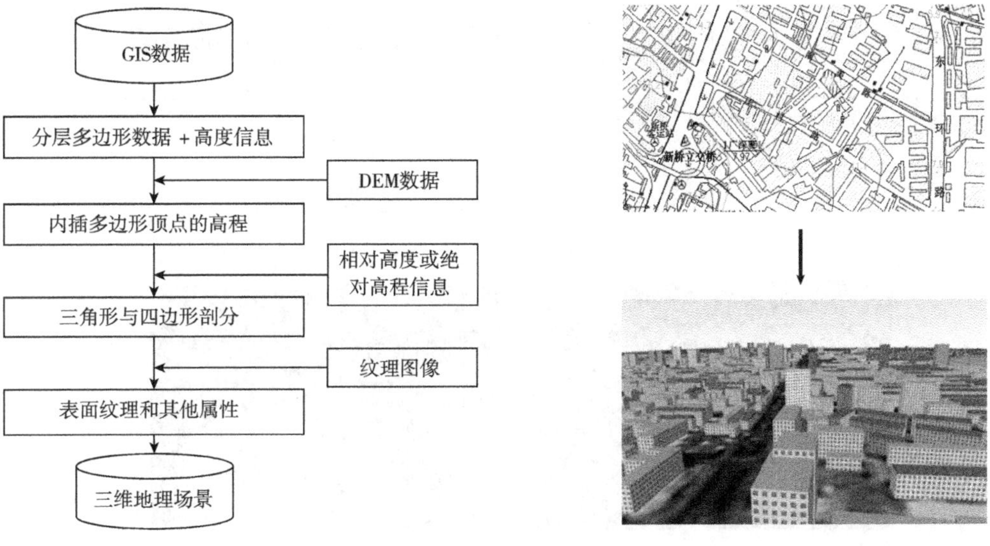

(a) 技术流程　　(b) 三维模型效果

图 4.4　基于 GIS 数据的场景三维建模

2. 基于影像的场景三维建模

因为数码照相机和摄像机的普及，图像获取成本降低，所以采用内参标定或非标定的相机，在场景的不同视点拍摄图像或视频影像，采用摄影测量或计算机视觉方法进行场景对象的自动三维建模。其中，相对成熟的数字摄影测量方法，利用高重叠度航空摄影/卫星遥感影像，自动匹配生成场景的表面三维点云，并构建数字表面模型(digital surface model，DSM)，再根据原始影像与DSM的关系，自动地从获得影像上获取纹理图像，映射到DSM上，得到具有真实感的三维模型(图4.5)。近年来，利用多角度倾斜航空摄影影像通过多视角影像匹配进行城市场景三维模型的自动或半自动构建技术获得了突破，并在许多城市得到实际应用。在地面采用手持数码相机于不同角度拍摄建筑物多角度影像，也可用于建筑物的三维建模，如旋转多基线交向摄影测量方法，以标定相机对场景进行多站交向摄影，匹配出密集的同名像点，采用光束法区域网平差法，计算同名像点的三维坐标，形成拍摄对象的表面密集三维点云。计算机视觉领域，也在探索利用标定或非标定相机/摄像机在不同视点拍摄具有重叠的数字影像或视频图像，进行影像的特征提取，提取少量特征点并进行特征匹配，采用SFM(structure from motion)方法同步估计相机内外参数及特征点的三维坐标，再进行密集匹配得到拍摄场景对象表面大量的离散点，并构建表面三角网和进行图像纹理映射，得到场景的真实感三维模型。基于多视影像的场景建模自动化程度高，但所建模型的质量受图像匹配的影响大，而且基于计算机视觉原理构建的场景与真实场景间存在尺度(比例)差异。

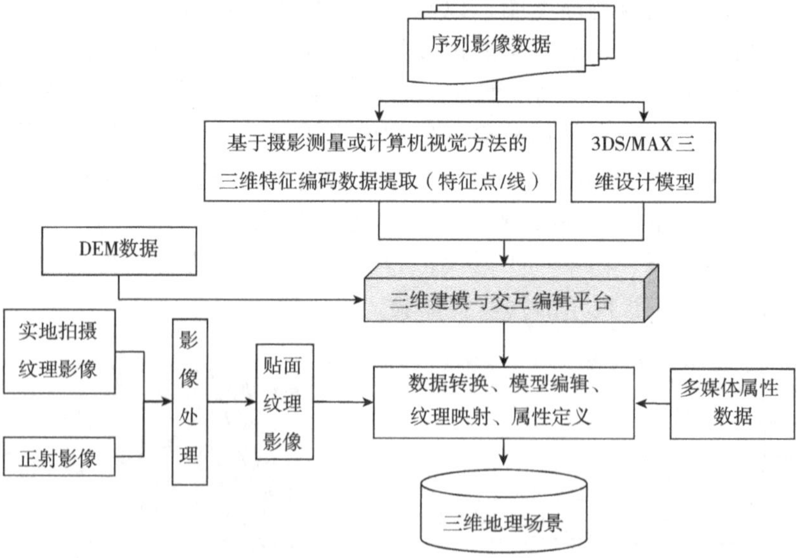

(a) 技术流程

(b) 场景三维建模效果

图4.5 基于影像的场景三维建模

由于影像自身成像条件的限制(光照的变化、镜头的畸变等)及现实地理场景的复杂多变(非结构化目标的存在、建筑物类型的多样性、局部遮挡等)，从影像中自动地检测和构建三维模型是十分困难的。目前，广泛应用的基于影像的场景三维建模还需要进行大量的人机交互编辑。

3. 基于点云的场景三维建模

随着机载、车载和地面三维激光扫描仪(LiDAR)的广泛应用，为快速获取密集的场景对象表面的非结构化三维点云提供了有利条件，从而为地理场景及其对象的三维建模提供了精确的三维数据。然而，LiDAR 获取的三维点云数据含有较多的噪声，后期的数据处理工作量很大。

依据散乱分布的 LiDAR 点云数据构建场景三维模型，其关键技术在于从点云中提取地面目标的特征点，如边界点、转角点等，再由特征点构建特征线和特征面，从而建立目标的三维表面模型。基于点云数据进行三维建模，可采用模型驱动、数据驱动的方法。前者适用于形状较为规则或可分解为规则形状的目标三维建模，可以从三维模型数据库中选取已有模型与三维点云数据相匹配，从而将一系列三维坐标点转化为有限的形态集合中某一结构(如桥梁、建筑物等)，得到扫描对象的真实三维模型；后者适用于难以分解为规则几何形状对象的建模，使用不规则三角网(TIN)将点云连接起来，建立被扫描对象的表面模型。基于 LiDAR 点云的三维建模过程及其结果如图 4.6 所示，其基本步骤是：首先，根据已知信息对原始观测值进行概算，将地形数据和地物数据分离；其次，对地物点云数据进行滤波，去除测量噪声、遮挡物(如树木)等，得到建筑物等地物目标的点云；再次，根据地物目标自身的几何特征，提取目标的特征点、特征线及二维平面轮廓；最后，根据提取的特征点、线进行表面三维和拓扑重建。

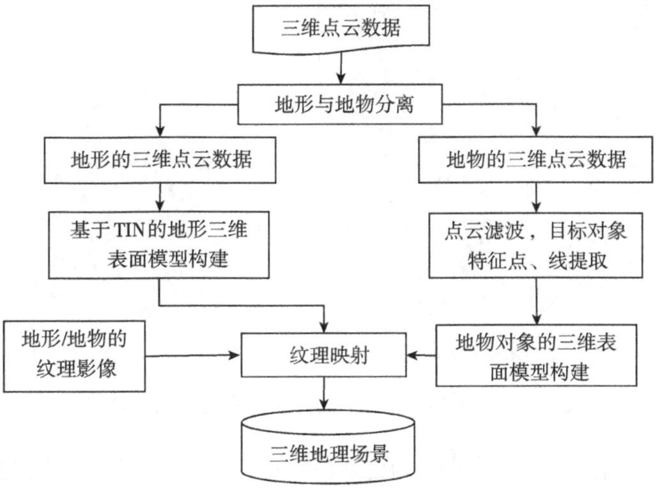

(a) 技术流程

(b) 建模效果

图 4.6　基于 LiDAR 点云的场景三维建模

4. 基于 CAD 的场景三维建模

CAD(computer aided design)以其强大的三维设计、建模与编辑功能，在建筑物三维精细建模中可发挥重要作用。例如，ESRI 公司在其 ArcGIS 产品中增加了 Sketchup(由 Google 公司开发)插件，可基于大比例尺矢量地理数据进行交互式地理对象的三维模型构建。利用 CAD 工具，可精确绘制建模对象的几何细节结构，再加上在实地采集的真实照片作为纹理映射到模型表面(俗称贴图)，由此可得到精确逼真的三维模型，特别适合于对模型细节层次要求高的应用场合，如居住小区管理等。

在实际应用中，有两类 CAD 软件应用较为常用：用于较大范围平面规划设计的 AutoCAD 和用于单个建筑物或数目较少建筑群的 3D Studio MAX(简称 3DS)。在 AutoCAD 中，利用其 3D 功能，参照高度信息将规划设计平面图进行实体拉挤(extrude)，获得以 CSG(constructive solid geometry)或线框表示的建筑物模型，以 dxf 或 dwg 格式导出，供数据交换和共享。在 3DS 中，则根据对建筑物的几何量测数据，直接在三维操作界面中进行几何构模、调整、修饰、赋予材质及纹理贴图，再加入光照和虚拟相机观察模型的效果，直到所建模型与真实对象的逼真度满足用户要求后，将所建三维模型保存为 max、3ds 或 Open Flight 等三维模型数据格式。

利用 CAD 工具软件进行场景对象的三维建模，可直接使用目标对象的三维空间信息创建和编辑模型，所建模型具有丰富的几何细节，特别适合于具有复杂结构特征的建筑物的室内外一体化三维建模，但模型重建和编辑都是交互完成的，工作量极大，一般用于标志性建筑物的三维精细建模(图 4.7)。

(a) 3DS 的三维视图交互界面　　(b) 3DS 三维建模结果

图 4.7　3D Studio MAX 环境下建筑物三维建模

4.2　基于倾斜摄影的城市场景数据获取与建模

经典的航空摄影测量技术主要是从空中进行垂直摄影，获取的是地形地物顶部影像信息，而对城市建筑物侧面的三维几何结构和纹理等信息获取十分有限，不利于建筑物的三维建模。随着超轻型飞行器、无人机等飞行平台搭载小像幅数码相机(2000 万像素以上)摄影技术的发展，航高在 1000m 以下的低空倾斜摄影测量以其灵活机动、快速反应等优势，正成为一种新的地理空间数据采集手段，可从多视角获取摄影区域的高分辨率数字影像，经过飞行姿态改正、像控纠正、解析空三加密等一系列的后处理，生产 4D 及三维城市模型等地理信息产品，为灾害评估、三维城市模型构建等应用提供可靠信息源。

4.2.1　低空摄影平台

无人飞行器(unmanned aerial vehicles，UAV)又称无人驾驶飞行器，主要是指无人驾驶固定翼型飞机、无人驾驶直升机和无人驾驶飞艇等(图 4.8)。

(a) 固定翼无人机　　(b) 多旋翼无人机　　(c) 无人飞艇

图 4.8　不同类型的无人飞行器

以无人驾驶飞行器为飞行平台，加载单镜头或多镜头相机，利用计算机飞行控制系统、测控系统、通信系统，以及 3S(GNSS、GIS、RS)技术的集成与定制，可形成低空无人摄影测量系统。其以小型摄影相机为核心传感器，以先进的全自动化摄影测量工作站为处理平台，以获取 1∶500、1∶1000、1∶2000 成图比例尺数字正射影像图、数字高程模型、数字表面模型、数字线划图为主要目的，也能满足灾害监测、工程测量、场景三维建模等需求。

无人机低空摄影测量中，一般搭载的是非量测相机，表 4.2 给出了低空摄影测量中常用的几种数码照相机的主要参数及不同测图比例尺与相对航高的要求。低空摄影测量主要用于小区域、大比例尺(1∶500～1∶2000)基础地理数据的获取。

表 4.2　低空摄影测量中常用的几种数码相机的主要参数

相机类型	短边像元数	长边像元数	像元大小/μm	焦距/mm	成图比例尺	相对航高/m
Rollei DB45	4080	5440	9	50	1∶500	278
					1∶1000	556
					1∶2000	1111
Rollei DB57	5428	7228	6.8	50	1∶500	368
					1∶1000	735
					1∶2000	1471
Canon EOS 5D Mark II-24mm	3744	5616	6.4	24	1∶500	188
					1∶1000	375
					1∶2000	750
Canon EOS 5D Mark II-35mm	3744	5616	6.4	35	1∶500	273
					1∶1000	547
					1∶2000	1094
Canon EOS 450D	2848	4272	5.2	19	1∶500	231
					1∶1000	462
					1∶2000	923

与传统的航空摄影系统相比，低空无人机摄影系统具有以下特点和优势。

(1) 机动性强、起降简单、操作灵活、运输方便，具备快速响应能力。无人飞行器的机动性、灵活性使得它不要求专用起降场地，升空准备时间短、操作控制较容易、运行成本低，城市的运动场、广场等都可以作为起降场地，特别适合在建筑物密集的城市地区和地形复杂地区及我国南部丘陵、多云地区应用。机动性强、快速响应是其最大的特点，特别是在地质灾害监测方面具有重要的应用价值。表 4.3 列出了国产华燕 Swallow 无人机摄影系统的主要参数。

表 4.3 华燕 Swallow 无人机摄影系统的主要参数

<table>
<tr><td rowspan="12">飞行系统</td><td>重量</td><td>2.00kg</td><td rowspan="3">搭载相机</td><td>搭载(可选)</td><td>Samsung NX210 数字相机</td></tr>
<tr><td>尺寸</td><td>100cm×65cm×10 cm</td><td rowspan="2">空中拍摄面积</td><td>4 km^2(GSD 8cm)，6km^2 (GSD 12cm)，9km^2(GSD 18cm)</td></tr>
<tr><td>翼展</td><td>1.00 m</td><td>75% 航向重叠率，50%旁向重叠率，60 分钟飞行时间，快门 3 秒</td></tr>
<tr><td>机翼面积</td><td>20dm^2</td><td rowspan="4">地面站</td><td rowspan="2">传输距离</td><td rowspan="2">全向型天线：5km
指向型天线：10km</td></tr>
<tr><td>飞行速度</td><td>巡航速度：81km/h
最大速度：92km/h</td></tr>
<tr><td>飞行高度</td><td>海拔：3000m</td><td>传输频率</td><td>434 / 868 / 912 MHz (选项)，19200bps，半双工，8 频道</td></tr>
<tr><td>滞空时间</td><td>40～50 分钟</td><td>其他</td><td>地面控制站软件(不包含笔记本电脑)</td></tr>
<tr><td>材质</td><td>发泡聚丙烯及碳纤维增强结构</td><td rowspan="3">适应环境</td><td rowspan="2">风力</td><td>风：风级 4(20～28km/h)</td></tr>
<tr><td>起飞</td><td>弹力绳或弹射架</td><td>温度：-20～60℃</td></tr>
<tr><td>回收</td><td>降落伞</td><td>抗雨能力</td><td>5mm/12h 小雨</td></tr>
<tr><td>动力</td><td>300 W 无刷电动马达，后推式</td><td rowspan="2">飞机操控</td><td>架设时间</td><td>10 分钟</td></tr>
<tr><td>电池</td><td>锂聚合物电池 11.1V，8000 mAh</td><td>操控方式</td><td>自动起飞和回收、自动导航、自动快门、自动启动安全措施</td></tr>
</table>

注：GSD 为地面分辨率。

(2)系统成本及影像数据处理费用少，事故率低，安全性强。低空无人摄影测量系统的成本相对低廉，一般单位和个人都有能力负担。影像数据后处理的设备要求不高、成本费用低，高档微型计算机就可以作为主要设备，这不同于传统有人机航摄所要求的昂贵数字航摄仪和高性能数据后处理设备。它的安全性使得它能够在对人生命有害的危险和恶劣环境下(如森林火灾、火山、有毒液体等)直接获取影像，即便是设备出现故障，发生坠机也不会造成人员伤害。

(3)影像分辨率高，搭载传感器灵活，可获取多角度影像。无人飞行器携带的高精度数码成像设备具备垂直或倾斜摄影的能力，不仅能竖直拍摄获取平面影像，还能低空多角度摄影获取建筑物多个侧面的高分辨率纹理影像，克服了卫星遥感和普通航空摄影在城市区域获取的影像存在严重的高层建筑遮挡问题。所获取影像的空间分辨率能达到几个厘米，可用于高精度数字表面模型和场景三维模型的建立。

(4)监控区域受限制小，工作效率高，性能优异。无人飞行器可按预定飞行航线自主飞行、拍摄，航线控制精度高。飞行高度 50～1000m，高度控制精度达到 10m，不受航空管制的限制。即使在阴云天气下也可获得清晰的影像。

虽然低空无人机摄影有着影像获取方面的便利，但由于无人飞行平台通常采用非量测数码照相机作为影像采集设备，也给摄影测量数据处理带来诸多障碍。

(1) 非量测相机的内方位参数未知，影像几何畸变较大。非量测相机存在较大的镜头畸变，相机内参数稳定性差，获取的影像几何畸变较大，这严重影响了空中三角测量的精度。

(2) 飞行平台受风力影响较大，飞行航线难以平稳，影像外方位元素变化大。轻型无人飞行器易受到气流和风向的影响，所获影像的航偏角和翻滚角大(飞艇平台更为严重)，给后续处理造成困难。

(3) 获取影像像幅小，基高比小。非量测相机拍摄的低空影像像幅对应的地面范围较小，对稍大些的地面范围所拍摄的影像数量非常大，一般系统很难自动处理。另外，小像幅立体像对的基高比(基线长度与航高的比值)小，给三维交会解算精度带来影响。为了获取较大像幅的影像，可采用组合宽角相机拼接技术，如中国测绘科学研究院研制了轻小型五拼组合特宽角相机(图 4.9)。

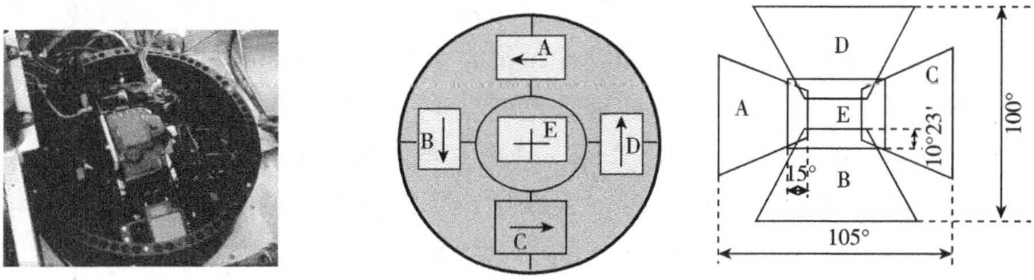

(a) 五组合相机　　(b) 相机结构与五相机成像拼接图

图 4.9　五拼组合特宽角相机及其成像原理图

(4) 数据处理软件相对滞后。由于无人机低空摄影测量发展时间短，数据处理软件相对滞后，若采用传统摄影测量软件进行低空摄影数据的处理，则作业效率较低，很多情况下无法获得需要的解算精度。

4.2.2　倾斜航空摄影测量

倾斜摄影测量(oblique photogrammetry)可以从空中倾斜摄影，获取地物目标的多视角影像信息。与传统的竖直航空摄影方式不同，倾斜航空摄影技术在同一飞行平台上搭载多台数码相机，且相机与地面成一定角度情况下获取影像，同时获取 1 个垂直方向(正视)和 4 个倾斜方向(前视、后视、左视、右视)共 5 个方向的影像数据，再配合全球导航卫星系统(GNSS)和惯性测量装置(inertial measurement unit，IMU)组合而成的 POS(position and orientation system)系统获取的高精度位置和姿态数据，通过特定的数据处理软件进行数据处理，获取可量测实景影像、数字正射影像、数字高程模型、三维表面模型等地理信息产品。倾斜航空多角度影像能克服正直摄影中的死角、目标遮蔽等现象，给人以直观的视觉体验；同一目标的多视角影像，也有利于剔除粗差，提高影像匹配的可靠性与摄影测量的精度。

可同时获取多角度影像的倾斜摄影系统是倾斜摄影测量技术中的重要硬件系统，国内外主流的倾斜摄影硬件系统有美国 Pictometry 公司的 Pictometry 系统、美国微软公司的 UltraCam Opesys 系统、瑞士 Leica 公司的 RCD30 Oblique 系统、美国 Trimble 公司的 AOS 系统、北京思维远见公司的 SWDC-5 系统、中测新图(北京)遥感技术公司的 TOPDC-5 系统、上海航遥信息技术公司的 AMC580 等。

以 SWDC-5 为例，简要介绍多视角倾斜摄影系统的影像获取原理。SWDC-5 是由 5 台哈苏 H3D 相机组成的五视角摄影系统(图 4.10)，中间 1 台垂直摄影获取正下方影像，其余 4 台分别向前视、后视、左视和右视 4 个方向以 45° 倾斜角对地面进行倾斜摄影，以优于 5000 万(8176×6132)像素得到被拍摄目标的多视角影像，图 4.11 表示了倾斜摄影相机的影像获取原理。另外，摄影过程中，在 SWDC-5 的上方安置集成了 GPS/IMU 的 POS 系统，可在曝光瞬间准确获取每幅影像的三维空间位置和姿态信息。由 SWDC-5 获取的多视角影像如图 4.12 所示。

倾斜摄影相机工作时，5 个镜头并非同时曝光，而是按照一定顺序依次曝光，曝光间隔一般小于 1 秒，但一组曝光要持续几秒。影像重叠度一般为航向 66%、旁向 30%，也可根据实际需要，增大航向和旁向重叠度。

与传统的垂直航空摄影相比，倾斜航空摄影有着自身的特点：①更适合于城市的三维建模。多角度倾斜影像能从不同视角获得建筑物顶部及各立面的几何和纹理影像，有利于从这些影像上自动提取建筑物的三维几何和纹理特征，从而快速地建立城市三维模型，有效地降低城市三维建模的成本。②不以基础地理数据的获取为主要目的，而是面向大众化应用。虽然基于倾斜摄影影像，也可以生产 4D 产品，但其主要目的在于充分发挥多视角实景影像可支持多角度浏览的优势，不强调测图精度。大众用户不需要专业的测绘知识，在一定的应用软件支持下，只要有一套带有内外方位元素的倾斜摄影实景影像，在此实景影像中，就可以实现建筑物的多角度浏览，观察建筑物的外观，进行空间位置、长度、高度、角度、面积等多种几何信息的量测，如图 4.13 所示。

(a) 相机外观　　(b) 相机镜头实景　　(c) 相机镜头布局

图 4.10　SWDC-5 多视角相机及其布局

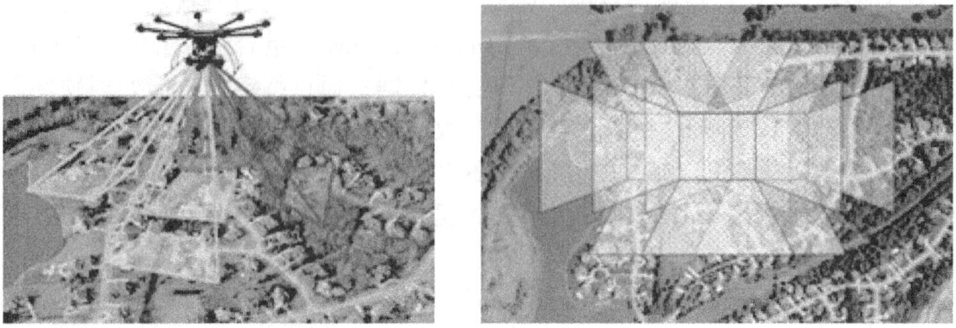

(a) 一组曝光采集影像示意图　　(b) 相邻位置正视与倾斜影像示意图

图 4.11　多视角倾斜摄影原理图

图 4.12　SWDC-5 获取的多视角影像

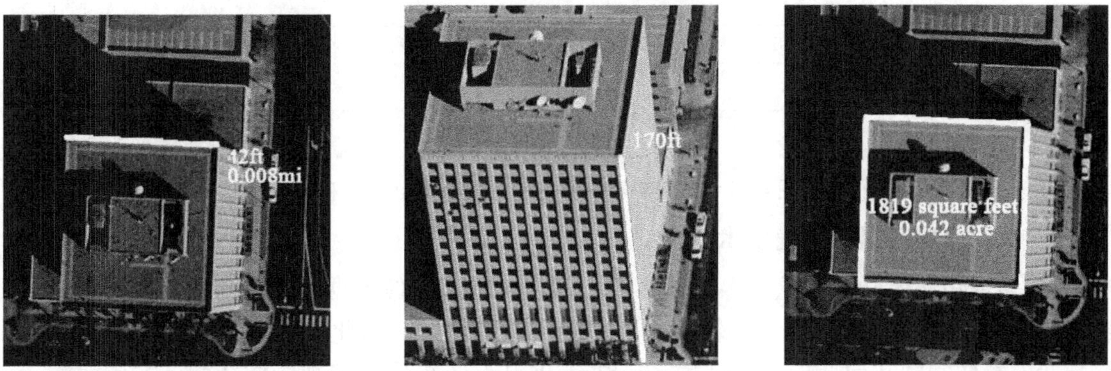

(a) 量测长度　(b) 量测高度　(c) 量测面积

图 4.13　在倾斜影像上进行建筑物几何信息的量测

4.2.3　基于倾斜摄影影像的城市场景三维建模

多角度倾斜航空摄影影像是城市三维场景建模的有效数据源。但倾斜摄影影像在成像方式上与传统的竖直摄影影像存在较大差别：①摄影过程中的透视投影，使得倾斜摄影影像上地物目标的几何变形更大，且偏离摄影中心垂直地面投影位置越远，这种变形越大。②在倾斜摄影影像上，高大建筑物所造成的遮挡现象更为突出。③具有比常规航空摄影测量更大的多重覆盖，同一地物会出现在更多幅影像上。这些因素导致倾斜摄影测量的数据处理比普通摄影测量要复杂得多，一般的数字摄影测量系统很难对其进行自动处理，必须有专门的多视角倾斜摄影测量软件，如 Infoterra 公司的 Street Factory、Acute 3D 公司的 Smart 3D Capture、Pictometry 公司的 Pictometry、Leica 公司的 RCD30 Oblique、华正空间的 3DRealWorld 等才能对其进行处理，并进行场景的三维建模。

1. 倾斜摄影测量的一般过程

倾斜摄影测量的一般作业与数据处理过程如图 4.14 所示。

该过程主要包括航线设计、相机标定(检校)、像控点布设与测量、外业航拍实施、影像预处理、多视影像联合区域网平差、多视影像匹配、DSM 生成、真正射影像纠正、三维模型构建等内容。

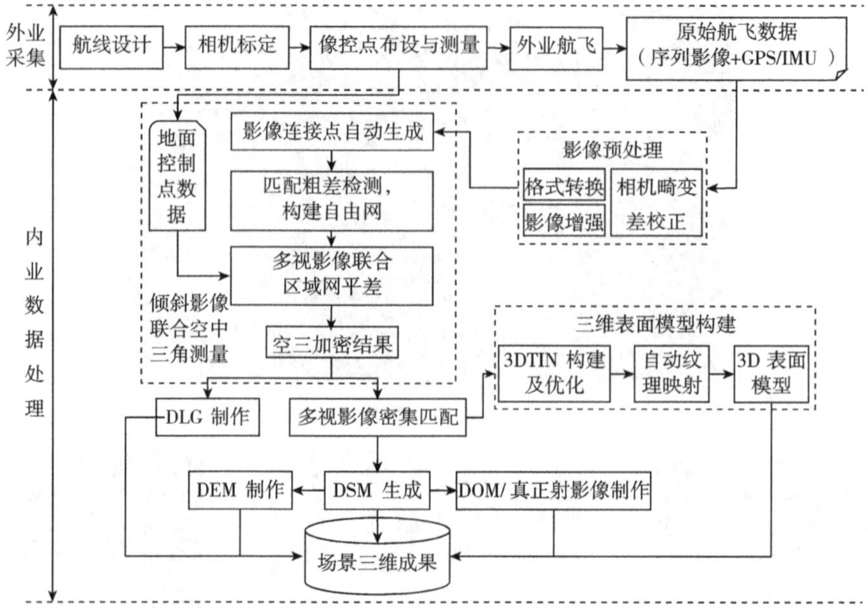

图 4.14 倾斜摄影测量的作业与数据处理过程

2. 倾斜摄影测量的关键技术

(1) 多视角影像联合平差。多视角影像不仅包含垂直影像数据，还包括倾斜影像数据，而部分传统空中三角测量系统无法较好地处理倾斜影像数据。因此，多视角影像联合平差需要充分考虑影像间的几何变形和遮挡关系。结合 POS 系统提供的多视影像初始外方位元素，采取由粗到精的金字塔匹配策略，在每级影像上进行同名点自动匹配和自由网光束法平差，得到较好的同名点匹配结果。同时，建立连接点和连接线、控制点坐标、GPU/IMU 辅助数据的多视影像自检校区域网平差的误差方程，通过联合平差解算，确保空三加密成果的精度。

(2) 多视角影像密集匹配。多视角影像具有覆盖范围大、分辨率高等特点，因此，在匹配过程中充分考虑冗余信息，快速准确地获取多视角影像上的同名点坐标，进而获取地物的三维信息，是多视角影像匹配的关键。因为单独使用一种匹配基元或匹配策略往往难以获取三维建模需要的同名点，所以，近年来随着计算机视觉发展起来的多基元、多视角影像匹配，逐渐成为摄影测量领域的研究热点。

(3) 数字表面模型生成和真正射影像纠正。多视角影像密集匹配能得到高精度高分辨率的数字表面模型 DSM，充分表达地形地物的起伏特征，已成为新一代空间数据基础设施的重要内容。由于多角度倾斜影像之间的尺度差异较大，影像数据较多，加上较严重的遮挡和阴影等问题，基于倾斜影像的数字表面模型自动生成存在新的难点。可以先根据自动空三解算出来的各影像外方位元素，分析与选择合适的影像匹配单元进行特征匹配和逐像素的密集匹配，引入并行算法，提高计算效率。在获得高密度 DSM 数据后，进行滤波处理，将不同匹配单元进行融合，形成统一的 DSM。

多视影像真正射纠正涉及物方连续的数字高程模型 DEM 和大量分散分布、粒度差异很大的地物对象，以及海量的像方多角度影像，具有典型的数据密集和计算密集特点。在 DSM 的基础上，根据物方连续地形和离散地物对象的几何特征，通过轮廓提取、面片拟合、屋顶重建等方法提取物方语义信息；在多视影像上，通过影像分割、边缘提取、纹理聚类等方法获取像方语义信息，再根据联合平差和密集匹配的结果建立物方和像方的同名点对应关系，继而建立全局优化采样策略和顾及几何辐射特征的联合纠正，同时对遮挡和阴影区域进行处理，并进行整体匀光匀色处理，以制作无遮蔽、无重影、纹理真实、视角垂直的真正射影像（true DOM，TDOM）。

3. 基于倾斜摄影测量的城市三维建模

利用多视角倾斜航空影像及倾斜摄影测量数据处理软件进行城市场景三维模型的自动/半自动构建正成为“数字城市”和“智慧城市”建设的主流技术。在倾斜摄影测量软件的支持下，首先对摄影区域的多视角影像自动提取特征点，匹配出影像间密集的连接点(图 4.15)，再进行多视角影像的三维空中三角测量处理，得到各影像高精度的外方位元素。

在完成空中三角测量之后，首先选择最优的立体像对，进行密集影像匹配，按前方交会方法生成密集三维点云；其次，基于密集点云构建三维 TIN 形式的 Facet 表面模型；再次，在三维尺度下对 Facet 模型进行优化/简化和整饰；最后，从众多的影像中选择最佳视角的影像获取纹理影像，并进行纹理自动映射，以生成具有真实感的场景三维表面模型。图 4.16 给出了基于倾斜摄影多视角影像匹配生成的城市场景三维模型，为了对比不同表现形式的效果，对场景的左侧部分仅以三维 TIN 表示，此时仅反映场景的几何特征，无法辨识城市不同对象；中间部分是对三角面片 Facet 采用光照模型渲染的效果，虽可辨识出城市对象，但不具备真实感；右侧为建模对象以真实纹理映射后的效果，其真实感强。

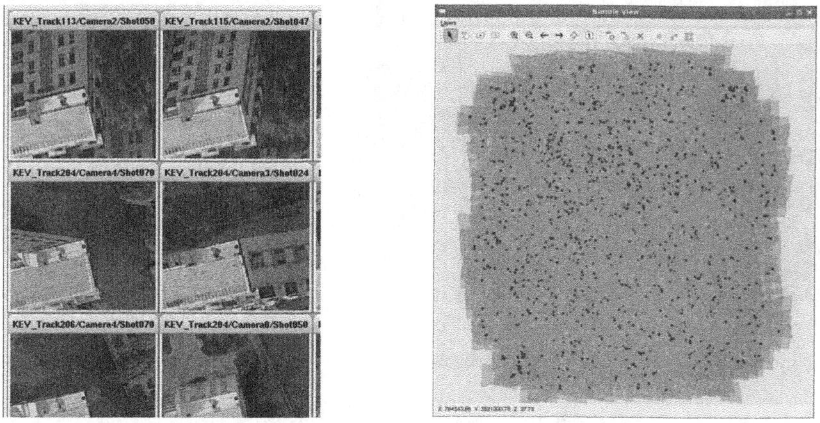

(a) 多视角影像上的特征点　　(b) 摄影区域多视角影像密集的连接点

图 4.15　倾斜摄影测量区域空中三角测量连接点生成

图 4.16　基于倾斜摄影构建的场景三维模型

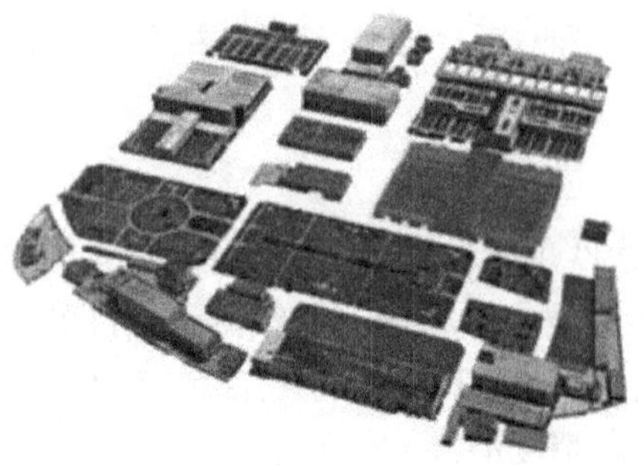

图 4.17　场景三维模型的单体化

从图 4.16 可见，所构建的场景三维模型是连在一起的一个整体，从 GIS 的角度，需要从该场景整体三维模型中分离出单个或者一类对象（即单体化），如单栋建筑物。单体化有两种途径：①依据场景三角形 Facet 的表面法线方向变化，自动地提取单个对象与地面的矢量边界，再根据此边界的矢量对整体三维模型进行切割，实现单体化。②将场景三维模型与场景区域大比例尺矢量地理要素的各类要素图层叠置，利用各要素图层中的多边形边界实现不同要素的三维模型一次性全部分离（图 4.17）。在对模型单体化后，就可逐一输出和交换单个要素的三维模型，在其他三维模型编辑加工环境下，如 3D Studio MAX、Maya、Blender 等，对模型中的噪声、空洞等进行交互修饰，使建筑物模型在细节上的质量更高，便于在 3D GIS 环境下观察、量测、查询和分析各三维对象（图 4.18）。

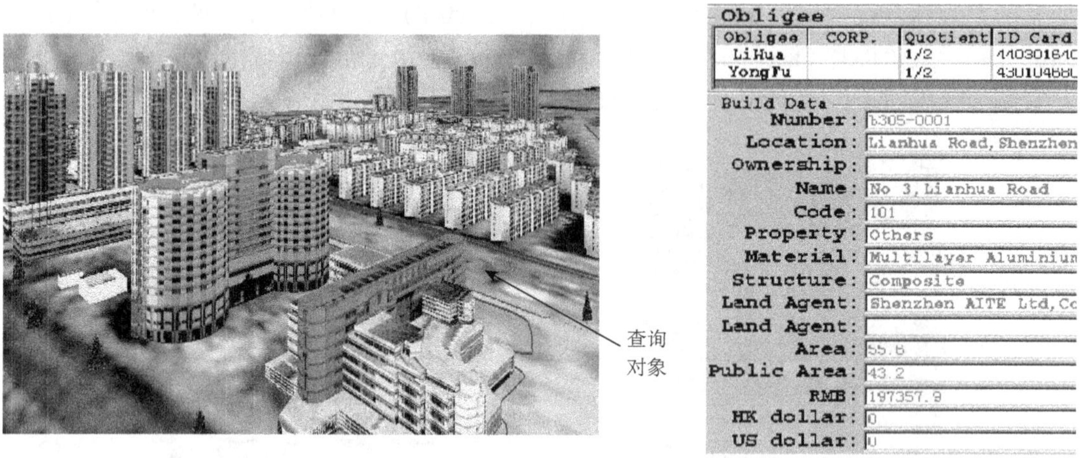

(a) 3D GIS 中的三维场景（其中箭头所指的为查询的建筑物）　　(b) 查询对象的属性

图 4.18　三维 GIS 中对象的查询

4.3　基于车载移动测量系统的三维数据采集

在空间数据尤其是城市三维空间数据的采集与更新方面，车载移动测量系统（mobile mapping system，MMS）作为多传感器集成的移动式直接定位和数据采集系统，具有机动灵活、高效快速的特点，适合于较大范围区域内沿道路两侧分布的地理要素数据获取。作为航空摄影的补充，车载移动测量系统是快速获取城市三维模型的有效手段之一。

4.3.1　车载移动测量系统的硬件组成

车载移动测量系统是以中小型汽车为载体，通常集成了全球导航卫星系统（GNSS）、惯性测量装置（IMU）、激光扫描仪（LiDAR）、CCD（charge coupled device）相机、360° 全景相机等多种传感器于一体的测量系统。国内外许多研究机构和测绘设备制造企业研发了不同性能、多种型号的 MMS 系统，如美国 Trimble 的 MX8、日本 Topcon 公司的 IP-S2 和 IP-S3、我国立得公司的 LD2011 和“闪电侠”系列、中海达的 iScan 等（图 4.19）。典型车载移动测量系统一般由以下几个部分组成(数据获取设备根据实际用途选配)。

(1)车载平台。多传感器的集成安装平台，可以是商务车的开天窗和有举升机构的改造装置，也可以是越野车顶部加装的安装平台。

(2)定位和定姿系统。包括 GNSS 接收机与天线、惯性测量设备(IMU)、距离测量装置(车轮计数器 Odometer)，用于完成车载平台的绝对位置和姿态数据的测量。其中，IMU 包括三个加速度计和三个陀螺仪，前者用来测量载体的 3 个平移运动的加速度，指示当地铅垂线的方向；后者用来测量载体的 3 个转动运动的角位移，指示地球自转轴的方向。对测量出的加速度进行两次积分，可计算出载体在所选择的导航参考坐标系中的位置。

(3)数据获取装置。主要有：①三维激光扫描仪(LiDAR)，用于采集地物目标的三维点云数据，生成高精度数字表面模型。②高分辨率 CCD 立体相机，一般搭载 6 台(或多达 9 台)高分辨率的面阵 CCD 相机或 1 台全景相机或 2 台线阵 CCD 相机，可用于获取道路两旁的实景影像以构建立体像对，也可用于三维重建的纹理提取。③360°全景相机，如 Ladybug 系列，用于获取 360° 全景影像。④数字摄像机，用于获取车辆移动过程中的视频影像。

(4)工业化计算机系统。该系统中有电源转换设备、计算机主机、多路复用器与数据录入设备等，用于车载平台上各种传感器的人机交互控制和传感器所采集数据的存储。

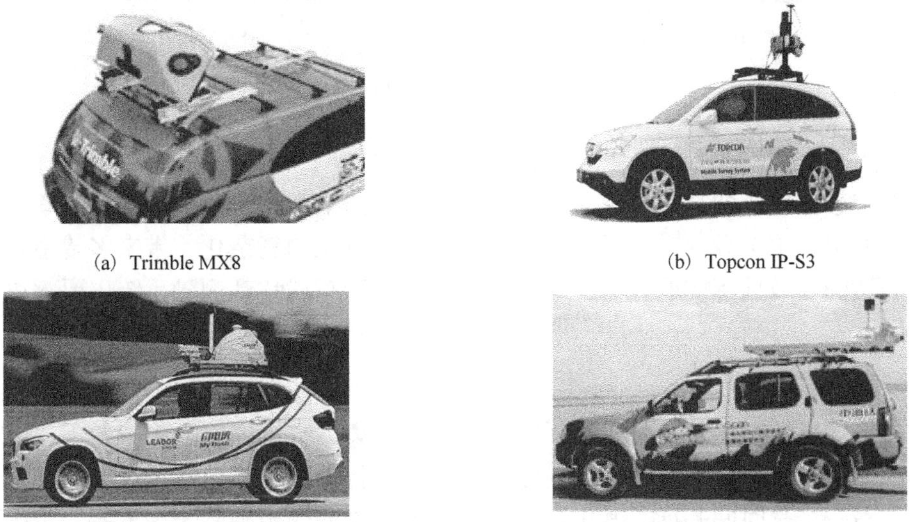

(a) Trimble MX8　　(b) Topcon IP-S3

(c) 立得公司“闪电侠”　　(d) 中海达公司 iScan

图 4.19　部分车载移动测量系统

南京师范大学虚拟地理环境教育部重点实验室是国内最早研发车载移动测量系统的单位之一，所研发的车载三维数据采集系统 NS-MMS 如图 4.20 所示，该系统所配置的设备及其技术参数如表 4.4 所示。

表 4.4　NS-MMS 的设备配置及其技术参数

设备	数量	精度/分辨率	采样频率	备注
CCD 立体相机	3 对	2454 像素 × 2056 像素	1 幅/5m	正前方 1 对、左前侧和右前侧各 1 对
DGPS	2	10～40cm	1 Hz	1 部安装在车顶充当移动站，另 1 部在地面使用充当固定站，差分测定平台位置
惯性测量装置 IMU	1	0.05°(roll，pitch) 0.1°(heading)	200 Hz	与 DGPS 协同工作，获取平台瞬时姿态参数

续表

设备	数量	精度/分辨率	采样频率	备注
线阵 LiDAR	2	角分辨率：0.2° 扫描宽度：180°	38 线/s	左、右竖向扫描各 1 台
CCD 纹理相机	2	1624 像素 × 1234 像素	14 帧/s	与 LiDAR 配合采集纹理图像
数码摄像机	1	768 像素 × 576 像素	30 帧/s	采集平台行驶过程中的视频影像
车轮计数器 Odometer	1			
工控计算机	4			分别采集不同类型数据、数据合成及存储
同步控制器	1			控制各设备同步工作

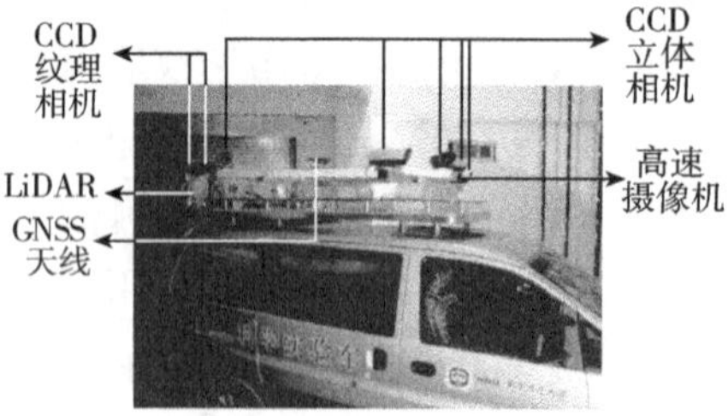

(a) 系统外部设备

(b) 系统内部设备

图 4.20 NS-MMS 的硬件设备图

4.3.2 车载移动测量系统的关键技术

虽然多传感器集成的移动测量系统提高了空间数据采集的时间分辨率和空间分辨率，但多个传感器的引入也会导致整个系统数据采集和处理过程的复杂化，带来多传感器协调工作及其空间表达的一致性等问题。为此，多传感器集成的车载移动测量系统也要解决如下的关键技术问题。

1. 系统同步技术

系统的各传感器按照各自的采样间隔进行数据采集，数据的输入频率各不相同，时间精度也不一致。把各种仪器采集的数据传输至计算机进行处理，必然涉及基准的问题，一个是坐标基准，另一个是时间基准。其中，时间基准即数据的同步控制尤为重要，否则不同的传感器采集的数据将失去相互联系的纽带，不能进行有效的操作和管理。

对于坐标基准，首先建立一个统一的系统坐标系，其起始点为惯性测量装置的原点；再利用系统检校技术，将每种传感器的原点，如 GNSS 天线的相位中心、CCD 相机的摄影中心、激光扫描仪的相对坐标原点都归算到此系统坐标系中。对于时间基准，为了能将同一时刻各种传感器获得的数据联系起来，需要一种统一的时间尺度，以将整个系统的传感器采集的数据建立在同一时间坐标轴上，实现任意数据的同步记录与集成处理。例如，利用 CCD 影像进行立体测图时，必须知道 CCD 相机曝光采集时刻摄站点的位置及姿态，这需要由 GNSS 和 IMU 提供。为了统一各设备采集数据的时间，车载移动测量系统一般通过一个时间板实现各传感器数据的同步记录。各传感器采集的数据都统一在时间板上，给没有时间功能的设备提供每帧数据的时间标签，在数据采集时，一并采集各传感器每帧数据产生的时刻，从而实现 GNSS、IMU、CCD 相机、LiDAR 之间数据的有效集成。为了提高时间板精度，将 GNSS 输出的整秒级时间脉冲引入时间板，对时间板上可能产生的时间误差进行校准。

2. 系统检校技术

在地面车载移动测量系统中，GNSS/IMU 定位定姿设备提供了车载平台的位置和姿态信息，大量的三维空间信息是通过摄影测量系统得到的。摄影测量系统包括被动式的 CCD 相机组成的立体摄影测量系统及主动式的 LiDAR 系统，这两类系统所采集的原始数据的三维坐标都是以仪器自身为参照的相对坐标。为保证测量得到的空间信息的统一性，必须将摄影测量的相对坐标系纳入统一的全球定位坐标系中。系统检校(或系统标定)就是建立摄影测量系统的相对坐标系与全球定位坐标系的坐标转换模型与参数的过程，通过检校提供的参数和关系式，可得到任意相机(或激光扫描仪)、任意时刻的所有内外方位元素。车载移动测量系统的检校采用分级检校的方法，后一级的检校在前一级的检校基础上实现。整个检校过程分为三级：系统的内检校、系统的相对检校、系统与 GNSS/IMU 之间的绝对检校。

对于 CCD 相机构成的立体摄影测量系统，其检校过程为：相机的内检校、相机对相对关系的检校及立体摄影测量系统的绝对检校。相机内检校包括镜头畸变系数和内方位元素的检测。用于相机内检校的方法很多，总体可以分为两大类：摄影测量检校和自标定。摄影测量检校利用对摄影测量标定场所拍摄的影像，对影像进行解析得到相机的各种参数。摄影测量标定场中[图 4.21(a)]布设了许多已精密测定三维坐标的控制点，通过在标定场影像上提取控制点，建立控制点影像坐标与真实三维空间坐标之间的关系，解算相机的各种参数。这种检校解算严密，在有足够控制点的情况下，相机参数的解算精度高。自标定通过在不同的方向对同一场景目标拍摄影像，利用目标的空间几何不变特性作为影像间的约束，解算相机的各种参数。自标定方法灵活方便，如果使用规则的场景，自标定过程可以自动化，但是这种方法解算的精度相对较低。

相机对的相对检校则解算立体相机的相对关系，得到两个相机之间的相对位置和姿态参数。相对检校过程依然是基于摄影测量空间后方交会的解算，解算过程中增加了相应的约束条件，基本的约束有：基线不变约束，即两相机之间的距离在不同的位置保持不变；基线初始值约束，即通过普通测量可得到两相机之间的距离初始值；旋转矩阵约束，即两相机之间的旋转关系在不同的位置保持不变及同名点间的共面约束。

车载立体摄影测量系统的绝对检校是在布设了控制点的室外标定场上进行的。通过在不同方向、不同位置拍摄室外标定场[图 4.21(b)]的序列立体像对，同时记录车载平台的 GNSS 和 IMU 数据，解算立体摄影测量系统的相对坐标到绝对坐标的坐标变换矩阵，建立由 GNSS/IMU 数据得到各相机外方位元素的变换关系式和变换参数。

(a) 室内标定场

(b) 室外标定场

图 4.21　车载移动测量系统的设备标定场

对于主动式的三维激光扫描系统，因为自身就具有相对的三维坐标采集功能，且其内检校在仪器出厂时已经完成，所以，其只需要进行绝对检校，即解算激光扫描设备与 GNSS/IMU

设备之间的旋转、平移参数，从而得到激光扫描的相对坐标系到绝对坐标系的转换参数。其绝对检校过程可参照立体摄影测量系统的绝对检校方式在室外标定场中完成。

3. GNSS/IMU 集成技术

在车载移动测量系统中，GNSS/IMU 组合导航系统的作用在于精确测定汽车平台在行驶过程中，某一瞬时精确的位置和姿态。GNSS/IMU 组合导航可充分发挥这两种传感器的各自优势，改善系统的精度和可靠性。一方面，高精度 GNSS 信息可用来修正 IMU 信息，控制其误差随时间的积累；另一方面，利用 IMU 短时间内定位精度较高且数据采样率高的优点，补偿 GNSS 信号因障碍物遮挡而中断导致的定位信息缺失，并促进 GNSS 快速捕获或重新捕获卫星信号。

GNSS/IMU 两者集成的关键器件是作为两者的接口并起数据融合作用的卡尔曼滤波器，该滤波器可建立描述 GNSS/IMU 组合系统的动态特性的统计数学模型，并由滤波方程经数据处理，得到系统状态变量的最优估值，使得组合系统的导航定位误差最小。GNSS/IMU 组合的方式，按卡尔曼滤波器的配置，分为两种：①松耦合(又称串行耦合)，即两者各有 1 个卡尔曼滤波器；②紧耦合，即两者共用 1 个卡尔曼滤波器。两种组合方式各有优缺点，从精度着眼，通常采用紧耦合模式。因此，GNSS/IMU 的耦合技术，包括卡尔曼滤波和配置、误差估值技术等是 GNSS/IMU 集成的关键技术。

4.3.3 车载移动测量系统的数据采集原理

车载移动测量系统的各传感器在工控机控制下，利用 GNSS 授时进行同步工作，采集汽车平台移动过程中道路及两侧地物目标的立体像对、视频图像、三维点云及车辆瞬时的坐标和姿态参数，然后通过数据后处理软件，得到道路及其两侧地物目标的绝对三维空间坐标、长度、面积等几何特征与语义、材质等属性信息。车载移动测量系统的基本数据采集与处理过程如图 4.22 所示，主要包括系统检校、外业数据采集、内业数据处理三个部分。另外，因为三维激光扫描系统具有三维坐标采集功能，且其绝对检校过程可参照 CCD 相机组成的车载立体摄影测量系统的绝对检校方法与过程，所以，下面重点叙述车载立体摄影测量系统的检校与空间三维数据采集原理。

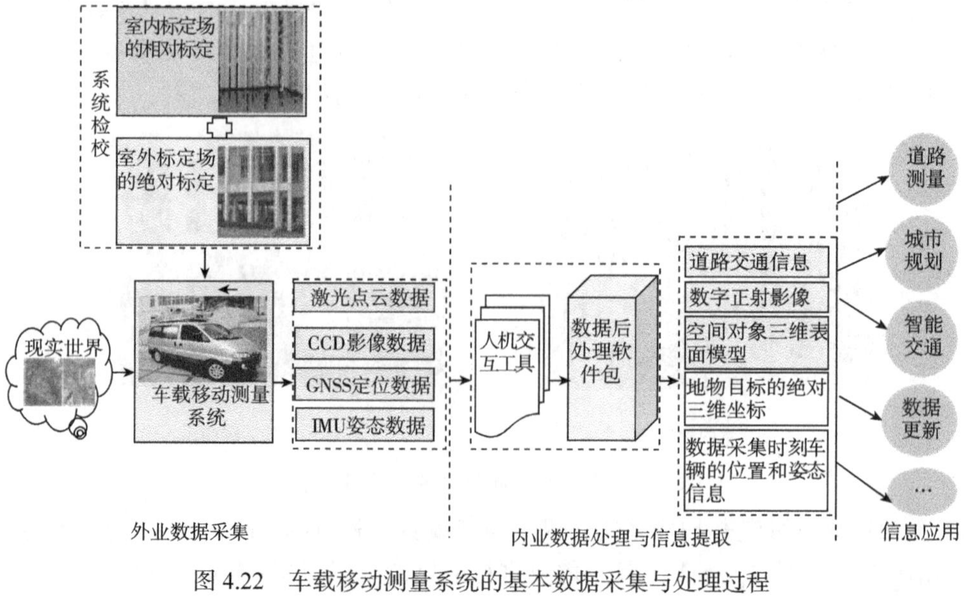

图 4.22 车载移动测量系统的基本数据采集与处理过程

1. 车载立体摄影测量系统的相对标定

对于车载立体摄影测量系统中某台相机拍摄的影像，在考虑相机镜头的几何畸变情况下，根据中心投影成像的共线条件方程和相机的畸变模型，可得物点的三维坐标（X，Y，Z）、相机摄影中心的三维坐标（X_s，Y_s，Z_s）和相应像点的像方坐标（x，y）之间的几何关系，即相机成像的几何模型：

$$\begin{cases} (f_x r_{11}+x' r_{31})X+(f_x r_{12}+x' r_{32})Y+(f_x r_{13}+x' r_{33})Z \\ =f_x(r_{11}X_s+r_{12}Y_s+r_{13}Z_s)+x'(r_{31}X_s+r_{32}Y_s+r_{33}Z_s) \\ (f_y r_{21}+y' r_{31})X+(f_y r_{22}+y' r_{32})Y+(f_y r_{23}+y' r_{33})Z \\ =f_y(r_{21}X_s+r_{22}Y_s+r_{23}Z_s)+y'(r_{31}X_s+r_{32}Y_s+r_{33}Z_s) \end{cases} \tag{4.1}$$

式中，

$$\begin{cases} x'=x-x_0+k(x-x_0)\left[(x-x_0)^2+(y_0-y)^2\right]+p_1\left[3(x-x_0)^2+(y_0-y)^2\right] \\ \quad +2p_2(x-x_0)(y_0-y)+s_1\left[(x-x_0)^2+(y_0-y)^2\right] \\ y'=y_0-y+k(y_0-y)\left[(x-x_0)^2+(y_0-y)^2\right]+p_2\left[(x-x_0)^2+3(y_0-y)^2\right] \\ \quad +2p_1(x-x_0)(y_0-y)+s_2\left[(x-x_0)^2+(y_0-y)^2\right] \end{cases} \tag{4.2}$$

以上两式中，(X，Y，Z)、(X_s，Y_s，Z_s)分别为地物点、成像瞬间的相机摄影中心在某一选定的地面坐标系下的三维坐标（既可是真实的地理空间坐标系，也可是在室内标定场建立的、用于测量标定控制点的自定义三维坐标系）；$\boldsymbol{R}=\begin{pmatrix} r_{11} & r_{12} & r_{13} \\ r_{21} & r_{22} & r_{23} \\ r_{31} & r_{32} & r_{33} \end{pmatrix}$为根据影像成像瞬间相机在选定的地面坐标系中三个外方位角元素(φ，ω，κ)计算得到的旋转矩阵；(x，y)为在影像行列坐标系下地物点在影像上的实际成像点的列、行号；（x'，y'）为像点经镜头畸变纠正后的影像列、行号，(x_0，y_0)为像主点在影像上的列、行号，(f_x，f_y)为相机的列主距和行主距(其中 x_0、y_0、f_x、f_y 统称为相机的内方位元素)；k 为相机镜头的径向畸变参数，p_1、p_2 为相机镜头的离散畸变参数，s_1、s_2 为相机镜头的薄透镜畸变参数。

由两台同型号非量测相机按一定基距和相近姿态固定安置，可组成一个立体相机对，同时拍摄相同目标可获得立体像对。为了能依据立体像对上同名像点的像方二维坐标解算对应地物点的相对位置及几何量(如长度、面积等)，则必须事先求得立体像对各相机全部内方位元素和镜头的畸变参数，以及两个相机之间的相对定向参数(包括摄影中心之间的距离、摄影主光轴的相对姿态)，此过程称为立体摄影测量系统的相对标定。这一环节需要根据相机的几何成像模型(式 4.1)，在高精度室内三维标定场中使用立体相机对[见图 4.21(a)]采集立体像对才能完成。其主要过程为：①利用车载立体摄影测量系统对标定场进行立体像对的拍摄。②通过数字图像处理，提取影像上各标定控制点的中心，得到其影像二维坐标，并与其各标定控制点实测三维坐标对应。③建立以立体相机对的左相机摄影中心为原点、坐标轴平行于标定场自定义三维直角坐标系的相对坐标系，在此相对坐标系下表达各相机的外方位元素：左相机为$(0, 0, 0, \varphi_1, \omega_1, \kappa_1)^{\mathrm{T}}$，右相机为$(\Delta X_s, \Delta Y_s, \Delta Z_s, \varphi_2, \omega_2, \kappa_2)^{\mathrm{T}}$。④将从立体像对中提取的各标定控制点影像坐标及其实测三维坐标分别代入式(4.1)，采取将直接线性变换(direct linear transformation，DLT)算法和非线性迭代三步法组合的策略解算出各相机的内方位元素、镜头的畸变参数和相机对的相对定向参数。

组成车载立体摄影测量系统的立体相机对采用刚体固定安装，那么表示两台相机之间的相对位置（平移关系）和相对姿态（旋转关系）的相对定向参数也是固定的。一旦完成了相机对的相对标定，就可根据立体相机在任意位置拍摄的立体像对，按照地物点分别在左、右两个影像上的同名像点（经影像匹配得到）的列号与行号 (x_1, y_1)、(x_2, y_2)，使用基于相机几何成像模型［式(4.1)］的双像前方交会法，建立如下方程组，解算地面点在以左相机摄影中心为原点的相对坐标系下的三维坐标 $\boldsymbol{X}_c=(X_c, Y_c, Z_c)^{\mathrm{T}}$：

$$
\begin{bmatrix}
f_{x1}r_{11}+x_1'r_{31} & f_{x1}r_{12}+x_1'r_{32} & f_{x1}r_{13}+x_1'r_{33} \\
f_{y1}r_{21}+y_1'r_{31} & f_{y1}r_{22}+y_1'r_{32} & f_{y1}r_{23}+y_1'r_{33} \\
f_{x2}r_{22}+x_2'r_{31}' & f_{x2}r_{22}+x_2'r_{32}' & f_{x2}r_{22}+x_2'r_{33}' \\
f_{y2}r_{22}+y_2'r_{32}' & f_{y2}r_{22}+y_2'r_{32}' & f_{y2}r_{22}+y_2'r_{33}'
\end{bmatrix}
\begin{bmatrix} X_c \\ Y_c \\ Z_c \end{bmatrix} =
\begin{bmatrix}
0 \\
0 \\
f_{x2}(r_{11}'X_{s2}+r_{12}'Y_{s2}+r_{13}'Z_{s2})+x_2'(r_{31}'X_{s2}+r_{32}'Y_{s2}+r_{33}'Z_{s2}) \\
f_{y2}(r_{21}'X_{s2}+r_{22}'Y_{s2}+r_{23}'Z_{s2})+y_2'(r_{31}'X_{s2}+r_{32}'Y_{s2}+r_{33}'Z_{s2})
\end{bmatrix}
\tag{4.3}
$$

式(4.3)即是车载立体摄影测量系统的相对三维坐标解析模型。将式(4.3)表示为矩阵形式：$\boldsymbol{A}\boldsymbol{X}_c=\boldsymbol{B}$，则 $\boldsymbol{X}_c=(\boldsymbol{A}^{\mathrm{T}}\boldsymbol{A})^{-1}\boldsymbol{A}^{\mathrm{T}}\boldsymbol{B}$，即地物点在立体摄影测量系统相对三维坐标系下的三维坐标向量 $\boldsymbol{X}_c$。虽然此时解算的地物点三维坐标不具真实地理空间意义，但其尺度却与真实地理空间是一致的，可以依据所解算的地物点相对三维坐标计算目标的真实几何参数，如两点间的距离、目标的面积、体积等。

2. 车载立体摄影测量系统的绝对标定

因为在车载移动测量系统上的高精度 GNSS 接收机、IMU 设备及 CCD 相机之间采用的是刚性结构相连接，所以各传感器之间的相互关系（旋转和平移）是固定不变的。各传感器的坐标向量及其关系如图 4.23 所示。

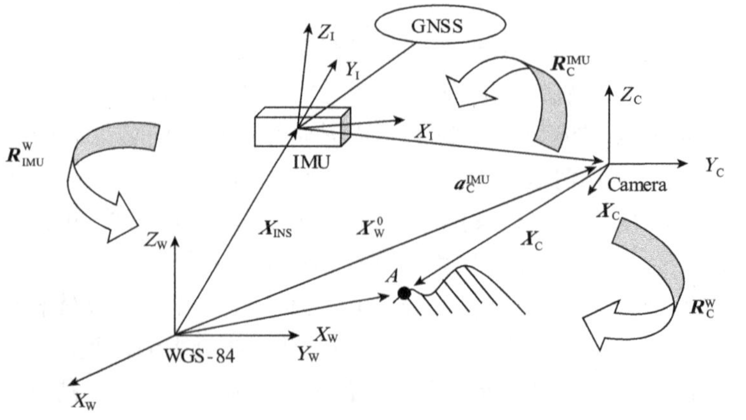

图 4.23　车载移动测量系统中各传感器坐标系之间的关系

图 4.23 中，Camera_$X_C Y_C Z_C$ 坐标系是车载立体摄影测量系统相对标定后建立的相机相对坐标系；IMU_$X_I Y_I Z_I$ 坐标系是 IMU 设备的载体坐标系（在 IMU 设备的说明书中有明确的描述）；WGS - 84_$X_W Y_W Z_W$ 坐标系是车载系统最终测量成果所在的地理空间的坐标系：WGS - 84 坐标系为大地坐标系；$\boldsymbol{a}_C^{IMU}$ 是相机坐标系原点在 IMU 载体坐标系中的偏移向量（三个坐标轴方向的平

移参数 T_X、T_Y、T_Z)，$\boldsymbol{R}_{\mathrm{C}}^{\mathrm{IMU}}$ 是由相机坐标系与 IMU 载体坐标系间的偏心角表示的相机坐标系到 IMU 坐标系的旋转矩阵(由三个旋转角参数构成)；$\boldsymbol{R}_{\mathrm{IMU}}^{\mathrm{W}}$ 是 IMU 载体坐标系到 WGS-84 坐标系的旋转矩阵。

对于任意一个像点在相机坐标系中的坐标向量 $\boldsymbol{X}_{\mathrm{C}}$，其对应地面点的 WGS-84 高斯投影坐标向量 $\boldsymbol{X}_{\mathrm{W}}$ 可由下式求出：

$$\boldsymbol{X}_{\mathrm{W}} = \boldsymbol{X}_{\mathrm{W}}^{0} + s\boldsymbol{R}_{\mathrm{C}}^{\mathrm{W}}\boldsymbol{X}_{\mathrm{C}} \tag{4.4}$$

式中，$\boldsymbol{X}_{\mathrm{W}}^{0}$ 为相机坐标系中心在 WGS-84 坐标系中的坐标向量；s 为坐标系间的比例因子(由于相机坐标系是经过严格相对标定得到的，且与 WGS-84 坐标系的尺度一致，所以 s=1)；$\boldsymbol{R}_{\mathrm{C}}^{\mathrm{W}}$ 为相机坐标系变换到 WGS-84 坐标系间的旋转矩阵。

由于相机坐标系和 IMU 载体坐标系之间的关系固定，且 IMU 载体坐标系和 GNSS 接收机之间的偏移量可通过常规测量方法获得，所以 $\boldsymbol{X}_{\mathrm{W}}^{0}$、$\boldsymbol{R}_{\mathrm{C}}^{\mathrm{W}}$ 可表达成如下的形式：

$$\boldsymbol{X}_{\mathrm{W}}^{0} = \boldsymbol{X}_{\mathrm{IMU}} + \boldsymbol{R}_{\mathrm{IMU}}^{\mathrm{W}}\boldsymbol{a}_{\mathrm{C}}^{\mathrm{IMU}} \tag{4.5}$$

$$\boldsymbol{R}_{\mathrm{C}}^{\mathrm{W}} = \begin{bmatrix} A_{11} & A_{12} & A_{13} \\ A_{21} & A_{22} & A_{23} \\ A_{31} & A_{32} & A_{33} \end{bmatrix} = \boldsymbol{R}_{\mathrm{IMU}}^{\mathrm{W}}\boldsymbol{R}_{\mathrm{C}}^{\mathrm{IMU}} \tag{4.6}$$

式中，

$$\boldsymbol{a}_{\mathrm{C}}^{\mathrm{IMU}} = [T_X, T_Y, T_Z]^{\mathrm{T}}\text{；}\quad \boldsymbol{R}_{\mathrm{C}}^{\mathrm{IMU}} = \begin{bmatrix} r_{11} & r_{12} & r_{13} \\ r_{21} & r_{22} & r_{23} \\ r_{31} & r_{32} & r_{33} \end{bmatrix}$$

$\boldsymbol{X}_{\mathrm{IMU}}$ 为相机拍摄时 IMU 载体坐标系原点在 WGS-84 坐标系中的坐标向量。由式(4.4)、式(4.5)和式(4.6)可得车载立体摄影测量系统的直接定位方程：

$$\boldsymbol{X}_{\mathrm{W}} = \boldsymbol{R}_{\mathrm{IMU}}^{\mathrm{W}}\boldsymbol{R}_{\mathrm{C}}^{\mathrm{IMU}}\boldsymbol{X}_{\mathrm{C}} + \boldsymbol{R}_{\mathrm{IMU}}^{\mathrm{W}}\boldsymbol{a}_{\mathrm{C}}^{\mathrm{IMU}} + \boldsymbol{X}_{\mathrm{IMU}} \tag{4.7}$$

式中，

$$\boldsymbol{R}_{\mathrm{IMU}}^{\mathrm{W}} = \begin{bmatrix} a_{11} & a_{12} & a_{13} \\ a_{21} & a_{22} & a_{23} \\ a_{31} & a_{32} & a_{33} \end{bmatrix} = \begin{bmatrix} \sin h & \cos h & 0 \\ -\cos h & \sin h & 0 \\ 0 & 0 & 1 \end{bmatrix} \begin{bmatrix} \cos p & 0 & \sin p \\ 0 & 1 & 0 \\ -\sin p & 0 & \cos p \end{bmatrix} \begin{bmatrix} 1 & 0 & 0 \\ 0 & \cos r & -\sin r \\ 0 & \sin r & \cos r \end{bmatrix}$$

其中，$(r, p, h)^{\mathrm{T}}$ 为对 GNSS/IMU 数据联合处理后获得的相机拍摄时刻的 IMU 载体的翻滚角、俯仰角和偏航角。

因此，车载立体摄影测量系统的绝对标定过程就是解算出直接定位方程中的参数：旋转矩阵 $\boldsymbol{R}_{\mathrm{C}}^{\mathrm{IMU}}$ 和偏移向量 $\boldsymbol{a}_{\mathrm{C}}^{\mathrm{IMU}}$。车载移动测量系统的绝对标定的基本过程为：先在室外三维标定场中［图 4.21(b)］，利用车载系统采集标定场的序列立体像对；再根据系统相对标定建立的相对坐标解算模型，解算标定控制点在相机坐标系下的相对坐标；最后根据标定点在相机坐标系和地面坐标系(WGS-84 高斯投影坐标系)中的两套坐标值，解算出相机坐标系和 IMU 载体坐标系之间的平移和旋转角参数，即绝对标定参数。经过系统绝对标定后，可将 GNSS/IMU 直接测得的位置和姿态角信息转化为相机坐标系在任意时刻的外方位元素，然后通过立体摄影测量的数据处理实现地物目标点的绝对三维空间坐标的直接获取。

南京师范大学虚拟地理环境教育部重点实验室针对车载移动测量系统的系统检校，开发了系统标定软件 VSPS-Calibration。利用所布设的室内和室外三维标定场，对车载立体摄影系统进行检校和标定，其相对标定和绝对标定的界面与结果如图 4.24 所示。通过系统的标定，从立体影像上提取地物目标的相对精度达到 5‰(即两个标定控制点之间的距离相对误差)；三维绝对定位精度，平面中误差 24cm、高程中误差 19cm。

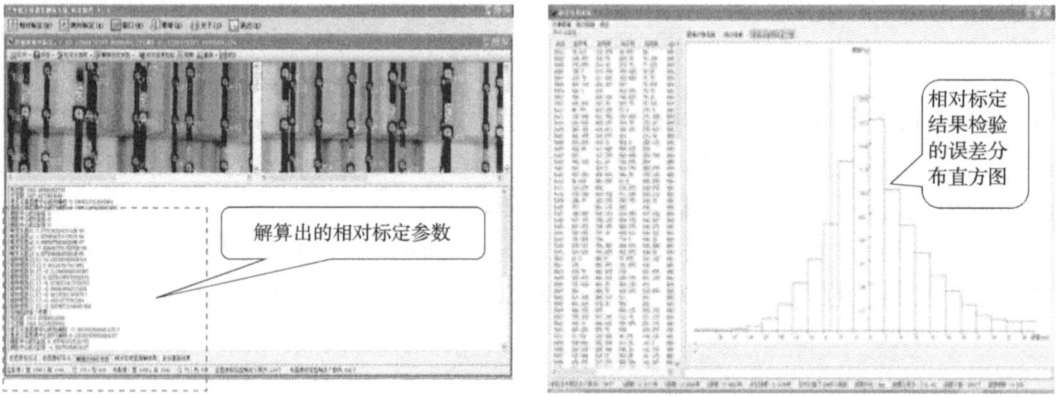

(a) 车载立体摄影测量系统的相对标定

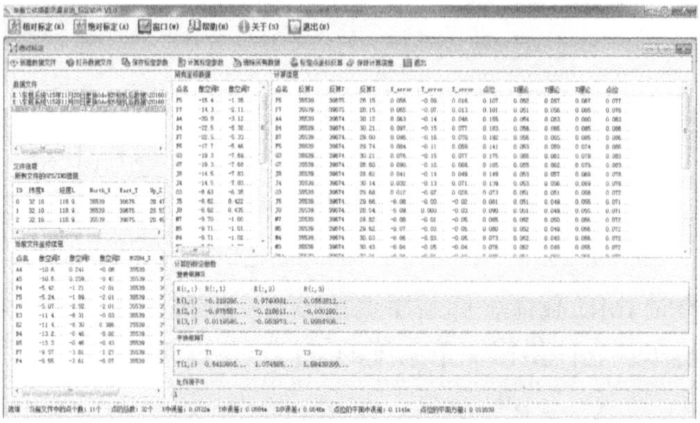

(b) 车载立体摄影测量系统的绝对标定

图 4.24 车载移动测量系统(立体相机)的相对和绝对标定

4.3.4 车载移动测量系统的数据采集方法

利用车载移动测量系统，可获取具有空间定位信息的两大类数据：原始数据和地物目标提取结果。原始数据包括：可量测的立体影像(或像对)序列、道路两侧地物三维激光点云数据、车辆行驶轨迹(道路)、视频序列影像和 360°全景影像序列，如图 4.25 所示，利用 GNSS 时间，将 GNSS/IMU 解算的空间坐标与这些原始数据进行关联，即可获得可定位立体影像对、可定位视频等，使得这些原始数据也成为重要的地理空间数据。从这些原始数据中，通过目标自动识别或交互提取，可采集专题要素信息(包括三维坐标、语义和属性)，建立专题数据库或构建对象的三维表面模型。

南京师范大学虚拟地理环境教育部重点实验室针对车载移动测量系统中的 CCD 立体摄影系统，开发了一个面向 GIS 应用的空间数据采集与处理软件 VMDCS_GIS。该软件基于 ArcObject 组件开发，集成了 ArcCatalog 和 ArcEdit 模块，并嵌入了车载 CCD 影像的立体量测功能，在 GIS 平台环境下，实现了对车载序列立体影像数据、车载平台轨迹和姿态数据进行一体化组织与管理、浏览与查询，并基于立体摄影原理实现了面向 GIS 的几何数据与属性数据的一体化采集、编辑、存储等功能。图 4.26 展示了该软件的主界面及其地物信息采集、编辑等功能的运行结果。

(a) 立体像对数据　　(b) 三维点云数据

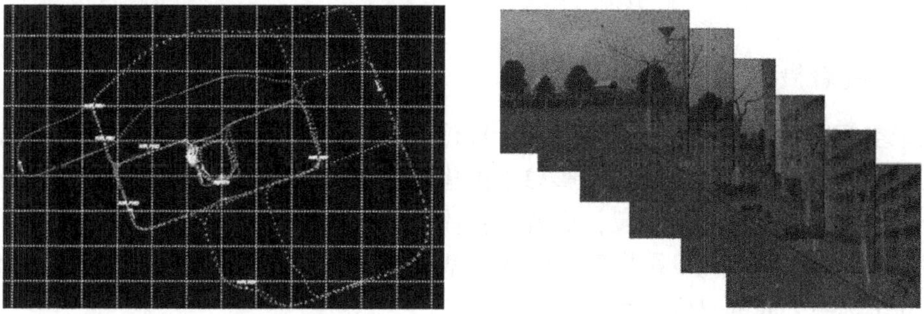

(c) 车载平台的行驶轨迹数据　　(d) 视频序列影像数据

图 4.25　车载移动测量系统采集的原始数据

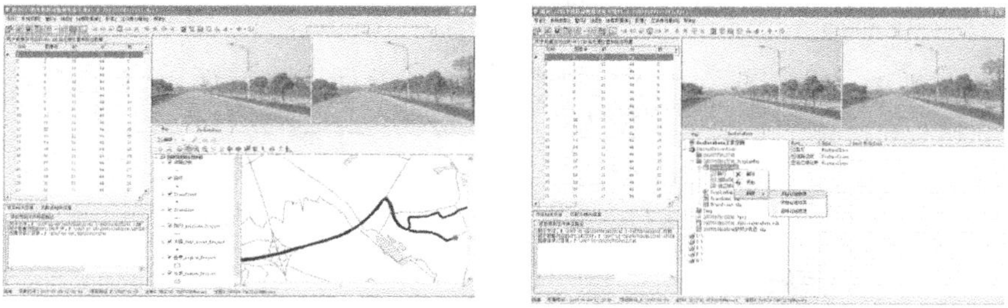

(a) 软件主界面　　(b) 数据组织与管理

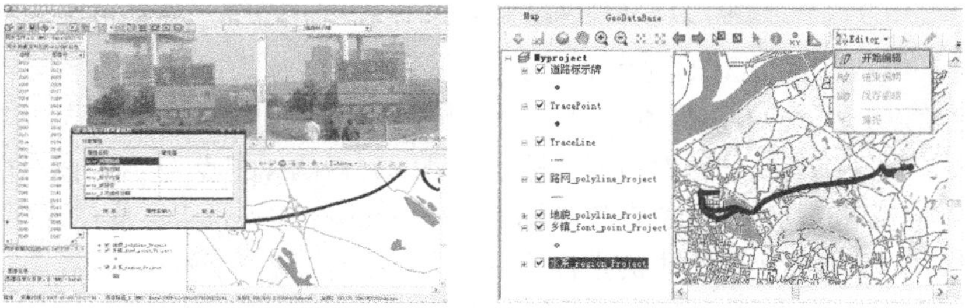

(c) 数据采集与编辑　　(d) 数据查询

图 4.26　VMDCS_GIS 软件的部分功能

4.4　基于地面摄影摄像的场景三维建模

随着摄像机、数码照相机等成像设备性价比的提高及其应用的大众化，尤其是集成了 CMOS 或 CCD 相机的智能手机的普及，使得人人可以实时对周围的地理环境拍摄数字影像或数字视频。基于这些普通设备任意拍摄的数字影像或视频图像，进行场景三维模型的构建，也称作摄像测量学，是近年来国际上迅速发展的，主要由摄影测量学、光学测量(optical measurement)与计算机视觉(computer vision)和数字图像处理分析(digital image processing and analysis)等学科交叉、融合所形成的新兴学科。

摄像测量学是研究利用摄像机、照相机等对动态、静态景物或物体进行拍摄得到序列数字影像，再应用数字图像处理分析技术，结合各种目标三维信息的求解和分析算法，对目标几何结构参数或运动参数进行测量和估计的理论与技术。摄像测量与摄影测量、计算机视觉在本质上并无严格的区别和界限，其任务在本质上是一致的，只是摄影测量更强调精度，偏重于航测、卫星测量等传统的遥感和测绘领域；计算机视觉更偏重于数字图像处理、图像分析、图像理解、多视图几何等方面；而摄像测量学则更加强调对目标的动态和实时测量。

4.4.1 地面摄影摄像的几何成像模型

将三维空间中的地物目标在二维平面上成像是一个退化的投影映射过程。与摄影测量的目标一致，摄像测量也通过分析二维影像来重建目标的三维信息。在影像上的某个像点的位置对应于空间物体表面的几何位置，而实际物体的空间位置与其在影像上的位置之间的相互对应关系由成像系统的几何投影模型或成像模型所确定。图 4.27 给出了摄像测量中像点与地物点在不同坐标系之间的对应关系。

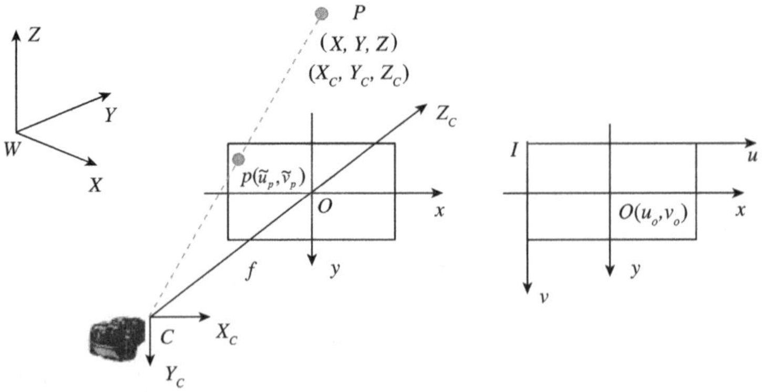

图 4.27 摄像测量中不同坐标系之间的关系

图 4.27 中，*W-XYZ* 是绝对的世界坐标系(或称为全局坐标系)；*I-uv* 是影像像素坐标系，是以影像左上角点 I 为原点，以像素为单位的像方直角坐标系，u 与 v 分别表示像素点在数字影像中的列数与行数；*O-xy* 是影像物理坐标系，是以影像的像主点 O 为坐标原点，以实际的物理尺寸(毫米、微米等)为单位的直角坐标系，x、y 坐标轴平行于影像像素坐标系的 u、v 轴，像主点 O 在影像像素坐标系中的坐标为(u_o,v_o)；$C\text{-}X_CY_CZ_C$ 是设备的世界坐标系，坐标原点位于相机摄影中心 C，Z_C 轴与相机主光轴重合，X_C、Y_C 轴与影像物理坐标系的 x、y 坐标轴平行，且 Z_C 坐标值恒等于相机的焦距 f。

对于地物点 P，其在世界坐标系中的坐标值为(X, Y, Z)，在影像中理想像点 p 的像素坐标为$\left(\tilde{u}_p,\tilde{v}_p\right)$，再使用齐次坐标来表示地物点和像点，则可列出摄像测量学中以齐次坐标表达的中心透视投影的几何成像模型：

$$Z_C\begin{bmatrix}\tilde{u}_p\\ \tilde{v}_p\\ 1\end{bmatrix}=\boldsymbol{M}\begin{bmatrix}X\\ Y\\ Z\\ 1\end{bmatrix} \tag{4.8}$$

式中，$\boldsymbol{M}$ 为一个 3×4 的矩阵，称为投影矩阵，由相机的内参数矩阵和外参数矩阵相乘得到。投影矩阵中的各个元素虽然也代表了相机参数，但这些元素不像摄影测量学中焦距、摄影中心、主光轴等参数那样具有明确的物理意义，而是相机各个参数的一种综合表示(或称为隐参数)。

$$\boldsymbol{M}=\begin{bmatrix}m_0 & m_1 & m_2 & m_3\\ m_4 & m_5 & m_6 & m_7\\ m_8 & m_9 & m_{10} & m_{11}\end{bmatrix}=\begin{bmatrix}f/d_x & 0 & u_0 & 0\\ 0 & f/d_y & v_0 & 0\\ 0 & 0 & 1 & 0\end{bmatrix}\begin{bmatrix}\boldsymbol{R} & \boldsymbol{T}\\ \boldsymbol{0} & 1\end{bmatrix} \tag{4.9}$$

式中，$\begin{bmatrix}f/d_x & 0 & u_0 & 0\\ 0 & f/d_y & v_0 & 0\\ 0 & 0 & 1 & 0\end{bmatrix}$为内参数矩阵；$d_x$、$d_y$ 为相机单个像元在 x、y 方向上的物理尺寸；f/d_x、f/d_y 也称为等效焦距，并记为 $f_x=f/d_x$、$f_y=f/d_y$；$\begin{bmatrix}\boldsymbol{R} & \boldsymbol{T}\\ \boldsymbol{0} & 1\end{bmatrix}$为外参数矩阵；$\boldsymbol{R}$ 为将世界坐标系旋转到与相机坐标系姿态一致时的旋转矩阵，记为 $\boldsymbol{R}=\begin{bmatrix}r_0 & r_1 & r_2\\ r_3 & r_4 & r_5\\ r_6 & r_7 & r_8\end{bmatrix}$，矩阵中的各元素由世界坐标系与相机坐标系三个坐标轴之间的旋转角 ω_X、φ_Y 和 κ_Z 计算得到；$\boldsymbol{T}$ 为将世界坐标系原点移动到相机坐标系原点的平移向量，记为 $\boldsymbol{T}=(T_X,T_Y,T_Z)^{\mathrm{T}}$。

摄像测量中基于齐次坐标和投影矩阵表达的几何成像模型与摄影测量中的共线方程在本质上是一致的，都是描述实际空间中的地物点到影像中像点的中心透视投影关系，是基于影像进行几何信息量测的最基本、最重要的数学模型。只是两者在处理世界坐标系与相机坐标系之间的旋转平移关系时，旋转矩阵和平移向量的含义稍有不同而已。对式（4.8）和式（4.9）进行处理，可得摄像测量的基本模型：

$$\begin{cases}\dfrac{\tilde{u}_p-u_0}{f_x}=\dfrac{r_0X+r_1Y+r_2Z+T_X}{r_6X+r_7Y+r_8Z+T_Z}\\[2ex] \dfrac{\tilde{v}_p-v_0}{f_y}=\dfrac{r_3X+r_4Y+r_5Z+T_X}{r_6X+r_7Y+r_8Z+T_Z}\end{cases} \tag{4.10}$$

式(4.10)的摄像测量的几何成像模型是在不考虑相机镜头畸变的理想情况下得到的，但实际上，对于普通数码照相机而言，镜头的非线性畸变不可避免，使得影像存在径向畸变、切向畸变等几何畸变(图 4.28)，这就造成实际成像点的像素坐标(u,v)与根据中心透视投影模型给出的理想像点的像素坐标$(\tilde{u},\tilde{v})$之间存在着一定差异，即镜头畸变差(δ_u,δ_v)。实际成像点的像素坐标与理想像点的像素坐标之间的畸变模型可用下式表示：

$$\begin{cases}\delta_u=u-\tilde{u}=\tilde{u}(k_1r^2+k_2r^4+k_3r^6)+l_1\left(3\tilde{u}^2+\tilde{v}^2\right)+2l_2\tilde{u}\tilde{v}+m_1\left(\tilde{u}^2+\tilde{v}^2\right)\\ \delta_v=v-\tilde{v}=\tilde{v}(k_1r^2+k_2r^4+k_3r^6)+l_2\left(\tilde{u}^2+3\tilde{v}^2\right)+2l_1\tilde{u}\tilde{v}+m_2\left(\tilde{u}^2+\tilde{v}^2\right)\end{cases} \tag{4.11}$$

式中，k_1、k_2、k_3 为径向畸变参数；l_1、l_2 为切向畸变参数；m_1、m_2 为薄棱镜畸变参数；r 为理想像点到影像像素坐标系原点的距离，即 $r^2 = \tilde{u}^2 + \tilde{v}^2$。

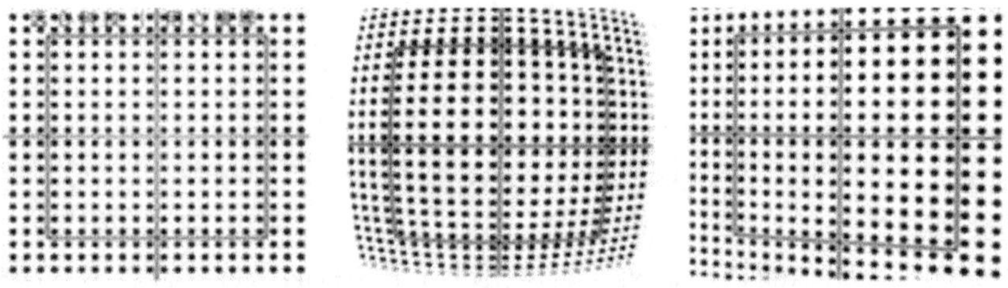

(a) 理想无畸变影像　(b) 径向畸变影像　(c) 切向畸变影像

图 4.28　数码照相机的影像畸变

因此，在实际高精度的摄像测量应用中，应先对目标的实际成像点按式(4.11)对镜头畸变差进行修正，以得到理想的无畸变影像，然后进行后续的各种解算。

4.4.2　基于地面摄影摄像的三维建模的基本原理

当对同一地物目标在两个(或以上)位置摄影或摄像时，各幅影像拍摄时的摄影中心与地物目标同名像点组成的射线都通过对应的地物点，即各射线应在物点相交。利用这一几何关系即可实现对空间物点交会的定位，简称线-线交会(图 4.29)。因此，精确地确定由像点和摄影中心组成的射线是摄像测量的关键，要做到这一点，就必须注重两个关键因素：一是精确地解算摄影摄像成像系统的内外方位参数，如摄影中心、焦距等；二是精确地提取目标地物点在各幅影像上对应的同名像点的像方坐标。

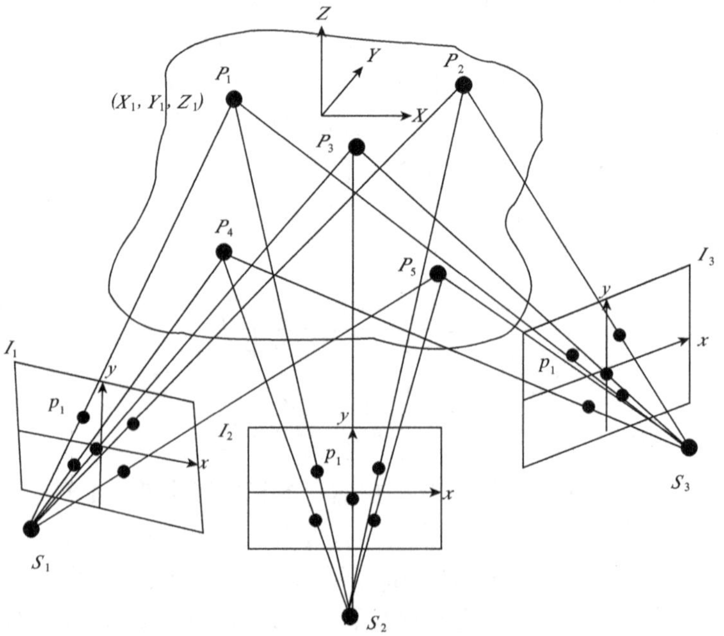

图 4.29　多位置摄像三维空间交会

当使用摄像机或照相机从多个位置采集了地物目标的序列影像，并解算出影像的内外方位参数后，只要能量测出同一地物点在 m 幅 $(m \geqslant 2)$ 影像上的同名像点的像方坐标 $(x_i, y_i) | i=1,\cdots,m$，就能交会计算出对应地物点的空间三维坐标($X$、$Y$、$Z$)，从而得到目标表面三维结构或形状特征的测量结果，进而进行地物目标三维模型的重建。这一三维建模技术涉

及几个主要的环节。

1. 相机检校

因为普通数码照相机或摄像机属于非量测相机，其内方位参数未知，且拍摄的影像存在较大的镜头几何畸变，所以需要对相机进行检校以获取可靠的内方位参数及相机的畸变参数，然后校正影像中存在的几何畸变。相机检校一般包括：①像主点位置与相机焦距的测定；②镜头几何畸变参数的测定；③调焦后焦距变化的测定；④调焦后几何畸变差变化的测定。

目前，普通非量测相机的检校方法大致分为三类：基于控制场的检校方法、基于主动视觉的检校方法、自检校方法。基于控制场的检校方法通过精确给出空间坐标的控制点或控制线等已知结构的参照物，基于场景几何信息进行相机检校，这是精度较高的一种检校方式；基于主动视觉的检校方法需要控制相机做某些特殊的运动，利用相机运动信息进行检校；自检校方法通过非控制点或非控制线等未知结构参照物进行检校，相机需要从多个方位采集检校参照物的影像。

基于控制场的相机检校最典型的是两步检校法。该方法首先线性求解外参数和焦距，然后迭代求解影像畸变系数，其技术流程如图 4.30 所示，具体的检校过程如下。

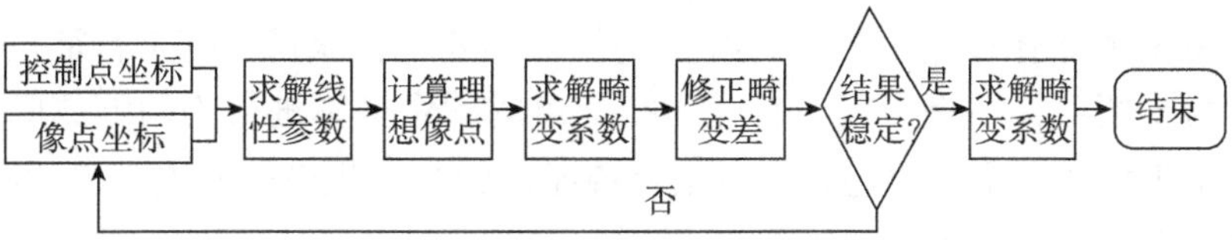

图 4.30　基于控制场的两步法相机检校过程

(1) 使用待检校的相机从不同视角拍摄室内高精度检校场(如图 4.21 所示的影像)，先不考虑影像的镜头畸变差，将实际像点视同理想像点，计算相机的线性参数。如果镜头畸变比较严重，也可只选用影像中心区域的像点进行求解。因为影像畸变差的分布规律是影像中心处畸变较小，影像边缘处畸变较大，因而影像中心区域的像点更接近其理想像点的位置。

(2) 根据第 (1) 步得到的相机线性参数计算各控制点的重投影点，作为理想像点，再计算畸变系数。

根据得到的畸变系数对像点的畸变差进行修正，并作为下一步迭代的理想像点，通过反复迭代，直到结果稳定。因为迭代过程中不断地修正像点，所以在迭代完成后，还需要用最后得到的理想像点和实际成像的像点计算一次畸变系数，作为畸变系数的最后检校结果。

在相机自检校方法中，除了需要提供一个尺度信息外(如任意两个参考点之间的绝对距离)，不需要已知参照物和其他的空间三维信息或相机参数信息，仅利用多次成像之间的约束关系计算相机参数。而如果没有尺度信息，则在相差一个尺度因子的意义下得到检校结果，即对于焦距、平移向量、目标结构尺寸等参数，只能得到各参数之间的比例关系，而无法确定其具体数值。

一种常用的相机自检校方法是基于灭点理论的相机自检校。灭点 (vanishing points) 是空间一组平行线的无穷远点在影像上的构像，即该组平行线在影像上的像方构像直线的交点，可以认为空间的无穷远点与对应的灭点是一对透视变换点，满足共线方程。基于灭点的相机自检校的处理流程如图 4.31 所示，主要包括：影像采集，影像直线特征提取与分组，点特征提取与匹配，灭点坐标求解，基于灭点的相机参数计算。

表 4.5 展示了对一款非量测普通数码相机采用不同的检校方法得到的结果，其中，基于控制场的检校方法在高精度室内三维检校场中完成，而自检校方法是通过对绘制了正交格网

的 A4 打印纸(粘贴在液晶屏上)拍摄影像完成的。该款相机的已知参数信息为：焦距 35mm，像幅大小为 4368 像素×2912 像素，像素大小为 8.2μm。

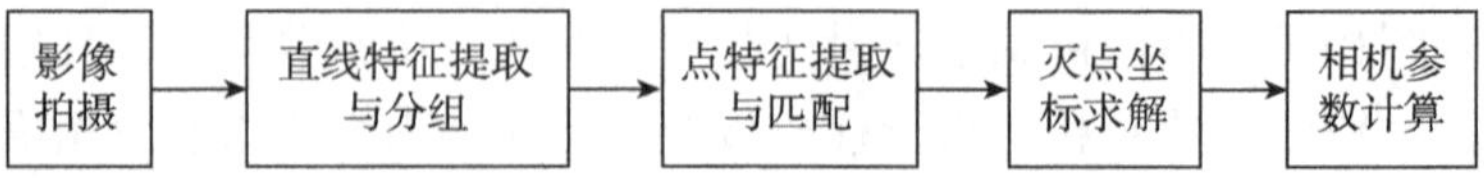

图 4.31　基于灭点的相机自检校流程

表 4.5　某款数码照相机的不同检校方法的检校结果　　(单位：mm)

参数	基于控制场的检校	基于灭点的自检校
u_0	0.1233	0.145096
v_0	0.1919	0.0789361
f	34.2242	34.6295
k_1	-8.498×10^{-5}	-7.106023×10^{-5}
k_2	9.325×10^{-8}	9.110929×10^{-8}
l_1	9.183×10^{-6}	—
l_2	-2.989×10^{-6}	—

2. 射影重建

假设已经在 m 幅影像序列上进行特征点的提取和匹配，获得了 n 个特征点在各幅影像上的同名像点。为了使解算结果稳定，首先对特征点的图像坐标进行均匀缩放归一化，归一化后的坐标原点位于特征点集的质心，归一化后特征点到归一化坐标原点的平均距离为 $\sqrt{2}$，则归一化后的特征点图像坐标为

$$\begin{cases}\hat{u}=\sqrt{2}\dfrac{u-\bar{u}}{\bar{d}}\\[2ex]\hat{v}=\sqrt{2}\dfrac{v-\bar{v}}{\bar{d}}\end{cases}\tag{4.12}$$

式中，(u,v) 为特征点的图像坐标；$(\bar{u},\bar{v})$ 为特征点集的质心(即各个特征点图像坐标的平均值)；$\bar{d}$ 为各特征点到特征点集质心的平均距离；$(\hat{u},\hat{v})$ 为归一化后的特征点图像坐标。

记第 $j\,(j=0,1,\cdots,m-1)$ 幅影像上第 $i\,(i=0,1,\cdots,n-1)$ 个特征点的齐次坐标为 $u_{j,i}\equiv\left[\hat{u}_{j,i},\hat{v}_{j,i},1\right]^{\mathrm{T}}$，特征点对应的目标在世界坐标系中的齐次坐标为 $\boldsymbol{X}_i\equiv\left[X_i,Y_i,Z_i,1\right]^{\mathrm{T}}$。则根据中心投影的几何成像模型，特征点的投影关系表示为

$$\lambda_{j,i}u_{j,i}=\boldsymbol{M}_j\boldsymbol{X}_i\tag{4.13}$$

式中，$\boldsymbol{M}_j$ 为第 j 幅影像对应的相机投影矩阵；$\lambda_{j,i}$ 为比例因子，也称为射影深度。

将各个特征点在各幅影像中的成像关系连立，则可得到所有特征点中心投影的完整关系为

$$\begin{aligned}\boldsymbol{W}&\equiv\begin{bmatrix}\lambda_{0,0}u_{0,0} & \lambda_{0,1}u_{0,1} & \cdots & \lambda_{0,n-1}u_{0,n-1}\\ \lambda_{1,0}u_{1,0} & \lambda_{1,1}u_{1,1} & \cdots & \lambda_{1,n-1}u_{1,n-1}\\ \vdots & \vdots & & \vdots\\ \lambda_{m-1,0}u_{m-1,0} & \lambda_{m-1,1}u_{m-1,1} & \cdots & \lambda_{m-1,n-1}u_{m-1,n-1}\end{bmatrix}\\&=\begin{bmatrix}\boldsymbol{M}_0\\ \boldsymbol{M}_1\\ \vdots\\ \boldsymbol{M}_{m-1}\end{bmatrix}\left[\boldsymbol{X}_0\quad\boldsymbol{X}_1\quad\cdots\quad\boldsymbol{X}_{n-1}\right]\equiv\boldsymbol{M}\boldsymbol{X}\end{aligned}\tag{4.14}$$

式中，$\boldsymbol{W}$ 为测量矩阵；$\boldsymbol{M}=[\boldsymbol{M}_0, \boldsymbol{M}_1,\cdots, \boldsymbol{M}_{m-1}]^{\mathrm{T}}$，为相机矩阵；$\boldsymbol{X}=[\boldsymbol{X}_0, \boldsymbol{X}_1, \cdots, \boldsymbol{X}_{n-1}]$，为结构矩阵，即所有特征点的物方空间三维坐标。

对射影深度的初始值全部取 1，得到 $\boldsymbol{W}$ 的初值。对 $\boldsymbol{W}$ 进行 SVD 分解(奇异值分解)：

$$\boldsymbol{W}=\boldsymbol{UDV}^{\mathrm{T}} \tag{4.15}$$

对于理想情况，测量矩阵 $\boldsymbol{W}$ 的秩应为 4，但由于特征点量测的误差，$\boldsymbol{W}$ 的秩并不为 4，因而对 $\boldsymbol{W}$ 的分解结果进行秩 4 矫正，作为测量矩阵的最佳近似：

$$\widehat{\boldsymbol{W}}=\boldsymbol{U}\widehat{\boldsymbol{D}}\boldsymbol{V}^{\mathrm{T}} \tag{4.16}$$

式中，$\widehat{\boldsymbol{D}}$为对 $\boldsymbol{D}$ 除前 4 个对角元素外所有元素取零后得到的矩阵。
则相机矩阵的射影重建结果为

$$\widetilde{\boldsymbol{M}}=\begin{bmatrix}\widetilde{\boldsymbol{M}}_0 & \widetilde{\boldsymbol{M}}_1 & \cdots & \widetilde{\boldsymbol{M}}_{m-1}\end{bmatrix}^{\mathrm{T}}=\boldsymbol{U}\widehat{\boldsymbol{D}}^{\mathrm{T}} \tag{4.17}$$

结构矩阵的射影重建结果为

$$\widetilde{\boldsymbol{X}}=\begin{bmatrix}\widetilde{\boldsymbol{X}}_0 & \widetilde{\boldsymbol{X}}_1 & \cdots & \widetilde{\boldsymbol{X}}_{n-1}\end{bmatrix}=\boldsymbol{V}^{\mathrm{T}} \tag{4.18}$$

将结构矩阵和相机矩阵的射影重建结果代入式（4.13）进行重投影，得到各射影深度 $\lambda_{j,i}$ 的新估计值；再用此新 $\lambda_{j,i}$ 计算测量矩阵 $\boldsymbol{W}$，对测量矩阵进行 SVD 分解，以得到新的相机矩阵和结构矩阵，如此反复迭代，直至收敛为止。至此，则可得到相机矩阵和结构矩阵的射影重建结果，也就得到了特征点空间坐标的射影重建结果。

3. 欧氏重建

因为射影重建结果与真实的目标之间相差一个三维射影变换，即射影重建与真实目标间存在某种透视变形，所以，还需要对射影重建结果进行欧氏重建。对于任意的 4×4 非奇异矩阵 $\boldsymbol{H}$，射影重建 $\widetilde{\boldsymbol{M}}$ 、$\widetilde{\boldsymbol{X}}$ 与欧氏重建 $\widehat{\boldsymbol{M}}$ 、$\widehat{\boldsymbol{X}}$ 满足如下的关系：

$$\boldsymbol{W}=\widetilde{\boldsymbol{M}}\widetilde{\boldsymbol{X}}=\widetilde{\boldsymbol{M}}\boldsymbol{HH}^{-1}\widetilde{\boldsymbol{X}}=\widehat{\boldsymbol{M}}\widehat{\boldsymbol{X}} \tag{4.19}$$

为了从射影重建得到描述真实目标结构的欧氏重建结果，应使 $\boldsymbol{H}$ 满足：

$$\begin{cases}\widehat{\boldsymbol{M}}=\widetilde{\boldsymbol{M}}\boldsymbol{H}\\ \widehat{\boldsymbol{X}}=\boldsymbol{H}^{-1}\widetilde{\boldsymbol{X}}\end{cases} \tag{4.20}$$

根据中心透视投影关系，第 j 幅影像对应的相机矩阵的欧氏重建形式应为

$$\widehat{\boldsymbol{M}}_j=\widetilde{\boldsymbol{M}}_j\boldsymbol{H}=\boldsymbol{K}_j\begin{bmatrix}\boldsymbol{R}_j & \boldsymbol{T}_j\end{bmatrix} \tag{4.21}$$

式中，$\boldsymbol{K}_j$ 为第 j 幅影像对应的相机内参数矩阵(在相机进行了检校后，此内参矩阵是已知的)；$\boldsymbol{R}_j$、$\boldsymbol{T}_j$ 为第 j 幅影像对应的相机的外参旋转矩阵、平移向量。

将 4×4 的矩阵 $\boldsymbol{H}$ 改写为 $\boldsymbol{H}=\begin{bmatrix}\boldsymbol{H}_{11} & \boldsymbol{h}_{12}\end{bmatrix}$。其中，$\boldsymbol{H}_{11}$ 为 $\boldsymbol{H}$ 的前三列元素构成的 4×3 阶矩阵，$\boldsymbol{h}_{12}$ 为 $\boldsymbol{H}$ 的最后一列。因而，由式(4.21)可得

$$\widetilde{\boldsymbol{M}}_j\boldsymbol{H}_{11}=\boldsymbol{K}_j\boldsymbol{R}_j \tag{4.22}$$

对式(4.22)等号两侧取转置，得到

$$\boldsymbol{H}_{11}^{\mathrm{T}}\widetilde{\boldsymbol{M}}_j^{\mathrm{T}}=\boldsymbol{R}_j^{\mathrm{T}}\boldsymbol{K}_j^{\mathrm{T}} \tag{4.23}$$

由于旋转矩阵 $\boldsymbol{R}_j$ 为单位正交矩阵，则有

$$\widetilde{\boldsymbol{M}}\boldsymbol{H}_{11}\boldsymbol{H}_{11}^{\mathrm{T}}\widetilde{\boldsymbol{M}}_j^{\mathrm{T}}=\boldsymbol{K}_j\boldsymbol{R}_j\boldsymbol{R}_j^{\mathrm{T}}\boldsymbol{K}_j^{\mathrm{T}}=\boldsymbol{K}_j\boldsymbol{K}_j^{\mathrm{T}} \tag{4.24}$$

记 $\boldsymbol{G}=\boldsymbol{H}_{11}\boldsymbol{H}_{11}^{\mathrm{T}}$，则得到关于 $\boldsymbol{G}$ 的线性方程组：

$$\widetilde{\boldsymbol{M}}\boldsymbol{G}\widetilde{\boldsymbol{M}}_j^{\mathrm{T}}=\boldsymbol{K}_j\boldsymbol{K}_j^{\mathrm{T}} \tag{4.25}$$

从式(4.25)中可以解算出矩阵 $\boldsymbol{G}$。由于 $\boldsymbol{G}$ 为 4×4 的对称矩阵，且 $\boldsymbol{H}_{11}$ 为 4×3 的矩阵，所以，对 $\boldsymbol{G}$ 进行 SVD 分解可得到

$$\boldsymbol{G}=\boldsymbol{A}\begin{bmatrix}\sigma_0 & & & \\ & \sigma_1 & & \\ & & \sigma_2 & \\ & & & 0\end{bmatrix}\boldsymbol{A}^{\mathrm{T}}=\boldsymbol{A}\begin{bmatrix}\sqrt{\sigma_0} & & & \\ & \sqrt{\sigma_1} & & \\ & & \sqrt{\sigma_2} & \\ & & & 0\end{bmatrix}\begin{bmatrix}\sqrt{\sigma_0} & & & \\ & \sqrt{\sigma_1} & & \\ & & \sqrt{\sigma_2} & \\ & & & 0\end{bmatrix}^{\mathrm{T}}\boldsymbol{A}^{\mathrm{T}} \tag{4.26}$$

令 $\boldsymbol{A}_{11}$ 为 $\boldsymbol{A}$ 的前三列元素组成的 4×3 矩阵，则可得到

$$\boldsymbol{H}_{11}=\boldsymbol{A}_{11}\begin{bmatrix}\sqrt{\sigma_0} & & \\ & \sqrt{\sigma_1} & \\ & & \sqrt{\sigma_2}\end{bmatrix} \tag{4.27}$$

在 n 个特征点中任取一点 $\boldsymbol{X}_i$ 作为欧氏坐标的原点，则根据式(4.20)中的第二式，可得

$$\begin{bmatrix}0 & 0 & 0 & 1\end{bmatrix}^{\mathrm{T}}=\boldsymbol{H}^{-1}\widetilde{\boldsymbol{X}}_i \tag{4.28}$$

即

$$\boldsymbol{H}\begin{bmatrix}0 & 0 & 0 & 1\end{bmatrix}^{\mathrm{T}}=\widetilde{\boldsymbol{X}}_i \tag{4.29}$$

所以，$\boldsymbol{H}$ 的最后一列 $\boldsymbol{h}_{12}$ 为

$$\boldsymbol{h}_{12}=\widetilde{\boldsymbol{X}}_i \tag{4.30}$$

至此，得到了满足式(4.20)的 $\boldsymbol{H}$，将 $\boldsymbol{H}$ 和射影重建结果 $\widetilde{\boldsymbol{M}}$ 、$\widetilde{\boldsymbol{X}}$ 代入式(4.20)，就得到了相机参数和目标三维结构参数(特征点的三维坐标)的欧氏重建结果 $\widehat{\boldsymbol{M}}$ 、$\widehat{\boldsymbol{X}}$ 。

以上的射影重建、欧氏重建都是在相差一个尺度比例因子意义下进行的。通过给定某些特征点之间的实际距离等约束条件作为绝对尺度信息，就可以得到与真实目标尺度一致的三维重建结果。再根据实际需要，还可将重建结果采用三维坐标变换法将其纳入某一测量坐标系中。

4. 光束法平差

物点、对应像点和摄影中心在一条直线上的联系是摄像测量中的基本关系，当从多个位置对多个空间目标进行拍摄时，所有对应物点、摄影中心、同名像点都位于相应光线上，则联系众多物点及其对应像点的一簇光线就是“光束”。以这样的光束作为基本约束关系，充分利用各种成像约束条件，通过最优求解算法，高精度地解算成像关系中各个待求解参数，就是光束法平差(bundle adjustment)，在计算机视觉领域，称其为“捆绑调整”或“捆集调整”。

光束法平差解算中，通常根据相机参数和空间点位置的解算结果，按成像几何模型重新计算空间点对应的像点坐标，即对空间点进行重投影，并以重投影结果与实际像点之间的偏差最小作为优化目标函数。平差计算时首先列出描述物点与像点基本观测关系的观测方程，

在光束法平差中就是共线方程，同时描述各种附加约束条件的约束方程，并给定各平差参数的初始值。上述方程的最优化求解多是非线性问题，可通过泰勒级数展开对观测方程和约束方程进行线性化，再逐步迭代计算各平差参数的修正值或改正数。如果算法收敛，则迭代计算的各修正值会逐步趋于零，当最后的修正值(或残差)小到一定程度时，就认为成像关系已经被很好地满足，也就得到了高精度的平差计算结果。光束法平差的基本求解流程如图 4.32 所示。

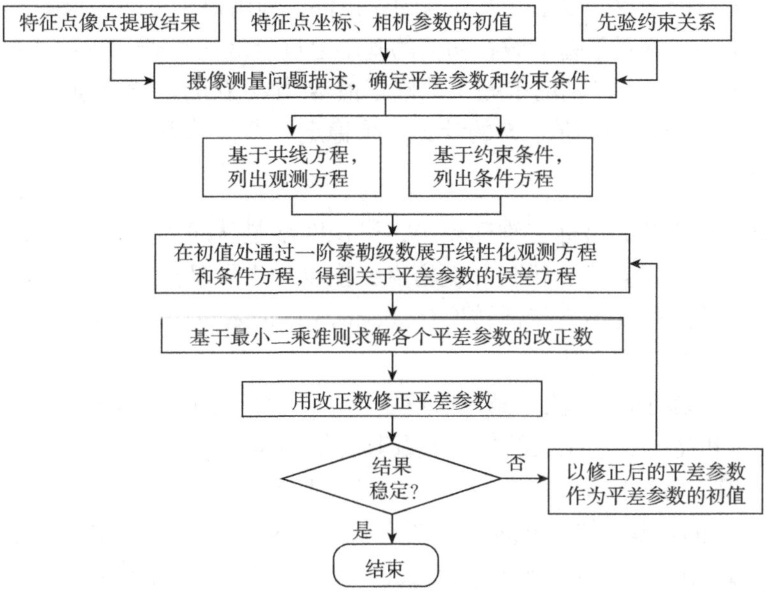

图 4.32　摄像测量问题的光束法平差的求解流程

如果将特征点的空间坐标和相机的全部内外参数作为平差参数，并记为 $\boldsymbol{S}=\left[u_0,v_0,f_x,f_y,k_1,k_2,k_3,l_1,l_2,m_1,m_2,\omega_X,\varphi_Y,\kappa_Z,T_X,T_Y,T_Z,X,Y,Z\right]^{\mathrm{T}}$，以特征点的像点的实际像素坐标作为观测值，则根据式(4.10)的成像模型，可得关于像点的像素坐标的观测方程：

$$\boldsymbol{\phi}(\boldsymbol{S})=\boldsymbol{L} \tag{4.31}$$

式中，$\boldsymbol{\phi}(\boldsymbol{S})=\begin{bmatrix} f_x\dfrac{r_0X+r_1Y+r_2Z+T_X}{r_6X+r_7Y+r_8Z+T_Z}+u_0+\delta_u \\ f_y\dfrac{r_3X+r_4Y+r_5Z+T_X}{r_6X+r_7Y+r_8Z+T_Z}+v_0+\delta_v \end{bmatrix}$；$\boldsymbol{L}=\begin{bmatrix} u \\ v \end{bmatrix}$。

由 $\boldsymbol{L}$ 表示的像点坐标提取结果作为光束法平差的观测值。类似地，如果某些像点还满足某种特定的约束关系，则平差参数的条件方程可表示为

$$\boldsymbol{\psi}(\boldsymbol{S})=0 \tag{4.32}$$

给定平差参数的初始值 $\boldsymbol{S}^0$，将观测方程和条件方程在初值处进行一阶泰勒级数展开，就得到了关于平差参数修正值的线性化的误差方程和条件方程：

$$\begin{cases} \boldsymbol{V}=\boldsymbol{B}\boldsymbol{\delta}_S-\left(\boldsymbol{L}-\boldsymbol{\phi}\left(\boldsymbol{S}^0\right)\right) \\ \boldsymbol{\psi}(\boldsymbol{S})=\boldsymbol{\psi}\left(\boldsymbol{S}^0\right)+\boldsymbol{C}\boldsymbol{\delta}_S=0 \end{cases} \tag{4.33}$$

式中，$\boldsymbol{V}$ 为观测值的改正数$[\Delta u, \Delta v]^{\mathrm{T}}$；$\delta_S$ 为平差参数 $\boldsymbol{S}$ 的改正数；$\boldsymbol{\phi}\left(\boldsymbol{S}^0\right)$和$\boldsymbol{\psi}\left(\boldsymbol{S}^0\right)$ 为平差参

数初始值 $\boldsymbol{S}^0$ 代入观测方程和条件方程得到的值；$\boldsymbol{B}$ 和 $\boldsymbol{C}$ 分别为观测方程和条件方程对平差参数在初始值 $\boldsymbol{S}^0$ 处的一阶偏导数，即

$$\begin{cases} \boldsymbol{B} = \dfrac{\partial \boldsymbol{\phi}}{\partial \boldsymbol{S}}\Big|_{S^0} \\ \boldsymbol{C} = \dfrac{\partial \boldsymbol{\psi}}{\partial \boldsymbol{S}}\Big|_{S^0} \end{cases} \tag{4.34}$$

以最小化 $\boldsymbol{V}$ 为目标函数，以条件方程为约束条件，利用最小二乘法求解误差方程，可得到平差参数的改正数 $\boldsymbol{\delta_S}$，并对平差参数在初值的基础上进行修正：$\boldsymbol{S}^1=\boldsymbol{S}^0+\boldsymbol{\delta_S}$。在最初的初始值完成第一次平差计算后，用新得到的平差参数修正值 $\boldsymbol{S}^1$ 作为新的初值，重复以上解算过程。如此迭代，直至 $\boldsymbol{\delta_S}$ 小于给定的阈值，$\boldsymbol{S}$ 的计算结果稳定后迭代结束。

5. 影像匹配

在基于地面摄影摄像的目标三维建模中，影像匹配是从序列影像中自动识别同名像点的过程，是进行射影和欧氏重建、稀疏和稠密点云恢复的重要基础。对图像缩放、旋转甚至仿射变换能保持不变性的尺度不变特征转换(scale-invariant feature transform，SIFT)算子是有效的图像局部特征描述与匹配方法。

SIFT 特征匹配包括两个阶段：第一阶段是 SIFT 特征的生成，即从多幅待匹配影像中提取出对尺度、旋转和亮度变化无关的特征点及其特征向量；第二阶段则是基于 SIFT 特征的影像匹配。其中，SIFT 特征向量的生成主要包含 4 个步骤。

(1)影像尺度空间构建，检测极值点，初步获得影像的特征点位置及其所在的尺度。影像尺度空间是通过运用 DOG(difference of gaussian)算子所建立的影像高斯差分金字塔(图 4.33)，在此多尺度空间，搜索局部极值点(最大或最小值)。

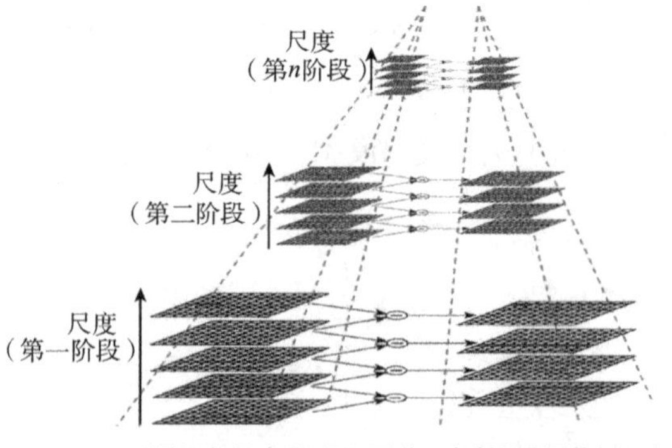

图 4.33 影像的高斯差分尺度空间

(2)对所搜索到的极值点，通过拟合三维二次函数以确定候选特征点的位置和尺度，同时去除对比度较低的特征点和不稳定的边缘响应点，得到特征点集，以提高抗噪声能力、增加匹配的稳定性。

(3)确定特征点的主方向。在每个尺度上，以特征点为中心，在其邻域窗口内计算邻域像素的梯度值及其方向，将邻域像素的梯度方向按每 10°一组进行频次统计(梯度方向为 0°～360°，共 36 组)，以在这些梯度方向组中频次最多的某一组所对应的方向作为该特征点处邻域梯度的主方向。由此，可得到每个特征点的 3 个信息：所在尺度、位置和主方向。

(4)生成 SIFT 特征向量。首先，将坐标轴旋转到特征点的主方向；其次，以某特征点为中心，选取 16×16 像素窗口，如图 4.34(a)所示(图中中央灰点为某特征点所在位置，每一小

格为该特征点在其尺度空间中的邻域像素，箭头的方向为各邻域像素的梯度方向，箭头的尺度代表梯度的模，圆圈代表高斯加权的范围）；最后，在每 4×4 像素小块上统计 8 个方向的梯度方向直方图，计算每个梯度方向的累加值，由此得到一个种子点［图 4.34(b)］，此图中每一特征点有 4×4 共 16 个种子点，每个种子点有 8 个方向的信息，这样就使每一特征点具有 8×16 共 128 维 SIFT 特征向量。

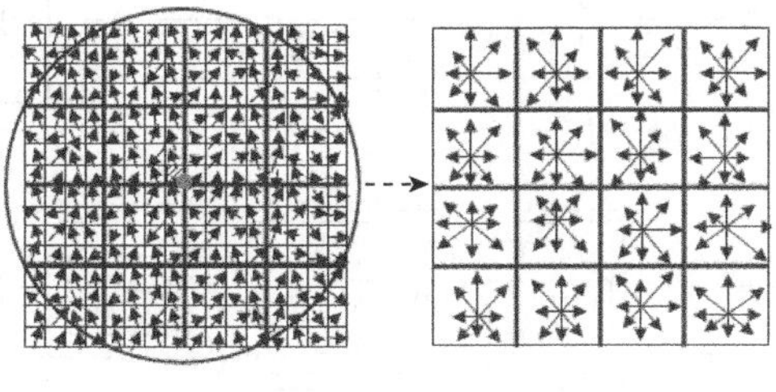

(a) 邻域梯度方向　　(b) 特征向量

图 4.34　影像的 SIFT 特征向量

当两幅影像都进行了 SIFT 特征点提取及特征向量生成后，就可采用欧氏距离来度量两幅影像中特征点的相似性：

$$D_{i,j}=\sqrt{\sum_{k=1}^{n}(X_i-Y_j)^2} \tag{4.35}$$

式中，X_i 为第一幅影像上第 i 个特征点的特征向量；Y_j 为第二幅影像上第 j 个特征点的特征向量。

在进行影像匹配时，采用顺序比对法，即从第一幅影像上依次选取一个特征点，分别计算其与第二幅影像上各特征点的欧氏距离并从小到大排序，在第二幅影像上找出欧氏距离最小和次小的两个特征点，若最小距离与次小距离的比值小于某一经验阈值(如 0.8)，则距离最小的点对就是一对匹配点(图 4.35)。值得一提的是，当降低距离比值的阈值时，SIFT 匹配点数目会减少，但可增加匹配点的正确率和稳定性。

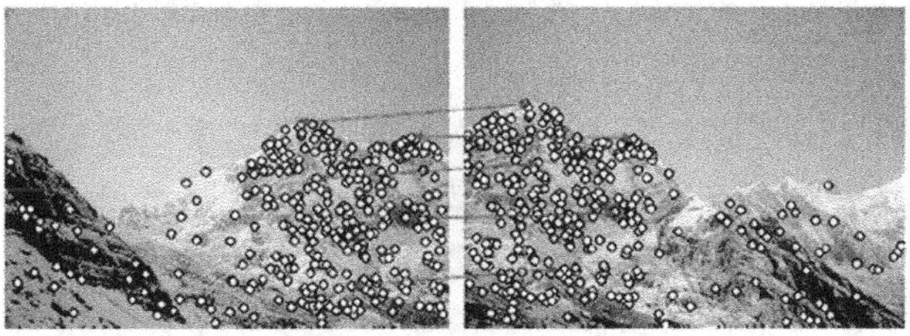

图 4.35　基于 SIFT 特征的影像匹配结果（图中的线为核线）

4.4.3　基于地面摄影摄像的场景三维建模

基于地面摄影/摄像序列影像进行目标三维模型构建实际上涵盖了以上所讨论的关键技术，其一般过程如图 4.36 所示，其基本内容如下。

(1) 进行相机/摄像机内参数的检校，解算相机的内参数。

(2) 使用相机/摄像机在多个位置拍摄目标的影像序列，得到多个方位的 m 幅序列影像。

(3) 在 m 幅影像上进行特征点的提取和匹配，获得 n 个特征点在各幅影像上的同名像点。

(4) 进行射影重建，得到与真实结果相差一个三维射影变换的各幅影像的投影矩阵及各个特征点的三维空间坐标。

(5) 在射影重建和已知相机内参数的基础上进行欧氏重建，得到与真实结果相差一个绝对尺度比例因子的各幅影像的投影矩阵及各个特征点的三维空间坐标。

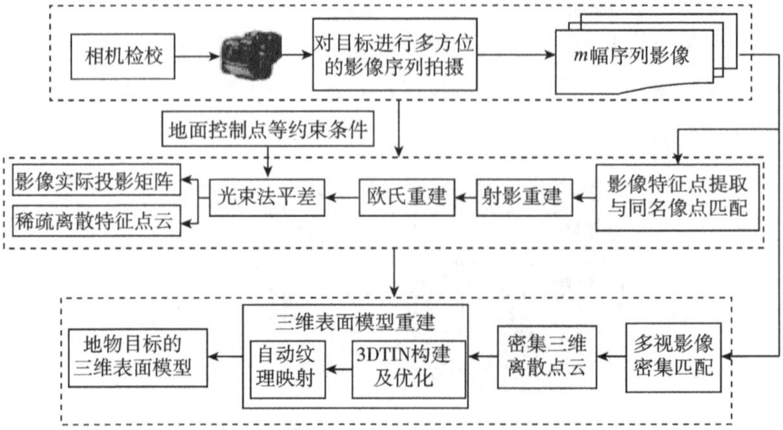

图 4.36 基于地面摄影/摄像序列影像的目标三维建模过程

(6) 根据地面控制点等实际约束条件，将欧氏重建结果作为初始值，再采用光束法平差法同时对相机参数和特征点三维坐标进行优化计算，得到各幅影像的实际投影矩阵与稀疏的三维离散特征点云。

(7) 对 m 幅影像进行多视密集影像匹配，得到密集的同名像点，并结合具有实际尺度的欧氏重建结果，获取地物表面的密集特征点的实际三维空间坐标，即目标表面的密集三维离散点云。

(8) 根据三维离散点云进行空间不规则三角网的构建，得到没有纹理颜色的地物目标的三维表面模型(俗称白模)。

(9) 对白模进行纹理映射，得到具有较真实视觉效果的地物三维表面模型，从而完成目标的三维建模。

图 4.37 展示了使用某款数码摄像机在一个公园拍摄雕塑场景得到的视频序列影像，进行雕塑场景三维建模的效果。视频序列共有 461 帧影像，每帧影像大小均为 960 像素×540 像素，没有使用任何控制点等绝对尺度信息，所建模型为欧氏重建得到的相对模型，与真实雕塑相差一个比例系数。

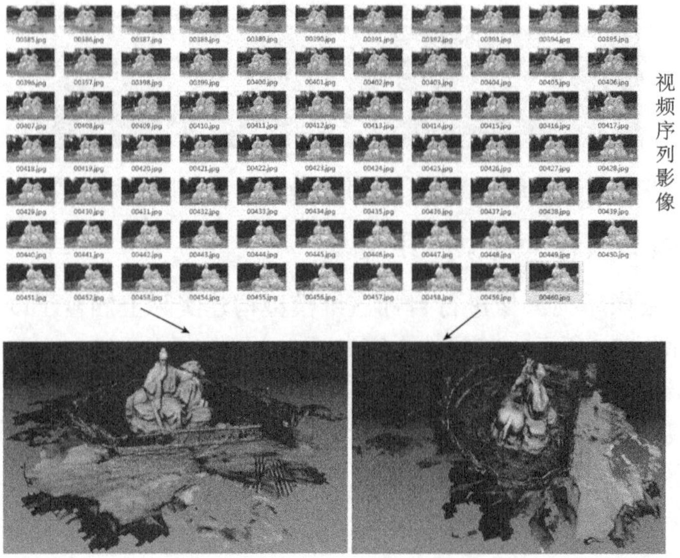

从不同角度进行三维模型浏览的效果

图 4.37 利用数码摄像机拍摄的视频序列影像进行雕塑场景的三维建模

图 4.38 给出了使用某智能手机在不同角度拍摄一栋建筑物的系列影像，每幅影像大小均为 3264 像素×2448 像素，采用如图 4.36 所示的技术路线进行该建筑物三维建模的结果。

(a) 不同视角拍摄的建筑物影像

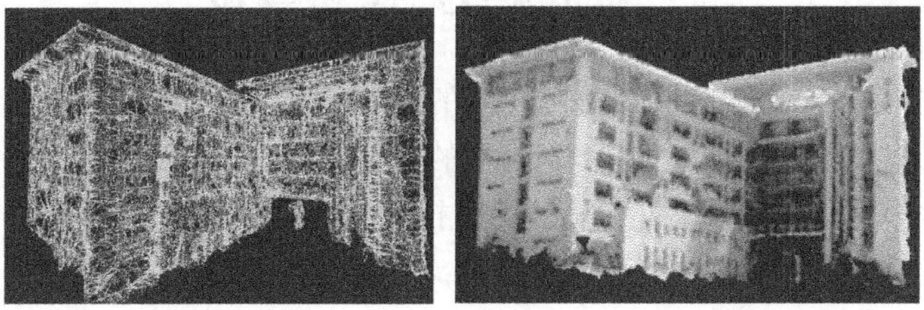

(b) 重建的建筑物几何模型　　(c) 纹理映射后的建筑物三维模型

图 4.38　利用手机拍摄的多视角影像进行建筑物三维建模

思 考 题

1. 什么是地理场景的三维空间表达？其包含的空间实体有哪些？如何表达？

2. 地理场景的三维表达方式有哪几种？

3. 地理场景的三维几何建模方法有哪些？其基本原理是什么？

4. 低空无人机摄影系统有哪些优缺点？

5. 倾斜摄影技术与传统航空摄影测量技术有什么区别？其具有哪些优势？

6. 倾斜航空摄影测量的一般作业与数据处理流程是什么？有哪些关键技术？倾斜摄影测量所构建的场景三维模型中的目标单体化方法有哪些？

7. 车载移动测量系统包含哪些硬件设备、关键技术？请简述基于车载移动测量系统的数据采集的基本工作原理。

8. 车载移动测量系统的检校过程包含哪几项内容？每项检校内容的目的是什么？

9. 简述 SIFT 特征变换的特点及其特征向量的生成步骤。

10. 简述摄像测量、摄影测量与计算机视觉的联系与区别；简述基于地面摄影摄像进行场景三维建模的基本过程。

第5章　基于派生数据源的空间数据获取

除了实地调查和测量外，空间数据的一个重要来源是既有各种比例尺的地形图、专题地图、地图集、正射影像、统计报表，甚至是文本、报告等。这些都是经加工处理且融入了人的专业知识后的数据，在此将其作为派生数据或二手数据。它们本身也是专业人员对地理空间事物或现象经过分类、甄别、概括、抽象等所形成的表达形式，蕴涵了丰富的地理空间信息，若能从这些派生数据中提取所需的空间数据，则对基础地理数据更新、专题地理信息的获取、空间数据库的建设和GIS的应用有着极为重要的价值。本章依据派生数据源的不同，分别阐述既有地形图和专题地图的扫描数字化、基于卫星/航空正射影像的地理要素识别与提取、区域社会经济统计数据的空间化、基于文本的空间信息提取等技术和方法。

5.1　地图的扫描数字化

各种经编辑、加工、制作，以纸张为载体的印刷或出版的普通地图和专题地图以一定的比例尺和符号系统记录了自然和社会经济现象的空间分布及时空变化，它们是重要的地理空间数据源。但是这些纸质地图并不能被GIS所直接利用，必须将其数字化并转化为以某种数据模型表达的空间数据才能被GIS空间数据库存储和分析。地图数字化有两种途径——手扶跟踪数字化和扫描数字化。前者利用手扶跟踪数字化仪，在数字化仪上粘贴待数字化的纸质地图，采用点模式或流模式，在联机状态下以数字化仪的鼠标切准地图图形要素，采集点、线和多边形边界的坐标，从而实现地图的数字化。这种地图数字化方式工作强度大、效率低且易产生错误，当今已很少使用。后者利用扫描仪将地图扫描为图像，再在数字化软件的支持下，对地图上的点、线、面要素进行交互地或半自动地数据采集。这种地图数字化方式大大减轻了数字化的劳动强度，提高了工作效率，也减少了出错的机会，更能批量作业，不仅适合于各类地图也适合于各类工程设计图的数字化，已成为当今地图数字化的主流方式。

5.1.1　扫描仪与地图扫描

1. 地图扫描仪

扫描仪是利用光电技术和数字处理技术，以扫描方式将图形或图像信息转换为数字信号的装置。扫描仪作为一种重要的计算机外部设备，可对照片、文本页面、图纸、美术图画、照相底片、菲林软片，甚至纺织品、标牌面板、印制板样品等进行扫描，将其转换为可存储的图像文件。扫描仪有多种类型，如平台式扫描仪、滚筒式扫描仪、手提扫描仪、相片扫描仪、底片扫描仪、名片扫描仪等，各有性能上的差别以满足不同的需求。就地图扫描而言，一般选用平台式扫描仪和滚筒式扫描仪(图5.1)。

平台式扫描仪由平台、扫描头和*X*、*Y*导轨组成，图纸固定在平台上，扫描头在*X*导轨上移动，*X*导轨可沿*Y*导轨方向移动，这样扫描头作逐行扫描，获得原图的像元矩阵数据。滚筒式扫描仪主要由滚筒、扫描头和*X*方向导轨组成，图纸固定在滚筒上，滚筒旋转一周，扫描头沿*X*导轨移动一个行宽，直至整幅图扫描结束，同样得到原图的像元矩阵数据。不论哪种扫描仪，其技术参数主要有分辨率、色彩位数、扫描速度和扫描幅面。

(a) 平台式扫描仪

(b) 滚筒式扫描仪

图5.1　地图扫描仪

1) 分辨率

分辨率是扫描仪最重要的性能指标，通常以每英寸长度上的点数，即dpi (dot per inch) 为单位，直接决定了在扫描时所能达到的精细程度，是衡量一台扫描仪扫描品质高低的关键指标。扫描仪的分辨率又可分为光学分辨率、插值分辨率和机械分辨率三项指标。

光学分辨率是扫描仪硬件水平所能达到的实际分辨率，是决定扫描仪扫描质量和扫描仪价值的关键指标，所以，又称为物理分辨率或真实分辨率。光学分辨率还可细分为水平分辨率和垂直分辨率，如一台1200dpi × 2400dpi的扫描仪水平分辨率是1200dpi、垂直分辨率是2400dpi。水平分辨率与扫描仪光电耦合器 (CCD) 的真实分辨率及相关的硬件电路有关；而垂直分辨率主要与扫描仪的传动机构精密程度相关。对于滚筒式扫描仪，光学分辨率主要取决于扫描线数的宽度，即滚筒转动一圈扫描头横向进动的距离。扫描线越细，分辨率越高；反之，分辨率越低。

插值分辨率是利用软件对扫描出的图像进行插值计算后的分辨率，又称为最大分辨率。最大分辨率与光学分辨率不同，虽然最大分辨率能使扫描图像的分辨率提高，但不能实际增加图像中的信息量，反而会使图像看起来模糊。软件插值法使分辨率提得越高，图像的质量越差。但是，用这种方法可以从软件上实现高放大倍率图像的扫描。最大分辨率通常是光学分辨率的2～4倍。

机械分辨率则是衡量扫描仪传动机构精密程度的参数，代表扫描头在垂直方向上每移动一英寸，步进电机所走过的最大步数。例如，“600dpi×1200dpi”意味着这台扫描仪的光学分辨率为600dpi，而机械分辨率是1200dpi。机械分辨率实际上就是扫描仪的垂直分辨率。

2) 色彩位数

色彩位数也称色彩深度，是扫描仪对每一种颜色或灰度所能识别的层次数，实际包含灰度级和彩色两个方面。灰度级反映了扫描仪扫描时提供由暗到亮层次范围或者纯黑到纯白之间平滑过渡的能力，如8bit (256级)、10bit (1024级)、16bit (65536级) 等，当今主流扫描仪一般采用12bit，即能区分4096灰度级。当采用彩色扫描模式时，则同时对红 (R)、绿 (G) 和蓝 (B) 三色通道分别进行灰度级编码，即通常所称的24bit、30bit、36bit和48bit扫描仪。高色彩位数意味着可得到更多的色彩信息，呈现更加艳丽逼真的色彩还原能力，即使经过一系列的图像处理后，色彩信息有一定损失，也不至于对输出效果产生较大的影响。就地图扫描而言，色彩位数达到24bit的即可满足要求。

此外，扫描仪的动态范围(dynamic range)与色彩位数密切相关。动态范围也称为密度值，表示扫描仪所允许的色调值范围，即从接近白色到接近黑色的范围。具有较大动态范围的扫描仪可正确捕捉各种色调层次，并直接输出，从而得到更多的图像细节。相应地，一台动态范围较小的扫描仪则无法分辨图像的暗部色调层次，只能牺牲亮部区域的细节，从而导致色调失真。一般来说，扫描仪的动态范围为0.0～4.0D，大于2.0D的扫描仪扫描效果较好，大于3.0D的扫描仪扫描效果十分出色。不过只有在动态范围大于3.0D时，扫描仪才会特别标出。

3)扫描速度

扫描速度是指扫描仪从预览开始到图像扫描完成后扫描头移动的时间，这是扫描仪的一个重要指标。对于平台式扫描仪，扫描速度可用扫描标准A4幅面所用的时间或者完成一行扫描的时间来表示。对于滚筒式扫描仪，则采用滚筒步进的速度来表示，如150mm/s。

扫描仪的速度与系统配置、扫描分辨率设置、扫描尺寸、放大倍率等有密切关系。一般情况下，扫描黑白、灰度图像，扫描速度为2～100ms/线；扫描彩色图像，扫描速度为5～200ms/线。扫描仪的扫描速度不是越快就越好，扫描速度非常高的扫描仪，在扫描过程中，可能会丢失一些图像信息。有些扫描仪在低分辨率时扫描速度快，但在高分辨率时扫描速度不一定快。需要在保证质量的前提下，提高扫描仪的速度。

4)扫描幅面

扫描幅面是扫描仪能支持的扫描对象的最大尺寸范围，这个范围取决于扫描仪的内部机构设计和扫描仪的外部物理尺寸。平台式扫描仪与滚筒式扫描仪在支持的地图幅面上有较大差别，平台式扫描仪能扫描的地图尺寸受限，一般为A4幅面(297mm×210mm)，最大的能达到A1幅面(841mm×594mm)；而滚筒式扫描仪能支持的地图长度不限，有效扫描宽度一般为A0(1189mm)，最大的A0+扫描仪有效扫描宽度可达1372mm。

由于地图尤其是专题地图一般图幅尺寸较大，图面着色类型较少，点、线、面要素绘制都有一定的规格(符号大小、线划粗细等)，所以选择幅面较大(如A0)、光学分辨率300dpi以上、色彩位数24bit的滚筒式扫描仪即能满足地图扫描的需要。

2. 地图扫描

地图扫描过程较为简单。将待扫描地图的一侧平整放入已联机扫描仪的进纸器上，在计算机上运行扫描软件，根据实际需要设置扫描分辨率、扫描范围、扫描颜色位(如8bit灰度、24bit彩色)等扫描参数后，进行地图的扫描，得到所扫描地图的灰度或彩色图像，以TIFF或JPEG图像格式进行存储。

5.1.2 地图扫描图像的矢量化

从本质上来说，地图经扫描转变为数字图像也是一种数字化方式，可实现地图的永久保存，也是数字栅格地图(DRG)生产的主要方式。但从GIS数据获取的角度来看，还需要从扫描地图图像中提取出点、线、面要素的几何与属性数据，这就需要利用地图扫描矢量化软件对地图扫描图像在计算机屏幕上进行半自动或交互式地跟踪矢量化处理，获得GIS数据。

1. 地图扫描图像矢量化的一般过程

当前，有多种地图扫描矢量化软件可供选择，如美国Able公司的R2V、ESRI公司的ArcScan、德国VP map、东方泰坦公司的ScanIn、吉威软件公司的GeoScan、南方测绘的CASS

Scan等，都能完成地图扫描图像的屏幕交互式矢量化任务，得到典型GIS数据库系统能接受的矢量格式数据，但有些软件需要将彩色图像和灰度图像转换为黑白二值图像，才能进行线划的自动跟踪矢量化。典型的地图扫描图像矢量化过程如图5.2所示。

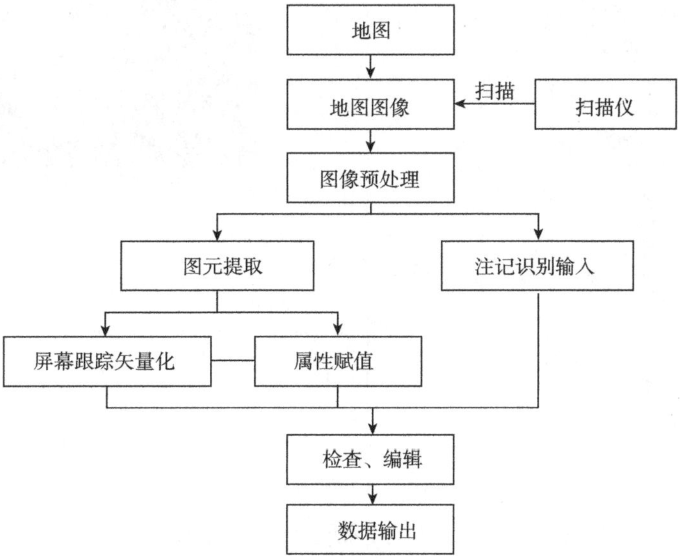

图5.2　地图扫描矢量化过程

其中，地图扫描图像的预处理一般包括：对分块扫描的地图图像的拼接处理、图像地理空间坐标精确校准、彩色要素分类、彩色图像灰度化和二值化、图面污渍与黏连消除等；为了便于对扫描地图要素的自动跟踪矢量化，还要进行图形和注记要素的分离；再对图形要素分别进行屏幕的交互、半自动或自动跟踪，获得要素的几何特征数据，同时交互地输入属性信息；在进行要素完整性、拓扑一致性等检查与编辑后，以GIS空间数据库能接受的通用数据格式如Shape File输出。

2. 扫描地图矢量化

Able公司的R2V软件是一款功能较为全面、应用较广的光栅矢量化软件。以R2V软件为例，讨论地图扫描矢量化的基本步骤，界面如图5.3所示。

R2V软件的主要功能如下。

(1)图像格式：支持1bit黑白二值、8bit灰度及彩色(4bit、8bit及24bit)的TIFF、GeoTIFF、BMP和JPEG图像文件格式；对输入的扫描图像没有尺寸限制；支持航空和卫星遥感图像；可对扫描图像进行地理坐标参照(Geo-reference)并将其存储为GeoTIFF文件格式。

(2)矢量输出/输入：支持ArcGIS的Shapefile和Coverage、DXF、MapInfo(MIF/MID)、MapGuide SDL、3D网格文件、3D DEM(兼容USGS DEM)及3D XYZ矢量文件等常见的GIS数据格式。

(3)多种矢量化方式：R2V支持全自动矢量化(适合于单类型要素如等高线的批处理)、交互引导式矢量跟踪(适合于全要素地图)及交互屏幕数字化(适合于图像)。

(4)丰富的矢量图形编辑功能：系统提供了以图像为背景的屏幕矢量编辑器，具有丰富的要素捕捉功能，线段可以被生成、移动、连接、断开、删除、改变颜色及标注ID等。

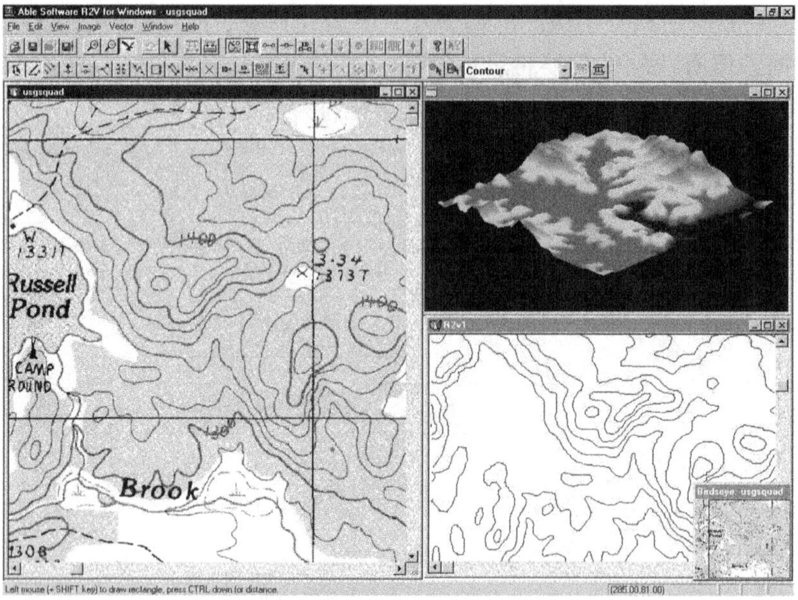

图5.3 R2V软件的用户界面

(5)矢量标注和地形图数字化：点、线和面要素可采用不同的ID值来标注，能半自动地跟踪等高线系列并指定高程值。输出时，这些ID和高程值作为要素的属性一并输出。

(6)多层数据组织和管理：利用R2V的层(layer)管理器可以按需要定义任意多的层，并可在不同的层中组织数据。运用多层定义，矢量数据可以以层为单位进行处理、编辑和显示，也可在不同层中移动。

(7)多边形自动生成：多边形仅用一个命令即可全自动生成多边形层，封闭多边形可以用R2V的线编辑器进行编辑、标注。

(8)像元编辑器：R2V提供强有力的像元编辑器来编辑和修复黑白二值、灰度和彩色图像的单个像元；像元映射(pixel mapping)功能可将某一像元值映射到整个图像中的其他同值的像元上，从而便于消除噪声点、清除图像背景或用于融合颜色层。

(9)地理坐标参照：使用控制点，可将扫描图像和矢量数据映射到真实地理坐标系统(如CGCS2000的高斯-克吕格投影坐标系)上，从而实现扫描图像和矢量数据的地理编码。经地理编码的图像可存为GeoTIFF文件格式。

(10)自动文本探测与识别：R2V能够自动探测和识别地图扫描图像上的任意字形、任意大小的西文注记，文本编辑器可方便地修改和删除文本，而且不规则的交叉符号也可被探测和更正。

(11)多图拼接：对于分块扫描的地图图像，使用R2V可对单块图像分别进行图形要素的矢量化，并依据地理坐标参照信息对分块矢量化的要素进行拼接，拼接后的矢量数据文件可在R2V中再编辑，并将其作为整体进行数据存储；也可通过指定适当的控制点将各分块扫描图像拼接为一个整体后，再进行矢量化。

(12)图像处理功能：R2V提供图像的垂直与水平翻转、转置、旋转、暗背景清除、边缘探测、图像重采样、区域剪裁、图像平滑、分割、锐化及反像等处理；对彩色地图扫描图像、航空和卫星影像可进行监督和非监督分类；还可完成图像的色彩分离、灰度图像增强和图像类型转换等处理。

(13)三维显示功能：对于等高线地图扫描图像，R2V在自动跟踪并标注高程后，可与交互矢量化的离散高程点一起构建不规则三角网(TIN)，内插生成DEM，按高度分色显示三维地形。三维数据文件的输入输出均支持3D DEM（兼容USGS DEM格式）和网格格式。

应用R2V进行地图扫描图像的矢量化过程主要步骤如下。

（1）启动R2V软件后，加载待矢量化的地图扫描图像，并建立矢量化工程（project）。

（2）将图像显示比例调整到合适的大小，并进行必要的图像预处理，如灰度图像的平滑处理、二值图像的去除斑点、彩色扫描图像的要素分类等，获得“单纯”的待矢量化要素图像。

（3）对多类型要素，定义“层”及其显示属性（如颜色），并在当前层上保存自动或交互矢量化的数据。若是单类型要素如等高线，在设置各要素的ID及高程增量变化参数后，采用自动跟踪矢量化方式，对各等高线进行自动跟踪矢量化；对于全要素地图的线和面要素，则采用交互跟踪矢量化方式，用鼠标引导至待矢量化的线或面边界的起点，自动跟踪至线或面边界的交叉点或断裂点处，对各要素逐一进行交互引导式矢量化；对于点状要素，只能进行交互式矢量化。

（4）进行矢量要素的编辑。在矢量化结束后或矢量化过程中，均可利用R2V软件的矢量要素编辑功能，进行增加线，添加、移动、删除结点，断开线，删除线，删除选择区或所有的线，增加或删除点、线、面的属性等操作。

（5）为了将生成的矢量数据转换到特定的投影坐标系统中，如1980西安坐标系的高斯-克吕格投影坐标，在扫描图像范围内选择4个以上已知坐标的控制点，并给定其已知坐标值，按仿射变换模型对矢量图形的扫描坐标进行纠正，获得各要素在地理空间的真实坐标（需要注意的是，在跟踪矢量化结果输出到矢量文件之前，控制点并未作用于矢量数据，只有在数据输出到文件时，坐标校正才起作用）。也可在进行矢量化之前，直接利用控制点对地图扫描图像进行几何纠正和地理空间参照，获得图像的地理编码结果，则各矢量化要素直接以相应的地理空间坐标表示，此时，该步骤紧接着第（2）步完成。

（6）在图形要素矢量化过程中，随时可以保存工程文件。当将所有矢量化结果以不同颜色叠置在扫描图像上显示，经检查无重复、无遗漏，以及消除了矢量化过程中产生的各种错误后，将矢量化结果输出为GIS平台能接受的矢量数据格式，如Shapefile、DXF、MIF等。

图5.4显示了使用R2V软件对等高线地图扫描灰度图像进行自动跟踪矢量化、高程自动赋值及依据等高线矢量数据内插构建DEM的结果。

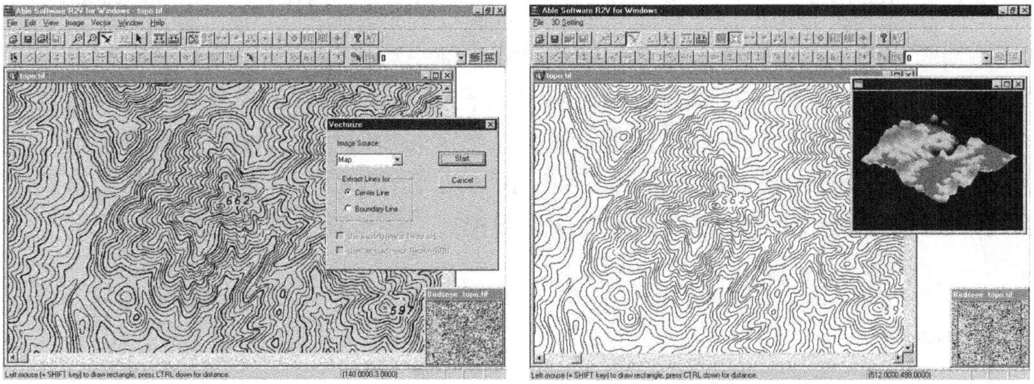

（a）等高线扫描图像　　（b）等高线自动跟踪与DEM构建结果

图5.4　等高线扫描图像自动跟踪矢量化实例

5.1.3　地图扫描矢量化的编辑处理

在利用矢量化软件对地图扫描图像进行跟踪矢量化的过程中，原图质量、扫描分辨率、图面内容复杂等多种原因，可能会导致矢量化数据存在种种错误和误差，这些错误和误差主要有以下几类。

(1)空间数据的不完整或重复：跟踪数字化时点、线和面要素的遗漏或重复，线要素的断裂，或者在交互式跟踪时对同一点、线或面边界的多次重复数字化。

(2)空间数据的位置不正确：跟踪矢量化时产生的点位偏移、线段过长或过短、相邻多边形边界不重合等。

(3)空间数据的变形：对不均匀伸缩的原图扫描图像进行地理编码时，所选用的控制点数量、分布及纠正模型对图像或图形的纠正存在残差，导致要素的几何精度不高。

(4)分层错误：同一类型的不同要素被分配到不同的层中，或同一层中出现不同类型的要素，如将不同的房屋在跟踪时分别放到"Building"层和"Road"层。

(5)图形数据与属性数据连接有误：在图形矢量化和输入属性时，同一实体的ID码不一致，所赋予的属性与真实属性不符等。

(6)属性数据不完整：属性数据输入不全、遗漏或属性项的内容重复等。

(7)要素间拓扑关系不正确：线要素相交处的结点生成不正确、多边形未封闭、相邻多边形的边界重复等。

为了保证空间数据的质量，需要对这些错误进行检查和编辑改正。这些编辑工作可在地图扫描数字化后，将输出的矢量数据在GIS平台中对照扫描原图逐要素进行人工或机器检查和编辑。也有一些扫描矢量化软件如ArcScan、R2V等本身就提供了丰富的数据检查和编辑功能，如点要素、线要素(包括面要素的边界)与结点的增加、删除、拷贝、移动，线的分割与断线连接、由线构面、改变要素所在的层、修改要素的ID码和编辑要素的属性项等。可将矢量化结果以分层设色方式叠置显示在扫描图像背景上，便于逐要素地检查和编辑改正。在图形要素编辑过程中，要素捕捉或咬合(snap)功能十分重要，它可实现多个线要素或面要素边界在结点处的连接、断线连接、多边形的封闭等，可捕捉线要素的结点、端点及距离最近的线要素。

5.2 正射影像中空间数据的提取

当今，航空和航天遥感技术快速发展，航空多视角数字摄影、无人机数字摄影提供了大量的、空间分辨率优于0.1m的真彩色航空影像，而且信息获取周期短、空间分辨率优于1m的星载传感器获取的多光谱影像也能达到中等分辨率航空影像的标准。这些航空和卫星影像是地面目标的真实俯视快照，已成为专题地理信息采集和基础地理信息更新的重要数据源。然而，多种因素导致原始航空或卫星遥感影像存在严重的几何畸变，必须对其进行正射校正，获得正射影像(orthophoto或orthoimage)或数字正射影像图(DOM)。DOM本身作为基础地理数据的一种类型，也可用于基础地理数据中DLG数据或专题地理要素的采集与更新。

5.2.1 正射影像与正射影像图

1. 正射影像

原始卫星或航空遥感影像成像时受传感器内部状态变化(光学系统畸变、成像投影方式、扫描系统非线性响应等)、外部状态(如姿态变化、大气折射等)及地表状况(如地球曲率、地形起伏等)的影响，均有不同程度的畸变或失真，使得影像上各地物目标的几何位置、形状、尺寸、方位等特征都会产生变形，导致影像上比例尺处处不等，从而与具有空间参照的矢量地理要素在空间上不能严格对齐［图5.5(a)］。

正射影像是消除或抑制了各种产生几何畸变因素的影响，具有正射投影性质的遥感影像。正射影像与地图具有相同的数学特性：采用空间参照系统，比例尺处处相等，像点的坐标、点间距离和方位可量测。正射影像可与采用相同空间参照系统的矢量地理要素精确叠置［图5.5(b)］。

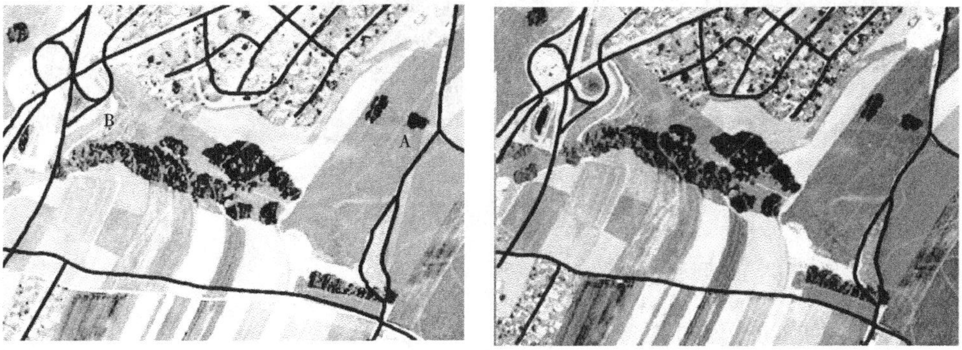

(a) 原始遥感影像与矢量要素的叠置　　(b) 正射影像与矢量要素的叠置

图5.5　原始遥感影像与正射影像的对比

2. 数字正射影像图

数字正射影像图是在利用DEM对原始航空摄影影像或卫星遥感影像(黑白或彩色)，经逐像元辐射改正、微分纠正，得到正射影像的基础上，对正射影像进行镶嵌和匀色处理，并按规定图幅范围裁剪生成的，带有公里格网、图廓(内、外)整饰和注记的影像平面图(图5.6)。DOM同时具有地图几何精度和影像特征，有几何精度高、信息丰富、直观真实、制作周期短的特点。它可作为背景控制信息，评价其他数据的精度、现实性和完整性，也可从中提取自然资源和社会经济发展信息。

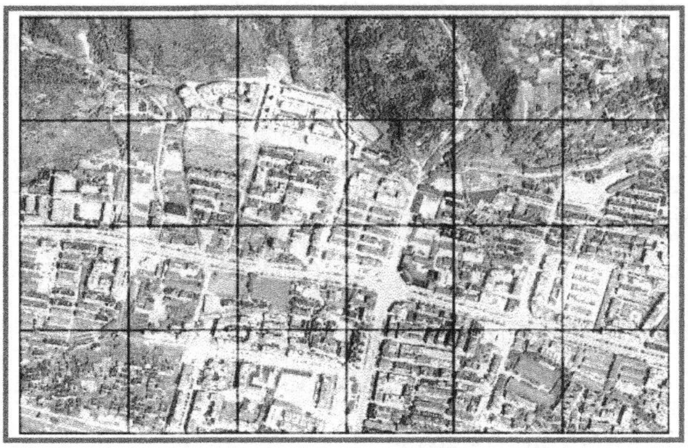

图5.6　数字正射影像图(DOM)

3. 真正射影像

基于高精度DEM对地形起伏引起的影像投影差进行改正获得的正射影像在非城市地区能与相同比例尺的DLG数据精确套合，但在城市地区，由于高大建筑物的存在，正射影像上建筑物呈现顶底倾斜、阴影及对其他地物的遮挡［图5.7(a)］。而真正射影像(TDOM)则是基于数字表面模型DSM［DEM+数字建筑物模型(digital building model，DBM)］对影像进行逐像素几何纠正，消除了由地形起伏和地物高度引起的成像投影差，对遮挡和阴影区域进行补偿或恢复处理，得到的无遮蔽、无重影、纹理真实、视角垂直的正射影像［图5.7(b)］。

显然，对于城市地区而言，真正射影像在城市规划、城市管理等方面比一般正射影像能发挥更大的作用。

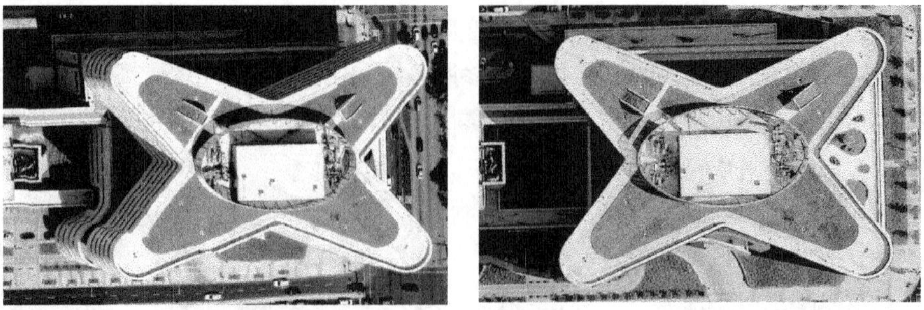

(a) 一般正射影像 (b) 真正射影像

图5.7 一般正射影像与真正射影像的对比

5.2.2 遥感影像的纠正与正射影像生成

1. 正射影像生成的一般过程

针对基于航空摄影(包括无人机摄影)影像进行正射影像生产，通常采用数字摄影测量系统，在对测区影像进行空三加密的基础上，进行立体影像的核线匹配，生成DEM，在DEM支持下，对影像按共线方程进行反解法数字微分纠正，再对纠正影像进行镶嵌和匀色处理，得到正射影像，具体过程和方法参见2.3节。

针对基于各类高分辨率卫星影像进行正射影像的生成，一般利用遥感影像处理系统，在区域既有高分辨率DEM、控制点成果及影像RPC(即有理函数系数，由影像服务商提供)参数的支持下，必要时进行区域遥感影像的区域网平差，优化影像的RPC参数，以能准确表达地面点三维坐标和影像坐标关系的成像几何模型(在平坦地区，可以不考虑地形起伏，仅采用二元二次或二元三次多项式拟合模型)，如以RFM模型为依据，对原始高分辨率卫星影像的全色波段和多光谱波段影像分别按反解法进行数字微分纠正，再对经纠正的全色波段和多光谱影像进一步进行融合、镶嵌、匀色等处理，得到正射影像或正射影像图。其过程如图5.8所示。

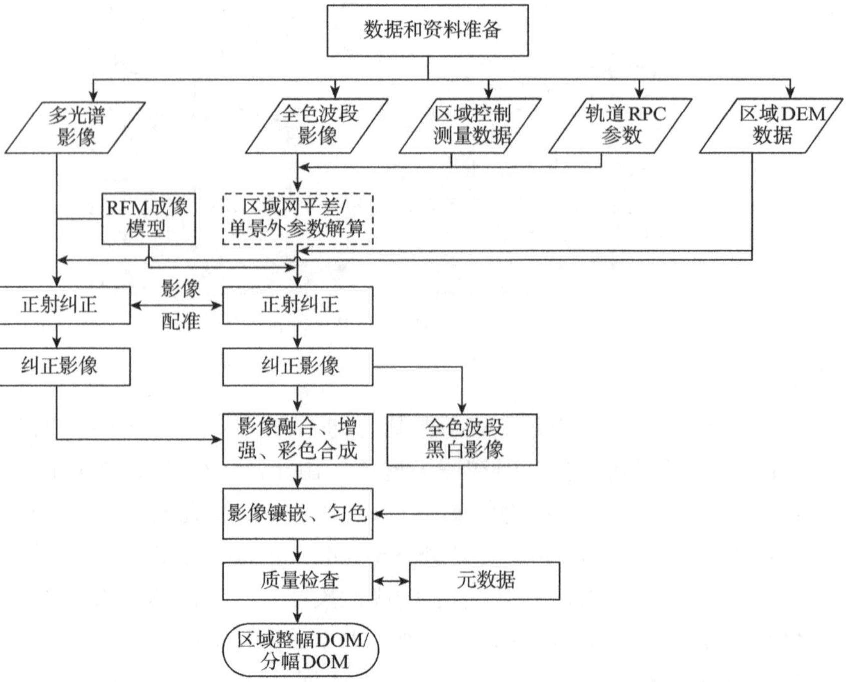

图5.8 基于高分辨率卫星影像的正射影像制作过程

2. 卫星影像的RFM成像几何模型

在利用DEM对遥感影像进行几何畸变微分纠正、生成正射影像时，需要有严密的成像几何模型来描述像点坐标与其地面点在地理空间参照系中的坐标之间的关系。对于框幅式摄影机或航空数码照相机而言，可采用共线方程来表达两者之间的关系。但是对于类型众多的卫星遥感影像来说，由于无法获得精确的轨道和成像参数，难以分别对其建立严密的成像几何模型。为了简化卫星遥感影像的处理，一般采用有理函数模型（rational function model，RFM）来替代光学遥感影像的严密成像几何模型。RFM是一种与传感器无关的通用成像模型，几乎所有的遥感影像处理系统都支持该模型。关于卫星影像的RFM模型，见本书2.3.2节。

根据式（2.5）分母表现形式的不同，RFM有9种不同的表现形式，如表5.1所示。

表5.1 RFM的具体形式

模型编号	分母	多项式次数	待求解模型参数个数	需要的最少控制点数量
1	分母不相同 $P_2(X_n,Y_n,H_n)\neq P_4(X_n,Y_n,H_n)$	1	14	7
2		2	38	19
3		3	78	39
4	分母相同，但不恒为1 $P_2(X_n,Y_n,H_n)=P_4(X_n,Y_n,H_n)\neq 1$	1	11	6
5		2	29	15
6		3	59	30
7	分母相同且恒为1 $P_2(X_n,Y_n,H_n)=P_4(X_n,Y_n,H_n)=1$	1	8	4
8		2	20	10
9		3	40	20

从表5.1可以看出，当RFM的分母相同且恒为1时，RFM就退化为一般的高次多项式模型；当RFM分母相同但不为1，且多项式次数为1时，RFM就退化为直接线性变换（direct linear transformation，DLT）模型。因此，RFM模型是一种广义的遥感成像几何模型。

在RFM中，光学系统产生的几何误差由有理多项式中的一次项表示；地球曲率、大气折射和镜头畸变等产生的几何误差采用有理多项式的二次项表示；而一些未知的具有高阶分量的几何误差如传感器震动等，使用有理多项式中的三次项来表示。

对于不同传感器的高分辨率卫星遥感影像，其RPC参数随影像数据一起可由数据服务商提供。商业遥感软件如PCI、ERDAS、ENVI等都集成了各空间高分辨率卫星的有理函数模型纠正模块，正射纠正时只需导入RPC文件即可进行无控制点纠正。为了提高精度，也可利用区域少量控制点，进行区域网平差，进一步提高RPC参数的精度。

3. 全色波段和多光谱波段影像的配准和融合处理

当分别完成对高分辨率卫星影像中全色波段和多光谱波段影像的纠正后，为了合成彩色图像，还需要在几何上对全色影像和多光谱影像进行严格对齐或匹配。此时，以经纠正的全色影像为控制基础，利用从影像到影像的几何变换技术，可使用二次多项式模型对多光谱影像进行配准纠正。为了保证影像融合效果，配准误差应小于1个像素。对多光谱影像按全色影像的分辨率，采用双线性插值法进行重采样。

全色波段和多光谱波段影像的融合可采用非常适合于IKONOS、WorldView、GF-1、QuickBird等高分辨率卫星遥感数据的像元级全色和多光谱数据融合的“全色增强融合算法”(Pansharpen)。该算法基于统计原理，利用最小二乘法来最佳地拟合原始多光谱、全色数据与融合后的多光谱、全色数据之间的灰度值关系，采用最小方差技术对参与融合的多波段数据进行最佳匹配，以此来减小融合后的颜色偏差，获得高颜色保真性结果。同时，该方法还对所有输入波段进行一系列的统计运算，以此来消除融合结果对数据集的依赖性，并提高融合过程的自动化程度，采用该方法对WorldView Ⅱ全色和多光谱影像融合的结果如图5.9所示。Pansharpen方法可以有效解决同源全色和多光谱影像融合时存在的颜色失真和依赖操作员知识经验的两大问题，已成为典型遥感图像处理系统如PCI Geomatics的主要高分辨率遥感影像融合方法。

图5.9 WorldView Ⅱ全色和多光谱影像融合

4. 影像镶嵌

一个区域的正射影像往往需要多幅影像才能完全覆盖。这就需要将经纠正和融合的多个单幅影像镶嵌为一个整体，即进行影像的几何拼接及匀光或匀色等处理，以此获得一个区域视觉效果一致、几何上无缝的完整正射影像。

在对多幅经正射纠正的影像拼接过程中，相邻影像的重叠区，采用人工划定镶嵌线或能自动避开重要地物的镶嵌线搜索算法，得到规则或不规则的影像镶嵌线，在镶嵌线左侧取左侧影像，在镶嵌线右侧取右侧影像，从而沿镶嵌线将两相邻影像拼接在一起。

因为成像条件不一致及其他因素，航空或卫星影像在色彩上存在不同程度的差异，造成多幅影像之间的色彩不平衡，给拼接后的正射影像造成色彩或色调上的差异，所以需要进行色彩平衡处理，即匀光处理。影像整体匀光可采用方差-均值法、直方图匹配、基于全局Wallis滤波的整体变换颜色匹配等方法。另外，虽然经过匀光处理，但在镶嵌线两侧可能还会出现较为明显的色彩差异，需要进一步对此进行羽化等色彩过渡处理，保证影像的无缝镶嵌。目前的商业软件都能够自动搜索镶嵌线，并进行接缝消除处理，实现拼接地区的平滑自然过渡(图5.10)。

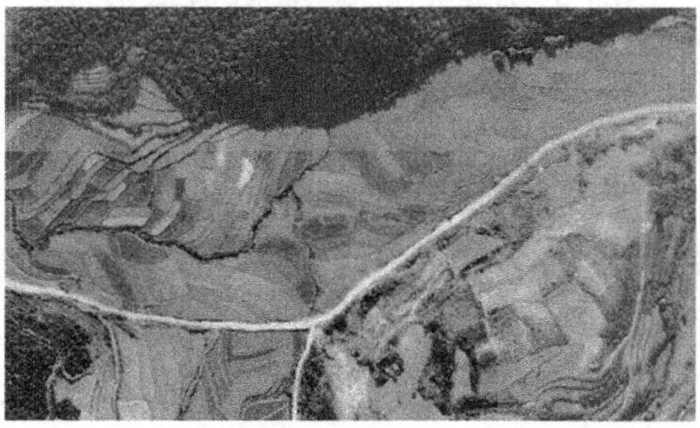

(a) 上下两幅影像几何拼接结果
道路和农田精确对齐，但色彩有明显差别

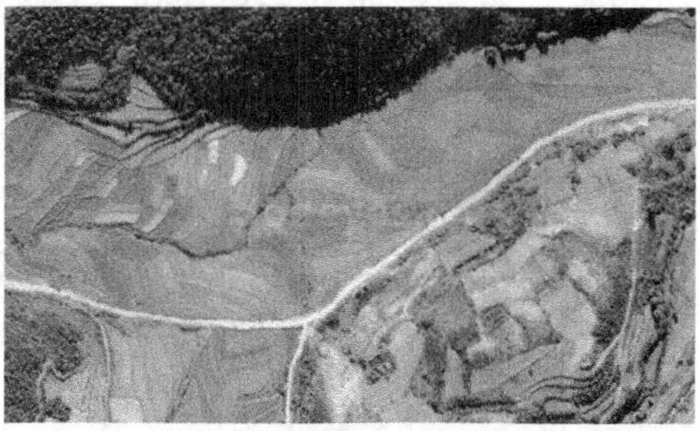

(b) 上下两幅影像镶嵌与匀色结果
各地物要素在几何和色彩上完全一致

图5.10　正射影像镶嵌与匀色

5.2.3　基于正射影像的地理数据采集与更新

基于航空和高分辨率卫星影像的正射影像制作成本低、速度快，影像上地物要素清晰可辨、空间定位精度高且几何形态不失真，能与大比例尺矢量地理要素准确叠合(图5.11)，正成为大比例尺基础地理要素采集或更新、专题地理要素采集的可靠数据源。在GIS和遥感影像集成环境下，调用正射影像，采用目视解译或要素自动提取方法，从正射影像中可获得准确的基础或专题地理要素及位置、形态和属性特征。

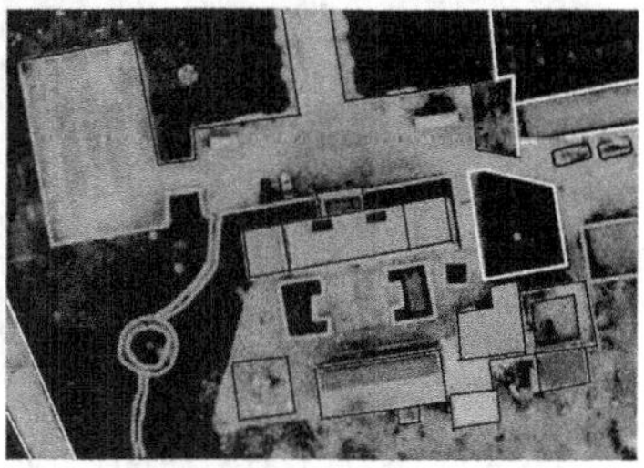

图5.11　正射影像与矢量地理要素的准确叠合

1. 基于正射影像的DLG数据采集与更新

对不同比例尺基础地理数据 DLG 的采集与更新，需要采用不同空间分辨率的正射影像，其对应关系如表 5.2 所示。

表5.2　基础地理数据的比例尺与正射影像的对应关系

DLG数据比例尺	影像空间分辨率/m	影像数据源
1：500	<0.1	数字航空摄影、无人机摄影
1：1000	0.1～0.2	数字航空摄影、无人机摄影
1：2000	0.2～0.5	数字航空摄影、WorldView Ⅰ/Ⅱ、GeoEye-1
1：5000	0.5～1.0	QuickBird、IKONOS、EROS-B、吉林-1
1：10000	1.0～2.5	锁眼卫星、IKONOS、ALOS、GF-1、GF-2、ZY-3
1：25000	2.5～5.0	SPOT-5、GF-1、ZY-3
1：50000	5.0～10	RapidEye系列、SPOT-5、IRS-P6、SPOT-4
1：100000	10～30	ZY-3多光谱、Landsat7 ETM+、LandSat-8 OLI

利用正射影像采集和更新DLG数据可采取三种作业模式：一是先外后内法，即先进行外业调绘，然后内业进行数据更新编辑，类似于传统的航空摄影测量方法；二是先内后外法，即先在内业依据DOM进行要素的目视解译和数据预更新，再由外业核查后最终完成更新；三是一体化更新法，即基于正射影像，由具有专业训练的人员携带载有正射影像和测区DLG数据的便携式设备（如高分辨率PDA），在测区野外一次性完成要素的调绘、编辑、更新和核查等工作，这种方法综合了内、外业作业的优势，在野外完成数据更新工作。

图5.12 基于正射影像的1：2000 DLG数据采集与更新

进行基础地理DLG数据的采集和更新，可利用支持影像、具有较强地理要素编辑功能（如要素捕捉、房屋直角化、平行路边线等）的采集系统如GEOWAY IMS测图系统、CASS测图系统或影像测图系统VirtuOzO、JX-4、Inpho等，载入待采集与更新的DLG数据及与该比例尺DLG数据相适应的正射影像，以正射影像为基础，在其上叠加显示矢量地理要素，在屏幕上参照正射影像目视检查要素的变化，以点、线、面要素为基本编辑对象，按要素分层对DLG数据进行增加、删除、移动等图形编辑和属性编辑，如图5.12所示。对所采集的数据进行拓扑关系的检查，以保证要素关系的正确性，并以Shapefile格式或VCT格式保存。

2. 基于正射影像的专题地理数据采集

高分辨率的航空和卫星正射影像真实记录了地面自然和人文要素或地理现象的空间分布特征，通过目视解译、调绘或面向对象信息提取方式可获得高精度、大比例尺、精细分类的土地利用、城市绿地、城市交通、建筑物类型、土地权属界限、污染源、POI等点、线、面要素的地理位置、形态和属性数据。相较于基础地理DLG数据，这些要素的定位精度往往达到亚米级就能满足要求。

在专题地理数据采集中，一种普遍采用的方式是将正射影像预先载入具有GNSS定位功能的GIS数据采集器（图5.13）中，作业人员携带GIS数据采集器到现场进行观察，GIS采集器根据定位位置自动调取所处位置周围的影像并显示在屏幕上，通过目视解译和比对，利用GIS采集器提供的点、线、面要素编辑功能，对专题地理要素如POI、管线、垃圾堆放、路面破损、地块使用方式等进行标记和录入，得到这些专题地理要素的矢量表达，并输出为GIS软件能接受的通用数据格式。

图5.13 载有正射影像的GIS采集器

当然，也可采用与基础地理DLG数据采集与更新相同的作业方式，在内业根据所建立的专题地理要素解译标志，在数据采集平台的支持下，交互地进行点、线、面专题要素的标记和采集（图5.14），再到实地进行全面检查或抽样检核。

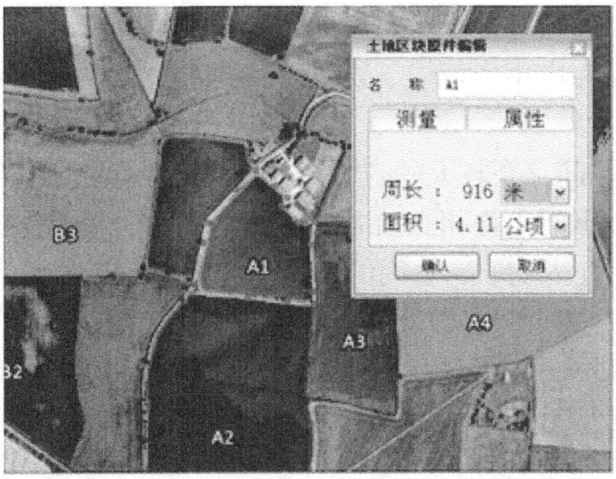

图5.14　基于正射影像的地块利用方式采集

5.3　区域社会经济统计数据的空间化处理

社会经济数据如人口、GDP 等是国家统计部门或行业管理部门通过统计普查或抽样调查得到的，以各级行政区划为基础统计单元的统计数据，反映了社会经济发展的空间差异。然而，由于各统计单元或多或少地存在划分过粗、区划边界经常变化、层次等级不明确等问题，各行业部门之间的统计数据在空间位置上无法相互引用。另外，大量的地理要素数据是以自然地理单元为边界表示的，这就造成社会经济数据与自然地理要素数据在基本单元边界上的不一致和不匹配，导致两类数据不能很好地进行叠置和决策分析。因此，有必要借助栅格数据对空间数据表达的基本思想，将社会经济统计数据合理地分配到空间格网单元，即进行统计数据的空间化处理。

5.3.1　社会经济统计数据

社会经济数据是指由各级政府统计部门和行业管理部门以下级行政区划为统计单元，通过普查和抽样调查并逐级汇总得到的表格数据。统计的行政区级别包括全国、省级、市级和县级，统计的内容包括经济总量、农业经济、工业经济、财政、贸易、金融、投资、人民生活、商业、消费、交通运输、建筑、物价、城镇化、科教、文卫、人口与劳动力、环境污染与保护、自然资源和自然灾害，等等。

我国国家和地方统计部门每年都出版发行上一年《中国统计年鉴》和各省、市统计年鉴。除此之外，还建立了“中国经济与社会发展统计数据库”对外提供数据检索和查询服务(http://tongji.cnki.net/kns55/index.aspx)。在该数据库中，按劳动就业、财税、商贸、外经、城建与建筑、国土资源、海洋、环境保护、农业、林业、水利、工业经济、房地产、交通、旅游、金融、教育、科技、文化、卫生、民政、公检法司、石油石化、煤炭、电力、钢铁、有色金属、汽车、船舶、民用航空、电子信息、机械和轻工业共 32 类部门或行业进行了统计，还将现行国民经济行业按 20 个门类、96 个大类、432 个中类和 1094 个小类进行行业数据分析。以上网址，还提供了各省(自治区、直辖市)经济与社会发展统计数据库的链接，通过此链接可进一步查询或浏览各省部门和行业发展数据，以及地市社会经济统计数据或统计年鉴。

与其他地理空间数据相比，社会经济统计数据有着自身独特的特性。

(1)社会经济统计数据更新周期长，时效性差。我国国家级普查的时间间隔通常是 5 年或 10 年，抽样调查的时间间隔一般为 1 年，统计数据时效性往往不能满足实际需要。

(2)社会经济统计数据存在多个时空尺度。一方面，统计数据一般是逐级汇总得到的，涉及乡镇、县、地市、省和国家级多个空间尺度；另一方面，统计数据往往按年、季和月时间节点进行统计与汇总，而在应用中可能需要更精细的旬、日数据，导致社会经济数据在时间上也存在多尺度特征。

(3)社会经济统计数据间存在较大的空间相关性。受空间相互作用和空间扩散的影响，不同类型的社会经济统计数据间不再相互独立，而是呈现空间相关特征，如城市人口密度受土地利用方式的影响、房价与人均收入之间的关系受到城市中心距离的影响等。

(4)社会经济统计数据在空间上的分布是复杂的。例如，江苏省的人口密度，一般方法是以人口总数除以江苏省的区域面积，但这不能真正反映人口密度的空间分布。因为人口的分布存在聚集效应，城市区域人口密度大、农村人口密度小，湖泊和沿海滩涂区域人口密度基本极小，甚至为零。

在 GIS 中，通常根据各级行政区名称或编码将各级社会经济统计二维表格数据关联至不同级别行政区多边形，作为行政区的属性进行分析和制图表达。显然，这种简单处理方式存在着严重不足：①空间分辨率低且不规则，社会经济统计数据的最小统计单元通常是乡镇或县，即使是乡镇，其边界也极不规则且面积差异大，如我国陆地面积最大的乡镇新疆若羌县祁漫塔格乡，面积达 6.56 万 km^2，而陆地面积最小的乡镇山东长岛县小钦岛乡面积仅为 1.14km^2；②乡镇和县(区)行政边界不断调整，导致与行政区域关联的社会经济统计数据不稳定，难以表达它们在空间分布的真实情况；③忽略了在行政区内社会经济数据实际上是不均匀分布的；④难以与其他地理空间数据如自然地理环境要素数据进行集成分析。克服这些缺陷，就需要采用格网化方法将社会经济统计数据合理地分配到不同分辨率的地理格网单元，以便较为准确、客观地刻画社会经济数据在地理空间的真实分布状况。

5.3.2 地理信息格网

地理信息格网(也称地理信息网格、地理格网或地理网格)是按照一定的数学规则对地球表面进行划分得到的格网。其实质是采用一系列离散而规则的单元对地球表面进行由粗到细、逐级剖分，并按照一定的规则组合对地理对象进行表达的体系，其目的是为不断累积的包括自然、社会经济数据在内的海量空间信息的统一定位，保证各类数据采集、存储、分析和交换的一致性，并提供多元、多尺度地理空间信息整合的规范化定位框架。地理格网可将地理空间的定位和地理特征的描述一体化，并将误差控制在网格单元的范围内。

为了标识与地理空间位置有关的自然、社会和经济信息的空间分布，为各类信息的整合提供以格网为单元的空间参照，我国自 2009 年 6 月 1 日正式实施国家标准《地理格网》(GB/T 12409—2009)。该标准规定了地理格网系统划分的规则和统一编码方法。明确规定我国地理格网采用经纬坐标格网(以经、纬线划分)和高斯-克吕格投影直角坐标格网(以公里网划分的格网)相结合的方式，这两类格网系统间具有严格的数学关系，可以互相转换。根据地理要素的分布范围和表示的详细程度，格网具有不同分辨率的层级，且层级间呈一定的递归关系。

1. 经纬坐标格网

经纬坐标格网面向大范围(全球或全国)地理要素的表达，适合于表达较概略信息的分布及粗略定位。经纬坐标格网以 1°经、纬差格网作为基础格网，在此基础上逐级递归划分，共 5 级，分别为一度、十分、一分、十秒和一秒格网。

各级格网单元都赋予唯一格网代码，该代码由 5 类码组成(图 5.15)：象限代码、格网间隔代码、间隔单位代码、经纬度代码和格网代码(前四类码为必选项；最后一类码根据格网的层级选用，可通过经纬度的非整数值计算得到）。

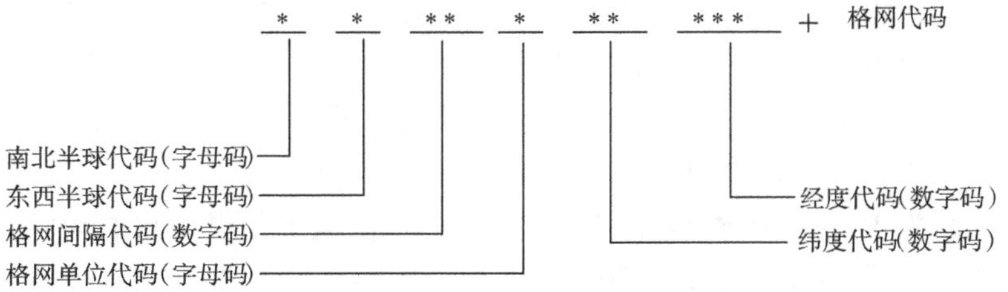

图5.15　经纬坐标格网单元编码规则

经纬坐标格网以赤道和本初子午线交点为原点，将全球分为西北、东北、西南和东南 4 个象限，对南、北半球分别以代码 N、S 表示，东、西半球分别以代码 E、W 表示；以 2 位数字表示格网间隔代码，不足 2 位时在前面补“0”，如格网间隔为 1″时，代码为“01”，间隔为 10″时，代码为“10”，格网间隔为 1′时，代码也为“01”；间隔单位代码则分别以“D”、“M”和“S”表示格网间隔的单位是度、分和秒。当格网间隔为 10′及以下时，需要增加格网代码。例如，某点位于 75°41′15″N，143°02′35″E，其各级格网代码分别为

一度格网代码：NE01D75143

十分格网代码：NE10M751430400（取纬、经度的十分位数值为格网代码，各 2 位）

一分格网代码：NE01M751434102（取纬、经度的分位数值为格网代码，各 2 位）

十秒格网代码：NE10S7514302470015（取纬、经度非整部分换算为秒数后的十秒以上位的数值为格网代码，各 4 位）

一秒格网代码：NE01S7514324750155（取纬、经度非整部分换算为秒数后的秒以上位的数值为格网代码，各 4 位）

2. 直角坐标格网

直角坐标格网面向较小区域范围（如省和地市），适合于表达较详细信息的分布及精确定位。直角坐标格网采用高斯-克吕格投影直角坐标系统，以百公里作为基础格网单元，格网间隔逐级加密，共 6 级，分别为百公里、十公里、公里、百米、十米和米格网。

各级格网单元都具有唯一代码标识。代码由 4 类码组成（图 5.16）：南北半球代码、投影带号代码、百公里格网代码和坐标格网代码（其中，前三类代码为必选项，格网代码则根据格网的层级按实际坐标计算得到）。

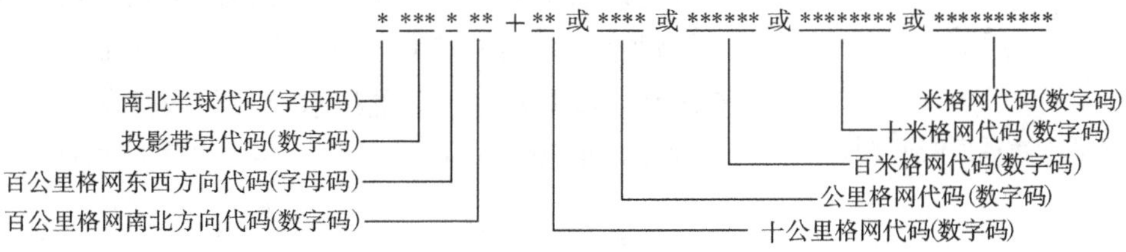

图5.16　直角坐标格网单元编码规则

南北半球代码为 1 位字母码，取“N”或“S”。投影带号代码以 3 位数字码表示，当采用 6°带时（参见第 1 章图 1.7），投影带号自西向东依次编号，带号代码为 001～060；当采用 3°带时，投影带号加 100 常数，从 101 开始自西向东依次编号，一直到 220。百公里格网代码采用 1 位字符与 2 位数字混合编码，当采用 6°带时，自西向东，每百公里以 1 位字符 A~H 表示；当采用 3°带时，自西向东，每百公里以 1 位字符 C～F 表示；不论 6°或 3°分带，从南到北，每百公里都采用 2 位数字（00～99）表示。根据格网的层级，坐标格网代码的长度从 2 位

到 10 位不等，且横坐标在前、纵坐标在后，结构如下：

十公里格网代码为 2 位，由横坐标和纵坐标值的十公里位的数值构成；

公里格网代码为 4 位，由横坐标和纵坐标值的公里位至十公里位数值构成；

百米格网代码为 6 位，由横坐标和纵坐标值的百米位至十公里位数值构成；

十米格网代码为 8 位，由横坐标和纵坐标值的十米位至十公里位数值构成；

米格网代码为 10 位，由横坐标和纵坐标值的米位至十公里位数值构成。

例如，某点位于 39°55′N，116°30′E，其 6°带投影带号为 20，横坐标值为 457251.1m，纵坐标值为 4420395.9m，其各级格网代码分别为

十公里格网代码：N020D4452

公里格网代码：N020D445720

百米格网代码：N020D44572203

十米格网代码：N020D4457252039

米格网代码：N020D445725120395

根据实际需要，经纬坐标格网和直角坐标格网都可在基础格网上向更粗或更细的格网扩展。这些不同层次的格网为自然和社会经济要素的表达提供了不同分辨率的定位框架，也为自然和社会经济要素与遥感影像及其他栅格数据的集成分析创造了有利条件。

5.3.3 统计数据空间化方法

社会经济数据空间化是指在地理信息系统和遥感等现代空间信息技术支持下，将传统的、以行政区为统计单元的社会经济数据按照一定规则分配到地理格网上。通常采用面积权重插值法、面积-距离加权插值法、土地利用控制法、多因子综合分析法及遥感反演法等进行社会经济数据的空间化。

1. 面积权重插值法

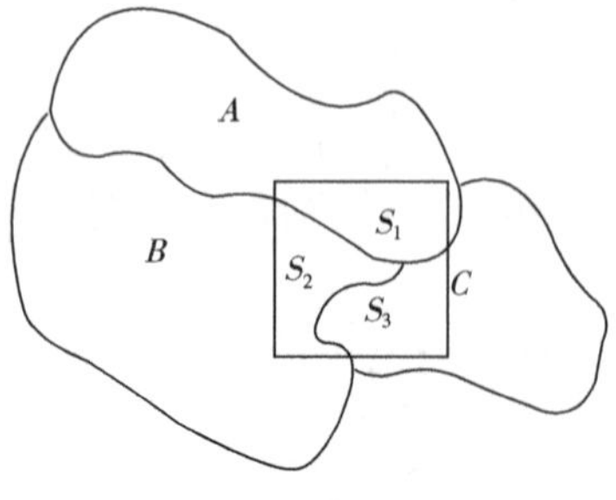

图5.17 面积权重插值法示意图

面积权重内插法是最为简单的一种社会经济数据面积内插法，它首先假设社会经济数据在区域内是均匀分布的，并将地理格网叠加到行政区多边形上，计算不同行政区多边形在地理格网内所占的面积比重，并按该比重把各行政区的社会经济统计数据分配到对应的地理格网单元(图 5.17)。

假设某地理格网跨越了 n 个行政区，其面积分别为 A_i，在 GIS 中，采用多边形叠置法求取各行政区落入地理格网的子区域及其面积 $S_i(i=1, 2, \cdots, n)$，各子区域的权重 w_i 为

$$w_i=\frac{S_i}{S_{格网}} \tag{5.1}$$

式中，$S_{格网}$ 为格网单元的面积。设各行政区某项社会经济统计指标的统计值为 STA_i，则分配给该地理格网的社会经济统计指标值为

$$\mathrm{STA}=\sum_{i=1}^{n} w_i \frac{S_i}{A_i}\mathrm{STA}_i$$

因为面积权重内插法的前提条件是各行政区内社会经济属性数据均匀分布，仅仅完成了

数据表现格式的转换，刻画真实社会经济分布的能力较弱，尤其是当各行政区内存在湖泊、河流、沙漠、高山、沼泽等无人居住的斑块时，使用面积权重内插法所得到的结果是不准确的，所以一般在进行社会经济统计数据面插值，当地理网格落入这些区域时，作空值处理。为了减少地理格网单元之间的突变，可采用图像平滑技术对面插值结果进行平滑处理，得到较为连续的社会经济数据空间分布。

2. 面积–距离加权插值法

面积–距离加权插值法是对面积权重法的一种改进。各子区域对地理格网贡献的社会经济指标值不仅与其面积有关，而且与各子区域到行政区域内行政中心(如省级行政区的首府)的距离成反比。其依据是城市对社会经济的聚集效应，与 Clark 等的“指数衰减规律”有一定的一致性，因此常用于人口等指标的面插值。Clark 假设城市为理想地表形态、各向同性的圆形区域，人口围绕城市中心呈圆形分布，给出了人口分布密度的衰减模型：

$$d(r)=d_0\mathrm{e}^{-(r/r_0)} \tag{5.2}$$

式中，$d(r)$为人口密度；d_0 为城市特征半径内的人口密度；r 为距城市特征中心的距离；r_0 为城市特征半径。对地理格网赋值的面积-距离加权插值法可表示为

$$\mathrm{STA}=\sum_{i=1}^{n}\frac{w_i}{d(r_i)}\frac{S_i}{A_i}\mathrm{STA}_i \tag{5.3}$$

式中，$d(r_i)$为落入地理格网的各子区域质心到其区域中心的欧氏距离。

除 Clark 模型外，基于高斯分布的 Smeed 模型、基于重量-质量-距离理论的重量人口分布模型等，也可用于社会经济指标的格网化插值。

3. 土地利用控制法

土地利用是人类为经济的和社会的目的，通过各种使用活动对土地长期或周期性的经营方式。因为人类的各种社会和经济活动都是在土地上进行的，所以社会经济发展水平与土地利用方式密切相关，不同的土地利用类型上其人口、经济产出等存在着极大的差异，如常住人口一般分布在住宅用地上、第二产业 GDP 一般是由仓储工矿用地产出、等等。我国自 2007 年 7 月 1 日起，开展了第二次全国土地调查工作，并以 2009 年 12 月 31 日为标准时点汇总二次调查数据。第二次全国土地调查采用统一的土地利用分类国家标准，利用多种先进的技术手段，全面清查了全国土地利用现状，建成了包括矢量数据在内的全国土地利用基础数据库。因此，可以利用区域土地利用空间数据，建立社会经济数据与相应土地利用类型所占面积之间的关系，实现社会经济数据的空间化。

土地利用控制法假设研究区内各种土地利用类型上的不同社会经济指标分布均一，将行政区多边形与土地利用多边形数据进行叠置分析，生成分区土地利用类型多边形数据，并统计各类土地利用类型在分区中的面积，再将分区社会经济统计数据总量分配给各分区土地利用多边形，在分配过程中需要考虑：①土地利用中的高山、水体、荒漠、冰川等土地利用类型上人类社会经济活动极少，则不予分配；②不同的土地利用类型对不同的社会经济活动有着不同的影响。因此，在进行不同的社会经济统计数据分配时，需要确定各种土地利用类型对某社会经济统计指标影响的权重。例如，人口一般分布在住宅用地上，对其赋予最大权重，商服用地、工矿仓储用地、城镇村及工矿用地分别赋予较小的权重，林地、耕地等赋予更小的权重；按总量不变的原则，根据土地利用类型的权重和面积，将社会经济统计数据分配给各土地利用多边形。

为了实现社会经济统计数据的空间化，需要利用已分配了社会经济指标数据的分区土地

利用多边形数据，将其与地理格网进行叠置分析，按面积权重插值法进行社会经济统计指标数据向地理格网的再分配。

以北京市 2015 年常住人口统计数据的空间化为例，利用 2015 年北京市统计年鉴和 1∶5 万土地利用数据，采用土地利用控制法按公里格网进行空间化，求取各格网单元的人口密度(图 5.18)。为了对比人口统计数据空间化的效果，也按一般 GIS 专题图制作方法，将各区县人口统计数据与区县多边形关联，并按区县面积计算人口分布密度，制作了北京市人口密度分布图(图 5.19)。对比图 5.18 和图 5.19 可见，经空间化的人口密度分布能更精确和真实地反映人口的真实分布。图 5.19 中西城区和东城区的人口最密集，每平方千米超过 2 万人，从四环以外逐渐降低，北部和西部山区人口密度极低。

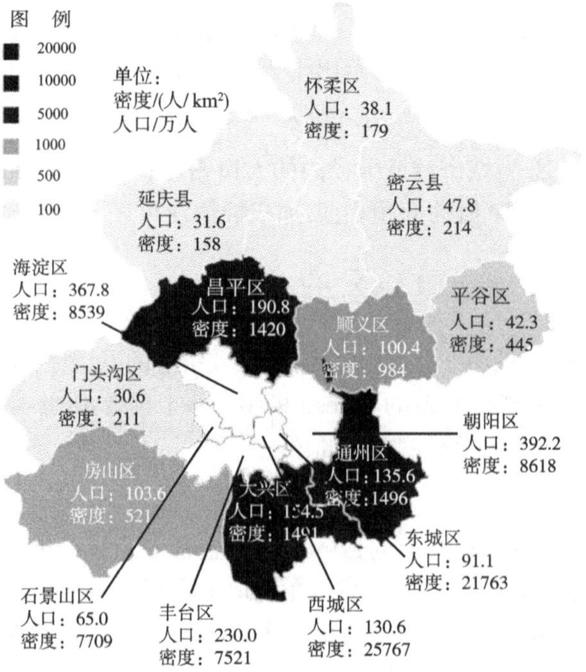

图5.18 北京市人口密度图

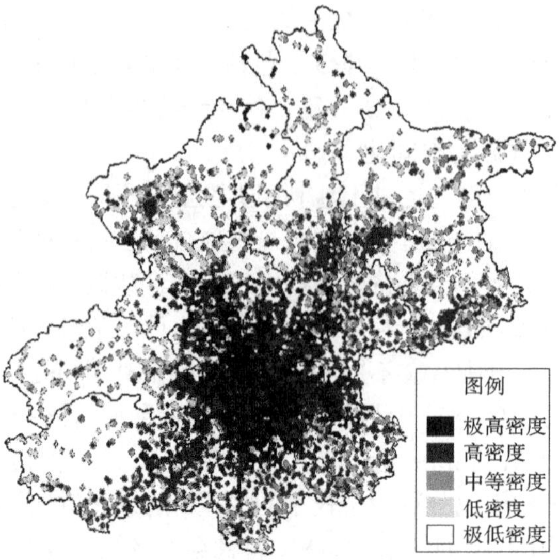

图5.19 北京市格网化人口密度图

4. 多因子综合分析法

人类社会经济活动实际上是受多种自然和人文地理环境制约的，如人口空间分布与土地利用、地形、距城市中心的距离、水系分布、交通便捷程度等众多因子具有很强的相关性。因此，进行社会经济数据空间化时，从众多自然和人文地理环境要素中辨析和筛选出与某项社会经济指标关系密切的若干因子，预先获取这些因子的空间数据(矢量或栅格数据)，利用GIS 方法对这些因子进行叠置、缓冲区、地形因子提取等分析，作为社会经济数据空间化的基本依据。

多因子综合分析法进行社会经济数据空间化的基本思路是：在选取合适的表达社会经济数据空间分布的格网单元之后，采用相关性分析，确定影响社会经济数据空间分布的主要影响因子，建立社会经济数据与各影响因子之间的回归模型，计算得到各影响因子影响社会经济数据空间分布的综合参数值(权重系数)，并按照乘积融合或加权融合的方式，建立区域社会经济数据的综合参数表面模型。在此基础上，以行政区多边形作为控制条件，将每个行政单元的社会经济数据分配到其行政区范围内的各个格网单元上。

多因子综合分析法注重对影响社会经济数据分布的各种因子的客观量化，能够较为准确地进行社会经济统计数据的空间化处理。但是，不同因子间的相关性和相互作用难以刻画，而且选取的因子过多，势必增加数据处理过程的复杂性和工作量，同时可能夸大了具有较大相关性的因子的影响程度；分析过程中，未对社会经济数据的空间异质性加以足够重视，在城市和农村地区采用同一分析模式，忽略了城乡之间的差异性；另外，不同影响因子的选择具有明显的区域性，普适性较差。

5. 遥感反演法

虽然遥感影像像元光谱特征与社会经济数据之间不存在直接的因果关系，但遥感影像记录了地表的真实状况，尤其是夜光遥感影像与人类活动存在较高的相关性，且具备时空连续、独立客观等优势，因此夜光遥感影像能够为国民生产总值、人口、电力消费、温室气体排放、贫困指数、基尼系数等社会经济参数的估算提供重要依据。

利用遥感反演法对社会经济数据进行空间化的一般思路是：首先提取与社会经济数据有关的信息，进而建立遥感数据与社会经济数据之间的反演模型，模拟社会经济数据的空间分布。例如，美国Ghosh等学者利用2006年的DMSP/OSL(美国国防气象卫星计划/线性扫描业务系统)夜间灯光数据加工产品、全球人口密度、土地覆盖等数据，建立了一套精确的GDP空间分配模型，从而获得全球1km × 1km格网的GDP分布图(图5.20)。

夜间灯光数据获取便捷，所需数据量较少，更适合于大尺度的社会经济数据空间化，为决策提供参考。但夜间灯光数据只是社会经济的一个间接表征，在市区和第二、三产业能取得较好的模拟结果，在农村地区则不适用。若能利用多光谱遥感影像提取居民区类型、居民点密度、土地利用等信息，结合夜间灯光遥感数据，建立较为复杂的统计反演模型，则会使社会经济统计数据的空间化更为准确可靠。

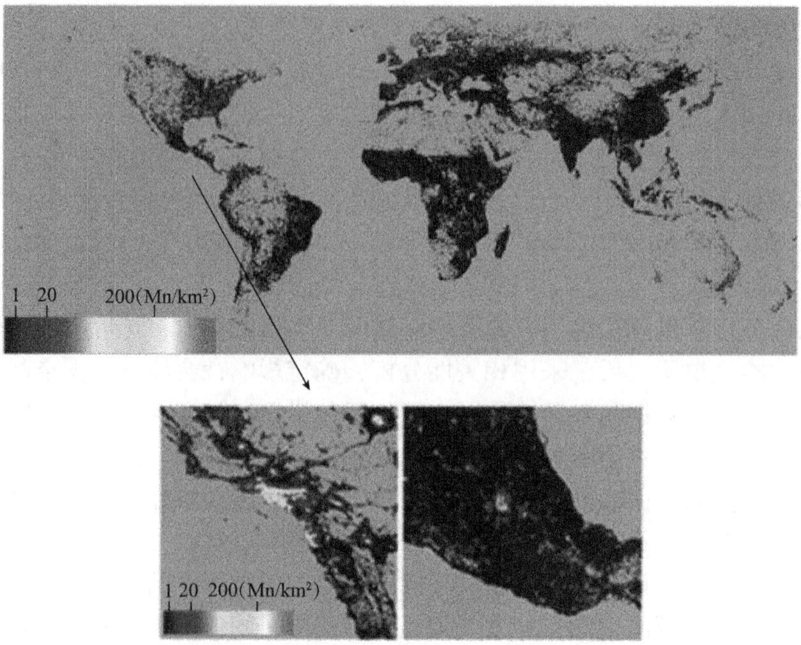

美国加州西南部GDP格网　墨西哥首都及周边GDP格网

图5.20　夜光遥感影像辅助计算的2006年全球GDP 分布（1km × 1km格网）

5.4　中文文本中时空信息的提取

5.4.1　文本中时空信息提取的一般过程

中文文字是人类对客观世界认知并对其进行抽象表达的符号，而文本则是具有相对完整性和系统性，表达特定意义的文字组合。文本可以是句子、段落、篇章甚至文集。文本是人们对地理空间认知结果以自然语言表达的一种重要形式，已经成为除地图之外进行地理空间事物或现象描述的主要途径。当今，除了图书、报刊、报告等以纸张为载体的传统文本之外，电子文档、网页、博客、论坛、微信等多种文本呈爆炸式增长，记录了丰富的地理空间事物、现象和事件的发生与发展。因此，有必要采取文本解析手段从这些文本中提取地理空间对象或事件的语义、位置、属性和时间特征，为地理大数据的分析提供空间数据。

然而，中文文本主要采用非结构化、定性的自然语言描述时间和空间特征，缺乏统一的、基于数学模型的时空参考系统，导致从文本中提取地理事物、现象或时间的位置、属性和时间并将其有机地关联起来成为十分困难的任务。对比需要借鉴自然语言处理和信息抽取技术，围绕“规范表达-信息抽取-语义解析”的技术路线（图 5.21），进行文本中时空信息的解析和提取。

其中，规范表达是指确定文本中时空要素信息相关语言单元、语言结构，采用规范化的标记语言进行描述的过程。通过参考各类标准构建的标注语料库，为信息抽取提供标准化的训练和测试数据。信息抽取是指通过分析中文文本中时空信息要素及要素关系的语言描述特征，运用规则模型与机器学习模型相结合的方法，解决时空信息从非结构化到结构化表达的问题。语义解析是指将抽取得到的结构化、定性化的时空信息进行语义的统一规范化和定量化处理。

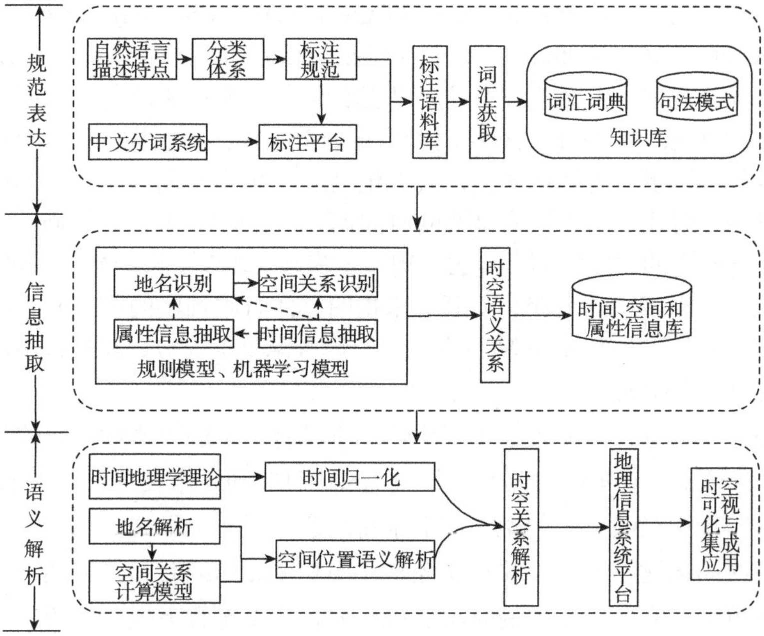

图5.21　文本中时空信息解析技术路线

5.4.2　文本中时空信息的规范化表达

文本信息结构化表达的过程主要包括标注体系设计和语料库构建两部分，前者用于制定信息描述标准规范，后者为信息抽取提供标准化的训练数据和测试数据。因为文本中时间信息、空间位置信息的描述具有各自的语言特征，所以需要对文本中时空描述的相关语言进行标注，并分别进行规范化表达。考虑信息兼容、共享与交换的需求，采用XML语言对时空信息标注信息进行描述。图5.22描述了一个较为完整的时空信息标注规范化表达框架。

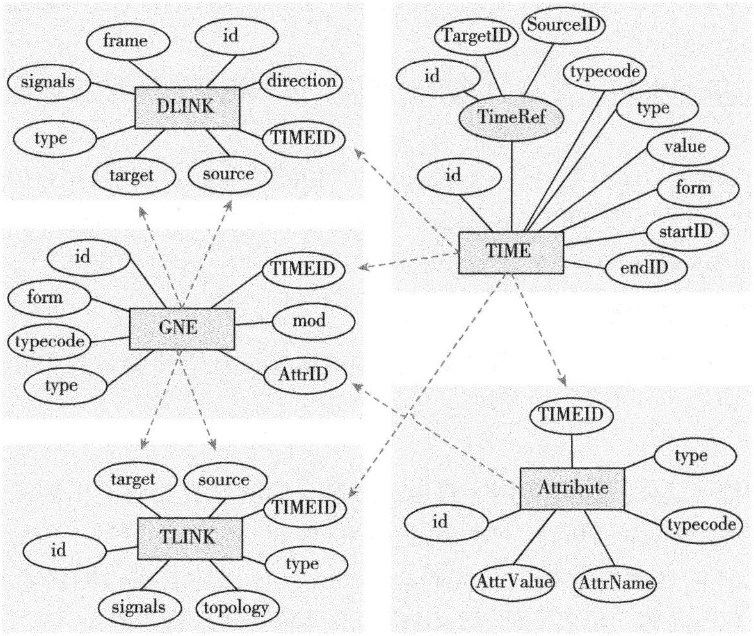

图5.22　文本中时空信息的标注框架

1. 时间信息标注规范

以美国国防部高级研究计划署的 TIDES（Translingual Information Detection，Extraction and Summarization）计划和 ACE（Automatic Content Extraction）计划制定的 TIMEX2 是当前较具影响力的时间信息标注规范。TIMEX2 根据所表达的时间信息能否映射于时间轴上，分为可标注时间和不可标注时间。在 ACE 项目中时间短语分为精确的、模糊的、具有修饰词的、表示集合的、非特定的、以事件为锚点的，以及文化决定的 7 类时间表达式。其中，精确的时间表达式又分为日期、时间、基于周或星期的时间模式、段时间 4 类；模糊的时间表达式又分为如下子类：不能确定的锚点时间、过去、现在、将来、季节、财政年、季度和半年、周末、早晨、下午和晚上、未指明的日期和时间、未指明具体时间长度的段时间、基于周和月的组合时间表达式等。但是，由于 ACE 项目中文语料库资源不够充分，在进行中文文本时间信息标注时，必须对其加以扩充。

中文文本中时间信息的描述既具有多样性，也具有一定的规律性。具体包括以下几个方面：①时间表达式通常由基本的时间元素组合而成，且时间元素在上下文中的距离跨度很小；②时间描述通常与表达时间单位的触发词汇紧密结合；③在上下文中经常出现省略现象，致使文本中大多数时间描述是不完整的；④经常使用相对时间或时间段描述不精确时间信息；⑤相同时间表达可能会有多个不同的时间层次，如日历中包含节气、阴历、阳历等几个层次时间，同一层次时间也会有若干不同的描述形式。结合中文文本中时间信息的描述特点，将时间短语分为 3 种类型：简单时间短语、复合时间短语、时间介词短语。其中，简单时间短语又可分为 6 种类型：日历型（如 2008 年、2012 年 5 月 18 日）、具体时间（如 3：23、8 点整、12 时）、周或星期时间（如星期五、周一、礼拜二）、段时间（如 12 天、1 年、两个月、50 周年）、时间词（如上午、昨天、春天、上旬）、参照时间（如前年、上月、今日、昨天、前 1 小时）。时间短语既可以单独存在形式被标注，也可标注为地名、地理属性等的关联信息。时间信息标记语言的主要标签有时间标签<TIME>、时间参照关系标签<TimeRef>和语气词标签<MOOD>。此外，以两个具体时间描述的段时间，需同时标记该段时间的起点（StartID）和终点（EndID）。

示例：2011 年 1 月 14 日之后的 9 天时间内，公安机关积极调查步行街某珠宝店盗窃事件。

<TIME id=1 type=“日历型时间” typecode=“10001”>2011年1月14日</TIME>

<TIME id=2 type=“段时间” typecode=“10004”>9天时间内</TIME>

<TimeRef id=3 SourceID =“1” TargetID=“2”>

2. 空间位置信息标注规范

空间位置信息标注通常以句子为单位，标识地名实体和空间关系的相关语言单元及其空间语义结构。

1）地名标注

中文文本中地名实体描述具有用字自由、分散，同时又有相对集中的覆盖能力的特点。地名实体采用<GNE>标签，包括以下 4 个属性：“id”是标注单元序号；“type”和“typecode”分别描述地理实体的地理要素类型及代码；“form”标识地名实体的具名和不具名特性，“NAM”指示有具体名称的地名实体，“NOM”为不具有具体地理位置指向的地名实体；“Mod”标识对地名实体的一些限制性修饰，以便于进行实体的空间位置语义解析。

2）空间关系标注

空间关系描述不仅与空间实体的类型、几何特征有关，还受描述者本身教育背景、地域文化等影响，而且在文本描述中呈现一定的模糊性和复杂性特征。具体分为 3 种类型。

（1）拓扑关系：采用<TLINK>标签，包括包含/包含于（IN）、相接（EC）、交叠（PO）、相离（DC）和相等（EQ）5 种类型。<TLINK>标签包括 id、type、topology、source、target、signals 6 个属性，分别表示标注序号、空间关系大类、拓扑小类、参照物、目标物和空间关系词汇。

（2）方向关系：采用<DLINK>标签，包括南（S）、东（E）、中（C）、西北（NW）等绝对方向关系，以及左（L）、后（B）、前（F）、内（INT）、下（BW）和外（EXT）等相对方向关系。<DLINK>标签包含 id、type、direction、source、target、signals、frame 等属性标签，分别表示标注序号、空间关系大类、方向关系小类、参照物、目标物、空间关系词汇、方位参照类型。方位参照分为 INTRINSIC、DEICTIC 和 EXTRINSIC 3 种类型。

（3）距离关系：采用<DLINK>标签,包含 id（标注序号）、type（距离类型）、source（参照物）、target（目标物）、signals（距离关系词汇）5 个属性。通常情况下，为了使标注过程简化，整体标注度量单位和度量值。空间关系标记语言除 TLINK（拓扑关系）、DLINK（方向关系和距离关系）之外，还定义了 SLINK（相似关系）、RLINK（相关关系）及空间谓词 SIGNAL、语气词汇 MOOD 和辅助词汇 CONJ。空间关系词汇采用<SIGNAL>标签标注，如果一个空间关系描述实例包含多个空间关系词汇，则在 signals 属性中用逗号分隔<SIGNAL>的 id 号。

示例：平果县南部河流属右江水系。

<GNE id=1 type=“县级行政区” typecode=“410300” form=“NAM”>平果县</GNE>

<GNE id=2 type=“河流” typecode=“110000” form=“NOM”>河流</GNE>

<GNE id=3 type=“水系” typecode=“100000” form=“NAM”>右江水系</GNE >

<SIGNAL id=4 type=“DIRECTION”>南部</SINGNAL>

<SIGNAL id=5 type=“TOPOLOGY”>属</SIGNAL>

<DLINK id=6 direction=“S” frame=“EXTRINSIC” source=1 target=2 signals=4>

<TLINK id=7 topology=“IN” source=3 target=2 signals=5>

3）时间、空间关联关系标注

针对文本中空间位置信息与时间信息存在关联的现象，在标注规范中，将时间信息视为其他信息普遍关联的一类特殊的属性<TimeLINK>予以标注。

示例：2008 年，随着降水的发生，北川部分地区多次发生泥石流灾害。

<TIME id=3 type=日历型时间 typecode=“10001”>2008年</TIME>

<GNE id=1 type=“县级行政区” typecode=“210105” form=“NAM” TimeLINK=“3”>北川部分地区</GNE>

5.4.3　文本中时空信息的抽取

1. 时间信息的抽取

自然语言中时间信息的描述通过词、短语、句法进行表达，且具有一定的规律性。因此，时间信息抽取需要参照一定的词典和语法规则。时间词典构建通常采用弱监督学习算法，迭代获取时间描述触发词汇，以及常用的时间前缀和后缀修饰语。同时，为了反映中文时间表达的多样性、灵活性和丰富性，需要进一步构建同义词词典（如“星期日”“星期天”“礼拜天”等)。时间表达模式用于抽象表达时间短语内的构成规律和上下文中的约束信息，如“数字+年/月/日”“×年×月×日”“时间介词+日期+定位介词”等。时间信息抽取算法包括以下几个步骤：①对待识别文本进行预处理，包括句子拆分、分词和词性标注；②通过时间词汇词典匹配识别文本中基本时间元素，并标注其时间类型；③依据触发词汇的上下文约束信息和时间信息表达模式库，通过模式匹配将时间要素组合成完整的时间表达式。在匹配过程中，利用正向最大匹配原理，设置规则的优先级，即规则越长，优先级别越高。基于触发词和规则模型相结合的方式实现中文文本中时间信息的抽取，实际上是将文本中时间信息抽取看成是一个时间语义角色标注、短语识别、句法模式匹配的三级信息提取与过滤的过程。从文本中抽取时间信息及其规范化结果如图5.23所示。

图5.23 时间信息提取示例

2. 地名识别

地名实体识别方法主要有以下 3 种。

(1)地名词典和人工规则结合的方法。通过构建地名词典，结合地名的构成规律和内部用字特征，归纳总结地名表达的规则进行识别，具有实现容易、准确性高的优点。但是，受地名词典的完备性和时效性的影响，不能解决新地名识别和语义多样性问题。

(2)基于统计模型的机器学习方法。通过对训练语料的分析，针对特定的机器学习模型设置合适的上下文特征向量，进行文本中地名识别训练和测试。最常用的统计模型包括隐马尔科夫模型、支持向量机模型、最大熵模型、条件随机场模型等。目前，模型的发展越来越复杂。例如，通过多种统计模型的结合，发挥不同模型的优势，或者是单个模型的层叠使用或扩展，如层叠条件随机场、最大间隔隐马尔科夫模型等。相比较而言，条件随机场模型和隐马尔科夫模型的地名识别性能较好。

(3)统计模型与知识库的结合。通过归纳总结地名内部结构特征(如地名通名、地名用字组成等)和上下文描述特征构建知识库，然后将其作为特征信息结合到统计模型的学习过程中，可以在一定程度上提高地名识别的准确率。

3. 空间关系抽取

自然语言中空间关系表达主要取决于 3 个因素：地理实体的要素类型、空间关系词汇和上下文。空间关系词汇对空间关系表达具有强烈的指示作用，在句法结构上既具有一定的规律性，也存在较显著的差异性。因此，空间关系抽取应重点解决词汇库、句法模式和抽取模型 3 个方面的问题。

1) 空间关系词汇库

空间关系词汇库构建包括两个任务：一是空间关系词汇的收集整理。由于空间关系词汇较为宽泛，可以使用弱监督算法(如 Bootstrapping)对领域语料进行自动识别。通常情况下，需要事先通过人工方式获得常用的空间关系词汇，并以此作为弱监督算法中的种子词汇。二是采用语义相似度计算模型构建空间关系词汇与地理要素类型之间的语义约束关系。例如，以《中国大百科全书(地理分册)》为数据源，采用 Overlap 构建空间关系词汇与地理要素类型约束关系作为先验知识，再以地理要素分类体系提供的概念等级关系对先验知识进行扩展，形成空间关系词汇的语义知识库，并以 Protégé 对知识库进行管理。

2) 空间关系句法模式

空间关系表达在句法结构上具有一定的规律性，句法模式用于对这些规律进行抽象化表达。空间关系句法模式主要描述地理实体、空间关系词汇和上下文词汇的句法结构关系，其中，词性是上下文词汇最基本的语言特征项。例如，句法模式“GNE+ signal + signal + GNE + pos.w + signal + signal”，对应的描述实例如“阿城市西北濒临松花江，东南紧依张广才岭”。句法模式归纳方法类似于空间关系词汇，其中比较常见的空间关系模式通过人工方式或者语料库统计方式获取。为了进一步扩展空间关系句法模式的表达能力，可以采用序列比对或者正则化方法对其进行泛化。

3) 空间关系抽取模型

(1) 规则模型。因为空间关系在自然语言中具有一定的描述规律，所以利用规则模型进行空间关系抽取具有简单易行、效率高的特点。通常需要借助空间关系词汇库和句法模式，通过设计规则匹配算法，实现以句子为单位的空间关系抽取。因为对空间关系词汇的依赖性太强，而且规则覆盖度有限，规则之间容易产生冲突，所以，规则模型对于描述结构较为复杂的空间关系难以识别，对方向关系和距离关系的抽取性能明显优于拓扑关系。

(2) 机器学习模型。一个空间关系实例可以形式化描述为 $R \to (C_{\text{pre}}, e_1, C_{\text{mid}}, e_2, C_{\text{post}})$，其中，$e_1$ 和 e_2 表示两个地理实体；C_{pre}、C_{mid} 和 C_{post} 分别表示除地理实体之外的其他语言单元(主要是具有空间关系指示作用的词汇)。在实际的空间关系描述中，3 种上下文语言单元不一定都存在。例如，“著名的阿里山位于嘉义市以东”句子中，空间关系实例可描述为 $R \to (C_{\text{pre}}=$' ', $e_1=$阿里山，$C_{\text{mid}}=$位于，$e_2=$嘉义市，$C_{\text{post}}=$东)。机器学习模型需要提供一定规模的标注语料库作为训练数据和测试数据。假设 $X = \{x_i\}_{i=1}^{n}$ 表示一个语料库中所有地理实体对的集合，其中，x_i 表示第 i 个地理实体对及其出现的上下文；n 表示语料中地理实体对的出现总数；集合 X 中的前 m 个实例分别被标注为 $y_g(y_g \in \{r_j\}_{j=1}^{R})$，$r_j$ 表示空间关系类型；R 表示空间关系类型的总数。那么，空间关系抽取任务就是通过对 m 个已标注关系实例的学习，对未标注实例进行空间关系分类。因此，机器学习模型就是将训练数据中的标注信息构造成特征向量的形式，通过支持向量机等算法构造分类器，以判断测试数据中是否存在所需的空间关系。

以“庐山是中国东南部江西省北部名山，位于九江县以南，星子县西，风景区总面积 302km^2，山体面积 282km^2。庐山最高峰汉阳峰海拔 1474m，东偎鄱阳湖，南靠南昌滕王阁，西邻京九大通脉，北枕滔滔长江。耸峙于长江中下游平原与鄱阳湖畔”这段文本为例，其空间关系抽取结果如图 5.24 所示。

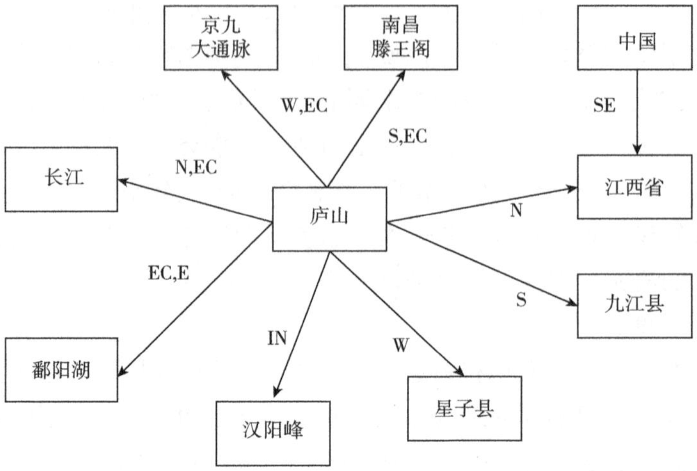

图5.24 空间关系抽取结果示例

5.4.4 文本时空信息的语义处理

语义处理是指将抽取得到的结构化、定性化的时空信息，在语义层面进行统一、量化、关联。

1. 时间信息的归一化

时间信息的归一化是指将文本中相对时间、时间省略现象等表示为统一的、显式的表达形式。完整时间表达式的时间值可以很容易地表示(如2015年8月17日下午)，然而，描述不完整的时间信息具有歧义性，需要借助上下文信息获取其参考时间。相对时间表达式的时间值需要依赖上下文中的绝对时间信息进行推理，包括补充上一级时间域，或对该时间描述进行转换。特定时间的规范化主要针对时间名词短语和特殊时间词(如节假日时间词、季节时间词等)，通过构建特定时间的转换规则库，借助上下文基准时间实现。时间段则根据起始时间和时间长度进行推算。

2. 地名语义处理

(1)地名标准化。地名标准化是指将同一地名的不同拼写形式和不同用字进行规范化处理，从而保证在地理编码过程中能够找到相对应的地理实体。西方语言中地名标准化主要解决拼写、格式、字符集等的不一致问题，主要采用词典查找与规则匹配、基于隐马尔可夫的机器学习等技术。中文中地名标准化所面临的主要问题是地名脱落，即地名在使用过程中通名部分可以省略，如“北京市”省略为“北京”，导致无法匹配到地名词典。局部模糊匹配方法试图将待考查地名与地名词典中地理实体名称的可能变化形式进行匹配，是简单有效的地名匹配方法。

(2)地名歧义消除。同一地名映射不同地理空间位置的现象普遍存在，文本中约有83%以上的地名存在这种歧义问题。地名歧义消除是指为地名分配唯一地理位置的过程，一般采用地名词典和启发式搜索方法。借助地名词典或本体中概念类型之间的语义信息消除地名的歧义简单易行，特别是地名的地理要素类型、行政等级的隶属关系等语义信息，可以用于歧义地名的推理。但是，受地名实体规模和覆盖度的限制，该方法正确率不高。而启发式搜索方法能够利用的信息类型与信息来源很多，具体方法可以归纳为3大类：第一类方法是优先对无语义歧义的地名进行自动判断，并将其作为其他地名的语义判断过程的参照；第二类方法充分利用地名在文本中的空间距离、地名出现频率、文本意义表达的连贯性及文本结构等特征；第三类方法是利用地名词典中所包含的地名属性，如人口、地名类型等。启发式搜索方法的主要问题在于如何综合考虑各种影响因素及如何设置各种因素的权重。例如，在基于认知显著度的地名歧义消除算法中，地名与地理实体的关联程度是由文本中地名的认知显著度决定的，包括地名和地理实体名称之间的匹配程度、类型显著度和上下文显著度等因素。

3. 空间关系语义计算

同一个空间关系词汇在自然语言中可能表达不同的空间语义，因此必须根据特定的场景(如上下文或者空间状态)选择相应的语义计算模型，实现空间关系从定性自然语言描述到定量化表达的转换。中文中空间关系词汇具有较强的空间关系指示作用，因此可以空间关系词汇为切入点，从功能特征、几何特征和语义特征等角度构建空间关系语义计算模型。主要包括以下4种。

(1)拓扑关系词汇。可以分为两种类型：一种是单纯表达拓扑关系；另一种是作为空间方向关系的约束条件。拓扑关系词汇划分为以下4种拓扑模式：包含/包含于(IN)、相接(EC)、相离(DC)、叠置(PO)。

(2)绝对方向关系词汇。在显性地表达方向关系时，实际上也隐含了一定的拓扑关系。因此，对方向关系词汇进行分类时，以方向关系和拓扑关系组合约束的形式进行表达。例如，在表示东(E)的模式中，“东隔”“以东”等词汇通常表达相离的拓扑约束，“东郊”“东至”通常表达包含关系，而“东依”“东临”通常表达相接关系。

(3)相对方向关系词汇。类似于绝对方向关系词汇，所不同的是，相对方向关系计算模型需要考虑空间方位参照框架。相对方向关系词汇的关系模式可分为前(F)、左(L)、右(R)、上(A)、内(Int)、外(Ext)等8种。例如，“上方”对应着“A+DC”“A+IN”“A+EC”3种空间关系组合约束的表达模式。

(4)距离关系词汇。主要是对一些表达远近距离的模糊词汇进行参数设定，如50km左右、大约5m等。

以“幕府山位于南京火车站向北约3.5km”为例，其共描述了3种空间关系，包括拓扑关系“相离(DC)”、方位关系“北(N)”、距离关系“3.5km”，相应的空间关系采用式(5.4)计算，空间关系语义计算如图5.25所示。

$$
\mathrm{SR}=\left\{\begin{array}{c}
\text{幕府山(polygon),南京火车站(point)}\\
\mathrm{DIR}=\left(\dfrac{3\pi}{8}<\theta_{\mathrm{MAX}}=109^\circ<\dfrac{5\pi}{8}\right)\bigcap\left(\dfrac{3\pi}{8}<\beta_{\mathrm{MIN}}=68^\circ<\dfrac{5\pi}{8}\right),\\
\mathrm{TOP}=\begin{bmatrix}0&0&1\\0&0&1\\1&1&1\end{bmatrix},\mathrm{DIS}=\mathrm{MIN}\left[D_1,D_2,D_3,\cdots,\ D_n\right]=3.5\mathrm{km}
\end{array}\right\}
\tag{5.4}
$$

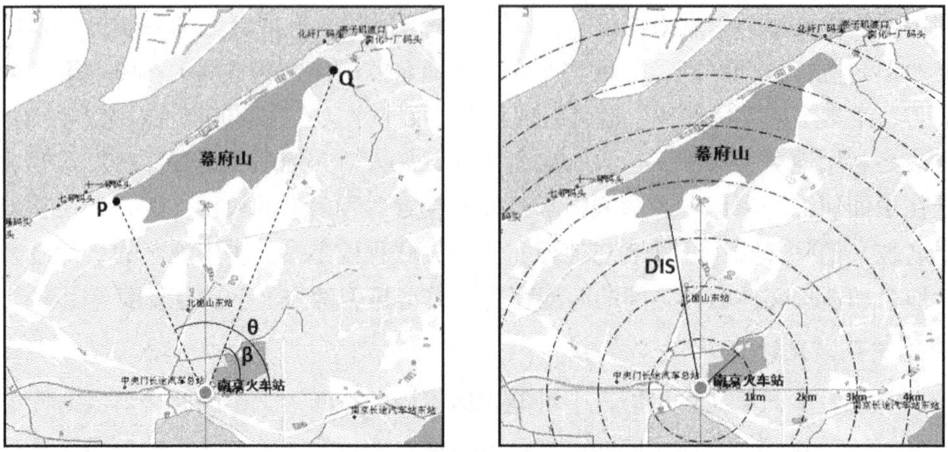

图5.25 空间关系语义计算示意图

思 考 题

1. 简述地图数字化的几种途径及其特点。
2. 以你所知道的地图扫描矢量化软件为例，简述地图扫描矢量化的基本步骤。
3. 简述地图扫描矢量化数据的错误和误差类型，并思考如何对这些错误进行检查和编辑改正。
4. 列举出原始卫星或航空遥感影像的畸变或失真的影响因素。
5. 什么是数字正射影像图（DOM）？简述其特点。
6. 简述正射影像生成的一般过程。
7. 与其他地理空间数据相比，社会经济统计数据所具有的独特特点是什么？
8. 分别阐述地理信息格网中的经纬坐标格网与直角坐标格网的适用范围，并举例说明。
9. 简述统计数据空间化概念，并列举出几种常用的空间化方法。
10. 简述中文文本中时空信息提取的一般过程。

第 6 章　多源空间数据的集成

由于空间数据的来源、采集方式和数据类型等方面存在很大差异，不同的空间数据在坐标系统、比例尺、数据质量、采用的数据模型和数据格式等方面也呈现明显的差别，使得在构建空间数据库时往往按照比例尺、数据类型等分别建库，从而一方面给数据的维护和管理带来困难，另一方面给多源数据的综合应用造成障碍。为了对各类空间数据进行统一管理并支持 GIS 应用分析，必须对这些数据进行集成化处理，使其能在统一的时空框架下进行数据的组织和应用。

6.1　空间数据的质量评价与质量控制

空间数据质量的好坏，直接影响着 GIS 应用分析结果的可靠程度。因为现实世界的复杂性、模糊性和可变性，客观对象的真值往往是不可知的或不可测的，以及人类认识和表达能力的局限性，这种抽象和表达总是不可能完全与客观实际相一致或获得其真实值，而只能在一定程度上接近真值，所以发生数据质量问题是不可避免的。空间数据质量的好坏是一个相对的概念，具有一定程度的针对性和适用条件。

6.1.1　空间数据质量及其影响因素

1. 空间数据质量的概念

空间数据质量是指数据在特定用途的分析和操作等方面的适用程度。在论及数据质量的好坏时，人们常常使用误差或不确定性的概念，数据质量问题在很大程度上可以看作数据误差问题。与数据质量密切相关的概念有误差、准确性、精密度和不确定性等。

(1) 误差 (error)。误差表示数据与其真值之间的差异。在定义了准确性后，就不难理解误差这一概念。一般用误差的大小来具体表示数据的准确性。

(2) 准确度 (accuracy)，即一个记录值 (测量或观察值) 与它的真实值的接近程度。在实际工作中，测量数据的准确性可能依赖于测量的类型和比例尺。一般而言，对单个观察或测量数据准确性的评价是通过与可获得的最准确的测量结果或公认的分类进行比较。空间数据的准确性通常是根据所指的位置、拓扑或非空间属性来分类的。它可用误差来衡量。

(3) 数据的精密度 (precision)。指对某个量多次重复观测时，各观测值之间的离散程度，如对两点间距离的量测，精度低的数据并不一定准确度也低。

(4) 不确定性 (uncertainty)。它是关于空间事物、现象的特征和过程不能被准确地确定的程度。由于空间现象不能精确测得，真值无法得到，则不能确定误差大小。虽然在统计学上，可以采用标准差来反映精密度，但需要对空间对象进行多次重复观测。当对某个空间对象仅观测一次时，不能得到误差值，而使用不确定性来代替误差这一概念。例如，海岸线就是一个不确定性对象。由于潮汐的作用，海岸线会发生变化，它是一个典型的不能准确测定其位置的对象。一般而言，从大比例尺地图上获得的数据，其不确定性比小比例尺地图上的小，从高分辨率遥感图像上得到的数据的不确定性比低分辨率图像的小。

2. 影响空间数据质量的因素

空间数据质量问题一方面来源于对复杂的地理事物或现象的认知和抽象；另一方面则伴随数据的采集、处理和分析应用过程产生。从空间数据采集与数据管理的角度来看，可不考虑数据分析和输出过程产生的数据质量问题。

1）地理认知和抽象产生的数据质量问题

空间数据质量问题首先来源于空间事物或现象自身存在的复杂性、不稳定性和模糊性。主要包括空间位置、分布和过程、专题和属性及发生时间区段上的不确定性、不稳定性或模糊性，如某种土壤类型边界的模糊性、乔木和灌木边界的不确定性、社会经济现象的复杂性等，都会不可避免地产生边界表达不准确的问题。况且，自然和社会经济现象的类型和特征千差万别，它们在空间分布上或连续、或离散，或者两者兼有，但 GIS 对它们采用点、线、面、体要素进行描述，这里必然存在图形表达上的合理性问题和准确性问题。另外，从不同的空间尺度对地理现象进行认知和抽象表达，使得空间数据的质量具有尺度依赖性，在微观尺度上，可表达地理现象的细节特征，但在更大尺度上，具有综合性特征，往往牺牲了细节特征。

2）空间数据采集过程产生的数据质量问题

对于地理事物和现象，无论采用何种技术或何种手段进行实地调查、观测或测量（包括航空和卫星遥感），都会受自然条件、仪器设备、观测者等观测条件及采集方法的影响，给地理事物和现象的语义、位置、空间关系和属性等数据带来偏差。例如，利用立体测绘卫星影像进行 1∶5 万基础地理数据采集，卫星遥感系统的姿态和位置的动态变化、地球曲率和地球自转、大气散射、成像系统光学系统畸变、光谱响应等因素导致原始卫星遥感影像存在几何和辐射畸变；影像的分辨率的高低，成像几何模型的精密性、区域网平差和影像匹配的可靠性、立体测图中要素的取舍及测标是否切准等，都会给要素带来位置误差。再如，土壤取样调查，对土壤样方位置的测量、土壤成分的测定都会含有误差，导致土壤采样点位置和属性都存在着数据质量的问题。

如果从纸质地形图或专题地图中获取数据，则不仅存在以上原始数据的观测误差，还会存在成图时的展点误差、编绘误差、清绘误差、制图综合误差、分色套合与印刷误差、地图复制误差、材料变形误差、数字化误差等，从而降低空间数据的质量。

3）空间数据处理过程产生的数据质量问题

为了在空间数据库中对采集得到的空间数据进行组织和管理，还需要对空间数据作一系列加工处理，如地图的数字化或扫描的矢量化处理、图形的编辑（平移、直角化、中心线抽取等）、投影和坐标变换、数据模型转换（矢量与栅格转换）、数据格式转换、矢量数据的图形简化、栅格数据的有损压缩、图幅拼接时图幅边界要素的调整、拓扑空间关系生成、与主控图层的匹配、要素的聚类与归并等，这些处理环节不仅包含上一环节产生的误差，还会引入新的误差，进一步降低空间数据的质量。

6.1.2 空间数据质量元素

空间数据质量元素是指评价和记录空间数据集质量特性的指标，根据《地理信息 质量原则》（GB/T21337—2008）（ISO 19113: 2002），空间数据质量元素包括两个部分：数据质量量化元素（含子元素）和数据质量非量化元素。数据质量量化元素、数据质量量化子元素及其描述符说明数据集对产品规范规定的符合程度，并提供量化的质量信息；数据质量的非量化元素提供概括的非量化描述信息。

1. 数据质量量化元素

数据质量量化元素包括：

(1)完整性，要素、要素属性和要素关系的存在或缺失。

(2)逻辑一致性，对数据结构(数据结构可以是概念的、逻辑的或物理的)、属性及关系的符合程度。

(3)位置准确度，要素位置的准确度。

(4)时间准确度，要素时间属性和时间关系的准确度。

(5)专题准确度，量化属性的准确度、非量化属性的正确性、要素分类及其关系的正确性。

还可根据实际应用的需要，扩充新的数据质量量化元素来描述其他量化质量特性。

2. 数据质量量化子元素

数据质量子元素是指数据质量量化元素的组成部分，描述该量化元素的一个特定方面。应使用下列适用的数据质量量化子元素描述数据集的量化质量情况。

(1)完整性。包括：①多余，数据集中含有多余数据；②遗漏，数据集中缺少应该包含的数据。

(2)逻辑一致性。包含：①概念一致性，对概念模式规则的遵循程度；②值域一致性，值对值域的符合程度；③格式一致性，数据存储符合数据集物理结构的程度；④拓扑一致性，数据集拓扑特征显式编码的正确性。

(3)位置准确度。包括：①绝对或外部准确度，数据中的坐标值与可接受值或真值的接近程度；②相对或内部准确度，数据集中要素的相对位置与各自可接受的或真实的相对位置的接近程度；③格网数据位置准确度，格网数据位置值与可接受或真值的接近程度。

(4)时间准确度。包含：①时间度量准确度，时间参照的正确性(记录时间度量误差)；②时间一致性，有序的事件或顺序的正确性；③时间有效性，与时间有关的数据的有效性。

(5)专题准确度。包括：①分类正确性，赋给要素或其属性的类型与论域(如地表真值或参考数据集)的比较；②非量化属性正确性，各定性属性的正确性；③量化属性准确度，各定量属性的准确度。

对任何一种数据质量量化元素都可扩充数据质量量化子元素。

3. 数据质量子元素的描述符

应当记录每个适用的数据质量子元素的质量信息。采用 7 个数据质量量化子元素描述符：

(1)数据质量范围，具有质量信息的空间数据覆盖范围。

(2)数据质量的度量，数据质量量化子元素的取值，如正确的属性值所占的百分比。

(3)数据质量评价过程，记录数据质量评价采用的方法、评价过程和评价结果。

(4)数据质量评价结果，对数据质量进行度量得到的一个或一组值，如属性准确率为 99%；或者数据质量评价结果为“优秀”、“良好”、“合格”与“不合格”。

(5)数据质量值类型，记录数据质量结果的值的类型，如“布尔型”“比率”等。

(6)数据质量值单位，记录数据质量结果的值的单位，如“m”。

(7)数据质量日期，对数据质量进行评价的日期或日期范围。

4. 数据质量非量化元素

数据质量非量化元素用于描述数据集非量化的质量特性，主要有以下几种。

(1)目的：说明建立数据集的原因和数据集的预期用途。

(2)使用情况：说明数据集已经实现的应用，即数据生产者或其他各种不同数据用户对数据集的使用情况。

(3)数据志：尽可能详细地描述数据集的历史，描述数据集从采集和获取、编辑和派生，直到当前状况的生命周期。数据志可以包含两个独立的部分：①说明数据集出处的数据源信息；②处理步骤或历史信息，说明数据集建立和处理过程中发生的操作事件或转换记录，包括是否持续或周期地对数据集进行维护处理，以及起止时间。

根据实际需要，对数据质量的非量化元素也可扩充。

6.1.3 空间数据质量评价

数据质量评价活动既可以由数据生产者也可以由消费者，甚至第三方来完成。《地理信息 质量评价过程》(GB/T 21336—2008)(ISO 19114:2003)中，对空间数据质量的评价过程、评价方法和评价结果的表述作了详细的规定。

1. 数据质量评价过程

数据质量评价过程是从获取到记录数据质量评价结果的有序步骤(图 6.1)。数据质量评价过程适用于数据产品生命周期(包括数据规范制定、数据生产、分发、使用和更新)的不同阶段。

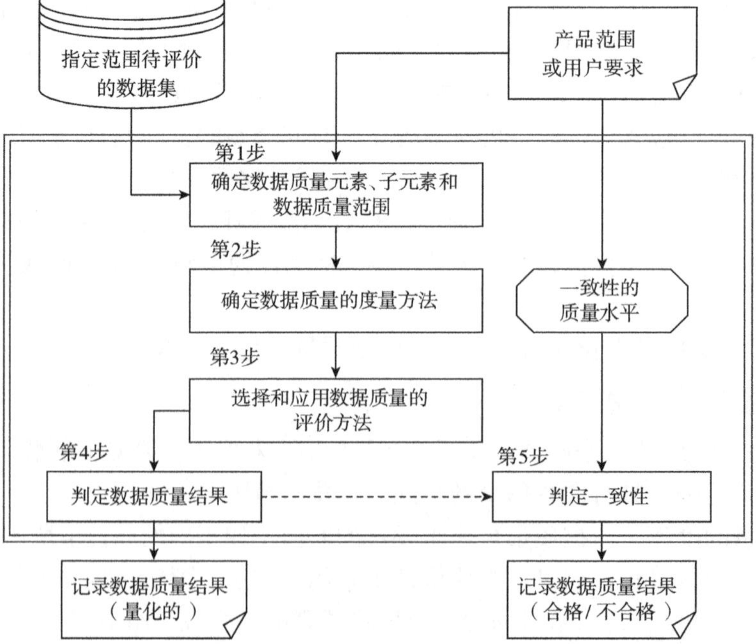

图6.1 空间数据质量评价的一般过程

在图 6.1 中，数据质量评价有 5 个重要的环节。

(1)根据(GB/T 21337—2008)的要求，确定适用的数据质量量化元素、数据质量量化子元素和数据质量范围，并按数据产品生产规范和用户要求确定需要重复的不同测试次数。

(2)确定检验每一测试单元数据质量的度量方法、数据质量值类型及必要的数据质量值使用的单位。

(3)为确定的每种数据质量度量方法，选择数据质量评价方法(包括直接评价法和间接评价法)。

(4)确定数据质量评价的结果，包括量化数据质量结果、一个或一组数据质量值、数据质量值单位和日期。

(5)数据质量一致性判别。只要在数据产品规范或用户要求中详细说明了一致性质量级别，就必须将数据质量评价结果与其对比来确定一致性，一致性判别的结论是“合格”或“不合格”。

2. 数据质量评价方法

空间数据质量评价过程是通过采用一个或多个数据质量评价方法来完成的。空间数据质量评价方法分为直接评价法和间接评价法。直接评价法通过将数据与内部或外部的参照数据对比来确定数据质量，而间接评价法则利用数据信息如元数据、数据志来推断或评估数据质量。

1) 直接评价法

(1)直接评价法的类型。直接评价法可进一步细分为内部和外部评价。

内部直接数据质量评价法所需要的数据都来自被评价数据集内部。例如，为检验边界闭合的拓扑一致性，进行逻辑一致性测试的所有数据，都来自建立了拓扑关系的数据集内部。

外部直接数据质量评价法要求参照被检测数据集外部的其他数据。例如，对基础地理数据集中道路名称的完整性测试，需要参照交通 GIS 数据中道路名称；要素位置准确度的测试需要参照比例尺更大的数据集或者重新测量。

(2)直接评价法的实施。对于内部和外部数据质量评价方法，都可进行自动或人工检验、全面或抽样检验。全面检验要求按照数据质量范围确定的总数(全体)检验每一样本；而抽样检验则按随机抽样的方法从总数中抽取足够数量的样本，并对这些样本进行数据质量检验。在数据生产过程中，需要进行 100%的数据全面检验，而数据产品最终质量检验时则可采取全面检验或抽样检验的方式进行。

数据质量量化元素及其子元素可采用自动检测方法对数据的逻辑一致性、完整性、时间和属性精度等进行检验，如属性的取值是否超出值域、多边形是否闭合、是否有不合理的悬挂弧段、道路名称是否缺少等。

2) 间接评价法

间接评价法是一种基于外部知识的数据质量评价方法。外部知识可包括但不局限于数据质量非量化元素和其他用于生产数据集的数据集或数据质量报告。间接评价法仅在无法应用直接评价法时推荐使用，但数据质量非量化元素所记录的信息可成为数据质量的间接佐证：①目的信息说明了数据集生产的目的，可能是支持特定需求的数据集，也可能是适合于多种用途的通用数据集，这在确定数据集可能的价值和质量时是有用的；②使用情况信息记录了数据集的各种实际应用，这有助于搜索为特定目的生产和使用的数据集，且为相同或类似应用提供了数据质量的线索；③数据志信息记录了有关数据集生产历史的信息，包括生产数据的原始资料及采用的数据生产方法，这在确定数据集是否适合于特定的应用方面是有价值的。例如，某一 DLG 数据集是按 1∶1 万航空摄影测量规范生产的，则根据经验，此数据集中，要素的平面坐标误差不大于 5m。

6.1.4 空间数据质量控制

空间数据质量控制是指在空间数据采集、加工和应用过程中，对可能引入误差的过程和步骤，采取一定的策略和技术手段控制误差的来源及其传播，消除和改正错误，确保数据质量能够满足应用需求。

1. 数据质量控制策略

空间数据采集和处理过程中，可以采取以下数据质量控制策略。

(1)完善质量保证体系。完善质量责任制，制定良好的质量工作计划，明确各部门与各个岗位的任务、责任、权限，使各项工作系统化、标准化、程序化和制度化。重视空间数据质量控制的各项基础工作，如对基础资料的质量控制、对数据采集手段的选择、对软硬件配置的要求和数据采集前的准备工作等。

(2)建立并健全“二级检查、一级验收”制度。“二级检查、一级验收”制度是行之有效的空间数据质量控制制度。一级检查是由数据生产单位内的质量检查人员承担的过程检查。需要根据数据质量量化元素及其子元素，对数据生产过程中的数据进行全面检验，对发现的质量问题及时改正。二级检查由数据生产单位内质量管理机构负责实施。而数据的验收则由权威部门组织专家对数据质量进行抽样检验、评价和验收。

(3)恰当设置质量控制点。有效管理质量控制点的正确选择和管理，是实行质量控制的前提。国家和行业部门针对不同的空间数据或地理信息产品已经制定了一系列的国家、行业标准或规范，采用了定“缺陷”的方法，对地理信息产品质量的一些定性、定量元素进行量化，以便在各级检验中进行过程控制和抽样检验。

(4)制定适合地理信息产品的抽样检验方案。科学的抽样检验对空间数据质量的控制提供可靠的信息，可以说没有抽样检验就谈不上质量管理和质量控制。我国国家标准《数字测绘成果质量检查与验收》(GB/T 18316—2008)规定了对 DLG、DRG、DOM 和 DEM 几种基础地理信息数据检查验收工作的要求、内容、验收比例尺、抽样样本量及质量检测和评定方法。尽管该标准是针对基础地理数据的，但在当前缺少针对其他专题地理数据质量标准的情况下，对其他专题地理数据也可参照该标准实施空间数据质量的检查和验收。

2. 数据质量控制技术

GIS 数据质量控制的重点是对采集过程和结果进行控制，因此质量控制可分为过程控制和结果控制。过程控制包括数据采集前期和采集过程中的质量控制，结果控制则为数据采集完成后且即将入库的质量控制。数据质量控制的基本手段是数据的检验、测试和质量评价。数据质量控制应从数据采集计划、使用资料、采集手段、处理方法、加工过程到数据产品生成等各个环节着手。

1)设计阶段的质量控制

设计过程的质量控制是在系统调查、了解数据产品目的、用途和用户需求的前提下，确定数据质量应达到的指标，制定详细的数据获取、采集、处理技术设计方案；以质量为目标，在对技术方案进行论证、评议和审查的基础上，才能付诸实施。

2)对基础资料的质量控制

基础资料直接影响数据采集的质量，是数据质量的基础。因此，必须对用于数据采集的基础资料进行严格的质量控制。应当根据数据产品的设计要求，选择质量能满足要求的数据源，如施测 1：5000 地形图，选用空间分辨率优于 0.5m 的航空摄影影像。数据源本身的误差至少不能大于最终数据产品的误差。

3）对数据采集手段的选择

从基础资料中采集空间数据，往往运用一定的技术手段，例如，对于地图的数字化，可采用手扶跟踪数字化或扫描数字化方法，不同的方法得到的数据精度也不同。需要根据数据产品的应用目标，合理地选择不同的数据采集手段，满足数据质量及经济性的双重需求。

4）对软、硬件配置的要求

用于内外业数据采集的各种软、硬件，其性能和技术指标必须满足数据采集的质量标准和技术设计方案的要求，作业前后必须对其进行检校，定期检修使其符合数据采集的技术要求。

5）数据采集前的准备工作

应当将数据质量放到首位，做好数据采集前的各项准备工作。准备工作包括让所有数据采集人员学习和理解相关技术文件，如技术设计方案、数据质量标准、数据分类编码方案、设备和软件操作技术规程等。

6）数据采集过程中的监控

在数据采集的整个过程中，采取必要措施，实时地检验并预防和纠正误差及错误。该项质量控制是在建立数据精度文件和各项档案文件的制度下，按规定的各项质量指标全面检验采集的数据；利用各种统计图表工具经常而准确地掌握质量动态，以便发现问题，采取措施，防止或减少废次品的产生。过程表和进程跟踪是有效的数据生产质量管理手段。

过程表是对采集空间数据的过程进行非常详细的技术规定。使用过程表可以确保所有作业员按照相同的程序进行数据采集。

进程跟踪是实时质量控制中一种典型的预防性质量控制的管理方法。它利用软件的功能，在数据采集过程中，通过数据之间应当具有的各种关系（如房屋的相邻边的直角关系、属性值的取值范围、管线和管点间的关联关系等）来限制和约束数据可能出现的质量问题。

7）数据产品质量控制

对数据生产完成后的产品进行数据质量抽样检验和评价，对评价为不合格的数据退回给数据生产者，再对其全面整改后的结果进行抽样检验和评价，直到达到合格要求，才能将这些数据纳入空间数据库。

6.2　空间数据元数据

6.2.1　元数据及其作用

1. 元数据的概念

元数据（metadata）是关于数据的数据。空间数据元数据是对空间数据的标识、内容、覆盖范围、空间和时间模式、空间参照系、数据生产与分发等方面进行说明或描述的一种辅助数据。元数据可对空间数据集、数据集集合、单个地理要素等不同层级数据对象进行说明。

作为一种数据，元数据在形式上与其他数据没有差别，可以以数据存在的任何形式存在，如填写了数据源、数据生产工艺与处理过程的文件卷宗，数据用户手册、地图上的图例、比例尺、编制单位、出版时间等说明，更重要的是其数字化的表现形式。数字形式的元数据可以采用多种方法建立、存储和使用。

（1）ASCII 格式的元数据文本文件。ASCII 文本文件易于在任何硬件和软件环境下传输和阅读元数据。

(2)超文本标记语言编写的元数据超文本文件，用户可在网络空间上利用 Windows Explorer、百度、360、搜狗或其他网络浏览器搜索和阅读元数据内容及其链接。

(3)利用可扩展标记语言建立的元数据。可扩展标记语言(extensible markup language，XML)具有良好的可扩展性、内容与形式的分离、灵活的 Web 应用、丰富的显示样式等特点，为元数据及其元素连接提供了灵活有效的表达方式，从而便于建立元数据索引和在空间数据交换网络上查询元数据，并且提供了在用户间交换元数据、元数据库和元数据工具的机制。

元数据可以组织成若干等级，从简单的数据基本情况列表，到各个数据集的详细说明文件。最基础等级的元数据可以支持建立一个部门或一个地区所拥有数据的概要目录；最详细等级的元数据可以保证潜在用户能够就数据是否满足其需求做出正确的决定。建立元数据是空间数据生产者的基本责任。

2. 元数据的作用

由于新技术的不断涌现，地理空间数据的获取与生产技术快速发展，空间数据的类型也日益增多，数据获取和更新的尺度和频次也迅速增加。空间数据生产的根本目的在于为社会提供更好的服务，然而这些数据的数据量是海量的，生产过程是复杂的，且由不同机构或部门维护。一方面数据生产者需要利用元数据来管理和维护空间数据，以便提高数据管理的效率，不受人员变动的影响；同时期望本机构生产的空间数据能被众多用户所了解和使用。另一方面，数据使用者需要了解在特定区域内有哪些空间数据，能否满足应用需求及如何获得这些数据，元数据就恰好起到了在数据生产者和使用者之间架设桥梁的作用。元数据的作用可归纳如下。

(1)帮助数据生产者有效地管理和维护空间数据，建立数据文档，并保证即使主要责任人离开岗位，或时间久远，也不会失去对数据的充分了解。

(2)提供有关数据生产者在空间数据存储、数据分类、数据质量、数据交换中心、数据分发和共享等方面的信息，便于用户查询检索和利用空间数据。

(3)提供通过网络对空间数据进行查询和检索的方法和途径，以及与数据交换和传输有关的辅助信息。

(4)帮助用户了解空间数据，以便就数据能否满足其应用需求做出正确的判断。

(5)提供数据格式、投影和坐标系统等信息，以便用户根据需要处理和转换数据。

元数据是使空间数据充分发挥作用的重要条件之一，它可在多方面发挥作用，如数据文档建立、数据发布、数据浏览、数据转换等，从而促进空间数据的管理和共享。

6.2.2 元数据的内容

1. 元数据的标准化

元数据对于空间数据的管理和共享至关重要，但元数据应当描述和表达空间数据的哪些特性，才能使得数据生产者和使用者之间充分交流，以及在不同的数据管理软硬件条件下交换元数据？这就必须进行元数据的标准化。国际标准化组织地理信息技术委员会(ISO/TC 211)自 1994 年成立以来，就将“地理信息 元数据”作为其首批编制的关于地理信息的 20 个国际标准之一(发布号 ISO 19115:2003)。该标准提供有关数字地理数据标识、覆盖范围、质量、空间和时间模式、空间参照系统和发行等信息，适合于数据集编目、数据交换网络及数据集的详尽说明。

我国在对 ISO 19115:2003 修订的基础上，颁布了国家标准《地理信息 元数据》(GB/T 19710—2005)。该标准定义了描述地理信息和服务所需的元数据模式及 409 个元数据实体或元素，提供了有关数字地理数据的表示、内容、分发、质量、图示表达目录、应用模式、空间表示和参照系等信息，以及地理信息元数据的限制和维护信息等，还定义了适合于元数据应用范围(包括数据查找、确定数据适应程度、数据访问、数据传输和数据应用)所需要的最小元数据集——核心元数据，主要提供有关地理数据的标识、质量、内容、分发、参照系等方面的信息。依据该标准制定的其他元数据标准必须包含该核心元数据。

2. 元数据内容

根据《地理信息 元数据》(GB/T 19710—2005)，空间数据的元数据采用面向对象的统一建模语言(unified modelling language，UML)包(package)表示(图 6.2)。每个包包含一个或多个元数据实体(类)，它们可以是特化的(子类)或泛化的(超类)。实体包含标识各个元数据单元的元素(类属性)，实体可以与一个或多个其他实体相关，实体可以按照需要聚集或重复。每个元数据包的具体内容如下。

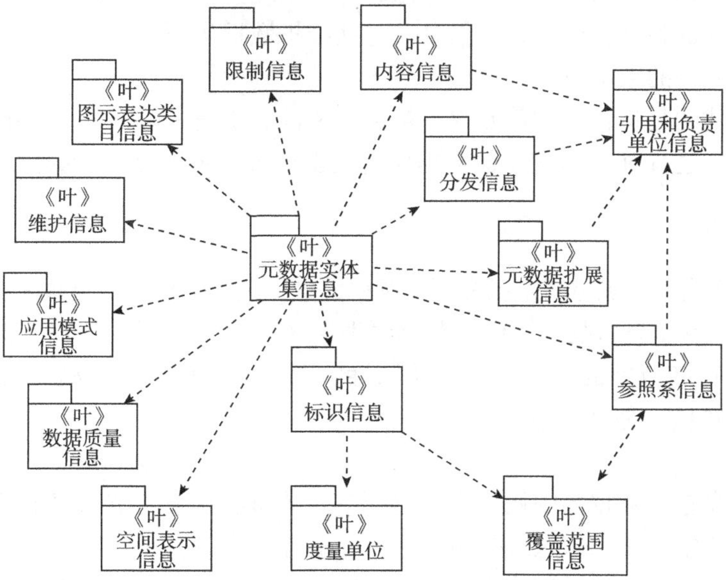

图6.2 空间数据元数据内容框架

1)元数据实体集信息

元数据实体集信息包含引用各个元数据子集和数据类型信息的根实体，由必选的元数据实体组成，描述有关空间数据元数据的标识、语种、字符、应用范围、创建日期、联系方式、依据的元数据标准和编制信息等内容。它是下列实体的聚集：标识、限制、数据质量、维护信息、空间表示、参照系、数据内容、图示表达目录、分发、元数据扩展和应用模式信息。

2)标识信息

标识信息包含唯一标识数据资源的信息，包括有关资源的引用、数据摘要、目的、可信度、状态和联系办法等信息。其中，地理信息资源又包含数据标识和服务标识两部分。数据标识定义了识别数据集所需的信息，包括空间数据类型、空间分辨率、数据集语种、数据集、字符集、专题类型、环境说明、覆盖范围和补充信息等；服务标识提供有关服务的概略说明。

标识信息是以下信息的聚集：①格式，数据存储格式的相关信息；②浏览图，图解说明数据(包括图例)及图形；③应用，不同用户已经或者正在使用数据资源的应用情况；④限制，对数据资源附加的限制信息；⑤关键字，描述数据资源的关键字种类、类型和参考资料；⑥维护信息，计划更新数据的频度、更新范围；⑦聚集信息，元数据描述的数据集所属或来源的数据集信息。标识信息是必选的。

3)限制信息

限制信息描述对数据施加的限制，包括法律限制和安全限制。法律限制描述访问和使用数据集时的限制信息；安全限制描述是从国家安全或其他安全的角度，对数据资源或元数据施加的限制，包括安全限制分级、用户注意事项、分级系统和处理说明。限制信息是可选的。

4)数据质量信息

数据质量信息包含对数据集质量的总体评价，由质量评价范围、数据志和数据质量报告组成。数据质量是数据志和质量元素的聚集。其中，数据志描述的是数据生产的有关事件、数据源或需要了解的其他数据志信息。数据志又是处理步骤和数据源的聚集。处理步骤描述数据集生命周期内的各个事件或转换信息，包括维护数据集所进行的处理；数据源信息描述确定的数据生产所用的数据源。

质量元素描述的是量化的质量元素，包括完整性、逻辑一致性、位置准确度、专题准确度和时间准确度。这 5 个实体表示的数据质量元素可进一步细分为质量子元素。数据质量信息是可选的。

5)维护信息

维护信息包含有关数据更新范围和更新频率信息，包括维护和更新频率、下次更新日期、用户要求的维护频率、更新范围、更新范围说明、维护注释及维护方联系方式等相关信息。其中，对于数据更新范围的说明，主要从属性、要素、要素实例、属性实例、数据集等方面进行描述。维护信息是可选的。

6)空间表示信息

空间表示信息包含数据集中用于表示空间信息的机制信息。空间表示信息又分为格网空间表示信息和矢量空间表示信息。空间表示信息是可选的。

格网空间表示信息描述数据集中有关格网空间对象的内容，并且为了满足进一步说明的需要，格网空间表示信息又包含了地理校正和(或)地理可参照性元素。地理校正描述的是在空间参照系中定义的地理(经纬度)坐标系或地图坐标系中规则分布格网单元的格网，以便格网的任何格网单元能够进行地理定位，确定它的格网坐标和格网原点、格网单元间隔和定向。地理可参照性描述的是任何给定的地理／地图投影的相关信息。

矢量空间表示信息描述有关数据集中矢量空间目标的信息。

7)参照系信息

参照系包含对数据集中使用的空间和时间参照系的说明。参照系元数据描述所使用的参照系元素，可细分为坐标参照系(投影参数和椭球参数的聚合)和椭球参数。参照系信息是可选的。

坐标参照系信息是关于坐标系的元数据，除了包含自身的标识信息(投影、椭球体和大地基准)外，还包含投影参数信息和椭球参数信息。

投影参数信息是描述地图投影的参数集，包括带号、标准纬线、中央经线、直角坐标系原点的纬度、东、西偏移及它们的值、赤道比例尺等。

椭球参数信息除了描述椭球体大小和形状的参数集(长半轴、短半轴/扁率)外，还包含斜线方位角参数和斜线点参数。斜线方位角信息包括从正北方向顺时针量测并以度为单位的角度(方位角)和地图投影原点的经度；斜线点参数包括定义该斜线的一个点(接近图廓)的纬度和经度；它们用于描述斜轴墨卡托投影时中央经线的定义。

8) 内容信息

内容信息包含与数据集内容相关的说明信息。内容信息又分为要素目录信息和(或)数据覆盖层说明信息。要素目录信息是描述标识要素目录或概念模式的信息。数据覆盖层说明信息是描述有关格网数据格网单元内容的信息，它还包含影像说明信息和量纲范围信息。影像说明信息用于描述有关影像适用性的内容；量纲范围信息描述格网单元度量值每个量纲的范围。量纲范围还包含一个子类——波段信息，用于描述电磁光谱波长的范围。内容信息是可选的。

9) 图示表达目录信息

图示表达目录信息包含标识使用的图示表达目录的信息。图示表达目录信息是可选的。

10) 分发信息

分发信息包含有关数据资源分发者和获取资源途径的有关信息。分发信息是数字传送信息、分发者信息和格式信息的聚集。

数字传送信息描述从分发者获取数据资源的技术方法和介质，分发者信息描述有关分发者的联系信息、分发订购程序等，格式信息描述数据对象在记录、文件、通信、存储设备和传送通道中的表示方法。分发信息是可选的。

11) 元数据扩展信息

元数据扩展信息包含有关用户定义的扩展元数据的信息。它描述地理数据所需要的、该标准中没有的新元数据元素的信息，包括新元数据元素的名称、缩写名、域代码、定义、约束条件、条件、数据类型、最大出现次数、域值、父实体、规则、理由和来源等。元数据扩展信息是可选的。

12) 应用模式信息

应用模式信息包含有关用于建立数据集的应用模式信息。应用模式信息是可选的。

13) 覆盖范围信息

覆盖范围信息描述有关实体的平面、垂向和时间覆盖范围信息。覆盖范围信息一般包含地理覆盖范围、时间覆盖范围和垂向覆盖范围，分别描述有关对象覆盖范围的地理、时间和垂向组成部分。

14) 引用和负责单位信息

引用和负责单位信息提供引用资源(数据集、要素、原始资料、出版物等)的标准方法及资源的负责单位信息等联系信息。

3. 核心元数据

对于一个数据集而言，在实际应用中往往只使用以上元数据元素集中最基本的一个子集，特别是为了数据编目目的，仅需要核心元数据元素。《地理信息 元数据》(GB/T 19710—2005)中，定义了空间数据集的核心元数据元素及其在完整元数据框架中的位置，见表6.1。该表中，

“M”表示该元素是必选的，“O”表示该元素是可选的，“C”表示特定条件下该元素是必选的。

核心元数据提供了简洁的元数据元素，描述了地理空间数据集最通用的信息，包含22项元数据实体/元素，涵盖了数据集内容、数据集标识、限制等方面的信息。

表 6.1 地理数据集核心元数据

数据集名称(M) (MD_元数据>MD_数据标识.引用>CI_引用.名称)	空间表示类型(O) (MD_元数据>MD_数据标识.数据表示类型)
数据集引用日期(M) (MD_元数据>MD_数据标识.引用>CI_引用.日期)	参照系(O) (MD_元数据>MD_元数据.参照系)
数据集负责单位(O) (MD_元数据>MD_数据标识.联系方>CI_负责单位)	数据志(O) (MD_元数据>DQ_数据质量.数据志>LI_数据志)
数据集地理位置(由四个地理边界或地理标识符确定)(C) (MD_元数据>MD_数据标识.覆盖范围>EX_覆盖范围>EX_地理覆盖范围>EX_地理边界矩形或 EX_地理区域描述)	在线资源(O) (MD_元数据>MD_分发>MD_数据传输选项.在线>CI_在线资源)
数据集采用的语种(M) (MD_元数据>MD_数据标识.语种)	元数据文件标识符(O) (MD_元数据.文件标识符)
数据集采用的字符集(C) (MD_元数据>MD_数据标识.字符集)	元数据标准名称(O) (MD_元数据.元数据标准名称)
数据集专题分类(M) (MD_元数据>MD_数据标识.专题类型)	元数据标准版本(O) (MD_元数据.元数据标准版本)
数据集空间分辨率(O) (MD_元数据>MD_数据标识.空间分辨率>MD_分辨率.等效比例尺分母或 MD_分辨率.采样间隔)	元数据采用的语种(C) (MD_元数据.语种)
数据集摘要说明(M) (MD_元数据>MD_数据标识.摘要)	元数据采用的字符集(C) (MD_元数据.字符集)
分发格式(O) (MD_元数据>MD_分发>MD_格式.名称和 MD_格式.版本)	元数据联系方(M) (MD_元数据.联系方>CI_负责单位)
数据集覆盖范围补充信息(垂向的和时间的)(O) (MD_元数据>MD_数据标识.覆盖范围>EX_覆盖范围>EX_时间覆盖范围或>EX_垂向覆盖范围)	元数据创建日期(M) (MD_元数据.创建日期)

4. 专业领域元数据和元数据的扩展

全集元数据标准中元数据实体和元素数据庞大，但其中大多数元数据元素是可选的，在某个特定的专业领域，可以根据需要从全集元数据标准中选择合适的元数据元素，裁减掉冗余的元数据元素，或者扩展全集元数据标准中未体现的元数据元素，制定专业领域元数据专用标准。制定专业领域元数据标准时，必须选用核心元数据中的元数据实体/元素，尤其是核心元数据中必选的元数据元素必须包含在领域元数据标准之内(图6.3)。

《地理信息 元数据》(GB/T 19710—2005)(附录F)中，提供了扩展元数据的机制和方法，可根据专业领域的实际需求，对元数据子集、元数据代码表、元数据代码表元素、元数据元素、元数据实体及元数据的约束条件和值域进行扩展。

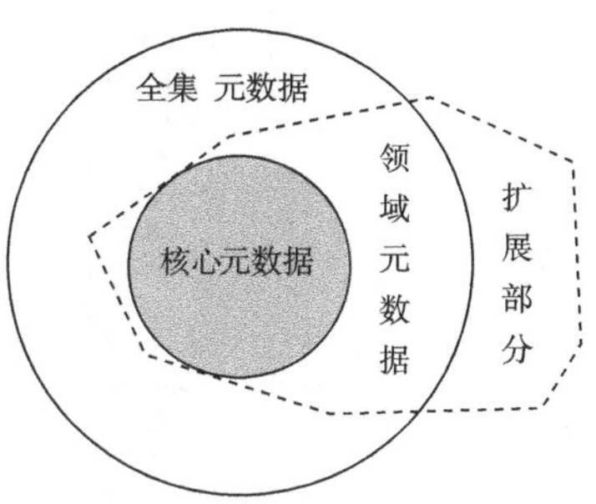

图6.3　全集、核心和专业元数据标准间的关系

6.2.3　元数据的表达

空间数据元数据的根本作用在于对外发布空间数据集相关信息，促进空间数据的发布和共享。在信息化高度发展的今天，网络空间是元数据发布与被用户搜索最为便捷的方式。因此，对元数据所描述的关于空间数据集的一系列信息采用能在各种平台和浏览器环境下查询、检索、浏览的XML语言进行编码，是对元数据表达的最普遍方式。元数据的表达是元数据标准和元数据管理的基础。

1. XML 语言

XML，一种用于标记电子文件使其具有结构性的标记语言，是 W3C(World Wide Web Consortium)于1998年批准实施的、面向Web应用的元标记语言。XML有一套定义语义标记的规则，这些标记将文档分为许多部件并对这些部件加以标识。与 HTML 语言相比，XML具有明显的优势。

(1)可扩展性。XML是设计标记语言的元语言，而不是HTML那样只有一个固定标记集的标记语言。XML利用文档类型声明(document type description，DTD)使用户能够根据需要，自行定义新的标识及属性名，以便更好地从语义上修饰数据。

(2)结构化。XML允许文件结构嵌套描述的特点，使得XML能描述任意复杂程度的对象，尤其是能表示面向对象的等级层次。

(3)可校验性。XML文件可以包括语法描述，使应用程序对此文件进行结构确认。

(4)超链接能力。XML文档可以定义双向链接、多目标链接、扩展链接和两个文档间的链接。

另外，XML还具有易于处理、易于编辑和格式化等突出特点。

XML被设计用来结构化、传输和存储数据，利用XML，可实现对从简单到复杂对象的内容、语义和架构进行描述和编码：①普通文档；②如约会记录或采购定单之类的结构记录；③具有数据和方法的对象，如Java对象或ActiveX控件的持续型表单；④数据记录，如查询的结果集；⑤有关Web站点的元内容，如“频道定义格式”(CDF)；⑥图形表示，如应用程序的用户界面；⑦标准架构实体和类型；⑧Web上的信息与用户之间的所有链接。所以，XML已广泛应用于 Internet、出版业、电子商务等行业。每个行业的组织和开发人员都可用 XML创建他们自己的标识语言，如音乐、影视、烹饪、医疗等行业以此实现各自领域的信息交互。

作为一种元语言，XML 具有自己的语法规则。其语法规则简单且有逻辑性：所有 XML元素都必须有关闭标签；标签对大小写敏感；允许但必须正确地嵌套；XML 文档包含众多XML元素(必须有根元素)；元素可包含其他元素、文本或者两者的混合物；元素也可以拥有属性(属性值须加引号)；一些字符拥有特殊的含义；可有注释语句；以LF存储换行等。一个简单的XML文档示例如图6.4所示。

```
<?xml version="1.0" encoding="ISO -8859-1"?>
<!--Edited with XML Spy v2007 (http://www.altova.com) -->
<CATALOG>
  <CD>
    <TITLE>Empire Burlesque</TITLE>
    <ARTIST>Bob Dylan</ARTIST>
    <COUNTRY>USA</COUNTRY>
    <COMPANY>Columbia</COMPANY>
    <PRICE>10.90</PRICE>
    <YEAR>1985< /YEAR>
  </CD>
  <CD>
    <TITLE>Hide your heart</TITLE>
    <ARTIST>Bonnie Tyler</ARTIST>
    <COUNTRY>UK</COUNTRY>
    <COMPANY>CBS Records</COMPANY>
    <PRICE>9.90</PRICE>
    <YEAR>1988</YEAR>
  </CD>
  </CD>
    ……
  </CD>
</CATALOG>
```

图6.4 一个关于音乐CD盘信息的XML文档示例

2. 基于 XML 的元数据表达

利用 XML 来表达地理信息元数据，则整合了 XML 自身的优势和空间元数据的重要性，在地理空间数据共享上能发挥重要作用。

(1) XML 是一种层次化标记语言，空间元数据的组织也具有层次性嵌套结构，因此编辑格式良好的 XML 格式的元数据文档易于实现。

(2) 有助于实现地理空间数据的标准化。空间元数据可以被 XML 唯一地标识，利用 XML 可以识别元数据及空间数据，利于空间数据参与数字地球的资源共享和查询，提高 GIS 服务的互操作性。

(3) 由于内容与形式的分离，XML 只描述数据本身，数据的具体表现形式可利用可扩展样式表语言 (extensible stylesheet language，XSL) 进行转换，使地理信息能根据不同用户所有的元数据视图进行动态地匹配表现。

(4) 用 XML 在现有的 Web 上传输空间元数据具有可行性，利用原有的 HTTP 协议，不需要改变网络基础，成本低。

(5) XML 具有标准的域说明方法，支持文档对象模型 (document object model，DOM) 标准、XML 链接 (XLink) 标准和 XML 指针 (XPointer) 标准。使用 XML 可以跨越国界，在不同的计算机系统间交换空间元数据信息。

为了促进通过网络或离线方式进行空间数据元数据的共享和交换，国家标准化指导性技术文件《地理信息 元数据 XML 模式实现》(GB/Z 24357—2009) (依据 ISO/TS 19319:2007 修订)，对空间元数据 XML 的编码方法和国家标准《地理信息 元数据》(GB/T 19710—2005) 中元数据实体和元素的 XML 实现模式进行了规定。

由于 GB/T 19710—2005 元数据实体与元素的复杂性，意味着不能采用简单的 XML 模式对元数据进行表达，但是通过编码规则，用户就可建立和理解以 UML 模型为基础的 XML 实例文档的内容，以及对元数据 UML 模型的 XML 模式进行实现，详细的编码规则可参见 GB/Z 24357—2009。在此，仅给出元数据标准中数据质量信息的 XML 表达 (图 6.5)。

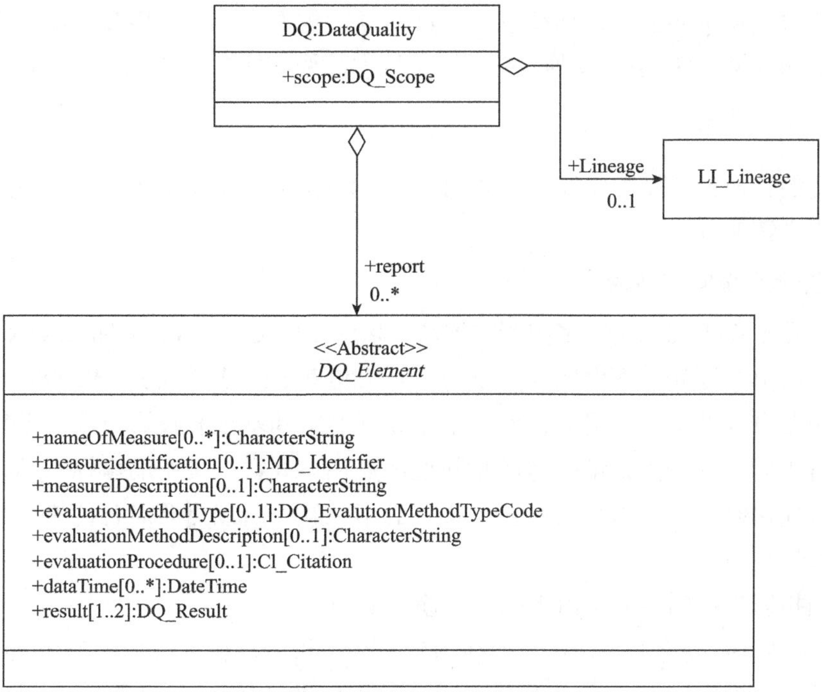

(a) 数据质量 UML 图(局部)

```
〈xs:complexType name= " DQ_DataQuality_Type"〉
    〈xs:complexContent〉
        〈xs:extension base = "gco:AbstractObjet_Type"〉
          〈xs:sequence〉
            〈xs:element name = "scope" type = "gmd:DQ_Scope_PropertyType"/〉
            〈xs:element name = "lineage"
              type = "gmd:LI_Lineage_PropertyType" minOccurs="0"〉
            〈xs:element name = "report"
              type = "gmd:DQ_Element_PropertyType" minOccurs="0"〉
            maxOccurs = "unbounded"/〉
          〈/xs:sequence〉
        〈/xs:extension〉
    〈/xs:complexContent〉
〈/xs:complexType〉
```

(b) 对应的 XML 表达

图6.5　元数据及其XML表达示例

6.3　异构空间数据的转换与互操作

随着 GIS 应用的普及和空间数据获取的市场化发展，参与空间数据采集的部门和企业也越来越多。在进行综合型 GIS 分析应用时，往往需要来自不同部门或企业空间数据的协同工作。例如，建立城市规划管理信息系统，不仅需要城市基础地理信息，还需要城市道路、土地利用、地下管网等数据及城市社会经济方面的数据。然而，由于空间数据标准的缺失、空间数据类型众多、采用的空间数据模型差异及数据管理软件平台的差异等，不同来源的空间数据在投影坐标系统、数据结构、数据格式、数据内容等方面存在着很大差异，体现为多源空间数据的异构性特征，使得 GIS 直接应用这些异构数据十分困难。因此，必须采取相应的技术手段，使得能在不同的软件环境下，对这些异构数据有效地利用和操作，即空间数据的共享。异构空间数据的转换(或交换)和互操作正是实现空间数据共享的有效手段。

6.3.1 空间数据的转换

空间数据的转换包括投影坐标系统间的转换、数据类型间的转换、空间数据格式的转换、空间数据的语义转换等。

1. 投影坐标系统间的转换

虽然，我国规定自 2008 年起逐步将空间数据统一以 CGCS2000 坐标系表示，但由于历史原因，大量的历史数据甚至不少地方至今仍然采用北京 54、西安 80、WGS84 坐标系统，同时可能存在投影方式的差别。另外，即使采用相同的空间基准和投影方式，但投影参数如中央子午线位置不同，这些因素都会造成相同地面点在不同数据集中的坐标不同，从而导致不同数据集集成应用时，同一地面目标在位置上的不一致，所以需要对各待集成数据集进行坐标系统的一致性转换。

二维平面投影坐标的转换可由下列几种途径实现。

(1)直接变换。通过建立一种投影变换为另一种投影的严密或近似的解析关系式，直接由一种投影的数字化坐标(x, y)变换为另一种投影的直角坐标(X, Y)。但是对于不同的投影系统，很难找到这种解析关系式。

(2)间接变换。先使用坐标反算公式，将一种投影的平面坐标换算为球面经纬度坐标：$(x, y)\rightarrow(B, L)$，再使用坐标正算公式把求得的球面经纬度坐标代入另一种投影的坐标公式中，计算出该投影下的平面坐标：$(B, L)\rightarrow(X, Y)$，从而实现两种投影坐标间的变换$(x, y)\rightarrow(X, Y)$。例如，研究区域恰好横跨两个高斯-克吕格投影带，则将两个投影带坐标统一到同一个投影带上才能实现图幅的拼接，这时需用采用间接变换法。

(3)数值变换。根据两种投影在变换区内的已知坐标的若干同名控制点，采用插值法或有限差分法、有限元法、待定系数最小二乘法，实现两种投影坐标之间的变换。这种变换公式为

$$\begin{cases} X = \sum_{i=0}^{m}\sum_{j=0}^{m-i} a_{ij} x^i y^j \\ Y = \sum_{i=0}^{m}\sum_{j=0}^{m-i} b_{ij} x^i y^j \end{cases} \tag{6.1}$$

如取 m=3 时，有

$$\begin{cases} X = a_{00} + a_{10}x + a_{01}y + a_{20}x^2 + a_{11}xy + a_{02}y^2 + a_{30}x^3 + a_{21}x^2y + a_{12}xy^2 + a_{03}y^3 \\ Y = b_{00} + b_{10}x + b_{01}y + b_{20}x^2 + b_{11}xy + b_{02}y^2 + b_{30}x^3 + b_{21}x^2y + b_{12}xy^2 + b_{03}y^3 \end{cases} \tag{6.2}$$

为了解算以上三次多项式，需要在两投影间选定相应的 10 个以上控制点，其坐标分别为 x_i、y_i 和 X_i、Y_i，按最小二乘法组成法方程，并解算该方程组，求得系数 a_{ij}、b_{ij}，这样就可确定一个坐标变换方程，由该方程对其他待变换点进行坐标转换。

这种坐标转换法也称作待定系数法。该方法适合于范围较小区域(如面积小于 5 万 km^2)空间数据的坐标转换。

当空间数据所使用的椭球基准不同时，则需考虑三维坐标的转换，一般采用以下几种

方法。

(1)七参数转换法。对于不同空间基准的地心三维坐标转换，可采用 3 个平移参数(ΔX，ΔY，ΔZ)、3 个旋转参数(ω_X，ω_Y，ω_Z)和 1 个比例参数 λ，建立源坐标(X_S，Y_S，Z_S)和目的坐标(X_T，Y_T，Z_T)间的转换关系式：

$$\begin{pmatrix} X_T \\ Y_T \\ Z_T \end{pmatrix} = \begin{pmatrix} \Delta X \\ \Delta Y \\ \Delta Z \end{pmatrix} + \lambda \begin{pmatrix} 1 & \omega_Z & -\omega_Y \\ -\omega_Z & 1 & \omega_X \\ \omega_Y & -\omega_X & 1 \end{pmatrix} \begin{pmatrix} X_S \\ Y_S \\ Z_S \end{pmatrix} \tag{6.3}$$

式中，ω_X、ω_Y 和 ω_Z 均以弧度为单位。

(2)莫洛坚斯基(Molodensky)法。莫洛坚斯基法不需要其地心三维直角坐标(X，Y，Z)就能实现两个不同的椭球基准面上经纬度坐标的转换，但需要三个坐标平移量(ΔX，ΔY，ΔZ)及两个椭球长半轴之差Δa 和扁率之差Δf 这 5 个参数。

$$\begin{cases} (M+h)\Delta B = -\sin B\cos L\Delta X - \sin B\sin L\Delta Y + \cos B\Delta Z \\ \qquad + \dfrac{e^2 \sin B\cos B}{\sqrt{(1-e^2\sin^2 B)}}\Delta a + \sin B\cos B\left(M\dfrac{a}{b} + N\dfrac{b}{a}\right)\Delta f \\ (N+h)\cos B\Delta L = -\sin L\Delta X + \cos L\Delta Y \\ \Delta h = \cos B\cos L\Delta X + \cos B\sin L\Delta Y + \sin B\Delta Z \\ \qquad - \sqrt{(1-e^2\sin^2 B)}\Delta a + \dfrac{a(1-f)}{\sqrt{(1-e^2\sin^2 B)}}\sin^2 B\Delta f \end{cases} \tag{6.4}$$

式中，h 为椭球高(m)；L 为经度；B 为维度；a 为椭球长半轴长度(m)；b 为椭球短半轴长度(m)；f 为椭球扁率；e 为椭球第一偏心率，$e = \dfrac{\sqrt{a^2 - b^2}}{a}$；$M$ 和 N 分别为子午圈和卯酉圈(过椭球面某点法线的法截面中与子午面垂直的法截面与椭球面相交形成的闭合圈)曲率半径，且

$$\begin{cases} M = \dfrac{a(1-e^2)}{\sqrt[3]{(1-e^2\sin^2 B)^2}} \\ N = \dfrac{a}{\sqrt{(1-e^2\sin^2 B)}} \end{cases} \tag{6.5}$$

由此可得出两个不同椭球基准下经纬度坐标的改正量ΔL 和ΔB。

当研究区域范围相对较小时(如一个国家或地区)，也可采用简化的莫洛坚斯基公式进行坐标转换：

$$\begin{cases} M\Delta B = -\sin B\cos L\Delta X - \sin B\sin L\Delta Y + \cos B\Delta Z + (a\Delta f + f\Delta a)\cdot 2\sin B\cos B \\ N\cos B\Delta L = -\sin L\Delta X + \cos L\Delta Y \\ \Delta h = \cos B\cos L\Delta X + \cos B\sin L\Delta Y + \sin B\Delta Z + (a\Delta f + f\Delta a)\sin^2 B - \Delta a \end{cases} \tag{6.6}$$

2. 数据类型间的转换

矢量和栅格数据(包括图像)是两类主要的空间数据类型，在 GIS 应用中，经常需要将矢量数据转换为栅格数据，如将土地利用多边形要素转换为栅格以便于与 DEM 叠置分析，或者将栅格数据转为矢量数据，如将遥感影像的要素提取结果转换为矢量要素进行 DLG 数据的更新。

1) 矢量数据向栅格数据的转换

点、线、面矢量要素转换为栅格数据的步骤如下。

(1) 确定转换空间范围，一般根据包含所有矢量要素的包络矩形确定栅格数据的空间范围。

(2) 设定栅格的空间分辨率，根据栅格数据的用途和精度要求，设定栅格在 X 和 Y 方向的分辨率 ΔX 和 ΔY(通常 ΔX 与 ΔY 相等)。

(3) 根据矢量要素的几何特征，即特征点坐标计算点、线和面所涉及的栅格单元，再按要素的属性对所涉及的栅格单元赋值。其中，对点要素的转换最为简单，仅需要判断点落入的栅格单元(行、列号)；对于线要素，则需要根据其一系列特征点中顺序两点构成的折线段计算折线所经过的栅格；对于面要素则相对复杂，首先根据面要素的边界，按线要素栅格化相同方法进行边界的栅格化，再对其内部栅格采用内点扩散法、射线法或扫描线法等进行面域充填。

2) 栅格数据向矢量数据的转换

栅格数据向矢量数据的转换主要有两种情况：其一是扫描地图或 DRG 数据的矢量化，这在 5.1 节中已经讨论过；其二是影像或栅格数据分类、要素提取结果的边界自动跟踪。在此以对经影像分类后处理的图斑进行边界跟踪转换为多边形为例，给出栅格数据向矢量数据转换的一般过程。

(1) 从栅格数据的任一栅格或左上角开始，判别该栅格是否为某一类图斑的边界，若不是边界则按栅格的 8 邻域继续搜索，一直到找到栅格单元属性发生变化的边界栅格单元，同时对已搜索过的栅格单元进行标记(后续不再搜索)。

(2) 以上述边界栅格为起点，在其 8 邻域栅格单元搜索相邻的边界栅格单元，并继续搜索其他边界栅格单元，直到回到起点；记录最终过程中所经过的各栅格单元的行列号(或除起始点外的栅格 Freeman 链码)，形成一个完整的多边形。

(3) 在栅格数据范围内寻找尚未标记的其他栅格，按以上两个步骤进行其他多边形的边界追踪，直到所有栅格都被标记。由此可得到以栅格行列号(或 Freeman 码)为坐标的一系列多边形。

(4) 对各多边形的坐标采用 Douglas-Peucker 或其他线特征简化方法去除多边形边界多余特征点，并将栅格行列号坐标转化为平面投影坐标(X，Y)。

(5) 对全部多边形边界建立平面拓扑，以消除相邻多边形边界可能存在的不重合问题，重新生成具有拓扑关系的多边形，且将栅格的值或分类编码作为多边形的属性。

3. 空间数据格式的转换

在建立 GIS 空间数据库时，除了自行采集各种空间数据外，一个重要的方式是从其他部门或企业获取已数字化的数据。但因为各部门和企业所使用的数据生产或 GIS 软件平台不同，即使是相同类型的空间数据在数据结构、数据格式上也存在很大差别，尤其是各 GIS 软件平台都定义自己的数据格式且不公开，使得在其他软件平台上无法有效读取和处理不同来源的数据，所以必须把来自其他系统不同格式的数据转换为本系统适用的数据格式。

空间数据转换主要针对空间定位信息(实体的坐标)、空间拓扑关系信息及属性数据。由于每个 GIS 系统的数据结构和数据模型不完全相同，在空间数据转换过程中往往丢失，甚至得不到有关信息。一般情况下，空间目标的定位信息能够完整地进行转换。但是，有些基于 CAD 的系统，如 AutoCAD 和 MicroStation，它们可能包含数学曲线，如三点圆、圆弧、光滑曲线等；而 GIS 中往往没有这些图形元素，所以在转换到 GIS 时，一般将它们内插成折线，这样难免会损失精度。转换过程中最容易丢失的信息是拓扑关系信息和属性信息。如果数据模型基本一致，拓扑关系信息在转换过程中丢失后，可以在数据转换后的系统中重构拓扑关系而得以恢复，但是数据结构不一样时，如 MapInfo、ArcView 等软件本身就没有拓扑关系，空间数据的转入和转出就不可能带有拓扑关系。对于属性数据，大部分 GIS 系统都能够进行转换，但用户经常用到的 AutoCAD 的外部数据交换文件 DXF 早期版本本身就没有属性数据，此时要得到属性数据则需通过其他途径重新输入。

空间数据转换可采取直接读取方式，如 ESRI 公司的 ArcGIS 平台开发了专门的数据读取模块 Interoperability，可直接读取上百种不同的空间数据格式，但数据转换的质量不高，易产生数据的混乱。空间数据格式转换的一类可行方式是通过外部数据交换进行，具体又有两种途径。

(1) 利用系统数据交换文件。大部分商用 GIS 软件都定义了自己的外部数据交换文件格式，一般为 ASCII 码文件，可以直接阅读，如 Arc/Info 的 E00、MapInfo 的 MID、AutoCAD 的 DXF、MGE 的 ASCII Loader 等。这样，从系统 A 的内部数据转换到系统 B，可能需要经过 2～3 次转换。如图 6.6 所示，先从 A 的内部文件转到 A 的交换文件，如果 B 系统能够直接读 A 系统的交换文件，转换两次即可。否则要从 A 的外部交换文件到 B 的外部交换文件，再从 B 的外部交换文件到 B 的内部文件，此时需经过三次转换。

(2) 利用空间数据交换标准。为了更方便地进行空间数据交换，也为了尽量减少空间数据交换过程中带来的信息损失，使之更加科学化和标准化，许多国家和国际组织制定了空间数据交换标准，如美国的 STDI，我国也颁布并更新了国家标准《地理空间数据交换格式》(GB/T 17798—2007，代替 GB/T 17798—1999)。在 GB/T 17798—2007 中，对矢量数据(包括要素几何类型、属性、拓扑、注记、图形符号等)、影像数据和栅格数据交换的内容和格式作出了详细的规定，并以 XML 语言来表达数据的交换内容。利用标准的空间数据交换文件格式，每个系统都可提供读写这一标准格式文件的程序，避免了大量的编程工作，数据内容损失小，而且数据转换仅需要两次即可，如图 6.7 所示。

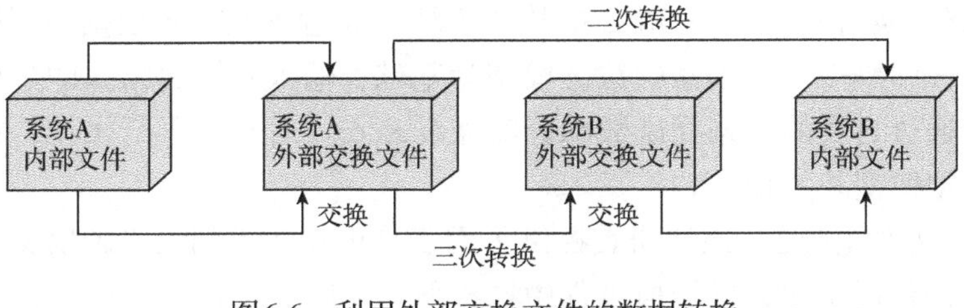

图6.6　利用外部交换文件的数据转换

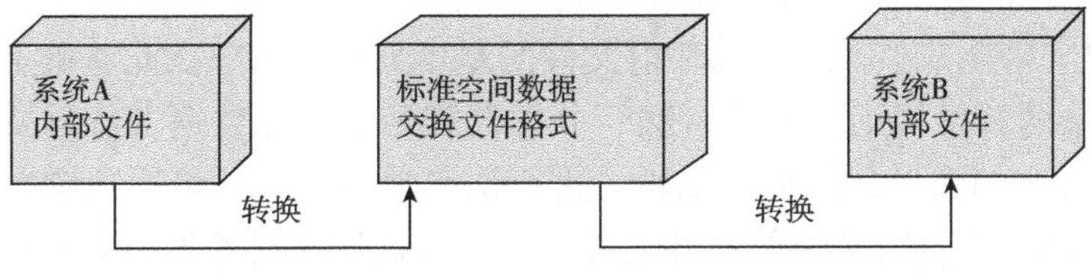

图6.7　利用空间数据交换标准的数据转换

4. 空间数据的语义转换

空间数据格式的不一致往往源于空间数据模型的不一致，采用数据直接读取或利用外部数据交换方式对一些基本的几何图形(如点、线和面)及其属性能较为有效地转换，但对于具有复杂结构(如拓扑)的数据，则会丢失重要的信息。而基于语义的转换是 Open GIS 联盟推荐的数据转换模式，在语义转换中，允许用户根据其特殊的需求，提取数据源的不同层面和内容，进行数据的重新构造，而不是以单一格式输出数据，当面对具有截然不同数据模型(如面向对象或关系型)的空间数据时，这一功能尤为重要。

加拿大 Safe Software 公司遵循语义转换的理念，开发了 FME(Feature Manipulate Engine) Suite 软件，可用于读写、存储和转换多种空间数据。该软件通过提供在转换过程中重新构造数据的功能，实现了上百种不同空间数据格式(模型)之间的相互转换。另外，利用 FME 还可以改善用户已有数据的质量，实现同一单位内部或不同单位之间的不同数据的集中式管理及共享。

FME 主要是用于改变数据的表示方法，以便满足最终用户或系统的需求。在数据转换过程中改变数据格式只是该转换过程的一小部分功能。FME 可完成的一些操作包括：①分解多边形，分解基于公用属性值的多边形；②坐标转换，将要素从一个坐标系统转换到另一个坐标系统；③裁剪，裁剪位于指定区域之内或之外的要素；④构建多边形，把一组输入的图形构建成多边形；⑤属性操作，选择和合并基于复杂属性规则的要素。

FME 所执行的整个数据转换过程都通过语义映射文件来控制，该文件指定执行数据转换的方式。FME 转换体系结构如图 6.8 所示，包含三个主要模块。

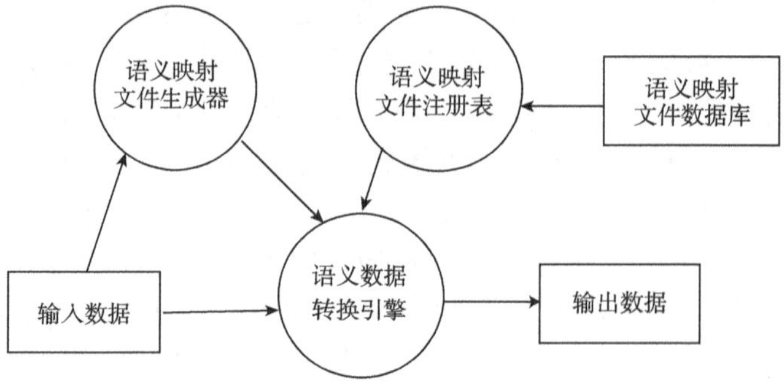

图6.8 FME体系结构

(1)语义数据转换引擎。这是 FME 的核心模块。通过提取输入数据的不同层面和内容实现数据的转换。该引擎以一个丰富的数据模型为基础，输入和输出格式的数据模型映射到该引擎模型，后者通过自身的一系列函数和分类器(Factory)对要素进行操作，重构数据结构，最终实现上述数据模型间的转换。

(2)语义映射文件注册表。该注册表提供了用于管理众多不同语义映射文件的机制及简单的过滤操作，该操作用于在数据转换过程中选择所需的映射文件。注册表提供了分类机制，用于在不同类别用户间开发和共享数据转换规则。

(3)语义映射文件生成器。可生成映射文件的基本架构，用户在此基础上可基于目标系统的要求自定义复杂的转换规则，而这有赖于分类器和函数对源数据实施的要素级操作。实际上是基于 Workbench 的图形化数据流编辑，进行语义映射文件的可视化定制。

在 FME 体系结构中，语义映射文件至关重要。数据转换需遵循一系列规则，在数据转换过程中，由这些规则驱动所有的 FME 操作。FME 将空间要素视为与二维或三维几何图形关联的属性名和属性值的集合，一组典型的 FME 转换规则包括以下 3 个部分：

(1)目标要素定义。定义输出要素的数据模型，包括要素的类型、要素所包含的属性及其属性值格式。绝大多数目标格式需要定义语句。

(2)源要素转换规则。指定被转换要素的类型、匹配属性和映射属性，即定义转换要素的约束条件，过滤输入要素。

(3)目标要素转换规则。定义符合约束条件的输入要素的处理方式，与源要素转换规则行形成对照关系。包括目标要素的类型名称、几何类型及属性(与目标要素定义行相同)。

FME 语义映射文件拥有自己的宏变量和函数。通过编制语义映射文件，用户可以灵活地控制诸如几何数据变换和坐标系统变换等复杂的数据转换操作。语义映射文件可以重复使用(如存储于语义映射文件数据库)，并可以进行批量处理，从而为大批量的数据转换提供了诸多便利。

本质上，FME 并不在源要素和目标要素间建立直接的转换关系，而是基于数据模型映射将源要素表达为 FME 中间格式(或称伪格式)，经取舍、合并、分解、计算或数据库操作，最终转换为目标要素。因而，FME 语义转换规则通常由一系列分类器和函数定义，形式上不再是要素的简单对应，它们构成映射文件的主体，控制数据转换的流程。

FME 包含有 6 个功能模块：①FME Workbench，定制数据转换，能够可视化地定义从源数据到目标数据的对应关系(属性和图形)，还可完成不同格式数据源的合并工作。②FME Universal Translator，这是一个可以独立运行的数据转换程序，可以精确地转换、存储 100 多种不同格式的数据。③FME Universal Viewer，该模块用于快速预览不同格式的数据，在使用 Workbench 或 Translator 模块时，调用该模块可在数据转换之前预览待转换数据(包括图形和属性)。④FME Plug-in(SDK)，该模块为 FME 的开发组件，使用该软件开发工具包，开发人员能访问 FME 的核心功能，加入自己定制的数据格式，一旦定制的数据格式加入 FME 内核就能够被其他用户使用。⑤FME Object API，这个开发接口能把 FME 的数据访问能力定制置入应用 GIS 平台中，以便增加应用 GIS 系统读、写和处理多源数据的能力。开发语言支持 Java、C++、C、COM(VB、C#)、Delphi 和 ArcView Avenue 等。⑥FME Application Extenders，该模块给用户提供了一个直接访问(读、写)多平台 GIS、CAD 和数据库格式的应用功能。

6.3.2　空间数据互操作

1. 空间数据互操作的概念

不同于数据转换方法从数据转换角度实现文件级的数据共享，仅能用于数据的集成，空间数据互操作可实现要素级的实时共享。

互操作是两个或多个系统交换信息并相互使用已交换信息的能力，即一个系统接收和处理另一软件系统发送信息的能力。互操作性强调将具有不同数据结构和数据格式的软件系统集成在一起共同工作。GIS 的互操作在不同的情况下具有不同的侧重点，强调在不同软件间相互调用功能模块时称为软件的互操作；强调在异构数据集之间的相互透明地访问时称作数据的互操作；强调信息的共享，在一定语义约束下的互操作称为语义互操作，等等。

GIS 互操作是在异构数据库和分布式计算情况下产生的。对于应用系统而言，不同应用系统间应能彼此实时地、安全地获取对方异构数据库中的数据；对于用户来说，用户应能够方便地查询检索所需要的信息，而不必考虑所使用的数据结构和数据格式的差异；对于信息管理者来说，管理者应能有效地管理不同类型和格式的数据，并能将数据资源提供给具有不同应用需求的用户。

从空间数据互操作的视角考察 GIS 的互操作，主要有两种实现方法：基于直接访问模式的互操作和基于 OGIS 规范的互操作。

2. 基于直接访问模式的空间数据互操作

直接访问是指在一个 GIS 平台实现对其他 GIS 平台中空间数据的直接访问，用户可以使用单个 GIS 软件存取多种数据格式。直接访问不仅避免了烦琐的数据转换，而且在一个 GIS 软件中访问某种软件的数据格式不再要求拥有该数据格式的宿主软件，更不需要运行该软件。直接数据访问提供了一种更为经济实用的多源数据共享模式。

直接访问同样需要建立在对要访问的数据格式充分了解的基础上，若被访问数据的格式不公开，就必须破译该数据格式且保证破译的正确性，才能实现与该数据格式的宿主软件的数据共享。如果宿主软件数据格式发生变化，各数据集成软件就不得不重新破译该宿主软件的数据格式，对集成软件进行升级。然而，宿主软件在改变数据格式时，往往并不对外声明，使得各数据集成软件在读、写和操作这种新的数据格式时存在着滞后性。另外，若要达到每种 GIS 软件都能与其他 GIS 空间数据库互操作的目的，则需要为每个 GIS 软件开发读写不同空间数据的接口函数，工作量非常庞大。若每个 GIS 软件都在软件升级或改变数据格式时，能实时发布读写其空间数据库的 API(application program interface)函数，则任一 GIS 软件都能够通过调用这些 API 函数直接读写其他 GIS 数据库中的数据。空间数据直接访问互操作模式如图 6.9 所示。

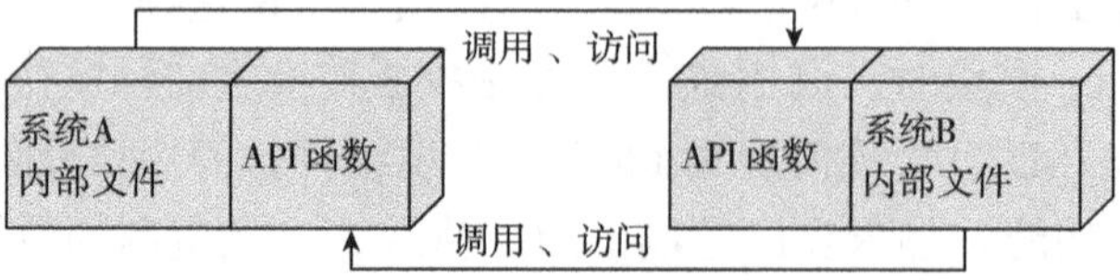

图6.9 通过API直接访问的数据互操作模式

3. 基于 OGIS 规范的空间数据互操作

为了促进 GIS 数据的共享和互操作，开放地理空间信息联盟(Open Geospatial Consortium, OGC)建立了开放式地理数据互操作规范 OGIS(open geodata interoperation specification)。OGIS 的主要目标是使用户能开发出基于分布式计算技术的、标准化的公共接口，将地理空间数据与地理信息资源完全集成到主流计算中，实现无边界的、分布式的、基于构件的地理数据互操作环境，并在全球基础信息设施上得到规范的应用。OGIS 类似于 API，能提供统一的接口，但又与 API 有所区别：API 通常在一个特定的操作系统和程序语言环境下才能使用，而 OGIS 中的规范是在更高一级上的抽象，它独立于具体的平台、操作系统或程序语言，使软件开发者建立的应用 GIS 软件，能在当今任何分布式平台上实现互操作。

OGIS 所制定的规范包括抽象规范和实现规范。其中，抽象规范是对空间对象、地物要素及其特征与关系、空间数据库、数据操纵与分发服务进行规范化描述的协议，可分为 20 个不同的主题，包括综述、要素几何体、空间参考系统、定位几何体结构、存储函数与插补、要素、数据层类型及其子类型、地球影像、要素之间的关系、要素集合、元数据、OGIS 服务体系结构、目录服务、语义和信息团体、图像探索服务、图像坐标转换服务、基于位置的移动服务、地理空间数字权利参考模型、线性参照、观测与测量等，为在不同 GIS 系统、不同的分布式处理平台及不同领域的信息团体之间实现开放的信息交流提供“基本模型”。OGC 实现规范是在抽象规范的基础上所制定的一系列实现规范，包括基于 OLE/COM 的简单要素实现规范、基于 CORBA 的简单要素实现规范、基于 SQL 的简单要素实现规范、目录服务实现规范、Grid 实现规范、坐标变换实现规范、Web Map 服务实现规范、GML 实现规范、基于 Web 的 Coverage 服务规范和基于 Web 的地物要素服务规范等。

对于分布式环境下异构空间数据库的互操作而言，空间数据互操作规范可以分为两个层次。

1)基于 COM 或 CORBA API 函数的或 SQL 的接口规范

通过制定统一的接口函数形式及参数，不同的 GIS 软件之间可以直接读取对方的数据。它有两种实现可能：一种是 GIS 软件的数据操纵接口直接采用标准化的接口函数；另一种是某个 GIS 软件已经定义了自己的数据操纵函数接口，为了达到互操作的目的，在自己内部数据操纵函数的基础上，包装一个标准化的接口函数。基于 API 函数的接口是二进制的接口，效率高，但安全性差且实现困难。基于 API 函数的空间数据互操作规范接口关系如图 6.10 所示。

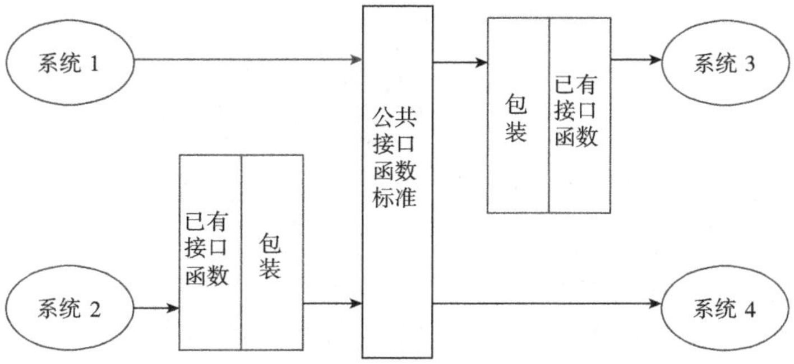

图6.10　基于公共API函数的空间数据互操作接口关系

如果采用 CORBA 或 Java Bean 的中间件技术，基于公共 API 函数可以在因特网上实现互操作，而且容易实现三层体系结构或多层体系结构。它的实现方法与前面类似，但增加了一个中间件，如图 6.11 所示。

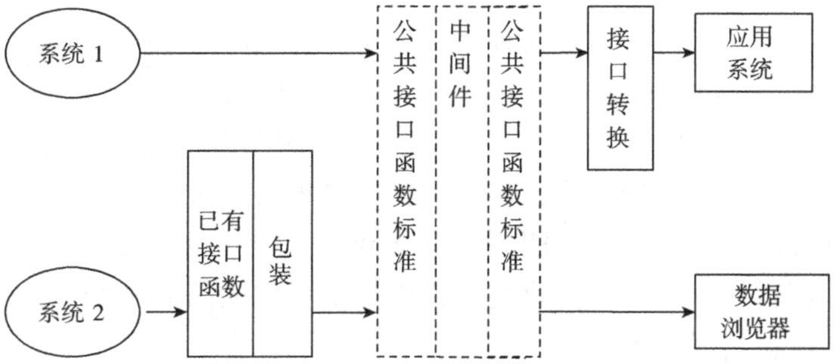

图6.11　基于CORBA或J2EE体系结构的空间数据互操作接口关系

2)基于 http(WEB)XML 的空间数据互操作实现规范

这是关于数据流的规范，与函数接口的形式和软件的组件接口无关。它遵循空间数据共享模型和空间对象的定义规范，即可用 XML 语言描述空间对象的定义及具体表达形式，不同 GIS 软件进行数据共享与操作时，将系统内部的空间数据转换为公共接口描述规范的数据流(数据流的格式为 XML)，另一系统读取这一数据流进入主系统并进行显示。基于 XML 的互操作规范的实现方法有两种形式：①将一个数据集全部转换为 XML 语言描述的数据格式，其他系统可以根据定义的规范读取这一数据集导入内部系统。这种方式类似于用空间数据转换标准进行数据集的转换。②实时读写转换，由 XML 语言或采用 SOAP 协议引导和启动空间数据读写与查询的组件，从空间数据库管理系统中实时读取空间对象，并将数据转换为用 XML 语言定义的公共接口描述规范的数据流，其他系统可以获取对象数据并进行实时查询，达到实时在线数据共享与互操作的目的。

基于 XML 互操作规范接口的数据流是 ASCII 文本，易于理解和实现跨硬件和软件平台的互操作。它可以用于空间信息分发服务和空间信息移动服务等许多方面。目前，基于 HTTP (Web) XML 的空间数据互操作是一个研究热点，涉及的概念很多，主要包括 Web 服务的相关技术。OGC 和 ISO / TC 211 共同推出了基于 Web 服务（XML）的空间数据互操作实现规范 Web Map Service（WMS）、Web Feature Service（WFS）、Web Coverage Service（WCS）及用于空间数据传输与转换的地理信息标记语言 GML 等。基于 XML 的空间数据互操作的实现方法如图 6.12 所示。

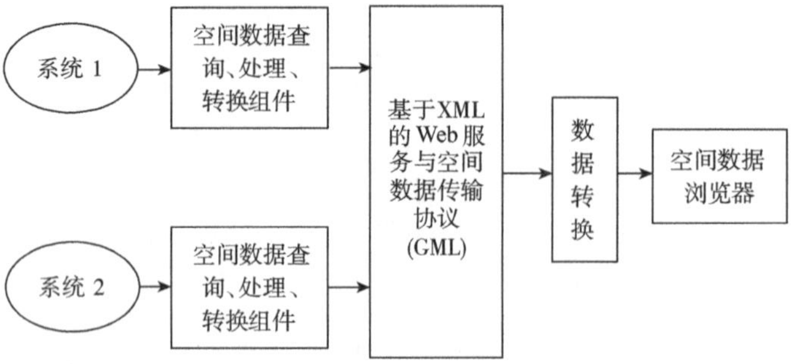

图6.12　基于XML的空间数据互操作实现方法

在以上两种空间数据互操作模式中，基于 API 函数的互操作效率是较高的，基于 XML 的互操作适应性是最广的，但是效率可能较低。基于 API 函数的互操作系统往往用于部门级的局域网中，而基于 XML 的互操作系统一般用于跨部门、跨行业、跨地区的互联网中。

6.4　空间数据的集成与融合

在构建应用 GIS 系统如国土资源管理“一张图”系统时，通常需要建立从国家到省、市、县多级行政区域，包含基础地理、土地（地籍、土地利用、土地规划等）、矿产（矿产资源、矿产开发利用等）、地质（地质构造、地层、矿床地质等）等不同专业领域的分布式空间数据库。然而，这些数据来源多样、类型众多、格式迥异，必须对其进行整理和再加工处理，采取空间数据整合（consolidation）、空间数据集成（integration）或空间数据融合（fusion）等方法，对不同数据按照一定的逻辑关系进行规范化组织，以保证各数据间的协调一致性，从而实现这些数据的统一管理和信息共享服务。

6.4.1　空间数据整合

1. 空间数据整合内容

空间数据整合是把两个以上不同来源、不同格式、不同性质的空间数据在物理、逻辑或语义层次上进行聚合为一个具有标准化结构、规范化编码、正确的数据组织与表达，各类数据之间能够实现同一空间范围内任意叠加和综合利用，为数据使用者提供统一数据视图的数据集的过程。在这个过程中需要充分考虑空间数据的属性、时间和空间特征、空间数据自身及其所表达的地理现象和过程的准确性，其目标是对数据的形式（如格式、量纲、比例尺等）和内部特征（如属性、拓扑等）进行全部或部分整理、调整、清洗、转换与合成等操作。

空间数据整合往往在矢量空间数据间进行，对数据的整合不仅包括空间数据的整合，也包括属性数据的整合。根据待整合空间数据的类型是否相同，可将空间数据整合分为相同专题数据整合（如不同行政区域、不同比例尺土地利用数据的整合）与不同专题数据整合（如全国土地利用数据与矿产资源数据的整合）两大类别。前者由于数据内容较为一致，所以相对简单，但也涉及数据的标准化、坐标系统、数据格式转化等处理；后者因涉及多个专业领域，数据间可能存在着冲突和矛盾，除需要进行数据的标准化、坐标系统、数据格式转化外，还需要进行数据清洗、数据提取-转换-加载（extract-transform-load，ETL）等处理。

2. 空间数据整合过程

根据应用系统的需求，在对空间数据源充分调查和收集的基础上，确定数据库的标准、制定数据库建设方案，对需要整合的数据进行逐一整理加工，形成满足入库要求的数据集，其过程如图 6.13 所示。在数据整合过程中，进行过程数据质量的检验与质量控制并生成过程（或临时）数据库；在数据整合结束后，记录整合数据集的元数据。

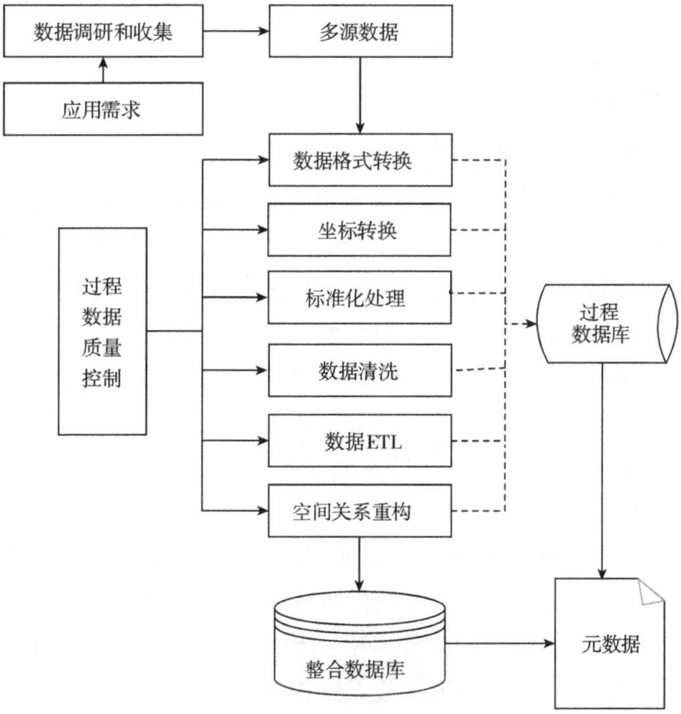

图6.13　多源空间数据整合过程

(1)数据格式转换。按照整合数据库的要求，采用 FME 等工具将源数据的数据模型和数据格式转换为目标数据模型与数据格式。

(2)坐标转换。按照统一坐标参考的要求，将源数据的坐标系统转换为整合数据库要求的坐标系统。

(3)标准化处理。根据数据库标准要求，将数据处理为统一的结构、编码、格式等。包括要素分类及编码的规范化、属性结构与属性表达的标准化、实体对象关系处理等。首先，进行数据结构规范化，将数据进行整理、归并，重新进行要素的分层组织，并依照数据模型规范要素层命名，以及进行结构化处理，转换到与目标数据模型相一致。然后，根据目标数据模型的设计，对要素、要素名称及其属性项的类型进行重新定义，进行图形及属性处理，对属性项进行增加或删除。

(4)数据清洗(data cleaning)。数据清洗是对数据进行重新审查和校验的过程，目的在于对不完整或残缺数据进行补充和完善、删除重复数据、纠正错误数据，并对不同数据中存在的冲突进行探测和处理，从而提供具有一致性的数据。数据清洗是一个反复的过程，不断地发现问题，解决问题。在数据清洗过程中，对发现的问题是否修正则由数据整合人员确认。

(5)数据提取转换与加载(ETL)。ETL 是将数据从来源数据经过抽取(extract)、转换(transform)和加载(load)至目的端的过程，是多源数据整合建库的常用方法。根据应用需求，从源数据集中抽取出所需的数据(如部分或某些要素)，经过数据清洗，按照预先定义的数据模型，将数据加载到整合数据集中。

(6)空间关系重构。按照统一的数据组织单元，对经抽取、转换的各数据层进行逻辑接边、拓扑关系生成，以及在数据约束规则条件下，进行不同数据层要素间空间关系的重构。

6.4.2 空间数据集成

1. 空间数据集成概念

空间数据集成是将若干个分散的数据源中的数据，逻辑地或物理地聚合到一个统一的数据集合或数据视图中。在一些文献中，经常将空间数据整合与空间数据集成两个概念混淆。然而，空间数据集成是比空间数据整合更广泛的概念，空间数据集成往往需要以空间数据整合为基础(如数据格式转换、坐标系统转换等)；空间数据集成也适用于不同数据模型数据的聚合(如矢量数据与栅格或影像数据)。空间数据集成具有以下特性。

(1)空间数据的异构性。被集成的数据源通常是独立的，数据模型异构，给集成带来很大困难。这些异构性主要表现在：数据语义、相同语义数据的表达形式、数据源的使用环境等。

(2)空间数据的分布性。数据源往往是异地分布的，依赖网络传输数据，这就存在网络传输的性能和安全性等问题。

(3)空间数据的自治性。各个数据源有很强的自治性，它们可以在不通知集成系统的前提下改变自身的结构和数据，给数据集成系统的鲁棒性提出挑战。

对于用户而言，并不关心数据的来源、格式和位于何处，只关心自己请求的数据能否满足应用需求(图 6.14)，这就对空间数据集成系统提出了很高的要求。

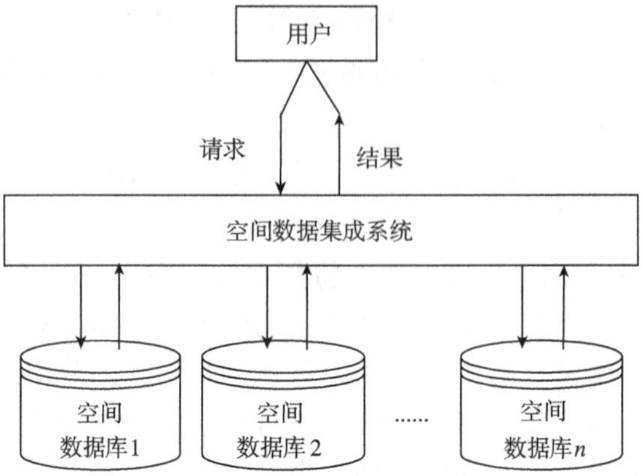

图6.14 空间数据集成系统模型

按照数据的分布位置和存储方式，异构空间数据集成可分为物化方式和虚拟方式。前者将数据存储在本地，数据的查询和访问则基于物化的视图，无须访问各个分布式数据库；而后者仅在本地建立一个与各个分布式数据库的逻辑映射。在集成多个异构数据源时，早期一般采用集中控制的体系结构，但这种方式的维护代价极大，因此，后来逐渐采取松散耦合的策略，如采用联邦数据库系统或多数据库系统。

2. 空间数据集成方法

空间数据集成的方法主要有基于文件系统的集成、基于数据库系统的集成、基于中间件系统的数据集成和基于互操作的集成等 4 类。

1)基于文件系统的空间数据集成

这是一种简便易行、成熟可用的数据集成方法，与空间数据整合最为相似。由于不同 GIS 平台条件下空间数据存在数据格式、坐标系统、编码等的不一致性，需要预先进行各种转换才能进行数据的集成。但这类数据集成方法存在着明显的不足：数据转换效率低下且会造成数据损失、数据重复建库、数据更新不及时、来自不同平台数据间可能存在矛盾和冲突，以及数据的安全性难以得到保证。

2)基于数据库系统的空间数据集成

其基本思想是，在构建集成系统时将各数据源的数据视图集成为全局模式，使用户能够按照全局模式透明地访问各数据源的数据。全局模式描述了数据源共享数据的结构、语义及操作等。用户直接在全局模式的基础上提交请求，由数据集成系统处理这些请求，转换成各个数据源在本地数据视图基础上能够执行的请求。全局模式集成方法的特点是直接为用户提供透明的数据访问方法。因为用户使用的全局模式是虚拟的数据源视图，所以也将全局模式集成方法称为虚拟视图集成方法。

联邦空间数据库(federated spatial database，FSDB)是全局模式集成的有效实现途径，它由若干个自治的空间数据库互联构成，参与系统的各空间数据库之间实现一对一的连接(图 6.15)，在参与结点之间部署数据查询转换器来实现从系统中任一结点访问其他结点的空间数据。联邦空间数据库系统按集成度可分为两类：紧密耦合联邦数据库系统和松散耦合联邦数据库系统。紧密耦合联邦数据库系统使用统一的全局模式，将各数据源的数据模式映射到全局数据模式上，解决了数据源间的异构性。这种方法集成度较高，用户参与少；缺点是构建一个全局数据模式的算法复杂，扩展性差。松散耦合联邦数据库系统比较特殊，没有全局模式，采用联邦模式。该方法提供统一的查询语言，将很多异构性问题交给用户自己去解决。松散耦合方法对数据的集成度不高，但其数据源的自治性强、动态性能高，集成系统不需要维护一个全局模式。

3)基于中间件系统的空间数据集成

中间件集成方法是目前比较流行的数据集成方法，中间件模式通过统一的全局数据模型来访问异构的数据库、遗留系统、Web 资源等。中间件位于异构数据源系统(数据层)和应用软件(应用层)之间，向下协调各数据源系统，向上为访问集成数据的应用提供统一数据模式和数据访问的通用接口。各数据源仍能完成其自身的任务，中间件系统则主要集中为异构数据源提供一个高层次检索服务。它同样使用全局数据模式，通过在中间层提供一个统一的数据逻辑视图来隐藏底层的数据细节，使得用户可以把集成数据源看为一个统一的整体。

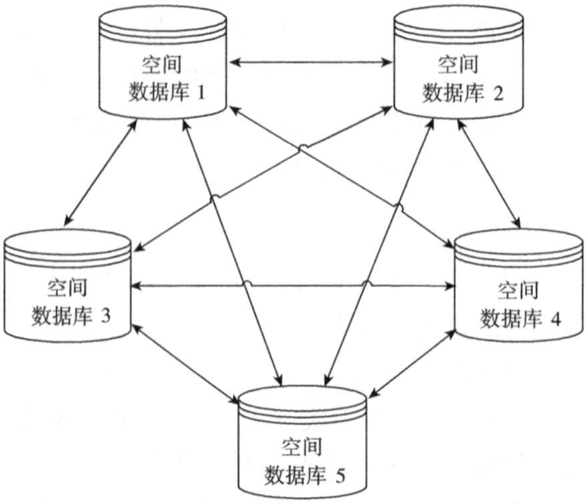

图6.15　基于联邦数据库的空间数据集成

典型的基于中间件的空间数据集成系统，如图 6.16 所示，主要包括中间件和封装器，其中，每个数据源对应一个封装器，中间件通过封装器和各个数据源交互。用户在全局数据模式的基础上向中间件发出查询请求；中间件处理用户请求，将其转换成各个数据源能够处理的子查询请求，并对此过程进行优化，以提高查询处理的并发性，减少响应时间；封装器对特定数据源进行了封装，将其数据模型转换为系统所采用的通用模型，并提供一致的访问机制。中间件将各个子查询请求发送给封装器，由封装器来和其封装的数据源交互，执行子查询请求，并将结果返回给中间件。

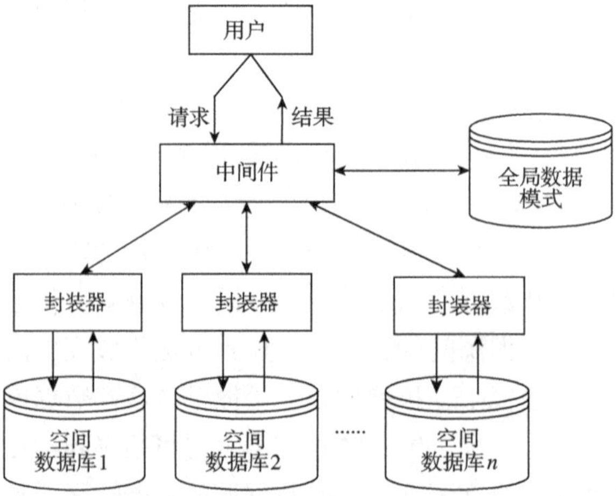

图6.16　基于中间件的空间数据集成

基于中间件的集成注重于数据的全局查询的处理和优化，相对于联邦数据库系统的优势在于它能够集成非数据库形式的数据源，有很好的查询性能，自治性强；中间件集成的缺点在于它通常是只读的，而联邦数据库对读写都支持。

4)基于互操作的空间数据集成

当前，WebService 技术正成为构建跨平台应用系统的主流技术。OGC 推出的 OWS(OGC websevice)框架是一个开放的互操作框架，可以基于 Web 发布、发现、存取、集成和利用空间数据。OGC 推出的 OWS 地理信息服务规范包括网络地图服务规范、网络要素服务规范等。OWS 服务通常表现为三层结构，如图 6.17 所示。

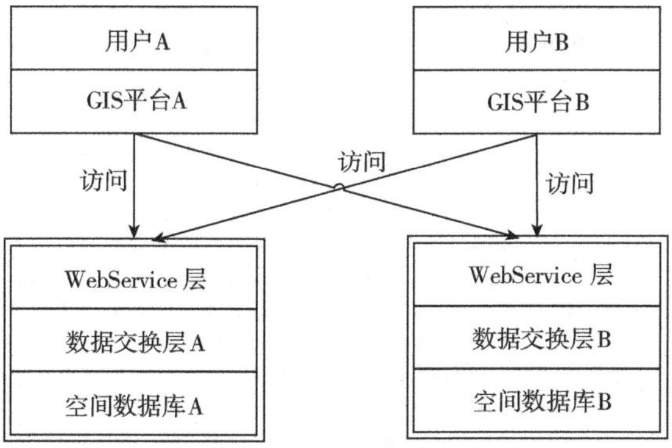

图6.17　基于互操作的空间数据集成

基于互操作的空间数据集成方式的最大优势在于其开放性，但也存在一些缺点：在深层次数据共享方面如处理和分析尚未得到有效解决；为了保证信息的共享而广泛采用 XML 或 GML 来表达空间数据，数据的编码、解码和传输的效率受很大影响。

空间数据存在不同层次上的异构性，如浅层次上的数据精度、量纲的异构，深层次上的数据模型、数据结构乃至语义上的冲突，使得基于数据库的集成或基于互操作的集成时，都将这些异构性问题交由应用层(或用户)处理，而用户不见得具备相应的知识和能力，会导致数据集成的失败。基于中间件的数据集成是目前最为可行的解决方案。

6.4.3　空间数据融合

不同组织和部门出于不同需要常常会反复采集覆盖相同地区的空间数据。从理论上来说，这些不同来源、不同尺度的空间数据在对同一个客观实体进行表达时应当完全相同，然而由于所使用仪器设备、观测尺度(比例尺)、测量手段的不同及采集过程中侧重点的差异，不同来源的空间数据在表达相同空间对象时总会存在不同程度的差别，如同一地区要素位置上的差异、属性信息的差异、由比例尺或分辨率造成的要素详细程度上的差异及数据获取时间不同带来的要素变化等。尽管存在着不少差异，但这些不同版本的空间数据又有着各自的优势与劣势，若能根据这些不同版本的空间数据，对其进行有效加工和处理，取各个版本空间数据之所长，获得一个集各种优势于一身的新的空间数据集，则不仅有利于多源空间数据的共享，也能达到空间数据更新、质量评估等目的。

空间数据融合正是这种依据多源空间数据，对其进行自动检测、互联、相关、估计和组合处理，形成新的、高质量数据集的数据加工过程。根据参与融合的空间数据类型，可将空间数据融合分为矢量空间数据融合、栅格空间数据融合及矢量栅格数据的融合。其中，针对栅格数据的融合可采取与遥感影像融合相同的策略和方法，而矢量与栅格数据的融合实际上是两者的精确叠加。因此，在此对这两类空间数据融合方法不予讨论，而重点关注矢量空间数据融合(也称作地图合并，map conflation)的基本原理和方法。

1. 矢量空间数据融合的过程

多源矢量空间数据融合是指按某种特定的应用目的，将同一地区不同来源的矢量空间数据，采用一定的方法进行同名或同一要素的匹配，再按一定的原则对数据进行融合，消除不同来源数据间的差异，重新组合专题属性、调整要素的空间位置并改善其几何精度。

多源矢量空间数据融合的一般过程如图 6.18 所示。主要有 3 个重要技术环节。

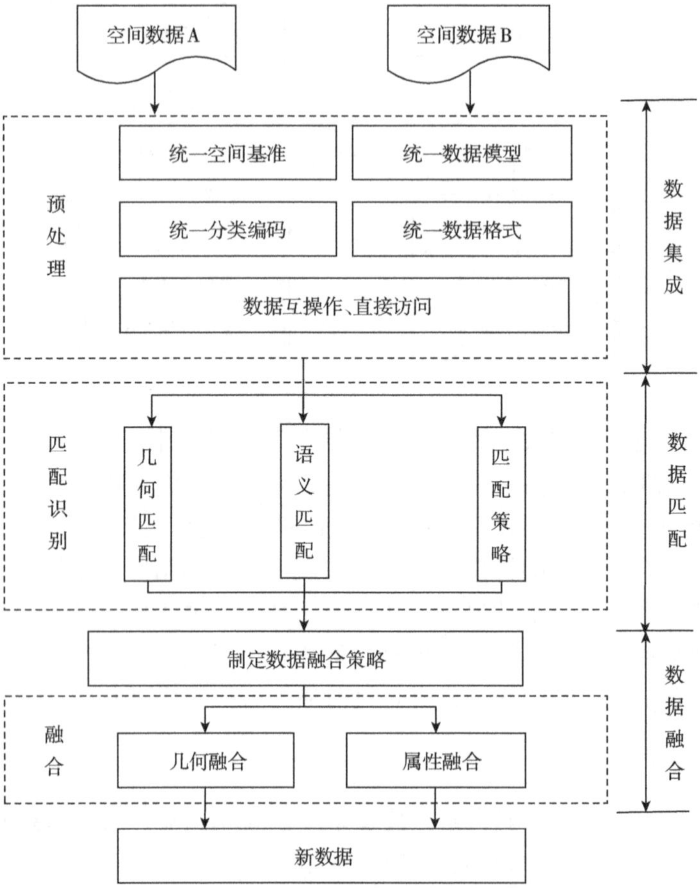

图6.18　多源矢量空间数据融合的一般过程

(1)数据集成：按照统一的标准将各版本矢量数据集成到一个平台中，消除数据间的多种差异，实现多源数据的统一组织和透明管理，这是数据融合的预处理环节，使得待融合数据在空间位置上能基本对应,数据模型和数据格式一致并能相互访问或互操作其中的任一要素。

(2)数据匹配：在两个以上数据集中识别出同一或同名地理要素，建立该同名要素在各版本数据间的联系。这是数据融合的关键环节，需要建立要素匹配策略和准则。

(3)数据融合：对多个版本数据描述的同名地理要素进行分析评估，选择多源数据中现势性好、精度高、逻辑一致性好、语义完备的数据，按照数据融合策略进行图形或属性的融合，派生得到新的数据。

显然，矢量空间数据融合以空间数据集成为基础，在要素匹配后进行图形或属性的调整，才能得到融合后的数据。

2. 矢量空间数据融合的预处理

对矢量空间数据融合而言，并非任意两个数据源都能进行融合处理，参与融合的数据集应当满足一定的前提条件并进行一些数据预处理，具体内容如下。

(1)参与融合的数据集应当是同一地区的，或者至少是有部分是同一地区的(此时的数据融合等同于数据拼接)。

(2)参与融合的数据集是矢量类型的，而且已转换为一致的数据模型和数据格式。

(3)参与融合的多个数据集的比例尺是相同的或相近的，相近的比例尺是指国家和地方基本比例尺地形图序列中相邻的比例尺，如1∶10万与1∶5万、1∶5000与1∶2000、1∶2000

与1∶1000等，从而保证同一地理要素使用相同几何类型(点、线或面)表示。

(4)参与融合的各数据集具有相同或相近的时相，即不同数据源在时间上的跨度相差不大，地理要素随时间变化的程度较低，以利于要素匹配。

(5)参与融合的两个以上数据集各自都有其自身的优势，或者要素的点位精度较高，或者属性内容丰富，或者现势性较好，或者要素详细程度、完整性较好，否则就没有进行数据融合的必要。

(6)参与融合的各数据集已经消除了相互之间整体上的系统偏差，主要是指消除了投影系统、坐标系统之间的差异，这既可通过投影和坐标变换方法进行坐标变换，也可利用基于特征的矢量要素配准来实现待融合数据坐标系统的一致性，以保证不同数据源中同一地理要素在空间位置上的大致吻合。

(7)参与融合的各数据集应具有语义一致性。只有两个数据集中那些具有相同几何类型和语义解释的要素才有必要进行融合。例如，不能将道路与河流进行融合。

(8)必要时，参与融合的各数据集中的要素建立拓扑关系。结点-弧段-面拓扑关系有助于要素的匹配，此时需要建立矢量要素之间的拓扑关系，并消除拓扑关系中的不规范性，如“伪结点”和“悬挂线”等。

(9)必要时，对参与融合的数据集建立空间索引。空间索引可大幅提高要素匹配的效率，因此可对参与融合的数据集预先构建相同的空间索引，如格网索引、四叉树或R+树索引等。

3. 矢量地理要素的匹配

地理要素的匹配实际上是在不同数据集中搜索并识别出相同的地理要素，根据待匹配要素几何类型的不同，可将矢量要素匹配分为点要素匹配、线要素匹配和面要素匹配3种类型。无论哪种要素匹配，无非是利用要素的位置邻近度、拓扑结构相似度、方位关系相似度、形状相似度、语义相似度、面积重叠度等指标及其组合形式为依据来判别两个来自不同数据集中的要素是否为同名要素。在此，仅以线要素(如道路网络)为例，讨论地理要素的匹配策略和匹配方法。

1)匹配策略

对矢量要素的匹配可采用两种策略：局部寻优的自下而上匹配策略与整体寻优的自上而下匹配策略，针对两个待匹配矢量数据集(以其中一个为参考集，另一个为匹配集)，前者以匹配集中的每一要素为匹配单元，在参考集一定范围内搜索可能匹配的若干要素作为候选，按匹配指标计算各候选要素的匹配测度，以其中匹配测度最优的要素作为该匹配单元的同名要素；后者则遵从人类认知从整体到局部的思维特性，首先建立要素集的整体大致匹配关系，再进行单一要素的精细匹配。因为自上而下的整体匹配存在匹配特征和指标难以建立且匹配运算量极大的问题，所以，目前主要采取自下而上的匹配策略。

2)匹配方法

对线要素的匹配，可以充分利用线要素的空间位置、结点-弧段拓扑、语义等方面的特征，建立要素距离、结构、形状、长度等相似度度量因子及其综合指标，来计算待匹配要素与参考数据集中候选要素的相似性，并选取其中相似度最大的要素作为匹配结果。

(1)距离相似度。线要素的距离反映了同名线要素之间相对位置的差异。在候选线要素中，与待匹配线要素距离越近，则越相似。可以采用Hausdorff距离来计算线要素间的距离。距离相似度定义为

$$S_d=1-\frac{d_H}{d_P} \tag{6.7}$$

其中，

$$d_H(A,B)=\max(d_h(A,B),d_h(B,A)) \tag{6.8}$$

$$d_h(A,B)=\max_{a\in A}\min_{b\in B}\|a-b\| \tag{6.9}$$

式中，d_P 为设置的阈值；A、B 分别为待匹配线要素、候选线要素，且 $A=\{a_1,a_2,\cdots,a_m\}$、$B=\{b_1,b_2,\cdots,b_n\}$；$d_h(A，B)$为取线要素 A 中所有点到线要素 B 的最小距离的最大值。

(2)长度相似度。理论上同名线要素(弧段)的长度应相等。因此，可将待匹配线要素与参考线要素的长度相似度定义为

$$S_L=\frac{\min(L_A,L_B)}{\max(L_A,L_B)} \tag{6.10}$$

式中，L_A、L_B 分别为待匹配线要素、参考线要素的累积长度。

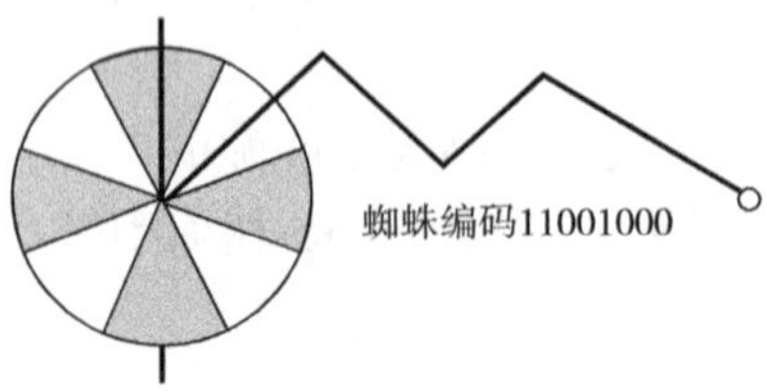

图 6.19　结点的蜘蛛编码

(3)结构相似度。线要素的结构由结点及结点关联的弧段来表示，包括结点的度(即结点关联的弧段数量)及连接到该结点弧段的方向。在此，可将一个结点可能的关联边方向角分为8个连续不相交的角度区域，并用一个8位长的编码(蜘蛛编码，见图6.19)来表示某结点的结构，每位对应于8个角度区域，若该点某个关联边方向角落入第i个角度区域，则相应位置置1，否则置0。

比较两个点的结构相似度只需要对相应的编码进行按位“与”操作，然后统计值为1的位数N。显然，N的最大可能值为两个结点的度的最小值，即$0\leqslant N\leqslant\min(d_1，d_2)$。于是，就有拓扑结构相似度：

$$S_t=\frac{N}{\min(d_1,d_2)} \tag{6.11}$$

(4)形状相似度。复杂线要素的形状可采用一种称作累积角度函数来表示，其基本思想见图6.20。

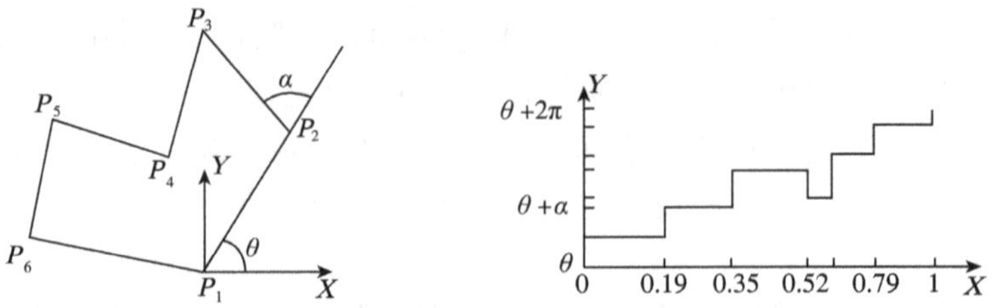

图6.20　线要素的累积角度函数示意图

对某线要素A，以x轴与首个线段逆时针的夹角θ为初值，逐线段累积各顶点处转角α_i(前一线段延长线与下一线段逆时针方向夹角)，得到线要素(或面要素的边界)的累积角度函数曲线$\theta(S)$。不失一般性，对任一具有任意顶点数和长度的线要素，都将其累积长度归一化为1，则$\theta(S)$是自变量为[0,1]的函数。对于两个线要素A和B，分别表示其各自的累积角度函数$\theta_A(S)$和$\theta_B(S)$，则A和B的形状相似性可由$\theta_A(S)$和$\theta_B(S)$的形状距离来度量：

$$d_\theta(A,B)=\int_0^1 \sqrt[p]{[\theta_A(S)-\theta_B(S)]^p\, dS} \tag{6.12}$$

式中，p 可为任意数值，但一般取 2。

$\theta_A(S)$ 和 $\theta_B(S)$ 的距离越大，则A和B的形状相差越大。其几何含义为$\theta_A(S)$和$\theta_B(S)$所围成部分的面积(阴影部分)，如图6.21所示。

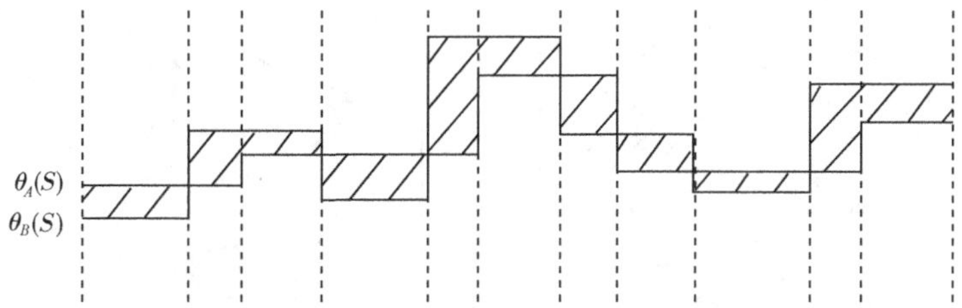

图6.21　两线要素累积角度函数距离示意图

由此可进一步定义两个线要素的形状相似度：

$$S_S=1-\frac{d_\theta(A,B)}{d_{\max}} \tag{6.13}$$

式中，$d_{\max}$ 为待匹配线要素与若干候选要素之间形状距离的最大值。

(5)综合相似度。仅依据单项指标进行线要素匹配时，可能会产生错误匹配。为了提高匹配的准确率，可以综合利用距离、长度、结构、形状等指标，建立总体相似度评价模型。设待匹配和候选要素A、B共有k个相似度指标，第i个特征的相似度为S_i，其重要性权重为w_i，则A、B两个要素的综合相似度为

$$S=\frac{\sum_{i=1}^{k} w_i S_i(A,B)}{\sum_{i=1}^{k} w_i} \tag{6.14}$$

按待匹配要素与各候选要素的综合相似度从大到小排序，选择其中综合相似度最大的候选要素作为最终匹配结果(即匹配对)，并进行记录。由于数据比例尺、时间等差异，必然存在一些失匹配或误匹配的情况，对其中的失匹配要素予以标记，错误匹配则予以干预处理。

4. 矢量要素的融合

当完成待匹配要素集与参考数据集的匹配后，依据各匹配要素对的关系，可进一步进行要素的几何融合和属性融合。

1) 几何融合

在几何融合过程中，利用所记录的要素匹配对，以几何精度高的要素集为参考，调整几何精度低的要素集中要素的位置。通过匹配要素对各特征点之间的对应关系确定局部区域的坐标变换关系，使目标要素尽量向参考要素靠近，同时又尽可能地不破坏原有的拓扑关系，以实现二者在几何位置上的融合。具体实现方法有橡皮筋变换(rubber sheeting)法、三角剖分变换法、link-based conflation 法、ICP(iterative closest points)法等。其中，三角剖分变换法将整个区域划分为若干个三角形子区域，在各三角形子区域内由 3 个顶点(在匹配集和参考集中都有对应的点)建立坐标仿射变换模型，将落入某一三角形区域内的其他点均按相同的坐标转换模型进行转换，从而实现调整改变匹配集中要素的顶点位置的目的(图 6.22)。

2）属性融合

依据要素的匹配关系，可将属性信息丰富的参考数据集中要素的属性（包括定性的和定量的属性）传递并赋予匹配集中的对应要素，从而达到属性融合的目的。

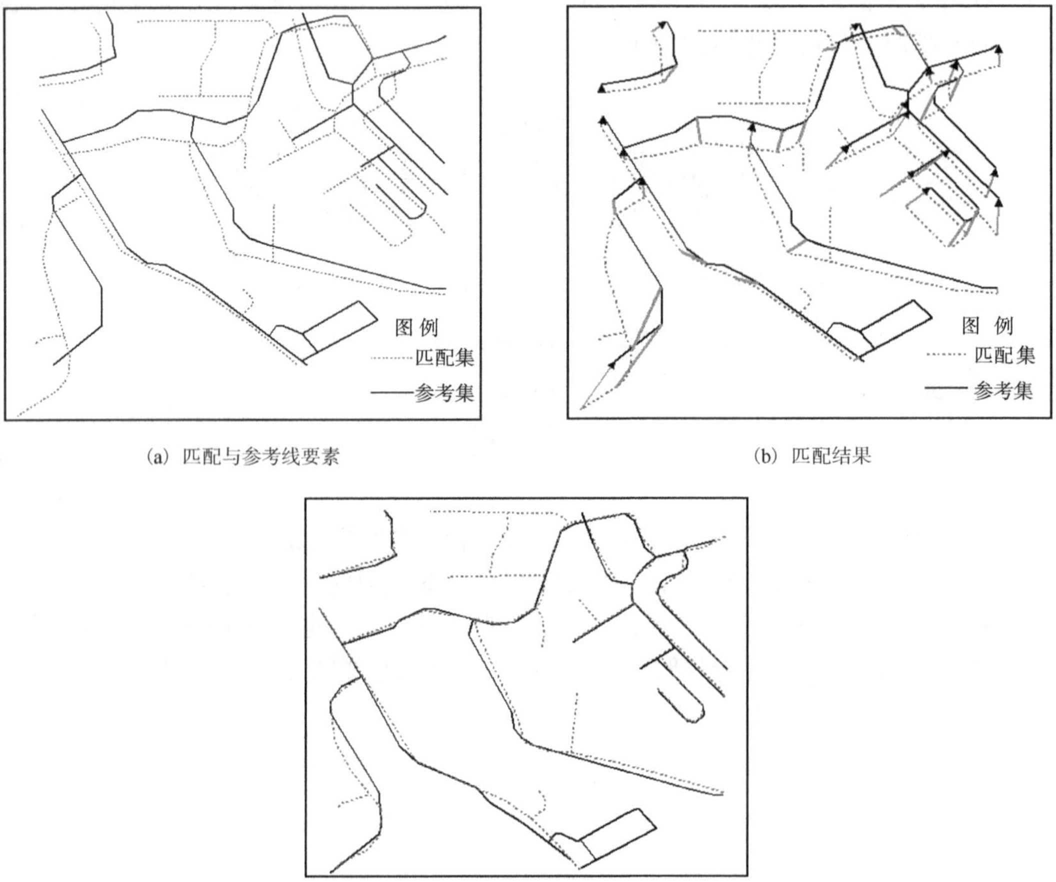

(a) 匹配与参考线要素　(b) 匹配结果

(c) 几何位置调整

图6.22　矢量地理要素的几何融合

思考题

1. 简述如何保证空间数据的质量。
2. 在评价空间数据集质量时，为何要使用空间数据质量元素？
3. 试用自然语言表述图6.4中的XML文档。
4. 试用伪代码实现如下功能：

   输入：由若干矢量点数据组成的矢量数据集，采样步长。

   输出：该矢量数据集的栅格形式。
5. 简述为何要进行空间数据的语义转换，以及其中的难点。
6. 空间数据互操作与空间数据转换作为共享空间数据的两种主要手段，试简述它们各自的优缺点。
7. 试计算折线A[(1, 2), (5, 3), (10, 11)]与B[(4, 1), (8, 1), (1, 3)]的形状相似度。
8. 空间数据集成有哪四种方法？并分析这四种空间数据集成方法各自的优缺点。

第 7 章　地理空间数据的组织

在面向“数字城市”“数字长江”“数字省区”“数字中国”乃至“数字地球”等 GIS 综合或领域应用中，往往需要收集大量的包括矢量、栅格、影像、关系表等在内的、多比例尺的基础地理数据和专题地理数据，建立空间数据库，以满足地理空间分析、模拟和决策的需求。必须对这些类型众多、数据量庞大、来源多样的地理空间数据进行科学合理的编排和组织，才能在空间数据库中对其进行有效的存储和管理。空间数据组织不仅是利用空间数据库进行地理空间数据存储、管理、检索的基础，也始终贯穿于空间数据采集、编目、处理、存储、索引、检索、分析及应用的各个环节。本章结合 ArcGIS 的 Geodatabase 数据组织与存储模型，阐述对不同类型空间数据的组织方案。

7.1　空间数据组织概述

7.1.1　空间数据组织

1. 空间数据组织的概念

空间数据组织是指针对具体的应用需求，以矢量、栅格、影像、数据表等各类空间信息资源为对象，根据其空间、时间和属性等方面的特征，将杂乱无序的地理空间数据通过物理上或逻辑上的编排和组织，使其成为有序的数据集合，并进行高效存储和快速检索的技术体系。空间数据组织是对地理空间数据采用特定空间数据模型和数据结构描述及表达后，在空间数据库中进行高效存储、管理的中介或桥梁。因此，空间数据组织的实质就是对一定地理区域或空间范围内的多种比例尺、多种类型的基础和专题地理数据进行有序化安排的策略和方法。

空间数据组织的目的在于满足对地理空间数据的高效存储、统一索引、集成管理、无缝分析与显示、安全访问及按需服务等的应用需求，以宏观、中观及微观尺度提供空间数据的查询、分析、可视化及分发服务。若将比例尺视作纵轴、空间范围视作横轴、时间作为第三维的另一轴，那么，空间数据组织的框架可概括为(图 7.1)：纵向上，实现空间数据的多尺度有序组织及尺度变换；横向上，打破空间数据分幅、分块的界限，形成数据的无缝拼接；时间上，实现空间数据的时空关联与顺序化组织。

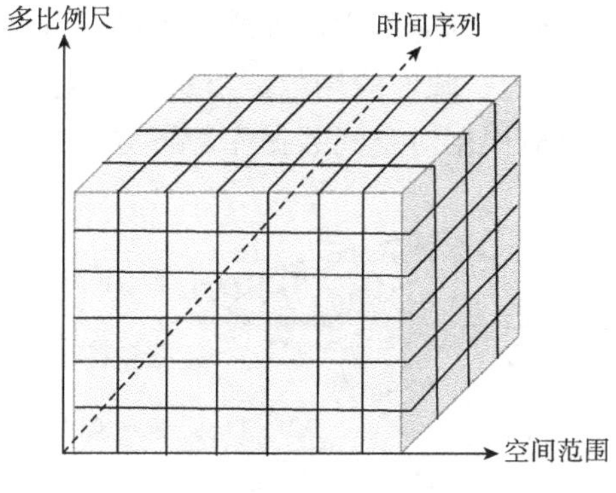

图 7.1　空间数据组织的框架

2. 空间数据组织的任务

空间数据组织贯穿于空间数据的获取、处理、存储、分析、制图和分发的整个数据流，其主要任务包括空间数据分类、编码、存储、索引等。为了进行数据展示和应用服务，空间数据组织的任务还包括空间数据库结构设计和运用体系创建等。

(1) 对各种不同类型、来源、精度、尺度的空间数据资源，进行分类、编目。为了规范空间数据的采集与生产，通常还需要确定不同类型空间数据的产品规格、质量标准及产品样式等，如各种比例尺地形图图示标准、正射影像制作规范等。

(2) 对于某个 GIS 应用而言，对收集到的各类相关地理空间数据，都统一进行数据的组织，需要进行数据的规范化建模和标准化编目，还可能涉及数据模型、坐标系统、数据范围、存储格式等的转换及数据集成等规范化处理工作。

(3) 在当今空间数据集群存储、分布式存储、云存储等多种存储模式并存的环境下，选择空间数据存储模式与存储位置也应是空间数据组织的任务之一。合理的数据存储资源组织体系、高效的数据存储与调度方案是空间数据组织的重要任务。

(4) 在市级、省级、全国乃至全球的 GIS 综合应用中，不仅要求空间数据库能有效存储和管理各种类型的空间数据，还要求这些当地或远程部署的空间数据库能快速响应不同用户对数据的检索、分析、分发和制图等需求，这就需要建立各类空间数据的索引机制、检索方法、显示样式、分发模型和应用机制等，这些也是空间数据组织中的重要任务。

3. 空间数据组织的分类

可从不同的视角对空间数据组织进行分类：

(1) 根据数据组织依据的基准不同，可将空间数据组织分为空间基准组织、时间基准组织、时空混合基准组织等类型。

(2) 根据空间数据采用的数据模型的不同，可将空间数据组织分为矢量数据组织、栅格数据组织和遥感影像数据组织等类型。

(3) 按照空间数据所表达的专题或内容的不同，可将空间数据组织分为国土数据组织、规划数据组织、环境数据组织、综合信息数据组织等类型。

(4) 按照空间数据所覆盖的区域范围的不同，可将空间数据组织分为县市级数据组织、省级数据组织、国家级数据组织、全球性数据组织等类型。

(5) 根据应用主体性质的不同，可将空间数据组织分为个人应用数据组织、企业(或部门)数据组织、政府应用数据组织等类型。

(6) 根据对空间数据库部署方式的不同，可将空间数据组织分为集中式数据组织、分布式数据组织等类型。

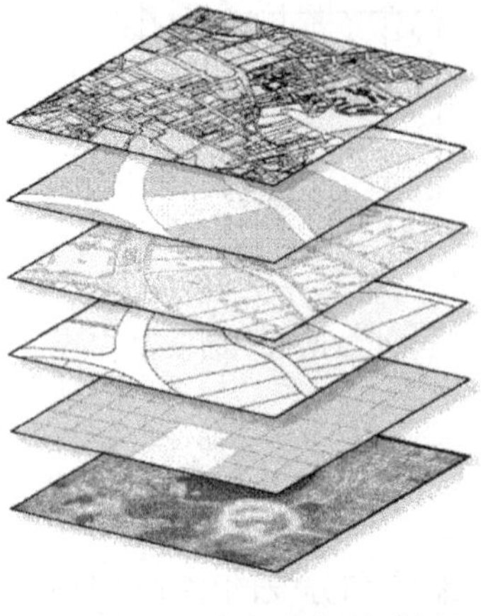

图 7.2 空间数据的分层组织

7.1.2 空间数据组织的基本策略

1. 空间数据的分层组织

将表示同一地理范围内众多地理要素和地理现象的空间数据采用“分层”方式进行数据组织(图 7.2)，这是一种起源于地图制图的空间数据组织方式。在分层数据组织中，图层(layer)可根据地理事物或地理现象的分类，按数据类型(矢量、栅格、影像等)、专题内容(theme)、要素几何类别(点、线和面)、时间次序等设定。

分层数据组织方式的优点是有利于用户根据实际需要，灵活地选择若干图层将其叠加组合在一起，构成数据层组(group)或子集(subset)，进行分析和制图表达；分层数据组织既适合于矢量数据也适合于栅格数据，是当今大多数 GIS 空间数据库所采用的主要数据组织形式。其缺点是层与层之间的数据必须经过层叠置(overlay)处理才能关联在一起，在叠置处理中，对于栅格数据常需要大量存储空间来完成操作，而矢量数据则需要大量的计算处理；同一图层内各要素的空间关系较为简单并易于处理，而不同图层上地理要素之间的空间关系则较难处理。

2. 空间数据的分块组织

当对大范围区域内众多类型空间数据进行存储和管理时，为了提高数据存储与管理的效率，可将空间数据所覆盖的区域范围分割为若干个块或分区，按块分别进行空间数据的组织。块可以是规则的，如遵照国家标准《国家基本比例尺地形图分幅和编号》(GB/T 13989—2012)的各级比例尺地形图图幅范围所划分的规则块，也可以是不规则的，如按照行政区边界范围进行不规则分块(图 7.3)。

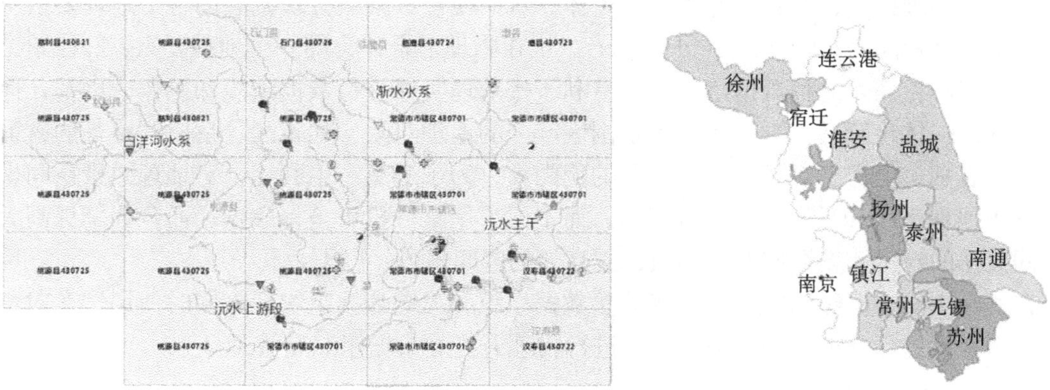

(a) 规则分块　　(b) 不规则分块

图7.3　空间数据的分块组织

在实际进行空间数据组织时，分块与分层可同时采用，并不冲突，即在每一分块范围内，空间数据仍可分层组织。分块式数据组织的优点是可提高数据存取的效率，是各级基础地理数据组织的主要方式，缺点是割裂了跨多个分块的地理要素，如水系、铁路等，给空间数据查询、分析操作造成障碍。

3. 空间数据的无缝组织

为了克服空间数据分幅或分块组织时，导致对跨越多个图幅或分块地理要素的割裂或不一致，从而难以查询和分析等问题，在涉及大范围、海量空间数据的数据组织时，通常采用连续、无缝的数据组织形式，以满足用户任意和透明地访问及操作数据的要求。无缝空间数据组织有 3 种实现途径：几何无缝、逻辑无缝和物理无缝(图 7.4)。

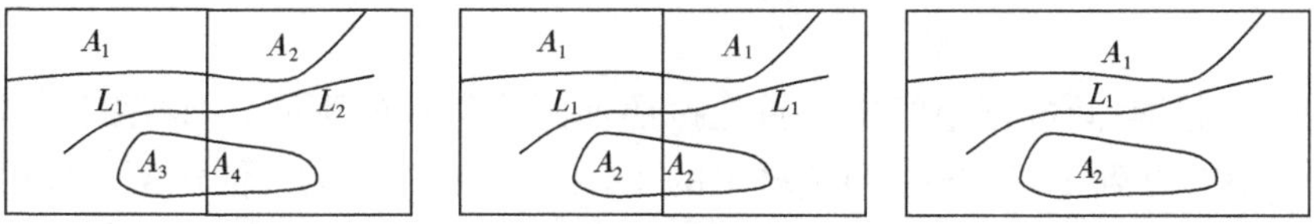

(a) 几何无缝　　(b) 逻辑无缝　　(c) 物理无缝

图7.4　空间数据的无缝组织形式

在几何无缝数据组织方式中，对全国乃至全球都建立统一的坐标框架，将全国甚至全球的各分幅或分块表示的地理要素都转换到该坐标框架下并进行几何接边处理，在进行数据查询和图形显示时，相邻若干图幅或分块的内容在视觉上不存在缝隙，得到的是连续一致的图形。但这种无缝仅是形式上的无缝，其实际的数据组织和存储仍然采用图幅或分块方式，要素间在图幅或分块接边处还是断续的，即有缝隙，使用时不能基于完整的要素进行查询和分析应用，如对跨越四个图幅的面状水域进行淹没缓冲区分析。

空间数据逻辑无缝组织是在几何无缝数据组织的基础上，对在分幅或分块边界处断裂的要素进行逻辑接边，并在逻辑上建立跨越多个图幅或分块的各个地理要素的唯一标识、链接关系或索引结构，甚至可使其共享相同属性，而要素本身在物理上仍然保持分幅或分块存储的一种空间数据组织方式。显然，逻辑无缝数据组织有利于保证地理要素表达和分析的完整性，但这种方式的数据组织和存储方案技术复杂，而且由于在物理存储上仍然分离，是物理有缝的，导致查询和分析的速度受到极大影响。

物理无缝数据组织则是在逻辑无缝数据组织的基础上，将若干个或全部图幅或分块的空间数据通过物理接边，使其合并为一个整体，从而使被分幅或分块割裂的各个地理要素不仅在逻辑上共享相同的 OID（object identifier），也在物理上合并为同一个地理要素，并按单个要素进行组织和存储。这种数据组织方案有利于按地理实体进行数据组织和操作，以及几何与属性数据的一体化管理，对分布在大范围区域中的地理对象，如长江、京广铁路等的查询和分析十分有利。但由于空间数据所覆盖的范围大，为了避免产生裂缝，对地理要素空间坐标只能采用地理坐标（即经度和纬度）表示，而不能采用某种投影坐标表示；而且为了提高大范围空间数据的检索和查询速度，必须建立高效的空间索引。

在实际空间数据组织中，通常将分层数据组织和无缝数据组织形式同时使用，在对不同类型地理要素进行分类分层的基础上，进行物理无缝的数据组织和管理。

4. 多尺度数据的组织

从理论上来说，在对现实世界的数字化表达中，不存在比例尺的概念，但从观察、理解及制图的角度来看，当涉及大范围区域时，往往需要从宏观到微观，以不同的细节层次来刻画地理要素，这就要求必须建立多尺度或多比例尺空间数据库，其目的主要有：①从空间数据可视化的角度考虑，提供变焦数据处理能力，即随着观察范围的缩小，GIS 应能提供类别更多、数量更大和细节更详细的信息；②可根据不同的应用和专业分析的需要，提高满足不同精度要求的空间量算和空间分析能力。

多尺度空间数据库的构建途径主要有 3 种：①按比例尺的各个层级，事先分别构建多个比例尺的空间数据库，此为静态方式；②建立一个较大比例尺的空间数据库，而其他层次比例尺的空间数据则采用自动综合算法由该库动态地派生，这一方式也称为动态方式；③事先建立少量等级且比例尺跨度较大的空间数据库作为基本骨架，对相邻比例尺的数据则采用自动综合方法予以生成，此为混合方式。后两种方式要求 GIS 应具有较高的自动综合能力，而自动综合至今仍是一个难题，所以第一种方式是当前主要的多尺度空间数据库构建方式。

在静态多比例尺空间数据组织中，首先按照地图比例尺的不同，如国家基本比例尺地图的比例，从 1∶100 万到 1∶5000，乃至城市的 1∶1000 和 1∶500，依比例尺序列组织具有不同细节层次的空间数据，每种比例尺的空间数据单独建库或构成子库（图 7.5）。这种多比例尺数据组织方式的优点是在应用中可根据用户的数据请求，由系统自动地调度相应比例尺的数据，实现从粗略到精细的数据查询和分析；其缺点是相同地理要素在不同比例尺数据库或子库中重复存储，存在很大的数据冗余，而且同一地理要素在各比例尺数据库中的表达存在不一致性且缺乏联系。

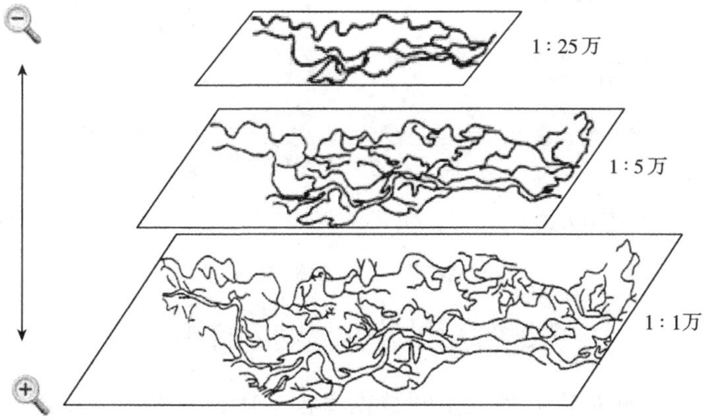

图7.5　多比例尺空间数据

5. 属性数据的组织

每一地理要素都有若干个与要素相关联的，表达要素语义、性质、等级、量度、时间等特征的属性数据。为了便于利用数据库对这些属性数据进行组织和管理，一般根据要素的不同，将各类属性按二维表进行数据组织(图 7.6)。

Shape	ID	PIN	Area	Addr	Code
	1	334-1626-001	7,342	341 Cherry Ct.	SFR
	2	334-1626-002	8,020	343 Cherry Ct.	UND
	3	334-1626-003	10,031	345 Cherry Ct.	SFR
	4	334-1626-004	9,254	347 Cherry Ct.	SFR
	5	334-1626-005	8,856	348 Cherry Ct.	UND
	6	334-1626-006	9,975	346 Cherry Ct.	SFR
	7	334-1626-007	8,230	344 Cherry Ct.	SFR
	8	334-1626-008	8,645	342 Cherry Ct.	SFR

图7.6　地块对象的二维表数据组织

在二维表中，每一行代表一个要素，具有唯一的 ID，每一行具有相同的属性项，各属性项的内容可以是整数、浮点数、字符、日期和 BLOB(binary large object，可以是图像、坐标序列、视频或声音等)等类型。可通过二维表中的 ID 属性项与几何图形数据中的 OID 建立两者间的映射关系，将两者紧密地联系起来，形成对地理要素的完整描述。

利用二维表及关系机制，可以实现对地理要素多方面特征的扩充表达。可在要素二维表和其他二维表中，依据某一属性项建立关联关系，如在图 7.7 中，依据地块的 PIN 码项和权利人的 PIN 码项建立两个表的关联关系，从而使每一地块都具有使用人相关信息。需要说明的是这种关联关系并不一定是一一对应的，也可以是一对多、多对一或多对多的关系。

对属性数据的二维表数据组织形式有利于采用商业化 DBMS(database management system)存储和管理属性数据，并采用结构化查询语言(structured query language，SQL)进行数据的查询、统计和分析。

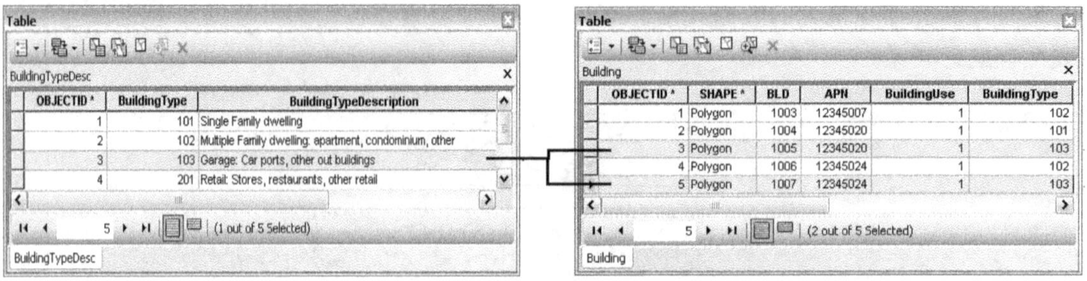

OBJECTID *	BuildingType	BuildingTypeDescription
1	101	Single Family dwelling
2	102	Multiple Family dwelling: apartment, condominium, other
3	103	Garage: Car ports, other out buildings
4	201	Retail: Stores, restaurants, other retail

OBJECTID *	SHAPE *	BLD	APN	BuildingUse	BuildingType
1	Polygon	1003	12345007	1	102
2	Polygon	1004	12345020	1	101
3	Polygon	1005	12345020	1	103
4	Polygon	1006	12345024	1	102
5	Polygon	1007	12345024	1	103

房屋所有人表　　　　房屋属性表

图7.7　二维表的关联

7.2　矢量空间数据的组织

在 Geodatabase 这种对象关系型空间数据库模型中，可对矢量空间数据进行分类分层组织，且可在不同层上建立要素的空间约束；空间数据的存储不受图幅或空间区域的限制，复杂的地理要素可作为一条记录完整地存储，实现了空间数据的物理无缝组织；属性表间可建立复杂的关联和约束。

7.2.1　要素类与要素数据集

1. 要素类

在 Geodatabase 中，矢量地理要素被组织为要素类(feature class)。要素类是一些具有同一空间参考、共性特征的同类地理要素的集合(在 GIS 中，也称为图层)。同一要素类内的每一要素都具有相同的几何类型(点、线或面多边形)和相同的系列属性字段，如街道、景点、宗地、土壤类型和人口普查区域都是要素类。Geodatabase 中最常用的四个要素类分别是点、线、多边形和用于地图文本标注的注记要素类。在图 7.8 中，可将同一个区域城市供水系统分为 4 个要素类：以点要素类表示的检修孔盖、以线要素类表示的供水管线、以面要素类表示的地块多边形和以注记要素表示的街道名称。其中，注记要素类用于表示与具体要素没有联系的制图标注对象，如街区名称、山脉名称等。

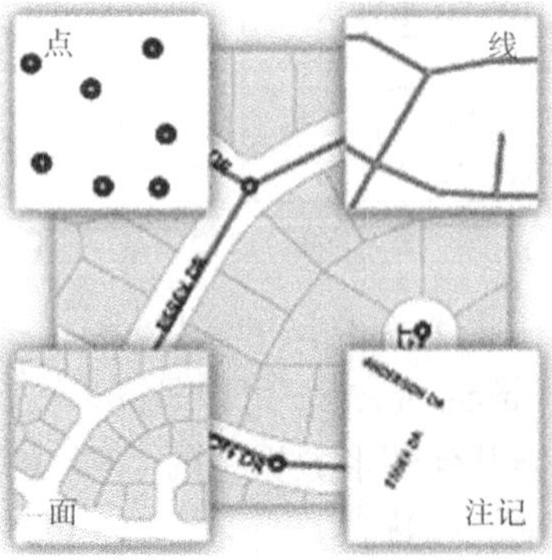

图7.8　Geodatabase的要素类

将各要素类上的所有要素都组织在一个单独的对象关系表中(图 7.9)。在对象关系表中，每个要素占有一行，其属性以列的形式进行记录；各要素的几何(点、线和多边形等)坐标数据在“Shape”列中予以记录，并在 ObjectID 列中保存各要素的唯一标识符。

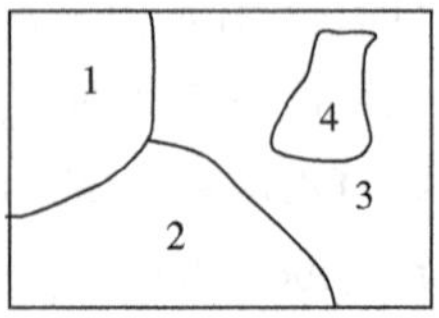

地理视图

ObjectID	Shape	类别	单元编码	管理机构
1		阔叶成林地	1820	县林业局
2		落叶成林地	1830	县林业局
3		苗圃	5178	苗木公司
4		花卉园	5299	花卉市场

对象关系表视图

图7.9　要素类的对象关系表数据组织

2. 要素数据集

要素数据集(featured dataset)是具有相同空间范围和坐标系统，且具有相关性的多个要素类在逻辑上的集合。数据集的主要用途是将相关要素类组织成为一个具有一定内涵或功能的数据集，如在数据集内的各要素类间构建空间拓扑约束、地形数据集、网络结构、几何网络或宗地结构(图 7.10)。

图7.10　要素数据集组织的目的

另外，还有一些出于应用目的将要素类组织为数据集，举例如下。

(1)将与研究专题相关的要素类组织为数据集。用户根据研究任务的实际需求，将具有共同主题的要素类在逻辑上组织为一个独立的要素数据集，如在研究区域水文特征中，将点状的水井和涌泉、线状的河流和水渠、面状的湖泊和池塘等点、线和面要素类组织为水文要素数据集。

(2)为了便于定义数据访问权限将若干要素类组织为数据集。有时，数据的管理者会根据不同用户角色对数据访问权限的不同，组织面向不同用户角色的多个要素数据集，并为各用户设置要素数据集的访问权限，以便在各用户之间实现访问权限的差异化。一个要素数据集中包含的所有要素类都具有相同的访问权限。每个用户角色对其中一个要素数据集及其要素类具有编辑访问权限，但对其他要素数据集不具有编辑访问权限。

(3)为了实现数据共享将多个要素类组织为要素数据集。在某些数据共享情况下，协作型企业可能会商定一个数据共享模式，以便与其他用户共享数据集。在这种情况下，相关人员可以使用文件夹形式的要素数据集来组织简单要素类的集合，以实现该数据集与其他用户的共享。

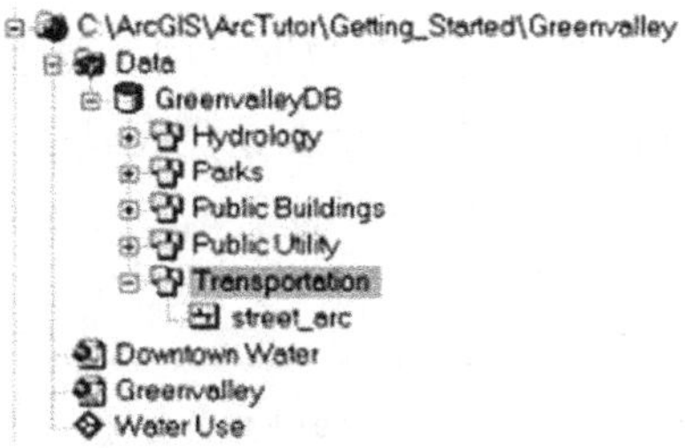

图7.11　要素数据集与数据库

因为同一要素数据集各要素类必须采用相同坐标系统进行要素空间坐标的表达，所以在将要素类组织为要素数据集之前，必须事先确定一个统一的坐标参照系统(地理坐标或投影坐标)，并将各要素类的坐标转换到该参照系统中来。

根据实际需要，还可将若干要素数据集组织为空间数据库或子库，例如在图 7.11 中，将城市水文、公园、公共建筑、公共设施、交通等要素数据集组织起来构成城市空间数据库。

7.2.2　空间约束与空间关系构建

1. 空间约束

在现实地理世界，地理要素间通常存在着直接或间接的彼此依存或相互制约的复杂联系，如河流总是位于局部地形最低处、次等级道路只有通过匝道才能接入高速公路、铁路和公路需要通过桥梁才能穿越河流，又如在城市运行和管理中，法律禁止在学校附近开设酒吧、红绿灯只能位于街道的交叉口、规划中的工业用地与原有居民区不能相邻、重点文物保护区周边 400m 以内不允许有高度超过 50m 的建筑物等。这些关于要素自身和要素与要素之间的各种约束条件就是空间约束。

空间约束可分为空间语义约束、几何约束、属性约束和空间关系约束等类型。其中：①空间语义约束是在对地理要素分类、分级的基础上，任意两个子类或级别的要素能否建立联系的一类约束。例如，在城市供水系统中，不允许进户管道直接连接到主管道上。②几何约束是指地理要素的几何特征描述应是单纯的，如线要素不能出现自身交叉、面可包含岛但其边界不得缠绕。③属性约束是指地理要素在命名、顺序、量度等方面的属性值的取值有明确的范围，如某一城市的建筑物高度不超过 300m。④空间关系约束是指任意两要素在拓扑、距离和方位上的关系约束，包括：拓扑约束，即要素之间所必须满足的或者不得满足的拓扑关系，如高速公路与高速公路及其他公路不得出现平交、县的边界必须位于省界内部或与省界重叠等；距离关系约束，即要素之间必须满足的距离要求，如加油站一般位于距离道路小于 200m 的范围内、城市垃圾填埋场与居民区的距离不得小于 500m 等；方位关系约束，即要素间需要满足排列方位的要求，如城市垃圾填埋场应位于居民区的下风向。

2. 空间规则

空间数据作为地理现实世界的抽象和数字化描述，在对这些地理要素进行建模时，也要求能对这些要素间的复杂空间约束关系进行合理的表达，空间规则正是这种对各种空间约束进行形式化和规范化表达的方式。利用空间规则可保证空间数据的完整性和逻辑一致性。

在 Geodatabase 中，对不同类型空间约束的空间规则在实现策略上有较大差异。其中，对要素的语义约束通过对地理要素的分类、分层构成要素类，再对要素类中的各要素定义逻辑上的“子类”(subtype)，对子类中的要素按拓扑规则建立要素间的约束关系；对要素的几何约束，则在数据采集或生成阶段就加以限定，使点、线、面要素类上的各要素必须是单纯的；对要素的属性约束，则通过定义和关联属性域(domain)规则表，来限定各属性项的取值范围；而对于空间关系约束确定空间规则却复杂得多，尤其是空间距离和空间方位规则，因为难以穷尽表达，所以一般由用户根据实际需求，进行实时计算或推断，但可对数据集中各要素类自身或各要素类之间确定拓扑规则。Geodatabase 为了实现空间约束，对单个要素类及其子类、数据集中两个要素类间的各要素预定义了一些几何与拓扑规则，见表 7.1～表 7.4 。

表 7.1　线或面要素的几何规则

规则名称	作用对象	规则描述	应用场合	地理现象实例
必须大于聚合容差 (must be larger than cluster tolerance)	线或面要素类	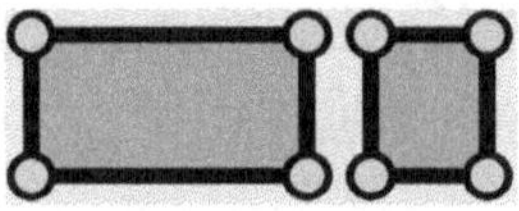 聚集容差是指线或面要素特征点间的最小距离  将落入聚集容差范围内的多个特征点定义为相同点且强制聚合为一个点	该规则适用于所有参与拓扑关系构建的线和面要素类	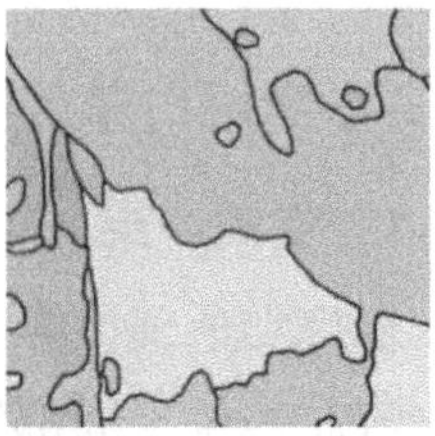 土壤单元的大小应大于聚合容差

表 7.2　点要素的几何与拓扑规则

序号	规则名称	作用对象	规则描述	应用场合	地理现象实例
1	严格重合（must be coincident with）	两个点要素类之间	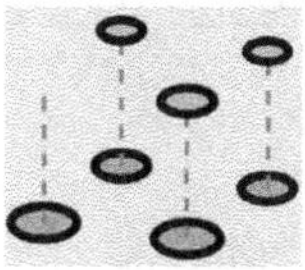 一个点要素类及其子类中的点要素应当与另一点要素类中的点要素或子类在坐标上严格一致	当期望一个点要素类及其子类中的点要素与另一个点要素类及其子类中的点要素在空间位置上严格对齐时采用	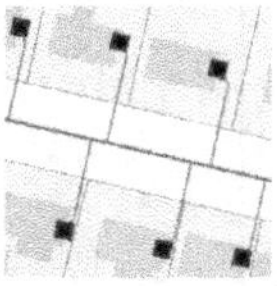 在电力设施网络中，电表与用户电线端点的坐标一致
2	不得重合（must be disjoint）	单个点要素类	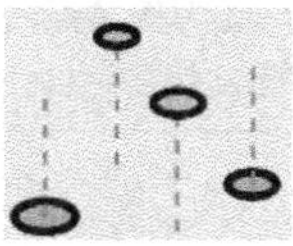 同一点要素类及其子类的各点要素不得在空间位置上重叠	当期望一个点要素类及其子类中的各点要素彼此之间不在同一位置出现时采用	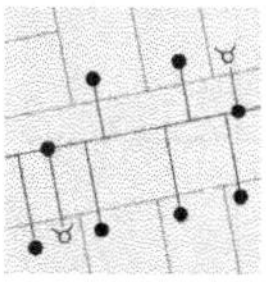 在供水网络中，各用户水表间位置不能重叠
3	点应与线的端点重合（must be covered by endpoint of）	点要素类与线要素类	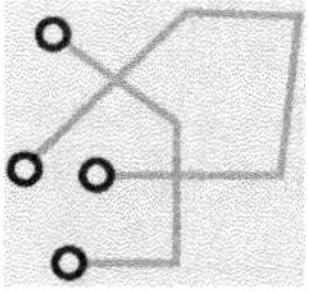 一个点要素类及其子类中的点要素应当被一线要素类或子类中的线要素端点所覆盖	当期望点要素与线要素端点重合时采用	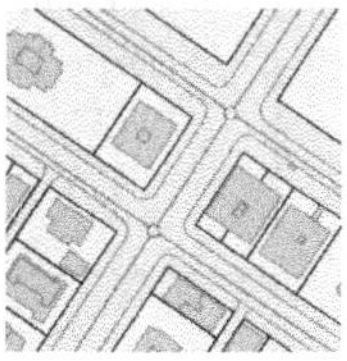 道路交叉点应落在道路中心线的端点处
4	点应落在线上（point must be covered by line）	点要素类与线要素类	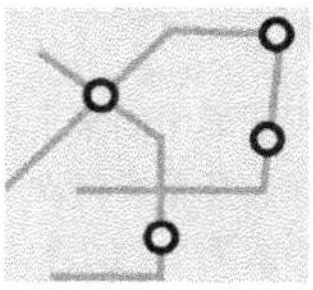 一个点要素类及其子类中的点要素应当落在另一线要素类或子类中的线要素上	当期望点要素落在线要素任意部分时采用	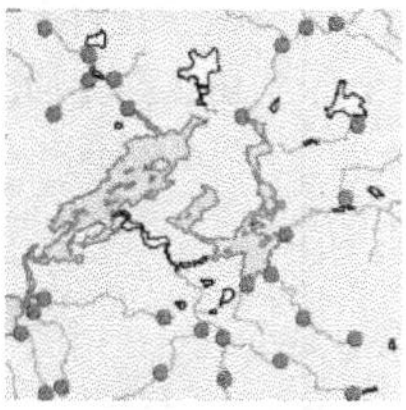 水质监测站应位于河道内
5	点应落在多边形内（must be properly inside polygons）	点要素类与面要素类	 一个点要素类及其子类中的点要素应当落在另一面要素类或子类中的面要素内部	当期望点要素全部落在面要素多边形内部时采用	 省府应落在省界范围内
6	点应落在多边形边界上（must be covered by boundary of）	点要素类与面要素类	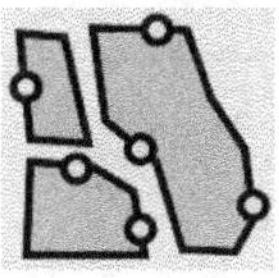 一个点要素类及其子类中的点要素应当落在另一面要素类或子类中的面要素的边界上	当期望点要素恰好落在面要素多边形边界上时采用	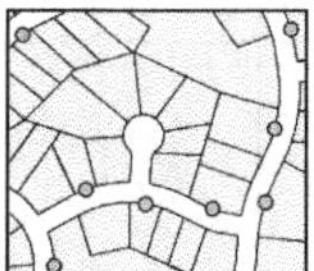 宗地的门牌号码应当落在宗地边界上

表 7.3 线要素的几何与拓扑规则

序号	规则名称	作用对象	规则描述	应用场合	地理现象实例
1	不得有伪结点(must not have pseudo nodes)	单个线要素类	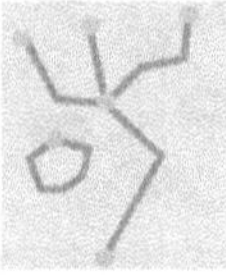 线要素类或子类中的某个线要素的端点不能仅与另一线要素的端点重合(此为伪结点)，但可与自己的端点重合(封闭)	当期望清除对线要素不恰当分割以保持其完整性时采用	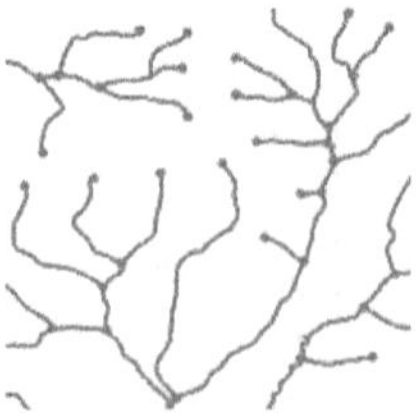 在水文系统表达中，河段端点应与汇水结点重合
2	不得有悬挂结点(must not have dangles)	单个线要素类	 线要素的端点应与其他线要素或自身的某一部分重合	当期望线要素类或子类中各线要素彼此连接时采用	 在公路网络中，路段间应是相通的，但对于断头路可将其设置为例外
3	不得出现自重叠(must not self overlap)	单个线要素类	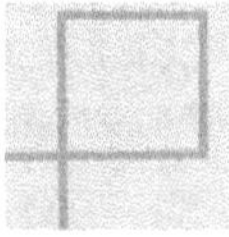 线要素类或子类中的某个线要素不能出现自身重叠情况，但可与另一要素类上的线要素接触、相交或重叠	当期望线要素的某些分段不产生相互重叠时采用	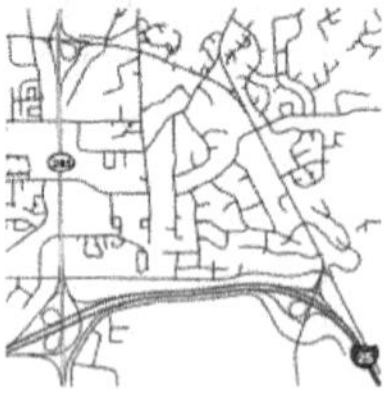 在交通系统分析中，街道和高速公路的路段要素不能出现自身的相互重叠
4	不能相互覆盖(must not overlap)	单个线要素类	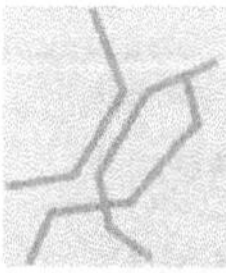 线要素类或子类中的某一线要素不得与其他线要素在空间上重合，但允许自身接触、相交或重合	当期望一个线要素类及其子类中某个线要素与另一线要素间不产生部分或全部重叠时采用	 街区边界不允许相互重叠
5	不得出现自相交(must not self intersect)	单个线要素类	 线要素类或子类中的某一线要素不得穿越自身，但可与自身相接，也可与另一要素类上的线要素接触、相交或重叠	当期望一个线要素自身只能在端点处相接，但在其他部位不相交或重叠时采用	 等高线、等深线等不能自身相交

续表

序号	规则名称	作用对象	规则描述	应用场合	地理现象实例
6	不得出现要素间相交(must not intersect)	单个线要素类	 线要素类或子类中的某一线要素不得与其他要素间相互穿越或重叠	当期望一个线要素与其他线要素不产生相交或部分重叠时采用	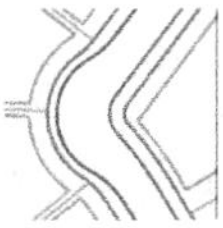 不同街区边界线间不能出现相交或重叠，但边界线端点可落在其他边界线上
7	仅有单一组成部分(must be single part)	单个线要素类	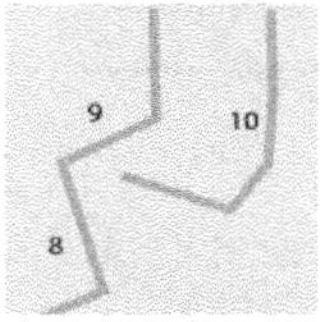 线要素类或子类中的线要素有且仅有一个几何特征	当期望一个线要素仅有一个单一组成部分时采用	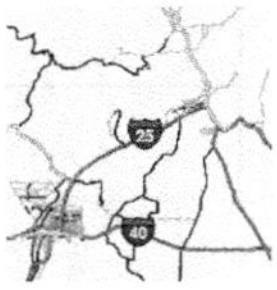 高速公路网是由各单个路段构成的，每一路段不得有多个组成部分
8	不得相交或与内部接触(must not intersect or touch interior)	单个线要素类	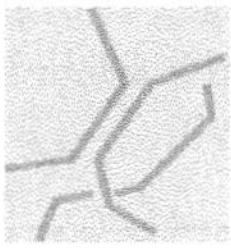 线要素类或子类中的各线要素只能在彼此的端点处连接，但不得相互重叠	当期望一个线要素与其他线要素除在端点处连接外，不产生相交或重叠时采用	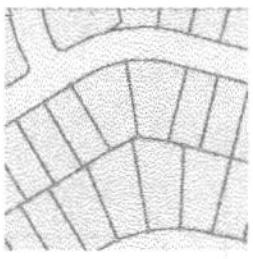 地块边界线之间不得相互交叉或重叠，而且必须是在线要素的端点处彼此连接
9	两个线要素类不得相交(must not intersect with)	两个线要素类之间	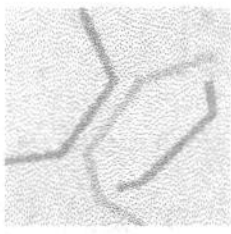 一个线要素类或子类中的线要素不得与另一要素类或子类中的线要素产生相互穿越或重叠	当期望两个线要素类或子类中的线要素彼此不产生相交或重叠时采用	 低等级地方道路不能直接连接到高速公路上，除非通过匝道连接
10	两个线要素类必须相互覆盖(must be covered by feature class of)	两个线要素类之间	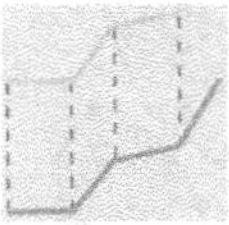 一个线要素类或子类中的线要素必须与另一要素类或子类中的线要素在空间上相互重叠	当期望使用多组线要素表达相同地理位置不同专题要素时采用	 公交线路与道路网络中的某些路段相重叠

续表

序号	规则名称	作用对象	规则描述	应用场合	地理现象实例
11	两个线要素类不得相交或与内部接触(must not intersect or touch interior with)	两个线要素类之间	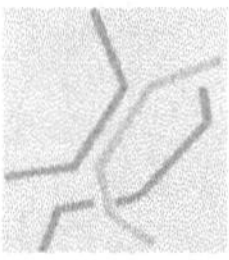 一个线要素类或子类中的线要素与另一要素类或子类中的线要素只能在端点处接触，但不得彼此覆盖	当期望一个线要素类或子类中的线要素与另一线要素或子类中的线要素仅在线的端点处相接，但不允许彼此相交或覆盖时采用	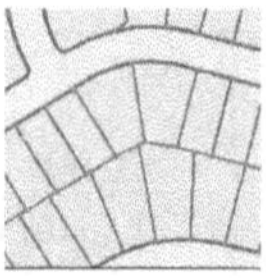 地块分界线与街区分界线不得出现彼此交叉或重叠，且必须在彼此的端点处相连接
12	两个线要素类不得相互覆盖(must not overlap with)	两个线要素类之间	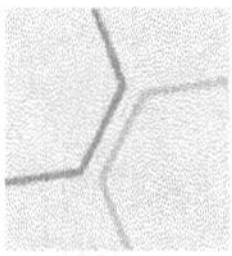 一个线要素类或子类中的线要素与另一要素类或子类中的线要素不得彼此压盖	当期望一个线要素类或子类中的线要素与另一线要素或子类中的线要素不占用相同空间位置时采用	 高速公路可经过和靠近河岸,但路段和河岸不得相互压盖
13	必须被多边形边界所覆盖(must be covered by boundary of)	线要素类与面要素类	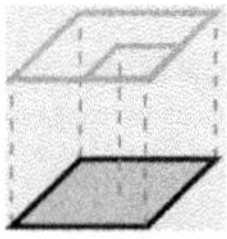 一个线要素类或子类中的线要素必须被面要素类或子类中的多边形边界所覆盖	当期望线要素与面要素边界部分或全部重合时采用	 沿道路一侧的宗地界线必须与街坊多边形的边界重合
14	必须位于多边形内部(must be inside)	线要素类与面要素类	 一个线要素类或子类中的线要素必须被面要素类或子类中的多边形要素所包含	当期望线要素被面要素多边形边界所完整包含时采用	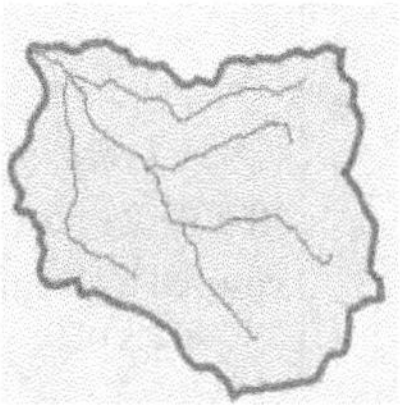 河流被流域所包含

续表

序号	规则名称	作用对象	规则描述	应用场合	地理现象实例
15	端点应被覆盖(endpoint must be covered by)	线要素类与点要素类	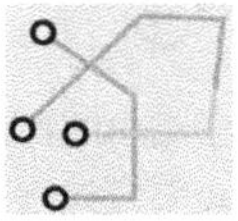 一个线要素类或子类中的线要素的端点应当与一点要素类或子类中的点要素重合	当期望线要素类或子类中线要素的端点与点要素类或子类中的点要素空间位置严格对齐时采用	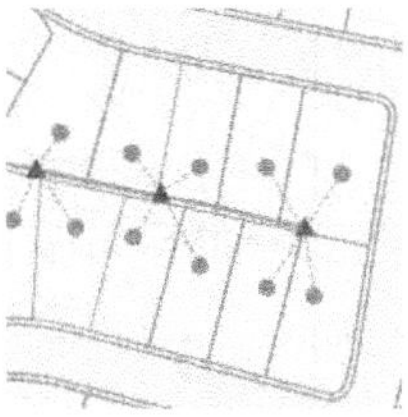 用户供水管道的一个端点应与小区供水管道转接头点位重合

表 7.4 面要素的几何与拓扑规则

序号	规则名称	作用对象	规则描述	应用场合	地理现象实例
1	不得压盖(must not overlap)	单个面要素类	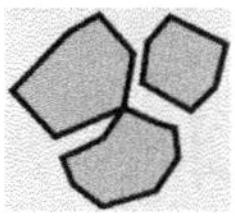 在面要素类或子类中，面要素之间不允许相互压盖，但多边形间可相离或者在边界点、边上接触	当期望同一面要素类或子类中的各面要素彼此间不产生相互重叠时采用	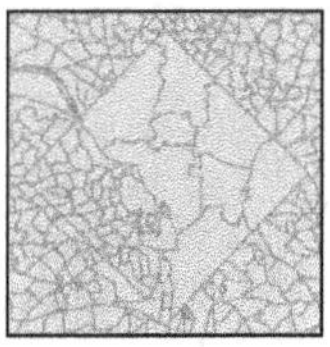 土地利用图斑之间不会出现交叉、压盖
2	不得出现隙缝(must not have gaps)	单个面要素类	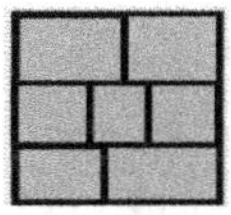 在面要素类或子类中，面要素之间不允许产生隙缝	当期望使用一系列无空隙或空洞的多边形对连续表面建模时采用	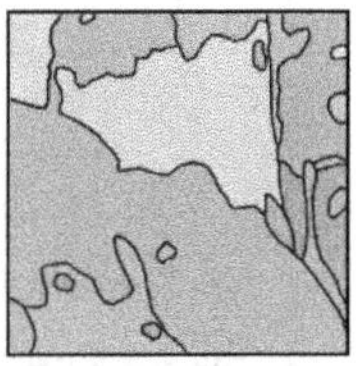 在土壤制图单元间不得出现缝隙或空洞，它们是连续分布的
3	包含点要素(contains point)	面要素类与点要素类	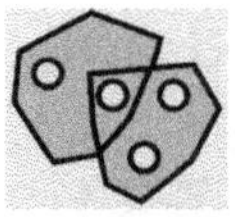 面要素类或子类中的每个多边形在其边界范围内包含点要素类或子类中的至少一个点要素	当期望每一多边形至少包含一个点要素(多边形重叠时，在重叠区可共享相同的点要素)时采用	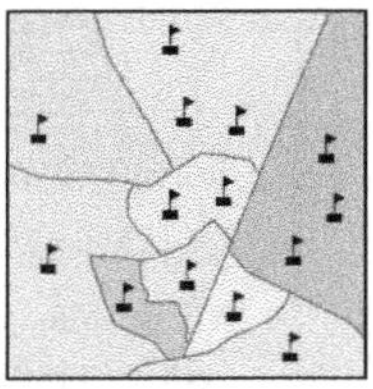 乡镇范围内至少有一所初级中学

续表

序号	规则名称	作用对象	规则描述	应用场合	地理现象实例
4	包含一个点要素(contains one point)	面要素类与点要素类	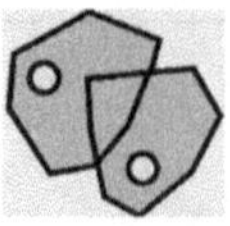 面要素类或子类中的每个多边形仅包含点要素类或子类中的一个点要素，每个点要素都落入一个多边形	当期望面要素类中每一多边形与点要素类中的每一点要素一一对应时采用	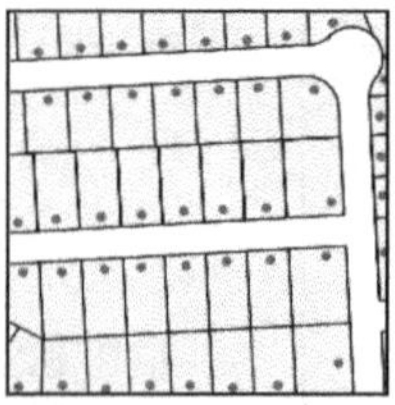 地籍中的每一宗地包含且仅包含一个地址注记点
5	边界必须被覆盖(boundary must be covered by)	面要素类与线要素类	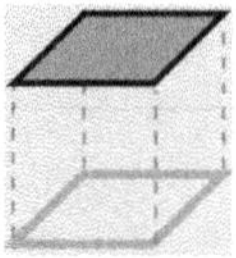 面要素类或子类中多边形边界必须被线要素类或子类中的线要素所覆盖	当期望面要素多边形的边界与线要素类或子类中的线要素在空间上重合时采用	 城市街区是由道路线围成的闭合区域
6	必须被面要素类所覆盖(must be covered by feature class of)	面要素类与面要素类	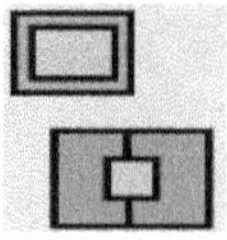 面要素类或子类中多边形必须被另一面要素类或子类中的多边形所覆盖	当期望某个面要素类或子类中每一多边形应当被另一面要素类或子类中的全部多边形所覆盖时采用	 州的范围必须被各县的范围所覆盖
7	不得与面要素重叠(must not overlap with)	面要素类与面要素类	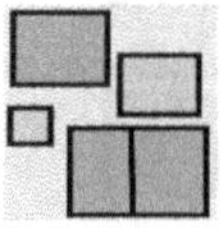 面要素类或子类中多边形不得被另一面要素类或子类中的多边形所覆盖	当期望某个面要素类或子类中各多边形应不能与另一面要素类或子类中的多边形重叠时采用	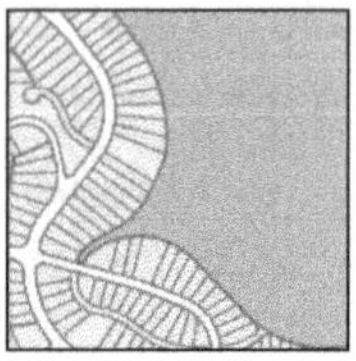 不同数据层上的地籍宗地和湖面不能相互重叠
8	必须被单个面要素所覆盖(must be covered by)	面要素类与面要素类	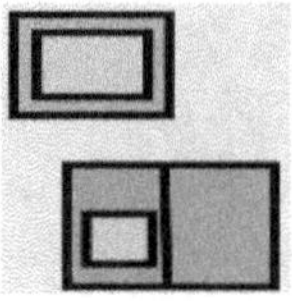 面要素类或子类中多边形必须被另一面要素类或子类中的单个多边形所覆盖	当期望某个面要素类或子类中一组多边形被另一面要素类或子类中的单个多边形的部分或全部所覆盖时采用	 一个县的范围必须落在某个州的范围内

续表

序号	规则名称	作用对象	规则描述	应用场合	地理现象实例
9	面的边界必须与面的边界重合(area boundary must be covered by boundary of)	面要素类与面要素类	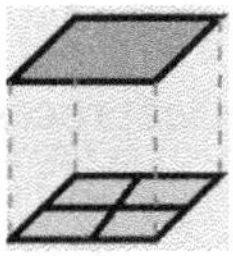 面要素类或子类中多边形边界必须与另一面要素类或子类中的多边形边界重合	当期望某个面要素类或子类中的多边形边界与另一面要素类或子类中的多边形边界重合时采用	 在地籍管理中,街坊的边界与部分地籍宗地的边界重合,但并不与所有宗地的边界重合
10	必须彼此重合(must cover each other)	面要素类与面要素类	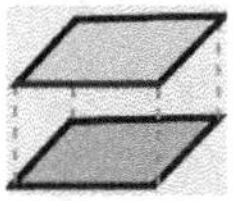 面要素类或子类中多边形必须与另一面要素类或子类中的多边形彼此间一一重合	当期望分别来自两个面要素类或子类中的多边形覆盖相同空间范围时采用	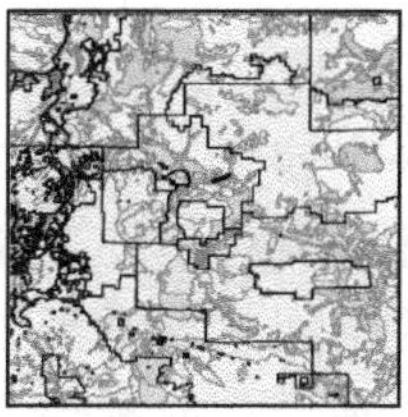 植被类型图斑与土壤单元图斑一一对应

3. 拓扑关系构建

当需要对多个图层中的要素强制其空间坐标、边界、结点等一致时，对这些图层及其要素施加拓扑规则并建立拓扑关系有助于数据间的一致性。拓扑对于空间数据的管理用途是：①对要素施加几何约束，如相邻多边形可共享边界；②定义数据的完整性规则，强制实现数据的完整性，如相邻多边形间不得有空隙、要素间不得相互压盖等；③支持基于拓扑关系的查询和数据导航，如查询与某要素邻接或连通的其他要素；④支持对具有拓扑约束的多个要素的复杂编辑处理，如移动一个要素，则与其有拓扑关系的另一要素也会移动；⑤可依据非结构化的几何数据构建完整的要素，如根据若干线对象建立多边形。

在Geodatabase中，只能在同一要素数据集内各要素类之间建立拓扑关系。在建立拓扑关系时，可从要素数据集中指定部分要素类参与拓扑关系的构建，但必须遵从如下约定：①一个拓扑关系(可命名)可以是针对要素数据集中的一个或多个要素类；②在一个要素数据集中，可建立多个拓扑关系；③但一个要素类仅能参与一个拓扑关系的构建；④一个要素类不能同时参与拓扑关系和一个几何网络的构建；⑤但一个要素类可以同时属于一个拓扑关系和一个网络数据集或地形数据集。

对已有数据建立拓扑的主要步骤如下。

(1)设计拓扑：①确定需要在哪些要素类间建立拓扑约束；②将这些要素类组织为一个要素数据集；③为每一个要素类确定其各要素间的拓扑规则；④确定数据集中各要素类间的拓扑规则；⑤确定各要素类的坐标精度等级次序，点位精度高的赋予较高的精度等级，点位精度低的则赋予较低的精度等级(多个要素类可赋予相同的精度等级)，其目的是使精度等级低的要素可向精度等级高的要素移动；⑥建立一个实验用的小型数据集(数据量较小，但涉及的要素类必须与真实的数据集一致)，构建拓扑关系并验证这些拓扑规则的有效性；⑦对数据集拓扑方案进行修正和净化，直到达到预期目标。

(2)在一个共同的要素数据集中建立一系列要素类，并将已有按要素类型分层的数据，载入各要素类。

(3)建立拓扑关系，利用 ArcCatalog 或 Geoprocessing 中的拓扑工具建立要素类或数据集的拓扑关系。

(4)验证拓扑：①对要素顶点进行分裂和聚合以查找共享相同位置(具有通用坐标)的重叠要素；②将共有坐标的顶点插入共享几何的重叠要素中；③运行一系列完整性检查以确定是否违反了所定义的拓扑规则；④针对要素数据集中潜在的拓扑错误创建错误日志。

7.3　栅格和遥感影像数据的组织

栅格数据是由按行和列排列的一系列格网单元(或像元)组成的，每个格网单元包含一个或多个表示该单元属性的值，如表示专题类型的土地利用类型、土壤类别等，表示连续变化地理现象的属性，如地形高度、气温等。虽然遥感影像数据和栅格数据是不同的空间数据类型，但从数据模型上来看，都是采用离散的、按行和列表示的像元来表达地理事物或现象，只不过遥感影像数据在像元属性的取值上有所差异，所表达的是像元的亮度值。所以在 Geodatabase 中，将专题栅格数据、遥感影像(包括 DOM)和扫描地图(包括 DRG 数据)都看做是栅格数据，采取“三种方式，分层分块”的策略进行数据的组织和存储。

7.3.1　栅格和影像数据的组织方式

在 Geodatabase 中，对栅格和遥感影像数据采取栅格数据集(raster dataset)、栅格目录(raster catalog)和镶嵌数据集(mosaic dataset)3 种方式进行数据组织。

1. 栅格数据集

栅格数据集是将具有相同空间范围、相同空间分辨率、不同数据格式的一个或多个栅格数据层组织在一起所形成的数据集合。栅格数据集对栅格的行数和列数没有限制，一般用于组织原始分层、分块的专题栅格数据(如 DEM)或单景多波段遥感影像(图 7.12)。任何一种栅格或影像数据(如 ERDAS Imagine 文件、ArcGIS ASCII Grid 文件，TIFF 文件等)都可在栅格数据集中存在。一个栅格数据集中至少有一个栅格数据层或一个波段的遥感影像，如 Landsat ETM+的 8 个波段，则栅格数据集就是多个层的叠加组合，每个层又是由具有行列属性的二维数组组成的。

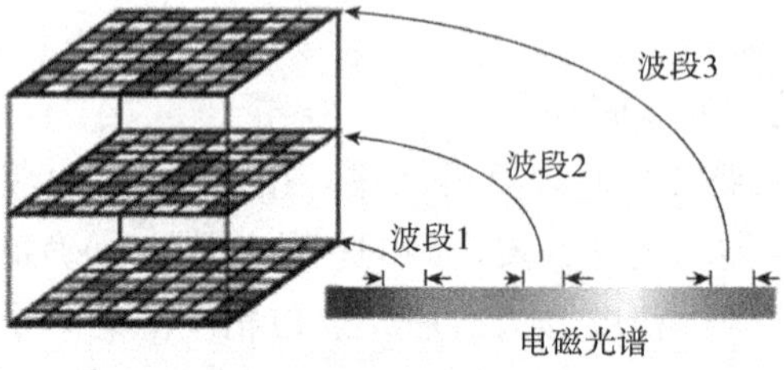

图7.12　栅格数据集的“层”数据组织

除了以层形式存在的栅格数据外，对一个栅格数据集还有其他描述信息，包括所使用的压缩或非压缩数据格式(如 ASCII Grid、Big TIFF、JPEG 2000、MrSid 等)、层或波段数量、数据类型(各栅格单元或像素属性的取值，可以是整型、浮点型等)、数据的深度［像元取值的 bit 位数，如 8bit(2^8)，则取值范围为 0～255；16bit(2^{16})，则取值范围为 0～2^{16}，即 0～65535］、栅格统计数据(对栅格数据的统计结果，包括最大和最小像元值、平均值、标准差等)、数据覆盖的空间范围(栅格数据上、下、左和右边界的坐标)、所使用的投影信息、栅格数据的大小(指栅格数据的行数和列数)。

栅格数据集适合于组织带有标准坐标系的、连续专题栅格数据和经镶嵌的 DOM 数据，它也是其他栅格数据组织方式如栅格目录和镶嵌数据集的基础。当研究区域有多幅专题栅格数据或遥感影像时，可将其组织为多个栅格数据集。

2. 栅格目录

栅格目录是以表格形式定义的栅格数据集的集合，其中每个记录表示目录中的一个栅格数据集。栅格目录实际上就是多个栅格数据集的容器，可以包含大到数千个栅格数据或影像。栅格目录通常用于组织空间上相邻或不相邻、完全重叠或部分重叠的栅格数据集，而无需将它们镶嵌为一个较大的栅格数据集。图 7.13 给出了一个栅格目录的示例，其中灰色粗线表示单个栅格数据集的轮廓。此轮廓通常被视为栅格数据集的轮廓线或者线框。可以看到，此栅格目录中存在许多大小不同、数据类型也不同，且具有空间重叠的栅格数据集。

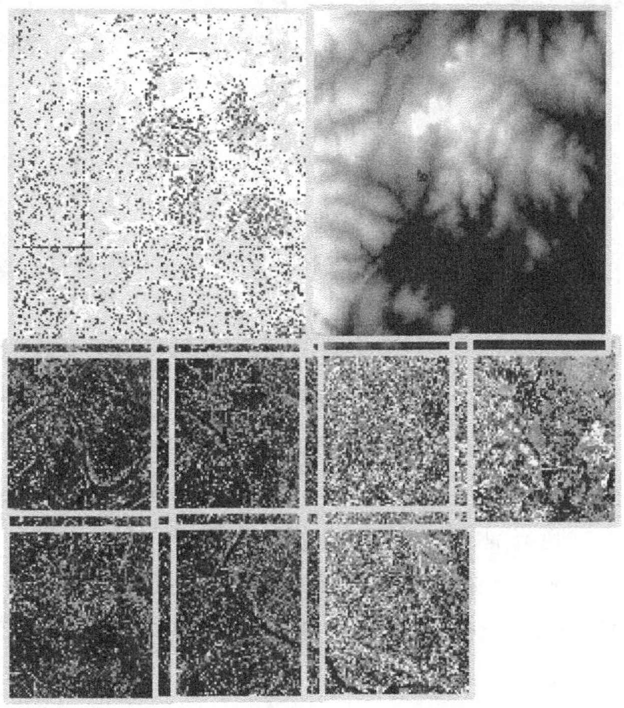

图7.13　栅格目录中包含的栅格数据集

栅格目录中的各个栅格数据集可分别定义不同的空间参考或坐标系，在对栅格目录中的各栅格数据集进行显示或制图时，则分别对各数据集进行动态投影与显示。

采用栅格目录来组织栅格数据集有多种目的：①使用栅格目录来组织具有多个时间序列

的专题栅格数据或影像，如将覆盖整个城市的多期 SPOT 多光谱影像组织到栅格目录中，以便于进行动态变化分析；②使用栅格目录来组织分幅或规则与不规则分块的专题栅格数据和影像数据，各分块之间允许重叠；③使用栅格目录来组织对空间分析、工作流有意义的任意专题栅格数据或影像集合。

3. 镶嵌数据集

镶嵌数据集是一组以目录形式组织并以整体镶嵌的或单个数据集显示的栅格数据集(影像)集合。该集合在总文件大小和栅格数据集数量上都十分庞大。镶嵌数据集中的各栅格数据集的覆盖范围既可以是部分或全部重叠，也可以是不相邻或不叠置，能以非连接、不连续数据集的形式存在。例如，可以使用镶嵌数据集来组织完全覆盖某个区域的多幅影像，或组织那些没有连接在一起，沿某管线呈带状分布的多个影像条带(图 7.14)。

一个镶嵌数据集由以下部分组成：①一个用于提供栅格单元及其有效轮廓的目录；②一个以矢量形式表示的，用于定义各栅格数据集边界的要素类；③一组用于动态镶嵌栅格数据的镶嵌规则；④一组用于控制镶嵌和影像存取的特性参数；⑤一个用于记录数据加载和其他操作日志的表格；⑥一个用于控制栅格数据或影像镶嵌位置的接边线要素类(可选部分)；⑦一个用于定义栅格目录中的各栅格色彩映射的色彩校正表(可选部分)。

(a) 连续覆盖的多幅遥感影像

(b) 不连续分布的多幅遥感影像

图7.14 基于镶嵌数据集的栅格数据组织

镶嵌数据集中的各栅格数据集可保留其原始数据格式。通过定义与镶嵌数据集关联的特征参数表来描述一个镶嵌数据集的共有特性，共有 3 组：①通用特征参数，与栅格数据集相似，描述栅格数据源、空间范围、分辨率、数据的深度等；②缺省特征参数，这是一些与用户服务相关的，但与具体栅格数据无关的特征参数，如数据压缩方式、镶嵌方法、数据访问和下载方式等；③关键元数据，这是一组定义镶嵌数据集时产生的元数据，如包含影像显示、处理时的波段、波长等信息。

4. 三种栅格数据组织方式的对比

在进行栅格和影像数据组织时，如何从以上三种数据组织方式中选取合适的方式？这需要根据建立栅格数据库时的用户需求，从数据管理、维护、分析、显示、制图和服务等方面进行综合权衡，表 7.5 对这 3 种数据组织方式的特点和性能进行了较全面的对比。

表 7.5 三种栅格数据组织方式各自特点的对比

对比项目	栅格数据集	栅格目录	镶嵌数据集
描述	某个区域的单幅多波段影像，或者覆盖大范围，具有空间连续性的无缝镶嵌影像；它既可以是原始影像，也可以是经几何纠正和地理编码的影像。专题栅格数据与此相同	以单个地图图层形式显示的栅格数据集的集合。各栅格数据集可以采用不同的坐标系，并且可以具有不同的数据类型	以目录形式存储的栅格数据集的集合，通过该目录，可以存储、管理、查看及查询栅格数据的集合。可将它视为镶嵌，但可访问集合中的单个栅格数据集
同类数据还是异类数据	同类数据：单一格式、数据类型和文件	异类数据：多种格式、数据类型、文件大小和坐标系	异类数据：多种格式、数据类型、文件大小和坐标系
元数据	存储一次，并且应用于整个数据集	针对栅格目录中的各个栅格数据集，将其以表的形式组织为多个属性列	可存储在栅格记录中，并且可在栅格目录表中存储为属性
金字塔构建	整个栅格数据集建立单个金字塔	针对栅格目录中的各栅格数据集分别建立金字塔	建立针对每个栅格数据集的金字塔，以及针对整个集合的概览(overview)(类似于金字塔)
地理处理和影像分析	可用作许多地理处理和分析工具的数据源；可在影像分析窗口中使用	不能用作许多地理处理和分析工具的数据源；不能在影像分析窗口中使用	可用作许多地理处理和分析工具的数据源；可在影像分析窗口中使用
优点	可在任何比例下快速显示	可针对多种用途管理多行栅格表；可指定一个或多个栅格数据集进行显示	栅格和影像数据的大型集合；可在任何比例下快速显示；不会丢失用于创建镶嵌的数据；用户能够访问集合中的全部内容；可通过设置属性来控制镶嵌显示；动态处理
缺点	数据更新较慢，因为必须重写整个文件	包含不同数据类型，且基于文件的栅格目录的显示效果可能不好；显示栅格目录中的多个栅格数据集所需时间较长	生成整个集合的概览(overview)需要花费较长的时间
用途	可直接用作专题栅格数据和影像服务	通过预先创建引用栅格目录的引用镶嵌数据集，可用作影像服务	可直接用作影像服务
选择建议	如果不需要保留镶嵌影像之间的叠置部分，或者需要快速显示大量的栅格数据时，可使用栅格数据集	以下情况下可使用栅格目录：存在海量影像资料档案库、要保留数据集之间的叠置部分、要管理时间序列数据及相邻影像间的差异妨碍了镶嵌	可使用镶嵌数据集来组织、管理和显示栅格数据。它非常适合多维数据、查询、存储元数据及叠置数据，并且提供了良好的混合解决方案

当用户需要将一个大范围内的多幅专题栅格数据或多波段遥感影像组织并存储到空间数据库时，以上 3 种方式都是可行的，可将它们分别组织为栅格数据集并分别存储；将它们先组织为栅格数据集，再将其组织为栅格目录的成员共同存储；或将它们预先组织为栅格数据集再镶嵌为一个大的镶嵌数据集共同存储。

通常，当各栅格数据(或影像)间彼此不相邻或者很少在同一个项目中使用时，将其分别组织为栅格数据集是最佳方式。虽然，将相邻的栅格数据预先镶嵌在一起形成一个大的单一栅格数据并将其组织为栅格数据集，也适合于许多应用场合，但在遇到以下情况时就需要将栅格数据先组织为栅格数据集再组织为栅格目录或镶嵌数据集：①栅格数据的范围部分或完全叠置，而又必须保留公共区域；②栅格数据表达的是在不同时间点上对同一区域的时间序列观测结果；③用户需要将一组影像作为一个整体进行管理，但同时又需要保留它们独立的状态；④用户需要记录和管理用来描述各影像的其他属性列。

虽然镶嵌数据集和栅格目录都非常适合于组织大量的栅格数据，但一般建议使用镶嵌数据集，因为镶嵌数据集有更好的性能、支持更多的用户，而且可实现全球栅格和影像数据的无缝组织。另外在 ArcGIS10.1 之后，栅格目录被镶嵌数据集所替代。

7.3.2 影像金字塔与影像分块

为了提高海量栅格和影像数据的访问效率，对采用栅格数据集、栅格目录或镶嵌数据集方式组织的栅格和影像数据，对其中的栅格或影像数据本身再采取分层、分块的策略进行组织，包括影像多分辨率表示的影像金字塔和瓦片分块。

1. 影像金字塔

影像金字塔是指在同一空间参照下，对原始栅格或影像数据按 2∶1 的比例进行缩减采样，形成分辨率由高到低、数据量由大到小的分层金字塔结构(图 7.15)，这是一种影像的多分辨率组织结构。一幅影像的金字塔实际上是一系列以金字塔形式排列的分辨率逐步降低的图像集合。金字塔的底部是原始高分辨率影像，其上层是对下层影像的低分辨率近似。当向金字塔的上层移动时，影像尺寸和分辨率都按 2∶1 的比例降低。假设原始影像的大小是 $2^J\times2^J$ 或 $N\times N(J=\log_2N)$，中间级 j 的大小是 $2^{J-j}\times2^{J-j}$，其中，$0\leqslant j\leqslant J$，完整的金字塔最多由 J+1 个分辨率层(或级)组成，各层的大小从 $2^J\times2^J$ 到 $2^0\times2^0$。但大部分影像金字塔只有 P+1 级，其中，j=0,1,2,…,P，且 $1\leqslant P\leqslant J$，即通常仅使用 P 层来构建影像金字塔，因为对于一幅 4096×4096($2^{12}\times2^{12}$)大小的影像来说，其顶部第 12 层或 11 层仅有 1×1 或 2×2 个像素，其影像太小，无法了解图像内容。

图 7.16 给出了建立影像金字塔的一般过程。其中，j+1 层的近似输出用于建立近似值金字塔，包括原始图像的一个或多个近似值。作为金字塔的原始影像和它的 P 级减少的分辨率近似都能直接获取并调整。j 层的预测残差输出用于建立预测残差金字塔，j 层的信息在相应近似金字塔的 j 层近似与基于 j+1 层预测残差得到的近似估计之间是不同的，对这些差异进行编码(用于存储或传输)比对近似值进行编码更加有效。

近似值和预测残差金字塔都是以一种迭代的方式进行计算的。通过执行图 7.16 中的过程 P 次操作，可建立 P+1 层金字塔。第一次迭代和传递时，j=0，并且把 $2^J\times2^J$ 的原始图像作为 0 层的输入图像，从而产生 j+1 层近似值和 j 层预测残差。对于按 j=0，1，…，P+1 顺序传递的影像金字塔构建过程，前面迭代的 j+1 层近似值输出则作为 j 层的输入。每次传递由 3 个连续步骤组成。

(1)计算输入影像缩减分辨率的近似值。这可通过对输入影像滤波并以 2 为步长进行重采样来实现。可采用的滤波器包括邻域平均(生成平均值金字塔)、高斯低通滤波器(生成高斯金字塔)、小波滤波器(生成小波金字塔)等；也可不进行滤波，而直接采用近邻插值、双线性插值或三次卷积法生成金字塔。但不使用滤波器，则在金字塔的上一层中会产生混淆，且不能由金字塔结构重建影像。

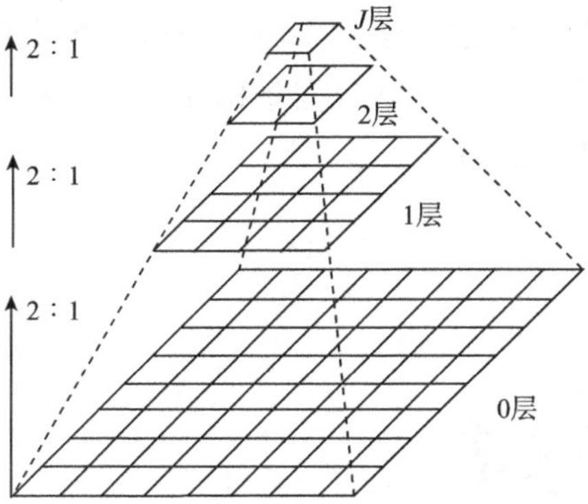

图7.15　影像金字塔结构

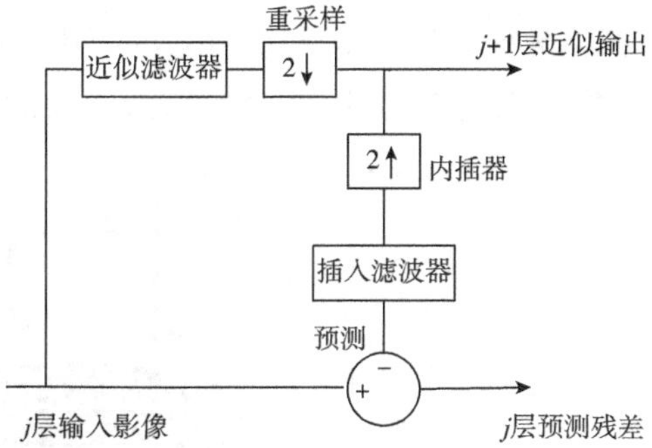

图7.16　影像金字塔构建过程

(2)对上一步的输出结果进行内插(因子仍为2)并进行滤波。由此生成与输入分层影像相等分辨率的预测影像。因为在步骤(1)的输出像素之间进行插值运算，所以插入滤波器决定了预测值与步骤(1)的输入值之间的近似程度。如果插入滤波器被忽略了，则预测值将是步骤(1)输出的内插形式，会由此产生复制像素的块效应。

(3)计算步骤(2)的预测结果和步骤(1)的输入影像之间的差异。对 j 层预测残差进行标识的该差异可用于原始图像的重建。在没有量化差异的情况下，预测残差金字塔可以用于生成相应的近似金字塔(包括原始图像)，而没有误差。

执行上述过程 P 次则产生密切相关的 $P+1$ 层近似值和预测残差金字塔。$j+1$ 层近似值的输出用于建立该层近似值金字塔，而 j 层预测残差的输出放在预测残差金字塔中。如果不需要预测残差金字塔，则步骤(2)和(3)、内插器、插入滤波器及图 7.16 中的加法器都可以忽略。

图 7.17 给出了对一幅遥感影像构建 4 层高斯金字塔的结果。

图7.17　影像金字塔实例

建立栅格数据或影像金字塔的目的在于从数据库中仅提取那些与显示要求相符的指定分辨率数据，从而加快栅格或影像数据的传输与显示速度。利用金字塔，可在显示整个数据集时快速显示金字塔中较低分辨率的层次，而随着放大操作的进行，各个更精细的分辨率层次将会逐渐得到渲染和显示。数据库服务器会根据用户的显示比例自动地选择最适合的金字塔层级。

对于上述以栅格数据集、栅格目录和镶嵌数据集组织的栅格和影像数据，构建影像金字塔的方式有所差异。其中：①对每个栅格数据集能而且仅需构建一次金字塔，之后每次查看栅格数据集时都会访问这些金字塔；②虽然无法为栅格目录构建金字塔，但可为栅格目录中的每个栅格数据集构建金字塔；③可为镶嵌数据集中的每个栅格数据集构建金字塔，并为整个镶嵌数据集建立低分辨率的概览(overview)，如图 7.18 所示。

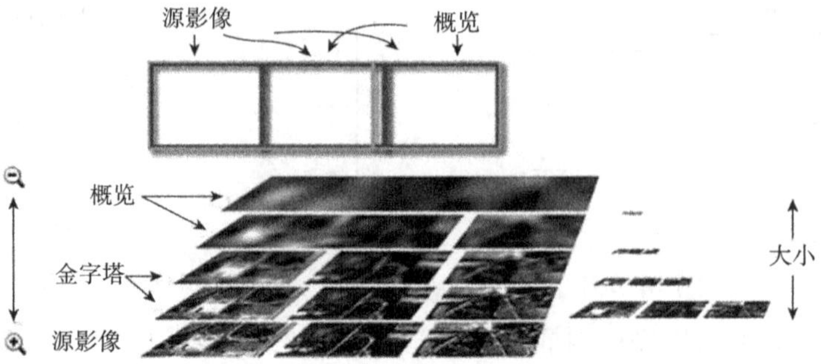

图7.18 镶嵌数据集的多分辨率数据组织

2. 栅格和影像数据的分块

如果将一幅大型的栅格数据或影像作为一个整体存储到一个文件或者数据库表的一条记录中，将会因为数据量巨大而降低栅格数据的存储和处理效率。因此，为了提高数据存储和处理的效率，对栅格数据集再以“分块”形式进行组织和存储。栅格分块组织，就是按照一定的大小将整幅栅格数据或影像分割成一系列大小相同、数据量较小的栅格块或瓦片(block 或 tile)，并对它们进行统一编号和存储(图 7.19)。例如，每块大小不能超过 16K，一般取 128×128。划分的顺序是从上到下、从左至右，分块的好处在于可以减少数据在磁盘上的 I/O。但是由于图幅的大小不会恰好是 128 的整数倍，影像的边缘部分出现一些大小不足一个完整块的“边缘块”。对于这种情况，使用像元值为“0”的像元来补充“边缘块”中不足的部分。

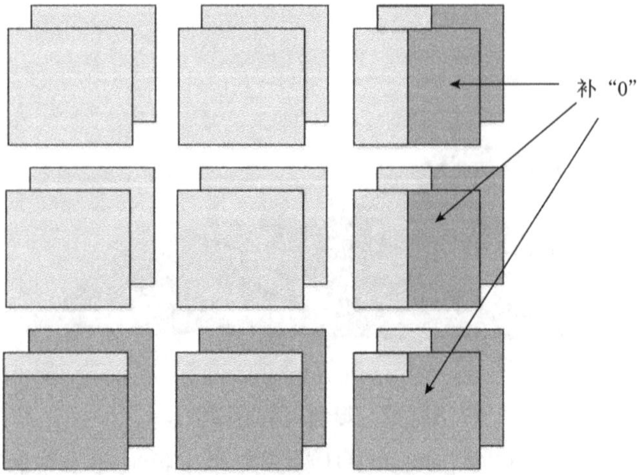

图7.19 栅格数据的分块组织

7.4 三维场景数据的组织

人类生活在地球表层的三维空间中，与人类密切相关且分布于三维空间的各类地理事物和现象构成了复杂的地理场景。从 GIS 的角度来看，采用一系列二维和三维空间数据来描述、表达并由此来重构地理场景，使得人们可以从不同的视角展示场景并进行地理现象的分析。显然，这就需要对这些二维和三维空间数据进行合理的组织，才能满足人们展示场景并在场景的支持下开展地理分析和计算的需求。地理场景所涉及的空间范围大到全球，小到一个具体的地理对象，其中以城市场景所涉及的要素类型(从地面的道路、建筑物等到地下的管线、隧道、地下空间利用等)和表达方式(二维和三维)最具代表性，所以此节以“数字城市”建设中城市场景的数据组织为例，阐述三维场景数据的组织方法。

7.4.1　三维场景数据

1. 城市三维场景的构造方式

在典型的“数字城市”建设中，一般需要对城市的建筑物、交通、桥梁、植被、城市设施、地下通道与地下空间、城市管线、水体、地形、地面覆盖等对象进行建模和综合表达(图7.20)，所涉及的各类对象的构造方式如下。

图7.20　典型的城市场景

(1)建筑物对象。对各建筑物整体、部分及其附属物从顶部到各侧面的几何细节(甚至内部)以三角面片方式(多面体)进行三维建模表达，为了使建筑物模型具有真实感，通常采用真实纹理或纹理库中的纹理对模型表面进行纹理映射。根据建筑物重要性的不同，所构建的建筑物模型可采用不同层次的几何细节(LOD0～LOD4，参见 4.1 节)，建筑物三维建模的结果是单个三维实体对象。

(2)交通对象。交通对象是指城市交通要素，包括城市道路、轨道交通、铁路和停车场等，以一定宽度的三维曲线或对其建立由三角面片构成的三维曲面几何模型。交通对象采用真实图像、纹理库中的纹理或材质库中的材质进行表面映射。

(3)桥梁对象。对各桥梁(包括跨越道路的天桥)的整体、部分及其附属设施甚至内部的结构以三角面片进行三维几何建模，采用真实图像、纹理库中的纹理或材质库中的材质进行表面映射。根据需要，桥梁对象可采用不同层次的几何细节(LOD0～LOD4)来建立单体三维模型。

(4)植被对象。植被对象是指独立的树木(乔木和灌木)或者植被群落(森林、灌木丛或草地)，对于前者可建立针对不同树种、具有真实纹理映射的树木三维模型库并重复使用，对于后者则将其看做是一类地面覆盖类型，采用地面覆盖纹理库中的纹理进行地块的纹理映射。

(5)城市独立设施对象。城市设施对象是指城市中那些不能移动的独立设施，如候车亭、路灯、交通信号灯、广告栏、旗杆、座椅、消防栓等，对这些对象中具有代表性的分别建立具有真实纹理映射的三维模型，并建立独立设施模型库，或者建立三维符号库，重复使用。

(6)地下通道与地下空间对象。地下通道和地下空间对象是指各种行车或行人隧道、地下车库、地铁站场、地下商场、人防设施等对地下空间利用的各类对象。对于这些对象按对建筑物室内对象进行建模的方法，以三角面片表示的多面体进行三维几何建模，采用真实影像或纹理库中的纹理对其表面进行纹理映射。根据需要，地下通道与地下空间可采用不同层次的几何细节来建立三维模型。

(7)城市管线对象。管线对象是指城市给排水、通信、电力、供热、供气、工业原料输送等管线对象，其本身采用三维线加上断面形态和几何参数进行三维模型表达，并赋予相应的材质纹理。对于各类管线相关的设施如电杆、阀门等可采用三维符号表达或建立模型库重复使用。

(8)水体对象。城市河流、沟渠、湖泊、池塘等对象，对其堤岸以三角面片方式进行三维几何建模，以真实影像或纹理库中的纹理对其表面进行纹理映射；对其水面范围二维多边形则剖分为平面三角面，并以蓝色进行着色表示，或直接对水面多边形着色表示。

(9)地形对象。对城市区域的地表直接利用规则格网 DEM 或建立以约束不规则三角网 TIN 来表示地形表面的起伏特征，以正射遥感影像(DOM)为纹理进行映射。对地形的表达可以按不同的分辨率分别构建不同的细节层次模型(LOD)。

(10)地面覆盖。对于一些特殊的土地利用和地表覆盖类型，如广场、绿地、物资堆积场等，建立地面覆盖类型纹理库并使用其中的纹理图像或直接利用正射遥感影像对这些剖分为三角面片的区域多边形进行纹理映射，对其外观进行表达。

2. 城市场景的数据类型

从城市场景各类对象三维模型表达和构造方式中可知，表达一个复杂的城市场景需要众多类型的二维和三维空间数据，这些数据包括：

(1)按单个实体真实形态构建的三维模型数据，如建筑物、桥梁、地下通道与地下空间等对象，具有不同的 LOD 和真实纹理映射。

(2)按类别建立的独立地物三维模型数据，如不同类型的树木、城市设施等具有典型性和代表性的三维几何模型，采用真实图像或纹理库中的纹理映射其外观。

(3)地形数据，如不同分辨率的规则格网或以约束 TIN 表示的地表 DEM。

(4)地面覆盖类型多边形二维矢量数据，用于表示地面不同的地面覆盖类型，如草地、广场、水面、普通路面等的范围和边界。

(5)带有三维坐标的矢量线和点数据，用于表示各类管线、小路的中心线及其附属按点表示的附属设施，如阀门、电线杆等。

(6)正射遥感影像数据，用作表示地形、地面覆盖的外观。

(7)纹理数据，用于表示一般建筑物、路面、特殊的地面覆盖类型的外观。

(8)三维符号数据，对以点表示的独立地物如路灯、消防栓、独立树等的具有一定真实感的三维符号。

7.4.2 场景数据的组织策略

对参与城市场景构建的各类数据首先统一其坐标系统和空间范围，在此基础上，为了提高海量场景数据的存储和访问效率，采取以下策略进行数据的组织。

1) 数据分块组织

数据分块组织是根据场景的空间范围，将其按一定的子区域如城市的区或街道边界范围划分为若干个独立的块，每块的各类数据形成子场景数据集。这种分块组织方式对于数据量庞大的建筑物、独立设施等三维模型而言，可减少每一分块的数据量，但对于道路、管线等跨越分块的三维模型来说，则可能会破坏其完整性，且其数据量相对较小，所以一般不将其分块，而进行无缝数据组织。另外，对城市地形、DLG、DOM 和 DEM 数据可分块或不分块，并对其进行逻辑无缝数据组织。

2) 数据分类组织

根据场景数据类型的不同，将其组织为不同类型的数据集。针对前文所述的各类数据，分别建立数据集：①三维模型数据集，包含具有多个 LOD 模型、经纹理映射的建筑物、桥梁、地下通道与地下空间、城市独立设施对象的单个实体模型的集合。②地形数据集，包含地形 TIN、地形特征线、特征点等。③要素数据集，包含可以采用三维符号表示的点要素类(独立地物)、地面覆盖类型多边形等。④栅格数据集，包含各类不同分辨率的规则格网 DEM 和正射遥感影像。⑤管线数据集。对于纹理和三维符号因其本身没有坐标信息，而且是三维几何模型映射或点状地物符号化时所引用的数据类型，所以对各纹理影像和三维符号增加唯一标识码(ID)，将它们分别建立纹理库和三维符号库，在场景展示时通过对三维模型和点状要素指定其引用的纹理或三维符号的 ID 号，进行三维模型的纹理映射及独立地物的三维显示。

3) 数据分层组织

在分类数据组织的基础上，根据场景对象三维模型语义的不同，将它们分别组织为不同的对象层，如建筑物层、地下空间对象层、独立设施层、桥梁层等，每一层是对同一类对象进行聚合的三维模型集合。

在实际城市场景三维数据组织中，一般会同时采用以上三种数据组织策略，将整个城市场景所需表达的各类数据对象有机地组织在一起，构成一个城市场景的综合数据集，如图 7.21 所示。

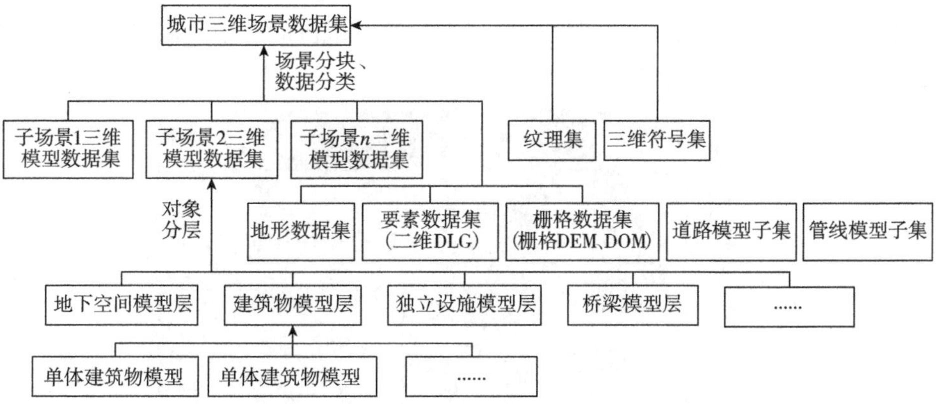

图7.21　城市场景的综合数据组织

7.4.3　场景数据的组织方法

针对不同类型的城市场景数据，采取不同的数据组织方法。其中，对 DLG、点状独立设施、格网 DEM、DOM 及含有高度信息的管线、道路等数据按前文的方法将其分别组织为要素类与要素数据集或栅格数据集，但对地形数据及包括建筑物、地下空间、桥梁、独立设施模型在内的三维模型数据则采用专门的数据组织方法进行数据组织。

1. 地形数据集

地形数据集是一种针对地形表面形态、基于 TIN 的多分辨率数据组织方式。这是一个正确定义了包括容差和分辨率在内的空间参考(x, y 投影坐标，不支持地理坐标)的要素数据集。一般将利用机载激光雷达(LiDAR)、船载多波束、航空摄影测量、地面实测等手段获取的稀疏或稠密的地面三维点(3D 点要素)、含有高度信息的地物边界和地形断裂或突变线(如河湖的岸线、沟渠边界、陡坎等 3D 线或面要素)等数据组织为地形数据集(图 7.22)。地形数据集组织的关键原则是：地形特征由位于数据集内部的各要素类描述，并从这些要素类中获取其地面高度测量值。地形数据集通过对数据集中各要素类的引用，动态地生成以 TIN 表示的地形表面，并不会将地形表面静态地存储为格网 DEM 或 TIN。

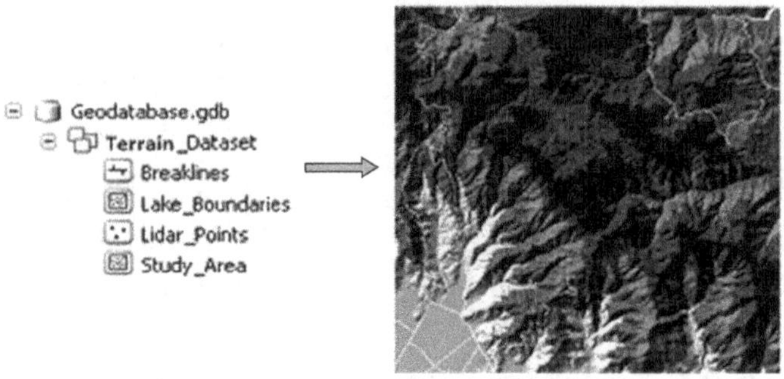

图7.22 地形数据集的数据组织及其显示

在组织地形数据集时，为了提高大范围地形显示与分析时的效率，可对数据集构建具有不同分辨率的“金字塔”，由此提供面向不同比例尺的多种细节层次表达(图 7.23)。地形数据集金字塔结构的优点是随着比例尺的减小，地形表达的精度逐步降低，其实质是对数据集中的点要素类进行比例尺依赖的动态综合或点的抽稀处理，由此得到具有一系列不同粒度的动态 TIN，当显示范围较大时使用粗粒度的 TIN(如将比例尺缩小到可以看见整个研究区域的程度)；当放大地图比例尺并将视线集中于特定的地图范围时，则使用较多的表面点并提高详细程度。

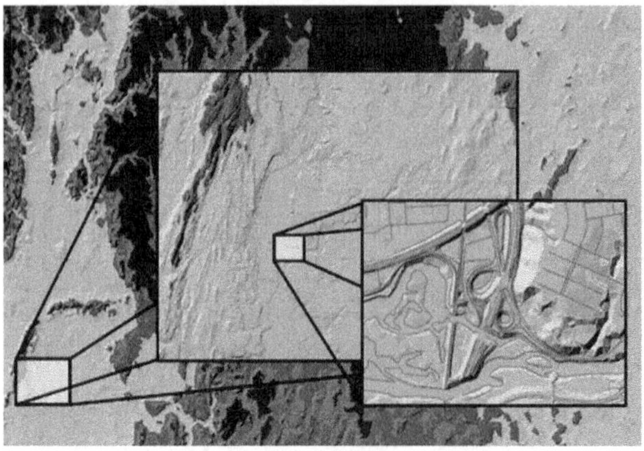

图 7.23 地形数据集的多分辨率金字塔

在组织地形数据集的过程中，需要定义金字塔等级数、每个金字塔等级对应的地图比例尺工作范围，以及每个金字塔等级的相对精度。表 7.6 给出了具有 5 个等级金字塔的地形数据集示例。

表 7.6　地形数据集金字塔数组组织示例

金字塔等级	Z 值容差/m	地图比例尺范围	地形表达的详细程度
1	0.3	大于 1：5000	
2	1.0	1：5000～1：1.5 万	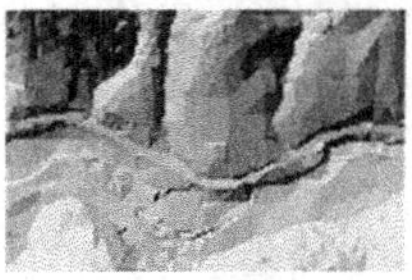
3	2.0	1：1 万～1：3 万	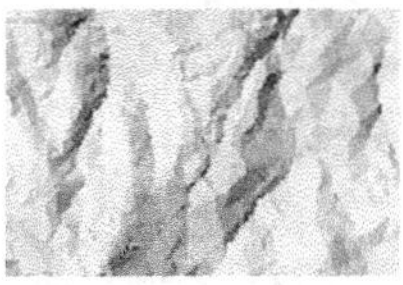
4	4.0	1：3 万～1：5 万	
5	8.0	1：5 万～1：10 万	

虽然地形数据多分辨率金字塔在概念和用途上均类似于栅格或影像金字塔，但两者在实现方法上存在明显不同。可采用两种方法来构建地形数据集的金字塔：Z 值容差金字塔和窗口大小金字塔。前者使用地形表面分辨率定义中的垂直容差，每个金字塔等级都是对全分辨率数据按某种垂直精度的近似。而后者的分辨率是通过在各个金字塔等级对应的比例尺范围内定义的等面积窗口来定义的，由此控制点在水平面上的采样密度。

1）*Z 值容差金字塔*

Z 值容差金字塔利用一种基于 Z 容差的过滤器对原始密集的地形测量点进行稀化处理来达到金字塔化的目的。通过消除不重要的点来生成派生地形表面，相对于初始地形表面而言，这些派生表面的误差在 Z 容差范围之内。在 Z 值容差金字塔中，Z 容差的设定对于控制相对于全分辨率数据的每个金字塔等级的高程精度至关重要，各金字塔等级的高程精度始终与全分辨率原始数据的高程精度相关。例如，假设原始数据的高程精度为 0.5m，在其上构建的第一个金字塔的 Z 值容差设定为 1m，则该金字塔层级的高程绝对精度为 1.5m，该层金字塔上，将相邻两点（按 TIN 的边确定）高程差小于高程绝对精度的，删除其中的一个点，得到经稀化处理的该金字塔等级测量点集，如图 7.24 所示。

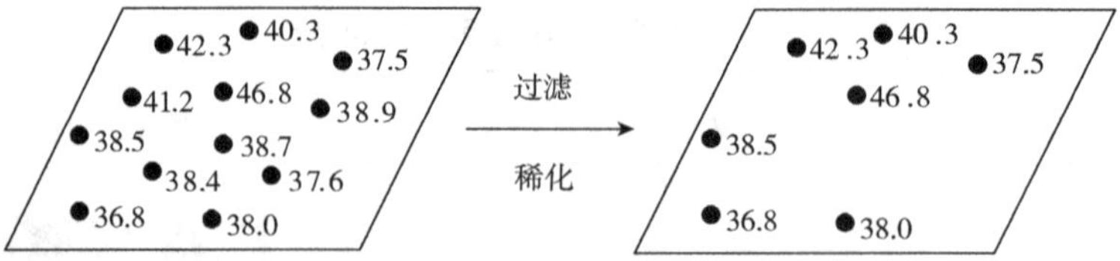

图7.24 Z值容差金字塔构建示例

2)窗口大小金字塔

窗口大小金字塔通过指定窗口的大小，对原始密集的地形测量点进行过滤和稀化处理来达到金字塔化的目的。首先将原始数据划分为大小相等的若干窗口，而每个窗口只选择1个或2个点作为代表，来稀化每个金字塔等级中点的密度(图7.25)。窗口中点选择的依据应满足如下条件之一：①具有最小z值的点；②具有最大z值的点；③捕获z最小值和z最大值的两个点；④最接近平均z值的点。该方法利用窗口大小控制与高点、低点或平均高程点相关的、且具有可控偏差的水平采样密度。

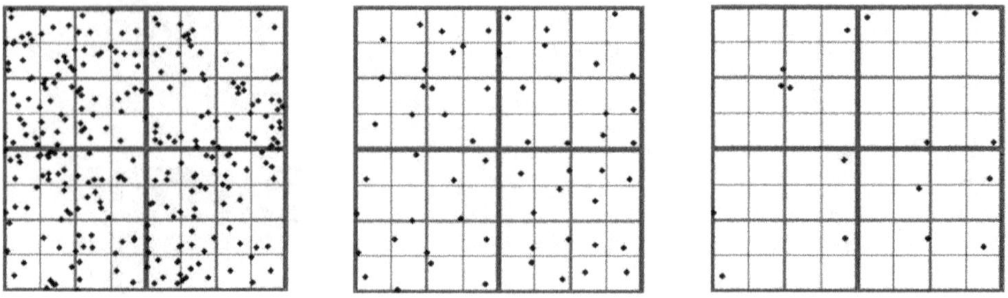

(a) 全分辨率测量点数据 未建立窗口大小金字塔

(b) 窗口大小金字塔第1级 每一窗口(细线)保留1个测量点

(c) 窗口大小金字塔第2级 每一窗口(中粗线)保留1个测量点

图7.25 窗口大小金字塔构建示例

金字塔中各等级中点的密度由不同大小的窗口所定义，对粗糙分辨率的金字塔等级采用较大的窗口，较为精细分辨率的金字塔则采用尺寸较小的窗口。从原始测量点到金字塔的各层级，窗口尺寸逐步加大，因为每个窗口内仅保留1或2个点，所以原始测量点被逐步综合和抽稀，所表达的地形精度也逐步降低。

2. 三维模型数据的组织

为了显示三维场景，ArcGIS的ArcGlobe三维场景可视化平台采用多面体(MultiPatch)模型来表达带纹理的建筑物、灯柱、树、桥梁、地下建筑物或某种类型的分析表面等单个建模对象(图7.26)，实际上是以一系列不规则三角面片来表示这些对象的表面几何形态，并对三角面片映射纹理以增加建模对象的真实感。对从其他途径完成三维对象几何建模和纹理映射(如利用3D max、Sketchup软件交互建模，或依据倾斜摄影测量、LiDAR数据自动或半自动建模的建筑物、桥梁等三维对象)的三维模型按其真实空间坐标转换为多面体模型，按三维模型的地物类别，将其组织为多面体要素类(或层)，每个多面体要素类是经分块、分类的同类三维对象——多面体要素(如单体建筑物模型)的集合，而每个多面体要素本身是由一系列三角面片、三角扇、三角条带或三角环构成的、表示三维对象边界的面(如建筑物的一个墙立面、屋顶等)组成的，每个面具有自己的纹理、颜色、透明度和几何信息。因此，对一个多面体要素类是以树状结构来组织其几何、纹理、属性等数据的(图7.27)，每个面可作为一个记录存储到空间数据库中。

图7.26　多面体表示的三维建筑物模型图

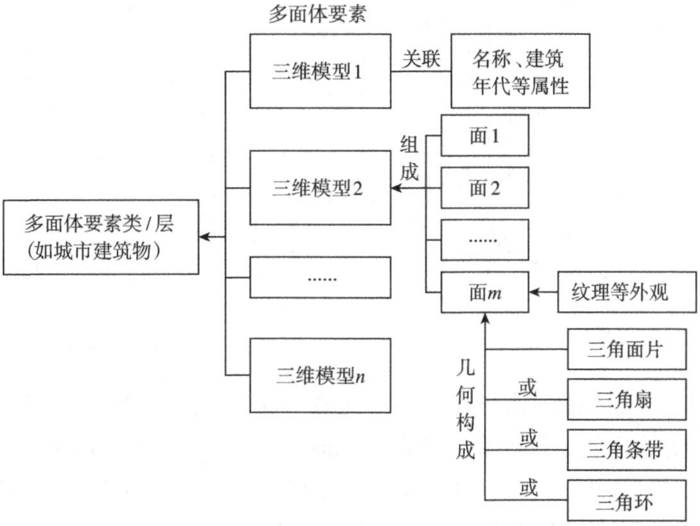

图7.27　多面体要素类数据组织的树状结构

7.5　空间数据索引

当将大量的、不同类型的地理空间数据组织起来并利用空间数据库对其进行存储和管理后，要从中快速地找到某一个或局部范围内的特定对象，就必须建立有效的空间索引。

空间索引是指依据空间对象的位置和形状或空间对象之间的某种空间关系按一定的顺序排列的一种数据结构，其中包括空间对象的概要信息，如对象的标识、外接矩形及其指向空间对象实体的指针。作为一种辅助性的空间数据结构，空间索引介于空间操作算法和空间对象之间，通过它的筛选，大量与特定空间数据操作无关的空间对象得以被排除，从而提高了空间数据操作的速度和效率。

空间索引是空间数据组织的重要组成部分，通过抽取与空间定位相关的信息组成对原空间数据的索引，达到以较小的计算量实现对大数据量的高效检索、查询的目的。空间数据索引的方法有很多，在此仅介绍几种针对矢量、栅格和三维空间数据的常用空间索引方法。

7.5.1　矢量数据的空间索引

依据点、线和面矢量地理要素的位置坐标、空间分布和几何形态，可构建不同形式的空间索引。

1. 实体范围索引

在记录每个空间实体的坐标时，记录包围每个空间实体的最小包络矩形（minimal bounding rectangle，MBR）的最大最小坐标，形成索引文件。这样，在检索空间实体时，根据空间实体的最大最小范围，预先排除那些没有落入检索窗口内的空间实体，仅对那些外接矩形落在检索窗口的空间实体作进一步的判断，最后检索出那些真正落入窗口内的空间实体。如图 7.28 所示的查询窗口中，对所有空间实体的外接矩形最大最小坐标进行落入判别，其中空间实体 B、C 完全落入查询窗口，从空间数据库中提取 B 和 C 的相应数据。

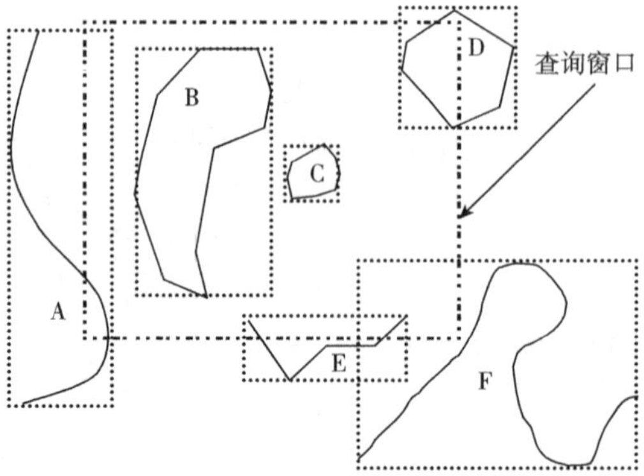

实体对象	边界范围			
	X_{min}	X_{max}	Y_{min}	Y_{max}
A	…	…	…	…
B	…	…	…	…
C	…	…	…	…
D	…	…	…	…
E	…	…	…	…
F	…	…	…	…

索引文件

图7.28　基于实体范围的空间索引

实体范围索引能够在一定程度上满足空间数据查询检索的效率需求，但实体范围索引并未真正建立空间数据的索引机制，仍然需要对整个数据文件的空间要素进行检索，只是某一些要素可以直接判别是否为查询对象，而另一些要素需要进行复杂计算才能判别。ArcView针对简单地理要素的 Shapefile 文件采用的就是这种实体范围式空间索引。

2. 多级格网索引

对空间数据的覆盖区域(外接矩形)按照一定的空间间隔将其规则地划分为若干个子空间并对各子空间进行编号，记录各要素落入子空间的编号，形成空间索引文件。若空间范围仍太大且落入要素太多，可对各子空间按较小的空间间隔对其再划分，这样就形成了多级格网索引(图7.29)。空间格网划分的层级一般不宜超过三级，例如，对某市级基础地理数据采用两级格网索引，其首级格网尺寸确定为5km，次级格网为1km。

按多级格网对空间数据建立索引时，所划分的各级格网数不能太多，否则，会导致索引文件本身太大而不利于数据的查询和检索。ArcGIS Geodatabase 的文件型数据库、ArcSDE Oracle 和 DB2 对要素类采用多级格网索引。

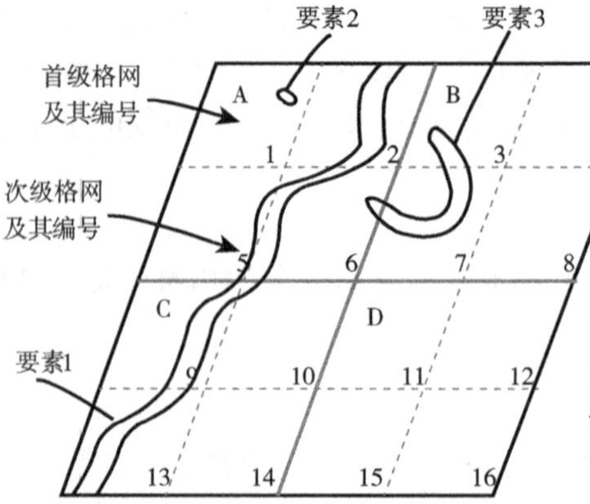

首级索引

索引 1	
A	1,2,3
B	3
C	1

次级索引

索引 2	
1	2
2	1
3	3
5	1
6	1,3
7	3
9	1
10	1
13	1

图7.29　多级格网空间索引

3. R 树空间索引

R 树空间索引不仅利用单个要素的最小包络矩形 MBR，还将空间位置相近的若干要素的外接矩形重新组织为一个更大的虚拟矩形 Rect，由此实现自下而上的分级索引结构。在构造虚拟矩形时，虚拟矩形方向与坐标方位轴一致，同时满足：包含尽可能多的空间实体；矩形间的重叠率尽可能少；允许在每个矩形内再划分小矩形。对这些虚拟的矩形建立空间索引，得到 R 树索引文件，其叶节点包含指向所包围空间要素的指针。图 7.30 给出了 R 树的示例，图中 R 表示索引节点 Rect 对象，m_i 和 P_i 分别表示各空间要素，x 表示点查询对象。

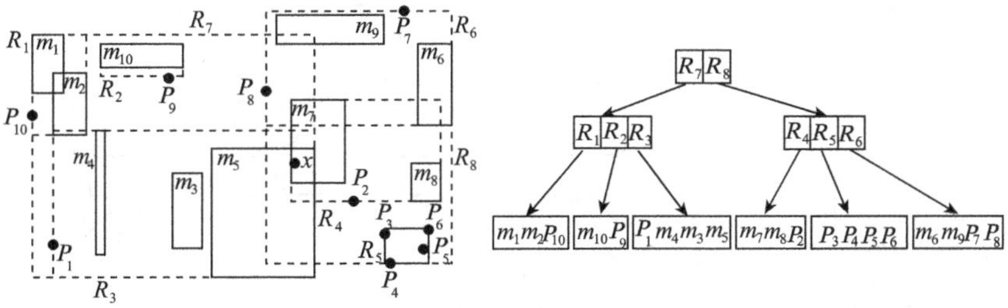

图7.30　R树空间索引

R 树是一种采用对象界定技术的高度平衡树，其优点是有较高的索引效率，支持动态的空间索引构建，对空间数据的插入、删除和查询可以同时进行，并且不需要进行周期性的索引重组。但 R 树允许同级节点间存在空间上的相互重叠，因此对于精确匹配查询来说，R 树不能保证唯一的搜索路径。Oracle Spatial、面向 Informix 的 ArcSDE 等都采用 R 树空间索引。

4. R+树空间索引

R+树索引是对 R 树索引的一种改进，其建立方法与 R 树基本相同，但它不允许同级虚拟矩形间存在彼此重叠的情况，若存在重叠，则必须将其分解为非重叠的子集，这就使得同一空间要素可能被分割到多个虚拟矩形之中。在构造虚拟矩形时，尽量保持每一个虚拟矩形包含相同个数的下层虚拟矩形或者要素的 MBR，以保证任一要素具有相同的检索时间。图 7.31 给出了 R+树索引的示例，图中要素 m_8 在分割后，出现在虚拟矩形 R_5 和 R_8 叶节点中；要素 m_5 被分割后，出现在虚拟矩形 R_3、R_4 和 R_7 的叶节点之中。

与 R 树相比，因为 R+树的同级虚拟矩形(同级节点)在空间上彼此不重叠，相同的空间区域都由最多一个节点覆盖，所以有利于空间查询操作。但 R+树的节点分裂操作复杂，且不能向上级节点及下级节点蔓延，导致节点分裂的增加及对要素的多次重复存储，除了空间开销大之外，树的深度也随之增加，进而影响数据检索的性能。

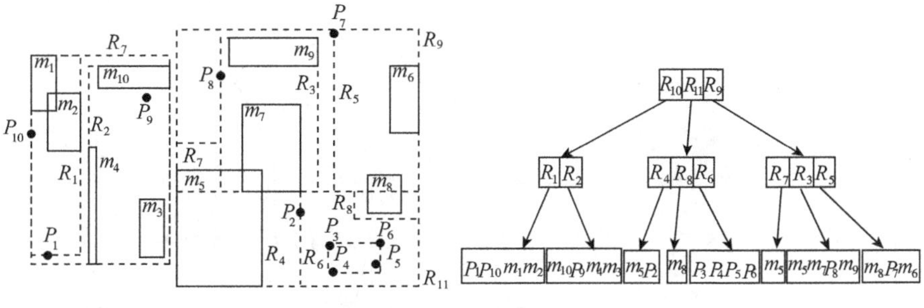

图7.31　R+树空间索引

7.5.2　栅格数据的空间索引

对无缝组织的栅格和影像数据，一般依据数据所覆盖的地理空间范围，对其进行规则的空间划分，并对划分的子空间按某种方式进行编码，构建空间索引。

1. 四叉树索引

四叉树通过将已知范围的空间分成四个相等的子空间，如此递归下去，直至树的层次达到一定深度或者满足某种要求时停止分割。对每次划分的子空间自左向右、自上而下分别编码，形成均匀的四叉树结构(图 7.32)。

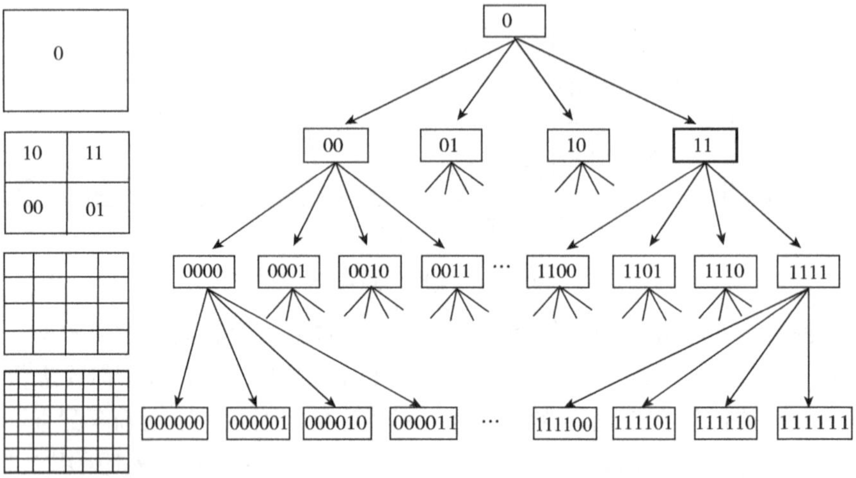

图7.32 栅格数据四叉树索引结构

图 7.32 中，四叉树中各节点编码顺序为自上而下、从左到右，依次编码。其根节点编码为 0，按照上北下南左西右东的地理定位方式，根节点四个子节点的编码分别为：SW(SouthWest 西南)为 00、SE(SouthEast 东南)为 01，NW(NorthWest 西北)为 10、NE(NorthEast 东北)为 11。编码为 00 节点其四个子节点编码为：SW 为 0000，SE 为 0001，NW 为 0010，NE 为 0011。以此类推，对整棵四叉树进行编码。栅格四叉树中每一个数据块都有单独的编码。记录四叉树的编码及其所对应的栅格或影像数据块(也称作瓦片)，建立起栅格或影像数据的四叉树索引。

2. Hilbert 四叉树索引

Hilbert 四叉树索引是根据 Hilbert 空间填充曲线的特点来优化四叉树空间索引的过程。各个四叉树节点对应的索引区域都可以映射成 Hilbert 曲线数字序列上的一个特定数值，将高维数据映射成一维空间的一个点，最后把空间数据在物理上的存储顺序按照 Hilbert 曲线顺序排列(图 7.33)。

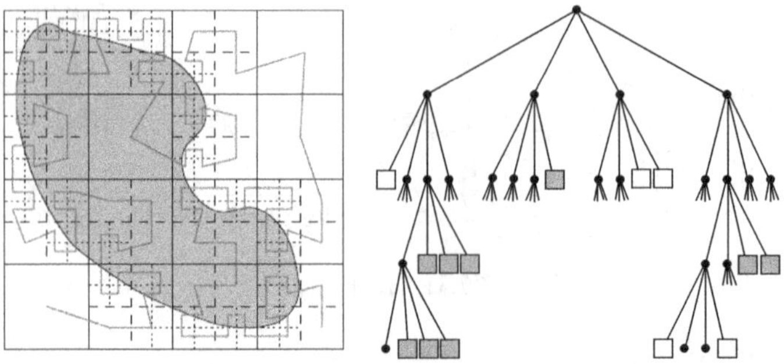

图7.33 Hilbert四叉树索引示意图

图 7.33 中，黑色小圆圈表示该方块未被某目标填满，或者它包含多个目标在其中，需要继续划分。颜色填充小矩形表示立方体被某一个目标填满。空白的小矩形表示该方块中没有目标。

对栅格或影像数据按照 Hilbert 填充曲线的排序方法进行数据块编码(图 7.34)，记录各数据分块的 Hilbert 编码及其对应的数据块，建立 Hilbert 四叉树索引。

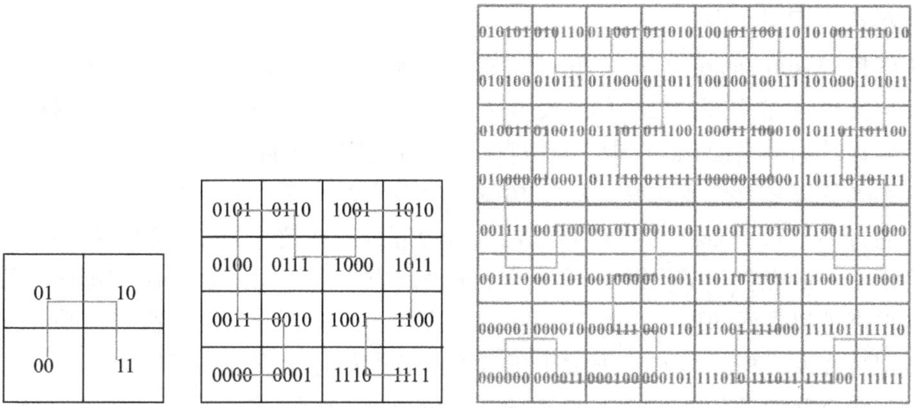

(a) L=2　　(b) L=3　　(c) L=4

图7.34　Hilbert填充曲线访问顺序和编码示意图

7.5.3　三维场景数据的空间索引

三维场景拥有大量以多面体表达的三维空间对象，其建模数据量庞大。为了提高对这些对象进行查询、检索、分析和显示的效率，在组织和管理三维场景数据时，需要依据数据的三维空间特征，建立三维空间索引。其基本原理是对三维空间按“有限—互斥—完整”的剖分原则进行体空间的划分和编码，并按某种方式记录各子空间编码及其包含的三维空间对象的标识码。

1. 八叉树索引

八叉树是四叉树在三维空间的扩展。将三维场景所表达的空间 V 分别按 X、Y、Z 三个方向从中间进行相等分割，把 V 分割成八个体积相等的立方体；然后根据每一个立方体中所含的目标来决定是否对各立方体再进行八等份的划分，一直划分到每个立方体被一个目标所充满，或没有目标，或其大小已达到预先定义的最小划分尺寸为止。对每一层级分割的子块按与四叉树类似的编码规则进行八叉树编码，记录各分块的八叉树编码及其所包含的三维对象的标识码，形成八叉树三维空间索引。图 7.35 中空白小圆圈表示该立方体未被某目标填满，或者它包含多个目标在其中，需要继续划分；填充小矩形表示立方体已被某一个目标填满或不再划分；空白的小矩形表示该立方体中没有目标。

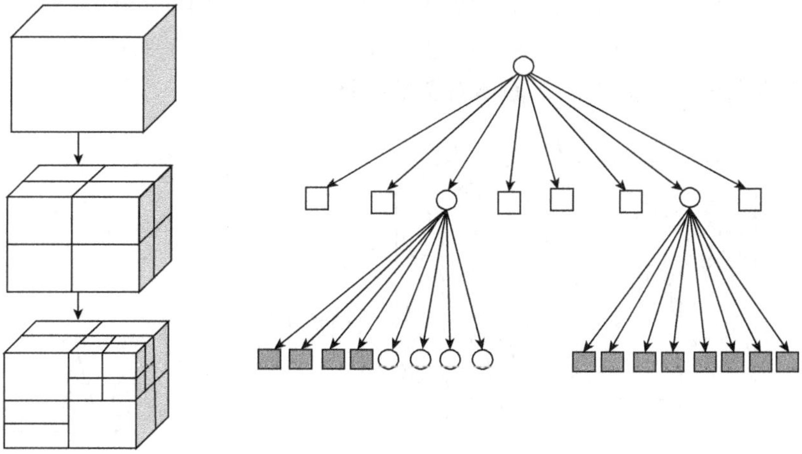

图7.35　三维空间八叉树索引示意图

2. *K*-D 树索引

K-D 树(*K*-dimension tree)是将二叉树推广到多维(*K* 维)空间的一种索引结构。*K*-D 树的每个节点都是 *K* 维空间的二叉树，表示对 *K* 维空间的一个划分。构造 *K*-D 树相当于不断地用垂直于坐标轴的超平面(如二维空间的直线、三维空间的平面)将 *K* 维空间进行无重叠地划分，构成一系列的 *K* 维超矩形区域。*K*-D 树的每个节点对应于一个 *K* 维超矩形区域。所有非叶子节点可通过一个超平面将 *K* 维空间再划分为两部分。在超平面左边的点代表节点的左子树，在超平面右边的点代表节点的右子树。超平面的方向可以用下述方法来选择：每个节点都与 *K* 维中垂直于超平面的那一维有关。因此，以按照 *X* 轴划分为例，所有 *X* 值小于指定值的节点都会出现在左子树，所有 *X* 值大于指定值的节点都会出现在右子树。

以二维空间对象为例，其 *K*-D 树索引如图 7.36 所示。图中，p 表示点实体对象，c 表示线、面对象的中心点。*K*-D 树索引适合于对高维点数据建立索引，若为线、面或体对象，则需要通过计算各对象的几何中心来代替整个对象并建立 *K* 维空间索引。

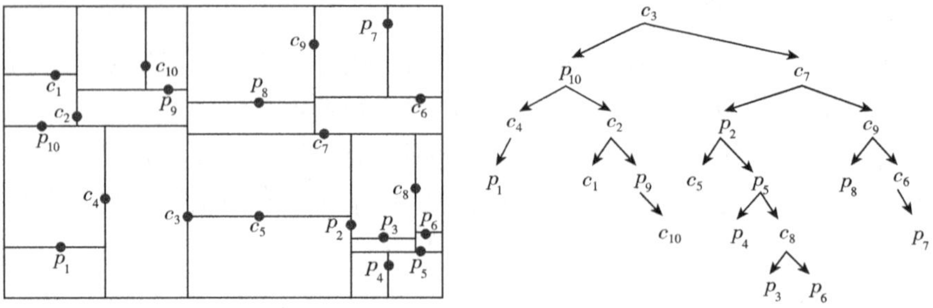

图7.36 二维空间*K*-D树索引示意图

3. BSP 树索引

与 *K*-D 树类似，BSP(binary space partition)树也是一颗多维二叉树，但它采用非平行于 *X*、*Y*、*Z* 等坐标轴的超平面对高维空间进行递归式的二路空间分割，将空间分割成两个互不相交的半空间，所有位于这个平面一侧的点定义了一个半空间，位于另一侧的点定义了另一个半空间。此外，如果在任何半空间中有一个平面，它会进一步将此半空间分割为更小的两个子空间。可以使用多边形列表将这一过程进行下去，当子空间中仅存在单个平面时，即可构造出一个描述三维实体对象层次结构的二叉树(BSP 树)。对二维空间对象建立 BSP 树索引的示例如图 7.37 所示，H 表示空间划分后的索引节点，p 表示点实体对象，r 表示多面体对象。在划分的结果中，每一个平面对应树中一个内部节点，每个子空间对应一个叶子节点，每个叶子节点包含着指向该子空间中内多面体对象的指针。

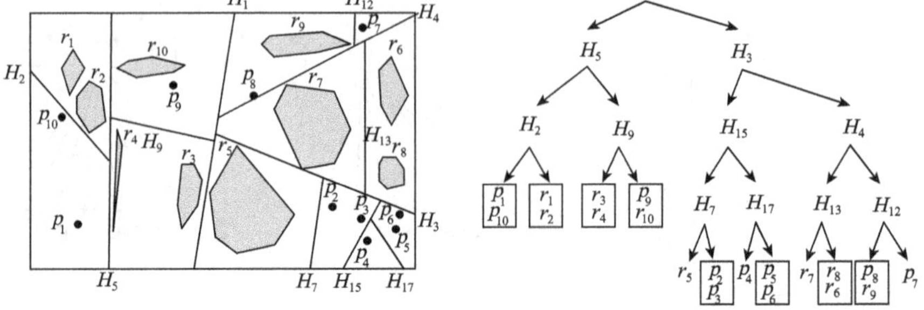

图7.37 二维空间BSP树索引示意图

4. 三维 R 树索引

三维 R 树是二维 R 树在三维空间的扩展，因此，三维 R 树索引的构建方法与二维 R 树的情况基本类似。只是此时需要设计虚拟边界立方体(virtual bounding box，VBB)来代替二维 R 树中的虚拟矩形，使每一立方体中包含若干个空间邻近的多面体对象，并由底向上逐级合并为更大的虚拟边界立方体，形成具有多层次的三维 R 树索引。图 7.38 给出了一个三维 R 树空间索引的示例。图中，虚拟边界立方体 A 中包含三维空间对象 a、b、c 和 d(以其最小包络立方体表示)；虚拟边界立方体 B 中包含三维空间对象 e、f 和 g。

与二维 R 树相同，三维 R 树同级节点所代表的三维空间可能存在部分重叠(这种重叠通常会随数据量或空间维数的增加而剧增)，导致对数据的区域搜索可能需要沿多条路径进行，从而降低了搜索效率。因此，在三维空间数据组织中，通常需采用启发式算法来降低三维 R 树节点的空白区域、各分支的重叠区域及虚拟边界立方体的体积，从而减少各分支的重叠区域，提高节点利用率，改进三维 R 树索引的性能。例如，可采用球形或规则多面体作为三维空间对象的外包体，从而避免使用虚拟边界立方体分解三维空间所带来的大量重叠区域和空白区域；或者对三维 R 树进行改造，如三维 R+树、三维 R*树等，但尚未达到实用阶段。

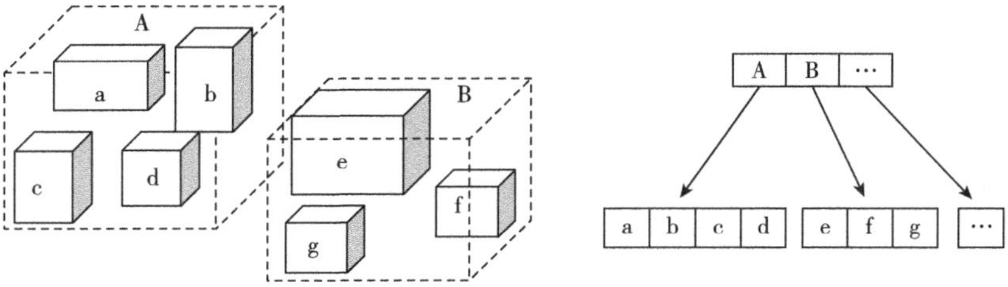

图7.38　三维R树索引示意图

对以上几种三维空间数据索引方法，从空间划分或分割方式、适合数据对象及其优缺点等几个方面进行对比，如表 7.7 所示。

表 7.7　几种常见三维场景空间索引对比

索引名称	区域划分方式	适合对象	优点	缺点
八叉树	空间八分	三维空间对象	算法简单，与空间对象分布相适应，可以控制切割面及分割树的深度	深度较大时，对数据查询和各种操作均有不利影响
K-D 树	按点二分	二维、三维或更高维对象	具有较低的存储需求，高效查询	对海量数据的索引性能不高，索引更新困难，主要用于点对象的索引
BSP 树	空间二分	二维、三维对象	可以控制切割面及分割树的深度，分割更加有效，树的检索速度较快	算法较复杂，动态维护性能较差，需要预先生成索引
三维 R 树	长方体	三维空间对象	可动态地构建空间索引，且不需要周期性地重组索引	同级节点间在空间范围上的重叠，使得对数据的搜索存在多路径，效率降低

思 考 题

1. 简要叙述空间数据组织的概念？
2. 简述地理空间数据组织的几种方式、适用对象及其优缺点？
3. 简述矢量空间数据组织中拓扑关系构建的主要用途及其遵循的原则？
4. 栅格和影像数据有哪三种组织方式？比较这三种数据组织方式的性能与各自特点？
5. 比较三维场景数据组织、矢量空间数据组织和栅格空间数据组织之间的区别与联系？
6. 城市场景数据主要包括哪些数据类型和哪些组织策略？
7. 什么是空间数据索引？介绍矢量数据空间索引的几种常用方法？
8. 简述三维场景数据的空间索引建立的基本原理，以及几种常用方法。
9. 简述地理空间数据组织与空间索引之间的关系。
10. 随着空间大数据的不断发展，目前地理空间数据组织与索引面临哪些挑战？

第 8 章　空间数据库与空间数据的管理

空间数据库的作用在于对经组织的各类地理空间数据进行有效存储、管理、维护和更新，并为 GIS 应用高效地检索和提取满足应用需求的数据。本章围绕空间数据库如何进行空间数据的管理这一核心命题，结合 ArcGIS 的 Geodatabase 空间数据库模型，讨论空间数据库与空间数据库管理系统、时序空间数据的管理、空间数据的更新及空间数据安全等问题。

8.1　空间数据库与空间数据库系统

8.1.1　数据库与数据库管理系统

1. 数据库

数据库指的是以一定方式储存在一起、能被多个用户共享、冗余度尽可能小的且与应用程序彼此独立的数据的集合。简单地说，数据库可视为电子化的文件柜——存储电子文件的场所，用户可以对文件中的数据进行新增、截取、更新、删除等操作。当前主要的数据库类型有关系型数据库(relational database，RDB)、面向对象数据库(object oriented database，OODB)、对象关系型数据库(object-relation database，ORDB)和 NoSQL(not only SQL)数据库。

1)关系型数据库

关系型数据库是指采用关系模型组织数据的数据库，借助于集合代数等数学概念和方法处理数据库中的数据。关系型数据库以由行和列构成的二维表来组织和存储数据，因此一个关系型数据库就是由一系列二维表及其之间的关系组成的数据集合。

除关系表结构外，关系型数据库还包括选择、投影、连接、并、交、差、除等关系操作，以及实体完整性、参照完整性、用户定义完整性等关系完整性约束，支持数据的查询、增加、删除和修改等操作。关系型数据库可利用 SQL(structured query language)这种介于关系代数与关系演算之间结构化或标准化的查询语言来创建、更改和删除关系模式及数据的查询。

关系型数据库是当今使用最为广泛、易于理解、便于使用和方便维护的数据库类型。当前主流的关系型数据库有 Oracle(甲骨文)公司旗下的 Oracle 和 MySQL、IBM 公司的 DB2 和 Informix、Microsoft 公司的 Access 和 SQL Server 等。

2)面向对象数据库

面向对象数据库是按面向对象思想以对象形式表示信息的数据库。借助于类的封装性、继承性和多态性可表达对象的属性、方法和状态。在面向对象数据库中，数据以对象的形式存储，这些对象只能由其所属的类中定义的方法来操作。一个面向对象数据库可能有多个类层次，在一个类层次中，一个类继承其所有超类的全部属性、方法和消息。面向对象数据库系统在逻辑上和物理上从面向记录上升为面向对象、面向可具有复杂结构的一个逻辑整体，允许用自然的方法，并结合数据抽象机制在结构和行为上对复杂对象建立模型，从而大幅度提高管理效率，降低用户使用复杂性。

面向对象数据库具有易维护、质量高、效率高和易扩展的优点，但也存在着理论亟待完善、技术尚未成熟、缺乏相应标准等缺点，虽然也有一些 OODB 产品，如 GemStone 公司的 SystemGemStone/S Object Server、Objectivity 公司的 Objectivity/DB、Progress Software 公司的

ObjectStoe，以及 db4objects 公司的开源产品 db4o 等，但 OODB 在我国成功应用的案例较少。

3) 对象关系数据库

对象关系数据库是关系数据库与面向对象数据库的结合。它保持了关系数据库系统的非过程化数据存取方式和数据动力性，继承了关系数据库系统已有的技术，既支持原有的关系数据管理，又能支持 OO 模型和对象管理，在存储和操纵的数据类型方面具有更大的灵活性。对象关系数据库允许定义新的数据类型并允许用户存储、访问和管理图像、音频、视频及大型文本文档，具有创建集合、组合和引用等复杂数据对象、表达嵌套关系、扩展的 SQL 及用户自定义例程等能力。对象关系型数据库能够很好地实现对现实世界的建模、描述与展现，是存储 GIS 空间数据的有效手段。对象关系数据库产品有 IBM DM2、Informix Dynamic Server、Oracle Spatial，以及可供免费使用的 PostgreSQL 等。

4) NoSQL 数据库

NoSQL，本意为“不仅仅是 SQL”，泛指非关系型数据库。随着互联网 Web2.0 的兴起，关系型或对象关系型数据库在支撑 Web2.0 网站，尤其是超大规模和高并发的 SNS(social network site)动态网站时面临着新的挑战：①许多 Web 实时应用系统并不要求严格的数据库事务，对读、写数据的一致性要求不高，数据库事务管理成了数据库高负载情况下的沉重负担；②对数据的写入和读取的实时性需求，不必像关系数据库那样要求高；③Web 应用更多的是对单表的主键查询或对单表的简单条件分页查询，不需要复杂的 SQL 查询尤其是多表关联查询，SQL 的功能被极大地弱化。NoSQL 数据库的产生顺应了 Web2.0 这种大规模数据集合、多重数据种类存储的需求。

NoSQL 数据库具有易于扩展、支持大数据量、高性能、灵活的数据模型、高可用性及开源和免费的优点，但也存在着尚未形成一定的标准、各种产品层出不穷且内部混乱、无法得到技术支持及其可靠性还有待检验等缺点。典型的 NoSQL 数据库产品有 MongoDB、HBase、Redis、CouchDB、Neo4j 和 HBase 等。

2. 数据库管理系统

数据库管理系统(database management system, DBMS)是一种操纵和管理数据库的软件系统，用于建立、使用和维护数据库。DBMS 可保证多个应用系统和用户用不同的方法在相同或不同时刻建立、修改和访问数据库(图 8.1)。

根据处理对象的不同，数据库管理系统的层次结构由高级到低级依次为应用层、语言翻译处理层、数据存取层、数据存储层及操作系统(图 8.2)。

(1)应用层。应用层是 DBMS 与终端用户和应用程序的交互层，处理的对象是各种各样的数据库应用。

(2)语言翻译处理层。语言翻译处理层的任务是对数据库语言的各类语句进行语法分析、视图转换、授权检查、完整性检查等。

(3)数据存取层。数据存取层处理的对象是单个元组，它将上层的集合操作转换为单记录操作。

(4)数据存储层。数据存储层处理的对象是数据页和系统缓存区。

(5)操作系统。操作系统是 DBMS 的基础。操作系统提供的存取原语和基本的存取方法通常是 DBMS 存储层的接口。

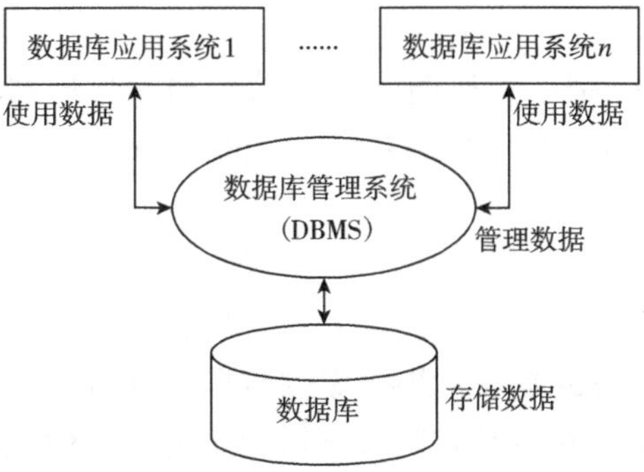

图 8.1　DBMS 与数据库及应用的关系

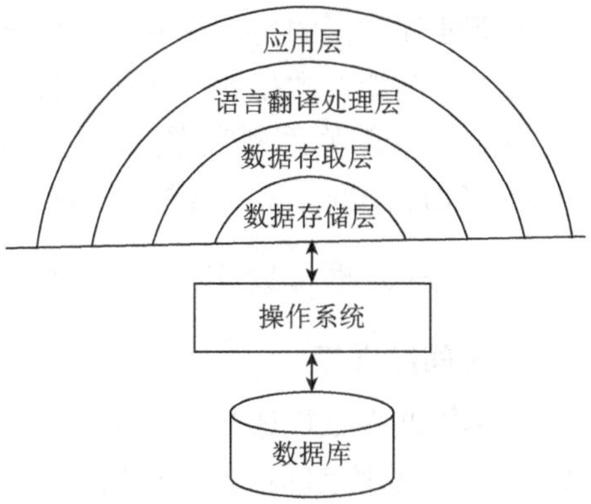

图 8.2　数据库管理系统的结构

数据库管理系统通常有以下 3 个重要的组成部分。

(1) 数据描述语言 (data description language，DDL)。为了对数据库中的数据进行存取，必须正确地描述数据及数据之间的联系，DBMS 根据这些数据定义从物理记录导出全局逻辑记录，从而导出应用程序所需的记录。DBMS 提供数据描述语言以完成这些描述工作。

(2) 数据操作语言 (data manipulation language，DML)。DML 是 DBMS 中提供应用程序存储、检索、修改、删除数据库中数据的工具，又称数据子语言 (DSL)。DML 有两种基本类型：过程化 DML 和非过程化 DML。过程化 DML 不仅要求用户指出所需的数据是什么，还要指出如何存取这些数据；非过程化 DML 只要求用户指出所需的数据而不必指出存取这些数据的过程。

(3) 数据库例行程序。从程序的角度看，DBMS 是由许多程序组成的一个软件系统，每个程序都有自己的功能，它们互相配合完成 DBMS 的工作，这些程序就是数据库管理例行程序。在 DBMS 中，这些程序主要有以下 3 种：语言处理程序、系统运行控制程序、日常管理和服务性程序。

数据库管理系统都有一些基本功能：

(1) 数据定义功能。DBMS 提供数据描述语言 DDL，供用户定义数据库的三级模式结构、两级映像及完整性约束和保密限制等约束。DDL 主要用于建立、修改数据库的库结构。DDL 所描述的库结构仅给出数据库的框架，该框架信息存放在数据字典 (data dictionary) 之中。

(2) 数据操作功能。DBMS 提供数据操作语言 DML，供用户实现对数据的追加、删除、更新、查询等操作。

(3) 数据库的运行管理功能。保证数据库系统正常运行的系列功能，包括 DBMS 的运行控制、管理功能，以及多用户环境下的并发控制、安全性检查和存取限制控制、完整性检查和执行、运行日志的组织管理、事务的管理和自动恢复等。

(4) 数据组织、存储与管理功能。DBMS 分类组织、存储和管理各种数据，包括数据字典、用户数据、存取路径等，需确定以何种文件结构和存取方式在存储级上组织这些数据、如何实现数据之间的联系。其目的是提高存储空间利用率和数据存取效率。

(5) 数据库的保护功能。DBMS 对数据库的保护通过 4 个方面来实现：数据库的恢复、数据库的并发控制、数据库的完整性控制、数据库安全性控制。DBMS 的其他保护功能还有系统缓冲区的管理及数据存储的某些自适应调节机制等。

(6) 数据库的维护功能。此部分功能包括数据库的数据载入、转换、转储、数据库的重组合重构及性能监控等，这些功能分别由各个应用程序来完成。

(7) 数据通信功能。DBMS 具有与操作系统联机处理、分时系统及远程作业输入的相关接口，负责处理数据的传送。网络环境下的数据库系统，还应该包括 DBMS 与网络中其他软件系统的通信功能及数据库之间的互操作功能。

当前，基于关系型数据库的数据库管理系统应用最为普遍。典型的数据库管理系统有 Sybase、DB2、Oracle、MySQL、MS Access、Foxpro、MS SQL Server、Informix 等。

8.1.2　空间数据库及其管理系统

1. 空间数据库

空间数据库是描述某一地理区域内具有空间参考的真实世界对象的数据文件集合，也是 GIS 存储和管理空间数据的场所。在空间数据库中，对各类空间数据以特定的数据模型和数据结构表达、存储和管理从地理空间抽象出来的地理对象或地理现象的位置、几何形态、空间分布、空间关系、时间过程和属性数据。因为空间数据具有空间分布、空间关系、多尺度与多态性、非结构化等特征，且具有数据类型多、数据量庞大的特性，所以空间数据库的建立、维护和管理比普通数据库复杂得多。

建立空间数据库的目的在于将以分类、分块、分层、分要素组织的各类空间数据进行统一的存储和管理，以便于空间数据的维护、更新、分发和应用。因此，空间数据库实际上是一个集成化的逻辑数据库，所有数据能够在同一界面下调度和显示，各种比例尺、各种类型的空间数据能基于相同的空间参考相互叠加、相互套合形成一体化的数据库。

2. 空间数据库部署模式

对于一个涉及全国、全省多部门的 GIS 应用而言，往往需要将不同等级行政区域、多个行业不同类型的空间数据汇集起来，构建空间数据库，以满足不同用户的空间数据需求。从空间数据库部署的角度来看，主要有以下几种模式(图 8.3)。

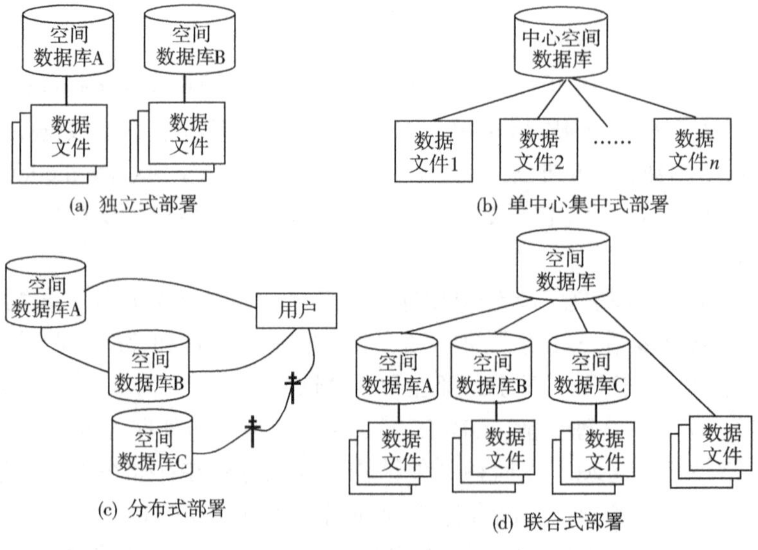

图 8.3　空间数据库的部署模式

1) 独立式空间数据库部署

由不同等级行政区域、各个部门或个人建立的彼此独立的空间数据库，分别维护和管理其自身的各类空间数据，并满足自身的应用。这种数据库部署模式的优点是依据部门或个人的实际应用需求建立空间数据库，其缺点也正是各数据库之间彼此独立，导致相同数据可能重复存储，各数据库中相同类型数据间存在数据模型、结构、格式、时间和精度的不一致，异库间数据难以共享。该模式一般适用于个人或小型机构空间数据的存储和管理。

2) 单中心集中式空间数据库部署

这种空间数据库部署模式将不同等级行政区域同一行业部门，或同一行政区域不同行业部门的多种类型空间数据文件统一汇交并集中到一起，由同一个中心数据库进行数据的存储与管理。该部署模式的优点是有利于空间数据在部门内部或行政区域内部各部门间共享，数据冗余较小，但涉及的部门和数据类型众多，导致数据组织、管理和维护困难，而且各部门提供自身数据的积极性不高，数据更新频次难以保证，并且跨部门数据共享困难。此模式适用于拥有多个用户的部门或企业级空间数据的存储和管理。

3) 分布式空间数据库部署

将不同地方、不同部门的相关空间数据库(称为本地、参与或局部数据库)分布式地部署在当地，并利用计算机网络技术将它们连接起来，使用户能透明、无障碍地访问各个数据库。在分布式空间数据库中，空间数据分别在不同的局部数据库中存储。由不同的 DBMS 进行管理、在不同的机器上运行、由不同的操作系统支持、被不同的通信网络连接在一起，但分布式数据库在逻辑上是一个统一的整体，一个应用程序可以对分布在各地的数据库进行透明操作，从用户应用的角度看，分布式空间数据库与集中式空间数据库并不存在差别。

分布式空间数据库部署具有可实现空间数据的异地备份、便于各部门分别维护自己的数据等优点，但也存在数据远程传输效率低、数据检索和存取复杂、数据的安全性和保密性难以保证等缺点。这种数据库部署模式适合于全球、全国共享型空间数据库的部署，如 Google Earth、我国国家地球系统科学数据共享平台等。

4) 联合式空间数据库部署

联合式空间数据库也称邦联或联邦式空间数据库，也是由一系列分布式部署的空间数据库通过网络技术连接起来的综合空间数据库，但与一般分布式数据库最大的不同之处在于：分布式空间数据库中存储和管理的是同种、同类的空间数据，而联合式空间数据库中存储和管理的是异构的空间数据，从数据的比例尺、数据模型、数据结构、数据组织方式、所使用的数据库产品、数据的存储结构到数据的操作方式都可能存在明显的不同。这种空间数据库部署方式的优点是空间数据库具有自治性、容纳多类型数据的弹性及支持跨部门、跨地域数据访问能力，消除了数据孤岛，便于数据的共享；缺点是异构数据访问及联合分析的难度极高，数据查询效率较低。这种数据库部署模式适合于全球、全国共享型大型空间数据库的部署，如“数字中国”“数字城市”等综合应用 GIS 数据库的部署，我国的“天地图”采用的就是这种空间数据库部署模式。

3. 空间数据库管理系统

与一般数据库管理系统与数据库的关系一样，空间数据库管理系统也是一种介于用户和操作系统之间、操纵和管理空间数据库的软件系统，是一个支持空间数据输入、编辑加工、存储、检索、分析和应用的系统。对空间数据库的所有操作(包括数据库的建立、使用和维护)都是在空间数据库管理系统的统一管理和控制下进行的。除具有一般数据库管理系统的基本功能外，空间数据库管理系统还应具备如下功能。

(1) 能够存储和管理非结构化数据，包括矢量、栅格、影像、地形、三维场景等多类型空间数据，并具有较高的存取效率。

(2) 支持海量空间数据的存储，且有数据安全性控制。

(3) 对要素几何、属性和空间关系的一体化存储和管理，便于查询和分析。

(4) 支持大范围地理空间中空间数据的连续无缝存储和管理。

(5) 灵活高效的空间索引机制，便于要素的查询和检索。

(6) 支持扩展的空间 SQL 查询，增加空间操作算子，以满足复杂的空间特征查询。

8.2　空间数据管理

8.2.1　空间数据管理方式

当今主流的 GIS 系统利用空间数据库进行空间数据管理的方式主要有文件管理、文件和关系数据库混合管理、全关系数据库管理及对象关系数据库管理。

1. 文件管理

按地理要素的分层、分类，将各要素的位置与属性等信息直接以某种格式的编码方案写成顺序或嵌套的文档，由这些文档构成文档数据集或数据库，用户通过文档管理系统从文档数据库中查询检索空间数据（图 8.4）。

虽然这是最早的空间数据管理方案，不利于数据的并发使用，已被绝大多数 GIS 软件所弃用，但基于文件管理的空间数据在数据交换和网络应用中仍有价值，如我国国家标准《地理空间数据交换格式》（GB/T 17798—2007）采用可扩展标记语言（extensible markup language，XML）编码的文件来表示矢量和栅格空间数据并进行数据格式的转换；Google Earth 采用 Keyhole 标记语言（keyhole markup language，KML）的语法和格式，以 KML 文件来描述和保存空间数据（如点、线、图像、多边形甚至三维模型等）；国际和我国国家标准《地理信息 地理标记语言（GML）》（GB/T 23708—2009/ISO 19136：2007）采用地理标记语言（geography markup language，GML）来对地理要素进行建模表达，并以 GML 文档的方式组织和记录地理要素的位置、空间关系和属性。

2. 文件和关系数据库混合管理

这是一种将地理要素的空间数据和属性数据分开组织和管理的方案，利用文件系统管理要素的空间数据（包括几何和空间关系），而使用关系数据库管理属性数据，对空间数据和属性采用对象标识码（Object ID、OID 或 ID）建立其联系（图 8.5）。

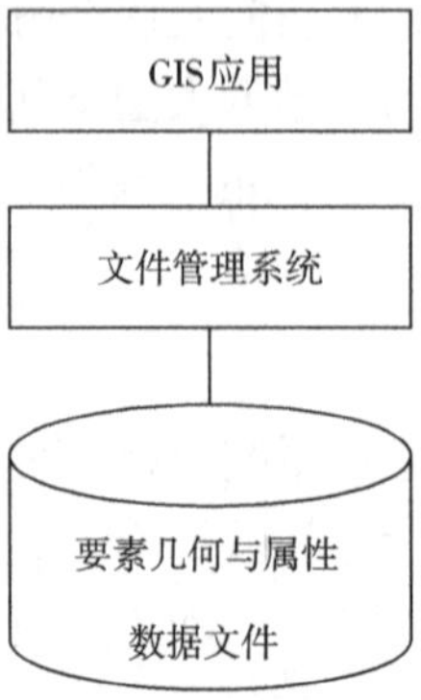

图 8.4　文件管理方式

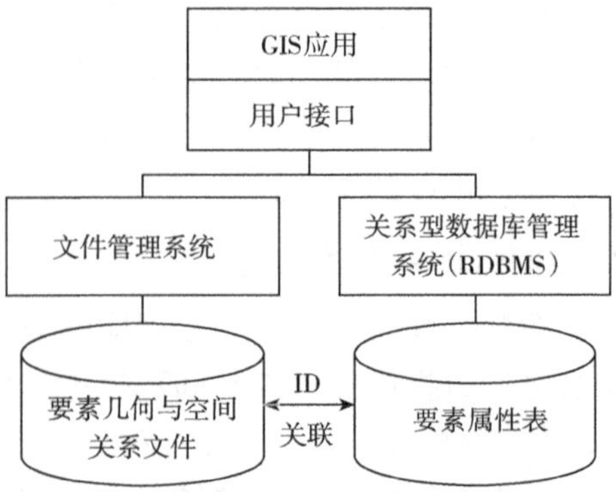

图 8.5　文件与关系数据库混合管理

这种数据管理方式可以充分利用成熟的商用关系数据库管理系统所提供的强大属性数据管理功能，为空间数据库的构建带来了便利，但空间数据的管理较为复杂，且需要实时维护空间数据与属性数据的一致性。

使用这种空间数据管理方式的 GIS 软件有 ArcView、Arc/Info、MGE、SICAD 等。

3. 全关系数据库管理

这是一种将地理要素的几何和属性数据都组织为二维表，采用关系型数据库对两类数据进行一体化管理的方案。在实现层面，又有两种形式，分别是利用一般关系数据库和扩展关系数据库进行几何和属性数据的管理。前者对具有变长性质的几何数据要么仅作关系范式的分解，使其适合于关系表存储，要么将几何图形数据表示为关系数据库能支持的二进制块字段(如 Access 的 BLOB 字段、Oracle 支持的 Long Raw 类型等)（图 8.6）；后者通过对关系数据库进行扩展，增加空间数据管理层，并增加对基本空间实体的表达，以实现对空间数据和属性数据的一体化管理(图 8.7)，如 Oracle 的 Oracle Spatial、DB2 的 Spatial Extender、Informix 的 Spatial Datablade 等都是对关系数据库的扩展，使其支持空间数据的存储、管理和查询。

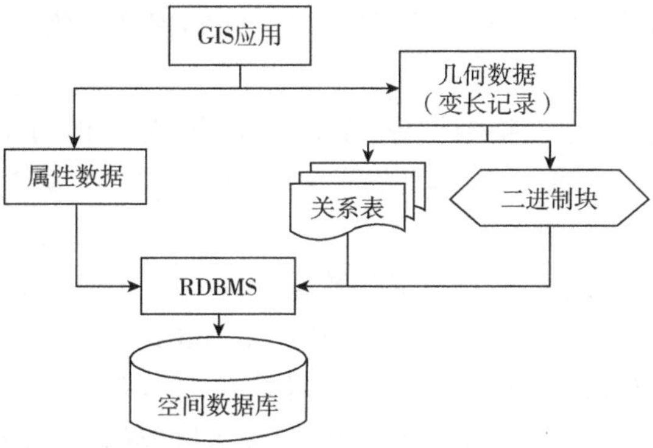

图 8.6　关系数据库管理方式

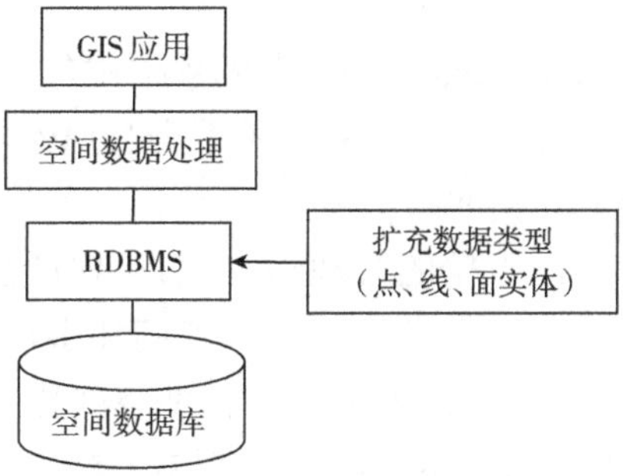

图 8.7　扩展关系数据库管理方式

4. 对象关系数据库管理

对象关系型数据库管理系统不仅实现对地理要素几何和属性数据在关系表中的存储和管理(如几何、图像数据采用 BLOB 存储)，还可通过对数据对象行为、约束、操作和函数的定义实现对不同几何类型地理要素的操作和运算。ArcGIS 的 Geodatabase、开源的 PostgreSQL/PostGIS 就是典型的采用对象关系数据库管理矢量、栅格、影像、地形、表格等多种数据的产品。

8.2.2　Geodatabase 数据库

1. Geodatabase 数据库概念

Geodatabase是ESRI公司伴随ArcGIS 8推出的一种地理数据模型和空间数据管理机制，实际上是以对象关系型数据库来管理地理空间数据。历经发展，当今(ArcGIS 10.x)Geodatabase不仅是存储在通用文件系统文件夹、Microsoft Access数据库或多用户关系 DBMS(如Oracle、Microsoft SQL Server、PostgreSQL、Informix或IBM DB2)中含有的各种类型数据集的集合，还有更多的含有：①Geodatabase是ArcGIS的原生数据结构，是用于编辑和数据管理的主要数据格式，也是ArcGIS与其他GIS系统交互数据的通道。②通过使用数据库管理系统(DBMS)或文件系统，Geodatabase成为空间信息的物理存储方式，使用ArcGIS或其他具有SQL的DBMS，可以访问和使用此物理数据集集合。③Geodatabase具有全面的信息模型，用于表示和管理空间数据，此信息模型以一系列用于保存要素类、栅格数据集和属性的表来实现。此外，高级GIS数据对象可添加以下内容：GIS行为、用于管理空间完整性的规则，以及用于处理核心要素、栅格数据和属性的大量空间关系的工具。④Geodatabase软件提供了ArcGIS中使用的通用应用程序逻辑，用于访问和处理各种文件中及各种格式的地理空间数据，该逻辑支持处理Geodatabase, 还包括处理Shapefile、计算机辅助绘图(CAD)文件、不规则三角网(TIN)、规则格网、影像、地理标记语言(GML)文件及大量的其他GIS数据源。

2. Geodatabase 体系结构

Geodatabase 以层次结构的数据对象来组织空间数据。这些数据对象存储在要素类(feature class)、对象类(object class)和要素数据集(feature datasets)中。其中，对象类可以理解为是一个在 Geodatabase 中存储的非空间数据的表格；要素类是具有相同几何类型和属性结构的要素集合；要素数据集是共用同一空间参考的要素类集合。要素类可以是要素数据集内部组织的简单要素，也可以独立于要素数据集。独立于要素数据集的简单要素类称为独立要素类。存储拓扑要素的要素类必须放在同一个要素数据集内，以确保各要素类具有共同的空间参考。

Geodatabase 的基本体系结构包括要素数据集、栅格数据集、TIN 数据集、独立的对象类、独立的要素类、独立的关系类和属性域(图 8.8)。其中，要素数据集又由对象类、要素类、关系类、几何网络构成。

空间数据的管理是由 GIS 软件和数据库共同完成的。某些数据管理，如磁盘存储、属性数据类型的定义、联合查询和多用户的事务处理均由数据库完成；而 GIS 应用软件则通过定义 DBMS 表来表示各种空间数据和特定领域内的逻辑，以及维护数据的完整性和实用性。Geodatabase 是一个多层的结构(应用和存储)(图 8.9)，数据的存取通过存储层(DBMS)由简单表来实现，而高级的数据完整性维护和信息处理的功能是在应用层软件(GIS)中完成的。

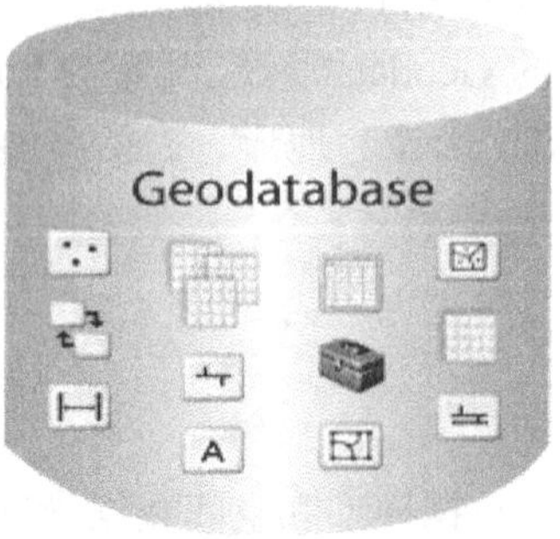

图 8.8 Geodatabase 数据库的数据类型

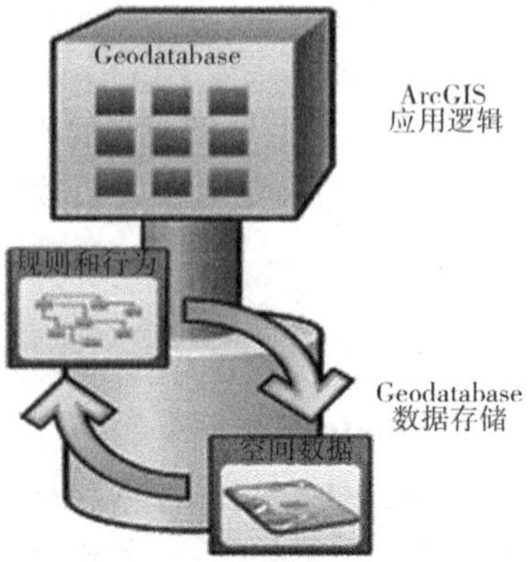

图 8.9 Geodatabase 的多层结构

Geodatabase 使用了和其他高级 DBMS 应用相同的多层结构。把 Geodatabase 对象作为具有唯一标识的记录存储到二维表中，其行为通过 Geodatabase 应用逻辑来实现；Geodatabase 的核心是标准的关系数据库模式(DBMS 的一组标准表、字段类型、索引等)；空间数据的存储由应用层的高级应用程序对象协调和控制(如 ArcGIS 客户端或 ArcGIS Server)。Geodatabase 对象的作用是向用户提供一个高级的 GIS 信息模型，而模型的数据以多种形式进行存储，可以存储在标准的 DBMS 表中、文件系统中或者 XML 流中；各 ArcGIS 应用程序都与 Geodatabase 的 GIS 对象模型进行交互，而不是直接用 SQL 语句对后台的

DBMS 实例进行操作。

3. Geodatabase 的数据存储

Geodatabase 将地理要素以表格的形式存储，每行记录代表一个要素。矢量或栅格数据以二进制大对象(binary large object，BLOB)形式存储于表的字段或列中。Geodatabase 包含两组主要表：系统表和数据集表。

(1)数据集表：Geodatabase 中的每个数据集都存储在一个或多个表中，而且这些数据集表与系统表共同管理数据。

(2)系统表：Geodatabase 系统表用于记录每个 Geodatabase 数据库的内容。它们实质上描述的是确定各数据集的定义、规则和关系的框架。这些系统表包含并管理实现 Geodatabase 特性、数据验证规则和行为所需的各种元数据。

自 ArcGIS10 版开始，这些表的内部结构已被重建，将以前版本中超过 35 个的系统表合并为 4 个主表，分别是：①GDB_Items，包含 Geodatabase 中的所有项(如要素类、拓扑和属性域)的列表；②GDB_ItemTypes，包含识别的项类型(如表)的预定义列表；③GDB_ItemRelationships，包含各个项之间的关联模式，如要素数据集中包含哪些要素类；④GDB_ItemRelationshipTypes，包含识别的关系类型的预定义列表。

使用数据集表和系统表来共同管理和呈现 Geodatabase 中的内容。例如，当查看数据集表中的存储格式时，要素类只是一个包含空间列的表，但通过 ArcGIS 访问时，存储在系统表中的所有规则会与数据集表相结合，呈现出具有全部行为定义的要素类。

作为保存空间数据集集合的“容器”，Geodatabase 有 3 种数据存储方式(图 8.10)。

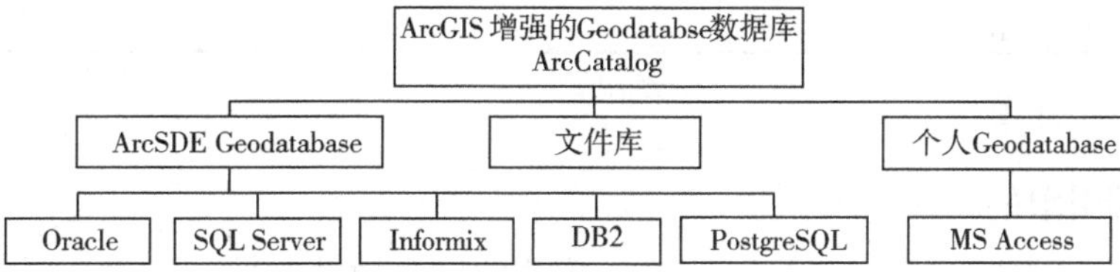

图 8.10　Geodatabase 的三种存储方式

(1)个人 Geodatabase。所有的数据集都存储于 Microsoft Access 数据文件内，该数据文件最大为 2 GB。

(2)文件型 Geodatabase。每个数据集都以系统文件夹组织并以文件形式保存，该文件最多可扩展至 1 TB。

(3)ArcSDE Geodatabase。通过使用空间数据引擎(SDE)，将空间数据存储到 Oracle、Microsoft SQL Server、IBM DB2、IBM Informix 或 PostgreSQL 数据库中。

对 Geodatabase 的 3 种数据存储方式进行对比，其差异如表 8.1 所示。

表 8.1　Geodatabase 三种数据存储方式对比

关键特征	个人地理数据库	文件地理数据库	ArcSDE Geodatabase
描述	在 Microsoft Access 数据文件中存储和管理的 ArcGIS 地理数据库的原始数据格式(此数据格式的大小有限制且仅适用于 Windows 操作系统)	在文件系统文件夹中保存的各种类型的 GIS 数据集的集合(为在文件系统文件夹中存储和管理的 ArcGIS 建议使用的本机数据格式)	在关系数据库中以表的形式保存的各种类型的 GIS 数据集的集合(为在关系数据库中存储和管理的 ArcGIS 建议使用的本机数据格式)

续表

关键特征	个人地理数据库	文件地理数据库	ArcSDE Geodatabase
用户数	单个用户和较小的工作组(具有较小的数据集)：多位读取者和一位写入者。多位读取者同步使用会导致性能下降	单个用户和较小的工作组：每个要素数据集、独立要素类或表可有多位读取者或一位写入者。多人同步使用任何特定文件最终都会导致性能下降	多用户：多位读取者和多位写入者
存储格式	每个个人地理数据库中的所有内容都保存在单个 Microsoft Access 文件(mdb)中	每个数据集都是磁盘上的一个单独文件。文件地理数据库是用来保存其数据集文件的文件夹	Oracle、Microsoft SQL Server、IBM DB2、IBM Informix 或 PostgreSQL 数据库
大小限制	每个 Access 数据库 2GB。性能下降前的有效限制是每个 Access 数据库文件为 250～500 MB	每个数据集 1TB。每个文件地理数据库可保存很多数据集。对于超大型影像数据集，可将 1TB 限值提高到 256 TB。每个要素类最高可扩展至每个数据集含数亿个矢量要素	可达 DBMS 限制
操作系统	仅适用于 Windows	允许跨系统平台	Windows、UNIX、Linux 和与 DBMS 的直连，这些 DBMS 可能会在用户本地网络中的任意平台上运行
数据安全和权限	Windows 文件系统级安全	操作文件系统级安全	由 DBMS 提供
数据库管理工具	Windows 文件系统管理	文件系统管理	支持备份、恢复、复制、SQL、安全等的完整 DBMS 功能
备注	通常用作属性表管理器(通过 Microsoft Access)	还可以只读的压缩格式存储数据以降低存储要求	需要使用 ArcSDE 技术

8.2.3 空间数据引擎

1. 空间数据引擎的工作原理

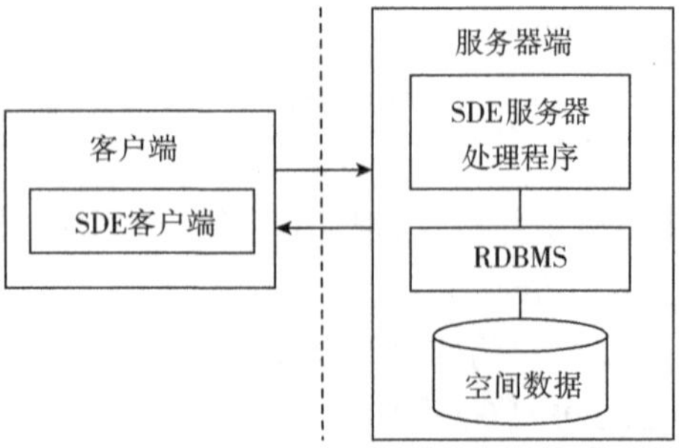

图 8.11 SDE 工作原理

实现空间和属性数据、矢量与栅格数据及空间信息与非空间信息的一体化管理是当今 GIS 应用的基本需求，然而一般的关系数据库无法存储和管理复杂多样的地理空间数据，也难以支持复杂的空间关系运算和空间分析。因此，GIS 软件平台纷纷探索在成熟的商用关系数据库管理系统的基础上，开发空间数据引擎(spatial data engine，SDE)来解决空间数据的存储，而不必关心空间数据的实际存储位置、方式和数据结构等问题。SDE 实际上是 GIS 用户和异构空间数据库之间的一个开放接口，是一种处于应用程序和 RDMBS 之间的中间件(图 8.11)。

SDE 适合于基于 Internet/Intranet 的大型 GIS 应用。不同的用户通过 SDE 将自身的数据交给 RDBMS 进行统一管理，也通过 SDE 从 RDBMS 中获取其他类型的空间数据，并转换为客户端可以使用的数据格式。在此类空间数据库架构中，RDBMS 成为各类空间数据的容器，而 SDE 是空间数据进出该容器的转换通道。在服务器端，有 SDE 服务器处理程序、RDBMS 和空间数据。服务器在本地执行所有的空间搜索和数据提取工作，将满足搜索条件的数据在服务器端予以缓存，再将缓存数据发给客户端，可有效降低网络负载。客户端应用可在多种平台上运行，并允许多个用户访问(如读取、插入、删除和更新数据)同一 SDE 服务器和数据库。在多用户并发访问(如协同编辑)时，可能会产生冲突，SDE 应能处理可能出现的各种并发访问冲突情况。

SDE 服务器和空间数据库管理系统一起，为客户端提供完整的、透明的数据访问。不同 GIS 软件平台所提供的 SDE 产品并不相同，如 MapInfo 的 SpatialWare、超图公司的 SDX+、MapGIS 公司的 MapGIS SDE、ArcGIS 的 ArcSDE 等，这些 SDE 具有相类似的工作机制。

2. ArcSDE

ArcSDE 是 ArcGIS 软件平台与 DBMS(包括 RDBMS 和 ORDBMS)之间存储和管理多用户空间数据的通道，它提供了应用程序接口(API)，使得对空间和非空间数据进行高效操作成为可能。ArcSDE 支持多种空间数据类型，包括要素、栅格、拓扑、网络、地形、测量数据、表格数据、位置数据和元数据，用户不需考虑 DRMS 的底层实现。在体系结构上，ArcSDE 采用两层和三层相结合的客户/服务器体系结构，允许众多用户同时并发访问和操作同一空间数据(图 8.12)。在服务器端，ArcSDE 应用服务器、DBMS 及其 SQL 引擎共同管理空间数据。ArcSDE 通过 SQL 引擎执行空间数据的检索，将满足空间和属性检索条件的数据在服务器端缓存并传输给客户端，通过 SQL 引擎提取数据的速度取决于数据子集的大小，而与这个数据集大小无关。ArcSDE 还允许不必在服务器端部署 ArcSDE 应用服务器，而直接通过客户端接口把空间数据请求转换为 SQL 语句发送到 DBMS 上，并返回请求的数据。

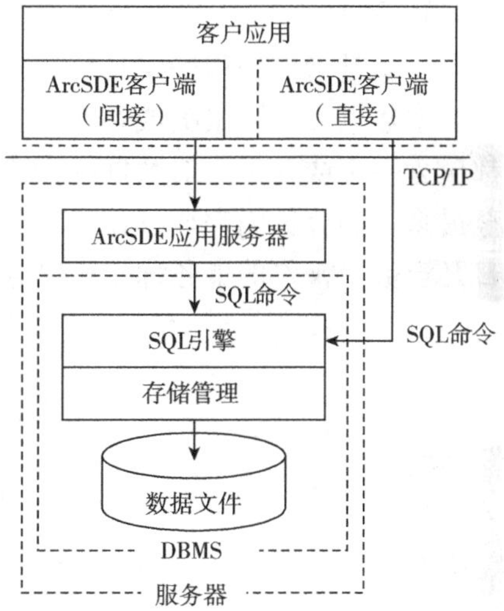

图 8.12　ArcSDE 体系结构

ArcSDE 的主要功能和特点是：

(1)高性能的 DBMS 通道。ArcSDE 是多种 DBMS 的通道，它本身并非一个关系数据库或数据存储模型，而是一个能在多种 DBMS 平台上提供高级、高性能的 GIS 数据管理的接口。

(2)开放的 DBMS 支持。ArcSDE 允许在多种 DBMS 中管理地理信息，如 Oracle 或 Oracle Spatial、Microsoft SQL Server、Informix(带 Spatial Datablade)、IBM DB2(带 Spatial Extender)和 PostgreSQL 等。

(3)多用户。ArcSDE 为用户提供大型空间数据库支持，并且支持多用户编辑。

(4)连续、可伸缩的数据库。ArcSDE 可以支持海量的空间数据库和任意数量的用户，直至 DBMS 的上限。

(5)GIS 工作流和长事务处理。GIS 中的数据管理工作流，如多用户编辑、历史数据管理、check-out/check-in 及松散耦合的数据复制等都依赖于长事务处理和版本管理。ArcSDE 为 DBMS 提供了这种支持。

(6)丰富的地理空间数据模型。ArcSDE 可保证存储于 DBMS 中的矢量和栅格几何数据的高度完整性。这些数据包括矢量和栅格几何图形、支持(x，y，z)和(x，y，z，m)的坐标、曲线、立体、多行栅格、拓扑、几何网络、注记、元数据、空间处理模型、地图、图层等。

(7)灵活的配置。ArcSDE 通道可以让用户在客户端应用程序内或跨网络、跨平台地对应用服务器进行多种多层结构的配置。ArcSDE 支持 Windows、UNIX、Linux 等多种操作系统。

8.3 长事务与空间数据维护

在业务型 GIS 系统中，空间数据往往随业务流一起流转，如建设用地规划许可审批从项目申请、选址、控规审查、用地红线设定、方案审查、审核与批复到核发建设用地规划许可证的不同阶段，需要对用地红线不断地修改(即事务)，这就需要根据事务对所建立的空间数据库进行数据编辑和维护。然而，这里需要解决两个方面的问题：①GIS 空间数据编辑过程相关的长事务处理；②空间数据的时序变化如何记录。

ArcSDE 提供了空间数据版本管理方法(versioning)，为解决这些问题提供了一条有效途径。

8.3.1 事务与空间数据维护

1. 事务

事务是指应用程序定义的、对数据库执行的工作单元。事务处理的对象是空间数据库中的要素数据集、要素类或要素，事务可以是单用户发起的，也可是多用户并发的。每个事务都包含一个或若干个对数据的操作，且各操作都有相应的持续时间。将那些可在数毫秒内乃至最多一两分钟内完成操作的事务称作短事务，如宗地分割；而将那些需要持续数小时、数日乃至数月操作的事务称作长事务，如工程设计。图 8.13 给出了一些长事务的示例。

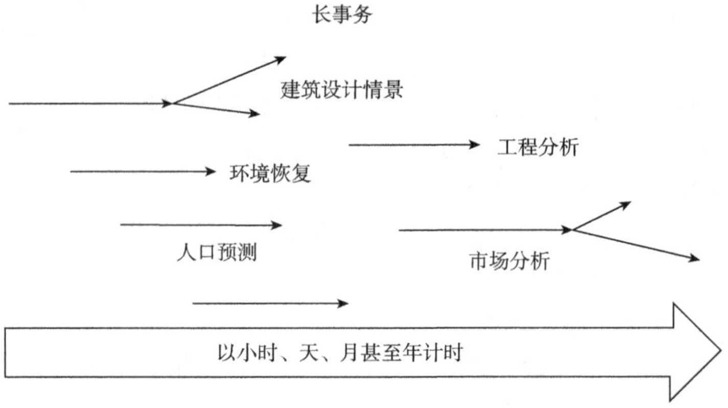

图 8.13 长事务示例

从数据库的角度来看，一个事务的具体过程为：开始事务，之后对数据库进行修改，然后提交或回滚事务。事务完成提交后，其他用户和应用程序即能够看到该事务所执行的更改结果。

事务具有以下为用户和应用程序所依赖的标准“ACID”属性。

原子性(atomic，A)：指一个事务要么全部执行，要么不执行。如果提交事务，将对数据库进行事务执行的所有更改。如果回滚事务，则不会进行事务执行的任何更改。

一致性(consistent，C)：事务可使数据库的状态保持一致。

隔离性(isolation，I)：事务可将其执行的更改与其他事务相隔离，直至提交更改。在事务执行过程中，其他用户看不到事务内部的操作。

持久性(durable，D)：事务提交之后，其结果是永久性的。

为了获得这些属性，空间数据库管理系统需要采用各种锁定机制来确保将多个并发事务之间彼此隔离。

2. 空间数据维护策略

针对空间数据的不同事务在持续时间和复杂性方面存在很大差别。Geodatabase 支持两种数据维护策略：非版本化维护和版本化维护。前者一般适用于短事务，后者一般适用于长事务。可在同一 Geodatabase 数据库中同时使用这两种策略，即对不同的要素类或表应用不同的策略。这两种策略中对数据的编辑方法相似，都是在编辑界面中进行要素或表的编辑，且使用相同的工具，其不同点在于对原始数据源的维护方式，在可编辑的数据及可执行的工作流方面也存在一些差异。

编辑存储在 ArcSDE Geodatabase 中的非版本化数据与执行标准数据库事务等效。在对数据编辑的过程中，首次编辑会启动事务，保存时，所执行的全部编辑操作会作为一个单一事务提交给数据库。保存之后，下一次编辑时会启动一个新事务。在编辑会话中，每次保存的操作数量多少可根据需要而定，但最好是经常保存编辑结果，以避免因锁定了正在编辑的数据而阻止其他用户访问或编辑数据。保存之后，访问该数据的其他所有用户和应用程序都将看到所做的更改。

非版本化维护策略实际上采用了一种数据锁定机制(图 8.14)，当多个用户或应用程序都要访问或修改相同的数据时，则其中一个用户或应用程序会阻止其他用户或应用程序对数据执行操作，当事务完成后，锁定就会自动解除。这种策略的优点是允许第三方应用程序读取或修改同一数据，可方便地将空间数据集成到其他应用程序之中；而且可使用简单的工作流和编辑操作管理项目，可以直接修改数据，而无需合并更改及定期管理版本所需的附加表。但该策略的缺点是：

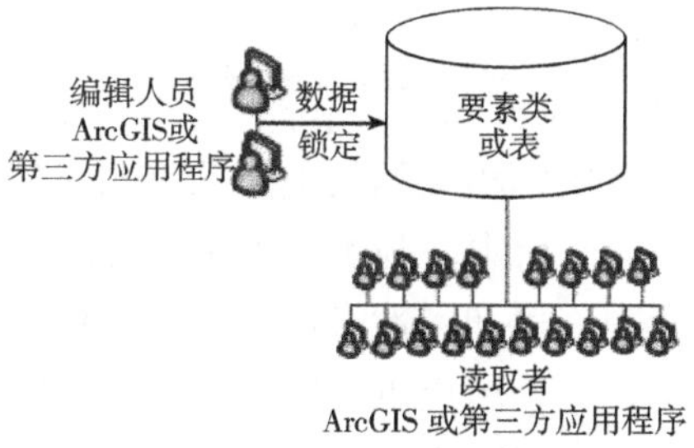

图 8.14　非版本化数据维护

(1) 只能编辑简单数据(点、线、多边形、注记和关系)，不能编辑参与构建拓扑、几何网络或地形的要素类。

(2) 由于是直接对数据源进行编辑，在误操作时，无法撤消或恢复单次编辑。撤消编辑的唯一方法是停止编辑会话而不进行保存，这样会放弃上次保存之后所做的全部编辑。

(3) 每个事务都必须在一个编辑会话中开始和完成。编辑会话只能持续有限的一段时间，对于一些长事务，对数据的锁定会导致其他用户或应用程序无法访问数据。

(4) 采用非版本化策略对地理要素进行编辑时，没有冲突检测机制。当一名用户更新要素并保存，然后另一用户更新同一要素且也进行保存时，后者的更新会覆盖前者的更新，这对多人协同处理复杂工作流的情况下查看各人的设计方案十分不利。

至于版本化数据维护策略，则需要采用 ArcSDE 数据库的版本管理机制才能实现，将在下一节中论述。

8.3.2　版本管理与版本化数据维护

1. 版本与版本树

版本，就是记录并管理数据库在变更、演化过程中各个阶段的状态信息，一个版本就是数据库在一个阶段的逻辑快照，它并不复制数据库，却反映数据库在那一阶段的全貌。版本及其内部所处理的事务可通过系统表进行追踪，这样就可隔离用户在多个编辑会话中的工作，使得用户进行编辑时不必锁定生产版本中的要素或直接影响到其他用户，且无需备份数据。

利用版本，多个用户可对 ArcSDE 数据库中的同一数据进行编辑，而无需锁定或复制数据，用户始终可以利用版本访问 ArcSDE 数据库。

每个 ArcSDE 数据库都具有一个被称为 Default 的默认版本，它是 ArcSDE Geodatabase 的原始版本，其他版本都是 Default 版本的派生版本。作为根版本，它始终存在且不能被删除。在大多数工作流策略中，它是数据库的发布版本，表示要建模的系统的当前状态。可将其他版本中的变更提交到 Default 版本，从而逐步维护和更新 Default 版本。当然，也可以像编辑其他版本一样，对 Default 版本直接进行编辑。

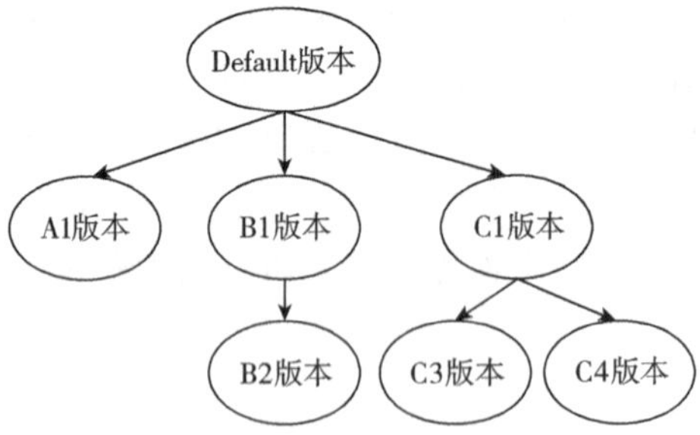

图 8.15 版本树

从 Default 版本开始，可以根据需要，从任意既有版本出发创建子版本或分支版本，从而形成事务版本树(图 8.15)。版本树是 ArcSDE 数据库版本的组织图，表达了父版本与子版本的关联性，可以从某个特定的事务子版本逐级追溯其祖先版本一直到 Default 版本。父版本是派生其他版本时所基于的 Geodatabase 版本，如果其下任何子版本仍然存在，则无法删除该父版本。子版本是通过父版本创建的 Geodatabase 事务版本，在最初创建时，子版本包含与父版本相同的数据，状态与父版本相同，在子版本中对数据进行编辑后，可将编辑结果回传给父版本。版本是整个 Geodatabase 的快照，从 Default 版本到各级子版本都具有相同的要素类、表和属性字段，但在子版本中仅保留数据发生变化的部分。多个用户可以访问同一版本，一个用户也可以访问多个版本。

ArcSDE 数据库的用户可在 Default 版本或其他现有版本上利用 ArcCatalog 或 ArcMap 创建新的事务版本。所创建的版本具有名称(用户名和版本名)及访问权限，权限有私有(只有所有者可以查看和编辑版本中的数据集)、受保护(任何用户都可以查看版本中的数据集，但只有创建者可以对其进行编辑)和公共(任何被授予数据集权限的用户都可以查看和编辑数据集)3 种类型。

2. 版本化数据编辑

在 Geodatabase 空间数据库层次上，ArcSDE 利用版本、状态、状态谱系三个表分别记录空间数据库每个版本的名称、创建者、创建时间、所指向的数据库状态及数据库状态间的线索联系等信息，同时提供了利用一个名为 MVTABLES_MODIFIED 的表记录那些被修改过的空间数据库中的表以加速数据提交时的冲突判断，从而提高数据提交效率。这四个表为整个 Geodatabase 所共享。

在对任意版本中的数据进行版本化编辑之前，必须将数据集注册到相应的版本中。将要素类注册为版本可自动创建两个增量表，包括“添加表”和“删除表”，前者存储插入版本化数据集或在版本化数据集中更新的所有记录；后者记录在版本化数据集中所做的所有删除要素。这些表会追踪针对数据集执行的插入、更新和删除等编辑，而无需阻止其他用户访问或编辑数据集。除增量表外，经注册的版本化要素类还包含一个称作基表或业务表的原始表，用于记录在各版本中对要素类进行编辑的结果(此时增量表中不记录对数据的编辑结果)，其目的是在各版本间实时共享编辑内容，但基表记录方式不能记录对具有拓扑、网络、地形等复杂关系的数据集中要素的编辑结果。每次在版本中编辑某一要素记录时，都会向增量表或基表添加一行。在版本中查询或显示要素类或表时，ArcGIS 对增量表和原始表中的相关行进行组合，呈现出数据的无缝视图。

版本化数据编辑的一般过程如图 8.16 所示。

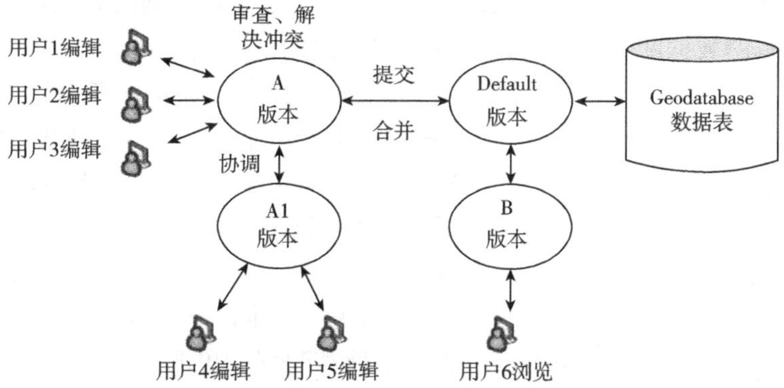

图 8.16 版本化空间数据的编辑过程

(1) 数据编辑。编辑时，处理的数据是用户已注册数据集的某一版本。连接到同一版本的其他用户不会看到所做的任何更改，直到用户保存更改时为止。但每次编辑只能针对一个版本，若有多个版本，只能选择其中之一进行数据编辑。

(2) 协调操作。在用户编辑某版本数据的过程中，其他用户对当前版本或目标版本(当前版本的父版本)中的相同或空间相近的要素也进行了编辑更改，可能就会产生冲突，协调操作就是检测这些冲突。冲突有两种类型：①用户保存对某版本中要素的编辑结果时，另一用户对该版本启动的另一个编辑过程中也对同一要素进行了编辑(如 A 用户修改了该要素的形状，B 用户却删除了该要素)，此时产生的是同一版本不同编辑过程间的冲突；②同一要素在目标版本和子版本中同时更新，此时产生的是不同版本间的冲突。

对于前者，适用隐式协调过程，即直接保存对相同版本不同编辑时产生的冲突；对于后者，适用显式协调过程，即需要确定优先使用所编辑的版本还是优先使用目标版本。

(3) 审查冲突。可以通过交互式对话框来逐个查看这些冲突，并在必要时做出更改。对于每个冲突，可以选择将要素恢复到它在编辑之前的状态，也可以选择保持它在当前编辑的状态，还可以选择用冲突编辑会话或目标版本中的要素来替换它。

(4) 提交编辑结果。提交操作会首先保存当前版本的编辑结果，然后向目标版本提交数据的更新。

完成对某个版本数据的编辑后，可将更改内容提交、合并到该版本的父版本或任何祖先版本中(包括 Default 版本)。要合并更改内容，必须协调、解决所有冲突，然后才能提交和合并。可采取交互式冲突解决方案来确定对有冲突的数据进行取舍，即对标记为有冲突的数据——从表中的字段、单个要素、要素类到整个数据集 4 个级别交互式地确定对要素及其属性编辑结果的保留或舍弃。

3. 版本化数据维护

Geodatabase 版本是指向某一特定数据库状态的数据库记录，创建空间数据库的一个版本实际是生成并选择了空间数据库的某一状态，从而产生了整个空间数据库的逻辑快照，Geodatabase 通过维护各个版本的状态信息使用户在各版本中进行独立的事务处理而互不影响。当不同用户编辑不同版本 ArcSDE 数据库时，所有中间结果都缓存在各自的数据库状态之中，当对数据库编辑完毕并提交编辑结果时，Geodatabase 通过对比各版本所指向的数据库状态，检查各状态下各版本的更改内容，并以交互方式或事先设定好的取舍方案保留不同版本中的变更要素，这种协调机制解决了不同状态中因对同一记录的修改而引起的版本冲突，保证了数据集、要素类和要素的一致性，实现了多用户对空间数据的并发操作和长事务处理，通过追踪不同版本的数据库状态还可以实现历史数据的回溯。

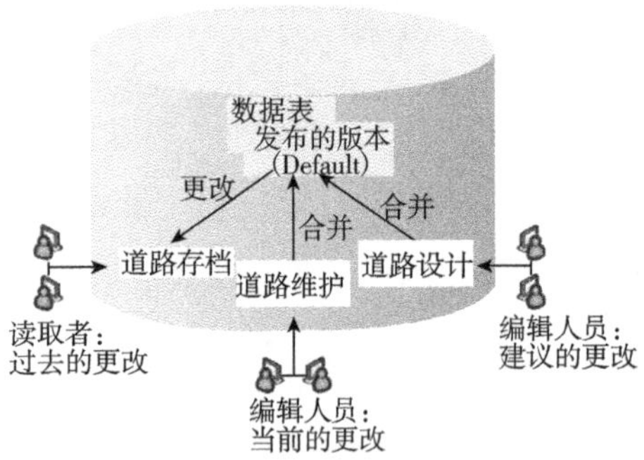

图 8.17　版本化对长事务的支持

在版本化数据维护策略中，ArcSDE 对标准 DBMS 事务进行了扩展，允许数据库同时存在多个并发状态(即版本)。每个版本可以表示正在进行的工作(如一个设计或一组工作指令)、可跨越多个数据库连接的工作，持续时间可以长达数周乃至几个月。版本可以在同一 Geodatabase 中管理对数据的过去、当前和建议的更改(图 8.17)。

管理过去的更改，需要将对数据的更改保存到单独的存档表中。可以利用存档功能，根据需要将这些更改保留一定的时间，以便允许用户查看数据库在先前某个时间点的状态。存档功能内置于 ArcGIS 中，不需要进行开发。启用此功能时，对 Default 版本(通常用作数据库的发布版本)的更改会自动存档。

要管理当前更改，编辑者可以新建新的版本并注册数据集，这样其他用户便无法查看未完成的工作。编辑数据的某一版本时，不需要对数据进行锁定，从而使 Geodatabase 支持并发操作的性能显著提高，因为版本机制不会阻止其他用户访问数据库，允许其他用户读取和编辑正在修改的数据。编辑者在完成更改之后，便可以将更改合并到已发布版本之中。

要管理建议的更改，可以在数据库的某个版本中设计一个情景或执行假设分析。情景可以作为一个单独的编辑单元进行管理，它可以跨越多个编辑会话并延续多天、周或月。可以自由地增加建议的要素、执行地理分析或制作地图，所有操作都不会影响其他用户正在访问的数据库。编辑完成并通过批准之后，可以将其合并到 Geodatabase 中。

随着时间推移，对 Geodatabase 版本的编辑次数逐渐增多，版本化表(包括基表、增加表和删除表)会增大，从而影响数据查询和显示的性能。因此，空间数据库管理员需要定期维护版本化表，并压缩版本化数据库，从增量表中消除冗余的数据。

ArcSDE 采用以下两种方法之一来管理和维护版本的基础表和增量表：①将所有版本的更改保存到增量表；②将所有非 Default 版本的编辑结果保存到增量表中，而将所有 Default 版本的编辑结果保存到基表中。

其中，前者仅支持 ArcGIS 应用程序；后者适用于利用 ArcGIS 和第三方应用程序维护数据的场合(图 8.18)。

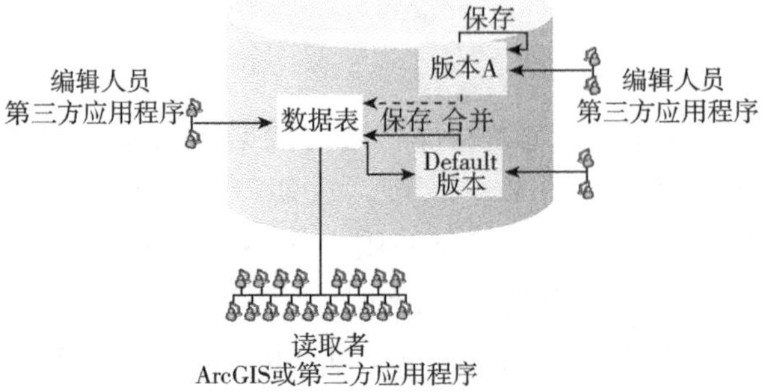

图 8.18　版本化数据维护

8.4　空间数据库的更新与存档管理

8.4.1　空间数据库更新

1. 空间数据库更新的概念

空间数据库更新是通过 GIS 软件平台，利用现势性强的现状数据或变更数据来更新数据库中非现势性的数据，达到保持 GIS 现状数据库中空间信息的现势性和准确性或提高数据精度的目的，同时将被更新的数据存入历史数据库供查询检索、时间序列分析、历史状态恢复、为决策管理和研究服务。因此，空间数据库的更新不是简单的删除和替换操作，在更新的同时要记录变更的历史，以便于数据的回溯。

为了实现空间数据库的更新，一般需要建立具有相同数据组织结构的现势库、工作库(或临时库)和历史库(图 8.19)。其中，现势库用于保存更新后的数据，并支持空间数据的分析、制图表达和数据服务；工作库用于保存对要素的编辑、加工、更新操作及质量控制的中间结果；历史库则保存现势库更新前的数据，并增加了时间标记，从而能从中查询要素的历史变化。

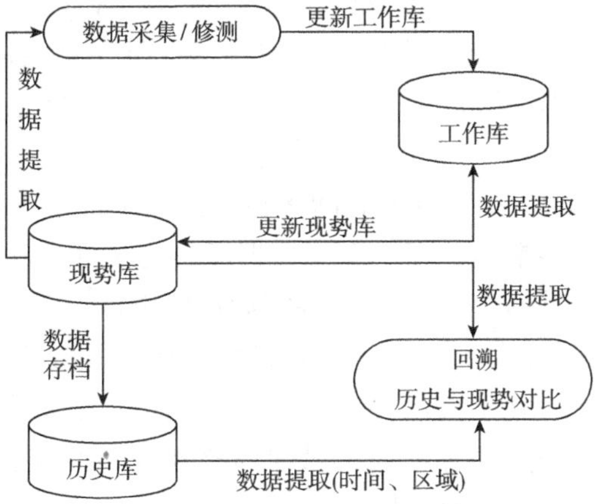

图 8.19　空间数据库的更新维护

2. 空间数据库更新的策略

根据现势性空间数据来源的不同，对空间数据库的更新可采取以下 3 种策略之一。

1) 整体更新

根据当前使用的空间数据库(即现势库)所存储数据的空间范围、数据类型和要素类，对全部数据不考虑其变化与否，进行全面重新采集，在工作库中对这些重新采集的数据进行拓扑关系构建、质量控制等，经审核后将其整体导入现势库，并替换当前使用的空间数据，同时将被替换的数据存档至历史库。这种策略特别适合于定期采集的基础地理数据的更新，如城市基础 GIS 中每两年进行一次 1：500 或 1：1000DLG、DOM 等数据库的全面更新。

2) 部分更新

一种情况是对空间数据库所覆盖的有效地理范围内发生变化的局部区域，不论要素是否发生变化，都进行全面的数据采集(采集的区域可以是行政区单元、自然分割的不规则多边形区域或者一个或多个图幅)；另一种情况是对整个地理范围内发生变化的单个或若干个要素类(如道路、建筑物等)进行全面数据采集。无论哪种情况，都需要根据所采集的数据对空间数据库进行部分更新，将数据采集的结果导入工作库，在工作库中进行数据加工，并协调与非更新区域或非更新要素类之间的冲突后，替换现势库中发生变化的区域或要素类，经合并得到更新的现势库，并将更新前的数据归档至历史库。

部分更新策略适合于根据实际需要将空间数据库的更新化整为零(横向上或大或小的区域分块，纵向上单个或多个要素类)，如城市 GIS 中的新区基础地理数据或交通 GIS 中的道路要素等的更新。

3)增量更新

增量更新是在工作库中，对当前使用的数据库(现势库)中的数据集或要素类中单个或若干个要素进行增加、删除或修改，实时地记录数据的增量变化信息，当积累到一定时间或一定数量后，将变化数据提交到现势库，通过协调与现势库中数据间的冲突，实现对现势库中数据的更新，同时将更新前的数据存档至历史库。这种数据库更新策略特别适合于事务性 GIS 空间数据库的动态更新，如土地管理系统、城市规划信息系统等。

3. 空间数据库更新中的时间表达

空间数据库更新的实质是地理要素状态改变的过程，即实现由现实世界中的现状的地理对象转变为现势库中的要素，以及由现势库中的要素转变为历史数据库中的要素两个状态的转变。这里涉及对地理要素生命周期的时间表达及对数据库记录和存储要素的时间表达两个方面。

(1)有效时间(valid time)，是指被管理的地理要素本身在真实地理空间发生变化的时刻，如一栋建筑物的竣工、被拆除的时间。该时间由数据采集人员记录下来并视作要素的时间属性。

(2)事务时间(transaction time)，事务时间是在数据库中记录事件(如编辑、更新)的时间，即在空间数据库中存储地理要素的时间。空间数据库会为事件自动生成事务时间。

有效时间一般早于事务时间，对于未来事件(如道路设计)有效时间则可以晚于事务时间。计算机总是用离散的方式表示时间，对于空间数据库更新而言，时间表示粒度表示到分钟最多到秒即可满足要求。另外，除了表示要素变化的时刻点，还要表示要素的生命周期前后两次变化间的状态区间，即采用时间标签来记录地理要素从产生到消亡(真实世界或数据库中)的生存状态，如可用“from”和“to”来标记这些状态区间。

8.4.2 空间数据库的存档管理

采用版本管理机制并提供存档(Archiving)管理功能的 ArcSDE Geodatabase 为空间数据库的更新甚至多时序空间数据的管理提供了有利条件(图 8.17)。在 ArcSDE 数据库中，可以用空间数据库的 Default 版本来管理现势数据库，以在 Default 版本下扩展的事务版本管理工作数据库，并以历史存档来存储和管理在 Default 版本中的所有更新，构成历史数据库。版本和存档管理机制尤其适合于增量更新时空间数据库的更新与回溯应用。

1. 存档的原理

Geodatabase 存档通过在 Geodatabase 中创建历史版本来实现对空间数据更新进行记录、管理、分析和数据回溯。存档能够记录和访问对已版本化的 Geodatabase 中的所有数据或数据子集所做的更改。用户既可连接到事务版本，也可连接到历史版本。事务版本允许用户编辑和更新数据，历史版本仅允许用户读取某一特定历史时刻的数据。用户可通过既有的历史标记(用户创建且命名的一个特定时刻)或特定时刻连接到历史版本，由此实现对地理要素历史信息的查询、显示和分析，回答诸如：①在某一时刻某要素的属性值是什么；②特定要素是如何随时间变化的；③某一空间范围内的要素类是如何随时间变化的等问题。

存档支持完整的 Geodatabase 数据类型，包括独立的要素类、要素数据集、表、关系类、网络、拓扑和地形数据均可参与存档。存档要求待存档的数据必须是版本化的。启用存档后，在事务版本中编辑和更新的内容，在提交到 Default 版本之后，所有的更改都会自动存储在对应的存档类中。存档类是启用存档的类及已经保存或提交到 Default 版本的所有编辑和更新内容的完整副本。

启用存档类似于将数据集注册为版本。对于每个启用了存档的数据集，都会自动创建新的存档类，将 Default 版本中的数据集、要素类或对象类的所有表都复制到相应的存档类中。存档类与原始数据集和 Default 版本具有相同的架构，每一个存档类都对应一个要素类，该存档类自动命名(原要素类名＋“_H”。例如，对于数据集中名为“Roads”的要素类，其存档类的名称则为“Roads_H”)。存档类表除具有与原要素类表相同的字段外，还增加了三个额外的字段，即用于记录存档行(对应一个要素)生命周期的时间标签“gdb_from_date”“gdb_to_date”，以及用于唯一标识每一行的“gdb_archive_oid”。

2. 存档的实现

在启用存档时，Default 版本中指定要素类表的所有行都按同一时间戳复制到存档类表，同时存档类表中各行的 gdb_from_date 字段都自动赋予启用存档操作的日期和时间(时间戳)、各行的 gdb_to_date 字段都赋予一个很远的时间戳，如“12/31/9999”(表示将来的“当前”，也是 Default 版本中对象的当前表示)。当将事务版本中的编辑结果提交或合并到 Default 版本时，Geodatabase 会自动地将这些更新归档至存档类。

向 Default 版本提交的数据更新可分为 3 类：新增、删除和修改，不同的更新操作，在存档类中所发生的数据记录行为也不同，如表 8.2 所示。

表 8.2　要素更新时存档类记录的变化

更新类型	示例	Oid	gdb_from_date	gdb_to_date	说明
增加要素		116	7/5/2013　11.27AM	12/31/9999	新增加两个面要素：116 和 117
		117	7/9/2013　2.36PM	12/31/9999	
删除要素		116	7/5/2013　11.27AM	12/31/9999	删除要素 117
		117	7/9/2013　2.36PM	7/11/2013　5.13PM	
修改要素	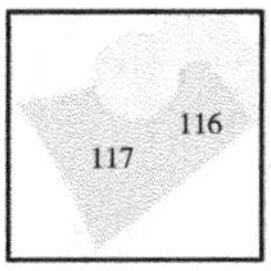	116	7/5/2013　11.27AM	12/31/9999	修改要素 117 的形状
		117	7/9/2013　2.36PM	7/11/2013　5.13PM	
		117	7/11/2013　5.13PM	12/31/9999	

(1)新增要素。若向 Default 版本提交的更新为新增要素，则在存档类中新建一条记录，

该记录的 gdb_from_date 值为提交更新的系统时间戳，gdb_to_date 字段值为 12/31/9999。

(2)删除要素。若向 Default 版本提交的更新为删除要素，则在存档类中相应要素并不真正删除，而是将存档类该要素 gdb_to_date 字段的值更改为提交更新的系统时间戳。

(3)修改要素。若向 Default 版本提交更新为修改要素(如改变面要素的形状)，则可将修改操作分解为先删除原要素、再新增一个要素的两个子操作，每个子操作分别按新增和删除要素在存档类中进行记录。

存档类是一个独立于其原始数据的类，随着数据的不断新增、修改和删除，存档类会逐渐增大，虽然并不影响对原始数据访问的效率，但对存档类访问和历史回溯的速度会逐渐下降，此时，需要利用 ArcCatalog 中的压缩工具对存档数据库进行压缩，以提高存档数据的整体访问性能。

3. 历史数据回溯

因为存档类记录了所有提交到 Default 版本的要素增量更新结果，所以可以通过查询存档类来实现对历史数据的回溯。在数据浏览器(ArcCatalog)中不能访问存档类，但可以将其添加到 ArcMap 中进行查看和查询。将存档类添加到地图中，存档类会显示自启用存档功能以来所做的每次更新，并可与普通数据集和要素类一样，对存档类进行符号化表示。

对存档类的回溯或历史查询，可以是某一时刻点的查询或某一时间范围的查询。前者适用于查询特定时刻全范围内要素的分布及其特征或者特定位置在给定时刻的内容，而后者适合于查询任意两个时刻(起始时刻和终止时刻)之间的数据变化情况，由此可追踪要素在其生命周期内是如何进行更新的。

8.5 空间数据的安全与保密处理

空间数据涉及国家政治、经济和军事的敏感信息，是一种重要的战略资源，对维护国家安全具有重要意义。国家测绘主管部门已制定了一系列法律法规，要求各级单位采取必要的措施保证地理空间数据成果的安全。本节主要针对当前应用较为广泛的访问控制、信息隐藏、数字水印、数据脱密等空间数据安全与保密处理技术进行论述。

8.5.1 空间数据的访问控制

1. 访问控制概述

随着计算机技术特别是网络技术的发展，大型网络 GIS 应用系统或数据库管理系统所面临的一个难题就是日益复杂的数据资源的安全管理。国际标准化组织(International Organization for Standardization，ISO)在网络安全标准(ISO 7498-2)中定义的 5 个层次安全服务中，访问控制服务是其中一个重要组成部分(其他四项包括：身份认证服务、数据保密服务、数据完整性服务及不可否认服务)。访问控制是对进入系统的控制，是一种保护资源的机制，其作用是对需要访问系统及数据的用户进行识别，检验其合法身份，并对系统中发生的操作根据一定的安全策略来进行限制，以防止未授权用户对资源的使用和授权用户对资源的不合法使用。

一般来讲，访问控制的目标主要用于保证信息的机密性、完整性、可审计性和可用性。目前的访问控制模型主要包括自主访问控制(discretionary access control，DAC)、强制访问控制(mandatory access control，MAC)、基于角色的访问控制(role-based access control，RBAC)、基于属性的访问控制(attribute-based access control，ABAC)、基于任务的访问控制(task-based access control，TBAC）等，其中以基于属性的访问控制应用最为常见。

2. 基于属性的地理数据服务访问控制

可以用五元组<S，R，A，C，P>来形式化地描述基于属性的地理数据服务访问控制授权模型，其中，

S 代表主体属性，$S\in${身份，角色，年龄，职位，IP 地址，…}；

R 代表资源属性，$R\in${图层数据，地理要素数据，…}；

A 代表行为属性，$A\in${访问图层，读取，编辑，删除，…}；

C 代表条件属性，$C\in${空间位置，空间关系，分辨率，比例尺，…}；

P 代表权限，$P\subseteq${允许，拒绝}。

该五元组描述了哪些用户对哪些资源在什么条件下拥有（或没有）哪些操作权限。基于属性的地理信息服务数据访问控制模型如图 8.20 所示。

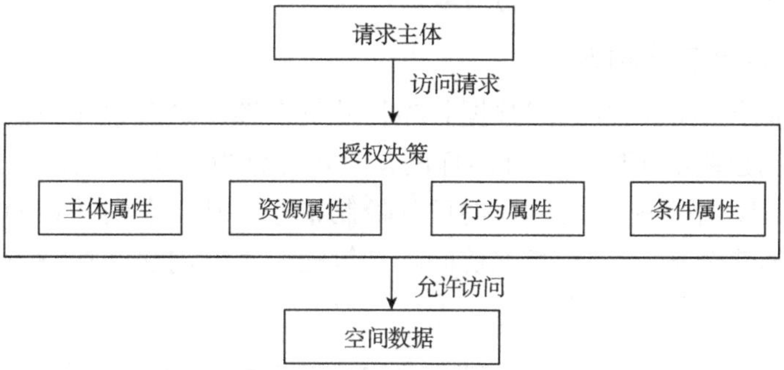

图 8.20　基于属性的地理信息服务数据访问控制模型

基于属性的地理信息服务数据访问控制模型，可形成如图 8.21 所示的系统框架。

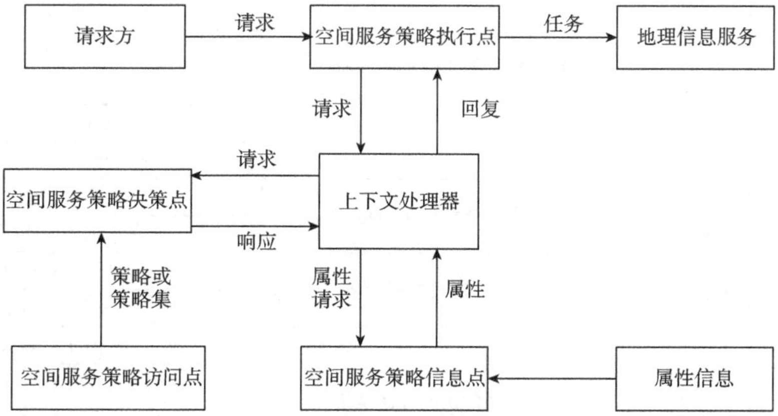

图 8.21　基于属性的地理信息服务数据访问控制系统框架

框架中主要包括以下几大部分。

（1）空间服务策略执行点（geospatial policy enforcement point，GeoPEP）：截获用户请求，认证用户身份。

（2）上下文处理器：解析空间服务策略执行点所提交的请求参数，提取出请求中所包含的各类型的属性信息，将其标准化后传递给空间服务策略决策点。

（3）空间服务策略决策点（geospatial policy decision point，GeoPDP）：根据空间服务策略访问点提供的策略及请求中的属性来做出判决，并返回判决结果。它行使的即是策略模型中 f 函数的职能。

(4)空间服务策略访问点(geospatial policy access point，GeoPAP)：用于提供访问控制的策略或策略集。

(5)空间服务策略信息点(geospatial policy information point，GeoPIP)：提供决策所必须的相关属性信息。

该访问控制系统的具体工作过程为：首先，请求方的访问请求到达空间服务策略执行点GeoPEP，GeoPEP 把截获到的请求转发给上下文处理器；上下文处理器提取出请求中已包含的主体、资源、行为、条件等相关属性信息，并从空间服务策略信息点 GeoPIP 检索其他所需属性。然后，将所有这些属性信息做一定的标准化处理，向空间服务策略决策点 GeoPDP 提出包含必要信息的决策请求；GeoPDP 根据空间服务策略访问点 GeoPAP 提供的策略或策略集来对该决策请求做出判决，并返回判决结果；判决结果经过上下文处理器被发回到 GeoPEP，GeoPEP 则执行所返回的结果，允许或者拒绝用户对资源的访问，如果允许访问，就向地理信息服务提交任务要求，否则拒绝用户的请求。

3. 空间数据的访问控制策略

空间数据的访问控制既涉及空间数据其独特的复杂性，也会包含一些传统访问控制的相关思路。因此，访问控制的策略是多种多样的，大致可分为：基于数据粒度的访问控制策略、基于范围的访问控制策略、基于比例尺的访问控制策略、基于空间关系的访问控制策略、基于时间关系的访问控制策略，以及其他访问控制策略。不同的访问控制策略及其控制的数据对象如表 8.3 所示。

表 8.3 空间数据访问控制策略一览表

<table>
<tr><th colspan="3">访问控制策略类型</th><th>控制对象</th></tr>
<tr><td rowspan="21">单一控制策略</td><td rowspan="15">面向空间数据的访问控制策略</td><td rowspan="6">基于数据粒度的访问控制策略</td><td>控制地图集</td></tr>
<tr><td>控制地图</td></tr>
<tr><td>控制图层</td></tr>
<tr><td>控制空间要素集</td></tr>
<tr><td>控制单个空间对象</td></tr>
<tr><td>控制属性数据及其字段</td></tr>
<tr><td rowspan="2">基于范围的访问控制策略</td><td>基于自然区域</td></tr>
<tr><td>基于给定区域</td></tr>
<tr><td rowspan="2">基于比例尺的访问控制策略</td><td>基于源数据比例尺</td></tr>
<tr><td>基于视图比例尺</td></tr>
<tr><td rowspan="4">基于空间关系的访问控制策略</td><td>基于关联关系</td></tr>
<tr><td>基于包含关系</td></tr>
<tr><td>基于邻接关系</td></tr>
<tr><td>基于度量关系</td></tr>
<tr><td>基于时间关系的访问控制策略</td><td>基于时间覆盖范围</td></tr>
<tr><td colspan="2" rowspan="6">传统访问控制策略</td><td>访问日期</td></tr>
<tr><td>访问时间</td></tr>
<tr><td>访问地点</td></tr>
<tr><td>访问次数</td></tr>
<tr><td>访问 IP</td></tr>
<tr><td>访问者身份</td></tr>
<tr><td>综合控制策略</td><td colspan="3">上述策略的综合运用</td></tr>
</table>

4. 数据访问控制实例

以图层控制和范围控制两个实例来说明不同访问控制的实际效果。在 Intranet 网络环境下，服务端部署 GeoServer 1.6.1，负责数据发布；数据采用 1∶100 万国家基础地理信息 DLG 数据集中的县级行政区划图层“BOUNT_poly”、铁路线图层“railn_rou_arc”及公路线图层“roaln_rou_arc”共 3 个图层；客户端采用 OpenLayers 进行 WMS 的调用。

1) 图层控制

未部署访问控制模块之前，用户 A 通过客户端同时访问 BOUNT_poly、roaln_rou_arc、railn_rou_arc 三个图层，不存在任何障碍，对数据访问所返回的结果如图 8.22 所示。

部署访问控制模块之后，在控制策略中添加一条简单的策略，假设该策略不允许用户 A 调用 railn_rou_arc 图层。此时，当用户 A 再次登录地理信息服务访问系统，调用以上 3 个图层时，返回的数据如图 8.23 所示。可以看到，尽管用户 A 的原始访问请求参数中包括了这三个图层，但最终返回到客户端的只有 BOUNT_poly 和 roaln_rou_arc 两个图层，并未得到 railn_rou_arc 图层。其原因是，访问控制模块已经截获了用户的请求，将其与相匹配的访问控制策略进行了比对，结果是用户 A 不能调用 railn_rou_arc 图层，于是从中修改了不满足策略的参数部分，并在后台重新封装了请求发往服务器，因此得到的访问结果是该用户获得授权的部分数据。

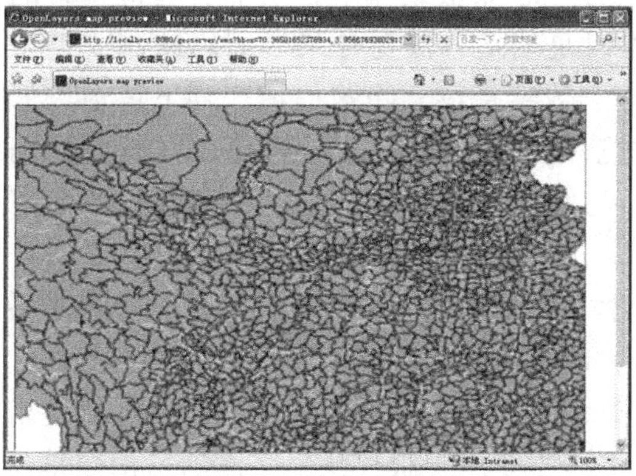

图 8.22　正常访问的结果

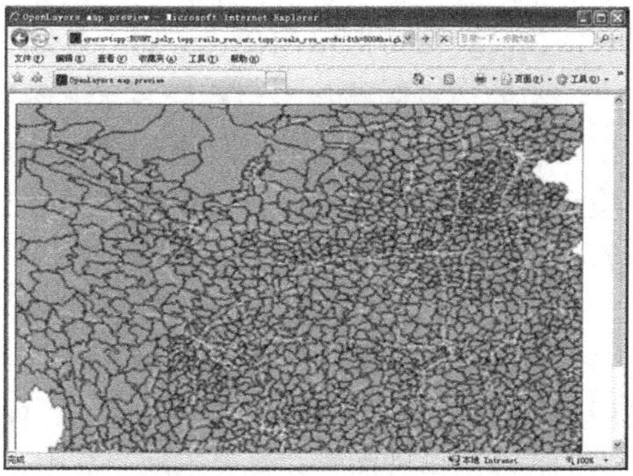

图 8.23　实施访问控制的访问结果

2) 范围控制

在策略库中新增一条基于范围的控制策略，不允许用户 A 访问南京市区域内的相关数据。策略中利用行政区划的各顶点坐标对所限制的范围进行了描述。策略部署完毕后，对 BOUNT_poly 图层进行访问，结果如图 8.24 所示。

从图 8.24 可见，服务所返回的数据已加载了掩膜图层，屏蔽了南京市辖区内各区、县的数据。这说明，访问控制模块已经对用户所请求的范围和策略所限制的范围进行了空间关系的判断，得出结论：请求的数据中包含限制区域。因此，地理信息服务根据最终的决策结果加载了掩膜图层，控制了响应数据。

以上两个案例表明数据的访问控制能够在一定程度上控制用户对特定空间数据的访问，但仅靠访问控制，对地理信息服务的安全来说仍然不够，还必须采取数据分级、权限映射、防火墙等一系列技术手段来防止不合法的甚至是恶意的数据访问或攻击。

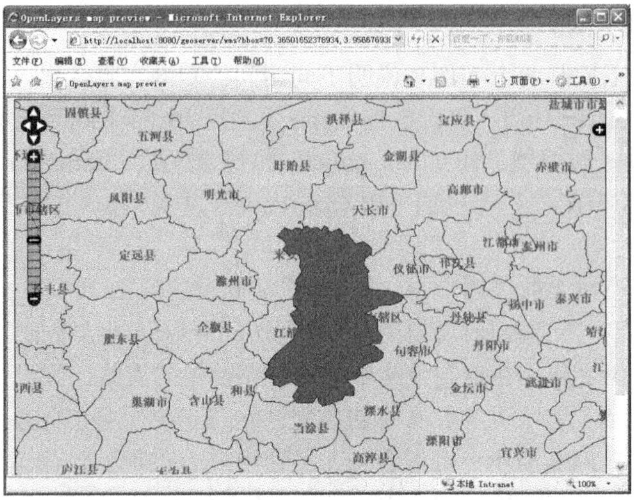

图 8.24 范围控制的效果

8.5.2 信息隐藏技术

1. 信息隐藏概述

信息隐藏或数据隐藏，是将保密信息隐藏于另一非保密载体中，以不引起检查者的注意。这里的载体可以是图像、视频、音频，也可以是信道，甚至是某套编码体制或整个系统。广义的信息隐藏技术包括隐写术、数字水印、数字指纹、隐蔽信道、阈下信道、低截获概率通信和匿名通信等。信息隐藏作为加密方法的有效补充，是一种可以在开放的网络环境下保护版权、认证来源及完整性的新技术，为网络化信息的安全保存和传输开辟了一条新途径。

目前，信息隐藏已成为信息安全领域除密码学之外的另一重要分支，而信息隐藏中最为重要的两大分支是信息伪装(隐写术)和数字水印。信息伪装和数字水印二者虽然在形式上都采用了隐藏消息的机制，但在使用目的、保护对象、秘密信息性质、通信方式、性能要求、攻击形式等诸多方面存在较大不同。其中，数字水印主要用于版权认证，而信息伪装是一种秘密通信的手段，它通过隐藏秘密数据的存在性来获得秘密通信的安全。

2. 信息隐藏模型

一个广义的信息隐藏模型可以用图 8.25 表示，包括信息嵌入、信息提取与检测、密钥生成和隐藏分析 4 个组成部分。

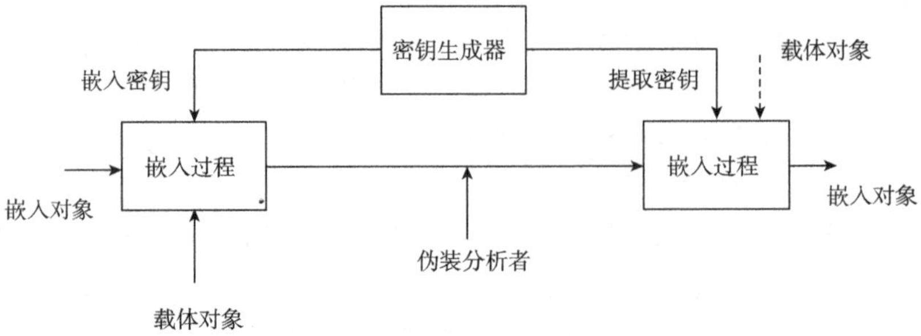

图 8.25 信息隐藏的一般模型

通常，人们把希望被隐藏的对象称为嵌入对象，它含有特定用途的秘密信息或重要信息；把用于隐藏嵌入对象的非保密载体称为载体对象；信息嵌入过程的输出对象，即已经隐藏有嵌入对象的对象称为隐秘对象或伪装对象，它与载体对象无感知差别。

在信息隐藏系统中，人们通常需要使用一些额外的秘密信息来控制嵌入和提取过程，只有它的持有者才能进行操作，这个秘密信息称为隐藏秘钥。其中，嵌入过程的隐藏秘钥称为嵌入秘钥，提取过程的隐藏秘钥称为提取秘钥。通常嵌入秘钥和隐藏秘钥是相同的，相应的信息隐藏技术称为对称信息隐藏技术；否则，称为非对称信息隐藏技术。

3. 矢量空间数据的信息伪装

当前针对空间数据尤其是矢量空间数据，信息伪装的研究总体上还处于起步阶段。已有的矢量空间数据信息伪装方法，主要集中在以下 3 个方面。

(1) 以置乱加密为代表的浅层次伪装。置乱加密是信息伪装技术的基础性工作，通过改变要素坐标点的排列顺序来达到伪装的目的。置乱后的数据虽然在一定程度上不满足伪装系统不可察觉性的要求，但由于其保持了与原始数据相同或者相近的组织结构、数据格式和宏观形态，仍然具有一定的安全性。

(2) 通过载体图层（要素）隐藏秘密图层（要素）的传统伪装。此类方法属于传统意义上的信息伪装方法，主要通过基于冗余位替换、差值扩大等方法，实现矢量地理数据的伪装与还原处理。此类方法虽然具有较好的安全性，但是载体容量有限，仅适用于少量涉密要素情况下的信息伪装，对于海量矢量地理数据的信息伪装并不适用。

(3) 主动伪装。该方法是基于主动伪装原理，通过误差干扰、夹角变换、插值预测等方法，以及干扰数据来隐藏涉密信息的一种信息伪装方法。此类方法虽解决了嵌入容量的问题，但难以满足矢量地理数据信息伪装的安全性需求，安全性有待进一步提高。

4. 基于信息分存的线状地理要素伪装方法

信息分存技术来自于图像编码与恢复应用。将整个图像划分为具有一定可视效果的 n 幅子图像，如果知道其中 m($m<n$) 幅子图像的信息，则整个图像可得到恢复，若子图像少于 m 幅，则整个图像无法得到恢复。借鉴这一技术，将其应用到矢量地理数据的信息伪装，对伪装后的数据分图层存储，使每个图层都具有可读效果，以增加矢量数据的安全性。

基于信息分存的线状矢量要素伪装方法采用 Douglas-Peukcer 算法（DP 算法）将原始涉密线状地理要素进行一级和二级（分别对应于原线要素的粗略和较精细的几何形态）近似，并对二级数据进行分组伪装，其原理如图 8.26 所示。其过程是：①对每一线要素，按 Douglas-Peukcer 算法搜索一级和二级特征点；②按相邻一级点将线要素分为若干组（如图 8.26(a) 中的 1、2、3 组均含有二级特征点）；③求取每组一级点首尾连线的旋转方向和旋转角，其中，旋转角度为相邻两个一级点连线与旋转基线的夹角，而旋转基线为线要素首尾端点的连线，其方向确定了旋转的方向［图 8.26(b)］；④对每组二级点按照各自对应的旋转角度向基线方向进行整体旋转变换，得到经伪装的矢量数据，伪装后的数据见图 8.26(c)。

对以上矢量数据伪装方法进行验证。以格式为 Shapefile、比例尺为 1∶100 万的庐山地区水系线要素为实验数据，对其进行信息分层伪装，其结果如图 8.27 所示（其中，虚线表示原始数据，实线表示伪装数据）。从该图可见，信息分层伪装方法保持了矢量线要素的几何形态及组内拓扑关系和空间关系的一致性。按伪装的逆过程对数据进行还原，可恢复原始数据。

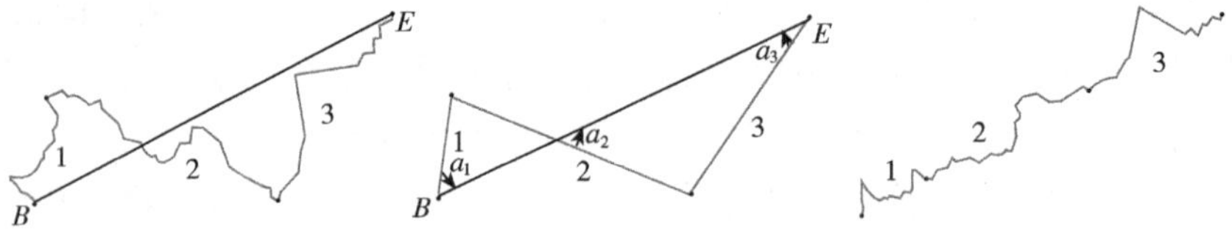

(a) 二级数据分组　　(b) 旋转角度和方向的确定　　(c) 二级伪装数据

图 8.26　线要素矢量数据分存伪装原理示意图

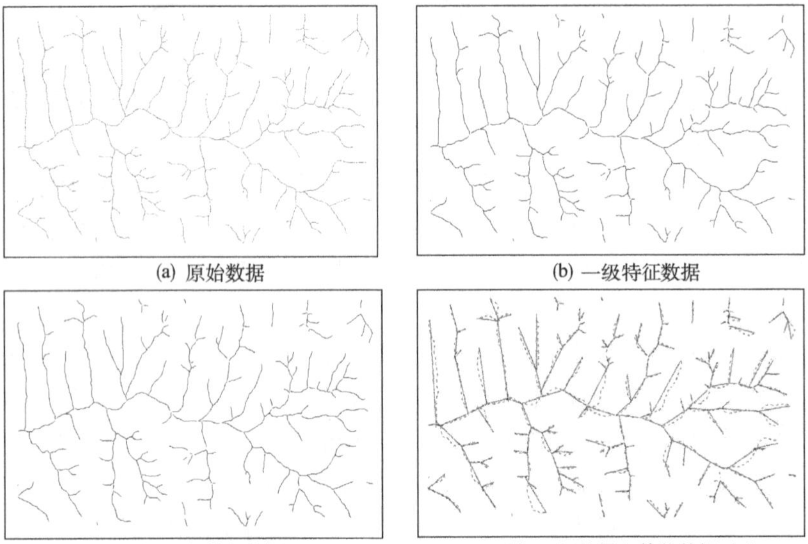

(a) 原始数据　　(b) 一级特征数据

(c) 二级特征数据　　(d) 二级数据和伪装数据对比

图 8.27　矢量线要素的信息分存伪装结果

8.5.3　数字水印技术

1. 数字水印概述

数字水印技术是利用人类视觉系统(human visual system，HVS)的冗余，通过一定的算法，在数字信息中加入不可见的标记，但不影响数据的合理使用和价值，而且不能被人的视觉系统觉察到，起到了证明图像、设计图、GIS 数据等作品版权归属的作用。除非对数字水印具有足够的先验知识，否则任何破坏和消除水印的企图都将严重破坏原始数据的质量。不同的应用对数字水印的要求不尽相同，一般认为数字水印应具有如下特点。

(1) 透明性(unobtrusive)：水印的存在不影响被保护内容的数据的价值与使用。

(2) 鲁棒性(robust)：能够经受传输过程中的信道噪声、滤波、有损压缩、几何变换、数据转换等操作，能够经受人为的篡改、伪造、去除水印等攻击。

(3) 安全性(secure)：指将水印信息藏于目标数据的内容之中，而非文件头等处，防止因文件格式变换而遭到破坏。

(4) 无歧义性(unambiguous)：恢复出的水印或水印判决的结果应该能够唯一辨识所有权，为受到保护的信息产品所有者提供完全和可靠的证明，不会发生多重所有权纠纷。

(5) 通用性(universal)：好的水印算法适用于文本、图像、视频、音频等多种文件格式和媒体格式。通用性在某种程度上意味着易用性。

2. 数字水印分类

数字水印算法从最初的空域到变换域直至根据人的生理模型特点研究的自适应算法，研究范围有了很大发展。根据宿主类型，可分为图像水印、矢量数据水印、遥感影像水印等；根据嵌入域的不同，可分为空间域水印、频域水印、压缩域水印等；根据外观特性，可分为可见水印、不可见水印等。依据不同视角，对数字水印的分类结果如图 8.28 所示。

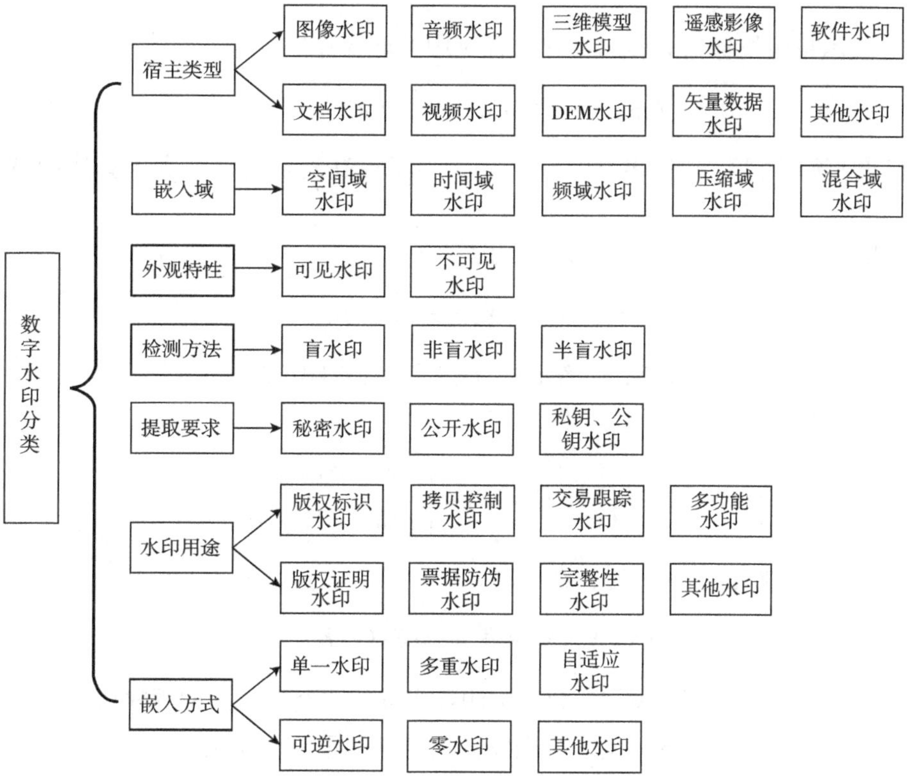

图 8.28 数字水印的分类

3. 空间数据数字水印系统基本框架

从系统构成上，数字水印系统主要包含嵌入器和检测器两大部分。参照数字水印处理系统的基本框架，结合空间数据特点和要求，可形成如下空间数据数字水印系统基本框架(图 8.29)，该框架适用于对矢量、栅格、影像等空间数据类型施加数字水印。它可以定义为九元组(M，X，W，K，G，Em，At，D，Ex，C)，分别定义如下。

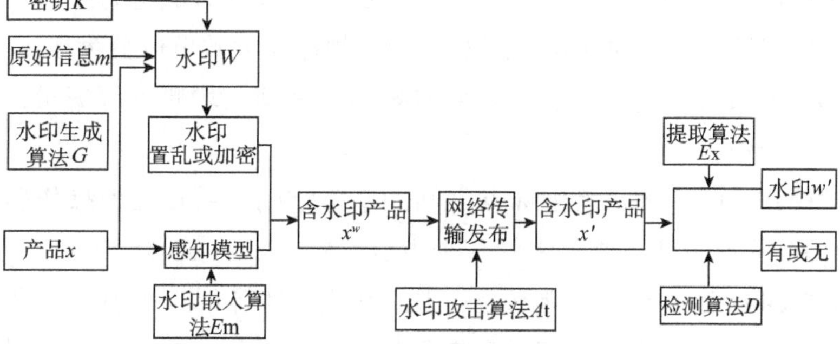

图 8.29 数字水印系统基本框架

(1) M 代表所有可能原始信息的集合。

(2) X 代表所有保护的数字产品 x 的集合。

(3) W 代表所有可能版标记信号 w 的集合。

(4) K 代表密钥 k 的集合。

(5) G 表示利用原始信息 m、密钥 K 和原始数字产品 x 共同生成数字水印的算法，即

$$G: M \times X \times K \rightarrow W, w = G(m, x, k) \tag{8.1}$$

(6) Em 表示将版权标记 w 嵌入数字产品 x 中的嵌入算法，即

$$E\mathrm{m}: X \times W \rightarrow X, x^{w} = E\mathrm{m}(x, w) \tag{8.2}$$

其中，x 代表原始产品；x^{w} 代表含水印产品。为了提高安全性，在嵌入算法中有时包含嵌入密钥。

(7) At 表示对含水印产品的攻击算法，即

$$A\mathrm{t}: X \times K \rightarrow X, x' = A\mathrm{t}(x^{w}, K') \tag{8.3}$$

这里，K'表示攻击者伪造的密钥；x'表示被攻击后的含水印产品。

(8) D 表示版权标记检测算法，即

$$D: X \times K \rightarrow \{0,1\}, D(x', k) = \begin{cases} 1 & \text{如果} x' \text{ 中存在} w \\ 0 & \text{如果} x' \text{ 中不存在} w \end{cases} \tag{8.4}$$

(9) Ex 表示版权标记提取算法，即

$$E\mathrm{x}: X \times K \rightarrow W, w' = E\mathrm{x}(x', K) \tag{8.5}$$

随着数字水印技术的不断发展，数字水印技术逐步在空间数据的版权认证、完整性认证、篡改追踪、秘密信息安全传输等诸多方面发挥出越来越重要的作用。

4. 基于夹角调制的矢量数据可逆数字水印算法

矢量数据具有特定的数据结构、多样的数据组织方式、复杂的空间关系，以及精度高、冗余少等特性，这些都导致针对矢量数据与影像数据的水印技术存在很大差别。设计鲁棒性强的矢量数据可逆水印算法的关键是找到那些对数据常规操作(如平移、旋转、缩放、要素排序、裁剪、压缩等)前后的不变量，在这些不变量中嵌入一定的水印信息就可以抵挡相应的攻击，并从数据中检测出完整的水印。这就需要对上述操作进行分类，分析出各类操作的特征，在水印的嵌入策略、调制方法，以及嵌入模式等方面进行综合，最终产生一个抵抗多种攻击的鲁棒性水印。对矢量地理数据的常规操作大致可以分为以下 3 类：①对图层的旋转、平移、缩放等几何操作；②对要素排序、裁剪、增删点等编辑操作；③对数据压缩或图形简化等操作。

对于第一类操作，可基于要素坐标点之间的基本空间关系在几何操作前后的不变性进行处理。如图 8.30 所示的某一要素中的 3 个点 A、B、C，在旋转、缩放、平移等操作中，其线段 AB 与 AC 的夹角 θ 始终保持不变。因此在嵌入水印时，可基于水印位对角度 θ 进行调制来嵌入水印，这样就使得水印信息在经过旋转、平移、缩放等几何操作后都能提取出来。

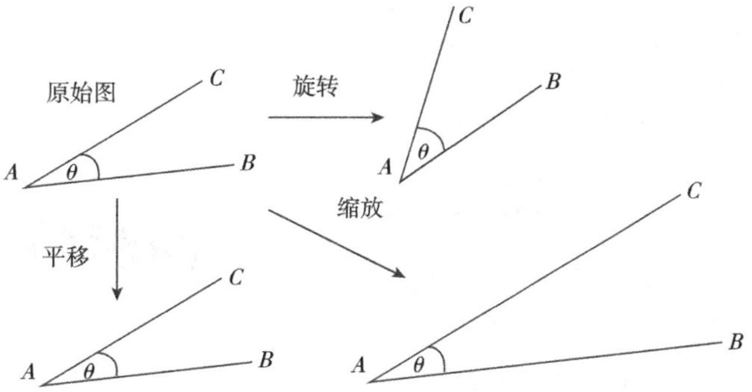

图 8.30　空间关系在几何操作前后的不变性

对于第二类操作，可通过调整嵌入模式来进行处理。传统的顺序嵌入法之所以不能抵抗要素排序、删点等攻击，从本质上来讲是因为坐标点在文件中出现的顺序是相对、易变的。而基于坐标位置来进行水印位映射的方法可以很好地解决该问题。其基本思想为：设水印生成的固定长度为 N，基于坐标映射的方法，把坐标文件中所有的坐标点按照其坐标值均匀地映射到［0，$N-1$］上，从而对应该坐标点所应嵌入的水印比特。令映射函数为 $f(x, y)$，水印信息为 $W=\{w(i), 0\leqslant i\leqslant N-1\}$，即要求 $0\leqslant f(x, y)\leqslant N-1$。同时，考虑算法的鲁棒性，$f(x, y)$应尽量均匀地把$(x, y)$映射到［0，$N-1$］上。但单纯地采用该方法仍会遇到一定的问题，例如，在对数据进行旋转、平移、缩放等几何操作之后，坐标本身会发生变化，这将直接导致水印比特映射的错误。此时，可将前文所述的线段之间的夹角θ进行一定的处理后再进行水印的映射。由于夹角θ具有几何操作不变性，这样就使得要素在经过几何攻击之后，仍能保持映射关系，从而正确地提取出水印信息。另外，该方法使得嵌入位置与水印信息成为一个多对一的映射，相当于对水印信息进行了多重嵌入，进一步提高了鲁棒性。综合使用上述方法，使得水印可同时抵挡一、二两类攻击。

对于第三类操作，考虑一般的压缩、简化操作都以不破坏矢量要素特征点为前提，可在提取特征点的基础上，进行水印信息的嵌入。此时，可综合第一、第二类操作，设计一种能够同时抵抗多种攻击的矢量地理数据的可逆水印算法，该方法的基本过程如图 8.31 所示。

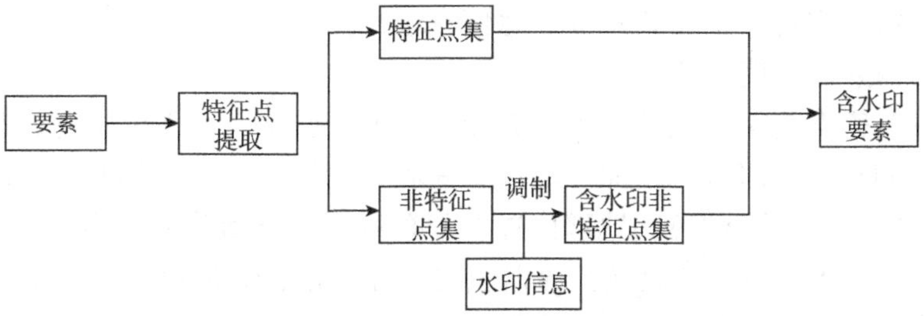

图 8.31　矢量数据水印嵌入过程

以某区域道路网络为例，进行数字水印的嵌入，并进行抗攻击水印的检测实验，其结果如图 8.32 所示。其中，图 8.32(a)为原始矢量数据(3274 个线要素，共计 18436 个特征点)；图 8.32(b)是一个包含 108×45 个像素的二值图像，作为水印信息嵌入矢量数据之中。对嵌入水印的矢量数据进行压缩、旋转等变换，其结果见图 8.32(c)；从变换后的含水印数据中，检测水印的结果见图 8.32(d)。该实例表明夹角调制的水印算法具有一般可逆水印所具有的不可感知性与可逆性，同时对旋转、平移、要素排序、裁剪、压缩、简化等常规攻击也具有较好的鲁棒性。

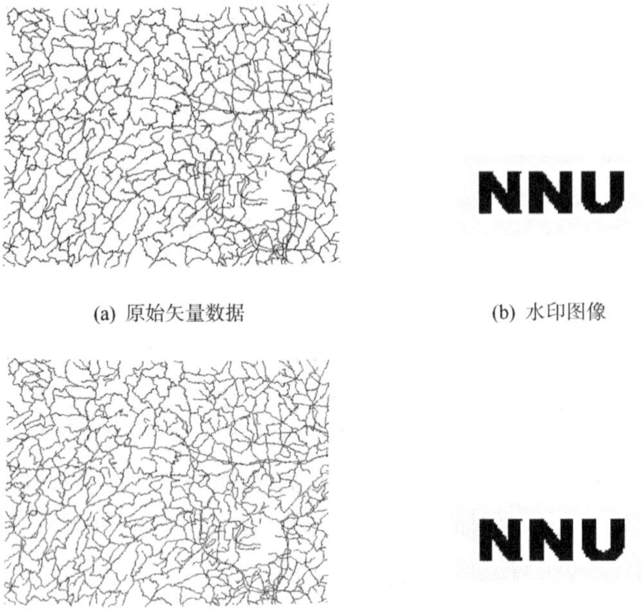

(a) 原始矢量数据　(b) 水印图像

(c) 嵌入水印后数据　(d) 检测出来的水印

图 8.32　矢量地理数据水印的嵌入、变换与检测

8.5.4　空间数据脱密技术

1. 空间数据脱密概述

根据国家测绘地理信息局颁布的《公开地图内容表示若干规定》和《公开地图内容表示补充规定(试行)》文件要求，为了维护国家安全，地理信息产品必须对涉密的数据进行脱密处理才能公开发布、传播、出版和展示。脱密，是个笼统的概念，针对地理信息成果而言，主要是指通过技术处理(敏感信息的修订或删除，以及简化、分级、集成、统计和综合等减少敏感信息的处理措施等)的办法，将较高密级地理信息成果中包含的涉及国家安全的地理要素空间位置精度、属性内容、空间关系等敏感信息进行处理后，转变为较低密级地理信息成果或符合公开地理信息成果使用的方法。

其原则之一是完全删除地理数据中含有涉密的地理要素及其属性信息，包括：①应删除水库库容和大坝的高度、河宽、水深、流速、底质和岸质等天然水体和人工附属结构信息；②对保密单位(如军事、监狱等)的地理位置、分布特征、编制及部署均应进行隐藏、删除或按不依比例尺的居民地处理；③删除交通枢纽的地理位置、分布和特征，桥梁、隧道的位置、长度、宽度、高度、性质、载重量、运输能力、周围地形状况等不宜表达的与交通条件相关的信息；④删除地形景观与特征、图幅的最高点、主要山峰等制高点的地理位置及高程、冲沟比高、陡崖比高等影响较大的地貌信息；⑤删除与国防建设、军事目标、重要基础设施相关要素的地理位置、分布特征等信息。

空间数据脱密的原则之二是对其他地理要素采取降低空间位置精度的处理，使其达到国家规定的可公开的空间位置精度，包括：①将空间位置精度降至国家安全要求的范围以外，保证公开数据的平面位置精度不高于 50m、等高距不小于 50m、DEM 格网不小于 100m；②对点、线、面特征点通过技术手段降低其几何精度，并使图形特征钝化(折线曲化)，从而降低特征点在数据几何精纠正过程中的作用。

2. 空间数据脱密方法

地理要素脱密需要对其进行几何和属性两方面处理。主要对涉密地理要素的几何和属性数据直接删除，对其他敏感要素则采用一定的几何脱密方法将其空间位置进行移位或添加随机干扰，降低其几何精度，并使脱密后的数据难以用几何纠正方法得以恢复。

降低要素几何精度的方法主要有投影转换法、格网变换法、误差随机干扰法、要素综合移位法、图形钝化法等，但当将这些方法施加于矢量地理数据时，一方面可能会破坏原始数据中各要素间的拓扑关系，造成脱密数据的共享可用性降低；另一方面，采用对原始数据增加系统误差的坐标变换模型，使得脱密数据易被恢复。拓扑保形的矢量地理数据几何脱密方法较好地解决了以上问题。

该方法包括以下 3 个主要环节：①针对点、线和面要素分别制定具有拓扑保形性的几何脱密操作策略；②基于紧支撑径向基函数(compactly supported radial basis functions，CSRBF)建立要素坐标脱密变换模型；③通过迭代控制脱密地理要素的坐标偏移量。

1)点、线、面要素拓扑保形几何脱密策略

(1)点要素脱密策略。矢量地理数据中的点要素分为两种：独立存在的点要素、与其他要素存在拓扑关联的点要素，其脱密策略如下：①独立存在的点要素，如独立地物，由于其与周围地理要素的拓扑关联性较弱，可以直接利用坐标变换模型对其进行坐标位置变换；②与其他要素存在拓扑关联的点要素，坐标位置变换后需要根据其与周围关联地理要素的拓扑关系进行位置校正，使其保持实际拓扑关系。

(2)线要素脱密策略。线要素一般与其相邻线要素之间存在一定的拓扑连通关系，为了保持这种关系，确定其脱密策略如下：①将线要素转换为网络数据结构，获取线要素的网络弧段与网络节点；②利用坐标变换模型对网络节点进行坐标变换；③利用偏移后的网络节点与原始网络节点构成的矢量之间的夹角对网络弧段进行平移或旋转变换。

(3)面要素脱密策略。面状地理要素如建筑物、湖泊等，都具有一定的几何形状，要求脱密后其形状保持不变，其脱密策略如下：①提取面要素的几何中心坐标；②利用坐标变换模型对面要素几何中心进行坐标变换；③根据几何中心的位置变化对面要素进行平移或旋转。

2)基于 CSRBF 的要素坐标几何脱密变换模型

假定 N 维(对于二维矢量数据，N=2)矢量地理数据中存在几何脱密控制点序列 $P=\{p_1,p_2,\cdots, p_n\}$，其对应的控制点坐标脱密参数为 $Q=\{q_1,q_2,\cdots, q_n\}$，经过几何脱密后的控制点序列为 $\overline{P}=\{\overline{p_1},\overline{p_2},\cdots,\overline{p_n}\}$，则几何脱密控制点集合 P 和脱密结果 $\overline{P}$ 存在如式(8.6)所示的函数关系：

$$\overline{P}=P+F(Q) \tag{8.6}$$

式中，$F(Q)$为几何脱密坐标偏移函数，该函数的选取直接影响矢量地理数据脱密结果的共享可用性。

基于 CSRBF 的坐标变换函数可表示为在每一维度紧支撑径向基函数的加权求和形式：

$$q_j = \begin{bmatrix} \sum_{i=1}^{n} w_j^1 \varphi\left(\left\|p_j - p_i\right\|\right) \\ \sum_{i=1}^{n} w_j^2 \varphi\left(\left\|p_j - p_i\right\|\right) \\ \vdots \\ \sum_{i=1}^{n} w_j^N \varphi\left(\left\|p_j - p_i\right\|\right) \end{bmatrix} \tag{8.7}$$

式中，q_j 为第 j 个坐标点的偏移参数，是一个 $N\times 1$ 维的矩阵，矩阵中的每一行表示坐标点 p_j 在该维度上的偏移距离；$\varphi\left(\left\|p_j - p_i\right\|\right)$ 为一个 CSRBF 基函数，其中，$\left\|p_j - p_i\right\|$ 表示第 i 个点 p_i 与第 j 个点 p_j 间的欧氏距离。

在此采用 Wendland $C_{3,1}$ CSRBF 基函数：

$$\varphi = (1-r)_+^4 (4r+1) \tag{8.8}$$

$$r = \frac{\left\|p_j - p_i\right\|}{r_{cs}} \tag{8.9}$$

式中，$(1-r)_+$ 为紧支撑域控制函数；r_{cs} 为 CSRBF 基函数的紧支撑半径。

偏移函数的权重参数 W_j 为 $N\times n$ 矩阵，矩阵的每一行表示该维度上的偏移函数权重。将第 k 维的权重参数表示为 W^k，则其求解过程可表示为

$$\begin{bmatrix} \varphi\left(\left\|p_1 - p_1\right\|\right) & \varphi\left(\left\|p_1 - p_2\right\|\right)\cdots & \varphi\left(\left\|p_1 - p_n\right\|\right) \\ \varphi\left(\left\|p_2 - p_1\right\|\right) & \varphi\left(\left\|p_2 - p_2\right\|\right)\cdots & \varphi\left(\left\|p_2 - p_n\right\|\right) \\ \vdots & \vdots & \vdots \\ \varphi\left(\left\|p_n - p_1\right\|\right) & \varphi\left(\left\|p_n - p_2\right\|\right)\cdots & \varphi\left(\left\|p_n - p_n\right\|\right) \end{bmatrix} \begin{bmatrix} w_1^k \\ w_2^k \\ \vdots \\ w_n^k \end{bmatrix} = \begin{bmatrix} q_1^k \\ q_2^k \\ \vdots \\ q_n^k \end{bmatrix} \tag{8.10}$$

3）几何脱密地理要素坐标偏移量的控制

选择 m 个待脱密目标地理要素，设定其坐标偏移阈值，对矢量地理数据进行迭代几何脱密处理：①如果 m 个待脱密地理要素的坐标精度均满足脱密几何精度要求，则停止迭代，将本次脱密迭代结果作为最终的输出结果。②如果 m 个待脱密地理要素中，有部分待脱密地理要素已经满足脱密几何精度要求，则将该区域的脱密控制点从候选脱密控制点集中移除，继续下一次迭代操作，直至所有待脱密地理要素均满足脱密几何精度的要求。

拓扑保形的矢量地理数据几何脱密方法综合了以上 3 个环节，并进行要素坐标偏移的迭代处理，直至脱密结果满足要求为止。

3. 矢量地理要素脱密处理实例

以某区域大比例尺矢量地理数据集（包括建筑物、道路、地铁、独立地物）为例，按拓扑保形脱密方法进行脱密处理，脱密控制点集中共有 100 个控制点。每次从几何脱密控制点集中随机选取 20 个脱密控制点，随机生成取值范围为［-5，5］m 的坐标偏移量作为几何脱密参数，设置 CSRBF 的紧支撑半径为 300m，待脱密地理要素的坐标偏移量控制在 12 m。对该数据集进行 4 次迭代脱密，脱密结果如图 8.33 所示。其中，图 8.33（a）为原始数据集；图 8.33（b）

为脱密控制点分布；图 8.33(c)中深色表示几何脱密的结果，浅色表示原始实验数据，将两者进行叠加显示，颜色越深的区域是要素脱密后坐标偏移量越大的区域。对图 8.33(c)中具有道路-公交站-信号灯(要素类别间存在拓扑关联)的 A 区域进行局部放大显示，见图 8.33(d)，从中可见，信号灯、公交站等点状地物要素与道路等线状地图要素的相对位置、线状道路节点的拓扑连通性保持了稳定。对图 8.33(c)中以建筑物多边形为主的 B 区域(要素类别内需保持形状稳定)进行放大显示，见图 8.33(e)，建筑物面状要素被逐要素整体偏移，其几何精度得到降低但要素几何形状仍保持不变。

显然，拓扑保形的脱密方法在满足地理信息安全性要求的前提下，降低了其要素的几何精度，又保持了要素间的拓扑关系和形状特征的稳定，而且采用具有非线性表达能力的 CSRBF 坐标变换模型，使得要素坐标偏移量具有非线性，在脱密控制点和脱密参数未知的情况下几何脱密结果不易被破解，从而保证脱密结果具有较强的抗攻击能力。

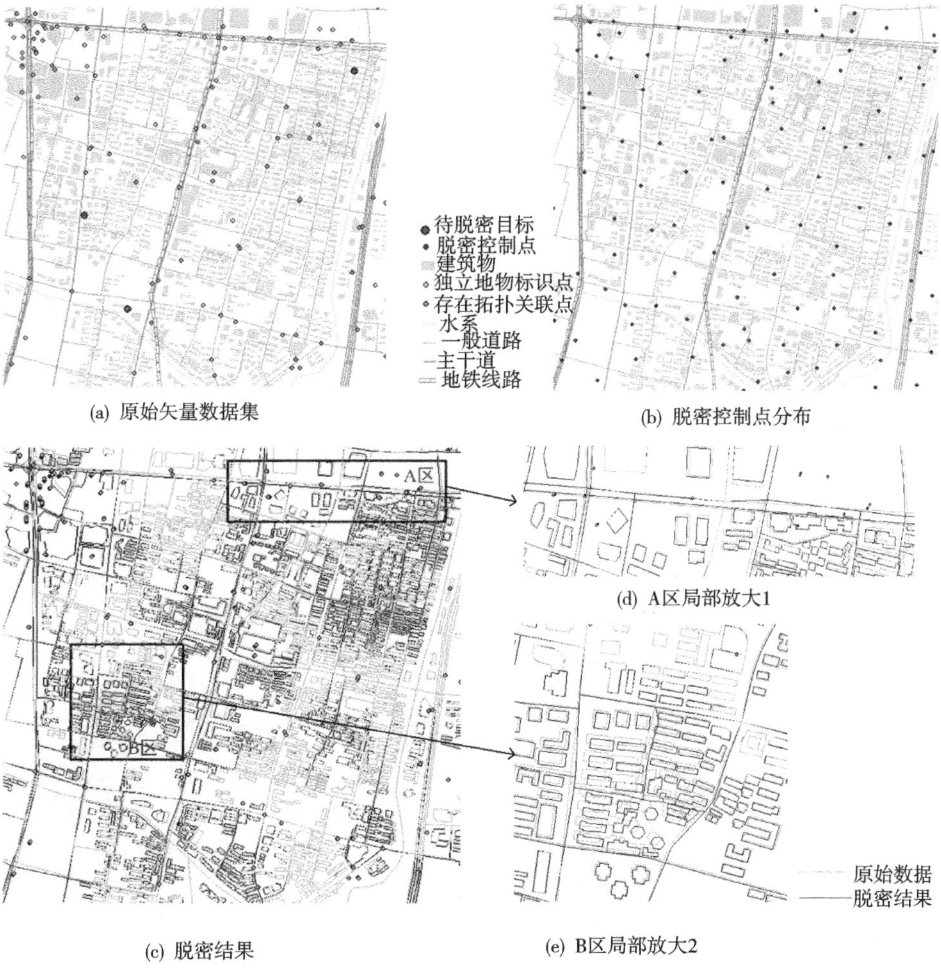

图 8.33　拓扑保形的矢量空间数据脱密处理

思 考 题

1. 请分析关系型数据库、面向对象数据库、对象关系数据库和 NoSQL 数据库之间的区别和联系。
2. Geodatabase 数据库的基本体系结构是什么？
3. 关系型数据库是否适合空间数据的存储与管理？如不适合，应当在哪些方面改进。
4. 相较于传统数据库，Geodatabase 数据库具有哪些优势？请举例说明。
5. 试分析空间数据库查询优化的主要策略。
6. 在进行地理数据库系统的数据库管理系统设计时要考虑哪些因素？
7. GIS 空间数据引擎包含哪几种体系结构？不同体系结构有什么区别？
8. 对于点查询、区域查询、空间连接查询操作，各自有哪些处理方法？这些方法与哪些因素有关？
9. 针对矢量地理数据常用的三类操作，矢量数据可逆数字水印算法的基本原理是什么？
10. 空间数据脱密的意义是什么？其基本原则有哪些？

第 9 章　空间数据采集与管理典型案例

空间数据在国民经济建设决策、城市规划管理等方面发挥着重要作用，是各级政府制定科学决策的重要依据。本章以地理国情监测、全国水利普查、全国土地调查为典型案例，阐述调查的基本要素、数据获取与处理方法，以及数据的组织与管理策略等，为其他地理要素采集与管理方案的设计与实施提供参考。

9.1　地理国情普查数据采集与管理

9.1.1　地理国情普查概况

地理国情主要是指地表自然和人文地理要素的空间分布、特征及其相互关系，是基本国情的重要组成部分。地理国情普查是一项重大的国情国力调查，是全面获取地理国情信息、掌握地表自然、生态，以及人类活动基本情况的重要手段和基础性工作，对于权威、客观、系统、准确地掌握我国自然和人文地理国情信息，提高测绘地理信息公共服务能力，更好地服务于防灾减灾、应急保障及相关行业调查统计等工作，推动国家重大发展战略制定实施及资源合理配置，推进节约型社会和生态文明建设具有重要意义。

为了全面掌握我国地理国情现状，国务院决定 2013～2015 年开展第一次全国地理国情普查工作，以获取地理国情本底信息，为地理国情监测打下基础。第一次全国地理国情普查的目标为：在 2013 年 7 月 1 日～2015 年 12 月 31 日 2 年 6 个月的时间内，利用高分辨率航空航天遥感影像数据、基础地理信息数据和其他专题数据等，按照统一的标准和技术要求，查清我国地形地貌、地表覆盖等地表自然和人文地理要素的现状和空间分布情况，建立多种普查成果数据库，基于多种地理单元开展基本地理国情的统计分析，完成普查报告和普查成果系列地图，建立地理国情监测业务体系和成果的审核发布机制等，为开展常态化地理国情监测奠定基础，满足经济社会发展和生态文明建设的需求，提高地理国情信息对政府、企业和公众的服务能力。

9.1.2　地理国情普查的任务与内容

1. 普查任务

在全国陆地国土范围内，采用航空航天遥感、全球导航卫星系统、地理信息系统等测绘地理信息先进技术，以优于 1m 的高分辨率航空航天遥感影像数据为主要数据源，充分利用测绘地理信息部门最新完成的覆盖全国陆地国土的 1∶5 万基础地理信息、已有的 1∶1 万基础地理信息及大量 1∶5000、1∶2000 或更大比例尺的基础地理信息，以及其他重大工程获取的测绘成果等资源，整合利用其他部门已有的普查成果或与地理国情相关的专题信息，通过多源遥感影像快速获取与处理、现场调查、信息提取、地理统计分析等技术手段，查清反映地表特征、地理现象和人类活动的基本地理环境要素的范围、位置、基本属性和数量特征，通过深入的统计和综合分析，形成这些基本地理环境要素的空间分布及其相互关系的普查结果。具体普查任务如下。

(1) 调查自然地理要素的基本情况，包括与自然资源环境相关的地形地貌、植被覆盖、水域、荒漠与裸露地等地理要素的类别、位置、范围、面积等，掌握其空间分布状况。

(2)调查人文地理要素的基本情况，包括与人类活动相关的交通网络、居民地与设施、地理单元等地理要素的类别、位置、范围、面积等，掌握其空间分布现状。

(3)开展地理国情信息统计分析，包括对自然和人文地理要素等重要地理国情信息的统计分析，以及将地理信息与经济社会数据进行整合，对经济社会发展指标进行空间化、综合性统计分析评价。

(4)建立覆盖全国的地理国情本底数据库，形成一系列地理国情普查图集和普查报告。同时，形成系统、规范的地理国情普查技术和标准体系，建立科学、高效的地理国情普查工作机制。

2. 普查对象与内容

第一次全国地理国情普查的对象是我国陆地国土范围内的地表自然和人文地理要素，包括地形地貌、植被覆盖、水域、荒漠与裸露地、交通网络、居民地与设施和地理单元等。需要采集的普查内容共包括 12 个一级类、58 个二级类和 133 个三级类。其中，耕地、园地、林地、草地、房屋建筑(区)、道路、构筑物、人工堆掘地、荒漠与裸露地表、水域这 10 类对象属于地表覆盖类数据；道路、构筑物、人工堆掘地、水域、地理单元这 5 类对象属于重要的地理国情要素数据；地形属于地形地貌类数据。表 9.1 给出了地理国情普查对象的分类及其编码(CC 码)。

表 9.1　地理国情普查需要采集对象的分类及其编码

代码	一级类	二级类(编码)	三级类(编码)
0100	耕地	水田(0110)，旱地(0120)	
0200	园地	果园(0210)，茶园(0220)，桑园(0230)，橡胶园(0240)，苗圃(0250)，花圃(0260)，其他园地(0290)	乔灌果园(0211)，藤本果园(0212)，草本果园(0213)
0300	林地	乔木林(0310)，灌木林(0320)，乔灌混合林(0330)，竹林(0340)，疏林(0350)，绿化林地(0360)，人工幼林(0370)，稀疏灌丛(0380)	阔叶林(0311)，针叶林(0312)，针阔混交林(0313)； 阔叶灌木林(0321)，针叶灌木林(0322)，针阔混交灌木林(0323)
0400	草地	天然草地(0410)，人工草地(0420)	高覆盖度草地(0411)，中覆盖度草地(0412)，低覆盖度草地(0413)； 牧草地(0421)，绿化草地(0422)，固沙灌草(0423)，护坡灌草(0424)，其他人工草地(0429)
0500	房屋建筑(区)	多层及以上房屋建筑区(0510)，低矮房屋建筑区(0520)，废弃房屋建筑区(0530)，多层及以上独立房屋建筑(0540)，低矮独立房屋建筑(0550)	高密度多层及以上房屋建筑区(0511)，低密度多层及以上房屋建筑区(0512)； 高密度低矮房屋建筑区(0521)，低密度低矮房屋建筑区(0522)； 多层独立房屋建筑(0541)，中高层独立房屋建筑(0542)，高层独立房屋建筑(0543)，超高层独立房屋建筑(0544)
0600	道路	铁路(0610)，公路(0620)，城市道路(0630)，乡村道路(0640)	

续表

代码	一级类	二级类(编码)	三级类(编码)
0700	构筑物	硬化地表(0710)，水工设施(0720)，交通设施(0730)，城墙(0740)，温室，大棚(0750)，固化池(0760)，工业设施(0770)，沙障(0780)，其他构筑物(0790)	广场(0711)，露天体育场(0712)，停车场(0713)，停机坪与跑道(0714)，硬化护坡(0715)，场院(0716)，露天堆放场(0717)，碾压踩踏地表(0718)，其他硬化地表(0719)；堤坝(0721)，闸(0722)，排灌泵站(0723)，其他水工构筑物(0729)；隧道(0731)，桥梁(0732)，码头(0733)，车渡(0734)，高速公路出入口(0735)，加油(气)、充电站(0736)
0800	人工堆掘地	露天采掘场(0810)，堆放物(0820)，建筑工地(0830)，其他人工堆掘地(0890)	露天煤矿采掘场(0811)，露天铁矿采掘场(0812)，露天铜矿采掘场(0813)，露天采石场(0814)，露天稀土矿采掘场(0815)，其他采掘场(0819)；尾矿堆放物(0821)，垃圾堆放物(0822)，其他堆放物(0829)；拆迁待建工地(0831)，房屋建筑工地(0832)，道路建筑工地(0833)，其他建筑工地(0839)
0900	荒漠与裸露地表	盐碱地表(0910)，泥土地表(0920)，砂质地表(0930)，砾石地表(0940)，岩石地表(0950)	
1000	水域	河渠(1010)，湖泊(1020)，库塘(1030)，海面(1040)，冰川与常年积雪(1050)	河流(1011)，水渠(1012)；水库(1031)，坑塘(1032)；冰川(1051)，常年积雪(1052)
1100	地理单元	行政区划与管理单元(1110)，社会经济区域单元(1120)，自然地理单元(1130)，城镇综合功能单元(1140)	国家级行政区(1111)，省级行政区(1112)，特别行政区(1113)，地、市、州级行政区(1114)，县级行政区(1115)，乡、镇级行政区(1116)，行政村(1117)，城市中心城区(1118)，其他特殊行政管理区(1119)；主体功能区(1121)，开发区、保税区(1122)，国有农、林、牧场(1123)，自然、文化保护区(1124)，自然、文化遗产(1125)，风景名胜区、旅游区(1126)，森林公园(1127)，地质公园(1128)，行、蓄、滞洪区(1129)；流域(1131)，地形分区(1132)，地貌类型单元(1133)，湿地保护区(1134)，沼泽区(1135)；居住小区(1141)，工矿企业(1142)，单位院落(1143)，休闲娱乐、景区(1144)，体育活动场所(1145)，名胜古迹(1146)，宗教场所(1147)
1200	地形	高程信息(1210)，坡度信息(1220)，坡向信息(1230)	
总计	12 类	58 类	133 类

9.1.3　地理国情普查数据的采集与处理方法

1. 普查总体技术路线

以覆盖全国陆地国土、分辨率优于 1m 的多源航空与航天遥感影像为主要数据源，辅以我国 ZY-3、天绘系列和 GF-1/2 号等卫星影像数据，收集、整合基础地理信息数据及多行业专题数据，采用自动与人机交互影像处理、多源信息辅助判读解译、外业调查、空间数据库建模、统计数据空间化、多源数据融合、空间量算、地理计算、空间统计等技术与方法，运用高新技术和装备，内外业相结合，开展全国地形地貌、地表覆盖、重要地理国情要素的普查与建库，搭建地理国情普查统计分析专用平台，开展全国地理国情信息统计分析，通过地理国情信息发布与服务系统、管理系统、地理国情监测平台等技术体系的建设，实现全国地理国情普查成果的管理、发布和应用。第一次全国地理国情普查的总体技术路线如图 9.1 所示，图中普查数据采集部分的外业调查和内业数据处理，可根据各省、市的特点进行详细设计，灵活采用“先内后外”“先外后内”或内外业交互结合的方式开展。

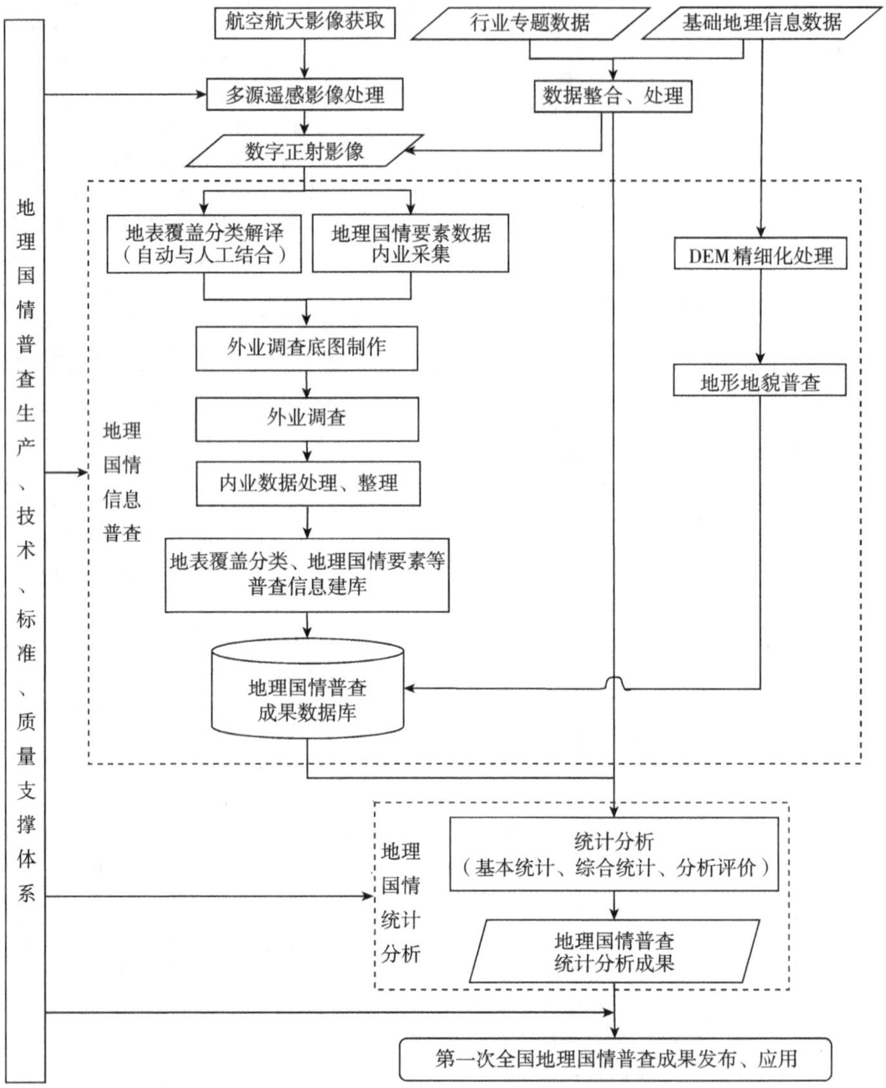

图 9.1　第一次全国地理国情普查的总体技术路线

2. 地表覆盖分类数据采集

对于地表覆盖分类数据的采集，首先要确保进行了正确的归类，其基本要求如下。

(1)地表覆盖层数据以面类型的矢量数据集方式采集提交。可以采用其他方式采集、加工和编辑，但最终成果为矢量多边形形式，并经过拓扑检查(拓扑容限值小于 0.5m)，确保无缝隙、重叠等错误后再提交。

(2)地表在空间上被多种类型立体层叠覆盖的情况下，地表覆盖分类一般采用“就近就大”的原则，即以面积占绝对优势的类型为主。例如，桥面跨越大面积的水面，应归入水域类型；有屋顶绿化的范围，应归入房屋建筑区；不同高低植被立体覆盖的范围，以顶层树冠的优势类型确定其植被覆盖类型。

(3)耕地、库塘等连片区域内部地块之间的田埂、小路、水渠、林带等狭长条带，如果宽度在 5m（含）以下，或者连片达不到相应类型采集要求的，可以就近归并到相邻的耕地、库塘类型中。

（4）被地膜或人不能在内部进行生产活动的简易塑料棚覆盖的耕作土地归为耕地所属类别；具有一定设施、能在内部进行生产活动的大棚，依据覆盖物性质视为构筑物归入“温室、大棚”一类。

（5）道路和河渠旁边成行排列的树木如果达不到乔木林定义的标准，即行数在两行以下或林冠冠幅垂直投影宽度在 10m 以下的，不单独归类，按照“就近就大”的原则归入相邻主要地类。

（6）植被覆盖类型中通过影像甚至实地核查均难以区分人工和自然的类型，一般采用“自然优先”的原则进行归类。例如，人工繁育的树林或草场，从影像上甚至实地核查均难以确定是否为园地或人工草地，优先归入林地或天然草地的相应类别。

（7）房屋建筑区的最小图斑对应的地面实地面积为 $1600m^2$。根据房屋建筑高度、结构、排布规律、建筑密度，以及外部道路和其他明显界限确定的房屋建筑区内，连片的绿化林地、绿化草地、硬化平地、无轨道路路面等类型，若其面积小于 $1600m^2$，即使达到各类型的最小图斑要求，也不再单独归类，直接并入各类房屋建筑区类型；如果连片面积大于 $1600m^2$，应单独归类，一般不宜全部归并到房屋建筑区一个图斑中。

（8）房屋建筑区中，纯粹房屋建筑的占比应在 10%以上，低于 10%的，范围内房屋建筑应分别按照独立房屋建筑归类，其他类型也应单独归类；房屋建筑区的范围通过连接围合该区域的各个房屋建筑的轮廓转折点形成；勾绘房屋建筑区范围时，在包含相同房屋建筑数量的情况下，应尽可能保持外廓线包含的范围最小。

（9）对有围墙、栅栏等明显隔离设施、与周边其他建筑在高度、结构、排布规律或建筑密度等方面有较大差别、位置较为独立的院落式房屋，围墙范围内的面积超过 $1600m^2$ 且房屋建筑的占地面积超过院落 10%的，整个围墙范围内视作房屋建筑区，并依据房屋的平均层高和实际建筑密度归入对应的房屋建筑区类型中；围墙范围内的面积低于 $1600m^2$ 且房屋建筑的占地面积超过院落 10%的，整个院落按照独立房屋建筑归类，否则，不宜把整个院落归为一类，院落范围内达到指标要求的各类型应单独归类。

（10）对于城镇地区内在形态、结构、高度、规模等方面明显不同于周边其他房屋建筑的大型单体建筑，按照独立房屋建筑归类；无论在城市还是乡村，由完全连接在一起的房屋连续覆盖、与周边其他类型有明显分界线、范围内全部或接近全部为房屋建筑的区域，按照独立房屋建筑归类；对于乡村地区集聚程度较低、自然散乱分布、被其他类型分隔的房屋建筑，按照独立房屋建筑归类。

（11）高架铁路、高架路分别按有轨道路路面、无轨道路路面分类；当大型桥梁穿越河流、峡谷时，地表覆盖依据桥梁下真实的地表，如水域、植被等进行分类；立交桥、匝道按照无轨道路路面分类；车行道两侧的人行道，一并归入无轨道路路面一类。

（12）人工长期堆积的各种矿物、尾矿、弃渣、垃圾、沙土、岩屑等（人工堆积物）覆盖的地表归入堆放物一类中，对于以短期或临时存放货物为主要目的的堆放场，其堆放物和数量经常发生变动，应归入硬化地表（及其下级）类。

（13）荒漠与裸露地表只表示各类自然裸露的地表，不含人工堆掘、夯筑、碾压等方式形成的裸露地表或硬化地表。

地表覆盖分类数据主要以各种高分辨率的航天航空影像为数据源，采用计算机自动分类与人工判读解译结合的方式进行采集和数字化；在此过程中同时采集符合相关规定的元数据信息。数据的采集流程如图 9.2 所示。

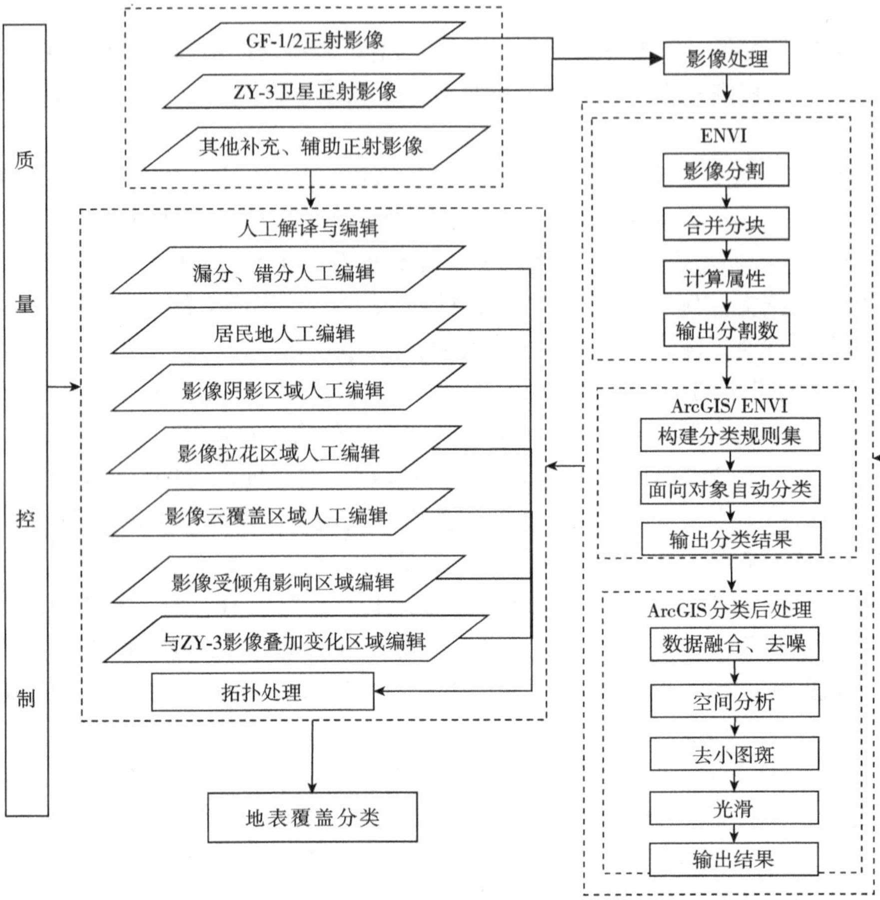

图 9.2　地表覆盖分类数据采集的技术流程

3. 地理国情要素数据采集

地理国情要素数据是指除按照地表覆盖要求分类之外，必须以地理实体(或地理对象、地理要素)形式采集的道路、水域、构筑物中的水工设施及交通设施、人工堆掘地类中的尾矿库，以及地理单元数据，这些数据只能以矢量方式表示，并以规定的结构和格式实现存储和交换。地理国情要素数据采集，以遥感正射影像底图为基础，整合利用基础地理信息数据，并参考专题数据等其他数据资料，开展地理国情要素数据的内业判读、采集。基础地理信息整合处理后的数据与遥感正射影像叠加，如果差异在 5 个像素以内，可以直接沿用；如果差异大于 5 个像素，则利用遥感正射影像对水域、道路、构筑物、地理单元等实体要素重新采集，并参照专业资料、1∶1 万或 1∶5 万(城市地区的 1∶500～1∶5000)中现势性较好的数据，提取相关要素及属性信息。地理国情要素数据采集的具体技术流程如图 9.3 所示。

另外，对于反映地表的地形及地势特征的地形地貌数据，直接采用数字高程模型 DEM 来表示。而 DEM 的精细化数据生产按照数字高程模型的相关国家标准和行业规范的要求来进行；覆盖全国的坡度、坡向数据利用全国 1∶5 万 DEM 精细化处理后的数据计算，格网单元统一为 10m×10m；覆盖省、地(市)区域的坡度、坡向数据利用 1∶1 万 DEM 精细化处理后的数据计算，格网单元按照省级行政区统一为 2m×2m。再者，在内业分类与判译中无法确定边界或属性的要素和无法准确确定类型的地表覆盖分类图斑，需要开展外业实地核实确认和补调。在外业调查过程中，同步采集、获取遥感影像解译样本数据，记录调查路线和工作区域，并把其结果完整反映到元数据中。基于外业调查成果，对内业判译、采集信息进行几何位置、属性的编辑和修改，形成地表覆盖分类数据和地理国情要素数据成果。

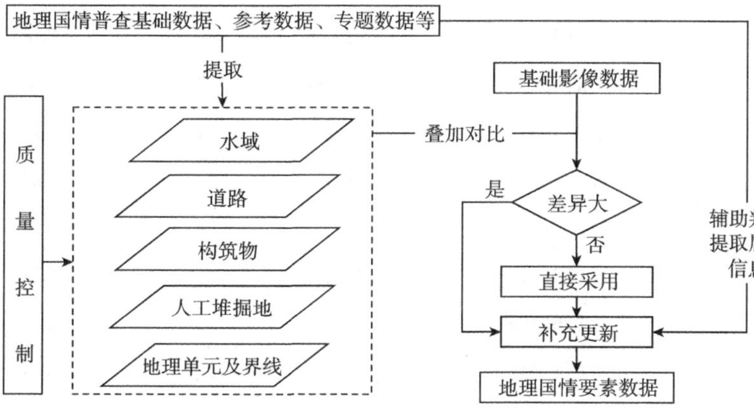

图 9.3　地理国情要素数据采集的技术流程

9.1.4　地理国情普查空间数据的组织与管理

1. 地理国情普查要素的数据组织方式

地理国情普查数据包括地表覆盖分类数据和地理国情要素数据两类，需要采用分层方式进行数据组织，数据集共有 37 个数据层。其中，地表覆盖分类数据存储在 LCA 层中，地理国情要素数据根据要素类型存储在其他 36 个层中。

除 LCA 层外，其他地理国情要素数据层的命名采用四位字符：前三个字符是数据内容的缩写(其中第一个字符代表数据分类)，第四个字符代表几何类型(P，点；L，线；A，面)。对于地理单元类型中的行政区划与管理单元、社会经济区域单元的各三级类，由于相互之间存在叠盖关系，不能在同一数据层中存储，因此需要在四位字符数据层名的后面，再缀上该地理单元代码(见表 9.1 中地理单元的第三级代码)的第 4 位码，作为该地理单元对应的图层名称。表 9.2 给出了地理国情普查数据的分层、命名、几何类型及其采集的特征。

表 9.2　地理国情普查数据的分层、命名、几何类型与采集的要素特征

要素分类	分类名称	数据分层	几何类型	采集特征
地表覆盖分类(LC)	地表覆盖分类数据	LCA	面	
道路(L)	铁路 0610	LRRL	线	铁路中心线
	公路 0620	LRDL	线	道路中心线
	城市道路 0630	LCTL	线	道路中心线
	乡村道路 0640	LVLL	线	道路中心线

续表

要素分类	分类名称	数据分层	几何类型	采集特征
水域(H)	河流 1011(面)	HYDA	面	采集河道范围线构面
	河流 1011(线)	HYDL	线	采集水域结构线或中心线
	水渠 1012(面)	HYDA	面	采集水渠范围线构面
	水渠 1012(线)	HYDL	线	采集水渠结构线或中心线
	湖泊 1020	HYDA	面	采集高水位线构面
	水库 1031	HYDA	面	采集最高蓄水位线构面
	坑塘 1032	HYDA	面	采集高水位线构面
	海面 1040	HYDA	面	采集岸线与影像外轮廓线构面
	冰川 1051	HYDA	面	采集范围线构面
	常年积雪 1052	HYDA	面	采集范围线构面
构筑物(S)	堤坝 0721	SFCL	线	采集坝顶平坦区域中心线
	闸 0722(面)	SFCA	面	采集轮廓线构面
	闸 0722(线)	SFCL	线	采集成线
	闸 0722(点)	SFCA	点	采集定位点
	排灌泵站 0723	SFCP	点	采集定位点
	其他水工构筑物 0729	SFCL	线	采集中心线
	隧道 0731	SFCL	线	采集成线
	桥梁 0732	SFCL	线	采集中心线
	码头 0733(面)	SFCA	面	按面采集
	码头 0733(线)	SFCL	线	采集成线
	车渡 0734	SFCL	线	采集成线
	高速公路出入口 0735	SFCP	点	采集定位点
	加油(气)、充电站 0736	SFCP	点	采集定位点
	尾矿库 0821*	SFCA	面	采集范围线构面
地理单元(B)	国家级行政区 1111(面)	BOUA1	面	采集范围线构面
	国家级行政区 1111(线)	BOUL	线	采集行政区界线
	省级行政区 1112(面)	BOUA2	面	采集范围线构面
	省级行政区 1112(线)	BOUL	线	采集行政区界线
	特别行政区 1113(面)	BOUA3	面	采集范围线构面
	特别行政区 1113(线)	BOUL	线	采集行政区界线
	地、市、州级行政区 1114(面)	BOUA4	面	采集范围线构面
	地、市、州级行政区 1114(线)	BOUL	线	采集行政区界线
	县级行政区 1115(面)	BOUA5	面	采集范围线构面

续表

要素分类	分类名称	数据分层	几何类型	采集特征
地理单元(B)	县级行政区 1115(线)	BOUL	线	采集行政区界线
	乡、镇级行政区 1116(面)	BOUA6	面	采集范围线构面
	乡、镇级行政区 1116(线)	BOUL	线	采集行政区界线
	行政村 1117	BOUP7	点	采集行政村定位点
	城市中心城区 1118	BOUA8	面	采集范围线构面
	其他特殊行政管理区 1119(面)	BOUA9	面	采集范围线构面
	其他特殊行政管理区 119(线)	BOUL	线	采集行政区界线
	主体功能区 1121	BERA1	面	采集范围线构面
	开发区、保税区 1122	BERA2	面	采集范围线构面
	国有农、林、牧场 1123	BERP3	点	采集定位点
	自然、文化保护区 1124	BERA4	面	采集范围线构面
	自然、文化遗产 1125	BERA5	面	采集范围线构面
	风景名胜区、旅游区 1126(面)	BERA6	面	采集范围线构面
	风景名胜区、旅游区 1126(点)	BERP6	点	采集定位点
	森林公园 1127	BERA7	面	采集范围线构面
	地质公园 1128	BERA8	面	采集范围线构面
	行、蓄、滞洪区 1129	BERA9	面	采集范围线构面
	流域 1131	BGBA	面	采集范围线构面
	地形分区 1132	BGTA	面	采集范围线构面
	地貌类型单元 1133	BGLA	面	采集范围线构面
	湿地保护区 1134	BGWA	面	采集范围线构面
	沼泽区 1135	BGMA	面	采集范围线构面
	居住小区 1141(面)	BUCA	面	采集范围线构面
	居住小区 1141(点)	BUCP	点	采集定位点
	工矿企业 1142(面)	BUCA	面	采集范围线构面
	工矿企业 1142(点)	BUCP	点	采集定位点
	单位院落 1143(面)	BUCA	面	采集范围线构面
	单位院落 1143(点)	BUCP	点	采集定位点
	休闲娱乐、景区 1144	BUCA	面	采集范围线构面
	体育活动场所 1145	BUCA	面	采集范围线构面
	名胜古迹 1146	BUCA	面	采集范围线构面
	宗教场所 1147	BUCA	面	采集范围线构面

*为方便表示，将尾矿库（0821）与构筑物一起放入 SFCA 层中。

2. 地理国情普查要素的属性项定义

地表覆盖分类面数据与地理国情要素数据的属性项可分为通用属性项和专有属性项两类。其中，通用属性项是指在数据分层组织时，各层数据均包含的属性项；专有属性项是指每个数据层独立具有的、适宜本数据层要素特征的属性项。属性项名称及定义见表 9.3。

表 9.3 地理国情普查要素的数据属性项名称与定义

属性项名	属性项含义	数据类型	字节长度
ADMNGD	所在地（市、县）；归属	TEXT	255
AHEIGHT	平均水深	FLOAT	—
ANNNO	公告文号	TEXT	255
AREA	面积；水面面积	DOUBLE	—
BAS	流域；流域代码	TEXT	16
BLDTM	建成日期；建筑年代	TEXT	16
CC	地理国情分类代码	TEXT	8
EC	实体编码	TEXT	16
DEST	终点	TEXT	32
ELEVT	是否高架	SHORT	4
GB	基础地理信息分类码	TEXT	16
GRADE	级别；等级	TEXT	8
LANE	车道数	SHORT	—
LEN	长度	FLOAT	—
MATRL	铺设材料	TEXT	16
MHEIGHT	最大水深	FLOAT	—
NAME	名称；全称	TEXT	64
NAMES	简称	TEXT	32
PAC	政区代码；城乡代码	TEXT	15
PAREA	规划面积	DOUBLE	—
PASS	通航性质	TEXT	8
PERIOD	时令月份	TEXT	16
PRCTAG	界线范围准确程度	TEXT	8
REMK	说明	TEXT	255
RN	线路编码；道路编号	TEXT	32
RNP	重复路段编号	TEXT	255
RTEG	技术等级	TEXT	8
SDTF	单双线；单双向	TEXT	4
SHRC	共享河段编码	TEXT	64

续表

属性项名	属性项含义	数据类型	字节长度
START	起点	TEXT	16
TAG	生产标记信息	SHORT	—
TYPE	类型；河流类型；矿物类型；宗教类型；小区类型；企业类型；行业类型	TEXT	32
USE	用途类型	TEXT	16
VOL	容积	DOUBLE	—
WIDTH	路宽；平均宽度	FLOAT	—
WQ	水质	TEXT	8

对于地表覆盖分类数据，其通用属性项为其在地理国情普查任务中设计的地理国情信息分类码(CC)，专有属性项信息为其采集和处理过程中与图斑状态有关的标记信息(TAG)。对于地理国情要素数据，其通用属性项为地理国情信息分类码(CC)和基础地理信息分类码(即按实体要素采集的地理国情要素类对应的基础地理信息分类代码，遵循 GB/T 13923—2006 的规定)；专有属性项中，则根据要素的不同，有"名称""简称""类型""建筑年代""面积""道路编号"等。

在完成地理国情普查相关数据的采集后，地表覆盖分类数据和地理国情要素数据要按省级普查任务区域集成为一个整体(任务区范围内必须完成拼接处理，且无拓扑错误，符合各项质量要求)，按图层统一集成在 ArcGIS Geodatabase 数据集中，应包含 LCA、LRRL、HYDA 等不同类型的数据层，并采用 File Geodatabase 方式存储在同一个数据集文件中。

9.2　全国水利普查空间数据采集与管理

9.2.1　全国水利普查工作概况

为了实现水资源可持续发展、利用和保护，我国 2010～2012 年开展了第一次全国水利普查工作，普查的时点为 2011 年 12 月 31 日 24 时，时期为 2011 年度。其目的在于全面查清我国江河湖泊和水利工程的基本情况，系统掌握我国江河湖泊开发治理保护状况，摸清经济社会用水状况，了解水利行业能力建设情况，建立国家基础水信息平台，为国家经济社会发展提供可靠的基础水信息支撑和保障。

第一次全国水利普查主要有七项基本任务。

(1)全面查清我国江河湖泊的基本情况。通过对我国江河湖泊进行全面系统的调查，查清江河湖泊的数量及其分布，查清我国江河湖泊的水文特征状况。

(2)全面查清我国水利工程基本情况。通过对我国水利工程的普查，查清我国各类水利工程的数量与分布、规模与能力及效益等基本情况。

(3)查清我国经济社会用水状况。通过对城乡居民生活用水、农业用水、工业用水、建筑业用水、第三产业用水等国民经济各行业用水及河道外生态环境用水的调查，全面查清我国经济社会用水状况。

(4)全面查清我国河流湖泊开发治理保护情况。通过对我国江河湖泊取水口、水源地、入河湖排污口、河湖治理情况等的普查，查清我国江河湖泊开发治理保护的基本情况。

(5)查清我国水土保持情况。通过对全国水土流失情况、侵蚀沟道、水土保持治理措施等的调查，掌握水土流失、治理情况及其动态变化等。

(6)查清我国水利行业能力建设情况。通过对各类水利单位和机构的调查，全面查清水利单位的数量及分布、从业人员数量及结构、资产规模及运营状况等。

(7)建立国家基础水信息平台。通过水利普查，进一步完善基础水信息标准和统计调查制度，建立健全基础水信息登记和台账管理系统，建立国家基础水信息数据库(包括普查综合成果空间数据库及属性库，主题空间数据库及属性库)和信息管理系统，建立水信息资源整合和共享机制，形成规范、统一、权威的国家基础水信息平台。

第一次全国水利普查遵循“全国统一领导，部门分工协作，地方分级负责，各方共同参与”的原则，建立了从国家到流域、省、地市、县到乡镇的普查领导或执行机构。在国务院第一次水利普查办公室的统一领导和部署下，省级水利普查办公室负责全省普查工作的组织实施，负责市、县普查工作的协调、质量控制和技术指导；各市普查机构负责本辖区内普查工作的组织实施和各县的协调、质量控制和技术指导；县级普查机构负责县域内普查工作的具体实施，负责辖区内普查数据的质量控制工作，指导乡镇普查机构开展水利普查工作。

为了统一全国水利普查空间数据采集与处理的技术标准，国务院第一次全国水利普查领导小组办公室专门制定了《第一次全国水利普查空间数据采集与处理实施方案》(简称《实施方案》)和《第一次全国水利普查空间数据采集与处理技术规定》(简称《技术规定》)，其对水利普查对象、数据采集内容和采集方法、数据质量控制、数据逐级汇交与数据库建设等做出了明确的规定，为全国水利普查空间数据的采集与管理提供了统一的实施方案和依据。

9.2.2 水利普查空间数据采集任务与内容

1. 数据采集任务

根据统一下发的普查工作底图并结合本地收集整理的各种专题图件和普查外业调查数据，准确获取《实施方案》规定的各类水利普查对象的空间特征；采用地理信息系统(GIS)技术形成对象空间特征与属性特征的一体化管理；根据普查对象空间数据模型，构建对象间的空间拓扑关系与业务关系，实现普查对象多维度属性的关联与各类对象间的关系审核；形成省、流域、国家三个层级的水利普查成果空间数据库，建立空间、属性一体化管理的普查综合成果数据库。

以县级行政区所辖地域作为水利普查空间数据采集与管理的基本工作单元。空间对象的采集严格遵循“在地原则”，即由县级普查机构组织对本行政区域内的水利空间对象进行清查，并形成对象清查名录，空间数据采集依据对象清查名录进行。对于跨越县级行政区的水利空间对象(如湖泊、河流、水库、灌区、水源地等)，也接受所在地普查机构的调查。

2. 数据采集对象与内容

第一次全国水利普查的空间数据采集与处理包括河流湖泊、水利工程、经济社会用水、河湖开发治理保护、水土保持、行业能力等专题的对象，主要采集其空间位置、形态特征、空间拓扑关系、属性关联关系等内容。采集对象的名称、编码、类型等均来自水利普查数据专用软件导出的对象名录数据，数据采集对象及其具体内容如表 9.4 所示。

表 9.4　水利普查空间数据采集与处理对象及其内容

序号	普查主题	普查对象	对象规模	采集内容	对象类型	执行层级
1	河湖基本情况	流域单元与河流	面积为 $50km^2$ 及以上的流域单元与河流	提取河流和重要区间流域(河段)线状形态、$50km^2$ 及以上河流的流域水系	面/线	省级
2		湖泊	常年水面面积在 $1km^2$ 及以上	提取常年水面面积在 $1km^2$ 及以上湖泊的面状形态	面	
3		水文站和水位站	流域面积 $100km^2$ 及以上	标绘流域面积 $100km^2$ 及以上河流及其水文站和水位站	点	
4	水利工程	水库工程	总库容为 10 万 m^3 及以上水库工程	标绘水库水体面状形态(轮廓线)及主坝轴线。标注山丘水库主坝轴线中点处坐标、平原水库主进水闸轴线中点处坐标	点/线/面	县级
5		水闸工程	过闸流量 $5m^3/s$ 及以上水闸工程	标绘水闸(或橡胶坝)轴线线段或水闸点状位置	线	县级
6		泵站工程	装机流量 $1m^3/s$ 及以上或装机功率 50kW 及以上	标绘泵站的点状位置。多级泵站的每一级独立标绘，多处泵站组成的联合泵站群，逐一标绘	点	县级
7		堤防工程	5 级及以上	标绘堤防工程在本辖区内的段落及起点、终点位置	线	县级
8		水电站工程	装机容量为 500kW 及以上水电站工程	标绘水电站点状位置	点	县级
9		引调水工程	不含临时生态补水和应急供水的引调水工程	标绘辖区内的渠段	线	县级
10		农村供水工程	设计供水规模在 $200m^3/d$ 及以上或供水人口 2000 人及以上集中式供水工程	外业采集供水水厂平面中心点位置坐标，依据坐标，内业标绘农村供水工点状位置	点	县级
11		组合工程	分布在相对集中的区域，除引调水工程、灌区工程以外的需相互配合共同实现一项或多项水利功能多个单项工程的工程组合体	在工程群中最大的主体工程所在位置，内业标绘组合工程点状位置	点	县级
12		渠道	流量 $1.0m^3/s$ 及以上渠道	内业标绘线状渠系	线	县级
13		灌区	灌溉面积在 10000 亩(1 亩≈$666.67m^2$)以上灌区	标绘灌区轮廓	面	县级
14		地下水取水井	日取水量大于或等于 0.5 万 m^3 的地下水水源地规模以上机电井(包括井口井管内径大于或等于 200mm 的灌溉机电井、日取水量大于或等于 $20m^3$ 的供水机电井)	外业采集机电井位置，依据坐标，内业标绘机电井点状位置	点	县级

续表

序号	普查主题	普查对象	对象规模	采集内容	对象类型	执行层级
15	经济社会用水	公共供水企业	城市(含县城)公共供水企业及农村(村镇)集中供水企业和单位	标绘公共供水企业的点状位置	点	县级
16		规模以上用水户	规模以上工业企业用水户，典型建筑业企业，第三产业机关及企事业	内业标绘规模以上用水户的点状位置	点	县级
17		规模化畜禽养殖场	大牲畜≥100头(匹)；小牲畜≥500头(只)；家禽≥15000只	内业标绘畜禽养殖场的点状位置	点	县级
18	河湖开发治理保护	河湖取水口	农业取水流量0.20m^3/s及以上、其他用途年取水量15万m^{3}及以上的取水口	外业采集取水口位置，依据坐标，内业标绘取水口点状位置	点	县级
19		地表水水源地	向城镇集中供水的地表饮用水水源地，以及向乡村集中供水规模为供水人口1万人及以上或日供水量1000 m^{3}及以上的地表饮用水水源地	内业标绘地表水水源地的点状位置(水源地中心位置坐标或主要取水口位置坐标)	点/线	县级
20		入河湖排污口	入河湖废污水量300t/日及以上或10万t/a及以上的入河湖排污口	外业采集排污口，依据坐标，内业标绘排污口点状位置	点	县级
21		水功能区划	各级水功能区划	标绘水功能区划边界	线	省级
22		水资源分区	各级水资源分区	标绘水资源分区轮廓	面	
23	水土保持	水土保持治沟骨干工程_淤地坝	治沟骨干工程	采集治沟骨干工程的坝体轴线线段	线	县级
24		土壤侵蚀分类分级	水力侵蚀、风力侵蚀和冻融侵蚀等的分级	提取土壤侵蚀单元的分布、范围	面	省级
25		侵蚀沟道	西北黄土高原区的高塬沟壑区、丘陵沟壑区和东北黑土区	标绘侵蚀沟道的起止坐标和沟道几何形态	线	
26	行业能力	水利行业单位	水行政机关、事业、企业、社团、乡镇水利管理单位	内业标绘各水利单位的点状位置	点	县级

3. 水利普查对象关系的建立

普查对象之间需要表达两种关系：业务关系和空间关系。

(1)业务关系。普查对象间在语义属性上的“依附”“指向”等关联关系，如泵站与其管理单位之间的指向关系、水闸与其所在河流的依附关系、组合工程与其对应的多个独立工程之间的指向关系等，这些关系在普查对象调查表中予以记录。

(2)空间关系。主要表达普查对象间的拓扑关系，包括包含、跨越、压盖、衔接、不相交等。拓扑关系的建立，主要依据工作底图，利用水利普查空间数据采集专用处理软件来完成。

9.2.3　水利普查空间数据的采集与处理方法

1. 水利普查空间数据采集与处理技术路线

水利普查空间数据采集与处理总体上划分为前期准备、采集处理、审核上报、成果发布等四个阶段，其总体工作流程如图 9.4 所示，涉及国家、流域、省级、地级和县级五级水利普查机构。

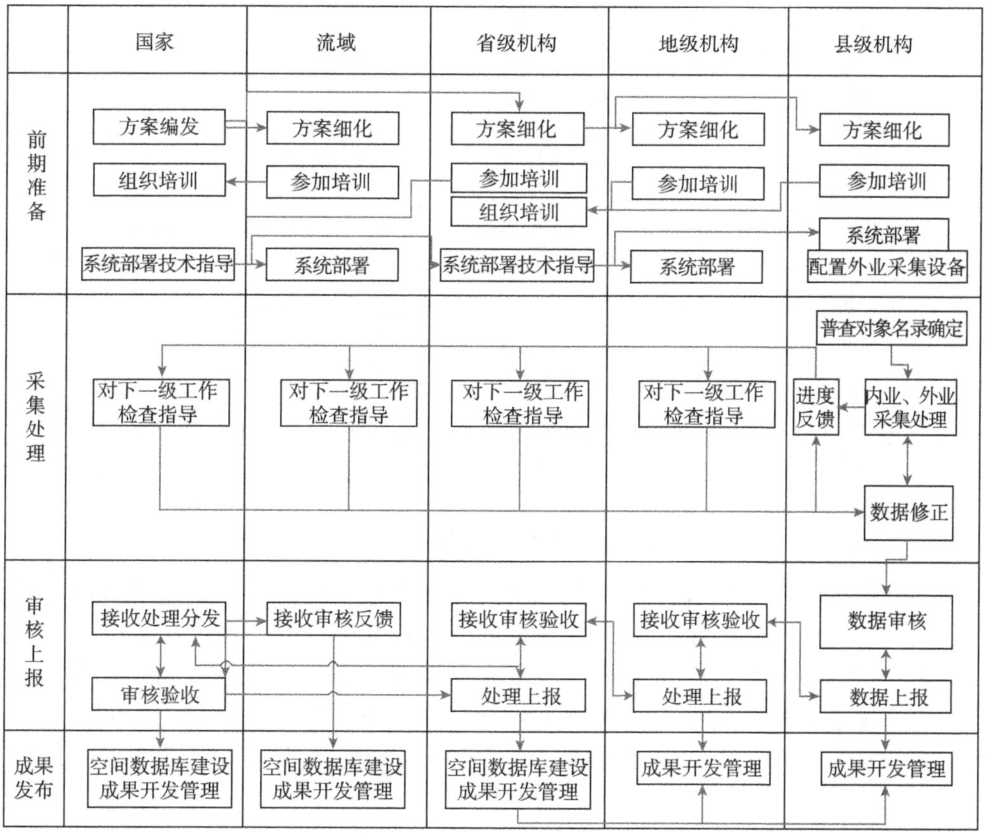

图 9.4　水利普查空间数据采集与处理工作流程

空间数据采集与处理工作按“在地原则”，以县级行政区为基本工作单元，采用工作底图判读、专题信息转绘和外业调查相结合的技术思路，遵循内业为主、外业为辅的工作方法，利用空间数据采集与处理软件工具，开展普查对象空间数据的采集与处理工作。对不具备上述工作条件的地方，县级普查机构也可选择纸质工作底图进行普查对象的空间标绘，并交由上级普查机构集中组织普查对象的数字化转绘工作。

各级水利普查机构应依据普查对象清查名录，实施普查对象空间数据的采集与处理工作。其中，规模以上河湖取水口、入河湖排污口、地下水取水井和农村供水工程等四类对象，在形成对象名录基础上，通过外业采集获取坐标，再进行内业标绘。

在填表上报阶段，各对象均需依照普查表中的对象关系构建对象关系，包括对象间的空间关系和业务关系；并依据普查成果，对普查对象采集与标绘结果进行复核、审核与修正等处理。其中，对灌区内的渠道和治沟骨干工程，应按照普查表形成对象名录，进行空间数据的补充采集与处理；对于组合工程，应在其包含的单项工程均已完成清查的基础上，依据普查名录中包含的业务关系，对其实施标绘与关系处理。

地市及其以上普查机构逐级对下级汇总上报的数据进行拼接、合并和归并等处理工作，并实施审核和质量检查与监督。

县级水利普查机构是空间数据外业和内业采集与处理的主要责任单位，承担大多数数据采集与处理任务，其工作流程如图 9.5 所示。

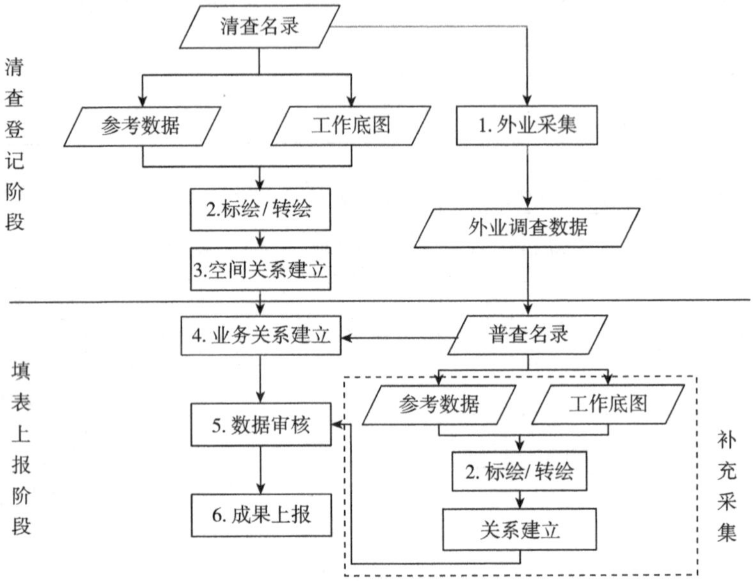

图 9.5 县级水利普查空间数据采集与处理流程图

县级水利普查机构的空间数据采集工程分为清查登记阶段和填表上报阶段。清查登记阶段依照清查名录，根据工作底图及收集整理的参考数据完成外业采集、内业标绘、对象空间关系建立；填表上报阶段依照普查名录，继承普查表中的业务关系，补充采集渠道、水土保持治沟骨干工程、淤地坝和组合工程及四类外业采集对象，建立空间及业务关系，并实施全面的质量检查，完成本级数据审核。审核通过后按照成果上报要求提交地级水利普查机构。

2. 水利普查对象数据采集

数据采集的内容包括普查对象的空间形态和位置及属性信息，主要采取以下 3 种作业方式。

(1) 实地调查与测量。对于水利普查中规模以上河湖取水口、入河湖排污口、地下水取水井、农村供水工程四类对象和其他无法在工作底图上清晰辨识的普查对象，需通过现场勘查，利用单点定位 GNSS 坐标测量设备，获取其位置信息(定位误差小于 10m)，再经内业编辑进行工作底图上的标绘。

(2) 直接提取。以统一制作和分发的国家基本比例尺 1∶5 万地形图第二代更新数据(DLG)为工作底图，判别水利普查对象，通过选取电子工作底图中的相应图层要素，经编辑和修改后，完成该对象在电子工作底图上的位置、形态特征的采集。

(3) 要素转绘。若所需标绘的普查对象，其位置、形态在基础地理信息、水利专题等顶层要素的表达与工作底图存在较大差异，则主要以国家 1∶5 万 DOM 影像为参考，结合水利工程图、防洪工程图等，在判读、甄别和审核后转绘至工作底图(图 9.6)。

图 9.6　堤防工程采集示意图

3. 水利普查数据的处理

各级水利普查机构的工作流程中，都存在不同程度的普查空间数据的处理。县级普查机构对辖区内采集的空间数据进行数据合并、对象关系建立、成果审核与汇总等处理；地级普查机构在完成县级成果复核后，对区域内普查空间数据进行合并、对象归并、关系补建、成果审核与汇总处理；省级普查机构在完成地市普查空间数据成果验收后，对全省普查空间数据进行合并、对象归并、关系补建、元数据的提取、数据审核及空间数据建库等工作，并将数据库成果上报给国家水利普查领导小组办公室。各级普查机构以 Shapefile 文件向上级普查机构提交普查空间数据。

其中，空间数据合并是对分层或分块采集的数据，通过接边或添加处理，形成一个新的数据集，并剔除重复对象，合并过程仅对由于分区而分割的同一对象(如堤防工程等线和面要素)进行移位调整将其在逻辑上合并为同一要素，并不产生新的对象。

对象归并则是对相邻的同类对象，通过归类处理，形成新的更大对象的过程。地级、省级和国家水利普查机构对跨区的堤防、灌区及其渠道、引调水工程等分段、分区标绘的普查对象，依照普查名录，进行重新标绘形成新对象，新对象与原对象形成包含关系。

9.2.4　水利普查空间数据的组织与管理

1. 水利普查要素的数据组织方式

采取 ArcGIS Geodatabase 数据组织与管理模型，对水利普查空间数据采用要素类分层与县级行政界线分区(电子工作底图)或国家 1：5 万地形图标准分幅(纸质工作底图)相结合的方式进行空间数据组织，形成要素—要素类—数据集体系。在逻辑上，采用信息大类、信息对象类和专题对象类三级进行数据组织。以水利普查对象要素类划分为依据，保证尽可能多的普查成果对象个体都能与对应的空间数据要素类相匹配。要素分类与数据分层组织如表 9.5 所示。

为了满足水利普查成果空间数据库建设和管理的需要，针对普查对象要素空间特征和关系特征，按照相似性原则进行要素类的重新划分，对象属性的描述与之对应，确保普查对象都能实现空间特征、关系的表达与属性的链接。

表 9.5 水利普查数据分层组织及其命名

信息大类	信息对象分类	专题对象	要素类几何类型	要素类命名
自然类	水系岸线	河流、湖泊	Line	GEO_WB_EDGE_5
	水系轴线	水系逻辑实体	Line	GEO_WB_LINE_5
	土壤侵蚀单元	土壤侵蚀单元	Polygon	GEO_CORR_POL_5
	侵蚀沟道	侵蚀沟道	Point	GEO_CORR_CH_5
管理类	流域分区单元	一级流域	Polygon	GEO_BAS_1st_5
		二级流域	Polygon	GEO_BAS_2nd_5
		三级流域	Polygon	GEO_BAS_3rd_5
		四级流域	Polygon	GEO_BAS_4th_5
		五级流域	Polygon	GEO_BAS_5th_5
		六级流域	Polygon	GEO_BAS_6th_5
	水资源分区	一级水资源分区	Polygon	GEO_WRZ_1st_5
		二级水资源分区	Polygon	GEO_WRZ_2nd_5
		三级水资源分区	Polygon	GEO_WRZ_3rd_5
		四级水资源分区	Polygon	GEO_WRZ_4th_5
		五级水资源分区	Polygon	GEO_WRZ_5th_5
	水功能区划	一级水功能区划	Line	GEO_WFZ_1st_5
		二级水功能区划	Line	GEO_WFZ_2nd_5
		水功能区划分界点	Point	GEO_WFZ_DP_5
	水源地	地表水水源地	Polygon	GEO_WS_SUR_5
		地下水水源地	Polygon	GEO_WS_UNDER_5
	县级捆绑类	县级行政单元	Polygon	GEO_REGION_CNTY_5
	行政能力	水利行业单位(法人单位、非法人单位)	Point	GEO_HYDR_CORP_5
设施类	体系工程	组合过程(独立工程组成的集群)	Point	GEO_SYST_CH_5
		灌区工程	Polygon	GEO_SYST_IRR_5
	独立工程	水电站等	Point	GEO_IND_POWER_5
		挡水设施(水闸、堤防、水库的主坝或副坝)	Line	GEO_IND_RESIST_5
		泵站工程	Point	GEO_IND_PUMP_5
		农村供水工程	Line	GEO_IND_CWS_5
		入河湖排污口	Point	GEO_IND_PDO_5
		输配排水设施(含灌区内规模以上渠道)	Line	GEO_IND_CH_5
		河湖取水口	Point	GEO_IND_INT_5
		水井等	Point	GEO_IND_WELL_5
		梯田	Polygon	GEO_IND_TERR_5
		坝地、谷坊	Polygon	GEO_IND_DL_5
		水土保持措施_淤地坝	Line	GEO_IND_SD_5
	观测设施	水文站、水位站等	Point	GEO_IND_ST_5
用水类	城乡居民用水	城镇、乡村居民用水典型调查单元	Polygon	GEO_USE_LIVING_5
	公共供水企业	公共供水企业	Point	GEO_USE_UT_5
	规模以上用水户	机关及企事业用水户	Point	GEO_USE_IND_5
	规模化禽畜养殖场	规模化禽畜养殖场	Point	GEO_USE_FARM_5

2. 水利普查空间要素关系的组织

按照 Geodatabase 的面向对象思想，每一要素都是具有特定行为、功能的对象。可在同一数据集中对不同要素类、同一要素类中对不同要素间建立空间关系约束规则，以满足数据查询和分析的需要，这些空间关系见表9.6。

表9.6 普查对象的空间关系

关系代号	关系简称	关系描述	示例
0	没有关系	对象之间不存在明显关系	
1	包含关系	同类对象包含：同类对象之间，在空间上，一个对象属于另一个对象的一部分	大流域与小流域；一级水功能区划与二级水功能区划
		不同类对象包含：不同类对象之间，在空间上，一个对象属于另一个对象的一部分	水井包含于地下水源地
2	衔接关系	同层对象之间，在空间上，一个对象的一端与另一个对象一端相互衔接，对象之间存在衔接关系	水系轴线与水系轴线；水闸与堤防；堤防与堤防
3	跨越关系	水流之间，一个对象从另一个对象的上方或地下跨越，形成立交，对象之间存在跨越关系	河道与河道；渠道与河道
4	压盖关系	点落线上、点落面的边界上、线与面的边界重合等	水体岸线与观测设施（水文站和水位站）、堤防与河流或湖泊边界

除了对象间的空间关系外，还要基于对象的属性建立业务关系约束规则，并按此规则进行普查对象的数据组织和管理。业务关系主要有依附关联和简单（或指向）关联两类。其中，依附关联用于表达不同对象之间存在主次依附关系，如水闸依附于河流（河流不存在时，水闸也不存在）；简单关联用于表达不同对象之间存在关联指向关系，如堤防、泵站等于其管理单位之间的指向关系。

在水利普查数据库中，要素类空间特征与关系特征的管理由基于关系型数据库的GIS引擎管理；要素类属性及关系约束规则由纯关系型数据库管理。要素（对象）的空间、属性、关系特征都采用对象唯一标识代码进行关联，即普查成果空间数据库的空间特征与业务属性特征分开独立存储、管理，两者之间通过中间表——普查名录表进行松散耦合关联，关联的关键字为要素ID号。这种数据组织和管理模式，有利于普查工作中要素图形与属性数据管理系统的分别设计、分别完善、分别使用及数据的分别维护。

9.3 全国第二次土地调查数据采集与管理

9.3.1 全国第二次土地调查概况

土地资源指可供农、林、牧业或其他各种利用的土地，是人类生存的基本资料和劳动对象。土地调查是我国法定的一项重要制度，是全面查实查清土地资源的重要手段。为了全面掌握我国土地资源的数量、质量及其分布，我国于2007年7月1日全面启动了覆盖全国（除港澳台地区外）陆地的第二次土地调查工作，调查的标准时点为2009年12月31日。

第二次全国土地调查作为一项重大的国情国力调查，其目的是全面查清目前全国土地利用状况，掌握真实的土地基础数据，建立和完善土地调查、统计和登记制度，实现土地资源信息的社会化服务，满足经济社会发展及国土资源管理的需要。

第二次土地调查的主要任务包括：农村土地调查，查清每块土地的地类、位置、范围、面积分布和权属等情况；城镇土地调查，掌握每宗土地的界址、范围、界线、数量和用途；基本农田调查，将基本农田保护地块（区块）落实到土地利用现状图上，并登记上证、造册；建立土地利用数据库和地籍信息系统，实现调查信息的互联共享。在调查的基础上，建立土地资源变化信息的统计、监测与快速更新机制。具体任务是：

(1)农村土地调查。逐地块实地调查土地的地类、面积和权属，掌握各类用地的分布和利用状况，以及国有土地使用权和集体土地所有权状况。

(2)城镇土地调查。调查城市、建制镇内部每宗土地的地类、面积和权属，掌握每宗土地的位置和利用状况，以及土地的所有权和使用权状况。

(3)基本农田调查。依据基本农田划定和调整资料，将基本农田地块落实至土地利用现状图上，掌握全国基本农田的数量、分布和保护状况。

(4)土地调查数据库及管理系统建设。建立国家、省、市(地)、县四级集影像、图形、地类、面积和权属于一体的土地调查数据库及管理系统。

第二次全国土地调查首次采用统一的土地利用分类国家标准(GB/T 21010—2007)，首次采用政府统一组织、地方实地调查、国家掌控质量的调查组织模式，首次采用覆盖全国的遥感影像调查底图，实现了图、数、实地一致。

经过精心组织、认真工作和反复的数据检校和统计，2013 年 12 月 30 日，国务院新闻办公室举行新闻发布会，向全世界正式发布了第二次全国土地调查的结果。截至 2009 年 12 月 31 日，全国(除港澳台)耕地面积为 13538.5 万 hm^2、园地 1481.2 万 hm^2、林地 25395.0 万 hm^2、草地 28731.4 万 hm^2、城镇村及工矿用地 2873.9 万 hm^2、交通运输用地 794.2 万 hm^2、水域及水利设施用地 4269.0 万 hm^2，另外为其他土地。

9.3.2 土地调查的技术要求

为了统一组织、部署和实施全国第二次土地调查工作，国土资源部专门制定了国家土地管理行业标准《第二次全国土地调查技术规程》(TD/T 1014—2007)，对土地调查的目的、任务、内容、指标、流程、方法及要求等做出了明确的规定。

1. 土地调查的基本要求

(1)基本调查单元。以县级行政区为基本调查单元。

(2)调查的比例尺。农村土地调查以 1∶1 万比例尺为主，荒漠、沙漠、高寒等地区可采用 1∶5 万比例尺，经济发达地区和大中城市城乡结合部，可根据需要采用 1∶2000 或 1∶5 000 比例尺；城镇土地调查一般采用 1∶500 比例尺。

(3)数学基础。在平面坐标系统上，农村土地调查采用 1980 西安坐标系，城镇土地调查则根据需要可自行确定；在高程系统上，全国统一采用 1985 国家高程基准。对标准分幅图采用高斯-克吕格投影，其中，1∶500、1∶2000 标准分幅图或数据按 1.5°分带(可任意选择中央子午线)；1∶5000、1∶1 万标准分幅图或数据按 3°分带；1∶5 万标准分幅图或数据按 6°分带。

(4)土地调查计量单位。长度单位采用米(m)，面积计算单位采用平方米(m^2)，面积统计汇总单位采用公顷(hm^2)和亩。

(5)控制面积确定。按行政区域界线和图幅理论面积两类进行土地面积的统计、汇总及面积控制。其中，国界线、香港和澳门特别行政区界线、台湾省界线，以及陆地(含海岛)与海洋的分界线，采用国家确定的界线；县级及县级以上行政区域界线采用全国陆地行政区域勘界成果确定的界线；乡镇级行政区域界线，采用各县(市、区)最新确定的界线。

2. 土地调查工作流程

第二次全国土地调查按图 9.7 所示的流程和步骤实施。

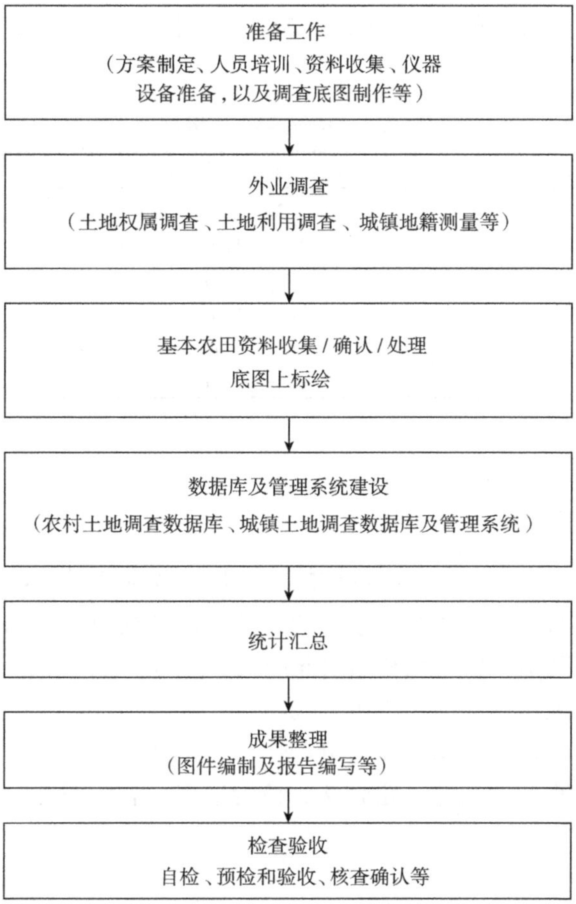

图 9.7　土地调查工作流程

3. 调查底图及其制作

为满足地类调查的准确性和现势性，国家统一采购与调查期相近的遥感影像资料，制作调查所需要的正射影像图(DOM)作为调查底图，提供给各省（自治区、直辖市）、市（地）、县调查使用。根据调查的比例尺，制作相应比例尺的 DOM，所使用的遥感影像分辨率应满足表 9.7 所示的空间分辨率要求。对于无合适卫星遥感影像的地区，则以航空摄影影像为补充，摄影比例尺不小于 1：6 万。

表 9.7　不同比例尺 DOM 与航天遥感数据空间分辨率对应关系

DOM 比例尺	1：5000	1：1 万	1：5 万
图像空间分辨率	不低于 1m	不低于 2.5m	不低于 10m

在 DOM 制作过程中，为了进行图像几何纠正，控制点采用 GNSS 等仪器实测，或从大于规定 DOM 比例尺的现有 DOM、地形图上采集，同时采用与调查期相适应比例尺的 DEM 数据作为高程控制，采用物理模型(如共线方程)或有理函数模型进行微分纠正，采用双线性内插或三次卷积法进行重采样，重采样像元大小与原始遥感影像分辨率一致；在进行正射影像镶嵌时，要求重叠区的影像色彩、纹理应一致。DOM 按标准比例尺图幅进行分幅，分幅与编号执行《国家基本比例尺地形图分幅与编号》(GB/T 13989—1992，现被 GB/T 13989—2012 替代)。叠加界线、注记等有关信息，并参照《遥感影像平面图制作规范》(GB/T 15968—2008)

进行图廓整饰，整理形成调查底图。经整饰的 DOM 的平面位置精度应达到表 9.8 所示的精度要求。

表 9.8 DOM 平面位置精度 （单位：m）

DOM 比例尺	平地、丘陵地	山地、高山地
1∶500	0.30	0.40
1∶1 000	0.60	0.80
1∶2 000	1.20	1.60
1∶5 000	2.50	3.75
1∶1 万	5.00	7.50
1∶5 万	25.00	37.50

9.3.3 农村土地调查

1. 调查内容和要求

在调查内容上，进行完整覆盖调查单位的土地权属调查（对集体土地所有权，以及公路、铁路、河流和国营农、林、牧、渔场、企事业单位等用地权属状况的调查）和地类调查（对每块土地的地类、位置、范围等分布和利用状况的调查），其中，城市、建制镇、村庄、采矿用地、风景名胜及特殊用地按单一地类图斑调查。

调查过程中，应符合以下要求：①充分利用已有土地调查成果；②外业调查时应实地逐图斑地调查或核对；③权属界线应认定合法、位置准确、表示规范；④应保证图形、数据与实地三者间的一致性。

2. 土地权属调查

以县级行政区为单位，对辖区内的土地权属状况进行全面调查。调查单元是宗地（被权属界址线封闭的土地为一宗地），包括集体土地所有权宗地和国有土地使用权宗地。同一所有者的集体土地被铁路、公路，以及国有河流、沟渠等线状地物分割时，则分别划分宗地；对有争议的土地且一时难以调处解决的，可将其单独划“宗”，待争议调处后划入相关宗地或单独划宗。以县为单位，对宗地采用乡（镇）、行政村、宗地三级编号，宗地号按从左到右、自上而下，由“1”开始顺序编号。宗地界线由相邻土地各所有者/使用者的法定代表人或委托代理人现场共同指界、确认并签字。

3. 地类调查

利用 DOM 和已有土地调查成果等资料，实地调查地类及其界线现状。地类一般按面状要素（图斑）调查至《土地利用现状分类》（GB/T 21010—2007）的二级类。对于难以采用面要素表示的线状地物（相应比例尺 DOM 上宽度小于 2mm 的），如河流、铁路、公路、管道用地、农村道路、林带、沟渠和田坎等，调查并标绘其中心线位置，并实地量取其实际宽度。当地块在相应比例尺 DOM 上的图斑面积大于以下规模时，必须表示为图斑：城镇村及工矿用地为图上 4.0mm^2；耕地、园地为 6.0mm^2；林地、草地等其他地类为 15.0mm^2。

4. 田坎系数测算

在以系数扣除田坎的地区（坡段大于 2°的耕地区），田坎不必调绘，但需测算田坎系数，以便从耕地中扣除田坎面积。按耕地分布、地形地貌相似性等特征，对完整省（自治区、直辖市）辖区分区。区内按不同坡度级（共分为 5 级，分别为小于 2°、2°～6°、6°～15°、15°～25°

和大于 25°）和坡地、梯田类型分组，选择样方并测算田坎系数。样方应均匀分布，每组数量不少于 30 个，单个样方不小于 $0.4hm^2$，实测样方中的田坎面积，计算样方田坎系数，即田坎面积占扣除其他线状地物后样方面积的比例（%）。

5. 基本农田调查

将依法批准的土地利用总体规划图上规划的基本农田保护区、划定的基本农田保护地块和之后依法调整的基本农田地块（区块），标绘在土地利用现状图上。从而实现对已划定的基本农田范围内的地类、位置、面积和分布等状况的调查。基本农田调查的方法是：①以农村土地调查土地利用现状图为基础，对扫描图件进行纠正；②在经纠正的土地利用现状图上，以行政村为单位，对基本农田区块进行标绘，并从左到右、自上而下，从“J1”开始顺序编号。

9.3.4　城镇土地调查

1. 调查的内容和要求

城镇土地调查的对象是城市建成区和县城所在地建制镇建成区，有条件的地区可开展其他城镇的地籍调查，调查范围与农村土地调查范围相衔接。以“宗地”（被权属界址线封闭的地块）为基本调查单元，调查的内容包括权属调查（宗地的权属状况、界址和地类等）和地籍测量（宗地的权属界址点、界址线及其他地籍要素的位置、形状测量，面积量算、地籍图和宗地图编制等）。

城镇土地调查以 1：500 比例尺为主，坐标系建议采用国家统一坐标系，但各地可根据实际情况自行确定。土地调查参照国家土地管理行业标准《城镇地籍调查规程》（TD 1001—1993，该规程当前更新为《地籍调查规程》，TD/T 1001—2012）执行。

2. 宗地编号

宗地编号以县级行政区为单位，按街道、街坊、宗三级编号。从左到右、自上而下，由“1”开始顺序编号；同一街道、街坊、宗地被两幅以上基本地籍图分割时，应注记同一地籍号；在已开展或完成地籍调查的地区，无论宗地分割或合并，原宗地号不再使用，分割后的各宗地以原编号的支号顺序编列，数宗地合并后的宗地号以原宗地号中的最小号加支号表示。

3. 权属调查

以已有地籍图、大比例尺地形图或大比例尺正射影像图为调查底图，进行宗地划分和编号。对已完成宗地确界或土地登记且界址未发生变化的，不需要重新指界；但界址发生变化或未开展权属调查的地区，需要实地调查并由相邻宗地的法人/户主或其委托代理人现场指界、确认界址点并设置界标。将宗地的权属调查结果，包括宗地编号、宗地坐落、土地使用者、界址点、宗地四至、地类、宗地草图等现场记录于地籍调查表上，并由指界人签字确认。

4. 地籍测量

地籍测量是在宗地权属调查的基础上运用测绘技术手段测定界址点/线的位置、形状、数量、质量，计算宗地面积，绘制宗地图和地籍图的工作。

1）地籍平面控制测量

平面控制测量是地籍测量的基础。可利用已有高等级控制网，利用 GNSS、导线网等测量控制网加密技术观测和平差。地籍平面控制网建立、观测和平差应当遵循《全球定位系统城市测量技术规程》(CJJ 73—1997，现更新为《卫星定位城市测量规范》，CJJ/T 73—2010)和《城市测量规范》(CJJ 8—99，现更新为 CJJ/T 8—2011)。

2) 界址点测量

一般采用解析法对界址点进行平面位置的测量，其精度及适用范围如表 9.9 所示。

表 9.9 界址点精度及适用范围

类别	界址点对邻近图根点点位误差/cm		界址点间距允许误差/cm	界址点与邻近地物点关系距离允许误差/cm	适用范围
	中误差	允许误差			
一	±5	±10	±10	±10	街坊外围界址点及街坊内明显的界址点
二	±7.5	±15	±15	±15	街坊内部隐蔽的界址点及村庄内部界址点

3) 宗地图与地籍图编绘

宗地图作为土地证书和宗地档案的附图，内容包括本宗地号、地类号、宗地面积、界址点及界址点号、界址边长，以及相邻宗地号与邻宗地界址示意线等。当宗地面积过大或过小时，宗地图比例尺可适当调整。地籍图则以标准图幅为单位，表达图幅内各级行政界线、地籍平面控制点、宗地编号、界址点及界址线、街道名称、门牌号、在宗地内能注记的单位名称、道路、河流、湖泊及其名称，以及必要的建构筑物和地类号等。

4) 面积计算

以宗地为单位，利用界址点坐标计算宗地多边形面积。对于共用宗(几个土地使用单位或个人，在实地上难以划清各自使用范围和界线的一块土地)，各自使用的土地有明显范围的，先划分各自使用界线，并计算其面积，剩余部分按建筑面积分摊。当一宗地分割成数宗地，其分割后宗地面积之和应与原宗地面积相符；如存在不符值时，其误差以分割宗地面积按比例配赋。

9.3.5 土地调查数据的组织与管理

1. 农村土地调查数据的组织和管理

农村土地调查数据库涵盖国家、省、市(地)、县四级数据库。其中，县级农村土地调查数据库是农村土地调查数据库体系的基础，通过外业调查、数据加工处理、数据库建设而成；市(地)、省、国家级土地调查数据库以县级数据库为基础集成整合而成。农村土地调查数据库的体系结构如图 9.8 所示。

农村土地调查数据库由主体数据库和元数据组成。主体数据库由空间数据库、非空间数据库组成；元数据由矢量数据元数据、DOM 元数据和数字高程模型(DEM)元数据等组成。农村土地调查数据库的逻辑结构如图 9.9 所示。

1) 数据库内容

农村土地调查数据库内容主要包括：基础地理信息数据、土地利用数据、土地权属数据、基本农田数据、栅格数据、表格、文本等其他数据，具体内容如下：①基础地理信息数据，包括测量控制点、行政区、行政区界线、等高线、高程注记点、坡度图等；②土地利用数据，包括地类图斑、线状地物、零星地物(可选)、地类界线等；③土地权属数据，包括宗地、界址线、界址点等；④基本农田数据，包括基本农田保护片、基本农田保护块等；⑤栅格数据，包括 DOM、DEM、DRG 和其他栅格数据；⑥元数据，包括矢量数据元数据、DOM 元数据、DEM 元数据等；⑦其他数据，包括开发园区数据，表格、报告文本、扫描文件等其他数据等。

在数据建库过程中，应根据《土地利用数据库标准》(TD/T 1016—2007) 的要求进行数据库结构设计，对属性数据结构表等内容可进行扩充。

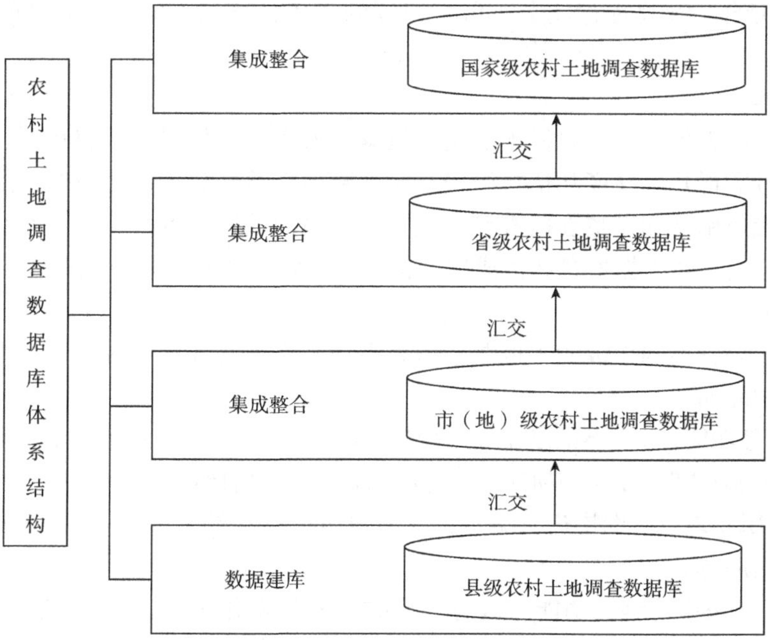

图 9.8　农村土地调查数据库体系结构

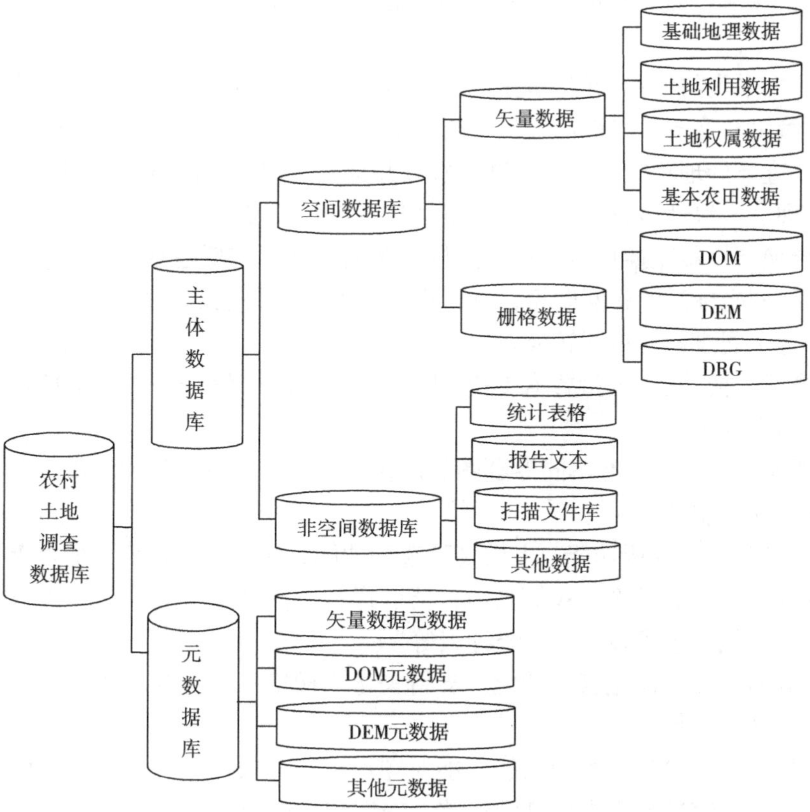

图 9.9　农村土地调查数据库逻辑结构

2）数据组织

空间要素采用分层的方法进行组织管理。根据数据库内容和空间要素的逻辑一致性进行空间要素数据分层，各层要素的命名及定义执行《土地利用数据库标准》。在横向上，各类数据组织为逻辑上无缝的一个整体；在纵向上，各类数据在相同空间坐标定位的基础上进行相互叠加和套合。在物理存储上，可将连续的实体分离到不同的存储空间和存储单元中进行存储。

3）数据入库

以县级行政区为单位进行农村土地调查数据的入库。在数据入库前必须检查采集数据的质量，包括矢量数据几何精度和拓扑检查、属性数据完整性和正确性检查、图形和属性数据一致性检查、接边精度和完整性检查等。经检查合格的数据方可入库。入库后的各类数据逐级向上级部门汇交，经数据整合和集成后，构建市（地）、省和全国土地调查数据库（图 9.8）。

4）数据管理

建立从国家到县不同层级的土地调查信息系统，实现对各级农村土地调查数据的处理和管理，其基本功能如下。

（1）图像处理功能。对遥感图像进行配准处理；对各种图像格式进行输入和输出转换，主要包括 TIFF、GeoTIFF、JPG、IMG 等图像格式的输入和输出。

（2）图层编辑功能。对图层进行编辑，包括增加与删除图层、修改图层名称、图层状态编辑、修改图层次序等。

（3）矢量要素采集与编辑功能。进行图形数据的矢量化采集，包括对点、线、面要素的增加、删除、修改等，对点、线、面等多种对象的延伸、连接、旋转、合并、分解等编辑和对编辑对象的多种捕捉；支持坐标点的键盘输入及 GNSS、全站仪等实测电子数据的批量导入等。

（4）属性数据采集与编辑功能。进行属性数据的采集和编辑，主要包括表结构的编辑与修改、属性值的编辑与修改、属性值批量分析计算录入、批量属性数据的导入等。

（5）数据检查与处理功能。对数据进行检查并具有一定的错误自动处理与标记能力，包括拓扑检查与处理、一致性检查与处理、完整性检查与处理等。

（6）坐标转换与投影变换功能。进行坐标系统的转换，主要包括 1954 北京坐标系、1980 西安坐标系等不同坐标系的相互转换；进行投影变换，主要包括高斯-克吕格投影、墨卡托投影、彭纳投影等不同投影的相互转换。

（7）数据格式转换功能。矢量要素支持《地球空间数据交换格式》（GB/T 17798—2007）VCT 格式的数据导入和导出。

（8）专题图制作功能。具有不同专题图的制作功能，主要包括基本农田分布图、耕地坡度分级图等各种专题图制作。

（9）信息查询与统计分析功能。提供多种查询功能，如自定义查询、组合查询等；具有平面和椭球面的面积计算、长度计算等功能；能够进行不同区域、不同时间用地结构、变化态势的分析和统计；能够生成各类汇总统计表等。

（10）矢量栅格数据一体化管理功能。支持矢量与栅格一体化管理功能，如矢量数据与栅格数据的配准、叠置显示等。

（11）数据更新与历史数据管理功能。能对图形和属性数据同步更新，并保持与未更新数据的协调一致性；能够进行历史信息的存储、查询和追溯等。

（12）数据库维护与管理功能。能对数据库各种数据进行管理与维护，如对各图层、表结构、数据字典、元数据等的管理及维护。

（13）数据库安全管理功能。能对土地调查数据库进行数据安全管理，主要包括用户权限设置、密码设置、备份与恢复、出错处理等。

2. 城镇土地调查数据的组织与管理

根据对城市建成区和建制镇城镇土地调查的结果，依据《城镇地籍调查规程》（TD1001—1993）、《城镇地籍数据库标准》（TD1015—2007）构建城镇土地调查数据库，并建立相应的管理信息系统。城镇土地调查数据库和农村土地调查数据库在所确定的城镇空间范围（边界）上相互衔接。在数据组织和管理方法上，与县级农村土地调查数据库基本相同，不同之处主要体现在：①只需向上级部门进行数据报备，而不必进行数据汇交和整合集成；②在比例尺上，城镇土地调查数据库一般采用 1：500 比例尺；③不需要表达基本农田信息；④注重宗地信息的管理、分析和制图（如宗地图）表达，以及地籍管理相关表、卡、证、册的制作与输出。

其他与农村土地调查数据相同的组织、入库和管理方法不再赘述。

值得一提的是，为了及时掌握和查清全国土地资源的变化，我国启动了全国第三次土地调查工作，并于 2017 年 6 月开始在全国 20 个县（市、区）开展试点工作，计划于 2019 年 12 月 31 日全面完成。

思考题

1. 第一次全国地理国情普查的目标和内容都有哪些？

2. 在地理国情普查中，地表覆盖分类数据和地理国情要素数据分别包括哪些数据源？针对不同的数据源所需采用的质量控制手段有哪些？

3. 全国水利普查工作的基本任务是什么？

4. 全国水利普查的数据采集具体包括哪些方面？水利普查对象之间的关系除了传统的空间关系，还包括哪些专业关系？

5. 全国水利普查工作中各级水利普查机构所承担的职责分别是什么？

6. 第二次全国土地调查的具体任务是什么？

7. 第二次全国土地调查包括哪些分类检查，以及每一类检查中都包含哪些具体的检查因子？

8. 以地理国情监测、全国水利普查、全国土地调查为例，阐述不同类型空间数据在采集和管理上都有哪些不同点。

主要参考文献

蔡孟裔，毛赞猷，田德森，等. 2003. 新编地图学教程. 北京：高等教育出版社.

陈军. 1999. 多尺度空间数据基础设施的建设与发展. 中国测绘，(3)：18-23.

陈能成，陈泽强. 2013. 对地观测传感网信息服务的模型与方法. 武汉：武汉大学出版社.

陈能成，胡楚丽，王晓蕾. 2014. 对地观测传感网资源集成管理的模型与方法. 北京：科学出版社.

陈谊，孙悦红，牛兵. 2007. 基于CAD数据的3D场景建模及演示技术研究. 系统仿真学报，19(7)：1503-1506.

程昌秀. 2012. 空间数据库管理系统概论. 北京：科学出版社.

承继成，郭华东，薛勇. 2007. 数字地球导论. 2版. 北京：科学出版社.

崔铁军. 2007. 地理空间数据库原理. 北京：科学出版社.

董鸿闻，李国志. 2004. 地理空间定位基准及其应用. 北京：测绘出版社.

杜培军，陈云浩. 2007. 遥感科学与进展. 徐州：中国矿业大学出版社.

方驰宇，李成名，林宗坚，等. 2005.无缝空间数据库中虚拟图幅的设计. 测绘科学，31(1)：117-120.

方宗义，刘玉洁，朱小祥. 2003. 对地观测卫星在全球变化中的应用. 北京：气象出版社.

冯学智，都金康. 2004. 数字地球导论. 北京：商务印书馆.

傅宏. 2010. 公众版地图地理要素脱密处理方法. 地理信息世界，8(4)：133-134.

龚健雅. 2007. 对地观测数据处理与分析研究进展. 武汉：武汉大学出版社.

龚健雅，杜道生，高文秀，等. 2009. 地理信息共享技术与标准. 北京：科学出版社.

龚健雅，杜道生，李清泉，等. 2006. 当代地理信息技术. 北京：科学出版社.

郭达志，盛业华，杜培军，等. 2002. 地理信息系统原理与应用. 徐州：中国矿业大学出版社.

郭华东. 2001. 对地观测与可持续发展. 北京：科学出版社.

国务院第一次全国水利普查领导小组办公室. 2011. 水利普查空间数据采集与处理. 北京：中国水利水电出版社.

韩向娣，周艺，王世新，等. 2012. 夜间灯光遥感数据的GDP空间化处理方法. 地球信息科学学报，14(1)：128-136.

何秀凤，何敏. 2012. InSAR对地观测数据处理方法. 北京：科学出版社.

胡云锋，王倩倩，刘越，等. 2011. 国家尺度社会经济数据格网化原理和方法. 地球信息科学学报，13(5)：573-578.

姜翰青，章国锋，董子龙，等. 2008.基于图像序列的交互式快速建模系统. 计算机辅助设计与图形学学报，20(9)：1196-2003.

江雨佳，王国英，莫路锋. 2016. 基于湿度分布特征的小尺度土壤碳通量空间采样策略. 生态学报，36(19)：6246-6255.

蒋捷. 2006. 面向信息服务的 SDI数字地理空间数据框架研究. 地理信息世界，(6)：28-34.

李安波，闾国年，周卫. 2012. GIS矢量数字产品版权认证技术. 北京：科学出版社.

李安波，吴雪荣，周卫，等. 2016. 精度可控的矢量地理数据脱密方法. 徐州：中国矿业大学学报，45(5)：1050-1057.

李成名，王继周，马照亭，等. 2008. 三维地理空间框架原理与方法. 北京：科学出版社.

李德仁. 1999. 信息高速公路、空间数据基础设施与数字地球. 测绘学报，28(1)：1-5.

李德仁. 2010. 论地球空间信息的3维可视化：基于图形还是基于图像. 测绘学报，39(2)：111-114.

李德仁. 2012. 论空天地一体化对地观测网络. 地球信息科学学报，14(4)：419-425.

李德仁,钱新林. 2010. 浅论自发地理信息的数据管理. 武汉大学学报(信息科学版)，35(4)：379-384.

李德仁,王树根,周月琴，等. 2008. 摄影测量与遥感概论. 北京：测绘出版社.

李飞，张树文，杨久春. 2014. 社会经济数据空间化研究进展. 地理与地理信息科学，30(4)：102-107.

李建松，周军其. 2014. 地理监测原理与应用. 武汉：武汉大学出版社.

李军，冯永玉，王朝，等. 2015. 国土资源数据集成与应用. 北京：科学出版社.

李莉，商瑶玲，张元杰，等. 2011.A to Z GIS 图解词典. 北京：科学出版社.

李琦，曾澜，苗前军，等. 2003. 空间信息基础设施与互操作. 北京：科学出版社.

李清泉，杨必胜，史文中，等. 2003. 三维空间数据的实时获取、建模与可视化.武汉：武汉大学出版社.

李志林. 2006. 空间数据的关注问题：从质量到可用性. 地理信息世界，(3)：14-18.

林宗坚，李德仁，胥燕婴. 2011. 对地观测技术最新进展评述. 测绘科学，36(4)：5-8.

刘春，陈华云. 2010. 激光三维遥感的数据处理与特征提取. 北京：科学出版社.

刘大杰，刘春. 2001. GIS 空间数据不确定性与质量控制的研究现状. 测绘工程，10(1)：6-11.

孟小亮. 2016. 空间信息与传感器网络. 北京：测绘出版社.

闵连权. 2015. 地理空间数据隐藏与数字水印. 北京：测绘出版社.

宁津生，陈俊勇，李德仁，等. 2008. 测绘学概论. 武汉：武汉大学出版社.

宁振伟，朱庆，夏玉平. 2013. 数字城市三维建模技术与实践. 北京：测绘出版社.

牛新征，张凤磊. 2014. 空间信息数据库. 北京：人民邮电出版社.

潘瑜春，钟耳顺，赵春江. 2004. GIS 空间数据库的更新技术. 地球信息科学，6(1)：36-40.

秦昆. 2009. 智能空间信息处理. 武汉：武汉大学出版社.

秦绪文，张过. 2013. 航天摄影测量. 北京：测绘出版社.

单杰，秦昆，黄长青，等. 2014. 众源地理数据处理与分析方法探讨. 武汉大学学报(信息科学版)，39(4)：390-396.

史文中. 2013. 地理国情监测理论与技术. 北京：科学出版社.

舒嵘，徐之海等. 2014. 激光雷达成像原理与运动误差补偿方法. 北京：科学出版社.

宋晓宇，王永会. 2008. 数据集成与应用集成. 北京：中国水利水电出版社.

孙圣和，陆哲明，牛夏牧. 2004. 数字水印技术及应用. 北京：科学出版社.

孙志东，潘懋，吴自兴. 2007. 基于 XML 的地理信息元数据及空间数据安全. 测绘通报，(9)：61-64.

汤国安，刘学军，盛业华，等. 2007. 地理信息系统教程. 北京：高等教育出版社.

唐炉亮，刘章，杨雪，等. 2015. 符合认知规律的时空轨迹融合与路网生成方法. 测绘学报，44(11)：1271-1276，1284.

唐文静. 2014. 多源地理空间矢量数据融合. 北京：清华大学出版社.

王劲峰，姜成晟，李连发，等. 2009. 空间抽样与统计推断. 北京：科学出版社.

王卫安，孙红春. 1999. 地理信息系统的质量控制. 测绘通报，(4)：32-34.

王毅. 2006. 国际新一代对地观测系统的发展及其主要应用. 北京：气象出版社.

王志勇，张继贤，黄国满. 2012. 数字摄影测量新技术. 北京：测绘出版社.

吴建华. 2008. 基于通比例尺思想的多尺度空间数据组织方法. 测绘通报，(8)：10-13.

吴俐民，左小清，倪曙，等. 2013. 卫星遥感影像专题信息提取. 成都：西南交通大学出版社.

吴明光，余粉香. 2008. 基于规则的空间数据组织模式研究. 测绘科学，33(2)：121-123.

吴信才. 2009. 空间数据库. 北京：科学出版社.

肖鹏峰，冯学智，等. 2012. 高分辨率遥感图像分割与信息提取. 北京：科学出版社.

杨国东，王民水. 2016. 倾斜摄影技术应用及展望. 测绘与空间地理信息，39(1)：13-15.

姚国红，张锦，王励. 2012. 面向对象的高分辨率遥感影像地理要素提取. 测绘科学，37(6)：53-55.

于起峰，尚洋. 2009. 摄像测量学原理与应用研究. 北京：科学出版社.

原民辉. 2013. 对地观测空间系统与应用发展展望. 国际太空，(5)：30-39.

袁修孝，曹金山. 2012. 高分辨率卫星遥感精确对地目标定位理论与方法. 北京：科学出版社.

.张宝才，周顺平，汪瑜，等. 2009. 基于历史归档的时空数据管理研究. 工程地球物理学报，6(1)：63-67.

张卡，盛业华，叶春. 2010. 基于数字视差模型和改进 SIFT 特征的数字近景立体影像匹配. 测绘学报，39(6)：624-630.

张卡，盛业华，叶春. 2009. 针对车载移动测量系统的交通标志自动检测. 武汉大学学报(信息科学版)，34(12)：1448-1453.

张卡，盛业华，叶春，等. 2008. 车载三维数据采集系统的绝对标定及精度分析. 武汉大学学报(信息科学版)，33(1)：55-59.

张书亮，龚敏霞，闾国年. 2003. 基于 XML 的地理空间元数据表达研究. 遥感学报，7(1)：66-72.

张小红. 2007. 机载激光雷达测量技术理论与方法. 武汉：武汉大学出版社.

张新长，马林兵，张青年. 2010. 地理信息系统数据库. 2 版. 北京：科学出版社.

张雪英. 2015. 中文文本的时空信息获取方法. 中国计算机学会通讯，11(11)：33-39.

张永生，巩单超，刘军，等. 2004. 高分辨率遥感卫星应用：成像模型、处理算法及应用技术. 北京：科学出版社.

张永生，张云彬. 2001. 航天遥感工程. 北京：科学出版社.

张祖勋，杨生春，张剑清，等. 2007. 多基线数字近景摄影测量. 地理信息世界，5(1)：1-4.

张祖勋，张剑清. 2012. 数字摄影测量学. 2 版. 武汉：武汉大学出版社.

赵东保，盛业华. 2010. 全局寻优的矢量道路网自动匹配方法研究. 测绘学报，39(4)：416-421.

赵建虎，刘经南. 2008. 多波束测深及图像数据处理. 武汉：武汉大学出版社.

赵彦云，王汶. 2015. 经济社会公共数据空间标准化与空间统计应用研究. 北京：清华大学出版社.

赵英时. 2004. 遥感应用分析原理与方法. 北京：科学出版社.

郑坤，朱良峰，吴信才，等. 2006. 3D GIS 空间索引技术研究. 地理与地理信息科学，22(4)：35-39.

周立. 2013. 海洋测量学. 北京：科学出版社.

周心铁. 2001. 对地观测技术与数字城市. 北京：科学出版社.

周卫，孙毅中，盛业华，等. 2006. 基础地理信息系统. 北京：科学出版社.

周卫，朱长青，吴卫东. 2015. 地理信息的安全特征综述. 测绘通报，(10)：122-125.

朱长青，许德合，任娜，等. 2014. 地理空间数据数字水印理论与方法. 北京：科学出版社.

朱庆，陈松林，黄铎. 2004. 关于空间数据质量标准的若干问题. 武汉大学学报(信息科学版)，29(10)：863-867.

朱庆，林珲. 2004. 数码城市地理信息系统——虚拟城市环境中的三维城市模型初探.武汉：武汉大学出版社.

朱庆，于杰. 2011. 城区真正射影像处理方法综述. 中国科技论文在线.http：//www.paper.edu.cn[2014-08-17].

朱欣焰，陈静，向隆刚，等. 2013. 分布式空间数据集成与查询优化技术. 北京：测绘出版社.

朱欣焰，张建超，李德仁. 2002. 无缝空间数据库的概念、实现与问题研究. 武汉大学学报(信息科学版)，

27(4)：382-386.

Ahmed M，Karagiorgou S，Pfoser D，et al. 2015. A comparison and evaluation of map construction algorithms using vehicle tracking data. GeoInformatica，19(3)：601-632.

Barazzetti L，Scaioni M，Remondino F. 2010. Orientation and 3D modelling from markerless terrestrial images：combining accuracy with automation. The Photogrammetric Record，25(132)：356-381.

Benedetti R，Piersimoni F，Postiglione P. 2015. Sampling Spatial Units for Agricultural Surveys. Berlin Heidelberg：Springer.

Biagioni J，Eriksson J. 2012. Map inference in the face of noise and disparity. Proceedings of the 20th International Conference on Advances in Geographic Information Systems. ACM：79-88.

Bossler J D，Campbell J B，McMaster R B，et al. 2010. Manual of Geospatial Science and Technology.New York ：CRC Press Inc /Taylor & Francis.

Brakatsoulas S，Pfoser D，Salas R，et al. 2005. On map-matching vehicle tracking data. Proceedings of the 31st international conference on Very large data bases. VLDB Endowment：853-864.

Brooks S，Whalley J L. 2008. Multilayer hybrid visualizations to support 3D GIS. Computers，Environment and Urban Systems，32：278-292.

Bruce R B. 2012. Earth Science Data Management：Production and Structure of Data Collections. New York：CRC Press.

Cao L，Krumm J. 2009. From GPS traces to a routable road map. Proceedings of the 17th ACM SIGSPATIAL international conference on advances in geographic information systems. ACM：3-12.

Davies J J，Beresford A R，Hopper A. 2006. Scalable，distributed，real-time map generation. IEEE Pervasive Computing，5(4)：47-54.

Fan H，Zipf A，Fu Q，et al. 2014. Quality assessment for building footprints data on OpenStreetMap. International Journal of Geographical Information Science，28(4)：700-719.

Fletcher K. 2007. InSAR Principles：Guidelines for SAR Interferometry Processing and Interpretation (TM-19).European Space Agency (ESA) Publications.

Girres J F，Touya G. 2010. Quality assessment of the French OpenStreetMap dataset. Transactions in GIS，14(4)：435-459.

González M J，Lucena M，Fuertes J M. 2012. Automatic detection of unstructured elements in 3D scanned scenes.Automation in Construction，26：11-20.

Gröger G，Kolbe T H，Nagel C，et al. 2012. OGC City Geography Markup Language (CityGML) Encoding Standard. Open Geospatial Consortium.

Haala N，Kada M. 2010. An update on automatic 3D building reconstruction. ISPRS Journal of Photogrammetry and Remote Sensing，65：570-580.

HarrisonA，Newman P. 2010. Image and sparse laser fusion for dense scene reconstruction. Field and Service Robotics，Springer Tracts in Advanced Robotics，62：219-228.

He T，Huang C，Blum B M，et al. 2003. Range-Free Localization Schemes for Large Scale Sensor Networks. Proceedings of the 9th Annual International Conference on Mobile Computing and Networking：81-95.

Kolbe T H，Groger G. 2003.Towards unified 3D city models. http：//www.citygml.org/ fileadmin/citygml/docs/CGIAV2003_Kolbe_Groeger.pdf.

Konecny G. 2012. Geoinformation：Remote Sensing，Photogrammetry and Geographic Information

Systems (2nd Edition). Boca Raton: CRC Press Inc.

Koukoletsos T, Haklay M, Ellul C. 2012. Assessing data completeness of VGI through an automated matching procedure for linear data. Transactions in GIS, 16(4): 477-498.

Kovac B, Zalik, Borut. 2010. Visualization of LIDAR datasets using point-based rendering technique. Computers & Geosciences, 36: 1443-1450.

Levkovich-Maslyuk L, Ignatenko A, Zhirkov A. 2004. Depth image-based representation and compression for static and animated 3-D objects. IEEE Transactions on Circuits & Systems for Video Technology, 14(7): 1032-1045.

Li D, Shan J, Gong J. 2009. Geospatial Technology for Earth Observation. Berlin: Springer.

Li J, Heap A D. 2011. A review of comparative studies of spatial interpolation methods in environmental sciences: Performance and impact factors. Ecological Informatics, 6: 228-241.

Mateu J, Müller W G, 2014. Spatio-temporal Design: Advances in Efficient Data Acquisition. With a foreword by Noel Cressie.Journal of Applied Statistics, 41(4): 201-211.

Mamoulis N. 2011. Spatial Data Management. Williston: Morgan & Claypool Publishers.

Mount N, Harvey G, Aplin P, et al. 2008. Representing, Modeling and Visualizing the Natural Environment. Boca Raton: CRC Press Inc.

Nebiker S, Bleisch S, Christen M. 2010. Rich point clouds in virtual globes-A new paradigm in city modeling.Computers, Environment and Urban Systems, 34: 508-517.

Poore B S, Wolf E B, Korris E M, etal.2013. Structures Data Collection for the National Map Using Volunteered Geographic Information. USGS Open-File Report 2012～1209, Bibliogov.

Popescu S C. 2012. Lidar: Remote Sensing of Terrestrial Environments. Boca Raton: CRC Press Inc.

Pyysalo U, Sarjakoski T. 2008. Voxel approach to landscape modelling. The International Archives of the Photogrammetry, Remote Sensing and Spatial Information Sciences, 37(B4): 563-568.

Sapsford R, Jupp V. 2006. Data collection and analysis. Los Angeles: Sage Pubns.

Smith M J, Goodchild M F, Longley P A. 2007. Geospatial Analysis: A Comprehensive Guide to Principles, Techniques and Software Tools. 2nd Revised edition. New York: Matador Press.

Snavely N, Seitz S M, Szeliski R. 2008. Modeling the world from internet photo collections. International Journal of Computer Vision, 80: 189-210.

Stoker J. 2009. Volumetric visualization of multiple-return LIDAR data: using voxels. Photogrammetric Engineering & Remote Sensing, 75(2): 109-112.

Timpf S, Laube P. 2013. Advances in Spatial Data Handling: Geospatial Dynamics, Geosimulation and Exploratory Visualization.Berlin: Springer.

Tsai F, Teo T, Chen L, et al. 2009. Construction and visualization of photo-realistic three-dimensional digital city. Proceedings of 2009 Joint Urban Remote Sensing Event, Shanghai, China: 1-7.

Tsai R Y. 1987. A versatile camera calibration technique for high accuracy 3D machine vision metrology using off-the-shelf TV cameras and lenses. IEEE Journal of Robotics and Automation. RA-3(4): 323-344.

Uyttendaele M, Criminisi A, Kang S, et al. 2004. Image-based interactive exploration of real-world environments. IEEE Computer Graphics, 24(3): 52-63.

Waschbusch M, Wurmlin S, Cotting D, et al. 2007. Point-sampled 3D video of real-world scenes. Signal Processing: Image Communication, 22: 203-216.

Weng J, Cohen P, Herniou M. 1992. Camera calibration with distortion models and accuracy evaluation. IEEE Transactions on Pattern Analysis and Machine Intelligence, 14(10): 965-980.

Whyte J, Bouchlaghem N, Thorpe A. 2000. From CAD to virtual reality: modelling approaches, data exchange and interactive 3D building design tools. Automation in Construction，10：43-55.

Xiong X D, Zhang Y J, Zhu J F, et al. 2014. Camera pose determination and 3-D measurement from monocular oblique images with horizontal right angle constraints. IEEE Geoscience and Remote Sensing Letters，11(11)：1976-1980.

Yang M D, Chao C, Huang K, et al. 2013. Image-based 3D scene reconstruction and exploration in augmented reality. Automation in Construction，33：48-60.

Yang X，Li J. 2012. Advances in Mapping from Remote Sensor Imagery：Techniques and Applications. Boca Raton：CRC Press Inc.

Yoo B，Han S. 2006. Image-based modeling of urban buildings using aerial photographs and digital maps. Transactions in GIS，10(3)：377-394.

Zhang K，Sheng Y H，Lv H Y. 2015. Extraction of road traffic sign information based on vehicle-borne mobile photogrammetric system. The Photogrammetric Record，30(150)：187-210.

Zhang K，Sheng Y H，Lv H Y. 2015. Stereo matching cost computation based on nonsubsampled contourlet transform. Journal of Vision Communication and Image Representation，26：275-283.

Zheng Y，Zhou X. 2011. Computing with spatial trajectories. New York：Springer Science & Business Media.